Geldwäsche im landgebundenen Glücksspielbereich

Schriftenreihe zur Glücksspielforschung

Herausgegeben von Tilman Becker

Band 24

PETER LANG

Johannes Güldner

Geldwäsche im landgebundenen Glücksspielbereich

Risiken, Regelungen, Richtungsvorschläge

PETER LANG

Bibliografische Information der Deutschen Nationalbibliothek
Die Deutsche Nationalbibliothek verzeichnet diese Publikation in der Deutschen Nationalbibliografie; detaillierte bibliografische Daten sind im Internet über http://dnb.d-nb.de abrufbar.

Zugl.: Bochum, Univ., Diss., 2022

D 294
ISSN 1861-759X
ISBN 978-3-631-89708-9 (Print)
E-ISBN 978-3-631-89822-2 (E-PDF)
E-ISBN 978-3-631-89823-9 (EPUB)
DOI 10.3726/b20634

Peter Lang – Berlin · Bruxelles · Lausanne · New York · Oxford

Diese Publikation wurde begutachtet.

www.peterlang.com

Für Vestine

Vorwort

Die vorliegende Arbeit wurde im Sommersemester 2021 von der Rechtswissenschaftlichen Fakultät der Ruhr-Universität Bochum als Dissertation angenommen. Aktuellere Literatur konnte im August 2022 noch punktuell berücksichtigt werden.

Ich danke meinem Doktorvater Herrn Prof. Dr. Jörg Ennuschat für die Übernahme der Erstbetreuung dieser Arbeit sowie für seine Unterstützung und wertvollen Hinweise während ihrer Anfertigung. Meine Zeit als Wissenschaftlicher Mitarbeiter und Doktorand am Lehrstuhl für Öffentliches Recht, insbesondere Verwaltungsrecht in Bochum wird mir ein Leben lang in geschätzter Erinnerung bleiben.

Ebenfalls danke ich Herrn Prof. Dr. Julian Krüper für die zügige Lektüre der Arbeit und die Anfertigung des Zweitgutachtens.

Dem Bundesverband deutscher Spielbanken (BupriS) danke ich für die finanzielle Unterstützung der Forschungsreisen.

Besonderer Dank gilt meinen Eltern, die mich in allen Lebenslagen unterstützt haben und auf die ich mich auch in schwierigen Zeiten stets verlassen konnte.

Schließlich bedanke ich mich bei meiner Frau, die mich bei jeder Herausforderung begleitet und liebevoll zu mir gehalten hat. Ihr ist diese Arbeit gewidmet.

Bonn, im August 2022
Johannes Güldner

Inhalt

Inhaltsverzeichnis

Abkürzungsverzeichnis

Allgemeine Abkürzungen

a. A.	andere Ansicht
Abb.	Abbildung
Abl.	Amtsblatt
Abs.	Absatz
Abschn.	Abschnitt
ADD	Aufsichts- und Dienstleistungsdirektion
a. E.	am Ende
a. F.	alte Fassung
AfA	Absetzung für Abnutzung
AG	Amtsgericht/Aktiengesellschaft
AGA	American Gaming Association
AGB	Allgemeine Geschäftsbedingungen
AH	Abgeordnetenhaus
AllgVerwR	Allgemeines Verwaltungsrecht
a. M.	am Main
AML	Anti-Money Laundering
amtl.	amtliche(r)
Anh.	Anhang
Anl.	Anlage
Anm.	Anmerkung
Antw.	Antwort
Anz.	Anzeiger
APG	Asia/Pacific Group on Money Laundering
AppStS	Apparatesteuersatzung
Art.	Artikel
Aufl.	Auflage
Aug.	August
Az.	Aktenzeichen
BB	Brandenburg
BBC	British Broadcasting Corporation
Bd.	Band

BE	Berlin (Bundesland)
Bearb.	Bearbeiter
BeckOK	Beck'scher Onlinekommentar
BeckRS	Beck-Online Rechtsprechung
Begr.	Begründer
Beschl.	Beschluss
BFH	Bundesfinanzhof
BGBl.	Bundesgesetzblatt
BGH	Bundesgerichtshof
BKA	Bundeskriminalamt
BMF	Bundesministerium der Finanzen
BR	Bundesrat
Bsp.	Beispiel
BStBl.	Bundessteuerblatt
bspw.	beispielsweise
BT	Bundestag
BVerfG	Bundesverfassungsgericht
BVerfGE	Amtliche Sammlung der Entscheidungen des Bundesverfassungsgerichts
BVerwG	Bundesverwaltungsgericht
BW	Baden-Württemberg
BY	Bayern
BZgA	Bundeszentrale für gesundheitliche Aufklärung
bzgl.	bezüglich
bzw.	beziehungsweise
ca.	circa
CCLS	College for Criminal Law Science of Beijing Normal University
CDU	Christlich Demokratische Union Deutschlands
CFATF	Caribbean Financial Action Task Force
Ch.	Chapter
Co.	Compagnie
CRA	Casino Regulatory Authority (Singapur)
CSFI	Centre for the Study of Financial Innovation
d.	der/des
dass.	dasselbe
DC	District of Columbia

DDR	Deutsche Demokratische Republik
DEA	Drug Enforcement Administration
ders.	derselbe
Dez.	Dezember
d. h.	das heißt
dies.	dieselbe/dieselben
DK	Deutsche Kreditwirtschaft
DLF	Deutschlandfunk
DL-RL	Dienstleistungsrichtlinie
DLTB	Deutscher Lotto- und Totoblock
DM	Deutsche Mark
DNFBP	Designated Non-Financial Business or Profession
dpa	Deutsche Presse-Agentur
Dr.	Doktor
Drs.	Drucksache
DSTG	Deutsche Steuer-Gewerkschaft
dt.	deutsch
-E	Entwurf
EAG	Eurasian Group
ECLI	European Case Law Identifier
Ed.	Edition
EG	Europäische Gemeinschaft
Egl.	Ergänzungslieferung
EGMR	Europäischer Gerichtshof für Menschenrechte
Einf.	Einführung
Einl.	Einleitung
ENKP	Europäisches Netz für Kriminalprävention
EPAS	Enlarged Partial Agreement on Sport
EPMA	European Pari Mutuel Association
Erk.	Erkenntnis
Erl.	Erläuterung
ESAAMLG	Eastern & Southern Africa Anti-Money Laundering Group
esp.	especially
EU	Europäische Union
EuGH	Europäischer Gerichtshof
e. V.	eingetragener Verein

evtl.	eventuell
EWG	Europäische Wirtschaftsgemeinschaft
f.	folgender/folgende (Singular)
FATF	Financial Action Task Force (on Money Laundering)
FAQ	Frequently Asked Questions
FDP	Freie Demokratische Partei
Feat.	Feature
Feb.	Februar
ff.	folgende (Plural)
FG	Finanzgericht
FinCEN	Financial Crimes Enforcement Network
FIU	Financial Intelligence Unit
Fn.	Fußnote
FOBT	Fixed-Odds Betting Terminal
fortgef.	fortgeführt
FS	Festschrift
FSRB	FATF-style Regional Body
GABAC	Central Africa Anti-Money Laundering Group
GAFILAT	Latin America Anti-Money Laundering Group
GAMLG	Gambling Anti-Money Laundering Group
gesetzl.	gesetzlich
ggf.	gegebenenfalls
ggü.	gegenüber
GIABA	West Africa Money Laundering Group
GmbH	Gesellschaft mit beschränkter Haftung
grs.	grundsätzlich
GuG	Geldwäschebekämpfung und Gewinnabschöpfung
GV.	Gesetz- und Verordnungsblatt
GVOBl.	Gesetz- und Verordnungsblatt
GwRL	Geldwäscherichtlinie
GZD	Generalzolldirektion
HB	Bremen (Bundesland)
HE	Hessen
HH	Hamburg (Bundesland)
h. M.	herrschende Meinung
Hrsg.	Herausgeber
Hs.	Halbsatz

i. Br.	im Breisgau
i. d. F.	in der Fassung
IGI	International Gaming Institute (University of Nevada, Las Vegas)
IMA	International Market Agent
inkl.	inklusive
insb.	insbesondere
IRIS	Institut de Relations Internationales et Stratégiques
i. S. d.	im Sinne der/des
Iss.	Issue
i. S. v.	im Sinne von
i. V. m.	in Verbindung mit
Jan.	Januar
jew.	jeweils
KG	Kommanditgesellschaft
KonzVergRL	Konzessionsvergaberichtlinie
krit.	kritisch
LBO	Licensed Betting Office
LG	Landgericht
lit.	Buchstabe
LKA	Landeskriminalamt
Ls.	Leitsatz
LT	Landtag
m.	mit
Md.	Maryland
MENAFATF	Middle East and North Africa Financial Action Task Force
MfIuS	Ministerium für Inneres und Sport
MGM	Metro-Goldwyn Mayer
MICS	Minimum Internal Control Standards
Mio.	Million(en)
MK	Münchener Kommentar
m. N.	mit Nachweisen
MONEYVAL	Council of Europe Anti-Money Laundering Group
Mrd.	Milliarde(n)
MTL	Multiple Transaction Log
MV	Mecklenburg-Vorpommern

m. V. a.	mit Verweisen auf
m. w. N.	mit weiteren Nachweisen
MWStSystRL	Mehrwertsteuersystemrichtlinie
NC	non compliant
neubearb.	neubearbeitet
NI	Niedersachsen
No.	Number
Nov.	November
Nr.	Nummer
Nrn.	Nummern
NRW	Nordrhein-Westfalen
NV	Nevada
o.	oben
OASIS	Onlineabfrage Spielerstatus
OB	Oberbürgermeister
Obb.	Oberbayern
ÖffWiR	Öffentliches Wirtschaftsrecht
o. g.	oben genannt
Okt.	Oktober
OLG	Oberlandesgericht
Oö.	Oberösterreich
OVG	Oberverwaltungsgericht
OZ	Osnabrücker Zeitung
PAGE	Pathologisches Glücksspielen und Epidemiologie
PEP	Politisch exponierte Person
PIN	Persönliche Identifikationsnummer
Pkt.	Punkt
PlPr.	Plenarprotokoll
Prof.	Professor
PTB	Physikalisch-Technische Bundesanstalt
Pte. Ltd.	Private Limited
R	Recht
RBA	Risk-Based Approach
Rev.	Revised
RGSt	Amtliche Sammlung der Rechtsprechung des Reichsgerichts in Strafsachen
RL	Richtlinie

Rn.	Randnummer
RO	Rennordnung
RP	Rheinland-Pfalz
Rs.	Rechtssache
s.	siehe
S.	Satz/Seite
SAR	Suspicious Activity Report
Sec.	Section
Sept.	September
SEV	Sammlung der Europäischen Verträge/Sammlung der Europaratsverträge (seit 2004)
SH	Schleswig-Holstein
sic	sic erat scriptum
SL	Saarland
Slg.	Sammlung
SN	Sachsen
SNRA	Supernational Risk Assessment
sog.	sogenannt
Spiegelstr.	Spiegelstrich
ST	Sachsen-Anhalt
Tab.	Tabelle
TED	Tenders Electronic Daily
TH	Thüringen
TK	Telekommunikation
Tz.	Teilziffer
u.	unten/und
u. a.	unter anderem/und andere
UAbs.	Unterabsatz
u. a. O.	und andere Orte
UK	United Kingdom
UN	United Nations (Vereinte Nationen)
UNLV	University of Nevada, Las Vegas
UNR	University of Nevada, Reno
UPkt.	Unterpunkt
URL	Uniform Resource Locator (Internetadresse)
Urt.	Urteil
US	United States

USA	United States of America
u. U.	unter Umständen
v.	von/vom
v. a.	vor allem
Vabg.	Vorarlberg
Var.	Variante
VDAI	Verband der Deutschen Automatenindustrie e.V.
verb.	verbunden
Verf.	Verfasser
Verz.	Verzeichnis
vgl.	vergleiche
VG	Verwaltungsgericht
VGH	Verwaltungsgerichtshof
VgStS	Vergnügungssteuersatzung
VIP	Very Important Person (im Kontext der Untersuchung: Spieler mit besonderem Status)
VK	Vergabekammer
VLT	Video Lottery Terminal
VO	Verordnung
Vol.	Volume
VuV	Veranstalter und Vermittler
VwGH	Verwaltungsgerichtshof (Österreich)
WAZ	Westdeutsche Allgemeine Zeitung
WDR	Westdeutscher Rundfunk
WKO	Wirtschaftskammer Österreich
WKOÖ	Wirtschaftskammer Oberösterreich
WKO Steiermark	Wirtschaftskammer Steiermark
WLA	World Lottery Association
WP	Wahlperiode
WU	Wirtschaftsuniversität
z. B.	zum Beispiel
ZDF	Zweites Deutsches Fernsehen
Z	Ziffer (in österreichischen Gesetzen)
Ziff.	Ziffer
z. Zt.	zur Zeit

Abkürzungen Zeitschriften

AgrarR	Agrarrecht
ANNALS AAPSS	The ANNALS of the American Academy of Political and Social Science
Archiv PT	Archiv für Post- und Telekommunikation
Asian Criminology	Asian Journal of Criminology
BayVBl	Bayerische Verwaltungsblätter
BB	Betriebs-Berater
Beiträge zum Glücksspielwesen	Beiträge zum Glücksspielwesen – eine Fachreihe des Behörden Spiegel
CaS	Causa Sport
CB	Compliance-Berater
CCZ	Corporate Compliance Zeitschrift
CR	Computer und Recht
Die Kriminalpolizei	Die Kriminalpolizei – Zeitschrift der Gewerkschaft der Polizei
DStR	Deutsches Steuerrecht
DVBl	Deutsches Verwaltungsblatt
EFG	Entscheidungen der Finanzgerichte
EuGRZ	Europäische Grundrechte-Zeitschrift
EuR	Europarecht
FR	Finanz-Rundschau Ertragssteuerrecht
Gemeindehaushalt	Der Gemeindehaushalt
GewArch	Gewerbearchiv
GLRE	Gaming Law Review and Economics
JA	Juristische Arbeitsblätter
JGI	Journal of Gambling Issues
JGS	Journal of Gambling Studies
jM	juris – Die Monatszeitschrift
JMLC	Journal of Money Laundering Control
jurisPR-SteuerR	juris PraxisReport Steuerrecht
JuS	Juristische Schulung
JR	Juristische Rundschau
JZ	Juristenzeitung
K&R	Kommunikation & Recht
KommJur	Kommunaljurist
KSzW	Kölner Schrift zum Wirtschaftsrecht
LKV	Landes- und Kommunalverwaltung

NJ	Neue Justiz
NJOZ	Neue Juristische Online-Zeitschrift
NJW	Neue Juristische Wochenschrift
NStZ	Neue Zeitschrift für Strafrecht
NStZ-RR	Neue Zeitschrift für Strafrecht – Rechtsprechungsreport Strafrecht
NVwZ	Neue Zeitschrift für Verwaltungsrecht
NWVBl	Nordrhein-Westfälische Verwaltungsblätter
NZWiSt	Neue Zeitschrift für Wirtschafts-, Steuer- und Unternehmensstrafrecht
PStR	Praxis Steuerstrafrecht
SpuRt	Zeitschrift für Sport und Recht
StBp	Die steuerliche Betriebsprüfung
StuB	Unternehmensteuern und Bilanzen
SUCHT	SUCHT – Zeitschrift für Wissenschaft und Praxis
tacker	tacker – DBB Jugend Magazin für junge Leute im öffentlichen Dienst
UR	Umsatzsteuer-Rundschau
UStB	Der Umsatz-Steuer-Berater
UVR	Umsatzsteuer- und Verkehrsteuer-Recht
VergabeR	Vergaberecht – Zeitschrift für das gesamte Vergaberecht
VerwArch	Verwaltungsarchiv
VR	Verwaltungsrundschau
Wistra	Zeitschrift für Wirtschafts- und Steuerstrafrecht
WiVerw	Wirtschaft und Verwaltung (Gewerbearchiv Beilage)
WM	Wertpapier-Mitteilungen – Zeitschrift für Wirtschafts- und Bankrecht
WRP	Wettbewerb in Recht und Praxis
WzS	Wege zur Sozialversicherung
ZAP	Zeitschrift für die Anwaltspraxis
ZEuS	Zeitschrift für europarechtliche Studien
ZfBR	Zeitschrift für deutsches und internationales Bau- und Vergaberecht
ZfWG	Zeitschrift für Wett- und Glücksspielrecht
ZRP	Zeitschrift für Rechtspolitik
ZStW	Zeitschrift für die gesamte Strafrechtswissenschaft

Abkürzungen Gesetze

AEUV	Vertrag über die Arbeitsweise der Europäischen Union
AG GlüStV BE	Ausführungsgesetz zum Glücksspielstaatsvertrag Berlin
AG GlüStV BY	Ausführungsgesetz zum Glücksspielstaatsvertrag Bayern
AG GlüStV HH	Ausführungsgesetz zum Glücksspielstaatsvertrag Hamburg
AG GlüStV NRW	Ausführungsgesetz zum Glücksspielstaatsvertrag Nordrhein-Westfalen
AnVerVO NRW	Annahme- und Vermittlungsstellenverordnung Nordrhein-Westfalen
AO	Abgabenordnung
AufenthG	Aufenthaltsgesetz
BDSG	Bundesdatenschutzgesetz
BGB	Bürgerliches Gesetzbuch
Bgld. VeranstG	Burgenländisches Veranstaltungsgesetz
BSA	Bank Secrecy Act (USA)
BZRG	Bundeszentralregistergesetz
CCA	Casino Control Act (Singapur)
CFR	Code of Federal Regulations (USA)
DSGVO	Datenschutz-Grundverordnung
EGV	Vertrag zur Gründung der Europäischen Gemeinschaft
EMRK	Europäische Menschenrechtskonvention
EstG	Einkommenssteuergesetz
EUV	Vertrag über die Europäische Union
EWGV	Vertrag über die Europäische Wirtschaftsgemeinschaft
FKAG	Finanzkonglomerate-Aufsichtsgesetz
FM-GwG	Finanzmarkt-Geldwäschegesetz (Österreich)
FreizügG/EU	Gesetz über die allgemeine Freizügigkeit von Unionsbürgern
Geldwäscheübereinkommen des Europarats von 1990	Übereinkommen über Geldwäsche sowie Ermittlung, Beschlagnahme und Einziehung von Erträgen aus Straftaten (SEV Nr. 141) des Europarats vom 08.11.1990
GewO	Gewerbeordnung
GewRV NRW	Gewerberechtsverordnung Nordrhein-Westfalen

GewStG	Gewerbesteuergesetz
GG	Grundgesetz
GGVO SH	Landesverordnung über die Genehmigung des Glücksspielbetriebs Schleswig-Holstein
GlüÄndStV	Glücksspieländerungsstaatsvertrag
GlüStV	Glücksspielstaatsvertrag (2021)
GlüStV 2012	Glücksspielstaatsvertrag (2012)
GlüStV 2008	Glücksspielstaatsvertrag (2008)
GRCh	Grundrechtecharta
GWB	Gesetz gegen Wettbewerbsbeschränkungen
GwG	Geldwäschegesetz
GwG 1993	Geldwäschegesetz in der Fassung von 1993
KorrBekG	Gesetz zur Bekämpfung der Korruption
K-SGAG	Kärntner Spiel- und Glücksspielautomatengesetz
KStG	Körperschaftssteuergesetz
K-TBWG	Kärntner Totalisateur- und Buchmacherwettengesetz
K-VAG	Kärntner Veranstaltungsgesetz
KWG	Kreditwesengesetz
LGlüG BW	Landesglücksspielgesetz Baden-Württemberg
LGlüG RP	Landesglücksspielgesetz Rheinland-Pfalz
MICS	Minimum Internal Control Standards der Grand Ronde Gaming Commission
NRS	Nevada Revised Statutes
öAGSV	Österreichische Automatenglücksspielverordnung
öBWG	Österreichisches Bankwesengesetz
öGspG	Österreichisches Glücksspielgesetz
Oö. WettG	Oberösterreichisches Wettgesetz
OrgKG	Gesetz zur Bekämpfung des illegalen Rauschgifthandels und anderer Erscheinungsformen der Organisierten Kriminalität
Palermo-Konvention	Übereinkommen der Vereinten Nationen vom 15.11.2000 gegen die grenzüberschreitende organisierte Kriminalität
PassG	Passgesetz
PAuswG	Personalausweisgesetz
RennwLottG	Rennwett- und Lotteriegesetz

RennwLottDV	Rennwett- und Lotteriegesetz-Durchführungsverordnung
Sbg. WuG	Salzburger Wettunternehmergesetz
ScheckG	Scheckgesetz
SpBG BY	Spielbankengesetz Bayern
SpBG BE	Spielbankengesetz Berlin
SpBG BB	Spielbankengesetz Brandenburg
SpBG HB	Spielbankengesetz Bremen
SpBG HH	Spielbankengesetz Hamburg
SpBG HE	Spielbankengesetz Hessen
SpBG MV	Spielbankengesetz Mecklenburg-Vorpommern
SpBG NI	Spielbankengesetz Niedersachsen
SpBG NRW	Spielbankengesetz Nordrhein-Westfalen
SpBG RP	Spielbankengesetz Rheinland-Pfalz
SpBG SL	Spielbankengesetz Saarland
SpBG SN	Spielbankengesetz Sachsen
SpBG ST	Spielbankengesetz Sachsen-Anhalt
SpBG SH	Spielbankengesetz Schleswig-Holstein
SpBG TH	Spielbankengesetz Thüringen
SpBO BY	Spielbankordnung Bayern
SpBO f. d. SpB	Spielbankenordnung für die Spielbank
SpBO HB	Spielbankenordnung Bremen
SpBO SL	Spielbankordnung Saarland
SpBO TH	Spielbankordnung Thüringen
SpBVO SH	Spielbankverordnung Schleswig-Holstein
SpielhG BE	Spielhallengesetz Berlin
SpielhG HB	Spielhallengesetz Bremen
SpielhG HE	Spielhallengesetz Hessen
SpielhG HH	Spielhallengesetz Hamburg
SpielhG SH	Spielhallengesetz Schleswig-Holstein
SpielhG ST	Spielhallengesetz Sachsen-Anhalt
SpielO HH	Spielordnung Hamburg
SpielO HE	Spielordnung Hessen
SpielO MV	Spielordnung Mecklenburg-Vorpommern
SpielO NI	Spielordnung Niedersachsen
SpielO NRW	Spielordnung Nordrhein-Westfalen
SpielO RP	Spielordnung Rheinland-Pfalz

SpielOV BB	Spielordnungsverordnung Brandenburg
SpielV	Spielverordnung
SpiVO NRW	Spielbankverordnung Nordrhein-Westfalen
StGB	Strafgesetzbuch
StGSG	Steiermärkisches Glücksspielautomaten- und Spielapparategesetz 2014
StPO	Strafprozessordnung
StWttG	Steiermärkisches Wettengesetz 2018
SVVO SH	Sportwettvermittlungsverordnung Schleswig-Holstein
TKG	Telekommunikationsgesetz
TMG	Telemediengesetz
UstG	Umsatzsteuergesetz
VAG	Versicherungsaufsichtsgesetz
VergRModG	Vergaberechtsmodernisierungsgesetz
VwVfG	Verwaltungsverfahrensgesetz
WettG Vabg.	Wettengesetz Vorarlberg
WG	Wechselgesetz
Wiener Übereinkommen	Übereinkommen der Vereinten Nationen gegen den unerlaubten Verkehr mit Suchtstoffen und psychotropen Stoffen vom 20.12.1988
Wiener WettenG	Wiener Wettengesetz
WRegG	Wettbewerbsregistergesetz
ZAG	Zahlungsdiensteaufsichtsgesetz
ZP-EMRK	Zusatzprotokoll zur Europäischen Menschenrechtskonvention

„And you say okay, and you go on up to Saratoga,
with your thousand bucks in your pocket. Okay?"
„Fine", said Bond.
„And you back a horse there. And it pays off at least fives.
So you have your $ 5000 and if anybody asks where it came from,
you earned it and you can prove it."
„What if the horse loses?"
„It won't."

– Ian Fleming, Diamonds Are Forever

Teil 1: Einleitung

A. Glücksspiel und Geldwäsche: Eine Symbiose?

Über Geldwäsche im Glücksspielbereich wird in Medien und Literatur immer wieder berichtet. Ob Spielbanken oder Spielhallen, ob Lotterien oder Sport- und Pferdewetten – jeder Glücksspielbereich in Deutschland wurde schon einmal mit dem Risiko des Missbrauchs zu Geldwäschezwecken in Verbindung gebracht.[1] Internationale Organisationen wie die FATF[2] betonen in ihren Veröffentlichungen immer wieder, dass ein tatsächliches Risiko insbesondere im Kasinobereich bestehe, auf das durch entsprechende (gesetzliche) Maßnahmen reagiert werden müsse.[3]

Auf europäischer Ebene ist die Annahme einer potentiellen Geldwäscheanfälligkeit des gesamten Glücksspielsektors sogar in Sekundärrecht umgesetzt worden, indem der gesamte Sektor grundsätzlich in den Verpflichtetenkreis der vierten Geldwäscherichtlinie miteinbezogen wurde (Art. 2 Abs. 1 Nr. 3 lit. f) RL (EU) 2015/849). Damit wurden dem nationalen Gesetzgeber umfassende Pflichten zur Schaffung eines Anti-Geldwäscheregimes für den gesamten Glücksspielbereich auferlegt. Während die Richtlinie für andere Glücksspielbereiche als dem Kasinosektor dem Gesetzgeber immerhin eine Ausnahmemöglichkeit einräumt, ist für Kasinos noch nicht einmal das möglich (Art. 2 Abs. 2 UAbs. 1 RL (EU) 2015/849). Insbesondere der Kasinosektor wird also auch vom europäischen Gesetzgeber als risikobehaftet angesehen.

B. Glücksspiel und Geldwäscheregelungen: Ein unpassender One-size-fits-all-approach?

Dass die existierenden, den Glücksspielbereich betreffenden Anti-Geldwäschevorschriften diesem angemessen sind, ist keineswegs selbstverständlich.

---

1 Etwa *Roth/Nübel/Fromm*, Anklage unerwünscht, S. 24 ff. (Spielbanken); *Feltes*, Spielhallen. Kriminologische Risiken und Nebenwirkungen eines expandierenden Gewerbes, S. 32 (Spielhallen); *Spapens/Littler/Fijnaut*, Crime, Addiction and the Regulation of Gambling, S. 45 (Lotterien); *Lukat*, Beiträge zum Glücksspielwesen 1/2016, 10 (11) (Sportwetten); BMF, Hinweise v. 11.06.2014, S. 42 (Pferdewetten).

2 Financial Action Task Force (on Money Laundering); ausführlich dazu u. unter Teil 2 B. I.

3 FATF, Vulnerabilities of Casinos and Gaming Sector, Ziff. 85 ff.

Zwar wird der Glücksspielbereich, wie soeben erörtert, häufig mit Geldwäsche in Verbindung gebracht und in die Regelungen zur Geldwäschebekämpfung miteinbezogen. Seine Besonderheiten werden dabei aber oft außer Acht gelassen. Das zeigt sich schon an der praxisorientierten Literatur zum Thema: Während es für andere DNFBPs[4] Handbücher gibt, die sich mit der Anwendung der für den jeweiligen Sektor geltenden Anti-Geldwäschevorschriften befassen,[5] fehlt ein solches Kompendium für den Glücksspielbereich. Letzterer findet sich in Werken zur Geldwäsche-Compliance höchstens als ein am Rande mitbehandeltes Thema.[6]

Diese Beobachtung passt zur Entstehungshistorie vieler Vorschriften zur Geldwäschebekämpfung im Glücksspielbereich, deren wesentliche Stationen sich als die von der FATF entwickelten Empfehlungen, deren Rezeption und Umsetzung in europäisches Sekundärrecht und die Umsetzung der europäischen Richtlinien in nationales Recht abstecken lassen. Hierbei erscheint insbesondere der Kredit- und Finanzsektor als derjenige, auf den die Vorschriften zur Geldwäschebekämpfung zugeschnitten sind, an den also bei der Entwicklung der FATF-Empfehlungen und der korrespondierenden Rechtsvorschriften primär gedacht wurde.[7] Hinsichtlich des Glücksspielbereichs fand dann im Wesentlichen nur eine Übertragung der bestehenden Vorschriften statt.[8]

Dies verdeutlicht auch ein Blick nach Österreich, wo die im Bankwesengesetz (öBWG) geregelten Sorgfaltspflichten für Kredit- und Finanzinstitute ursprünglich durch einen einfachen Verweis im Glücksspielgesetz (öGspG) für Spielbanken importiert wurden (§ 25 Abs. 6 S. 4 öGspG a. F.). In den Vorschriften österreichischer Länder zum „kleinen“ Automatenglücksspiel, d. h. zum Glücksspiel an Geldspielautomaten außerhalb von Spielbanken, finden sich teilweise

---

4 Designated Non-Financial Businesses and Professions, d. h. Branchen außerhalb des Kredit- und Finanzsektors, die ebenfalls den Vorgaben des Geldwäschegesetzes unterliegen.

5 Z. B. *Bausch/Voller*, Geldwäsche-Compliance für Güterhändler.

6 Vgl. beispielsweise The World Bank, Combating Money Laundering and the Financing of Terrorism, S. 81.

7 Vgl. Ziff. 9 ff. der Erstfassung der FATF-Empfehlungen von 1990 (FATF, Recommendations (1990)) sowie Abs. 1 der Erwägungsgrunde der RL 91/308/EWG.

8 Vgl. Art. 1 Nr. 2 RL 2001/97/EG sowie FATF, Recommendations (2003), Abschn. „The Forty Recommendations“, Ziff. 12 lit. a).

noch ähnlich pauschale Verweise auf das Finanzmarkt-Geldwäschegesetz (FM-GwG) (vgl. etwa § 19 Abs. 2 K-SGAG; § 21 Abs. 2 StGSG).[9]

C. Wissenschaftliche Veröffentlichungen zum Thema Glücksspiel und Geldwäsche

Angesichts der häufig angenommenen Verbindung zwischen Glücksspiel und Geldwäsche auf der einen und der Zweifel an der Angemessenheit der einschlägigen Geldwäscheregelungen auf der anderen Seite überrascht es, dass es vergleichsweise wenige wissenschaftliche Veröffentlichungen gibt, die sich vertieft sowohl mit den tatsächlich bestehenden Risiken der Geldwäsche im Glücksspielbereich als auch den Vorschriften zu ihrer Verhinderung befassen.[10]

Einschlägige Aufsätze stammen zudem häufig aus dem US-amerikanischen Bereich und gehen vorwiegend von den dortigen Gegebenheiten aus.[11] Auch die Veröffentlichungen der FATF, die sich zentral mit Geldwäscherisiken im Glücksspielbereich befassen, beschäftigen sich allenfalls oberflächlich mit dem deutschen Glücksspielmarkt.[12] Zudem werden dort zwar allgemein Geldwäschetechniken insbesondere in Spielbanken beschrieben. Dabei bleibt jedoch unerörtert, ob diese Techniken auf dem deutschen Markt mit seinen tatsächlichen und rechtlichen Besonderheiten überhaupt funktionieren.

---

9 Beispielhaft sei hier nur § 21 Abs. 2 Nr. 1 StGSG zitiert: „In den Fällen des § 5 Z 1, des Einleitungssatzes der Z 2 sowie der Z 4 und 5 FM-GwG, insbesondere bei Gewinnen oder Einsätzen bei Ausführung von Transaktionen in Höhe von 2.000 Euro oder mehr, unabhängig davon, ob die Transaktion in einem einzigen Vorgang oder mehreren Vorgängen, zwischen denen eine Verbindung zu bestehen scheint, ausgeführt wird, haben die Bewilligungsinhaberinnen (…) die Sorgfaltspflichten gemäß § 6 Abs. 1, 2 und 5, Anlage I und § 7 Abs. 1, 2, 5, 6 und 7 erster, zweiter, fünfter und sechster Satz FM-GwG einzuhalten; (…)".

10 Vgl. auch *Murphy*, Come in Spinner, S. 2.

11 Z. B. *Cabot/Kelly*, JMLC 2,2 (1998), S. 134 ff.; *Frey*, ANNALS AAPSS 556 (1998), 138 (144 f.); *Magaw*, GLRE 7,6 (2003), 427 ff.; *Maloy*, GLRE 1,4 (1997), 491 ff.; *Mills*, JGS 7,4 (1991), 301 ff.; *Strauss*, UNLV Gaming Research & Review Journal, 19,2 (2015), 11 ff.; vgl. auch *Kelly/Clayton*, GLRE 14,4 (2010), S. 275 (276 ff.); *Philander/Bernhard*, UNLV International Gaming Institute, Report v. Dez. 2012, S. 3 ff.

12 Vgl. FATF, RBA Guidance for Casinos; dies., Vulnerabilities of Casinos and Gaming Sector, Ziff. 43 ff.

Ausführlicher gerade auf den deutschen Spielbankenmarkt geht die FATF immerhin ihren Evaluationsberichten zu Deutschland ein.[13] Auch hier erfolgt jedoch keine vertiefte Auseinandersetzung mit den nationalen Gegebenheiten. So geht die FATF beispielsweise recht pauschal über den zumindest bedenkenswerten Einwand deutscher Spielbankenbetreiber hinweg, dass das grundsätzliche Cash-In-Cash-Out-System – d. h., dass der Spieler vor Spielbeginn Bargeld einlöst und für seine nach Spielende eingelösten Spielmarken wiederum nur Bargeld erhält – das Geldwäscherisiko mindere.[14]

Einige Monographien und Studien zum Thema der Geldwäsche im Glücksspielbereich, die sich mit tatsächlichen Risiken ebenso wie mit geldwäscherechtlicher Regulierung befassen, sind allerdings zu nennen. So untersucht *Christopher Murphy* in seiner Dissertation „'Come in Spinner' – Money Laundering in the Australian Casino Industry" Geldwäscherisiken und Regelungen zur Geldwäschebekämpfung in australischen Kasinos.[15] Zu nennen sind außerdem „Money Laundering: the Latest Threat to Sports Betting?" von *Christian Kalb* und *Pim Verschuuren*, eine Studie, die sich mit den Geldwäscherisiken im Sportwettensektor befasst,[16] eine Studie von *Friedrich Schneider*, *Reiner Clement* und *Franz Peren* zu Geldwäscherisiken und Geldwäscheprävention im Online-Poker[17] sowie Monographien von *Fausto Martin De Sanctis* zur Geldwäsche im Fußball- und Wettbereich[18] und von *James Banks* zur Kriminalität im Online-Glücksspielbereich.[19]

Zu nennen sind ferner die Auslegungs- und Anwendungshinweise zum Geldwäschegesetz (GwG) für Veranstalter und Vermittler von Glücksspielen der Obersten Glücksspielaufsichtsbehörden der Länder,[20] eine Studie der Universität Hamburg von Januar 2016 zum Geldwäscherisiko verschiedener Glücksspielarten,[21] eine Dunkelfeldstudie von *Kai Bussmann* zum Geldwäscherisiko

---

13 FATF, Mutual Evaluation Report Germany, v. a. Ziff. 885 ff.; dies., 3rd Follow-Up Report Germany, Abschn. VI., R.12 (Deficiencies 1, 4), R.16 (Deficiency 7) u. R.24 (Deficiency 4).

14 FATF, Mutual Evaluation Report Germany, Ziff. 890.

15 *Murphy*, Come in Spinner.

16 *Kalb/Verschuuren*, Money Laundering.

17 *Schneider/Clement/Peren*, Online-Poker.

18 *De Sanctis*, Football, Gambling, and Money Laundering.

19 *Banks*, Online Gambling and Crime.

20 Oberste Glücksspielaufsichtsbehörden der Länder, Auslegungs- und Anwendungshinweise.

21 *Fiedler/Krumma/Zanconato/McCarthy/Reh*, Das Geldwäscherisiko verschiedener Glücksspielarten.

in einzelnen Wirtschaftssektoren, insbesondere im Spielhallensektor,[22] sowie eine Studie und ein darauf basierender Aufsatz von *Markus Ruttig* zum Umsetzungsbedarf bei der vierten Geldwäscherichtlinie für terrestrische Glücksspiele, in denen dieser auf Geldwäscherisiken in den einzelnen Glücksspielbereichen eingeht.[23]

Als Aufsätze mit Bezug zum landgebundenen deutschen Markt sind Veröffentlichungen von *Jörg Ennuschat* zur Geldwäschebekämpfung in Spielhallen[24] und – in diesem Fall gemeinsam mit dem Verfasser – allgemein zur Geldwäschebekämpfung im Glücksspielbereich[25] zu nennen. Ferner zu nennen sind Aufsätze von *Joachim Krech* zur Geldwäsche im Spielbankenbereich[26] und *Meike Lukat* zur Geldwäsche in Sportwettbüros.[27]

D. Die bestehende Forschungslücke im Bereich des terrestrischen Glücksspiels in Deutschland

Die genannten Monographien und Studien zur Geldwäsche im Glücksspielbereich behandeln entweder nicht (speziell) den deutschen Markt (im Falle von *Murphy*, *Kalb/Verschuuren*, *De Sanctis* und *Banks*) oder Geldwäscherisiken nur im Bereich des Online-Glücksspiels (im Falle von *Schneider/Clement/Peren*). Die übrigen Arbeiten befassen sich zwar mit den Geldwäscherisiken einzelner Glücksspielarten und/oder Vorschriften zur Prävention, ohne aber die bestehenden Vorschriften in jedem Glücksspielbereich auf ihre Angemessenheit zu prüfen und ggf. bestehende Regelungslücken aufzudecken.

Bislang fehlt eine monographische Aufarbeitung des terrestrischen deutschen Glücksspielmarkts, die

1. für jeden einzelnen Glücksspielbereich untersucht, ob und ggf. welche Geldwäscherisiken tatsächlich bestehen,
2. prüft, ob die für den jeweiligen Glücksspielbereich einschlägigen Vorschriften zur Verhinderung von Geldwäsche dem dort jeweils bestehenden Geldwäscherisiko angemessen sind und

22 Zitiert nach *Bussmann*, Dunkelfeldstudie – Zusammenfassung, S. 18 f.

23 *Ruttig*, Studie v. 09.09.2015; *ders.*, ZfWG 2016, S. 185 ff.

24 *Ennuschat*, ZfWG 2016, 85 ff.

25 *Ennuschat/Güldner*, NWVBl 2015, 321 ff.

26 *Krech*, Kriminalistik 2005, 92 ff.

27 *Lukat*, Beiträge zum Glücksspielwesen 1/2016, 10 ff.

3. die im jeweiligen Glücksspielbereich bestehenden Regelungslücken aufdeckt und Vorschläge zu ihrer Behebung erarbeitet.

Diese Forschungslücke soll mit der vorliegenden Arbeit verkleinert werden.

Beim zweitgenannten Punkt des damit vorgegebenen Untersuchungsprogramms ist zu prüfen, ob die in einem bestimmten Glücksspielbereich geltenden Anti-Geldwäschevorschriften grundrechtlich oder grundfreiheitlich geschützte Positionen der dort tätigen Personen beeinträchtigen. In diesem Fall wird es darum gehen, unter Abwägung der Schwere der Beeinträchtigung mit dem tatsächlich bestehenden Geldwäscherisiko und der Eignung der fraglichen Vorschriften zur Geldwächeverhinderung zu prüfen, ob sich die Grundrechtsbeeinträchtigung unions- und verfassungsrechtlich rechtfertigen lässt.

Beim drittgenannten Punkt kommt es eventuell zu der Feststellung, dass in einem bestimmten Glücksspielbereich noch keine dem tatsächlichen Geldwäscherisiko angemessenen Vorschriften zur Verhinderung von Geldwäsche existieren. In diesem Fall wird es darum gehen, einen Vorschlag zur Behebung dieser Lücke zu erarbeiten. Denkbar ist auch eine Kombination dieser Aspekte, d. h. die Erarbeitung eines mit höherrangigem Recht zu vereinbarenden Alternativvorschlags zu einer für unions- bzw. grundrechtswidrig erachteten Vorschrift.

E. Der Gang der Untersuchung

Die Untersuchung nimmt dazu den folgenden Gang:

I. Grundlagen der Untersuchung

In Teil 2 der Arbeit werden die Grundlagen der Untersuchung bereitgestellt.

Dazu wird zunächst der Geldwäschebegriff geklärt (A.). Dies ist zum einen notwendig, um Klarheit über die Bedeutung dieses für die vorliegende Untersuchung zentralen Begriffs zu erhalten. Ohne eine präzise Definition des Geldwäschebegriffs könnte auch die nachfolgende Untersuchung nicht geführt werden. Zum anderen wird im Rahmen dieser vertieften Auseinandersetzung mit dem Geldwäschebegriff aufgezeigt, dass eine klarere Trennung zwischen einem präventionsrechtlichen und einem strafrechtlichen Geldwäschebegriff angezeigt ist.

Anschließend erfolgt eine Darstellung der für alle terrestrischen Glücksspielbereiche relevanten rechtlichen Rahmenbedingungen der Geldwäschebekämpfung (B.) und des europa- und verfassungsrechtlichen Maßstabs für die Prüfung der Angemessenheit von Anti-Geldwäscheregelungen (C.). Damit wird der allgemeine Rahmen für die zu prüfenden Vorschriften und den Prüfungsmaßstab abgesteckt.

II. Untersuchung der einzelnen Glücksspielbereiche

In den weiteren Teilen erfolgt die Untersuchung einzelner Glücksspielbereiche, nämlich Spielbanken (Teil 3), Spielhallen (Teil 4), Sportwetten (Teil 5), Lotterien (Teil 6) und Pferdewetten (Teil 7). Das Hauptaugenmerk der Untersuchung liegt angesichts des besonderen Gefährlichkeitsstatus, der ihnen durch FATF und Geldwäscherichtlinien zugeschrieben wird (vgl. o.), bei Spielbanken (Kasinos). Die Untersuchung der übrigen Glücksspielbereiche erfolgt ebenfalls gründlich, jedoch teilweise in geraffter Form.

Die Untersuchung jedes einzelnen Bereichs beschränkt sich auf den jeweiligen terrestrischen Bereich und folgt jeweils derselben Struktur:

Zunächst werden der Glücksspielbereich und damit der Untersuchungsbereich in tatsächlicher Hinsicht definiert. Dazu wird zunächst das in Betracht stehende Glücksspiel definiert (A.) und der entsprechende deutsche Markt kurz skizziert (B.).

Anschließend erfolgt eine allgemeine Darstellung der in Literatur und Medien beschriebenen bzw. denkbaren Formen der Geldwäsche durch Spieler und durch Betreiber in diesem Glücksspielbereich (C.). Der nächste Abschnitt geht auf konkret in Deutschland bekannt gewordene Fälle ein (D.).

Darauf folgt eine Darstellung der speziell für diesen Glücksspielbereich geltenden Vorschriften zur Geldwäschebekämpfung (E.). Die aus diesen Vorschriften ableitbaren Instrumente der Geldwäschebekämpfung werden noch einmal zusammengefasst (F.), um die anschließende Untersuchung der Vorschriften (G.) vorzubereiten.

Bei dieser Untersuchung werden die für den Glücksspielbereich herausgearbeiteten Antigeldwäscheinstrumente, soweit sie grundrechtlich oder grundfreiheitlich geschützte Positionen beeinträchtigen, auf ihre Vereinbarkeit mit dem europa- und verfassungsrechtlichen Maßstab überprüft. Wesentlicher Bestandteil dieser Untersuchung wird es sein, zu überprüfen, inwieweit die in Literatur und Medien beschriebenen bzw. denkbaren Möglichkeiten der Geldwäsche in der Praxis tatsächlich ein Risiko darstellen.

Sofern veranlasst, erfolgt in einem weiteren Abschnitt eine vergleichende Betrachtung ausgewählter Aspekte des Regelungsregimes anderer Länder (H.), wobei Österreich, die USA und Singapur als die vom Verfasser im Rahmen von Forschungsreisen besuchten Länder zum Vergleich herangezogen werden (vgl. zu den Gründen für die Auswahl dieser Länder sogleich unten Teil 1 F. I.).

Abschließend werden die Ergebnisse der Untersuchung des jeweiligen Glücksspielbereichs dargestellt (J.). Dabei werden die Erkenntnisse aus der europa- und verfassungsrechtlichen Untersuchung sowie ggf. der rechtvergleichenden Betrachtung miteinbezogen.

III. Gleichheitsaspekte und intersektorale Kohärenz

Der den Teilen 3 bis 7 nachgelagerte Teil 8 weist hingegen eine andere Struktur auf: Hier werden Aspekte geprüft, die sich auf den Vergleich verschiedener Glücksspielbereiche untereinander beziehen, wie die Vereinbarkeit einer Ungleichbehandlung verschiedener Bereiche mit Art. 20 GRCh, Art. 3 Abs. 1 GG und den Grundfreiheiten, Letzteres v. a. im Hinblick auf die Anforderung intersektoraler Kohärenz.

IV. Zusammenfassung und Vorschläge de lege ferenda

In Teil 9 werden die in den Teilen 2 bis 8 erarbeiteten Ergebnisse und Empfehlungen noch einmal zusammengefasst und Umsetzungsmöglichkeiten de lege ferenda aufgezeigt.

F. Methodische Anmerkungen zur Untersuchung

Da die Abschätzung des Geldwäscherisikos in den deutschen Glücksspielbereichen und die vergleichenden Betrachtungen ausländischer Glücksspielbereiche Informationen über die tatsächlichen Gegebenheiten in diesen Bereichen voraussetzen, fußt die vorliegende Untersuchung neben einer Literatur- und Internetrecherche auch auf der Einholung von Informationen aus der Glücksspielpraxis.

Zur Einholung dieser Praxisinformationen bediente sich der Verfasser der folgenden Methoden:

- Experteninterviews im Rahmen von Forschungsreisen und
- Fragebögen an und Interviews mit Behördenvertretern und anderen Personen.[28]

Zudem besuchte der Verfasser im Inland sowie auch auf den Forschungsreisen im Ausland verschiedene Glücksspielstätten und spielte mit geringen, aus eigener Tasche finanzierten Summen eine breite Palette von Glücksspielen. Auf diese Weise konnte er einige tatsächliche Gegebenheiten und Abläufen selbst beobachten.

---

28 Die Fragebögen sowie die Fragenkataloge für die geführten Interviews sind dieser Arbeit als **Anhang** beigefügt.

I. Experteninterviews im Rahmen von Forschungsreisen

Der Verfasser unternahm anlässlich der vorliegenden Untersuchung gemeinsam mit seinem Erstbetreuer drei Forschungsreisen in das Ausland. Im Einzelnen handelt es sich um Reisen nach Wien (Österreich) im Juli 2015, nach Las Vegas, NV (USA) im September 2016 und nach Singapur im März 2017.

Österreich weist zahlreiche rechtliche und ökonomische Parallelen zu Deutschland in Bereichen auf, die für die vorliegende Untersuchung von zentraler Bedeutung sind. So ist Österreich ebenfalls föderal strukturiert und damit bei der Glücksspielregulierung mit Blick auf die Kompetenzverteilung zwischen Bundes- und Landesebene vor ähnliche Herausforderungen gestellt wie Deutschland. In ökonomischer Hinsicht ist der österreichische Glücksspielmarkt dem deutschen in etwa vergleichbar, insbesondere was die Größe der Spielbanken anbelangt.[29] Zugleich löst das Glücksspielrecht in Österreich viele Fragen im Detail anders als das deutsche Glücksspielrecht bzw. sieht Mechanismen vor, die dem deutschen Glücksspielrecht (bislang) fremd sind.[30] Diese Regelungsunterschiede bei gleichzeitiger struktureller Vergleichbarkeit der Länder machen Österreich für einen Abgleich der nationalen Regelungen besonders fruchtbar.

Nevada und Singapur verfügen über eine wirtschaftlich bedeutsame und im Vergleich zu Deutschland weit größere Kasinoindustrie. Hinzu kommt jeweils ein in Deutschland in diesem Maße unbekannter Kasinotourismus mit Besucherströmen aus den umliegenden Ländern oder sogar aus aller Welt.[31] Eine Geldwäscheproblematik muss dort folglich auf weit größerer Skala in den Griff bekommen werden. Zugleich gibt es sowohl in Nevada als auch in Singapur eine hohe Dichte glücksspielrechtlicher Regelungen.[32] Der US-Bundesstaat und der asiatische Stadtstaat bieten sich daher für die Recherche von Regelungen und Mechanismen an, mit denen sich Geldwäsche insbesondere im Kasinobereich wirksam verhindern lässt und die eventuell auch als Inspiration für das deutsche Recht dienen können.

---

29 Vgl. dazu die Ausführungen zu Österreich im jeweiligen Abschn. H. der Teile 3 bis 5 und 7.

30 Vgl. dazu die Ausführungen zu Österreich im jeweiligen Abschn. H. der Teile 3 bis 5 und 7

31 Dazu ausführlich unten Teil 3 H. II. u. III.

32 Dazu ausführlich unten Teil 3 H. II. u. III. Zum US-amerikanischen Glücksspielrecht auch *Güldner*, ZfWG 2017, 115 ff., zum Glücksspielrecht Singapurs auch *Güldner*, ZfWG 2018, 108 ff.

Bei den Forschungsreisen führten die Projektteilnehmer jeweils Gespräche mit Wissenschaftlern, Behördenvertretern, Vertretern der Privatwirtschaft und Rechtsanwälten mit Expertise und Erfahrung in den Bereichen Glücksspiel und/oder Geldwäschebekämpfung. Der Verfasser nutzte auf jeder der drei Forschungsreisen weitere Tage, um in den universitären Bibliotheken und Datenbanken vor Ort nur dort verfügbare Literatur zu recherchieren. Im Rahmen der Reise nach Nevada führte der Erstbetreuer des Verfassers zudem im Anschluss an den Aufenthalt in Las Vegas ein Gespräch mit dem Nevada Gaming Control Board in Carson City, für das der Verfasser eigene Fragen vorbereiten und aus dem er zusätzliche Erkenntnisse verwerten konnte.

Der Verfasser besuchte außerdem gemeinsam mit seinem Erstbetreuer im Februar 2016 die Spielbank Hannover, wo sie umfassenden Einblick in die Lokalität erhielten und ein Gespräch mit Vertretern der Privatwirtschaft zu tatsächlichen Abläufen und Gegebenheiten im Spielbankenbereich führten.

II. Fragebögen an und Interviews mit Behördenvertretern und anderen Personen

Zur Einholung weiterer praktischer Informationen schickte der Verfasser selbstentworfene und auf die jeweilige Behörde zugeschnittene Fragebögen an insgesamt siebzehn verschiedene Landesbehörden mit Aufsichts- und/oder Erlaubniszuständigkeiten im Glücksspielbereich. An drei dieser Landesbehörden sowie an eine weitere (achtzehnte) Landesbehörde stellte er außerdem gezielte Nachfragen bzw. Anfragen zum Erhalt von Materialien.

Die kontaktierten Landesbehörden stammten dabei aus zehn verschiedenen Bundesländern. Die Bundesländer wurden unter den Gesichtspunkten der Abdeckung der Länder mit länderübergreifenden Zuständigkeiten nach dem Glücksspielstaatsvertrag und der Erfassung möglichst vielfältiger Regelungsregimes im Glücksspiel- bzw. Geldwäschebereich ausgewählt. Die Behörden selbst wurden unter den Gesichtspunkten der Abdeckung aller Glücksspielbereiche sowie der Erfassung sowohl der Erlaubnis- als auch der Aufsichtsseite ausgewählt.

Von den achtzehn kontaktierten Behörden antworteten sieben nicht bzw. erteilten eine Absage. Bei den übrigen elf Behörden war der Rücklauf wie folgt (Überschneidungen möglich):

- Fünf Behörden füllten den Fragebogen aus.
- Sechs Behörden stellten Informationen zur Verfügung.
- Vier Behörden stellten Materialien zur Verfügung.
- Zwei Behördenvertreter erklärten sich zu einem telefonischen Leitfadeninterview bereit.

Auf diese Weise konnte der Verfasser wertvolle Informationen und teilweise auch behördliche Unterlagen aus Bayern, Berlin, Mecklenburg-Vorpommern, Niedersachsen, Nordrhein-Westfalen, Rheinland-Pfalz und Schleswig-Holstein gewinnen.

Weitere Informationen zum Bereich des gewerblichen Automatenspiels erhielt er durch Fragebögen an und/oder telefonische Leitfadeninterviews mit Vertretern des Amts für Finanzsteuerung und des Ordnungsamts der Stadt Bochum, der Physikalisch-Technischen Bundesanstalt sowie einem privaten Spielhallenunternehmen.

Neben einigen glücksspielrechtlichen Tagungen in Frankfurt a. M., Berlin, Bochum und Hohenheim nahm der Verfasser zudem im November 2015 an einer geldwäscherechtlichen Praktikertagung in Frankfurt a. M. teil, wo er mit zwei Vertretern aus dem Glücksspielbereich Gespräche führen konnte.

Teil 2: Grundlagen der Untersuchung

A. Der Geldwäschebegriff

Um die Frage beantworten zu können, inwiefern Geldwäsche im Glücksspielbereich eine Rolle spielt und welche Maßnahmen zu ihrer Verhinderung sinnvoll sind, ist zunächst eine Klärung des Geldwäschebegriffs vorzunehmen. Zudem soll gezeigt werden, dass eine genauere Unterscheidung zwischen einem präventionsrechtlichem und einem strafrechtlichen Geldwäschebegriff sinnvoll ist.

I. Präzisierung des Geldwäschebegriffs

1) Allgemeinsprachliches Verständnis

Einen ersten Anhaltspunkt für die Bedeutung des Begriffs Geldwäsche im allgemeinen Sprachgebrauch liefert der DUDEN, der ihn an erster Stelle folgendermaßen definiert:[33]

> „Geldwäsche, die: Das Umwandeln von Geldern illegaler Herkunft (insbesondere aus Raub, Erpressung, Drogen-, Waffen- und Frauenhandel) in offiziell registrierte Zahlungsmittel."

Geldwäsche setzt demnach voraus, dass Vermögenswerte illegaler Herkunft vorliegen. Diese sollen durch eine noch näher zu bestimmende „Umwandlung" (wieder) für den legalen Zahlungsverkehr nutzbar gemacht werden. Die Nutzbarmachung für den legalen Zahlungsverkehr setzt voraus, dass den Vermögenswerten ihre illegale Herkunft nicht mehr anzumerken ist bzw. sie ohne unverhältnismäßigen Aufwand nicht mehr festgestellt werden kann. Illegale Herkunft meint nach der Definition des DUDENs, dass die Vermögenswerte aus einer rechtswidrigen Vortat stammen.

Wenn diese Vermögenswerte durch Transformationsprozesse für den legalen Zahlungsverkehr nutzbar gemacht werden können, schafft dies Anreize, die Vortat überhaupt erst zu begehen. Gewinne, denen ihre illegale Herkunft ohne weiteres anzumerken ist, sind in der Regel nur auf einem kleineren – nämlich dem illegalen – Markt wirtschaftlich verwertbar und damit für Kriminelle weniger erstrebenswert. Zudem ist die Abwicklung von Geschäften auf illegalen

---

33 DUDEN/Geldwäsche (URL-Verz.).

Märkten mit einem Entdeckungs- und Bestrafungsrisiko verbunden, das auf legalen Märkten nicht gegeben ist.

2) *Fachsprachliches Verständnis: Geldwäsche als Prozess – Das Drei-Phasen-Modell*

Zur Systematisierung des Vorgangs der Geldwäsche wurde von der US-amerikanischen Zollbehörde das sog. Drei-Phasen-Modell entwickelt. Danach sind bei der Geldwäsche drei aufeinander folgende und aufbauende Phasen zu unterscheiden, die mit den Begriffen Placement, Layering und Integration bezeichnet werden.[34]

a) Die Placement-Phase

In der Placement-Phase werden die zu waschenden Vermögenswerte platziert, d. h. an geeigneter Stelle in wirtschaftliche Zusammenhänge eingebracht.[35] Die Platzierung kann auf vielfältige Weise geschehen, z. B. durch Eröffnung eines Kontos bei einer Bank mit anschließender Einzahlung der zu waschenden Gelder.[36] Der Einzahlung kann ggf. noch ein Tausch kleinerer gegen größere Geldscheine und/oder in eine andere Währung vorausgehen, um die Einzahlung weniger auffällig erscheinen zu lassen.[37]

Auch im Glücksspielbereich können Gelder auf vielfältige Weise eingebracht werden, z. B. durch Ankauf von Jetons in einer Spielbank,[38] durch Eröffnung eines Spielerkontos bei einem Internet-Glücksspielanbieter und Einzahlung eines Startkapitals[39] oder durch Einsetzen von Beträgen bei Sportwetten.[40]

---

34 Etwa *Hölscher/Gesmann-Nuissl/Hornbach*, Systeme zur Geldwäschebekämpfung in der EU, S. 32; *Klippl*, Geldwäscherei, S. 6; *Körner/Dach*, Geldwäsche, Teil 1 Rn. 42; *Schneider/Dreer/Riegler*, Geldwäsche, S. 32 f.

35 Vgl. nur *Schneider/Dreer/Riegler*, Geldwäsche, S. 33.

36 *Klippl*, Geldwäscherei, S. 7.

37 *Hölscher/Gesmann-Nuissl/Hornbach*, Systeme zur Geldwäschebekämpfung in der EU, S. 36.

38 *Hölscher/Gesmann-Nuissl/Hornbach*, Systeme zur Geldwäschebekämpfung in der EU, S. 37.

39 McAfee, Money Laundering Through Online Gambling, S. 9.

40 *Kalb/Verschuuren*, Money Laundering, S. 52.

b) *Die Layering-Phase*

In der Layering-Phase erfolgt die Verschleierung der platzierten Vermögenswerte, eine Handlung oder Handlungskette, die das Nachvollziehen der Herkunft erschwert oder unmöglich macht.[41] Im Falle der Einzahlung auf ein Bankkonto etwa könnte der Geldwäscher die Gelder mehrfach aufteilen und weitertransferieren, bis ihr Ursprung nicht mehr zu ermitteln ist.[42]

Auch im Glücksspielbereich sind Layering-Methoden denkbar. Als Beispiel sei noch einmal die Spielbank genannt: Der Geldwäscher kann etwa nach Ankauf von Jetons eine Zeitlang mit diesen spielen und sich den verbleibenden Vorrat durch die Spielbank ausbezahlen lassen.[43] Der ausgezahlte Betrag könnte dann den Anschein erwecken, beim Spiel in der Spielbank gewonnen worden zu sein. Die illegale Herkunft des zum Ankauf der Jetons eingesetzten Geldes wäre dann nicht mehr ohne weiteres ersichtlich.

c) *Die Integration-Phase*

In der Integration-Phase schließlich werden die gewaschenen Vermögenswerte wieder in den legalen Finanzmarkt integriert.[44] Der Geldwäscher könnte die Werte z. B. nutzen, um handelsübliche Transaktionen wie den Kauf von Aktien oder Immobilien mit ihnen abwickeln.[45]

3) *Strafrechtliches Verständnis*

Die wesentlichen strafrechtlichen Formulierungen der einzelnen Tatbestandsvarianten der Geldwäsche finden sich bereits im Übereinkommen der Vereinten Nationen gegen den unerlaubten Verkehr mit Suchtstoffen und psychotropen Stoffen vom 20.12.1988[46], in der erstmals die Pönalisierung von Geldwäschehandlungen für bestimmte Vortaten aus dem Bereich der Organisierten und der Betäubungsmittelkriminalität gefordert wird. Danach ist Geldwäsche die Umwandlung von bemakelten Vermögensgegenständen zu dem Ziel, ihre Herkunft zu verbergen oder zu verschleiern,[47] das Verbergen oder die Verschleierung

---

41 Vgl. nur *Schneider/Dreer/Riegler*, Geldwäsche, S. 33.
42 *Schneider/Dreer/Riegler*, Geldwäsche, S. 33.
43 Vgl. *Hölscher/Gesmann-Nuissl/Hornbach*, Systeme zur Geldwäschebekämpfung in der EU, S. 37, die diesen Vorgang allerdings der ersten Phase zurechnen.
44 Vgl. nur *Schneider/Dreer/Riegler*, Geldwäsche, S. 34.
45 *Vogt*, in: Herzog/Mülhausen, GuG, § 2 Rn. 4.
46 Im Folgenden: Wiener Übereinkommen.
47 Art. 3 Abs. 1 lit. b (i) Var. 1 Wiener Übereinkommen.

des Belegenheitsorts der Vermögensgegenstände selbst,[48] die Umwandlung der bemakelten Vermögensgegenstände zu dem Zweck, dem Vortäter oder einem Vortatbeteiligten behilflich zu sein, sich den staatlichen Folgen seines Handelns zu entziehen[49] oder die Verfügung über Gegenstände illegaler Herkunft bzw. über Rechte hieran.[50]

Den Begriff der Geldwäsche oder Geldwäscherei selbst nennt die Konvention allerdings noch nicht. Auch in der französischen Originalfassung und in der englischen Fassung sind die korrespondierenden Begriffe (blanchiment d'argent bzw. money laundering) im Konventionstext nicht genannt.

Die strafrechtliche Kodifizierung der Geldwäsche in § 261 StGB beschreibt – ähnlich wie die Formulierungen im Wiener Übereinkommen – weniger einen ganzheitlichen Prozess, wie er im Drei-Phasen-Modell dargestellt wird, sondern knüpft mehr an bestimmte Handlungen innerhalb eines Geldwäscheprozesses an.

Insofern erfasst die Formulierung des objektiven Tatbestandes in § 261 Abs. 1, Abs. 2 StGB[51] nicht nur die Vorstellung von Geldwäsche als Umwandlung von schmutzigem in sauberes Geld zwecks seiner (Wieder-)Einspeisung in den legalen Markt. Vielmehr erfasst sie mit dem Ziel einer umfassenden strafrechtlichen Abdeckung des unerwünschten Umgangs mit bemakelten Vermögenswerten auch Handlungen, durch die solche Vermögenswerte dem staatlichen Zugriff lediglich entzogen werden, ohne dass eine Einspeisung in den legalen Markt unmittelbar bezweckt wäre, sowie Veräußerungs- und Weitergabehandlungen.[52]

---

48 Art. 3 Abs. 1 lit. c (ii) Var. 1 Wiener Übereinkommen.

49 Art. 3 Abs. 1 lit. b (i) Var. 2 Wiener Übereinkommen.

50 Art. 3 Abs. 1 lit. c (ii) Var. 2 Wiener Übereinkommen.

51 § 261 Abs. 1 S. 1 StGB: „Wer einen Gegenstand, der aus einer rechtswidrigen Tat herrührt, 1. verbirgt, 2. in der Absicht, dessen Auffinden, dessen Einziehung oder die Ermittlung von dessen Herkunft zu vereiteln, umtauscht, überträgt oder verbringt, 3. sich oder einem Dritten verschafft oder 4. verwahrt oder für sich oder einen Dritten verwendet, wenn er dessen Herkunft zu dem Zeitpunkt gekannt hat, zu dem er ihn erlangt hat, wird mit Freiheitsstrafe bis zu fünf Jahren oder mit Geldstrafe bestraft."
§ 261 Abs. 2 StGB: „Ebenso wird bestraft, wer Tatsachen, die für das Auffinden, die Einziehung oder die Ermittlung der Herkunft eines Gegenstands nach Absatz 1 von Bedeutung sein können, verheimlicht oder verschleiert."

52 Somit ergeben sich gewisse Überschneidungen des Geldwäschetatbestandes mit den Tatbeständen der übrigen Anschlussdelikte, d. h. der Begünstigung (§ 257 StGB), der Strafvereitelung (§ 258 StGB) und der Hehlerei (§ 259 StGB) (vgl. Körner/Dach, Geldwäsche, Teil 1 Rn. 95 f.), ohne dass die letztgenannten Tatbestände das spezifische Unrecht der Geldwäsche tatbestandlich abzudecken vermöchten (ausführlich dazu *Leip*, Der Straftatbestand der Geldwäsche, S. 9 ff.; vgl. außerdem BT-Drs. 12/989, S. 26).

Durch Art. 1 Nr. 3 des Gesetzes zur Verbesserung der strafrechtlichen Bekämpfung der Geldwäsche v. 09.03.2021 (BGBl. I S. 327) wurde – neben einer begrenzten Umstrukturierung der Tatbestandsvarianten des § 261 Abs. 1 StGB[53] – zudem insbesondere der vormals bestehende selektive Katalog tauglicher Vortaten der Geldwäsche aufgehoben und der Kreis der tauglichen Vortaten auf alle Straftaten ausgedehnt (vgl. § 261 Abs. 1 S. 1 in Zusammenschau mit § 11 Abs. 1 Nr. 5 StGB).[54]

Die einzelnen objektiven Tatbestände des § 261 StGB lassen sich im Versuch einer Systematisierung im Wesentlichen in die folgenden Obertatbestände kategorisieren: Verschleierungstatbestand, Vereitelungstatbestand und Isolierungstatbestand.[55]

a) Der Verschleierungstatbestand

Der Verschleierungstatbestand erfasst das Verbergen eines Gegenstandes aus einer einschlägigen Vortat, die Verschleierung von dessen Herkunft sowie die Vereitelung oder Gefährdung der Herkunftsermittlung oder des Auffindens, vgl. § 261 Abs. 1 S. 1 Nr. 1, Abs. 2 StGB.[56] Hier geht es also dem Geldwäscher darum, die illegale Herkunft von Vermögenswerten nicht mehr nachvollziehbar zu machen oder an einen sicheren Ort zu verbringen. Die Absicht der

53 Dazu etwa *Scherp/Wrocklage*, CB 2021, 186 (188).

54 BT-Drs. 19/24180, S. 12 f.; *Müller*, NJW-Spezial 2021, 312.

55 Systematisierung nach: *Altenhain*, in: Kindhäuser/Neumann/Paeffgen, StGB, Bd. 3, § 261 Rn. 15. Die von *Altenhain* dargestellte Systematisierung kann für die Zwecke der vorliegenden Untersuchung, für die in strafrechtlicher Hinsicht an dieser Stelle eine Darstellung der wesentlichen Strukturen des strafrechtlichen Geldwäschebegriffes entscheidend und damit auch ausreichend ist, auch nach der Neufassung des § 261 Abs. 1 StGB durch das Gesetz zur Verbesserung der strafrechtlichen Bekämpfung der Geldwäsche zugrunde gelegt werden. Die drei genannten Varianten finden sich strukturell auch in der Neufassung wieder (vgl. BT-Drs. 19/24180, S. 30 f. u. 33 sowie *Gazeas*, NJW 2021, 1041 (1042 [Rn. 5]); Ruhmannseder, in: von Heintschel-Heinegg, BeckOK StGB, § 261 Rn. 22; *Scherp/Wrocklage*, CB 2021, 186 (188)), wobei insbesondere über den neugefassten Absatz 2 eine weitere Ausdehnung der Strafbarkeit in den Bereich der (bloßen) Gefährdung staatlicher Ermittlungstätigkeit und des staatlichen Einziehungsrechts stattgefunden hat (*Scaraggi-Kreitmayer*, DStR 2021, 885 (887); *Scherp/Wrocklage*, CB 2021, 186 (188)).

56 *Ruhmannseder*, in: von Heintschel-Heinegg, BeckOK StGB, § 261 Rn. 23 u. 30 f.; zur Vorfassung *Altenhain*, in: Kindhäuser/Neumann/Paeffgen, StGB, Bd. 3, § 261 Rn. 97.

Wiedereinspeisung der Vermögenswerte in den legalen Markt ist dabei nicht notwendig als Tatbestandsmerkmal gefordert.[57]

b) Der Vereitelungstatbestand

Der Vereitelungstatbestand erfasst die Vereitelung oder Gefährdung von Verfall, Einziehung oder Sicherstellung eines Gegenstandes aus einer einschlägigen Vortat von staatlicher Seite, vgl. § 261 Abs. 1 S. 1 Nr. 2, Abs. 2 StGB[58] und weist Überschneidungen mit dem Verschleierungstatbestand auf. Im Gegensatz zum Verschleierungstatbestand steht hier aber der Schutz der formalen staatlichen Zugriffsinstrumente im Vordergrund.[59]

c) Der Isolierungstatbestand

Der Isolierungstatbestand erfasst die Verschaffung, Verwahrung oder Verwendung eines Gegenstandes aus einer einschlägigen Vortat für sich oder einen Dritten in Kenntnis von dessen Herkunft, vgl. § 261 Abs. 1 S. 1 Nr. 3 u. 4 StGB.[60] Zweck des Isolierungstatbestandes ist es, den Besitzer illegal erlangter Vermögenswerte zu isolieren, d. h. jeden geschäftlichen Umgang mit diesen Vermögenswerten zu unterbinden und den legalen Markt vor einer Durchsetzung mit Vermögenswerten illegaler Herkunft zu schützen.[61] Er ist damit Ausdruck des Gedankens „Verbrechen lohnt nicht".[62]

II. Idee einer Trennung von präventionsrechtlichem und strafrechtlichem Geldwäschebegriff

Mit der im Juni 2017 in Kraft getretenen Neufassung des Geldwäschegesetzes hat der deutsche Gesetzgeber Geldwäsche in § 1 Abs. 1 GwG als Geldwäsche i. S. v. § 261 StGB definiert. Die Einführung dieser Definition hat lediglich deklarativen

---

57 Vgl. die Beispiele bei *Ruhmannseder*, in: von Heintschel-Heinegg, BeckOK StGB, § 261 Rn. 23.1 sowie auch schon *Leip*, Der Straftatbestand der Geldwäsche, S. 4 [UPkt. 2].

58 *Ruhmannseder*, in: von Heintschel-Heinegg, BeckOK StGB, § 261 Rn. 24 u. 30 f.; zur Vorfassung *Altenhain*, in: Kindhäuser/Neumann/Paeffgen, StGB, Bd. 3, § 261 Rn. 105.

59 *Ruhmannseder*, in: von Heintschel-Heinegg, BeckOK StGB, § 261 Rn. 24; zur Vorfassung *Altenhain*, in: Kindhäuser/Neumann/Paeffgen, StGB, Bd. 3, § 261 Rn. 106.

60 *Ruhmannseder*, in: von Heintschel-Heinegg, BeckOK StGB, § 261 Rn. 26 ff.; zur Vorfassung *Altenhain*, in: Kindhäuser/Neumann/Paeffgen, StGB, Bd. 3, § 261 Rn. 111.

61 BT-Drs. 19/24180, S. 31 i.V.m. BT-Drs. 12/989, S. 27.

62 *Leip*, Der Straftatbestand der Geldwäsche, S. 54.

Charakter: Schon zuvor wurde Geldwäsche im Sinne des Geldwäschegesetzes als Geldwäsche im Sinne des Strafgesetzbuches verstanden.[63]

Betrachtet man den in Gesetzesbegründungen, Literatur und Veröffentlichungen von Behörden und Organisationen zur Geldwäschebekämpfung verwendeten Geldwäschebegriff jedoch genauer, lassen sich zwei verschiedene Formen des begrifflichen Verständnisses erkennen, die nebeneinander und ohne klare Abgrenzung verwendet werden. Diese beiden Formen wurden im vorangegangenen Abschnitt bereits dargestellt:

Zum einen wird Geldwäsche – so wie im Drei-Phasen-Modell – als Prozess begriffen, der das „Waschen" bemakelter Vermögenswerte zum Ziel hat, d. h. die Reinigung von ihrer illegalen Herkunft und die Wiedernutzbarmachung für den legalen Geschäftsverkehr. Zum anderen existiert eine Definition der Geldwäsche im Strafgesetzbuch, die mehrere einzelne, weit gefasste Tathandlungen umfasst und nahezu jeden Umgang mit Gegenständen aus einer tauglichen Vortat – für die jetzt jede Straftat genügt[64] – zur Erfüllung des Tatbestands ausreichen lässt.[65]

Dass bei der Verwendung des Geldwäschebegriffs einmal an einen Prozess, ein andermal an einzelne Handlungen angeknüpft wird, lässt eine Deckungsgleichheit der Definitionen zumindest fraglich erscheinen und ist durchaus eine Besonderheit der Geldwäsche: Beispielweise wird eine kriminologische Umschreibung dessen, was ein Raub ist, weitgehend mit der Definition in § 249 Abs. 1 StGB übereinstimmen.

Umso mehr verwundert, dass eine Auseinandersetzung mit dieser Problematik bislang kaum erfolgt ist. Um die nachfolgende Untersuchung auf ein präzises begriffliches Fundament zu stellen, soll daher eine Unterscheidung zwischen zwei verschiedenen Geldwäschebegriffen getroffen werden:[66]

- dem kriminologisch geprägten Geldwäschebegriff (Vorgang des „Waschens" bemakelter Vermögenswerte insbesondere in einer Glücksspieleinrichtung), der aufgrund seiner besonderen Relevanz für Geldwäschepräventionsvorschriften im Folgenden als präventionsrechtlicher Geldwäschebegriff bezeichnet wird, und
- dem strafrechtlichen Geldwäschebegriff.

---

63 BT-Drs. 18/11555, S. 101.

64 S. o. Teil 2 A. I. 3).

65 *Lampe*, JZ 1994, 123 (127 ff.).

66 Die Idee einer solchen Unterscheidung verdanke ich wesentlich einem Gespräch mit *Severin Glaser* an der WU Wien im Juli 2015.

III. Rechtspolitische Sinnhaftigkeit einer Trennung von präventionsrechtlichem und strafrechtlichem Geldwäschebegriff

Die rechtspolitische Sinnhaftigkeit einer Trennung von präventionsrechtlichem und strafrechtlichem Geldwäschebegriff gerade im Glücksspielbereich zeigt sich vor allem in Zusammenhang mit der Aufhebung der uneingeschränkten Straflosigkeit der Vortätergeldwäsche.[67]

1) Die teilweise Aufhebung der uneingeschränkten Straflosigkeit der Vortätergeldwäsche

Der Gesetzgeber hat bei der Einfügung des Geldwäschetatbestandes in das Strafgesetzbuch Geldwäsche als die Einschleusung von Vermögensgegenständen aus organisierter Kriminalität in den legalen Finanz- und Wirtschaftskreislauf zum Zweck der Tarnung verstanden und den bestehenden Anschlussdeliktstatbeständen der Begünstigung, Strafvereitelung und Hehlerei die Eignung abgesprochen, das Phänomen der Geldwäsche hinreichend strafrechtlich zu erfassen.[68] In dem Bemühen, diesem Defizit abzuhelfen und u. a. die Vorgaben aus dem Wiener Übereinkommen sowie FATF-Empfehlungen umzusetzen,[69] hat er, wie oben bereits angedeutet, einen Tatbestand von erheblicher Weite geschaffen.[70]

Eine wichtige Einschränkung der Strafbarkeit gab es jedoch lange Zeit: Nach der bis zum 25.11.2015 geltenden Fassung des § 261 StGB machte sich ein Vortatbeteiligter nicht wegen Geldwäsche strafbar, wenn er die illegal erlangten Vermögenswerte selbst wusch, § 261 Abs. 9 S. 2 StGB a. F.

Die dieser Regelung zugrundeliegende Wertung entspricht der Einordnung der Geldwäsche als Anschlussdelikt. Der Unrechtsgehalt der Anschlussdelikte liegt darin, dass sie in Anknüpfung an eine rechtswidrige Vortat zur Aufrechterhaltung einer gesetzeswidrigen Situation beitragen: Die Begünstigung sichert dem Täter die Beute, die Strafvereitelung schützt ihn vor den Konsequenzen des verwirklichten Unrechts, die Hehlerei trägt zur Aufrechterhaltung der rechtswidrigen Vermögenslage bei. Der Vortatbeteiligte selbst hat bereits an der

67 Auch diese Argumentationsidee verdanke ich wesentlich dem Gespräch mit *Severin Glaser* im Juli 2015.

68 BT-Drs. 12/989, S. 26.

69 Zur Entstehungshistorie des Geldwäschetatbestandes *Volkmer*, in: Körner/Patzak/ders., BtMG, § 29 Teil 23 Rn. 20 ff.

70 *Lampe*, JZ 1994, 123 (127 ff.).

Herbeiführung der gesetzeswidrigen Situation mitgewirkt und verwirklicht grundsätzlich durch die Aufrechterhaltung dieser Situation kein gesondert strafwürdiges Unrecht. Dem tragen die Anschlussdelikte durchweg durch persönliche Strafausschließungsgründe (§ 257 Abs. 3 S. 1, § 258 Abs. 5 StGB) bzw. schon auf tatbestandlicher Ebene (§ 257 Abs. 1, § 258 Abs. 1 und § 259 Abs. 1 StGB setzen jeweils die Tat eines anderen voraus) Rechnung.

Im Rahmen der am 26.11.2015 in Kraft getretenen Neufassung des § 261 Abs. 9 StGB a. F. durch Art. 1 Nr. 6 lit. b) KorrBekG[71] wurde dort jedoch der folgende Satz eingefügt (der sich in der aktuellen Normfassung inhaltlich gleich in § 261 Abs. 7 StGB wiederfindet[72]): „*Eine Straflosigkeit nach Satz 2 ist ausgeschlossen, wenn der Täter oder Teilnehmer einen Gegenstand, der aus einer in Absatz 1 Satz 2 genannten rechtswidrigen Tat herrührt, in den Verkehr bringt und dabei die rechtswidrige Herkunft des Gegenstandes verschleiert.*"

Begründet wird diese Ausnahme von der Ausnahme der Strafbarkeit damit, dass der Täter ein neuerliches Unrecht verwirkliche.[73] Dieses liege darin, dass er die illegal erlangten Werte zusätzlich in den Wirtschaftsverkehr einbringe und damit dessen Lauterkeit beeinträchtige.[74] Wenn der Täter hingegen lediglich weitere Handlungen unternehme, um seinen Besitz zu erhalten und den staatlichen Zugriff zu erschweren, ohne sie in den Wirtschaftsverkehr einzubringen, verwirkliche er auch kein neuerliches Unrecht.[75] In diesen Fällen solle er nach wie vor straflos sein.

Die gesetzliche Begründung verweist ausdrücklich auf die Auffassung der FATF zur Selbstgeldwäsche.[76] Die FATF hatte die uneingeschränkte Straflosigkeit des Vortäters in ihrem Deutschlandprüfbericht vom 19.02.2010 gerügt[77] und in ihrem 3rd Follow-Up Report von Juni 2014 festgestellt, dass ein Gesetzentwurf zur Behebung dieses – laut FATF – Defizits in Vorbereitung, das Defizit aber noch nicht behoben sei.[78] Diese Rügen wurden auch vom nationalen Gesetzgeber rezipiert und spielten bei der Debatte im Rahmen des Gesetzgebungsverfahrens

---

71 Gesetz zur Bekämpfung der Korruption v. 20.11.2015 (BGBl. I S. 2025).

72 Vgl. BT-Drs. 19/24180, S. 34 f.; Erwägungsgrund Nr. 11 u. Art. 3 Abs. 5 RL (EU) 2018/1673.

73 BT-Drs. 18/6389, S. 11.

74 BT-Drs. 18/6389, S. 11.

75 BT-Drs. 18/6389, S. 11.

76 BT-Drs. 18/6389, S. 12.

77 FATF, Mutual Evaluation Report Germany, Abschn. 2.1.3.

78 FATF, 3rd Follow-Up Report Germany, S. 7.

eine wesentliche Rolle.[79] Die Änderung lässt sich damit unmittelbar auf Empfehlungen der FATF zurückführen.

2) *Bedeutung der Gesetzesänderung für den Glücksspielbereich*

Fasst man Geldwäsche als nach § 261 StGB tatbestandliche *und* strafbare Handlung auf, so wären viele der in der Literatur beschriebenen Fällen von Geldwäsche im Glücksspielbereich nach der bis zum 25.11.2015 geltenden Rechtslage schon deswegen keine Geldwäsche, weil der Vortäter selbst handelt. Typisches Beispiel ist der Kriminelle, der in einer Spielbank Gelder aus selbst verübten Straftaten gegen Jetons eintauscht. Sein Handeln ist zwar tatbestandlich, wegen des Strafausschließungsgrundes jedoch nicht als Geldwäsche strafbar.

Nach der Neufassung des § 261 Abs. 9 StGB a. F. kommt der Vortäter nicht in den Genuss des Strafausschließungsgrunds, wenn er den aus der Vortat herrührenden Gegenstand in den Verkehr bringt und dabei dessen rechtswidrige Herkunft verschleiert. Das ist der Fall, wenn er die Geldwäsche nicht (allein) dadurch verwirklicht, dass er den bemakelten Gegenstand durch Verbergen oder bloße Vereitelung seines Auffindens staatlichem Zugriff entzieht, sondern ihn aus seiner Verfügungsgewalt entlässt und Dritte Verfügungsgewalt darüber erlangen.[80] Diese Voraussetzung ist z. B. bei Ankauf von Spielmarken in einer Spielbank, Einsatz von Geld bei Sportwettenanbietern oder Gründung einer Spielhalle mit bemakeltem Geld gegeben.

3) *Notwendigkeit der Unterscheidung zweier verschiedener Geldwäschebegriffe*

Unabhängig von der Frage der Strafbarkeit der Vortätergeldwäsche ist der Missbrauch einer Glücksspieleinrichtung zur Verschleierung der illegalen Herkunft von Geldern ein zu verhindernder „Waschvorgang“, ob die Verschleierung nun durch den Vortäter oder durch einen Dritten erfolgt.[81] Für den präventionsrechtlichen Geldwäschebegriff macht es keinen Unterschied, ob die handelnde Person sich durch die Verschleierung wegen Geldwäsche strafbar macht. Insofern interessiert nur, wie sie verhindert werden kann.

---

79 BT-PlPr. 18/130, S. 12699 u. 12702.

80 *Ruhmannseder*, in: von Heintschel-Heinegg, BeckOK StGB, § 261 Rn. 67.

81 Auch der Gesetzgeber hat die Irrelevanz der Frage, ob der Vortäter oder ein anderer handelt, für die negativen Auswirkungen der Geldwäsche auf die Integrität und Lauterkeit des legalen Marktes festgestellt, vgl. BT-Drs. 18/6389, S. 11.

Durch eine Trennung von präventionsrechtlichem und strafrechtlichem Geldwäschebegriff kann die Frage, wie der Missbrauch von Glücksspieleinrichtungen zum Waschen von Geld verhindert werden kann, losgelöst von strafrechtsdogmatischen Fragestellungen betrachtet werden. Bei Vermischung dieser Ebenen drohen mangelnde Flexibilität in der Präventionsdiskussion wegen zu enger Bindung an den strafrechtlichen Geldwäschetatbestand und umgekehrt auch eine Überdehnung des strafrechtlichen Tatbestandes aufgrund präventionspolitischer Erwägungen.

IV. Bestimmte (strafrechtliche) Konstellationen der Geldwäsche als weiteres Argument für eine begriffliche Trennung

Insbesondere im Hinblick auf den Glücksspielbereich spricht ein weiteres Argument für eine begriffliche Trennung. Es gibt nämlich nicht nur Handlungen, die es aus präventionspolitischer Sicht zu verhindern gilt, ohne dass sie gesondert strafwürdig erschienen, sondern umgekehrt auch Handlungen, die im strafrechtlichen Sinne Geldwäsche sind, deren Verhinderung aber nicht primärer Gegenstand von Geldwäschepräventionspolitik ist.

Gemeint sind damit insbesondere Konstellationen, in denen eine Person illegal erlangte Gelder zu Amüsierzwecken in einer Glücksspieleinrichtung verspielt. Das bloße Verspielen erfüllt objektiv bereits den weiten Verwendungstatbestand der Geldwäsche. I. S. v. § 261 Abs. 1 S. 1 Nr. 4 StGB verwendet einen Gegenstand für sich, wer ihn zu eigenen oder fremden Zwecken gebraucht.[82] Erfasst wird damit jede wirtschaftliche Verfügung über den Gegenstand wie die Umwandlung oder das Einwechseln gegen Bargeld[83] und auch der Gebrauch eines Gegenstandes zu Amüsierzwecken wie etwa das Herumfahren mit einem durch Drogengelder erworbenen Auto.[84] Gleiches gilt für den Eintausch bemakelter Gelder gegen Jetons und deren Verspielen.

Natürlich ist die Verhinderung eines bloßen Verspielens illegal erlangter Gelder unter präventionspolitischen Gesichtspunkten wünschenswert, zumal das Anti-Geldwäscheregime einer Spielbank auch zur Aufklärung der Vortat

82 *Ruhmannseder*, in: von Heintschel-Heinegg, BeckOK StGB, § 261 Rn. 27.

83 *Altenhain*, in: Kindhäuser/Neumann/Paeffgen, StGB, Bd. 3, § 261 Rn. 116 (zur Vorfassung; zur inhaltlichen Identität des Verwendungstatbestandes in der Neufassung *Ruhmannseder*, in: von Heintschel-Heinegg, BeckOK StGB, § 261 Rn. 27).

84 Vgl. *Altenhain*, in: Kindhäuser/Neumann/Paeffgen, StGB, Bd. 3, § 261 Rn. 117 (zur Vorfassung; zur inhaltlichen Identität des Verwendungstatbestandes in der Neufassung *Ruhmannseder*, in: von Heintschel-Heinegg, BeckOK StGB, § 261 Rn. 27).

beitragen kann. Beispielsweise kann eine Verdachtsanzeige nach dem Geldwäschegesetz dazu führen, dass die betreffende Person ergriffen wird, in der Spielbank getätigte Äußerungen der Person über die Herkunft ihrer Gelder können evtl. vom Spielbankpersonal gegenüber dem Strafrichter bezeugt werden, etc.

So wie die Geldwächeprävention im Glücksspielbereich in der politischen Diskussion und auch im Sinne der vorliegenden Untersuchung verstanden wird, ist damit jedoch in erster Linie die Verhinderung der Nutzung von Glücksspieleinrichtungen als „Waschanlagen“ gemeint. Das bedeutet, dass der Spieler sein Geld in der Glücksspieleinrichtung von der illegalen Herkunft reinigt, um es anschließend anderweitig wieder einsetzen zu können. Dies ist nicht der Fall, wenn das Geld zur bloßen Belustigung verspielt wird.

Daneben gibt es weitere Konstellationen, in denen dies nicht der Fall ist. So kann z. B. (täterschaftliche) Geldwäsche vorliegen, wenn ein Beamter der Steuerfahndung den befreundeten Betreiber eines illegalen Kasinos vor einer bevorstehenden Durchsuchung warnt und so das Auffinden illegal erlangter Gelder verhindert oder erschwert.[85]

Auch insofern ist also eine Unterscheidung zwischen präventionsrechtlichem und strafrechtlichem Geldwäschebegriff angezeigt.

V. Geldwäschebegriff im Rahmen der vorliegenden Untersuchung

Die vorliegende Untersuchung befasst sich im Hinblick auf die Geldwäschebekämpfung im Glücksspielbereich mit den präventiven Vorschriften des öffentlichen Wirtschaftsrechts[86] und nur soweit in diesem Rahmen erforderlich mit den strafrechtlichen Vorgaben. Dementsprechend soll dieser Untersuchung der präventionsrechtliche Geldwäschebegriff zugrunde gelegt werden.

Geldwäsche ist demnach der Prozess der Reinigung illegal erlangter Gelder von ihrer bemakelten Herkunft mit dem Ziel, die Gelder (anderweitig) wieder einsetzbar zu machen. Zur Systematisierung und Konkretisierung dieses Prozesses kann das unter Teil 2 A. I. 2) beschriebene Drei-Phasen-Modell herangezogen werden.

---

85 Vgl. OLG Hamm, Beschl. v. 31.07.2003, 3 Ss 388/08.

86 Vgl. BR-Drs. 459/12, S. 1: „Das Geldwäschegesetz (GwG) verfolgt ebenso wie die Finanzmarktaufsichtsgesetze (Kreditwesengesetz [KWG], Versicherungsaufsichtsgesetz [VAG], Zahlungsdiensteaufsichtsgesetz [ZAG]) oder die Gewerbeordnung (GewO) einen präventiv-gewerberechtlichen Ansatz.“

B. Rechtliche Grundlagen der Geldwäschebekämpfung

Erfolgte im vorangegangenen Kapitel eine Auseinandersetzung mit dem Geldwäschebegriff, soll in der folgenden Darstellung der für alle terrestrischen Glücksspielbereiche geltende rechtliche Rahmen der Geldwäschebekämpfung abgesteckt werden.

I. Die FATF und ihre zentrale Bedeutung für die Geldwäschebekämpfung

Eine Darstellung der rechtlichen Grundlagen der Geldwäschebekämpfung kommt kaum umhin, bei der FATF ihren Anfang zu nehmen. Die Untersuchungen der FATF zu Geldwäschetechniken und ihre Empfehlungen zur Geldwäschebekämpfung haben maßgeblich die Gesetzgebung auf europäischer und auf deutscher Ebene beeinflusst.

1) Die Federal Action Task Force (on Money Laundering)

Bei der FATF handelt es sich um eine 1989 gegründete,[87] zwischenstaatliche[88] Organisation mit Hauptsekretariat in Paris.[89] Ihr gehören mittlerweile 37 Nationen von allen besiedelten Kontinenten sowie mit der Europäischen Kommission und dem Golf-Kooperationsrat auch zwei Organisationen an.[90] Deutschland ist seit 1990 Mitglied.[91]

Erklärtes Ziel der FATF ist es, Geldwäscherisiken in den Mitgliedsstaaten in den verschiedenen in Betracht kommenden Branchen zu untersuchen, Maßnahmen insbesondere rechtlicher Natur zur Geldwäschebekämpfung vorzuschlagen und den Fortschritt der Mitgliedstaaten bei der Geldwäschebekämpfung regelmäßig zu evaluieren.[92]

2) Veröffentlichungen der FATF

Die Arbeit der FATF schlägt sich in umfangreichen Veröffentlichungen wieder, die sich in etwa wie folgt systematisieren lassen:

---

87 *Senia*, GLRE 18,6 (2014), 557 (557).
88 *Herzog/Achtelik*, in: dies., GwG, Einl. Rn. 63.
89 *Herzog/Achtelik*, in: dies., GwG, Einl. Rn. 63.
90 Vgl. FATF/Members and Observers (URL-Verz.).
91 FATF/Germany (URL-Verz.).
92 *Senia*, GLRE 18,6 (2014), 557 (558).

a) *Empfehlungen*

Herzstück der Arbeit der FATF sind die Empfehlungen zur Bekämpfung von Geldwäsche, die „Recommendations", die erstmals 1990 in der Gesamtzahl von 40 Empfehlungen veröffentlicht wurden.[93] Der Katalog von Empfehlungen wurde mehrfach grundlegend neugefasst, um den mit neuen technischen Entwicklungen einhergehenden neuen Geldwäschemöglichkeiten und aktuellen Bedrohungsszenarien wie dem internationalen Terror und seiner Finanzierung Rechnung zu tragen, so 1996, 2001, 2003/2004 und 2012.[94] Die noch immer gültigen „FATF Recommendations 2012" werden selbst beständig aktualisiert, so zuletzt im Oktober 2020.[95]

Auch wenn den Veröffentlichungen der FATF selbst keine Gesetzesqualität zukommt, werden ihre Empfehlungen sowohl in der europäischen[96] als auch in der nationalen[97] Rechtssetzungsdebatte berücksichtigt und schlagen sich häufig sogar in der finalen Gesetzesfassung nieder. Da die FATF auch im Glücksspielbereich, insbesondere im Kasino-Sektor, Risiken ausmacht und Empfehlungen ausspricht,[98] hatte und hat ihre Arbeit auch dort erhebliche Auswirkungen.[99]

b) *Typologienpapiere, Studien, Berichte u. ä.*

In den „Typology Reports", Studien, Berichten und ähnlichen Veröffentlichungen untersucht die FATF, in welchen Formen sich Geldwäsche in einzelnen Branchen vollziehen kann, und leitet daraus Vorschläge zur Prävention ab.
Für den Glücksspielbereich liegen mit Stand der vorliegenden Untersuchung die folgenden Veröffentlichungen vor:

- RBA Guidance for Casinos (Oktober 2008):[100] Eine Anleitung zur Umsetzung des risikobasierten Ansatzes der Geldwäschebekämpfung im Kasinobereich.

---

93 *Senia*, GLRE 18,6 (2014), 557 (558); vgl. FATF Recommendations (1990).

94 *Senia*, GLRE 18,6 (2014), 557 (558). Geldwäsche und Terrorismusfinanzierung wurden von der FATF in der Entwicklung ihrer Empfehlungen als zusammengehörige Phänomene und erstere als Voraussetzung der letzteren verstanden; vgl. FATF, Annual Report 2001–2002, Ziff. 1; dies., Annual Report 2004–2005, S. 4; dies., National Money Laundering and Terrorist Financing Risk Assessment, S. 10 [Ziff. 16].

95 Vgl. FATF/Recommendation (URL-Verz.).

96 Vgl. nur Erwägungsgrund Nr. 5 der RL 2005/60/EG.

97 Vgl. nur BT-Drs. 17/10745, S. 11.

98 Vgl. nur Empfehlung Nr. 12 lit. a in FATF, Recommendations (2003).

99 Vgl. nur BT-Drs. 17/10745, S. 11.

100 Vgl. FATF, RBA Guidance for Casinos.

- Vulnerabilities of Casinos and Gaming Sector (März 2009):[101] Ein Bericht, in dem Geldwäscherisiken im landgebundenen Kasinobereich identifiziert, systematisiert und mit Beispielen illustriert werden.
- Money Laundering through the Football Sector (Juli 2009):[102] Ein Bericht, der sich mit Geldwäsche im Fußball befasst und u. a. auf die Möglichkeit des Missbrauchs des Sportwettensektors zu Geldwäschezwecken eingeht.[103]

c) *Bewertungen*

Regelmäßig bewertet die FATF in den „Mutual Evaluation Reports" ihre Mitgliedsstaaten im Hinblick auf Geldwäscherisiken und die Umsetzung von FATF-Empfehlungen zu deren Verringerung.[104]

Im Kasinobereich musste sich Deutschland im Mutual Evaluation Report vom 19.02.2010[105] erhebliche Kritik von der FATF gefallen lassen. U. a. rügte die FATF die Identifizierungspraxis in deutschen Kasinos als unzureichend.[106] Insbesondere die Zuordnung eines individuellen Kunden zu einer bestimmten, von ihm getätigten Transaktion während des Spiels sei nicht gewährleistet.[107]

3) *Einfluss der FATF auf die nationale Gesetzgebung*

Als Reaktion etwa auf die Kritik der FATF an der Identifizierungspraxis wurde der Passus am Ende von § 3 Abs. 3 S. 2 GwG a. F. in das Geldwäschegesetz eingefügt, wonach bei einer Identifizierung (nur) bei Betreten des Kasinos sichergestellt sein muss, dass eine im Kasino vorgenommene Transaktion im Zusammenhang mit dem Kauf, Verkauf oder Tausch von Spielmarken dem Kunden zugeordnet werden kann.[108] Der betreffende Passus findet sich nach wie vor im Geldwäschegesetz (jetzt § 10 Abs. 5 S. 2 GwG).

Dass die Einschätzungen der FATF Auswirkung sogar auf die Strafgesetzgebung haben können, zeigt die durch das KorrBekG erfolgte teilweise Aufhebung der zuvor unbeschränkt geltenden Straflosigkeit der Vortäter-Geldwäsche.[109]

---

101 Vgl. FATF, Vulnerabilities of Casinos and Gaming Sector.
102 Vgl. FATF, Money Laundering through the Football Sector.
103 FATF, Money Laundering through the Football Sector, Ziff. 79, 81 u. 84.
104 *Senia*, GLRE 18,6 (2014), 557 (560).
105 Vgl. FATF, Mutual Evaluation Report Germany.
106 FATF, Mutual Evaluation Report Germany, Ziff. 937.
107 FATF, Mutual Evaluation Report Germany, Ziff. 940 u. 979.
108 BT-Drs. 17/6804, S. 27.
109 S. o. unter Teil 2 A. III. 1). Die genannten Beispiele zeigen einmal mehr den Einfluss, den die FATF oft sogar unmittelbar auf die Entscheidungen des nationalen Gesetzgebers

4) *FATF-style Regional Bodies*

Neben der FATF bestehen auf den einzelnen Kontinenten insgesamt neun weitere Organisationen, die ebenfalls das Ziel der Geldwäschebekämpfung verfolgen, hinsichtlich ihrer Arbeitsweise an die FATF angelehnt sind und mit dieser kooperieren.[110] Dabei handelt es sich um die sog. FATF-style Regional Bodies (FSRB).[111] Der europäische FSRB MONEYVAL ist beim Europarat angesiedelt.[112]

II. Geldwäschebekämpfung auf europäischer Ebene

Auf europäischer Ebene besteht nach wie vor keine vollständige Harmonisierung des Glücksspielbereichs. Es gibt jedoch Sekundärrecht, das den Glücksspielbereich und insbesondere auch die Geldwäschebekämpfung im Glücksspielbereich betrifft, so allem voran die vierte Geldwäscherichtlinie (RL (EU) 2015/849). Zudem gibt es auf europäischer Ebene eine reichhaltige Rechtsprechung zum Glücksspielrecht, die teilweise auch für die Geldwäschebekämpfung von Relevanz ist.

---

hat. Im Hinblick gerade auf die Vortätergeldwäsche verwundert jedoch, dass die FATF hierbei selbst keinen konsequenten Standpunkt einzunehmen scheint: Empfehlung Nr. 1 des Empfehlungskatalogs in der Fassung von 2003, auf den sich der Mutual Evaluation Report von 2010 bezieht (FATF, Mutual Evaluation Report Germany, Preface), sieht selbst vor, dass der nationale Gesetzgeber von einer Strafbarkeit der Vortätergeldwäsche absehen könne, wenn Grundprinzipien des nationalen Rechts dies erforderten (FATF, Recommendations (2003), Empfehlung Nr. 1 Abs. 6). Die gleiche Auffassung findet sich auch im aktuellen Empfehlungskatalog von 2012 (FATF, Recommendations (2012), Interpretive Note to Recommendation 3 Ziff. 6).

110 *Senia*, GLRE 18,6 (2014), 557 (557 f.); vgl. Liste unter APG/FATF-Style Regional Bodies (FSRBs) (URL-Verz.).

111 *Europa:* Council of Europe Anti-Money Laundering Group (MONEYVAL); *Eurasien:* Eurasian Group (EAG); *Asien, Nordamerika und Ozeanien:* Asia/Pacific Group on Money Laundering (APG); *Karibik:* Caribbean Financial Action Task Force (CFATF); *Mittel- und Südamerika:* Latin America Anti-Money Laundering Group (GAFILAT); *Ost- und Südafrika:* Eastern & Southern Africa Anti-Money Laundering Group (ESAAMLG); *Zentralafrika:* Central Africa Anti-Money Laundering Group (GABAC); *Westafrika:* West Africa Money Laundering Group (GIABA); *Mittlerer Osten und Nordafrika:* Middle East and North Africa Financial Action Task Force (MENAFATF).

112 *Senia*, GLRE 18,6 (2014), 557 (572).

1) Geldwäschebekämpfung im Primärrecht

Die im folgenden Abschnitt näher erörterten Geldwäscherichtlinien wurden – mit Ausnahme der sechsten Geldwäscherichtlinie, die eine Vereinheitlichung des Geldwäschetatbestandes regelt und damit mehr strafrechtlich als präventionsrechtlich geprägt ist – jeweils auf den die Errichtung und das Funktionieren des Binnenmarktes betreffenden Artikel gestützt.[113] Das ist angesichts ihrer Zielsetzung der Verhinderung von Geldwäsche als einem Delikt, das insgesamt die Lauterkeit und Integrität des Wirtschaftsverkehrs beeinträchtigt,[114] folgerichtig.

2) Geldwäschebekämpfung im Sekundärrecht

Im Sekundärrecht sind vor allem die Geldwäscherichtlinien für die Geldwäschebekämpfung relevant.

a) Die Geldwäscherichtlinien

aa) Entwicklung von der ersten bis zur dritten Geldwäscherichtlinie[115]

Die Richtlinie 91/308/EWG des Rates vom 10.06.1991 zur Verhinderung der Nutzung des Finanzsystems zum Zwecke der Geldwäsche (erste Geldwäscherichtlinie)[116] stellt einen Meilenstein in der Entwicklung der Geldwäschebekämpfung auf europäischer Ebene dar. Während sich die Pflicht zur Pönalisierung von Geldwäsche bereits im Wiener Übereinkommen und im Übereinkommen über Geldwäsche sowie Ermittlung, Beschlagnahme und Einziehung von Erträgen aus Straftaten (SEV Nr. 141) des Europarats vom 08.11.1990[117] findet,[118] wurden mit dieser Richtlinie erstmals differenzierte Sorgfaltspflichten zur Verhinderung von Geldwäsche kodifiziert. Vertreter der Glücksspielbranche gehörten allerdings noch nicht zum Verpflichtetenkreis.

Die Richtlinie 2001/97/EG des Europäischen Parlaments und des Rates vom 04.12.2001 zur Änderung der Richtlinie 91/308/EWG des Rates zur Verhinderung der Nutzung des Finanzsystems zum Zwecke der Geldwäsche (zweite

---

113 Art. 114 AEUV (RL (EU) 2015/849) = Art. 95 EGV (RL 2005/60/EG u. 2001/97/EG) = Art. 100a EWG (RL 91/308/EWG).

114 Vgl. etwa Erwägungsgrund Nr. 1 RL (EU) 2018/843.

115 Die Darstellung in diesem Abschnitt folgt im Wesentlichen *Ennuschat/Güldner*, NWVBl 2015, 321 (323 f.).

116 Im Folgenden abgekürzt als: 1. GwRL.

117 Im Folgenden: Geldwäscheübereinkommen des Europarats von 1990.

118 S. o. Teil 2 A. I. 3).

Geldwäscherichtlinie)[119] brachte als wesentliche Änderung im Hinblick auf den Glücksspielbereich vor allem die Einbeziehung von Einrichtungen außerhalb des Kredit- und Finanzsektors in den Kreis der Verpflichteten, insbesondere von Kasinos.[120]

Mit der Richtlinie 2005/60/EG des Europäischen Parlaments und des Rates vom 26.10.2005 zur Verhinderung der Nutzung des Finanzsystems zum Zwecke der Geldwäsche und der Terrorismusfinanzierung (dritte Geldwäscherichtlinie)[121] wurde die modifizierte erste Geldwäscherichtlinie aufgehoben und durch eine neue Richtlinie ersetzt.[122] Eine auch im Hinblick auf den Glücksspielbereich relevante Änderung war die Einführung des risikobasierten Ansatzes (risk-based approach).[123] Wesentliche Idee dabei ist, dass eine gewisse Flexibilität bei der Umsetzung der Vorschriften zur Geldwäschebekämpfung eingeräumt werden soll, die es ermöglicht, Umsetzungsaufwand und -methoden den tatsächlichen Branchenrisiken anzupassen.[124]

Eine neue, auch für den Glücksspielbereich relevante Vorgabe fand sich in Erwägungsgrund Nr. 14. Danach sollte die Richtlinie auch für die über das Internet ausgeübten Tätigkeiten der Verpflichteten gelten. Mit diesem auf Betreiben des Europäischen Parlaments eingefügten Erwägungsgrund erfolgte eine Einbeziehung von Finanztransaktionen über das Internet in den Geltungsbereich der Richtlinie.[125] Für die nach Art. 2 Abs. 1 Nr. 3 lit. f) 3. GwRL verpflichteten Kasinos bedeutete das, dass neben landgebundenen Kasinos auch Internet-Kasinos der Richtlinie unterfielen.[126] Dies entsprach der von der FATF bereits 2003 geäußerten Auffassung des Begriffs „Kasino" als Oberbegriff sowohl für landgebundene Kasinos als auch für Internet-Kasinos.[127]

---

119 Im Folgenden abgekürzt als: 2. GwRL.

120 Vgl. nur Erwägungsgründe Nr. 14 f. 2. GwRL.

121 Im Folgenden abgekürzt als: 3. GwRL.

122 Art. 44 Abs. 1 3. GwRL.

123 Erwägungsgrund Nr. 22 3. GwRL.

124 *Herzog/Achtelik*, in: dies., GwG, Einl. Rn. 86.

125 Europäisches Parlament, Bericht v. 03.05.2005, A6-0137/2005 endgültig, S. 12 [Änderungsantrag 13].

126 Vgl. auch Europäische Kommission, Grünbuch Online-Glücksspiele im Binnenmarkt, S. 31: „Die dritte Geldwäscherichtlinie gilt für den Finanzsektor sowie andere Bereiche, einschließlich (materieller und Online-) Kasinos."

127 FATF, Recommendations (2003), Glossary „Designated non-financial businesses and professions", lit. a).

bb) Von der vierten bis zur sechsten Geldwäscherichtlinie

Richtlinie (EU) 2015/849 des Europäischen Parlaments und des Rates vom 20.05.2015 zur Verhinderung der Nutzung des Finanzsystems zum Zwecke der Geldwäsche und der Terrorismusfinanzierung, zur Änderung der Verordnung (EU) Nr. 648/2012 des Europäischen Parlaments und des Rates und zur Aufhebung der Richtlinie 2005/60/EG des Europäischen Parlaments und des Rates und der Richtlinie 2006/70/EG der Kommission (vierte Geldwäscherichtlinie)[128] hat erhebliche Auswirkungen auf den nationalen Glücksspielbereich. Mit ihr sind erstmals alle Anbieter von Glücksspieldiensten jedenfalls dem Grundsatz nach in den Anwendungsbereich der Richtlinie mit einbezogen.[129]

Diese Neuerung der Geldwäscherichtlinie war durch einen Bericht der Kommission vom 11.04.2012 zur Anwendungspraxis der dritten Geldwäscherichtlinie[130] veranlasst, für den insgesamt 77 Stellungnahmen verschiedener relevanter öffentlicher und privater Stellen eingeholt wurden, u. a. auch aus dem Glücksspielsektor.[131] In den Stellungnahmen aus dem privaten Sektor war – so jedenfalls die Deutung der Kommission – die Besorgnis darüber zum Ausdruck gekommen, dass auch Glücksspielsektoren außerhalb des Kasinosektors mit Geldwäscherisiken behaftet, aber nicht in die Geldwäschebekämpfung miteingebunden seien.[132] Insbesondere in der Geldwäsche im Zusammenhang mit Sportkorruption und Spielabsprachen sah die Kommission ein zu beachtendes Risiko.[133] Eine grundsätzliche Einbeziehung des übrigen Glücksspielsektors in den Anwendungsbereich der Richtlinie vorbehaltlich einer genaueren Bestimmung des Einbeziehungsumfangs durch die Mitgliedstaaten im Rahmen eines risikobasierten Ansatzes sei daher angezeigt.[134]

Als mögliche Reaktion auf diese Ergebnisse der Konsultation standen im Rahmen der Entwurfsarbeiten zur vierten Geldwäscherichtlinie drei denkbare Ansätze[135] im Raum: 1) Die unveränderte Fortführung der alten Rechtslage, 2) die grundsätzliche Einbeziehung aller Glücksspielanbieter in den

128 Im Folgenden abgekürzt: 4. GwRL.
129 Art. 2 Abs. 1 Nr. 3 lit. f), Abs. 2 i. V. m. Art. 3 Nr. 14 4. GwRL; vgl. auch Erwägungsgrund Nr. 21 4. GwRL.
130 Report COM(2012) 168 final.
131 Impact Assessment SWD(2013) 21, Box 1.
132 Report COM(2012) 168 final, Abschn. 2.3.2 lit. (a).
133 Impact Assessment SWD(2013) 21, Abschn. III.4.3.
134 Report COM(2012) 168 final, Abschn. 2.3.2 lit. (a).
135 Impact Assessment SWD(2013) 21, Annex III Nr. 11.

Anwendungsbereich vorbehaltlich der Möglichkeit einer Ausnehmung durch die Mitgliedsstaaten bei nur geringem Geldwäscherisiko und 3) die Erweiterung des Verpflichtetenkreises im Glücksspielsektor über Kasinos hinaus (nur) auf Anbieter mit hohem Geldwäscherisiko.

Die Kommission ebenso wie die von ihr befragten Vertreter des privaten Sektors, sofern sie sich zu diesem Punkt geäußert hatten, zeigten eine eindeutige Präferenz für die letztlich umgesetzte Option Nr. 2.[136] Allein diese Option wurde als geeignet anzusehen, um alle drei von der Kommission ausgegebenen Ziele der Geldwäschebekämpfung[137] – Anpassung der EU-Vorgaben an internationale Standards, Herstellung von Konsistenz zwischen den Mitgliedsstaaten und Schaffung eines risikoorientierten, flexiblen Regelwerks – zu erreichen.[138]

Glücksspieldienst im Sinne der Richtlinie ist nach Art. 3 Nr. 14 4. GwRL jetzt umfassend definiert als „Dienst, der einen geldwerten Einsatz bei Glücksspielen erfordert, wozu auch Spiele zählen, die eine gewisse Geschicklichkeit voraussetzen, wie Lotterien, Kasinospiele, Pokerspiele und Wetten, die an einem physischen Ort oder auf beliebigem Wege aus der Ferne, auf elektronischem Wege oder über eine andere kommunikationserleichternde Technologie und auf individuelle Anfrage eines Dienstempfängers angeboten werden."

Getreu des gewählten risikobasierten Ansatzes können die Mitgliedsstaaten gemäß Art. 2 Abs. 2 4. GwRL bei der Umsetzung der Richtlinie Glücksspielanbieter mit Ausnahme von Kasinos ganz oder teilweise von den dort vorgesehenen Verpflichtungen befreien, wenn eine angemessene Risikobewertung ergibt, dass das von Art und ggf. Umfang der ausgeübten Tätigkeit ausgehende Risiko nachgewiesenermaßen gering ist. Dass die im Sinne der Geldwäschebekämpfung geradezu traditionell in den Blick genommenen Kasinos die Ausnahme von der Ausnahme bilden, zeigt, dass sie vom europäischen Gesetzgeber nach wie vor als risikobehaftet angesehen werden.[139]

Ein zwischenzeitlicher Entwurf des Vorsitzes des Rats[140] sah neben Kasinos auch das grenzüberschreitende Online-Glücksspiel als eine solche Ausnahme von der Ausnahme vor.[141] Im endgültigen Kompromisstext des Vorsitzes des

136 Impact Assessment SWD(2013) 21, Annex III Nr. 11.
137 Impact Assessment SWD(2013) 21, Abschn. IV Tab. 6.
138 Impact Assessment SWD(2013) 21, Annex III Nr. 11.
139 S. bereits Einleitung (Teil 1 A.).
140 Interinstitutionelles Dossier 2013/0025 (COD), Dokument 10970/14 v. 13.06.2014.
141 Art. 2 Nr. 1a des im vorangehend zitierten Dokument enthaltenen RL-Vorschlags.

Rats[142] zum Vorschlag der Kommission für die neue Geldwäscherichtlinie finden sich jedoch (wieder) nur Kasinos als Ausnahme von der Ausnahme.[143]

Wie bereits in der Vorgängerrichtlinie ist in den Erwägungsgründen (hier: Nr. 18) vorgesehen, dass die Richtlinie auch für die über das Internet ausgeübten Tätigkeiten von Verpflichteten gelten sollte.

Die vierte Geldwäscherichtlinie wurde durch das Gesetz zur Umsetzung der Vierten EU-Geldwäscherichtlinie, zur Ausführung der EU-Geldtransferverordnung und zur Neuorganisation der Zentralstelle für Finanztransaktionsuntersuchungen vom 23.06.2017 (BGBl. I S. 1822) mit Wirkung vom 26.06.2017 in das dadurch umfassend reformierte Geldwäschegesetz umgesetzt (dazu u. Teil 2 B. III. 2)).

Die vierte Geldwäscherichtlinie wurde zwischenzeitlich ergänzt und erweitert durch die fünfte Geldwäscherichtlinie (Richtlinie (EU) 2018/843) vom 30.05.2018, die mit dem Gesetz zur Umsetzung der Änderungsrichtlinie zur Vierten EU-Geldwäscherichtlinie vom 12.12.2019 (BGBl. I S. 2602) in innerstaatliches Recht umgesetzt wurde. Interessant für die vorliegende Untersuchung ist dabei vor allem die in § 50 Nr. 8 GwG erfolgte Anpassung, wonach die Zuständigkeit für die geldwäscherechtliche Aufsicht über Veranstalter und Vermittler von Glücksspielen nunmehr grundsätzlich aus der Zuständigkeit für die glücksspielrechtliche Aufsicht (zuvor: Erlaubniszuständigkeit) folgt.[144]

Mit der unter Teil 2 A. II. bereits thematisierten sechsten Geldwäscherichtlinie werden Aspekte des Geldwäschetatbestandes, insbesondere im Hinblick auf den (verallgemeinerten) Vortatenkatalog, EU-weit vereinheitlicht.[145] Wie dort bereits ausgeführt, betrifft diese Richtlinie jedoch nicht das der vorliegenden Untersuchung zugrundeliegende Verständnis des Geldwäschebegriffs. Als strafrechtlich geprägte Richtlinie[146] enthält sie auch keine für die vorliegende Untersuchung bedeutsamen Präventionsvorschriften.

b) Die Richtlinie über den elektronischen Geschäftsverkehr

Richtlinie 2000/31/EG über den elektronischen Geschäftsverkehr vom 08.06.2000 verfolgt das Ziel, Hindernisse im zunehmend online abgewickelten

---

142 Interinstitutionelles Dossier 2013/0025 (COD), Dokument 5116/15 v. 12.01.2015.

143 Art. 2 Nr. 1 Abs. 3 lit. f) a. E. des im vorangehend zitierten Dokument enthaltenen Richtlinienvorschlags.

144 Dazu BT-Drs. 19/13827, S. 101.

145 Vgl. Erwägungsgrund Nr. 5 RL (EU) 2018/1673.

146 Vgl. Erwägungsgrund Nr. 1 RL (EU) 2018/1673.

Geschäftsverkehr abzubauen und die Voraussetzungen dafür im europäischen Raum zu vereinheitlichen. Zentrales Prinzip ist das in Art. 3 Abs. 1 RL geregelte Herkunftslandprinzip, demzufolge Anbieter elektronischer Dienste mit Sitz in der EU dem Recht ihres Herkunftsstaates unterfallen.[147]

Glücksspiele sind indes gemäß Art. 1 Abs. 5 lit. d) Spiegelstr. 3 vom Anwendungsbereich der Richtlinie ausgenommen – ein Anzeichen dafür, dass Regelungen zur Geldwäschebekämpfung im Online-Glücksspielbereich (wo regelmäßig Zahlungen über das Internet abgewickelt werden) der Risikoeinschätzung der individuellen Staaten unterliegen und Sache der einzelnen Mitgliedsstaaten sind. Dafür spricht auch, dass grenzüberschreitendes Online-Glücksspiel trotz des zwischenzeitlichen Entwurfs des Rates letztlich doch nicht neben Kasinos als Ausnahme von der Ausnahmemöglichkeit des Art. 2 Abs. 2 4. GwRL festgeschrieben wurde.[148] Da sich die vorliegende Untersuchung auf den landbasierten Bereich beschränkt, soll die Problematik an dieser Stelle nicht weiter vertieft werden.

c) Die Dienstleistungsrichtlinie

Richtlinie 2006/123/EG des Europäischen Parlaments und des Rates vom 12.12.2006 über Dienstleistungen im Binnenmarkt (Dienstleistungsrichtlinie)[149] verfolgt das Ziel, Hindernisse im Dienstleistungsverkehr des europäischen Wirtschaftsraums abzubauen und den freien Dienstleistungsaustausch zu fördern.[150] Dazu sorgt die Dienstleistungsrichtlinie für eine Harmonisierung der Vorschriften über die Dienstleistungserbringung im europäischen Wirtschaftsraum.[151]

Im Hinblick auf die Geldwäschebekämpfung im Glücksspielbereich kann sich bei einer Harmonisierung von Vorschriften im europäischen Wirtschaftsraum die Frage stellen, ob diese zur Folge hat, dass EU-ausländische Glücksspielanbieter nach dem Herkunftslandprinzip nur an die Geldwäschevorschriften des Lizenzstaates, nicht aber die deutschen Geldwäschevorschriften gebunden sind. Bei der Dienstleistungsrichtlinie in ihrer aktuellen Fassung stellt sich diese Frage allerdings nicht: Zum einen sind Glücksspiele gemäß Art. 2 Abs. 2 lit. h) DL-RL vom Anwendungsbereich der Richtlinie ausgenommen.[152] Zum anderen findet

147 Vgl. Erwägungsgrund Nr. 22 der RL.
148 S. o. Teil 2 B. II. 2) a) bb).
149 Im Folgenden abgekürzt als: DL-RL.
150 Erwägungsgrund Nr. 1 DL-RL.
151 Vgl. insb. Erwägungsgründe Nr. 1 u. 7 DL-RL.
152 Vgl. Erwägungsgrund Nr. 25 DL-RL.

sich das im ursprünglichen Entwurf[153] vorgesehene Herkunftslandprinzip[154] in der finalen Fassung der Richtlinie gerade nicht wieder.

Dennoch wirft die Entstehungsgeschichte der Dienstleistungsrichtlinie ein Licht auf die Einordnung von Glücksspielen durch den europäischen Gesetzgeber im Kompetenzgefüge der Union. Im ursprünglichen Entwurf der Richtlinie waren Glücksspiele nicht im Ausnahmekatalog des Art. 2 Abs. 2 enthalten und grundsätzlich vom Anwendungsbereich der Richtlinie umfasst. Letzteres ergibt sich im Umkehrschluss aus Art. 18 Abs. 1 lit. b) DL-RL-E, wonach „Gewinnspiele, die einen geldwerten Einsatz bei Glücksspielen verlangen, einschließlich Lotterien und Wetten“ vorübergehend vom Herkunftslandprinzip ausgenommen sein sollten.

Angesichts der Ausnahmeregelung des Art. 18 Abs. 1 lit. b) DL-RL-E lässt sich konstatieren, dass bereits im Entwurf eine vorbehaltlose Geltung des Herkunftslandprinzips für Glücksspiele als nicht unproblematisch angesehen wurde. Im Europäischen Parlament[155] erfolgte der Änderungsantrag dahingehend, Glücksspiele aus ordnungspolitischen Gründen ganz vom Anwendungsbereich der Richtlinie auszunehmen.[156] Der Rechtsausschuss äußerte in seiner Stellungnahme, dass die Regelung des Glücksspielsektors auf individueller Ebene der Mitgliedstaaten erforderlich sei, um Betrug und organisierte Kriminalität in diesem Sektor zu bekämpfen.[157] Die Ausnahme des Glücksspielbereichs wurde auch in die finale Fassung der Richtlinie übernommen.[158]

Diese Entstehungsgeschichte zeigt, dass der europäische Gesetzgeber kriminelle Risiken im Glücksspielbereich sieht, denen effektiv nur durch ein individuelles nationales Rechtsregime begegnet werden kann. Das spricht dafür, dass ein Glücksspielanbieter mit EU-ausländischer Lizenz die deutschen Vorschriften

153 Vorschlag der Kommission für eine Richtlinie des Europäischen Parlaments und des Rates über Dienstleistungen im Binnenmarkt v. 25.02.2004, KOM(2004) 2 endg./2 – 2004/0001 (COD); im Folgenden abgekürzt als: DL-RL-E.

154 Vgl. Ziff. 3 lit. b) Spiegelstr. 1 der Begründung des DL-RL-E sowie Erwägungsgrund Nr. 37 u. Art. 16 DL-RL-E.

155 Bericht über den Vorschlag für eine Richtlinie des Europäischen Parlaments und des Rates über Dienstleistungen im Binnenmarkt v. 15.12.2005, KOM(2004)0002 – C5-0069/2004 – 2004/0001(COD).

156 Änderungsantrag 80 des Entwurfs einer legislativen Entschließung des Europäischen Parlaments im vorangehend zitierten Bericht.

157 Begründung zu Änderungsantrag 12 der Stellungnahme des Rechtsausschusses im vorangehend zitierten Bericht.

158 Art. 2 Abs. 2 lit. h) DL-RL; vgl. auch Erwägungsgrund Nr. 25 DL-RL.

zur Geldwäschebekämpfung gegen sich gelten lassen muss und sich nicht (allein) darauf berufen kann, die Geldwäscheregelungen seines Lizenzstaates zu beachten. Da es insbesondere im Sportwettenbereich einen terrestrischen Vertrieb seitens EU-ausländischer Glücksspielanbieter in Deutschland gibt (z. B. Bet3000 oder Tipico, in Malta lizenzierte Unternehmen),[159] ist die Frage des für EU-ausländische Anbieter geltenden Geldwäscheregimes im Rahmen der vorliegenden Untersuchung vor allem für den Sportwettenbereich relevant und soll dort (Teil 5 E. I.) näher erörtert werden.

d) *Die Konzessionsvergaberichtlinie*

Mit der Richtlinie 2014/23/EU des Europäischen Parlaments und des Rates über die Konzessionsvergabe vom 26.02.2014 (Konzessionsvergaberichtlinie)[160] wurden die Grundlagen in der EU für die Vergabe von Dienstleistungskonzessionen erneuert.[161] Die Richtlinie betrifft im Gegensatz zur Dienstleistungsrichtlinie grundsätzlich auch Glücksspiele, sofern sie auf der Grundlage eines Konzessionsvertrages ausgeübt werden.[162] Nach Art. 10 Abs. 9 KonzVergRL sind (nur) Konzessionen für Lotteriemonopole vom Anwendungsbereich ausgenommen.

aa) *Relevanz der KonzVergRL für die Geldwäschebekämpfung im Glücksspielbereich*

Die KonzVergRL und die auf Grundlage dieser Richtlinie neu gefassten GWB-Vorschriften[163] sehen auch Erwägungen und Regelungen zur Geldwäschebekämpfung vor: So sollen nach Erwägungsgrund Nr. 69 S. 1 KonzVergRL Konzessionen nicht an Wirtschaftsteilnehmer vergeben werden, die sich an einer kriminellen Vereinigung beteiligt oder u. a. der Geldwäsche schuldig gemacht haben. Diese Erwägung hat sich in Art. 38 Abs. 4 lit. e) KonzVergRL und national in § 123 Abs. 1 Nr. 3 GWB niedergeschlagen. Bezüglich der Definition

---

159 Bet3000/Impressum; Tipico/Impressum (beide URL-Verz.).

160 Im Folgenden abgekürzt als: KonzVergRL.

161 Vgl. Erwägungsgrund Nr. 1 KonzVergRL.

162 Europäische Kommission, Ref. Ares(2016)606252 v. 03.02.2016, S. 2 der dt. Fassung.

163 Die Konzessionsvergaberichtlinie wurde durch das am 18.04.2016 vollständig in Kraft getretene Gesetz zur Modernisierung des Vergaberechts (Vergaberechtsmodernisierungsgesetz – VergRModG) vom 17.02.2016 (BGBl. I S. 203) in nationales Recht umgesetzt. Kernstück dieser Umsetzung ist die Neufassung der §§ 97 ff. GWB durch Art. 1 VergRModG.

der Geldwäsche verweist Art. 38 Abs. 4 lit. e) KonzVergRL ausdrücklich auf die dritte Geldwäscherichtlinie.

Eine Konsequenz der Anwendbarkeit der KonzVergRL auf einen bestimmten Glücksspielbereich ist daher, dass ein in dem betreffenden Bereich tätiges Unternehmen bei Vorliegen einer zurechenbaren rechtskräftigen Verurteilung einer Leitungsperson wegen Geldwäsche bzw. bei einer rechtskräftigen Unternehmensgeldbuße auf Grundlage einer Geldwäscheanknüpfungstat grundsätzlich von einem Vergabeverfahren auszuschließen ist (vgl. § 123 Abs. 1 u. 3 GWB).

Die praktische Überprüfbarkeit des Vorliegens eines solchen Ausschlussgrundes durch den Konzessionsgeber wird durch das Wettbewerbsregister sichergestellt (vgl. § 1 Abs. 2 WRegG). Im Wettbewerbsregister werden die in § 2 Abs. 1 u. 2 WRegG aufgeführten Katalogtaten zusammen mit dem betroffenen Unternehmen eingetragen (vgl. § 3 Abs. 1 Nrn. 4 u. 6 WRegG), u. a. auch die Geldwäsche (§ 2 Abs. 1 Nr. 1 lit. a) WRegG i. V. m. § 123 Abs. 1 Nr. 3 GWB). Gemäß § 6 Abs. 1 S. 2 WRegG ist ein öffentlicher Spielbankenkonzessionsgeber bei Erreichen des Schwellenwerts nach § 106 Abs. 2 Nr. 4 GWB zu einer Abfrage verpflichtet, ob zu dem ins Auge gefassten Konzessionsnehmer eine Eintragung im Wettbewerbsregister vorliegt.

Es soll daher ein kurzer Blick darauf geworfen werden, für welche Glücksspielsektoren in Deutschland die KonzVergRL relevant ist.

bb) Kriterien für das Vorliegen einer Dienstleistungskonzession

Die Richtlinie definiert die Dienstleistungskonzession in Art. 5 Nr. 1 lit. b) (umgesetzt in § 105 Abs. 1 Nr. 2 GWB) als

> „…einen entgeltlichen, schriftlich geschlossenen Vertrag, mit dem ein oder mehrere öffentliche Auftraggeber oder Auftraggeber einen oder mehrere Wirtschaftsteilnehmer mit der Erbringung und der Verwaltung von Dienstleistungen betrauen, die nicht in der Erbringung von Bauleistungen nach Buchstabe a bestehen, wobei die Gegenleistung entweder allein in dem Recht zur Verwertung der vertragsgegenständlichen Dienstleistungen oder in diesem Recht zuzüglich einer Zahlung besteht."

(1) Zweiseitiger Vertrag

Von Lizenzen und Genehmigungen im Sprachgebrauch der Europäischen Kommission unterscheidet sich die Dienstleistungskonzession also dadurch, dass sie auf Grundlage eines (zweiseitigen) Vertrages vergeben wird, während es sich bei Lizenzen und Genehmigungen um einseitige behördliche Handlungen zur

Festlegung der wirtschaftlichen Tätigkeitsbedingungen handelt.[164] Damit unterfallen auch Glücksspieldienste der Richtlinie nur, wenn sie auf Grundlage eines Konzessionsvertrages ausgeübt werden, nicht hingegen, wenn sie aufgrund einer einseitigen Lizenz- oder Genehmigungserteilung ausgeübt werden.[165]

Charakteristikum eines zweiseitigen Konzessionsvertrages ist nach Rechtsprechung und Literatur, dass durch den Vergabeakt wechselseitig bindende Verpflichtungen geschaffen werden, aus denen sich der Auftragnehmer nicht ohne weiteres zurückziehen kann.[166] Dies ergibt sich auch aus Erwägungsgrund Nr. 14 der Konzessionsvergaberichtlinie.

(2) Verwertung der Leistung als Gegenleistung

Im Gegensatz zum Dienstleistungsauftrag erhält der Unternehmer bei der Dienstleistungskonzession ferner keinen oder nur ergänzend einen vereinbarten festen Preis für seine Leistung und zieht seinen eigenen Nutzen (hauptsächlich) aus der Verwertung der Leistung.[167] Typisches Beispiel ist ein privater Unternehmer, der für den Bau einer öffentlichen Straße statt eines festen Entgelts das Recht erhält, Gebühren für die Benutzung der Straße zu erheben.[168] Wesentlich ist dabei, dass das Betriebsrisiko für die Verwertung der Dienstleistung auf den Konzessionsnehmer übergeht.[169]

---

164 Europäische Kommission, Ref. Ares(2016)784914 v. 15.02.2016, S. 2 der dt. Fassung.

165 So ausdrücklich Europäische Kommission, Ref. Ares(2016)606252 v. 03.02.2016, S. 2 der dt. Fassung.

166 VGH München, Beschl. v. 29.06.2021, 23 ZB 21.1482 u. a., BeckRS 2021, 18465, Rn. 56; VGH München, Beschl. v. 22.12.2020, 23 ZB 18.1656, BeckRS 2020, 36108, Rn. 35; OVG Münster, Beschl. v. 08.06.2017, 4 B 307/17, juris Rn. 77; OLG Hamburg, Beschl. v. 01.11.2017, 1 Verg 2/17, BeckRS 2017, 130323, Rn. 26; VG Cottbus, Beschl. v. 02.10.2017, 3 L 424/17, juris Rn. 25; VK HH, Beschl. v. 31.07.2017, Vgk FB 3/17, BeckRS 2017, 130379, Rn. 30; *Esch*, KSzW 2012, 152 (161); *Wagner/Pfohl*, ZfBR 2014, 745 (747).

167 Etwa *Ahne*, Die Dienstleistungskonzession im Umfeld der Anschluss- und Benutzungszwänge, S. 20; *Groth*, Die Dienstleistungskonzession im europäischen Vergabe- und Beihilfenrecht, S. 43; *Polster/Kokew*, KSzW 2012, 144 (145).

168 Beispiel nach Europäische Kommission, Ref. Ares(2016)784914 v. 15.02.2016, S. 1 der dt. Fassung.

169 *Bultmann*, NVwZ 2011, 72 (73 f.); *Opitz*, NVwZ 2014, 753 (756); *Prieß/Stein*, VergabeR 2014, 499 (502); *Wagner/Pfohl*, ZfBR 2014, 745 (746).

(3) Staatlicher Charakter der Tätigkeit

Als positives Kriterium für eine Dienstleistungskonzession, das sich nicht ohne Weiteres aus der obigen Definition ablesen lässt, lässt sich zudem anführen, dass es sich bei der übertragenen Tätigkeit ihrem Gepräge nach um eine eigentlich staatliche Aufgabe handelt.[170] Die Kommission führte insofern in einer Mitteilung aus dem Jahr 2000 zu Auslegungsfragen im Zusammenhang mit Konzessionen aus:

> „Eine Dienstleistungskonzession hat […] üblicherweise Tätigkeiten zum Inhalt, die nach ihrer Natur, ihrem Gegenstand und nach den Vorschriften, denen sie unterliegen, in den Verantwortungsbereich des Staates fallen und die Gegenstand von ausschließlichen und besonderen Rechten sein können."[171]

Die Mitteilung bezog sich auf Richtlinie 92/50/EWG des Rates vom 18.06.1992 über die Koordinierung der Verfahren zur Vergabe öffentlicher Dienstleistungsaufträge, die den Begriff der Dienstleistungskonzession selbst nicht definierte.[172] Dennoch ist davon auszugehen, dass diese Charakterisierung der Dienstleistungskonzession auch Geltung für die Dienstleistungskonzession i. S. d. KonzVergRL besitzt. Richtlinie 92/50/EWG definierte bereits öffentliche Dienstleistungsaufträge als zwischen einem öffentlichen Auftraggeber und einem Dienstleistungserbringer schriftlich geschlossene entgeltliche Verträge (Art. 1 lit. a) RL).

cc) Anwendbarkeit der Konzessionsvergaberichtlinie auf den deutschen Glücksspielmarkt

Im Folgenden soll anhand der soeben dargestellten Kriterien die Anwendbarkeit der Konzessionsvergaberichtlinie auf den deutschen Glücksspielmarkt untersucht werden, insoweit der Schwellenwert von 5,186 Mio. Euro (Art. 8 Abs. 1 KonzVergRL; § 106 Abs. 2 Nr. 4 GWB) erreicht ist.

---

170 *Groth*, Die Dienstleistungskonzession im europäischen Vergabe- und Beihilfenrecht, S. 78; vgl. auch *Burgi*, Die Dienstleistungskonzession ersten Grades, S. 30.

171 Europäische Kommission, Mitteilung der Kommission zu Auslegungsfragen im Bereich Konzessionen im Gemeinschaftsrecht (ABl. Nr. C 121 v. 29.04.2000, S. 2), Ziff. 2.2.

172 So auch ausdrücklich Europäische Kommission, Mitteilung der Kommission zu Auslegungsfragen im Bereich Konzessionen im Gemeinschaftsrecht (ABl. Nr. C 121 v. 29.04.2000, S. 2), Ziff. 2.2.

Dabei lässt sich zunächst feststellen, dass alle in Deutschland privat veranstalteten Glücksspiele auf eigenes wirtschaftliches Risiko veranstaltet werden.[173] Das Kriterium des Übergangs des Betriebsrisikos ist also für alle Glücksspielbereiche erfüllt.

Im Hinblick auf das Kriterium des eigentlich staatlichen Charakters der übertragenen Tätigkeit lässt sich unterscheiden zwischen Glücksspielarten, die traditionell eher als staatliche Veranstaltung aufgefasst werden und solchen, die traditionell eher als private Veranstaltung aufgefasst werden.

In Deutschland wird das Spielbankenrecht – ebenso wie das Sportwetten- und Lotterierecht – herkömmlich als Gefahrenabwehrrecht[174] und das Betreiben von Spielbanken als eine eigentlich staatliche Aufgabe angesehen. Insbesondere das Bundesverfassungsgericht ist der Auffassung, dass es sich bei dem Betreiben einer Spielbank um eine an sich unerwünschte Tätigkeit handelt, die aber notwendig sei, um den natürlich vorhandenen Spieltrieb des Menschen in kontrollierte Bahnen zu lenken.[175] Das Spielbankenrecht sei daher dem Recht zur Wahrung der öffentlichen Sicherheit und Ordnung zuzurechnen.[176]

An dieser Auffassung werden durchaus Zweifel geäußert.[177] Dass in Deutschland das Betreiben einer Spielbank im Allgemeinen jedoch nach wie vor als eine eigentlich staatliche Aufgabe angesehen wird, zeigt sich daran, dass – nach einer Privatisierung der Spielbanken in Nordrhein-Westfalen[178] – in sechs der sechzehn Länder staatliche Spielbankenmonopole oder ein Betreibermodell (Hessen) bestehen und auch in den Ländern mit Konzessionsmodell Erlaubniserteilung und Aufsicht umfassenden Regelungen unterliegen. Insbesondere ist in den Ländern mit Konzessionsmodell die zulässige Zahl von Spielbanken strikt beschränkt (§ 20 GlüStV).

Dagegen wird etwa das Recht der Spielhallen in Deutschland traditionell als Gewerberecht[179] und das Betreiben einer Spielhalle als primär dem freien privaten Markt (vgl. Art. 12 Abs. 1 S. 1 GG; § 1 Abs. 1 GewO) unterliegende Tätigkeit

---

173 So insb. für den privaten Spielbankenbetrieb *Ennuschat*, ZfWG 2015, 78 (79) sowie *Müller*, NVwZ 2016, 266 (267) unter Verweis auf OLG Stuttgart, Beschl. v. 04.11.2002, 2 Verg 4/02, NJOZ 2003, 613 (615).

174 *Ennuschat*, in: ders./Wank/Winkler, GewO, § 33h Rn. 2; *Steegmann*, RennwLottG, Einl. Rn. 12.

175 BVerfG, Beschl. v. 19.07.2000, 1 BvR 539/96, juris Rn. 69.

176 BVerfG, Beschl. v. 19.07.2000, 1 BvR 539/96, juris Rn. 67.

177 Vgl. *Ennuschat*, in: ders./Wank/Winkler, GewO, § 33h Rn. 3.

178 Vgl. etwa *Dohmen/Schießl*, Spiegel Online v. 03.07.2020.

179 *Ennuschat*, in: ders./Wank/Winkler, GewO, § 33h Rn. 2.

begriffen. Durch die Föderalismusreform im Jahr 2006 und die damit einhergehende Änderung von Art. 74 Abs. 1 Nr. 11 GG erhielten die Länder mittlerweile immerhin gewisse Kompetenzen zum Erlass gefahrenabwehrrechtlich geprägter Regelungen im Zusammenhang mit Spielhallen.[180]

(1) Spielbanken

Da es sich bei dem Betrieb von Spielbanken nach dem eben Gesagten um eine Aufgabe mit originär staatlichem Charakter handelt, darf ihre Übertragung auf einen Privaten bzw. mehrere Private in einem Bundesland mit Konzessionsmodell nicht dazu führen, dass ihre Wahrnehmung gefährdet ist. Einem privaten Spielbankenbetreiber ist es daher nicht freigestellt, ob er nach Erhalt der Konzession Gebrauch davon machen will.[181] Durch den Vergabeakt wird ein Verhältnis wechselseitiger Verpflichtungen begründet, das als Vertrag i. S. v. Art. 5 Nr. 1 lit. b) zu qualifizieren ist. Damit sind Spielbankenkonzessionen als Dienstleistungskonzessionen einzuordnen.[182] Die Konzessionsvergaberichtlinie findet also auf Spielbankenkonzessionen Anwendung.[183]

Besonders eindeutig war die Lage lange Zeit in Hessen, wo im Rahmen des dort vorgesehenen Betreibermodells die Ausübung des Spielbankbetriebs zwischen der zuständigen Gemeinde und dem Betreiber gem. § 5 Abs. 7 SpBG HE a. F. in einem privatrechtlichen Vertrag geregelt wurde.[184] Hier lag schon nach nationalem Recht ein zweiseitiger Rechtsakt zur Übertragung der Dienstleistung vor.

Die am 22.12.2017 in Kraft getretene Neufassung des § 5 Abs. 7 SpBG HE sieht nunmehr die Überlassung des Spielbetriebs per Verwaltungsakt vor (§ 5 Abs. 7 S. 1 SpBG HE). Überlegung des hessischen Gesetzgebers dabei war, dass

180 Vgl. *Ennuschat*, in: ders./Wank/Winkler, GewO, § 33h Rn. 3; *Hufen*, Die Einschränkung des gewerblichen Geld-Gewinnspiels, S. 14; *Seiler*, in: Epping/Hillgruber, BeckOK GG, Art. 74 Rn. 44.

181 Vgl. VGH München, Beschl. v. 29.06.2021, 23 ZB 21.1482 u. a., BeckRS 2021, 18465, Rn. 56; VGH München, Beschl. v. 22.12.2020, 23 ZB 18.1656, BeckRS 2020, 36108, Rn. 35; OLG Hamburg, Beschl. v. 01.11.2017, 1 Verg 2/17, BeckRS 2017, 130323, Rn. 27; VK HH, Beschl. v. 31.07.2017, Vgk FB 3/17, BeckRS 2017, 130379, Rn. 28.

182 Vgl. OLG Hamburg, Beschl. v. 01.11.2017, 1 Verg 2/17, BeckRS 2017, 130323, Rn. 27; vgl. ferner auch VK bei der Finanzbehörde Hamburg, Beschl. v. 30.10.2019, Vgk FB 3/19, juris Rn. 1.

183 Ebenso *Müller*, NVwZ 2016, 266 (267) unter Verweis u. a. auf die Bezeichnung einer von Baden-Württemberg ausgeschriebenen Spielbankerlaubnis als Dienstleistungskonzession im Supplement zum ABl. EU v. 27.05.2014, 2014/S 101-177090.

184 Vgl. *Ennuschat*, ZfWG 2015, 78 (79).

die Beziehungen zwischen Ministerium des Innern und Spielbankgemeinde bzw. Spielbankunternehmen sowie die im Einvernehmen mit dem Ministerium des Innern erfolgende Auswahlentscheidung dem Gebiet des öffentlichen Rechts zuzurechnen seien.[185] Daher sei es nur folgerichtig, auch den Vergabeakt selbst als Akt des öffentlichen Rechts auszugestalten.[186] Nicht gefolgt werden kann allerdings nach den obigen Ausführungen der Auffassung des hessischen Gesetzgebers, dass daher auch die Regelungen des Vergaberechts für Konzessionsverträge keine Anwendung fänden.[187]

(2) Sportwetten

Der Sportwettenmarkt in Deutschland war lange durch eine unübersichtliche Situation im Bereich der Konzessionsvergabe gekennzeichnet. Die im GlüStV 2012 eingefügte Öffnungsklausel für die Vergabe von Konzessionen an private Sportwettanbieter (§ 10a GlüStV 2012) hat nie zu einer effektiven Vergabe der insgesamt zwanzig damals vorgesehenen Konzessionen geführt.[188]

Mit dem aktuellen Glücksspielstaatsvertrag 2021 ist mittlerweile die zahlenmäßige Begrenzung der Sportwettenkonzessionen aufgehoben worden.[189] Die Aufhebung der Höchstzahlbegrenzung spricht dafür, dass es sich trotz des traditionell ordnungsrechtlichen Charakters des Sportwettenrechts[190] bei Sportwettenkonzessionen um Erlaubnisse mit gewerblichem Charakter handelt, die in freiem Wettbewerb am Markt betätigt werden.

Weiter spricht für diese Einschätzung, dass das Bundesverfassungsgericht in seiner Entscheidung zum bayerischen Sportwettenmonopol im März 2006 das Recht der Sportwetten ausdrücklich als Recht der Wirtschaft eingeordnet und qualitativ dem Recht der Pferdewetten gleichgestellt hat.[191] Daraus folgt – denkt

---

185 LT-Drs. HE 19/5243, S. 10.

186 LT-Drs. HE 19/5243, S. 10.

187 So aber LT-Drs. HE 19/5243, S. 10.

188 Vgl. insb. VGH Kassel, Beschl. v. 16.10.2015, 8 B 1028/15, ZfWG 2015, 478 ff. m. Anm. *Krewer*, ZfWG 2015, 485 ff.; *Lüder*, NVwZ 2020, 190 (191 f.).

189 Vgl. §§ 2 Abs. 6, 4a bis 4c Staatsvertrag zur Neuregulierung des Glücksspielwesens in Deutschland (Glücksspielstaatsvertrag 2021 – GlüStV 2021) vom 29.10.2020; *Berwanger*, NVwZ 2020, 916 (917); *Brüning/Thomsen*, NVwZ 2021, 11 (11); *Lüder*, NVwZ 2020, 190 (193).

190 *Ennuschat*, in: ders./Wank/Winkler, GewO, § 33h Rn. 2.

191 BVerfG, Urt. v. 28.03.2006, 1 BvR 1054/01, juris Rn. 96; dazu *Ennuschat*, in: ders./Wank/Winkler, GewO, § 33h Rn. 3.

man diesen Ansatz konsequent weiter – auch eine qualitative Gleichstellung mit dem ebenfalls dem Recht der Wirtschaft zuzuordnenden Recht der Spielhallen.[192]

Zudem: Sowohl die nach §§ 1 Abs. 1 bzw. 2 Abs. 1 RennwLottG erforderlichen Erlaubnisse zum Betreiben des Unternehmens eines Totalisators bzw. zur Tätigkeit als Buchmacher im Bereich der Pferdewetten als auch die nach § 33i GewO, § 24 Abs. 1 GlüStV und dem jeweiligen Landesspielhallenrecht erforderlichen Erlaubnisse zum Betreiben einer Spielhalle tragen das Gepräge einer gewerblichen Erlaubnis.[193] Für Pferdewetten und Spielhallen ist aber eindeutig, dass die dazu erforderliche Erlaubnis keine wechselseitigen Verpflichtungen zwischen Staat und Erlaubnisnehmer in dem Sinne begründet, dass der Erlaubnisnehmer sich nicht ohne weiteres aus dem Verhältnis zurückziehen könnte.[194] Dasselbe muss dann auch für Sportwetten gelten.

Ein weiterer Anhaltspunkt für das Nichtbestehen einer wechselseitigen Verpflichtung ist, dass bereits bei Schaffung der Öffnungsklausel im Ersten Glücksspieländerungsstaatsvertrag den künftigen Konzessionsnehmern völlig freie Hand hinsichtlich der Wahl des Vertriebsweges (landgebunden und/oder Internet) eingeräumt wurde.[195]

Sportwettenkonzessionen unterfallen daher nicht der Konzessionsvergaberichtlinie.[196]

(3) Übrige Glücksspielbereiche

Nach den Ausführungen zu Sportwetten im vorangehenden Abschnitt unterfallen auch Erlaubnisse zur Veranstaltung von Pferdewetten oder von gewerblichem Automatenspiel nicht der Konzessionsvergaberichtlinie.[197]

---

192 Vgl. *Ennuschat*, in: ders./Wank/Winkler, GewO, § 33h Rn. 2 f.

193 Vgl. insofern zu Pferdewetten *Ennuschat*, in: Dietlein/Hecker/Ruttig, Glücksspielrecht, § 1 RennwLottG Rn. 1 u. § 2 RennwLottG Rn. 1.

194 Insb. für Spielhallen VGH München, Beschl. v. 29.06.2021, 23 ZB 21.1482 u. a., BeckRS 2021, 18465, Rn. 56; VGH München, Beschl. v. 22.12.2020, 23 ZB 18.1656, BeckRS 2020, 36108, Rn. 35; OVG Münster, Beschl. v. 08.06.2017, 4 B 307/17, juris Rn. 77; VG Cottbus, Beschl. v. 02.10.2017, 3 L 424/17, juris Rn. 25.

195 LT-Drs. BY 16/11995, S. 29.

196 Gegen eine Vertragsqualität von Sportwettenkonzessionen i. S. d. Vergaberechts (noch in Bezug auf RL 2004/18/EG) auch *Hertwig*, in: Dietlein/Hecker/Ruttig, Glücksspielrecht, § 4b GlüStV Rn. 6.

197 So zur Erlaubnis für den Betrieb einer Spielhalle auch OLG Düsseldorf, Beschl. v. 23.01.2019, VII-Verg 22/18, Verg 22/18, juris Rn. 38 ff.

Für monopolistisch vergebene Lotteriekonzessionen sieht Art. 10 Abs. 9 KonzVergRL eine Ausnahmeregelung vor, die in Deutschland mangels privaten Lotteriemonopols keinen praktischen Anwendungsbereich hat. Angesichts des staatlichen Lotteriemonopols (§ 10 Abs. 2 u. 6 GlüStV) verbleiben dennoch nur wenige Fälle, in denen eine praktische Anwendung der Konzessionsvergaberichtlinie überhaupt in Betracht kommt. Dies sind die Fälle der Lotterien mit geringerem Gefährdungspotential i. S. d. dritten Abschnitts des Glücksspielstaatsvertrages (vgl. § 10 Abs. 6 GlüStV). Angesichts des geringen Geldwäscherisikos in diesen Bereichen, auf das unter Teil 6 G. I. noch näher eingegangen wird, soll an dieser Stelle jedoch keine vertiefte Untersuchung der Anwendbarkeit der Konzessionsvergaberichtlinie auf diese Bereiche erfolgen.

(4) Ergänzende Erwägungen

Das in den vorangegangenen Abschnitten gefundene Ergebnis, dass nicht alle Glücksspielbereiche in Deutschland dem Anwendungsbereich der Konzessionsvergaberichtlinie unterfallen, steht auch nicht in Widerspruch dazu, dass monopolistisch vergebene Lotteriekonzessionen als einzige Form glücksspielrechtlicher Konzessionen ausdrücklich vom Anwendungsbereich ausgenommen sind (Art. 10 Abs. 9 KonzVergRL). Dass nämlich nur für solche Konzessionen aus den in Erwägungsgrund Nr. 35 KonzVergRL näher dargelegten Gründen eine Ausnahme geschaffen wurde, bedeutet nur, dass andere Formen grundsätzlich vom Anwendungsbereich umfasst sein können, dass aber für eine Einschlägigkeit der Richtlinie ihre Anwendungsvoraussetzungen aber auch im Übrigen gegeben sein müssen.[198]

Insbesondere muss also eine Dienstleistungskonzession i. S. v. Art. 5 Nr. 1 lit. b) KonzVergRL vorliegen. Das ergibt sich eindeutig auch aus den von der Kommission im Januar 2014 veröffentlichten FAQ zur Konzessionsvergaberichtlinie.[199] Dort wird ausdrücklich klargestellt, dass Glücksspielkonzessionen grundsätzlich der Konzessionsvergaberichtlinie unterfallen, dass aber auch im Glücksspielbereich der Anwendungsbereich der Richtlinie nicht eröffnet ist, wenn es um bloße Lizenzen oder Genehmigungen ohne Vertragsqualität geht.[200]

---

198 So auch OLG Hamburg, Beschl. v. 01.11.2017, 1 Verg 2/17, BeckRS 2017, 130323, Rn. 22.

199 Europäische Kommission, Memo v. 15.01.2014.

200 Europäische Kommission, Memo v. 15.01.2014, Frage 20 i. V. m. Frage 15.

e) Die Mehrwertsteuersystemrichtlinie

Die Richtlinie 2006/112/EG des Rates vom 28.11.2006 über das gemeinsame Mehrwertsteuersystem (Mehrwertsteuersystemrichtlinie)[201] legt ein EU-weites gemeinsames Mehrwertsteuersystem fest (vgl. Art. 1 Abs. 1 MWStSystRL).

Im Zusammenhang mit der Mehrwertsteuersystemrichtlinie sind bereits mehrere Entscheidungen des EuGH ergangen zu der Frage, ob ein Mitgliedsstaat Steuern auf Gewinne aus Glücksspielen ausländischer Anbieter erheben darf, während er inländische Glücksspielgewinne unbesteuert lässt.[202]

aa) Geldwäscheaspekte in der Rechtssache Lindman

In der Rechtssache *Lindman* wurde die Besteuerung ausländischer Lotteriegewinne u. a. von der norwegischen Regierung unter Hinweis auf die Rechtfertigungsgründe des Art. 46 EGV (= Art. 52 AEUV) damit begründet, dass sie auch der Geldwäschebekämpfung diene.[203] Lotteriegewinnscheine könnten nämlich sonst von Geldwäschern anderen Personen abgekauft werden, um damit gegenüber den Steuerbehörden die angeblich legale Herkunft illegal erlangter Gelder zu belegen.[204] Aus den Stellungnahmen anderer Regierungen in derselben Rechtssache wird dabei deutlich, dass mit der Besteuerung ausländischer Lotteriegewinne auch eine gewisse Gleichstellung inländischer und ausländischer Lotterien bezweckt wird; inländische Lotterien seien bereits über die den Veranstalter treffende Steuer belastet[205].

Auch unter Berücksichtigung dieses Gleichstellungsgedankens wird jedoch nicht deutlich, wie die Besteuerung ausländischer Lotteriegewinne zur Geldwäschebekämpfung beitragen soll, da die beschriebene Vorgehensweise bei steuerfreien Gewinnen ebenso möglich ist. Insofern ist Generalanwältin *Stix-Hackl* beizupflichten: Eine Besteuerung mindert allenfalls die Attraktivität der Methode für den Geldwäscher, da er dann von seinen als Lotteriegewinnen ausgewiesenen Geldern Abzüge vornehmen muss. Sie steht aber der Durchführung der Methode an sich nicht im Wege.[206]

---

201 Im Folgenden abgekürzt als: MWStSystRL.

202 EuGH, Urt. v. 22.10.2014, C-344/13 u. C-367/13 – Blanco und Fabretti, ZfWG 2015, 32; EuGH, Urt. v. 06.10.2009, C-153/08 – Kommission/Spanien, ZfWG 2009, 336; EuGH, Urt. v. 13.11.2003, C-42/02 – Lindman, Slg. 2003, I-13519.

203 Vgl. Schlussanträge der Generalanwältin Stix-Hackl v. 10.04.2003, Rs. C-42/02, Rn. 38.

204 Vgl. Schlussanträge der Generalanwältin Stix-Hackl v. 10.04.2003, Rs. C-42/02, Rn. 38.

205 Vgl. Schlussanträge der Generalanwältin Stix-Hackl v. 10.04.2003, Rs. C-42/02, Rn. 80.

206 Schlussanträge der Generalanwältin Stix-Hackl v. 10.04.2003, Rs. C-42/02, Rn. 107.

Auch in den Rechtssachen *Kommission/Spanien* und *Blanco und Fabretti* zeigen sich interessante Argumentationsansätze dafür, inwiefern eine Besteuerung nur von Gewinnen bei ausländischen Glücksspielanbietern evtl. der Geldwäschebekämpfung dienen kann.

bb) Geldwäscheaspekte in der Rechtssache Kommission/Spanien

Im Fall *Kommission/Spanien* machte die spanische Regierung geltend, dass die Steuerbefreiung von Gewinnen bei inländischen Glücksspielanbietern die Kontrollmöglichkeiten erhöhe.[207] Die Befreiung ergehe im Gegenzug dafür, dass die inländischen Glücksspieleinrichtungen Listen mit Gewinnern von Beträgen über einem Schwellenwert von 3.000 Euro zur Verfügung stellten.[208] Von der so erfolgten Offenlegung der Identitäten von Spielern, die größere Umsätze tätigen, erhoffte sich die spanische Regierung offenbar einen Beitrag zur Geldwäscheprävention.

Dem Schlussvortrag des Generalanwalts und den Ausführungen des EuGH in der Sache ist allerdings zuzustimmen, wenn darin gesagt wird, dass eine Kontrolle der Identitäten solcher Spieler nicht notwendig mit einer Steuerbefreiung der Gewinne bei inländischen Glücksspielanbietern einhergehen müsse.[209] Bemerkenswert ist in diesem Zusammenhang auch das in der Gegenargumentation genannte steuerrechtliche Kontrollinstrument gegen Geldwäsche, das durch die Befreiung gerade umgangen werde: Ohne die Befreiung müsse ein Glücksspielgewinn in der Einkommenssteuererklärung angegeben werden, wodurch ebenfalls eine Identifizierung ermöglicht werde.[210]

cc) Geldwäscheaspekte in der Rechtssache Blanco und Fabretti

Im Fall *Blanco und Fabretti* machte die italienische Regierung geltend, dass eine Besteuerung nur von Gewinnen bei ausländischen Spielbanken den Import von in ausländischen Spielbanken gewaschenen Geldern bzw. von Geldern aus unerlaubtem Glücksspiel unattraktiver mache.[211] Angesichts des fehlenden

207 Schlussanträge des Generalanwalts Mengozzi v. 16.07.2009, Rs. C-153/08, Rn. 37.

208 Schlussanträge des Generalanwalts Mengozzi v. 16.07.2009, Rs. C-153/08, Rn. 37 u. 97.

209 Schlussanträge des Generalanwalts Mengozzi v. 16.07.2009, Rs. C-153/08, Rn. 96; EuGH, Urt. v. 06.10.2009, C-153/08 – Kommission/Spanien, ZfWG 2009, 336 (340 [Rn. 39]).

210 Schlussanträge des Generalanwalts Mengozzi v. 16.07.2009, Rs. C-153/08, Rn. 99.

211 Vgl. EuGH, Urt. v. 22.10.2014, C-344/13 u. C-367/13 – Blanco und Fabretti, ZfWG 2015, 32 (35 [Rn. 41 f.]).

Nachweises dafür, dass ein maßgeblicher Anteil der im Glücksspielbereich gewaschenen Gelder in Italien im Ausland gewaschen und nach Italien importiert wird, wirkt dieses Argument allerdings nicht überzeugend.[212]

dd) Schlussfolgerung aus der Rechtsprechung zur MWStSystRL

Aus der vorangehend dargestellten Rechtsprechung zur MWStSystRL und den dazu angestellten Überlegungen lässt sich für die vorliegende Untersuchung das Ergebnis ableiten, dass jedenfalls die Besteuerung nur ausländischer Glücksspielgewinne bei gleichzeitiger Steuerbefreiung inländischer Glücksspielgewinne – obschon häufiger mit Geldwäschebekämpfung begründet – im Allgemeinen nicht zur Geldwäschebekämpfung beitragen dürfte.

III. Geldwäschebekämpfung auf Bundesebene: § 261 StGB und Geldwäschegesetz

Auf Bundesebene sind als für alle landgebundenen Glücksspielbereiche relevanten Geldwäschenormen neben der bereits vorgestellten Strafnorm des § 261 StGB[213] vor allem die Normen des Geldwäschegesetzes[214] zu nennen. Mit dem Geldwäschegesetz werden für einen weiten Kreis von Verpflichteten detaillierte Sorgfaltspflichten zur Verhinderung und zur Förderung der Strafverfolgung von Geldwäsche geregelt.

Entsprechend den Vorgaben der 4. GwRL[215] sind grundsätzlich alle Veranstalter und Vermittler von Glücksspielen als Verpflichtete erfasst (§ 2 Abs. 1 Nr. 15 GwG). Ausgenommen sind lediglich Betreiber gewerblicher Geldspielautomaten (§ 2 Abs. 1 Nr. 15 lit. a) GwG), Totalisatorvereine (lit. b)) und Lotterien, für die die Veranstalter und Vermittler über eine glücksspielrechtliche Erlaubnis der in Deutschland jeweils zuständigen Behörde verfügen (lit. c)). Die für den jeweiligen Glücksspielbereich geltenden Regelungen sollen im Rahmen dieser Arbeit bei den Abschnitten zum jeweiligen Glücksspielbereich dargestellt werden.

---

212 So auch EuGH, Urt. v. 22.10.2014, C-344/13 u. C-367/13 – Blanco und Fabretti, ZfWG 2015, 32 (35 [Rn. 42]).

213 S. o. Teil 2 A. I. 3).

214 Gesetz über das Aufspüren von Gewinnen aus schweren Straftaten (Geldwäschegesetz – GwG) vom 23.06.2017 (BGBl. I S. 1822).

215 S. o. unter Teil 2 B. II. 2) a) bb).

IV. Geldwäschebekämpfung auf Landesebene

Auch auf Landesebene finden sich Vorschriften von Relevanz für die Geldwäschebekämpfung im Glücksspielbereich.

1) Zur Kompetenzverteilung zwischen Bund und Ländern im Bereich des Glücksspiel- bzw. Geldwäscherechts

Um festzustellen, inwieweit überhaupt landesrechtliche Vorschriften für die Geldwäschebekämpfung im Glücksspielbereich relevant werden können, soll zunächst in der gebotenen Kürze auf die Kompetenzabgrenzung zwischen Bund und Ländern im glücksspiel- bzw. geldwäscherechtlichen Bereich eingegangen werden.

Das Recht der Geldwäsche unterfällt, jedenfalls soweit darunter die strafrechtliche Materie wie insb. der strafrechtliche Geldwäschetatbestand verstanden wird, gemäß Art. 74 Abs. 1 Nr. 1 Var. 2 i. V. m. Art. 72 Abs. 1 GG der konkurrierenden Gesetzgebungskompetenz.[216] Das Geldwäschegesetz wird auf das Recht der Wirtschaft gemäß Art. 74 Abs. 1 Nr. 11 i. V. m. Art. 72 Abs. 2 GG gestützt.[217] Für ausschließliche Länderkompetenzen verbleibt im Hinblick auf die Geldwäschebekämpfung im Glücksspielbereich vor allem unter dem Gesichtspunkt der Gefahrenabwehr ein Eröffnungsbereich. Sofern und soweit das Recht eines bestimmten Glücksspielsektors als Gefahrenabwehrrecht eingeordnet wird, können die Länder auch die in diesem Sektor erforderlichen Vorschriften zur Geldwäscheprävention schaffen.

Unter Teil 2 B. II. 2) d) bb) wurde bereits ausgeführt, dass Spielbanken-, Sportwetten- und Lotterierecht (noch) als Gefahrenabwehrrecht verstanden werden.

In Bezug auf Spielhallen ist die Reichweite der in Art. 74 Abs. 1 Nr. 11 GG geregelten Ausnahme umstritten[218]. Soweit ersichtlich wird überwiegend angenommen, dass die gesetzlichen Anforderungen an die technische Beschaffenheit von Spielautomaten in Spielhallen und in Einzelaufstellung unverändert in die Bundeskompetenz fallen, während die Regelungsbefugnisse der Länder in erster

216 Vgl. *Uhle*, in: Maunz/Dürig, GG, Art. 74 Rn. 97 f.

217 BT-Drs. 18/11555, S. 90; vgl. auch BR-Drs. 459/12, S. 1: „Das Geldwäschegesetz (GwG) verfolgt ebenso wie die Finanzmarktaufsichtsgesetze (Kreditwesengesetz [KWG], Versicherungsaufsichtsgesetz [VAG], Zahlungsdiensteaufsichtsgesetz [ZAG]) oder die Gewerbeordnung (GewO) einen präventiv-gewerberechtlichen Ansatz."

218 *Pieroth*, in: Hartmann/ders., Spielbanken und Spielhallen zwischen Landes-, Bundes- und Unionsrecht, 9 (18); *Schneider*, Das Recht der Spielhallen nach der Föderalismusreform, S. 10 f.

Linie die „räumlich radizierten“ Aspekte des Spielhallenbetriebs umfassen.[219] Mit letzteren sind die räumlich-örtlichen Anforderungen an einen Spielhallenbetrieb und dessen Ausgestaltung insgesamt gemeint, wie etwa der Mindestabstand zur nächsten Spielhalle.[220]

Das Recht der Pferdewetten wird traditionell zum Recht der Wirtschaft gezählt[221] und ist im Wesentlichen im Rennwett- und Lotteriegesetz (RennwLottG) geregelt. Durch das Gesetz zur Besteuerung von Sportwetten vom 29.06.2012 (BGBl. I S. 1424) wurde eine Öffnungsklausel zugunsten der Länder in § 25 Abs. 3 RennwLottG a. F. (jetzt § 6 Abs. 3 RennwLottG) geschaffen,[222] durch die vornehmlich die Berücksichtigung von Spielerschutzgesichtspunkten im Erlaubnisverfahren für Buchmacher und Totalisatoren sichergestellt werden soll.[223]

2) Allgemeine Vorschriften zur Geldwäschebekämpfung auf Landesebene

Da landesrechtliche Vorschriften zur Geldwäschebekämpfung im Glücksspielbereich nach den Ausführungen im vorangegangenen Abschnitt hauptsächlich solche sind, die bestimmte Glücksspielbereiche betreffen, werden sie im Rahmen dieser Untersuchung beim jeweiligen Glücksspielbereich behandelt. Zu solchen Vorschriften gehören z. B. Vorgaben zur visuellen Überwachung der Spielstätte im Spielbankenbereich.[224]

Eine allgemeine Zielvorgabe mit Bezug zur Geldwäschebekämpfung im Glücksspielbereich findet sich jedoch im Glücksspielstaatsvertrag. So ist nach § 1 Nr. 4 GlüStV neben der Sicherstellung der ordnungsgemäßen Durchführung von Glücksspielen und des Schutzes der Spieler vor betrügerischen Machenschaften auch die Sicherstellung der Abwehr der mit Glücksspielen verbundenen Folge- und Begleitkriminalität Ziel des Staatsvertrages. Dieses Ziel ist sogar „gleichrangig“ (so der Wortlaut) mit den übrigen genannten Zielen. Folge- und

---

219 *Ciszewski*, Glücksspielregulierung aus nationaler und gemeinschaftsrechtlicher Sicht, S. 14; *Hufen*, in: Herrmann/ders./Kauder/Koch/Schneider/Uwer, Neuordnung des Glücks- und Gewinnspielmarktes in Deutschland, 28 (28); *Schneider*, Das Recht der Spielhallen nach der Föderalismusreform, S. 52 f.

220 Vgl. *Ruttig*, ZfWG 2017, 221 (222).

221 *Steegmann*, RennwLottG, Einl. Rn. 12.

222 *Ennuschat*, in: Dietlein/Hecker/Ruttig, Glücksspielrecht, § 27 Rn. 4.

223 BT-Drs. 17/ 8494, S. 10.

224 Vgl. *Ennuschat/Güldner*, NWVBl 2015, 321 (325).

Begleitkriminalität meint die typischerweise im Glücksspielbereich auftretende Kriminalität, insb. die Geldwäsche.[225]

Teilweise wird in den Landesgesetzestexten die Zielvorgabe der Abwehr von Folge- und Begleitkriminalität mit dem Zusatz „einschließlich der Geldwäsche" wiederholt (§ 1 Abs. 1 Nr. 4 AG GlüStV BE; § 1 Abs. 1 Nr. 4 SpBG BB; § 1 Abs. 2 Nr. 4 SpBG HB; § 1 Abs. 1 Nr. 4 AG GlüStV NRW; § 1 Nr. 4 SpBG NRW).

V. Zwischenfazit zu den rechtlichen Grundlagen der Geldwäschebekämpfung

Mit den vorangehenden Ausführungen ist ein Überblick gewonnen, welche Regelungen für die Geldwäschebekämpfung im Glücksspielbereich eine Rolle spielen und damit der Boden für die weitere Untersuchung bereitet. Dabei ist auch deutlich geworden, dass die relevanten Regelungen außerordentlich vielfältig sind.

Das hat zwei Gründe: Zum einen stammen die relevanten Regelungen aus zwei unterschiedlichen Rechtsgebieten – dem Glücksspielrecht und dem Geldwäscherecht – die unterschiedliche Entwicklungshistorien und unterschiedliche Zielsetzungen haben und daher nicht ohne Weiteres einen gemeinen Regelungskern aufweisen. Zum anderen sind sowohl Glücksspiel- als auch Geldwäscherecht auf einer Vielzahl unterschiedlicher Ebenen geregelt, die nicht immer harmonisch ineinandergreifen.

C. Europa- und verfassungsrechtlicher Maßstab der Untersuchung

Im Folgenden sollen der europa- und der verfassungsrechtliche Maßstab herausgearbeitet werden, an denen die Vorschriften zur Geldwäschebekämpfung im Glücksspielbereich anschließend zu messen sind. Angesichts des grundsätzlichen Anwendungsvorrangs des Unionsrechts vor dem nationalen Recht[226] soll zunächst der europarechtliche Maßstab dargestellt werden.

I. Der europarechtliche Maßstab der Untersuchung

Dabei sind als primärrechtliche Gewährleistungen[227] zunächst die europäischen Grundrechte in den Blick zu nehmen.

---

225 *Dietlein/Hüsken*, in: Dietlein/Hecker/Ruttig, Glücksspielrecht, § 1 GlüStV Rn. 16.
226 Etwa *Ruffert*, in: Calliess/ders., EUV/AEUV, Art. 1 AEUV Rn. 16 ff.
227 Etwa *Jarass*, GRCh, Einl. Rn. 11.

1) Europäische Grundrechte als Maßstab der Untersuchung

In diesem Rahmen ist vorab zu klären, inwieweit die europäischen Grundrechte überhaupt neben dem nationalen Grundrechtsregime Anwendung finden.

a) Anwendbarkeit europäischer Grundrechte

aa) Solange-Rechtsprechung und Umsetzung zwingenden Unionsrechts

Nach der Rechtsprechung des BVerfG prüft dieses Sekundärrecht der Europäischen Union nicht am Maßstab des Grundgesetzes, solange auf europäischer Ebene ein dem Grundgesetz wesentlich vergleichbarer Grundrechtsstandard besteht.[228] In der Solange II-Entscheidung von 1986 hat das BVerfG angenommen, dass dies mittlerweile der Fall sei[229] und an dieser Annahme bislang festgehalten.[230]

Zu einer Abkehr davon besteht auch vorerst kein Grund. Die Grundrechtssituation auf europäischer Ebene wurde gegenüber 1986 noch verbessert. Die zum Zeitpunkt der Solange II-Entscheidung lediglich als allgemeine Rechtsgrundsätze existierenden europäischen Grundrechte wurden zwischenzeitlich in der Ende 2000 proklamierten Grundrechtecharta (GRCh) ausformuliert,[231] die im Rahmen des Vertrags von Lissabon mit Wirkung vom 01.12.2009 zudem Rechtsverbindlichkeit erlangte (Art. 6 Abs. 1 EUV).[232]

Damit sind nationale Vorschriften, die sich als Umsetzung zwingender Vorgaben in einer europäischen Richtlinie darstellen, nicht am Maßstab des Grundgesetzes zu messen.[233] Die Richtlinie, die solche zwingenden Vorgaben enthält, muss sich aber am Maßstab der GRCh messen lassen. Art. 6 Abs. 1 EUV verleiht der Charta den Rang des Primärrechts[234] und verpflichtet sämtliche Organe der Europäischen Union bei ihrem Handeln, insbesondere auch die Gesetzgebungsorgane.[235] Sie steht damit im Range über dem europäischen Sekundärrecht.[236]

---

228 BVerfG, Beschl. v. 22.10.1986, 2 BvR 197/83 – Solange II, NJW 1987, 577 (582).

229 BVerfG, Beschl. v. 22.10.1986, 2 BvR 197/83 – Solange II, NJW 1987, 577 (582).

230 Vgl. etwa BVerfG, Beschl. v. 27.04.2021, 2 BvR 206/14, BeckRS 2021, 12337, Rn. 39 f.

231 *Jarass*, GRCh, Einl. Rn. 4; *Nowak*, in: Pechstein/ders./Häde, EUV/GRC/AEUV, Bd. I, GRC Präambel Rn. 3.

232 *Nowak*, in: Pechstein/ders./Häde, EUV/GRC/AEUV, Bd. I, GRC Präambel Rn. 4; *Safferling/Rückert*, NJW 2021, 287 (288 [Rn. 6]); *Stern/Hamacher*, in: Stern/Sachs, GRCh, Abschn. A Rn. 20.

233 Vgl. etwa BVerfG, Beschl. v. 08.09.2020, 1 BvR 895/16, BeckRS 2020, 26957, Rn. 24; BVerfG, Beschl. v. 06.11.2019, 1 BvR 276/17, NJW 2020, 314 (316 f. [Rn. 42 ff.]).

234 *Stern/Hamacher*, in: Stern/Sachs, GRCh, Abschn. A Rn. 20.

235 *Schorkopf*, in: Grabenwarter, Europäischer Grundrechteschutz, § 3 Rn. 12 f., 37.

236 *Stern/Hamacher*, in: Stern/Sachs, GRCh, Abschn. A Rn. 29.

bb) Zur Anwendbarkeit der GRCh in Bereichen, in denen nationale Gestaltungsspielräume eröffnet sind

Insoweit dem nationalen Gesetzgeber Spielräume bei der Umsetzung einer Richtlinie verbleiben und sich die Setzung des nationalen Rechts als Wahrnehmung dieser Gestaltungsspielräume darstellt, ist allerdings der Anwendungsbereich des Grundgesetzes eröffnet.[237] Hier liegt keine supranationale Determinierung, sondern ein eigenständiges Handeln des nationalen Gesetzgebers vor, das sich – wie sonst auch – an der nationalen Verfassungsordnung messen lassen muss.[238] Fraglich ist, ob bzw. inwieweit in diesen Fällen auch von einer Durchführung des Rechts der Union i. S. v. Art. 51 Abs. 1 S. 1 GRCh und damit von einer parallelen Bindung an nationale Rechtsordnung und GRCh[239] auszugehen ist.

In der Rechtsprechung des EuGH wird der Anwendungsbereich dieser Norm eher großzügig mit dem Anwendungsbereich des Unionsrechts insgesamt gleichgesetzt.[240] Dem schließt sich auch das Bundesverfassungsgericht an.[241] Nach dieser Auslegung könne von einer Durchführung des Unionsrechts auch dann gesprochen werden, wenn unionsrechtliche Spielräume für die Mitgliedstaaten bestünden, da auch in diesen Fällen die Grenzen der Spielräume durch das Unionsrecht bestimmt würden.[242] Zuvor noch vertretene Mindermeinungen,[243] wonach nur die Fälle der Umsetzung zwingenden Sekundärrechts eine

237 BVerfG, Beschl. v. 24.03.2021, 1 BvR 2656/18 u. a., NVwZ 2021, 951 (958 [Rn. 141]); BVerfG, Beschl. v. 06.11.2019, 1 BvR 16/13, Rn. 42; BVerfG, Beschl. v. 13.03. 2007, 1 BvF 1/05, Rn. 69 f. m. w. N.

238 *Breuer*, in: Isensee/Kirchhof, Handbuch des Staatsrechts, Bd. VIII, § 170 Rn. 32.

239 Vgl. zu dieser Rechtsfolge etwa BVerfG, Beschl. v. 10.11.2020, NVwZ 2021, 226 (228 [Rn. 65]); 1 BvR 3214/15 BVerfG, Beschl. v. 06.11.2019, 1 BvR 16/13, Rn. 44; ferner bereits zuvor etwa *Jarass*, NVwZ 2012, 457 (460).

240 EuGH, Urt. v. 26.02.2013, Rs. C-617/10 – Åkerberg Fransson, ECLI:EU:C:2013:105, Rn. 19 f.; dazu *Gstrein/Zeitzmann*, ZEuS 2013, 239 (251); vgl. in der Folge etwa EuGH, Urt. v. 30.04.2014, Rs. C-390/12 – Pfleger, ECLI:EU:C:2014:281, Rn. 33 f.; EuGH, Urt. v. 18.09.2019, Rs. C-366/18 – Ortiz Mesonero, ECLI:EU:C:2019:757, Rn. 50 f.; so ferner auch *Ruffert*, EuR 2004, 165 (177); *Kühling*, in: von Bogdandy/Bast, Europäisches Verfassungsrecht, 657 (682).

241 BVerfG, Beschl. v. 24.03.2021, 1 BvR 2656/18 u. a., NVwZ 2021, 951 (958 [Rn. 141]); BVerfG, Beschl. v. 06.11.2019, 1 BvR 16/13, Rn. 44.

242 *Pache*, in: Pechstein/Nowak/Häde, EUV/GRC/AEUV, Bd. I, GRC Art. 51 Rn. 28.

243 Vgl. zum Streit *Ladenburger/Vondung*, in: Stern/Sachs, GRCh, Art. 51 Rn. 45 Fn. 99.

Durchführung des Rechts der Union i. S. v. Art. 51 Abs. 1 S. 1 GRCh darstellen sollen,[244] scheinen damit nur noch schwer zu halten.

Für die vorliegende Untersuchung kann eine Entscheidung über die Frage, wie weit der Anwendungsbereich der Grundrechtecharta reicht, letztlich dahinstehen. Die im Nachfolgenden herausgearbeiteten Grundrechte der Charta und des Grundgesetzes, die für die Prüfung relevant werden, entsprechen einander weitgehend in ihrem Gewährleistungsgehalt. Auch die zentralen Rechtfertigungskriterien für Eingriffe (insb. Verhältnismäßigkeit) sind in beiden Fällen gleich und werden auf europäischer wie nationaler Ebene inhaltlich gleich verstanden (s. dazu u. e)).

Ein wesentlicher Unterschied liegt nur bei der Grundrechtsberechtigung für öffentliche Unternehmen, die bei Grundrechten der Grundrechtecharta eher in Betracht kommt als bei nationalen Grundrechten (s. dazu ausführlich u. Teil 3 G. I.). Die Frage der Grundrechtsberechtigung öffentlicher Unternehmen wird aber im Rahmen der vorliegenden Untersuchung ohnehin nur im Spielbankenbereich relevant. In diesem Bereich stellt sich die Frage nach der Reichweite von Art. 51 GRCh nicht. Da die Richtlinie für Spielbanken zwingende Vorgaben trifft (vgl. Art. 2 Abs. 2 UAbs. 1 4. GwRL), ist eine Anwendbarkeit der Grundrechtecharta nach jeder Auffassung gegeben.

Im Rahmen der vorliegenden Arbeit werden daher nationale Vorschriften, die innerhalb eines Gestaltungsspielraums ergangen sind, in grundrechtlicher Hinsicht ausschließlich am Maßstab des Grundgesetzes geprüft.

b) Einfluss der EMRK

Die EMRK bildet keinen unmittelbaren Maßstab für die Prüfung von europäischem Sekundärrecht. Bislang ist die EU der EMRK trotz des imperativ formulierten Art. 6 Abs. 2 EUV noch nicht beigetreten.[245] Der EuGH hat der EU den Beitritt zwischenzeitlich sogar in einem Gutachten untersagt,[246] wobei mittlerweile wieder Verhandlungen aufgenommen wurden.[247] Die Regelungen der EMRK sind – neben den gemeinsamen Verfassungsüberlieferungen der Mitgliedstaaten – lediglich als allgemeine Grundsätze Teil des Unionsrechts (Art. 6

244 So *Breuer*, in: Isensee/Kirchhof, Handbuch des Staatsrechts, Bd. VIII, § 170 Rn. 32; *Kirchhof*, EuR 2014, 267 (270) unter Verweis auf BVerfG, Urt. v. 24.04.2013, 1 BvR 1215/07, NJW 2013, 1499 (1500 Rn. 88).

245 Vgl. zum aktuellen Stand Europarat/Beitritt (URL-Verz.).

246 EuGH, Gutachten 2/13 v. 18.12.2014.

247 Dazu ausführlich *Strüder*, NJOZ 2021, 769 ff.

Abs. 3 EUV). Davon abgesehen wäre selbst im Falle eines Beitritts zweifelhaft, ob der EMRK dadurch primärrechtlicher Rang und damit derselbe Rang wie derjenige der GRCh zuteilwürde.[248]

Dennoch ist die EMRK auch bei Prüfung der GRCh im Blick zu behalten. Aus Art. 52 Abs. 3 S. 1 GRCh ergibt sich, dass die EMRK im Rahmen ihres engen Zusammenhangs zur GRCh[249] einen schutzrechtlichen Mindeststandard vorzeichnet, der von letzterer nicht unterlaufen werden darf.[250] Zudem stellt die EMRK eine bedeutsame Rechtserkenntnisquelle für Auslegung und Anwendung der GRCh dar.[251] Dies kommt in der Präambel der GRCh selbst zum Ausdruck, wo davon die Rede ist, dass die GRCh die in der EMRK verankerten Rechte „bekräftige".[252] Insofern die EMRK als Rechtserkenntnisquelle für die Auslegung der GRCh fungiert, ist also ggf. auch die Rechtsprechung des EGMR zu berücksichtigen, die die Interpretation der Rechte aus der EMRK maßgeblich prägt.[253]

c) Relevanz der europäischen Grundrechte für die vorliegende Untersuchung

Aus den oben[254] dargestellten Gründen werden europäische Grundrechte im Rahmen dieser Untersuchung nur in den Bereichen geprüft, die vollständig durch Unionsrecht determiniert sind. Dies betrifft die für Spielbanken vorgesehenen Vorgaben zur Geldwäschebekämpfung im Geldwäschegesetz, da Spielbanken nach der vierten Geldwäscherichtlinie zwingend zum Kreis der Verpflichteten zählen (vgl. Art. 2 Abs. 2 4. GwRL).

Hinsichtlich der übrigen Veranstalter und Vermittler von Glücksspiel überlässt es die Richtlinie den Mitgliedstaaten, auf Grundlage angemessener Risikobewertung den in Betracht stehenden Bereich nur teilweise zu verpflichten oder ganz vom Verpflichtetenkreis auszunehmen. Insoweit werden die Vorgaben des

---

248 *Stern/Hamacher*, in: Stern/Sachs, GRCh, Abschn. A Rn. 167; für einen Rang unterhalb des Primärrechts *Jarass*, GRCh, Art. 52 Rn. 64.

249 *Scholz*, in: Merten/Papier, Handbuch der Grundrechte, Bd. VI/2, § 170 Rn. 3.

250 *Jarass*, GRCh, Art. 52 Rn. 63; *Scholz*, in: Merten/Papier, Handbuch der Grundrechte, Bd. VI/2, § 170 Rn. 51; *Schwerdtfeger*, in: Meyer/Hölscheidt, GRCh, Art. 52 Rn. 66.

251 *Jarass*, GRCh, Art. 52 Rn. 64.

252 Dazu auch *Scholz*, in: Merten/Papier, Handbuch der Grundrechte, Bd. VI/2, § 170 Rn. 3.

253 *Grabenwarter*, in: Merten/Papier, Handbuch der Grundrechte, Bd. VI/2, § 169 Rn. 4; Jarass, GRCh, Art. 52 Rn. 65.

254 Teil 2 C. I. 1) a) bb).

Geldwäschegesetzes im Rahmen dieser Untersuchung in grundrechtlicher Hinsicht nur am Maßstab des Grundgesetzes gemessen.

d) In Betracht kommende Garantien der Grundrechtecharta

aa) Unternehmerische Freiheit (Art. 16 GRCh)

Die unternehmerische Freiheit nach Art. 16 GRCh schützt jede selbständige und auf gewisse Dauer angelegte wirtschaftliche Betätigung,[255] also auch den Betrieb einer Spielbank.

Ob sich juristische Personen des öffentlichen Rechts, von der öffentlichen Hand beherrschte Unternehmen in Privatrechtsform und/oder gemischtwirtschaftliche Unternehmen auf Grundrechte der GRCh und auf Art. 16 GRCh im Besonderen berufen können, ist umstritten.[256] Da die Frage der Grundrechtsfähigkeit solcher Unternehmen auch einige deutsche Spielbankunternehmen betrifft, soll sie im Teil zu Spielbanken beim persönlichen Schutzbereich näher erörtert werden.[257]

bb) Berufsfreiheit (Art. 15 Abs. 1 GRCh)

Art. 15 Abs. 1 GRCh schützt die Berufsfreiheit. Beruf i. S. d. Norm ist eine auf Dauer angelegte und in Erwerbsabsicht betriebene Tätigkeit.[258] Die unternehmerische Freiheit nach Art. 16 GRCh ist gegenüber der Berufsfreiheit lex specialis: Beide schützen die auf Dauer angelegte wirtschaftliche Betätigung, die unternehmerische Freiheit ist jedoch vorrangig einschlägig, wenn es sich um eine selbständige Betätigung handelt[259] bzw. primär ein unternehmensbezogener Sachverhalt vorliegt.[260] Die Berufsfreiheit hingegen schützt in erster Linie den unselbständigen Arbeitnehmer[261] bzw. greift in Fällen mit stärker persönlichkeitsrechtlichem Bezug.[262] Sie wird also für die vorliegende Untersuchung

---

255 *Bernsdorff*, in: Meyer/Hölscheidt, GRCh, Art. 16 Rn. 10; *Kühling*, in: Pechstein/Nowak/Häde, EUV/GRC/AEUV, Bd. I, GRC Art. 16 Rn. 6.

256 *Blanke*, in: Stern/Sachs, GRCh, Art. 16 Rn. 12 m. N. in Fn. 45.

257 S. u. Teil 3 G. I.

258 *Jarass*, GRCh, Art. 15 Rn. 7; *Kühling*, in: Pechstein/Nowak/Häde, EUV/GRC/AEUV, Bd. I, GRC Art. 15 Rn. 10.

259 *Vosgerau*, in: Stern/Sachs, GRCh, Art. 17 Rn. 20.

260 *Kühling*, in: Pechstein/Nowak/Häde, EUV/GRC/AEUV, Bd. I, GRC Art. 15 Rn. 25.

261 *Jarass*, GRCh, Art. 15 Rn. 4.

262 *Kühling*, in: Pechstein/Nowak/Häde, EUV/GRC/AEUV, Bd. I, GRC Art. 15 Rn. 25; vgl. zur Abgrenzung von Art. 15 und 16 GRCh auch *Nowak*, in: Heselhaus/Nowak, Handbuch der Europäischen Grundrechte, § 34 Rn. 28 ff.

nur insoweit relevant, wie zwingende Vorschriften der vierten Geldwäscherichtlinie die Spielbankenangestellten in ihrer individuellen Berufsfreiheit betreffen.

cc) Eigentumsrecht (Art. 17 GRCh)

Eigentum i. S. v. Art. 17 GRCh sind alle dem Inhaber in rechtlich gesicherter Weise zugeordneten, vermögenswerten Rechtspositionen.[263] Nicht geschützt von Art. 17 GRCh sind allerdings bloße Gewinnerwartungen, jedenfalls insoweit noch keine gesicherten Rechtspositionen oder fälligen Forderungen vorliegen.[264] Eine zwingende Geldwäschebekämpfungsvorschrift des Sekundärrechts für Spielbanken muss sich daher nicht an Art. 17 GRCh messen lassen, sofern sie bei den Spielbankenbetreibern lediglich zu Gewinneinbußen führt. Eine Eröffnung des Schutzbereichs könnte allenfalls dort in Betracht kommen, wo die Gewinneinbußen so schwerwiegend sind, dass sie das Unternehmen insgesamt in seinem Fortbestand gefährden.[265]

dd) Schutz personenbezogener Daten (Art. 8 Abs. 1 GRCh)

Ein Eingriff in Art. 8 Abs. 1 GRCh liegt vor, wenn Angaben oder Informationen über eine bestimmte oder bestimmbare Person[266] durch einen Grundrechtsverpflichteten verarbeitet werden[267] oder wenn eine gesetzliche Vorschrift eine solche Informationsverarbeitung anordnet.[268] Das Grundrecht kann hier insofern relevant werden, als zwingende Vorgaben der vierten Geldwäscherichtlinie den Spielbanken die Verarbeitung persönlicher Information von Kunden aufgeben.

ee) Gleichheit vor dem Gesetz (Art. 20 GRCh)

Art. 20 GRCh schützt die Gleichheit vor dem Gesetz. Gemeint ist damit insbesondere ein allgemeines Gebot der Gleichbehandlung vergleichbarer Sachverhalte.[269] Für die vorliegende Untersuchung kann das Grundrecht insofern

---

263 *Jarass*, GRCh, Art. 17 Rn. 6 f.

264 *Jarass*, GRCh, Art. 17 Rn. 7; *Kühling*, in: Pechstein/Nowak/Häde, EUV/GRC/AEUV, Bd. I, GRC Art. 17 Rn. 11; *Vosgerau*, in: Stern/Sachs, GRCh, Art. 17 Rn. 46.

265 Vgl. *Jarass*, GRCh, Art. 17 Rn. 13; *Kühling*, in: Pechstein/Nowak/Häde, EUV/GRC/AEUV, Bd. I, GRC Art. 17 Rn. 17.

266 Vgl. *Wolff*, in: Pechstein/Nowak/Häde, EUV/GRC/AEUV, Bd. I, GRC Art. 8 Rn. 12.

267 *Wolff*, in: Pechstein/Nowak/Häde, EUV/GRC/AEUV, Bd. I, GRC Art. 8 Rn. 18.

268 *Jarass*, GRCh, Art. 8 Rn. 5 f. u. 8.

269 *Heselhaus*, in: Pechstein/Nowak/Häde, EUV/GRC/AEUV, Bd. I, GRC Art. 20 Rn. 13, 24; *Jarass*, GRCh, Art. 20 Rn. 2.

relevant werden, als bereits der europäische Gesetzgeber zwischen Spielbanken (verpflichtende Einbeziehung in das Regelungsregime zur Geldwäschebekämpfung durch den nationalen Gesetzgeber) und sonstigen Glücksspielbereichen (optionale Einbeziehung) differenziert.[270]

e) *Schranken der europäischen Grundrechte*

Zur Vorbereitung der Prüfung der europäischen Grundrechte sind auch deren Schranken zu bestimmen.

Zunächst ergeben sich aus dem Wortlaut der GRCh selbst Schranken:[271] Art. 52 Abs. 1 GRCh regelt eine generelle, für alle Grundrechte geltende Schranke, aus deren Wortlaut sich als Schranken-Schranken Gesetzesvorbehalt, Wesensgehaltsgarantie und Verhältnismäßigkeitsgebot entnehmen lassen. Das Verhältnismäßigkeitsgebot des Art. 52 Abs. 1 S. 2 GRCh entspricht weitgehend dem aus der deutschen Grundrechtsdogmatik bekannten Verhältnismäßigkeitsgebot mit seinen Elementen Geeignetheit, Erforderlichkeit und Angemessenheit,[272] zumal seine Auslegung im europäischen Recht vom deutschen Rechtsdenken beeinflusst ist.[273]

Art. 8 Abs. 2 S. 1 GRCh enthält eine spezielle Schrankenregelung für das Recht auf Schutz personenbezogener Daten, Art. 17 Abs. 1 S. 2 GRCh eine spezielle Schrankenregelung für den Eigentumsentzug. Aus dem Mindeststandardcharakter der EMRK im Verhältnis zur GRCh[274] folgt außerdem, dass bei Schrankenregelungen der GRCh, die weitergehend sind als die Schrankenregelung zum entsprechenden Grundrecht der EMRK, ggf. eine mit der EMRK zu vereinbarende Auslegung im Blick zu behalten ist.[275]

---

270 Vgl. Teil 2 B. II. 2) a) bb).

271 Darstellung nach *Stern/Hamacher*, in: Stern/Sachs, GRCh, Abschn. A Rn. 111 f.

272 *Scholz*, in: Merten/Papier, Handbuch der Grundrechte, Bd. VI/2, § 170 Rn. 47; Stern/*Hamacher*, in: Stern/Sachs, GRCh, Abschn. A Rn. 118.

273 *Sommermann*, in: v. Mangoldt/Klein/Starck, GG, Bd. 2, Art. 20 Rn. 311; *Szczekalla*, in: Heselhaus/Nowak, Handbuch der Europäischen Grundrechte, § 2 Rn. 16.

274 S. o. unter Teil 2 C. I. 1) b).

275 Vgl. *Jarass*, GRCh, Art. 52 Rn. 60; *Pache*, in: Pechstein/Nowak/Häde, EUV/GRC/AEUV, Bd. I, GRC Art. 52 Rn. 45.

2) *Die Bedeutung der Grundfreiheiten für die Untersuchung und das Kohärenzkriterium*

Zur Ermittlung der Bedeutung der Grundfreiheiten als Maßstab für die vorliegende Untersuchung soll zunächst kurz dargestellt werden, inwieweit die Grundfreiheiten auf den Glücksspielbereich Anwendung finden. Über die gewöhnlichen Rechtfertigungsvoraussetzungen der Grundfreiheiten hinaus soll zudem die Kohärenz als ein den Grundfreiheiten zu entnehmender Rechtfertigungsmaßstab für die Untersuchung erörtert werden.

a) Anwendbarkeit der Grundfreiheiten auf den Glücksspielbereich[276]

aa) Anwendbarkeit der Niederlassungsfreiheit, Art. 49 AEUV

Niederlassung i. S. v. Art. 49 AEUV ist die tatsächliche dauerhafte Ausübung einer selbständigen[277] wirtschaftlichen Tätigkeit mittels einer festen Einrichtung in einem anderen Mitgliedstaat.[278] Wirtschaftliche Tätigkeit bedeutet in diesem Zusammenhang, dass die Tätigkeit auf einen Erwerbszweck gerichtet ist, d. h. für ihr Erbringen eine finanzielle Gegenleistung verlangt wird.[279] Dies ist bei der Veranstaltung und Vermittlung von Glücksspielen der Fall.

Daneben muss für eine Eröffnung des Anwendungsbereichs der Niederlassungsfreiheit ein grenzüberschreitender Sachverhalt vorliegen.[280] Der persönliche Schutzbereich der Niederlassungsfreiheit umfasst natürliche Personen, die die Staatsangehörigkeit eines Mitgliedstaats besitzen[281] sowie über Art. 54 AEUV auch in der EU ansässige und nach deren Recht gegründete juristische Personen.[282] So kann sich etwa ein Italiener, der sich in Spanien niederlässt, um dort Sportwetten anzubieten, auf die Niederlassungsfreiheit berufen.

---

276 Dieser Abschnitt orientiert sich wesentlich an *Ennuschat/Güldner*, in: Gebhardt/Korte, Glücksspiel, 205 (206 ff.).

277 *Korte*, in: Calliess/Ruffert, EUV/AEUV, Art. 49 AEUV Rn. 16.

278 *Kainer*, in: Pechstein/Nowak/Häde, EUV/GRC/AEUV, Bd. II, AEUV Art. 49 Rn. 14; *Müller-Graff*, in: Streinz, EUV/AEUV, Art. 49 AEUV Rn. 11.

279 *Korte*, in: Calliess/Ruffert, EUV/AEUV, Art. 49 AEUV Rn. 12.

280 *Korte*, in: Calliess/Ruffert, EUV/AEUV, Art. 49 AEUV Rn. 19; *Sauer*, JuS 2017, 310 (311).

281 *Kainer*, in: Pechstein/Nowak/Häde, EUV/GRC/AEUV, Bd. II, AEUV Art. 49 AEUV Rn. 30; *Müller-Graff*, in: Streinz, EUV/AEUV, Art. 49 AEUV Rn. 27.

282 *Kainer*, in: Pechstein/Nowak/Häde, EUV/GRC/AEUV, Bd. II, AEUV Art. 49 Rn. 32; *Müller-Graff*, in: Streinz, EUV/AEUV, Art. 49 AEUV Rn. 29.

Im Hinblick (auch) auf den Glücksspielbereich ist bemerkenswert, dass der juristische Personen in den Anwendungsbereich miteinbeziehende Art. 54 AEUV nicht nur private, sondern auch öffentliche Unternehmen umfasst, und zwar letztere unabhängig davon, ob sie privatrechtlich oder öffentlich-rechtlich organisiert sind.[283] Damit könnte sich etwa auch ein staatlich kontrolliertes Spielbankenunternehmen auf die Niederlassungsfreiheit berufen.

bb) Anwendbarkeit der Dienstleistungsfreiheit, Art. 56 AEUV

Dienstleistungen sind in Art. 57 Abs. 1 AEUV definiert als Leistungen, die in der Regel gegen Entgelt erbracht werden, soweit sie nicht den Vorschriften über den freien Waren- und Kapitalverkehr und über die Freizügigkeit der Personen unterliegen. Aus dem Nebensatz „soweit sie nicht …" ergibt sich, dass die Dienstleistungsfreiheit subsidiär zu den übrigen dort genannten Grundfreiheiten ist.[284]

Entgeltlichkeit einer Dienstleistung meint, dass diese unter Teilnahme am Wirtschaftsleben mit Gewinn- oder Ertragserzielungsabsicht erbracht wird.[285] Aus der Formulierung „in der Regel" lässt sich entnehmen, dass es ausreicht, wenn die betreffende Dienstleistung für gewöhnlich entgeltlich erbracht wird.[286] Das trifft auf Glücksspielveranstaltung und -vermittlung ohne weiteres zu.[287] Die Anwendbarkeit der Dienstleistungsfreiheit setzt ferner eine Grenzüberschreitung der Dienstleistung innerhalb des EU-Raumes voraus.[288]

In persönlicher Hinsicht geschützt sind – wie bei der Niederlassungsfreiheit – natürliche Personen, die die Staatsangehörigkeit eines Mitgliedstaats besitzen und in der EU ansässig sind[289] sowie in der EU ansässige und nach ihrem Recht gegründete juristische Personen über Art. 62 i. V. m. Art. 54 AEUV.[290] So kann sich etwa ein in Tschechien ansässiger und die tschechische Staatsangehörigkeit

---

283 *Müller-Graff*, in: Streinz, EUV/AEUV, Art. 54 AEUV Rn. 2.

284 Vgl. *Kluth*, in: Calliess/Ruffert, EUV/AEUV, Art. 57 AEUV Rn. 15.

285 *Kluth*, in: Calliess/Ruffert, EUV/AEUV, Art. 56, 57 AEUV Rn. 11.

286 *Müller-Graff*, in: Streinz, EUV/AEUV, Art. 56 AEUV Rn. 19.

287 So auch *Müller-Graff*, in: Streinz, EUV/AEUV, Art. 56 AEUV Rn. 22 m. w. N. in Fn. 95 u. 97.

288 *Haltern/Stein*, in: Pechstein/Nowak/Häde, EUV/GRC/AEUV, Bd. II, AEUV Art. 57 Rn. 25; *Kluth*, in: Calliess/Ruffert, EUV/AEUV, Art. 56, 57 AEUV Rn. 9, 24; *Sauer*, JuS 2017, 310 (311).

289 *Haltern/Stein*, in: Pechstein/Nowak/Häde, EUV/GRC/AEUV, Bd. II, AEUV Art. 56 Rn. 17; *Müller-Graff*, in: Streinz, EUV/AEUV, Art. 56 AEUV Rn. 46, 48.

290 *Haltern/Stein*, in: Pechstein/Nowak/Häde, EUV/GRC/AEUV, Bd. II, AEUV Art. 56 Rn. 24; *Müller-Graff*, in: Streinz, EUV/AEUV, Art. 56 AEUV Rn. 56.

besitzender Vermittler von Oddset-Wetten in das EU-Ausland auf die Dienstleistungsfreiheit berufen.[291] Auf Grundlage der passiven Dienstleistungsfreiheit[292] genießen umgekehrt beispielsweise auch tschechische Touristen,[293] die nach Deutschland reisen, um das Spielangebot einer deutschen Spielbank wahrzunehmen, grundfreiheitlichen Schutz.

Der im vorangehenden Abschnitt bereits erörterte Art. 54 AEUV findet über Art. 62 AEUV auch auf die Dienstleistungsfreiheit Anwendung.

cc) Ausschluss der Anwendbarkeit von Grundfreiheiten auf den Betrieb von Glücksspielen aufgrund von Art. 51 AEUV?

Gemäß Art. 51 Abs. 1 AEUV findet die Niederlassungsfreiheit keine Anwendung auf Tätigkeiten, die in einem Mitgliedstaat dauernd oder zeitweise mit der Ausübung öffentlicher Gewalt verbunden sind. Über Art. 62 AEUV gilt dies ebenso für die Dienstleistungsfreiheit. Angesichts der Tatsache, dass der Betrieb von Glücksspielen jedenfalls in Deutschland im Hinblick auf viele Bereiche als Gefahrenabwehrrecht verstanden wird,[294] ist zumindest in Erwägung zu ziehen, dass es sich auch um die Ausübung öffentlicher Gewalt i. S. v. Art. 51 Abs. 1 AEUV handelt.

Diese Annahme liegt naturgemäß insbesondere bei öffentlichen Glücksspielunternehmen wie etwa der Saarland-Spielbank GmbH[295] oder mehr noch der Staatlichen Lotterieverwaltung Bayern nahe. Bei letzterer handelt es sich um eine staatliche Einrichtung ohne eigene Rechtspersönlichkeit im Geschäftsbereich des Bayerischen Finanzministeriums (Art. 5 Abs. 1 AG GlüStV BY).

Zu berücksichtigen ist insofern der Sinn und Zweck des Art. 51 Abs. 1 AEUV, den Mitgliedstaaten im Hinblick auf die Ausübung hoheitlicher Befugnisse unbeeinträchtigte Wahlfreiheit dahingehend zu belassen, ob dies durch eigene Behörden oder durch beliehene Private erfolgen soll.[296] Aufgrund der Ausnahme beliehener Privater vom Anwendungsbereich der Grundfreiheiten haben die Mitgliedstaaten die Möglichkeit, die Übertragung hoheitlicher Aufgaben eigenen Staatsangehörigen vorzubehalten, ohne durch die Vermeidung

291 Vgl. *Janz*, NJW 2003, 1694 (1700).

292 Zur Definition etwa *Müller-Graff*, in: Streinz, EUV/AEUV, Art. 56 AEUV Rn. 37.

293 Vgl. *Müller-Graff*, in: Streinz, EUV/AEUV, Art. 56 AEUV Rn. 39.

294 S. o. unter Teil 2 B. II. d) bb).

295 Vgl. § 5 Abs. 3 SpBG SL.

296 *Tiedje*, in: von der Groeben/Schwarze/Hatje, Europäisches Unionsrecht, Art. 51 AEUV Rn. 2.

einer anderenfalls gebotenen Öffnung für Mitglieder anderer Mitgliedstaaten daran gehindert zu werden.[297]

Dieser Schutz der staatlichen Gestaltungsfreiheit ist jedoch angesichts der Bedeutung der Grundfreiheiten für das Funktionieren des Binnenmarktes restriktiv auszulegen[298] und bezieht sich nur auf einen Kernbereich hoheitlicher Tätigkeiten.[299] Kennzeichnend für hoheitliche Tätigkeit in diesem eng gefassten Sinne ist, dass ihr Zwangsbefugnisse oder zumindest Befugnisse zu Entscheidungen mit verbindlich regelnder Außenwirkung zugrunde liegen.[300]

Daran fehlt es bei der Tätigkeit von Glücksspielunternehmen, selbst dann, wenn es sich hierbei um ein staatliches Unternehmen handelt. Die Tätigkeit eines Glücksspielunternehmens besteht in der Bereitstellung und Organisation eines Glücksspielangebots für seine Kunden. An dem für öffentliche Rechtsverhältnisse typischen Gepräge einer Über-/Unterordnung fehlt es dabei.[301] Insbesondere tritt das Glücksspielunternehmen dem Spieler nicht einseitig regelnd oder gar mit hoheitlich begründetem Zwang gegenüber. Die Ausnahme des Art. 51 AEUV ist daher in diesem Zusammenhang nicht einschlägig.

b) Eingriffe in die Grundfreiheiten

Ein Eingriff in die Niederlassungsfreiheit bzw. in die Dienstleistungsfreiheit liegt in deren „Beschränkung", wie sich aus den Formulierungen in Art. 49 AEUV bzw. Art. 56 AEUV ergibt.

Zu den Beschränkungen gehören zunächst offene und versteckte Diskriminierungen.[302] Dies sind Regelungen, bei denen die Staatsangehörigkeit den ausdrücklichen Anknüpfungspunkt für eine benachteiligende Vorgabe bildet (offene Diskriminierung) oder durch die EU-Ausländer zumindest faktisch schlechter gestellt werden als Inländer (versteckte Diskriminierung).[303]

---

297 *Tiedje*, in: von der Groeben/Schwarze/Hatje, Europäisches Unionsrecht, Art. 51 AEUV Rn. 2.

298 *Müller-Graff*, in: Streinz, EUV/AEUV, Art. 51 AEUV Rn. 3.

299 *Korte*, in: Calliess/Ruffert, EUV/AEUV, Art. 51 AEUV Rn. 3.

300 *Korte*, in: Calliess/Ruffert, EUV/AEUV, Art. 51 AEUV Rn. 8 f.

301 *Ennuschat/Güldner*, in: Gebhardt/Korte, Glücksspiel, 205 (210) unter Verweis auf *Korte*.

302 Etwa *Kluth*, in: Calliess/Ruffert, EUV/AEUV, Art. 57 AEUV Rn. 54 ff.; *Korte*, in: Calliess/Ruffert, EUV/AEUV, Art. 49 AEUV Rn. 46 f.

303 *Kluth*, in: Calliess/Ruffert, EUV/AEUV, Art. 57 AEUV Rn. 54 ff.; *Korte*, in: Calliess/Ruffert, EUV/AEUV, Art. 49 AEUV Rn. 47.

Allerdings werden in Übertragung der ursprünglich für die Warenverkehrsfreiheit entwickelten Dassonville-Formel auch Maßnahmen gleicher Wirkung als Eingriffe gewertet[304] Maßnahmen gleicher Wirkung sind im Falle der Niederlassungs- und Dienstleistungsfreiheit alle Maßnahmen, die geeignet sind, die Ausübung dieser Freiheiten zu behindern oder zu unterbinden.[305]

Für die Warenverkehrsfreiheit hat der EuGH die Weite der Dassonville-Formel durch die Keck-Formel wieder eingeschränkt.[306] Demnach sind bloße Verkaufsmodalitäten, die für alle im Inland gehandelten Waren gelten und die den Absatz in- und ausländischer Waren in gleicher Weise berühren, nicht als Eingriff in die Warenverkehrsfreiheit aufzufassen.[307] Eine Übertragung des Gedankens der Keck-Formel zur Einschränkung der Eingriffsweite wird oft auch bei den übrigen Grundfreiheiten befürwortet.[308]

c) *Rechtfertigungsanforderungen an Eingriffe in die Grundfreiheiten*

Sonderregelungen für EU-Ausländer – offene Diskriminierungen im Sinne der oben dargestellten Eingriffsdogmatik also[309] –, die in die Niederlassungsfreiheit eingreifen, können gemäß Art. 52 Abs. 1 AEUV aus Gründen der öffentlichen Ordnung, Sicherheit oder Gesundheit gerechtfertigt sein. Die Regelung gilt gemäß Art. 62 AEUV entsprechend für die Dienstleistungsfreiheit. Im Wege des Erst-Recht-Schlusses lässt sich ihre Anwendbarkeit auch auf versteckte Diskriminierungen und Maßnahmen gleicher Wirkung bejahen.[310]

In der Rechtsprechung zur Warenverkehrsfreiheit und zur Niederlassungsfreiheit hat der EuGH ferner mit der Cassis-Formel (zur Warenverkehrsfreiheit) und der Gebhard-Formel (zur Niederlassungsfreiheit) ungeschriebene Rechtfertigungsmöglichkeiten für versteckte Diskriminierungen und Maßnahmen gleicher Wirkung formuliert, die mittlerweile allgemein in der Dogmatik der

---

304 *Kingreen*, in: Calliess/Ruffert, EUV/AEUV, Art. 36 AEUV Rn. 37, 41 f., 44.

305 *Kingreen*, in: Calliess/Ruffert, EUV/AEUV, Art. 36 AEUV Rn. 42, 44.

306 EuGH, Urt. v. 24.11.1993, verb. Rs. C-267/91 u. C-268/91 – *Keck/Mithouard*, Slg. 1993, I-6097, Rn. 14 ff.

307 EuGH, Urt. v. 24.11.1993, verb. Rs. C-267/91 u. C-268/91 – *Keck/Mithouard*, Slg. 1993, I-6097, Rn. 16.

308 Vgl. dazu *Kingreen*, in: Calliess/Ruffert, EUV/AEUV, Art. 36 AEUV Rn. 50; ablehnend *Forsthoff*, in: Grabitz/Hilf/Nettesheim, EUV/AEUV, Art. 45 AEUV Rn. 217.

309 *Korte*, in: Calliess/Ruffert, EUV/AEUV, Art. 52 AEUV Rn. 5.

310 *Korte*, in: Calliess/Ruffert, EUV/AEUV, Art. 52 AEUV Rn. 5.

Grundfreiheiten Anwendung finden.[311] Danach sind diese Maßnahmen gerechtfertigt, wenn sie

- in nicht-diskriminierender Weise angewandt werden,
- aus zwingenden Gründen des Allgemeininteresses gerechtfertigt sind,
- geeignet sind, die Verwirklichung des mit ihnen verfolgten Zieles zu gewährleisten und
- nicht über das hinausgehen, was zur Erreichung dieses Zieles erforderlich ist.[312]

d) *Bedeutung der Grundfreiheiten als Prüfungsmaßstab im Rahmen der vorliegenden Untersuchung*

Soweit ein EU-grenzüberschreitender Sachverhalt vorliegt – etwa weil sich ein Spielbankenbetreiber eines anderen Mitgliedstaates in Deutschland als solcher betätigen will – kommen somit auch die Grundfreiheiten als Prüfungsmaßstab in Betracht. Das gilt jedenfalls, soweit sich nationales Recht nicht (bloß) als Umsetzung zwingenden Sekundärrechts darstellt, da spezielleres Sekundärrecht den Grundfreiheiten vorgeht.[313]

Soweit ein Eingriff in Grundfreiheiten durch die Geldwäschebekämpfungsvorschriften vorliegt, ist – wie im vorangehenden Abschnitt dargestellt – die Verhältnismäßigkeit als zentrales Rechtfertigungskriterium zu prüfen. Dies entspricht der Rechtfertigungsprüfung bei Eingriffen in Grundrechte, was sowohl für europäische Grundrechte (s. dazu o. Teil 2 C. I. 1) e)) als auch für nationale Grundrechte (dazu sogleich u. Teil 2 C. II.) zutrifft. Bei der Prüfung der Verhältnismäßigkeit im Rahmen der Grundfreiheiten ergeben sich auch keine Besonderheiten mit Blick auf ausländische Unternehmen, da die im Rahmen dieser Untersuchung in Betracht stehenden Vorschriften unterschiedslos für inländische wie ausländische Unternehmen gelten.

Daher sollen im Rahmen dieser Untersuchung Aspekte der Verhältnismäßigkeit ausführlich bei den Grundrechten erörtert werden, ohne im Rahmen der Grundfreiheiten noch einmal gesondert darauf einzugehen. Im Rahmen der Rechtfertigung von grundfreiheitlichen Eingriffen tritt freilich noch der Aspekt

---

311 Etwa *Glöckner*, MK-LauterkeitsR, Bd. 1, Art. 56 ff. AEUV Rn. 79.

312 Vgl. nur *Glöckner*, MK-LauterkeitsR, Bd. 1, Art. 56 ff. AEUV Rn. 79.

313 Etwa *Manger-Nestler/Noack*, Jus 2013, 503 (503).

der Kohärenz hinzu, der einer gesonderten Betrachtung bedarf. Dem widmet sich der nachfolgende Abschnitt.

e) Das Erfordernis der Kohärenz und seine Konsequenzen für die nationale Ebene im Hinblick auf die vorliegende Untersuchung

Das vom EuGH in seiner Rechtsprechung zum Glücksspielbereich entwickelte Kohärenzerfordernis ist eine Konkretisierung und Erweiterung der Rechtfertigungsanforderungen für Einschränkungen der Dienstleistungs- und der Niederlassungsfreiheit.[314] Beschränkungen dieser Grundfreiheiten müssen sich also am Kohärenzkriterium ganz ähnlich wie am Kriterium des zwingenden Erfordernisses eines Allgemeininteresses bzw. am Verhältnismäßigkeitskriterium messen lassen.[315]

aa) Inhalt des Kohärenzkriteriums

(1) Die wesentlichen Kriterien der Kohärenz

Wesentliche Inhalte des Kohärenzkriteriums entwickelte der EuGH bereits in der *Schindler*-Entscheidung[316] aus dem Jahr 1994, ohne insofern schon von „Kohärenz“ bzw. „kohärent“ zu sprechen. Der EuGH führt darin zu einem britischen Verbot der Einfuhr von Lotteriewerbematerialien aus, dass die Verbotsvorschriften zwar eine Einschränkung der Dienstleistungsfreiheit darstellten.[317] Sie sollten aber – insofern verweist der EuGH auf die Feststellungen des vorlegenden Gerichts – Straftaten verhindern, eine faire Behandlung der Spieler sicherstellen, eine Anregung der Nachfrage nach potentiell sozialschädlichen Glücksspielen verhindern und einen ausschließlich gemeinnützigen Lotteriebetrieb gewährleisten.[318] Dies seien Gründe, die eine Einschränkung der Dienstleistungsfreiheit rechtfertigen könnten.[319] In den auf die Rechtssache *Schindler* folgenden Entscheidungen in Zusammenhang mit Glücksspiel betonte der EuGH, dass diese grundsätzlich zur Rechtfertigung grundfreiheitsbeschränkender Vorschriften

---

314 Vgl. Alber, Glücksspiele und Europarecht, S. 82.
315 Vgl. Alber, Glücksspiele und Europarecht, S. 82.
316 EuGH, Urt. v. 24.03.1994, C-275/92 – *Schindler*, Slg. 1994, I-1039.
317 EuGH, Urt. v. 24.03.1994, C-275/92 – *Schindler*, Slg. 1994, I-1039, Rn. 45.
318 EuGH, Urt. v. 24.03.1994, C-275/92 – *Schindler*, Slg. 1994, I-1039, Rn. 57.
319 EuGH, Urt. v. 24.03.1994, C-275/92 – *Schindler*, Slg. 1994, I-1039, Rn 58.

tauglichen Ziele auch tatsächlich durch die betreffenden Vorschriften angestrebt werden müssten.[320]

In der Rechtssache *Gambelli*[321] führte der EuGH die zuvor bereits entwickelten Rechtfertigungskriterien erstmals unter dem Begriff der Kohärenz zu einem zumindest begrifflich neuen Konzept zusammen. Demnach müssten grundfreiheitliche Beschränkungen im Glücksspielbereich, die durch Verbraucherschutz, Betrugsvorbeugung, Vermeidung von Anreizen für die Bürger zu überhöhten Ausgaben oder Schutz der sozialen Ordnung gerechtfertigt würden, „die Verwirklichung dieser Ziele [auch] in dem Sinne zu gewährleisten, dass sie kohärent und systematisch zur Begrenzung der Wetttätigkeiten beitragen."[322] Diesen Maßstab bestätigte der EuGH in einer Vielzahl weiterer Entscheidungen.[323]

(2) Binnenkohärenz und intersektorale Kohärenz

Der EuGH verstand Kohärenz zunächst im Sinne einer sog. Binnenkohärenz[324] als ein auf einen bestimmten Glücksspielsektor bezogenes Kriterium.[325] Die darin zum Ausdruck kommenden Erfordernisse mussten also im Hinblick auf die Regulierung des jeweiligen einzelnen Glücksspielsektors gewahrt sein.[326] Dieses Verständnis von Rechtfertigungsanforderungen liegt etwa auch der Entscheidung des BVerfG zum bayerischen staatlichen Sportwettenmonopol[327]

---

320 Vgl. bereits EuGH, Urt. v. 21.09.1999, C-124/97 – *Läärä*, Slg. 1999, I-6067, Rn. 37; ausdrücklich EuGH, Urt. v. 21.10.1999, C-67/98 – *Zenatti*, Slg. 1999, I-7289, Rn. 38; *Makswit*, ZfWG 2014, 169 (170).

321 EuGH, Urt. v. 06.11.2003, C-243/01 – *Gambelli*, Slg. 2003, I-13031.

322 EuGH, Urt. v. 06.11.2003, C-243/01 – *Gambelli*, Slg. 2003, I-13031 Rn. 67.

323 Etwa EuGH, Urt. v. 06.03.2007, verb. C-338/04, C-359/04, C-360/04 – *Placanica*, Slg. 2007, I-1891; EuGH, Urt. v. 08.09.2010, C-316/07 u. a. – *Markus Stoß*, Slg. 2010, I-8069; EuGH, Urt. v. 08.09.2010, C-46/08 – *Carmen Media*, Slg. 2010, I-8149; EuGH, Urt. v. 30.06.2011, C-212/08 – *Zeturf*, Slg. 2011, I-5633; EuGH, Urt. v. 15.09.2011, C-347/09 – *Dickinger und Ömer*, Slg. 2011, I-8185; EuGH, Urt. v. 24.01.2013, verb. C-186/11, C-209/11 – *Stanleybet International u. a.*, ECLI:EU:C:2013:33; EuGH, Urt. v. 04.02.2016, C-336/14 – *Ince*, ECLI:EU:C:2016:72.; EuGH, Urt. v. 19.12.2018, C-375/17 – *Stanley International Betting Ltd.*, ECLI:EU:C:2018:1026; EuGH, Beschl. v. 18.05.2021, C-920/19 – *Fluctus und Fluentum*, ECLI:EU:C:2021:395.

324 *Michl*, ZfWG 2016, 110 (111); *Streinz*, ZfWG 2013, 305 (310).

325 Dieser und der folgende Textabschnitt orientieren sich wesentlich an *Ennuschat*, WRP 2014, 642 (645) sowie an *Michl*, ZfWG 2016, 110 (111 f.).

326 *Michl*, ZfWG 2016, 110 (111).

327 BVerfGE 115, 276.

zugrunde,[328] in der das BVerfG für eine Vereinbarkeit eines solchen Monopols mit Art. 12 Abs. 1 GG forderte, dass es konsequent am Ziel der Bekämpfung von Suchtgefahren ausgerichtet sein müsse. Das BVerfG sprach insofern allerdings (noch) nicht von Kohärenz, sondern eben von Konsequenz bzw. Konsistenz (zwischen dem Ziel der Suchtbekämpfung und der tatsächlichen Ausübung des Monopols).[329]

In den Entscheidungen *Carmen Media* und *Markus Stoß* entwickelte der EuGH erstmals das Kriterium einer intersektoralen Kohärenz.[330] Intersektorale Kohärenz meint, dass die Erfordernisse des Kohärenzkriteriums sektorenübergreifend gewährleistet sein müssen.[331] Im Rahmen einer so verstandenen Kohärenz ist es also denkbar, dass die in einem bestimmten Glücksspielbereich verfolgte Politik der in einem anderen Glücksspielbereich verfolgten Politik zuwiderläuft und dessen Regulierung daher als inkohärent erscheinen lässt.

Die intersektorale Kohärenz hat mittlerweile auch in die nationale Rechtsprechung Eingang gefunden.[332] Das BVerwG verwies in seinen Entscheidungen zu Sportwettenvermittlungsverboten insoweit ausdrücklich auf die einschlägigen Entscheidungen des EuGH.[333] Ein bloßes Zuwiderlaufen der Politik in einem anderen Glücksspielbereich führt aber noch nicht dazu, dass die Glücksspielpolitik in einem bestimmten Bereich als inkohärent anzusehen ist. Die Schwelle zur Inkohärenz ist erst dann überschritten, wenn das Zuwiderlaufen zur Folge hat, dass die der beschränkenden Politik zugrunde gelegten Ziele nicht mehr wirksam verfolgt werden können.[334] Zudem verlangt das BVerwG unter dem Gesichtspunkt der Kohärenz nicht, dass in allen Ländern die gleiche Glücksspielpolitik verfolgt wird.[335] Das Kohärenzgebot sei kein

---

328 *Ennuschat*, WRP 2014, 642 (648).

329 BVerfGE 115, 276 (310, 319); dazu *Ennuschat*, WRP 2014, 642 (648).

330 Vgl. EuGH, Urt. v. 08.09.2010, C-46/08 – *Carmen Media*, Slg. 2010, I-8149, Rn. 71; EuGH, Urt. v. 08.09.2010, C-316/07 u. a. – *Markus Stoß*, Slg. 2010, I-8069, Rn. 107.

331 *Michl*, ZfWG 2016, 110 (112); *Streinz*, ZfWG 2013, 305 (310) spricht insofern von Gesamtkohärenz.

332 *Ennuschat*, WRP 2014, 642 (645).

333 BVerwG, Urt. v. 20.06.2013, 8 C 10/12, Rn. 53; BVerwG, Urt. v. 24.11.2010, 8 C 13/09, Rn. 67; vgl. im Weiteren etwa VGH München, Beschl. v. 07.06.2021, 23 ZB 19.1858, BeckRS 2021, 16289, Rn. 22.

334 So für das Sportwettenmonopol BVerwG, Urt. v. 20.06.2013, 8 C 10/12, Rn. 53; vgl. im Weiteren etwa VGH München, Beschl. v. 07.06.2021, 23 ZB 19.1858, BeckRS 2021, 16289, Rn. 36.

335 *Makswit*, ZfWG 2014, 169 (173).

Uniformitätsgebot.[336] Es respektiert damit die deutsche Bundesstaatlichkeit.[337]

bb) Konsequenzen des Kohärenzerfordernisses für die nationale Ebene im Hinblick auf die vorliegende Untersuchung

Entgegen den in Medien weit verbreiteten Slogans, wonach der EuGH wieder einmal eine deutsche Glücksspielvorschrift „gekippt" habe,[338] werden durch die Entscheidungen des EuGH nicht unmittelbar nationale Rechtsvorschriften für ungültig erklärt. Vielmehr prägt der EuGH allgemeine Maßstäbe, die bei der Glücksspielgesetzgebung zu beachten sind, überlässt es aber in ständiger Rechtsprechung den nationalen Gerichten, über die Vereinbarkeit der nationalen Rechtsvorschriften mit diesen Maßstäben zu entscheiden.[339] Damit wirken die vom EuGH aufgestellten Kriterien auf die nationale Prüfung der Vereinbarkeit glücksspielrechtlicher Vorschriften mit höherrangigem Recht ein, ohne diese zu ersetzen.

Für die vorliegende Untersuchung bedeutet das, dass die Kriterien der Binnenkohärenz bzw. der intersektoralen Kohärenz neben die im Vorangehenden aufgestellten Kriterien für die Vereinbarkeit einer Vorschrift mit höherrangigem Recht – insb. das Kriterium der Verhältnismäßigkeit – treten und bei der Prüfung glücksspielrechtlicher Vorschriften entsprechend zu berücksichtigen sind. Da das Kriterium der intersektoralen Kohärenz – ähnlich wie Art. 3 Abs. 1 GG – sinnvoll erst dann erörtert werden kann, wenn die Geldwäscherisiken der einzelnen Glücksspielbereiche herausgearbeitet sind, soll auch die Prüfung dieses Kriteriums nicht im Abschnitt zu einem einzelnen Glücksspielbereich, sondern im Anschluss daran in Teil 8 erfolgen.

3) Datenschutz-Grundverordnung

Die Verordnung (EU) 2016/679 des Europäischen Parlaments und des Rates vom 27.04.2016 zum Schutz natürlicher Personen bei der Verarbeitung

---

336 BVerwG, Urt. v. 20.06.2013, 8 C 10/12, Rn. 32; vgl. im Weiteren etwa VGH München, Beschl. v. 07.06.2021, 23 ZB 19.1858, BeckRS 2021, 16289, Rn. 36; VGH Mannheim, Urt. v. 19.01.2021, 2 S 1535/19, BeckRS 2021, 2375, Rn. 138.

337 *Makswit*, ZfWG 2014, 169 (173).

338 Vgl. nur Spiegel Online, Art. v. 08.09.2010 (URL-Verz.).

339 Etwa EuGH, Urt. v. 06.11.2003, C-243/01 – *Gambelli*, Slg. 2003, I-13031 Rn. 66, 75 f.; EuGH, Urt. v. 06.03.2007, verb. C-338/04, C-359/04, C-360/04 – *Placanica*, Slg. 2007, I-1891, Rn. 58, 72 Nr. 2; EuGH, Urt. v. 12.06.2014, C-156/13 – *Digibet und Albers*, ECLI:EU:C:2014:1756, Rn. 24 m. w. N.; EuGH, Urt. v. 22.01.2015, C-Rn. 51.

personenbezogener Daten, zum freien Datenverkehr und zur Aufhebung der Richtlinie 95/46/EG (Datenschutz-Grundverordnung)[340] schafft auf europäischer Ebene einen einheitlichen Vorschriftenrahmen zum Datenschutz und zur Datenverarbeitung.[341] Infolge der DSGVO wurde das nationale Bundesdatenschutzgesetz mit Wirkung vom 25.05.2018 umfassend reformiert.[342] Im Zuge dieser Reform wurden die Bestimmungen der DSGVO in das nationale Recht importiert bzw. erfuhren eine Ausgestaltung durch das nationale Recht an Stellen, an denen die Verordnung eine solche Ausgestaltung zulässt.[343]

Nationales Recht, das nicht selbst in zwingender Umsetzung europäischen Sekundärrechts ergangen ist und in einem konkreten Anwendungsfall in Widerspruch zur DSGVO steht, tritt aufgrund des Anwendungsvorrangs des europäischen Sekundärrechts in diesem konkreten Fall zurück.[344] Daher kann sich die DSGVO durchaus auf nationale Vorschriften zur Geldwäschebekämpfung im Glücksspielbereich auswirken, die die Verarbeitung personenbezogener Daten[345] zum Gegenstand haben.

Die von Art. 5 DSGVO vorgegebenen Grundsätze für die Verarbeitung personenbezogener Daten[346] finden sich allerdings auch als grundrechtliche Ausprägungen im europäischen (s. dazu o. Teil 2 C. I. 1) d) dd)) bzw. nationalen (dazu sogleich u. Teil 2 C. II. 3)) Grundrecht auf informationelle Selbstbestimmung wieder und sollen daher im Rahmen dieser Untersuchung nicht noch einmal gesondert als DSGVO-Aspekte erörtert werden. Möglicherweise aus der DSGVO folgende konkrete Rechte (etwa ein Auskunftsausspruch eines Spielbankenkunden nach Art. 15 DSGVO über die ihn im Rahmen der Geldwäscheprävention gespeicherten Daten) sind nicht Gegenstand dieser Untersuchung, da solche Rechte nicht die Vereinbarkeit bestehender Vorschriften mit höherrangigem Recht bzw. Lücken im gegenwärtigen Geldwäscheregime betreffen.

---

340 Im Folgenden: DSGVO.

341 Vgl. Erwägungsgründe Nrn. 7 ff.

342 Gesetz zur Anpassung des Datenschutzrechts an die Verordnung (EU) 2016/679 und zur Umsetzung der Richtlinie (EU) 2016/680 (Datenschutz-Anpassungs- und -Umsetzungsgesetz EU – DSAnpUG-EU) v. 30.06.2017 (BGBl. I S. 2097).

343 Vgl. BT-Drs. 18/11325, S. 2 f.

344 Etwa *Ruffert*, in: Calliess/ders., EUV/AEUV, Art. 1 AEUV Rn. 18.

345 Vgl. Art. 1 Abs. 1 DSGVO.

346 Rechtmäßigkeit, Verarbeitung nach Treu und Glauben, Transparenz, Zweckbindung, Datenminimierung, Richtigkeit, Speicherbegrenzung, Integrität und Vertraulichkeit.

II. Der verfassungsrechtliche Maßstab der Untersuchung

Im Folgenden soll der verfassungsrechtliche Maßstab der Untersuchung[347] abgesteckt werden, an dem mit Ausnahme der zwingenden Vorschriften der vierten Geldwäscherichtlinie für Spielbanken[348] in der vorliegenden Untersuchung die nationalen Vorschriften zur Geldwäschebekämpfung gemessen werden.[349] Dabei kommen insbesondere grundrechtliche Gewährleistungen als berührte Positionen in Betracht.

1) Berufsfreiheit

a) Sachlicher Schutzbereich

aa) Definition des Schutzbereichs

Die Berufsfreiheit wird in Art. 12 Abs. 1 GG verfassungsrechtlich garantiert. Ihr Schutz erstreckt sich – jedenfalls im Hinblick auf ihre abwehrrechtliche Funktion – einheitlich sowohl auf die freie Wahl als auch auf die Ausübung eines Berufs.[350] Die Annahme einer Stufung im Sinne eines geringeren Schutzes für einen dieser Bereiche widerspräche der untrennbaren Verflechtung von Berufswahl und Berufsausübung.[351]

Ein Beruf ist jede auf Dauer angelegte Tätigkeit, die der Schaffung und Erhaltung einer Lebensgrundlage dient.[352] Maßgeblich ist also zum ersten eine zeitliche Komponente: Bei der in Frage stehenden Tätigkeit darf es sich nicht lediglich um einen einmaligen, gelegentlichen oder vorübergehenden Erwerbsakt handeln, sie muss vielmehr über einen gewissen Zeitraum hinweg ausgeübt werden.[353] Zum zweiten muss die Tätigkeit ihrem Charakter nach als

---

347 Zu den Vorgaben des Grundgesetzes für das Glücksspielrecht auch *Makswit*, Auswirkungen des Föderalismus im Glücksspielrecht, S. 249 ff.).

348 Vgl. o. unter Teil 2 B. II. 2) a) bb).

349 S. o. Teil 2 C. I. 1) c).

350 *Burgi*, in: Kahl/Waldhoff/Walter, GG, Art. 12 Abs. 1 Rn. 35 f.; *Mann*, in: Sachs, GG, Art. 12 Rn. 14.

351 *Breuer*, in: Isensee/Kirchhof, Handbuch des Staatsrechts, Bd. VIII, § 170 Rn. 83 f.; *Stern*, Staatsrecht, Bd. IV/1, S. 1803.

352 *Burgi*, in: Kahl/Waldhoff/Walter, GG, Art. 12 Abs. 1 Rn. 107; *Mann*, in: Sachs, GG, Art. 12 Rn. 45.

353 *Burgi*, in: Kahl/Waldhoff/Walter, GG, Art. 12 Abs. 1 Rn. 108; *Mann*, in: Sachs, GG, Art. 12 Rn. 46.

Erwerbstätigkeit geeignet sein, ohne dass es auf die tatsächliche Schaffung einer Lebensgrundlage im konkreten Einzelfall ankäme.[354]

Streitig ist die Frage, ob verbotene oder schlechthin sozialschädliche Tätigkeiten, die im Übrigen die obige Definition erfüllen, schon aus dem Schutzbereich des Art. 12 Abs. 1 GG ausgenommen sein sollen.[355] Dieser Streit kann insbesondere im Glücksspielbereich relevant werden, wo sich bestimmte Formen des Glücksspiels trotz ihrer Zugänglichkeit in Deutschland in einem gesetzlichen Graubereich bewegen (z. B. Sportwettbüros, die an ohne deutsche Genehmigung operierende Wettanbieter vermitteln) oder denen ein hohes Suchtpotential und damit u. U. auch eine gewisse Sozialschädlichkeit attestiert wird (z. B. Spielhallen[356]).

bb) Veranstaltung und Vermittlung von Glücksspiel als Beruf

Da das Veranstalten oder Vermitteln von Glücksspiel regelmäßig eine auf Dauer angelegte Tätigkeit darstellt, die zum Erwerb geeignet ist, und eine Ausnahme vom Schutzbereich nach hier vertretener Auffassung nicht besteht (dazu sogleich), kommt Art. 12 Abs. 1 GG als durch die Vorschriften zur Geldwäschebekämpfung beeinträchtigte grundrechtliche Position in Betracht.

Vom Schutzbereich wäre das Veranstalten und Vermitteln eines Glücksspiels nach hier vertretener Auffassung nur dann ausgenommen, wenn es absolut gemeinschaftsschädlich wäre, wenn es sich also um eine generell schädliche und daher auch allgemein nicht erlaubte Tätigkeit handeln würde.[357] Nur solche Tätigkeiten, die fundamentalen Verfassungswerten widersprechen und deren Einbeziehung in den Schutzbereich einer verfassungsrechtlichen Garantie daher sinnwidrig wäre, sind nämlich aus dem Schutzbereich auszuklammern.[358] Eine weitergehende Ausnahme verbotener oder schlechthin sozialschädlicher (im Sinne nicht gemeinnütziger oder zweifelhafter) Tätigkeiten aus dem Schutzbereich von Art. 12 Abs. 1 GG ist abzulehnen.

---

354 *Burgi*, in: Kahl/Waldhoff/Walter, GG, Art. 12 Abs. 1 Rn. 110; Mann, in: Sachs, GG, Art. 12 Rn. 48.

355 *Burgi*, in: Kahl/Waldhoff/Walter, GG, Art. 12 Abs. 1 Rn. 118 f.; *Mann*, in: Sachs, GG, Art. 12 Rn. 52 f.

356 Etwa BZgA, Glücksspielverhalten und Glücksspielsucht in Deutschland, Jan. 2020, S. 13; *Meyer u. a.*, PAGE-Endbericht, S. 68; *Müller u. a.*, Abschlussbericht zur Studie Konsum von Glücksspielen bei Kindern und Jugendlichen, S. 48 f.

357 Vgl. *Scholz*, in: Maunz/Dürig, GG, Art. 12 Rn. 37 u. 39.

358 *Mann*, in: Sachs, GG, Art. 12 Rn. 54; *Scholz*, in: Maunz/Dürig, GG, Art. 12 Rn. 39; *Stern*, Staatsrecht, Bd. IV/1, S. 1793.

Die Ausnahme (einfach-gesetzlich) verbotener Tätigkeiten aus dem Schutzbereich widerspräche dem hierarchischen Verhältnis von Grundgesetz und einfachem Recht.[359] Da der Gesetzgeber an das Grundgesetz gebunden ist, kann es ihm gerade nicht freigestellt sein, in Umkehrung dieser Bindung durch einfaches Gesetz über die Eröffnung des Schutzbereichs von Freiheitsgrundrechten zu entscheiden.[360]

Bezüglich des Merkmals „schlechthin sozialschädlich" bestehen erhebliche Bedenken, soweit darüber auch solche Tätigkeiten aus dem Schutzbereich von Art. 12 Abs. 1 GG ausgeschlossen werden sollen, die lediglich wenig konstruktiv, unnütz oder nicht besonders wertvoll sind.[361] Ein solch weitreichender Ausschluss würde ein Wertigkeitselement in Art. 12 Abs. 1 GG hineintragen, das in Art. 12 Abs. 1 GG nicht angelegt ist und den Schutz dieser wichtigen verfassungsrechtlichen Garantie aushöhlen würde.[362] Dies gilt umso mehr, als sich angesichts permanenter gesellschaftlicher Veränderungen kaum abschätzen lässt, was künftig überwiegend als „schlechthin sozialschädlich" eingeordnet wird.[363]

Um eine absolut gemeinschaftsschädliche Tätigkeit handelt es sich beim Veranstalten und Vermitteln zumindest der in Deutschland angebotenen Glücksspielformen nicht.[364] Zwar hat das Bundesverfassungsgericht den Betrieb einer Spielbank als an sich unerwünschte Tätigkeit bezeichnet,[365] was auf die Annahme einer gewissen sozialen Schädlichkeit jedenfalls des Kasinospiels deutet. Auch der Umstand, dass in vielen Ländern – ebenso wie in Deutschland (§§ 284, 285, 287 StGB) – das unerlaubte Veranstalten und Vermitteln von Glücksspielen ebenso wie die Teilnahme daran unter Strafe gestellt sind, ist Anzeichen für eine gemeinhin angenommene Schädlichkeit.

Zu berücksichtigen ist jedoch, dass Anknüpfungspunkt zur Beurteilung einer absoluten Sozialschädlichkeit auch nicht das Glücksspiel selbst, sondern das Veranstalten oder Vermitteln ist. Dieses erfüllt gerade eine Kanalisierungsfunktion

---

359 Ebenso *Mann*, in: Sachs, GG, Art. 12 Rn. 52; *Wieland*, in: Dreier, GG, Bd. I, Art. 12 Rn. 43.

360 *Burgi*, in: Kahl/Waldhoff/Walter, GG, Art. 12 Abs. 1 Rn. 118.

361 *Scholz*, in: Maunz/Dürig, GG, Art. 12 Rn. 37.

362 *Mann*, in: Sachs, GG, Art. 12 Rn. 53.

363 *Burgi*, in: Kahl/Waldhoff/Walter, GG, Art. 12 Abs. 1 Rn. 119.

364 So auch *Burgi*, in: Kahl/Waldhoff/Walter, GG, Art. 12 Abs. 1 Rn. 119 unter beispielhafter Anführung von Spielbanken, Sportwetten und Spielhallen sowie *Wieland*, in: Dreier, GG, Bd. I, Art. 12 Rn. 43.

365 BVerfGE 28, 119 (148); 102, 197 (215).

für das Glücksspiel, das damit einer gewissen staatlichen Kontrolle unterworfen und in Bahnen gelenkt werden kann.[366] Ein gänzliches Verbot von Glücksspiel hätte nicht zur Folge, dass es nicht mehr stattfindet – es würde lediglich in Bereiche abwandern, die keiner Kontrolle mehr zugänglich sind.

Etwas anderes gilt auch nicht in Bezug auf Tätigkeiten, bei denen eine staatliche Kontrolle faktisch zweifelhaft ist, z. B. den illegalen Betrieb von Spielhallen.[367] Dabei handelt es sich um Probleme der Regulierung und des behördlichen Vollzugs, die nicht gegen die Sinnhaftigkeit einer Kanalisierung an sich sprechen. Eine absolute Gemeinschaftsschädlichkeit der Veranstaltung und Vermittlung von Glücksspielen ist daher nicht anzunehmen.

Zudem ist grundsätzlich davon auszugehen, dass ein erwachsener Bürger vernunftbegabt ist und selbst entscheiden kann, ob er spielen und wieviel er dabei riskieren will. Die Annahme einer absoluten Gemeinschaftsschädlichkeit des Glücksspiels würde daher auch der Mündigkeit des Bürgers nicht gerecht.

Im Hinblick auf Spielbanken lässt sich ferner eine Argumentation mit dem Grundgesetz anführen: Art. 106 Abs. 2 Nr. 5 GG, wonach die Spielbankenabgabe den Ländern zusteht, setzt die Existenz von Spielbanken voraus.[368] Die Spielbankenabgabe ist als Steuer klassifiziert[369] und kommt als solche dem staatlichen Gemeinwesen zugute. Es wäre widersinnig, den Betrieb einer Spielbank als schlechthin sozialschädlich einzuordnen, andererseits das staatliche Gemeinwesen von den Spielbankabgaben profitieren zu lassen.

b) Persönlicher Schutzbereich

Angesichts der Tätigkeit auch ausländischer Staatsbürger und Unternehmen auf dem deutschen Glücksspielmarkt soll der persönliche Schutzbereich von Art. 12 GG kurz näher betrachtet werden.

Bei Art. 12 Abs. 1 GG handelt es sich dem Wortlaut nach um ein Deutschen-Grundrecht, das grundsätzlich nur deutschen Staatsbürgern i. S. v. Art. 116 Abs. 1 GG zukommt. Umstritten ist im Hinblick auf EU-Ausländer, ob Art. 18 Abs. 1 AEUV die Auslegung von Art. 12 Abs. 1 GG dergestalt gebietet, dass diese grundrechtliche Garantie auch auf EU-Ausländer Anwendung findet.[370]

---

366 Vgl. BVerfGE 28, 119 (148); 102, 197 (215).

367 Vgl. zu einem solchen Fall z. B. dpa, Westfälische Nachrichten v. 21.05.2021.

368 *Papier*, FS Stern, 543 (551 f.); *Pieroth/Störmer*, GewArch 1998, 177 (184).

369 *Kube* in: Epping/Hillgruber, BeckOK GG, Art. 106 Rn. 15.

370 Etwa *Bauer/Kahl*, JZ 1995, 1077 (1077 f.); *Winkler*, in: Friauf/Höfling, GG, Art. 12 Rn. 42.

Dass angesichts des Diskriminierungsverbots des Art. 18 Abs. 1 AEUV EU-Ausländern bei ihrer beruflichen Tätigkeit ebenfalls ein grundrechtlicher Schutz zukommen muss, steht an sich nicht in Rede.[371] Einer Auffassung zufolge rechtfertigt dies aber nicht eine (entsprechende) Anwendung von Art. 12 Abs. 1 GG auch auf EU-Ausländer. Diese seien bereits durch Art. 2 Abs. 1 GG geschützt, dessen Schutzniveau auf das des Art. 12 Abs. 1 GG angehoben werden könne.[372]

Diese Auffassung ist jedoch abzulehnen. Art. 18 Abs. 1 AEUV als Ausprägung des allgemeinen Gleichheitssatzes[373] wird es nicht gerecht, den Schutz der Berufsfreiheit über das Auffanggrundrecht des Art. 2 Abs. 1 GG zu bewerkstelligen, das strukturell schwächer ausgestaltet ist.[374] Eine extensive Bedeutungszuweisung an Art. 2 Abs. 1 GG zur Erreichung des letztlich gleichen Schutzniveaus erscheint formalistisch.[375] Es ist daher davon auszugehen, dass Art. 12 Abs. 1 GG auch auf EU-Ausländer Anwendung findet.

Inländische juristische Personen, die sich erwerbsmäßig betätigen, partizipieren über Art. 19 Abs. 3 GG am Schutz von Art. 12 Abs. 1 GG.[376] Zumindest die wirtschaftliche Schutzkomponente der Berufsfreiheit ist auf ihre Tätigkeit ebenso wesensmäßig anwendbar wie auf diejenige von natürlichen Personen, auch wenn die personale Schutzkomponente – der Schutz des Berufes als individueller „Berufung“ – für sie nicht einschlägig sein mag.[377] Für juristische Personen mit Sitz im EU-Ausland führt Art. 18 AEUV zu einer Anwendungserweiterung[378] von Art. 19 Abs. 3 GG, sodass diese sich ebenfalls auf Art. 12 GG berufen können.[379]

Bei der verfassungsrechtlichen Untersuchung wird ferner zu unterscheiden sein, ob die in Betracht stehenden Anbieter oder Vermittler der privaten oder der staatlichen Sphäre zuzuordnen ist. Eine Berufung auf Grundrechte ist juristischen Personen des öffentlichen Rechts mangels wesensmäßiger Anwendbarkeit grundsätzlich verwehrt.[380]

---

371 *Szczekalla*, in: Heselhaus/Nowak, Handbuch der Europäischen Grundrechte, § 2 Rn. 13.

372 *Bauer/Kahl*, JZ 1995, 1077 (1085); *Mann*, in: Sachs, GG, Art. 12 Rn. 34.

373 *Epiney*, in: Calliess/Ruffert, EUV/AEUV, Art. 18 AEUV Rn. 8.

374 Insoweit auch *Bauer/Kahl*, JZ 1995, 1077 (1082).

375 Vgl. *Winkler*, in: Friauf/Höfling, GG, Art. 12 Rn. 42.

376 Etwa *Mann*, in: Sachs, GG, Art. 12 Rn. 37.

377 *Winkler*, in: Friauf/Höfling, GG, Art. 12 Rn. 45 i.V.m. 15.

378 BVerfG, Beschl. v. 19.11.2011, 1 BvR 1916/09, Rn. 79.

379 BVerfG, Beschl. v. 19.11.2011, 1 BvR 1916/09, Rn. 72 ff.; dazu *Winkler*, in: Friauf/Höfling, GG, Art. 12 Rn. 46.

380 Etwa *Ludwigs/Friedmann*, NVwZ 2018, 22 (22); *Winkler*, in: Friauf/Höfling, GG, Art. 12 Rn. 47.

Grundrechtsdogmatische Besonderheiten bei Art. 12 Abs. 1 GG bestehen auf Eingriffs- und Rechtfertigungsebene. Diese Besonderheiten sind bei der weiteren Untersuchung im Blick zu behalten, da Art. 12 Abs. 1 GG für die Prüfung berufsbeschränkender Regelungen im Glücksspielbereich von zentraler Relevanz ist, und sollen daher kurz dargestellt werden.

c) Eingriffsebene

Von einer (bloß) mittelbar-faktischen Beeinträchtigung des Schutzbereichs von Art. 12 Abs. 1 GG durch staatliches Handeln wird für das Überschreiten der Schwelle zum Eingriff zusätzlich verlangt, dass sie eine berufsregelnde Tendenz aufweist.[381] Dies ist jedenfalls der Fall, wenn sie gerade an die Berufsausübung anknüpft, sog. subjektiv berufsregelnde Tendenz. Ist dies nicht der Fall, wird eine berufsregelnde Tendenz aber auch angenommen, wenn sich staatliches Handeln – ohne imperative Vorschriften für berufliches Verhalten zu formulieren[382] – objektiv nicht unerheblich auf Tätigkeiten auswirkt, die häufig beruflich ausgeübt werden, sog. objektiv berufsregelnde Tendenz.[383]

d) Rechtfertigungsebene

Auf Rechtfertigungsebene hat der Verhältnismäßigkeitsgrundsatz eine bis heute[384] angewandte Ausprägung in Gestalt der Drei-Stufen-Theorie erfahren.[385] Nach der Drei-Stufen-Theorie besteht eine dynamische Abhängigkeit der Rechtfertigungsanforderungen von der Intensität des Eingriffs, die im Rahmen der Verhältnismäßigkeitsprüfung besonders zu berücksichtigen ist.[386]

Hinsichtlich der Bestimmung der Intensität wird zwischen Beeinträchtigungen der Berufsausübung („Wie") und der Berufswahl („Ob") unterschieden.[387] Bezüglich letzterer wird noch einmal zwischen subjektiven und objektiven Berufszulassungsschranken unterschieden.[388] Daraus ergeben sich, geordnet

---

381 Etwa *Scholz*, in: Maunz/Dürig, GG, Art. 12 Rn. 300.

382 Vgl. *Stern*, Staatsrecht, Bd. IV/1, S. 1843.

383 Etwa *Ruffert*, in: Epping/Hillgruber, BeckOK GG, Art. 12 Rn. 56.

384 Vgl. etwa FG Sachsen-Anhalt, Beschl. v. 08.06.2020, 3 V 1103/19, BeckRS 2020, 13625, Rn. 50; *Ruffert*, in: Epping/Hillgruber, BeckOK GG, Art. 12 Rn. 93, 100.

385 BVerfGE 7, 377 (405 ff.).

386 *Stern*, Staatsrecht, Bd. IV/1, S. 1890.

387 BVerfGE 7, 377 (405 f.).

388 BVerfGE 7, 377 (406).

nach steigender Intensität, die drei Eingriffsarten Berufsausübungsregelungen, subjektive Zulassungsschranken und objektive Zulassungsschranken.[389]

Das Bundesverfassungsgericht stellt in Abhängigkeit von der Eingriffsintensität die folgenden Anforderungen an die Rechtfertigung:[390] Berufsausübungsregelungen sollen durch vernünftige Gründe des Gemeinwohls gerechtfertigt werden können, subjektive Zulassungsschranken durch Abwehr von Gefahren für besonders wichtige Gemeinschaftsgüter. Objektive Zulassungsschranken sollen nur gerechtfertigt sein, wenn sie zur Abwehr nachweisbarer oder höchst wahrscheinlicher Gefahren für ein überragend wichtiges Gemeinschaftsgut zwingend erforderlich sind.

2) *Eigentumsfreiheit*

Einer gängigen Formel zufolge schützt Art. 12 Abs. 1 GG den Erwerb, Art. 14 Abs. 1 GG das Erworbene.[391] Eigentum i. S. v. Art. 14 Abs. 1 GG ist dabei jede dem Grundrechtsträger zur privaten Nutzung und eigenen Verfügung zugeordnete vermögenswerte Rechtsposition.[392] Da die Vorschriften zur Geldwäschebekämpfung mit ihrer Konstituierung von Handlungspflichten für Anbieter und Vermittler von Glücksspiel in erster Linie deren berufliche Tätigkeit und weniger verfestigte vermögenswerte Rechtspositionen betreffen, ist Art. 12 Abs. 1 GG für die hier vorzunehmende Untersuchung das näherliegende Grundrecht.

Art. 14 Abs. 1 GG kommt dennoch als durch Vorschriften zur Geldwäschebekämpfung berührtes Grundrecht in Betracht. Nicht ausgeschlossen erscheint nämlich, dass die Nutzung von konkreten Gegenständen im Eigentum des Adressaten betroffen ist. Zudem ist auch ein Eingriff in das Recht am eingerichteten und ausgeübten Gewerbebetrieb[393] denkbar, wenn sich die Vorschriften als derart belastend darstellen, dass sie den Fortbestand eines Glücksspielbetriebes gefährden. Da jedoch zweifelhaft ist, ob Art. 14 Abs. 1 GG überhaupt das letztgenannte Recht beinhaltet,[394] soll im weiteren Verlauf der Untersuchung nur darauf eingegangen werden, wenn sich Anhaltspunkte für eine Belastung in entsprechendem Ausmaß ergeben.

---

389 Im Überblick etwa *Stern*, Staatsrecht, Bd. IV/1, S. 1891 f.

390 BVerfGE 7, 377 (405 ff.).

391 *Mann*, in: Sachs, GG, Art. 12 Rn. 196.

392 *Bryde/Wallrabenstein*, in: v. Münch/Kunig, GG, Bd. 1, Art. 14 Rn. 23; *Wendt*, in: Sachs, GG, Art. 14 Rn. 21.

393 Etwa *Wendt*, in: Sachs, GG, Art. 14 Rn. 26.

394 Etwa *Bryde/Wallrabenstein*, in: v. Münch/Kunig, GG, Bd. 1, Art. 14 Rn. 44.

3) *Recht auf informationelle Selbstbestimmung*

Als eine spezielle Ausprägung des Allgemeinen Persönlichkeitsrechts aus Art. 2 Abs. 1 i. V. m. Art. 1 Abs. 1 GG sieht das Bundesverfassungsgericht das Recht auf informationelle Selbstbestimmung an.[395] Das Recht auf informationelle Selbstbestimmung schützt die Bestimmung des Einzelnen über den Umgang mit seinen persönlichen Daten und bietet so einen Schutz gegen deren unbegrenzte Erhebung, Speicherung und Verwendung.[396] Es hat seinen Existenzgrund in der Gefahr, die sich aus der Verarbeitung von Informationen und der unerwünschten Offenbarung von Lebenssachverhalten für die Persönlichkeit des Einzelnen ergeben kann.[397]

Bei der hier in Rede stehenden Untersuchung könnte es insofern berührt sein, als dass in verschiedenen Vorschriften zur Geldwäschebekämpfung im Glücksspielbereich (auch außerhalb der zwingend für Spielbanken in der vierten Geldwäscherichtlinie vorgesehenen Vorschriften) eine Erhebung von Daten angeordnet wird, so etwa bei der technischen Überwachung des Spielbetriebs (z. B. § 12 SpBG NRW).

Der vom Recht auf informationelle Selbstbestimmung gewährleistete Schutzmaßstab weist einige besondere Ausprägungen auf, die im Wesentlichen bereits vom Bundesverfassungsgericht im Volkszählungsurteil konkretisiert worden sind.[398] Dazu gehört insbesondere der Grundsatz der Zweckbindung: die Zulässigkeit der Datenerhebung setzt demnach voraus, dass die Erhebung zu einem präzise und bereichsspezifisch bestimmten Zweck erfolgt.[399]

Eng mit dem Grundsatz der Zweckbindung zusammen hängt der Grundsatz der Datensparsamkeit, wonach sich die Erhebung von Daten auf den für das Erreichen des angestrebten Zwecks notwendigen Umfang zu beschränken hat.[400]

---

395 BVerfG, Urt. v. 15.12.1983, 1 BvR 209/83 u. a. – Volkszählung, NJW 1984, 419 (422); vgl. im Weiteren etwa BVerfG, Beschl. v. 10.11.2020, 1 BvR 3214/15, NVwZ 2021, 226 (229 [Rn. 71]).

396 BVerfG, Beschl. v. 10.11.2020, 1 BvR 3214/15, NVwZ 2021, 226 (229 [Rn. 71]); *Rixen*, in: Sachs, GG, Art. 2 Rn. 72.

397 *Kunig/Kämmerer*, in: v. Münch/Kunig, GG, Bd. 1, Art. 2 Rn. 77.

398 Etwa *Hebeler/Berg*, JA 2021, 617 (617).

399 BVerfGE 65, 1 (46); vgl. im Weiteren etwa BVerfG, Beschl. v. 01.12.2020, 2 BvR 916/11 u. a., BeckRS 2020, 40592, Rn. 213; BVerfG, Beschl. v. 10.11.2020, 1 BvR 3214/15, NVwZ 2021, 226 (232 [Rn. 84]).

400 BVerfGE 65, 1 (46); vgl. im Weiteren etwa BVerfG, Beschl. v. 01.12.2020, 2 BvR 916/11 u. a., BeckRS 2020, 40592, Rn. 212.

Das ist im Grunde eine Folge der Zweckbindung, da über den notwendigen Umfang hinaus erhobene Daten als überflüssige Daten nicht für die Erreichung des angestrebten Zwecks erforderlich sind.

Ein weiterer Grundsatz ist die Gewährleistung eines Katalogs subjektiver Rechte des Betroffenen im Umgang mit Daten, dem objektive Pflichten der datenerhebenden bzw. –verarbeitenden Stelle korrespondieren. Das Bundesverfassungsgericht nennt hier als wesentliche verfahrensrechtliche Schutzvorkehrungen Aufklärungs-, Auskunfts- und Löschungspflichten.[401]

4) Allgemeiner Gleichheitssatz

Art. 3 Abs. 1 GG schützt als allgemeiner Gleichheitssatz nach gängiger Formel vor der Ungleichbehandlung von wesentlich Gleichem und der Gleichbehandlung von wesentlich Ungleichem.[402] Die verfassungsrechtliche Rechtfertigung solcher Ungleich- bzw. Gleichbehandlungen geschieht heutzutage auf einem „stufenlosen" Spektrum[403] zwischen Willkürformel und neuer Formel. Im Falle sachbezogener Differenzierungskriterien soll eher erstere, im Falle personenbezogener Differenzierungskriterien – angesichts ihrer Unabänderlichkeit für den Einzelnen und der damit einhergehenden Unausweichlichkeit der Differenzierung[404] – eher letztere, strengere Formel einschlägig sein.[405] Die Willkürformel fordert einen sachlichen einleuchtenden Grund für die Ungleichbehandlung, die neue Formel eine Verhältnismäßigkeitsprüfung.[406]

Für die hier vorgenommene Untersuchung der Vorschriften zur Geldwäschebekämpfung im Glücksspielbereich ist Art. 3 Abs. 1 GG von nicht zu unterschätzender Bedeutung. Hier können verschiedene Vergleichsgruppen gebildet werden, die sich u. U. am Maßstab von Art. 3 Abs. 1 GG messen lassen müssen. Z. B. sind Spielbanken Verpflichtete im Sinne des Geldwäschegesetzes und damit Adressaten der dort geregelten Pflichten, Spielhallen jedoch nicht.

Da Art. 3 Abs. 1 GG sinnvoll erst geprüft werden kann, wenn die individuellen Geldwäscherisiken der einzelnen Glücksspielbereiche herausgearbeitet wurden, erfolgt die Prüfung von Art. 3 Abs. 1 GG hier im Gegensatz zur Prüfung

---

401 BVerfGE 65, 1 (46); vgl. im Weiteren etwa BVerfG, Beschl. v. 10.11.2020, 1 BvR 3214/15, NVwZ 2021, 226 (231 [Rn. 88]).

402 Etwa *Kischel*, in: Epping/Hillgruber, BeckOK GG, Art. 3 Rn. 14.

403 Vgl. *Kischel*, in: Epping/Hillgruber, BeckOK GG, Art. 3 Rn. 28.

404 *Boysen*, in: v. Münch/Kunig, GG, Bd. 1, Art. 3 Rn. 107.

405 *Kischel*, in: Epping/Hillgruber, BeckOK GG, Art. 3 Rn. 28.

406 *Kischel*, in: Epping/Hillgruber, BeckOK GG, Art. 3 Rn. 28 f.

der Freiheitsgrundrechte nicht im Abschnitt zu einem bestimmten Glücksspielbereich, sondern im Anschluss daran in Teil 8.

5) Konsistenz

Wie unter Teil 2 C. I. 2) e) aa) (2) bereits dargestellt, entwickelte das Bundesverfassungsgericht 2006 in seiner Entscheidung zum bayerischen Sportwettenmonopol die Konsistenz als eigenständiges Rechtfertigungskriterium im Rahmen der Angemessenheitsprüfung für einen grundrechtlichen Eingriff. Danach müsse der Gesetzgeber ein „Mindestmaß an Konsistenz" herstellen zwischen dem Ziel der Begrenzung der Spielsucht, das als Rechtfertigung für die Einrichtung eines staatlichen Monopols angeführt wurde, und der Ausübung dieses Monopols.[407] Im Sinne einer Binnenkohärenz[408] müssen demnach die für die Eingriffsregelung angeführte Rechtfertigung und die tatsächliche Handhabung der Regelung in der Praxis im Hinblick auf denselben Glücksspielbereich in sich schlüssig sein.

Bei der nachfolgenden Untersuchung der einzelnen Glücksspielbereiche wird daher im Auge zu behalten sein, ob sich die staatliche Geldwäschebekämpfungspolitik im jeweiligen Glücksspielbereich als konsistent mit den dort bestehenden Regelungen darstellt.

III. Zusammenfassung: Prüfungsmaßstab

Zusammenfassend lässt sich damit der folgende Prüfungsmaßstab für die Untersuchung festhalten:

1) *Unionsgrundrechte* finden Anwendung, wenn sich Vorschriften zur Geldwäschebekämpfung als Umsetzung zwingenden Sekundärrechts der Europäischen Union darstellen. Als einschlägige Grundrechte kommen dabei in Betracht:

- Unternehmerische Freiheit (Art. 16 GRCh),
- Berufsfreiheit (Art. 15 Abs. 1 GRCh),
- Eigentumsrecht (Art. 17 GRCh),
- Schutz personenbezogener Daten (Art. 8 Abs. 1 GRCh).

2) *Grundrechte des Grundgesetzes* finden im Rahmen der vorliegenden Untersuchung Anwendung,[409] wenn sich Vorschriften zur Geldwäschebekämpfung

---

407 BVerfG, GRUR 2006, 688 (694 Rn. 157).
408 S. ebenfalls bereits o. Teil 2 C. I. 2) e) aa) (2).
409 S. o. Teil 2 C. I. 1) c).

als originäre Gesetzgebungsakte des nationalen Gesetzgebers darstellen, wenn sie also keine Umsetzung europäischen Sekundärrechts sind, oder wenn sie innerhalb eines von einer Richtlinie eingeräumten Umsetzungsspielraums ergehen. Als einschlägige Grundrechte kommen dabei in Betracht:

- Berufsfreiheit (Art. 12 Abs. 1 GG),
- Eigentumsfreiheit (Art. 14 Abs. 1 GG),
- Recht auf informationelle Selbstbestimmung (Art. 2 Abs. 1 i. V. m. Art. 1 Abs. 1 GG),
- Allgemeiner Gleichheitssatz (Art. 3 Abs. 1 GG).

3) *Grundfreiheiten* kommen im Falle grenzüberschreitender Sachverhalte innerhalb der Union in Betracht. Als möglicherweise von den Geldwäschevorschriften im Glücksspielbereich berührte Grundfreiheiten ist dabei an

- die Niederlassungsfreiheit (Art. 49 AEUV) und
- die Dienstleistungsfreiheit (Art. 56 AEUV)

zu denken.

Aus dem unter Teil 2 C. I. 2) d) dargestellten Grund – der weitgehenden Parallelität der Rechtfertigungsanforderungen bei Grundrechten und Grundfreiheiten (Verhältnismäßigkeit und Kohärenz) – werden die Prüfungsmaßstäbe im Rahmen der vorliegenden Untersuchung jedoch in erster Linie den Grundrechten entnommen.

4) *Binnenkohärenz (bzw. Konsistenz) und intersektorale Kohärenz* sind dabei als vom EuGH aus den Grundfreiheiten abgeleitete bzw. vom Bundesverfassungsgericht entwickelte Rechtfertigungsaspekte besonders zu berücksichtigen.

Teil 3: Spielbanken

A. Allgemeines zu Spielbanken[410]

Eine gesetzliche Definition des Spielbankenbegriffs sucht man in Deutschland vergebens. Auch im österreichischen Glücksspielgesetz ist der Begriff der Spielbank nicht definiert. Art. 7 des alten schweizerischen Spielbankengesetzes definierte immerhin, wenn auch wenig aufschlussreich, Spielbanken als eine Unternehmung, die gewerbsmäßig Gelegenheit zum Glücksspiel anbietet. Das ist aber kein Alleinstellungsmerkmal von Spielbanken.

Ähnliche Unschärfen zeigen sich in dem seit 01.01.2019 in Kraft befindlichen schweizerischen Geldspielgesetz, welches das schweizerische Spielbankengesetz ablöste.[411] Dieses definiert nur noch den Begriff der Spielbankenspiele, Art. 3 lit. g: „Spielbankenspiele [sind] Geldspiele, die einer eng begrenzten Anzahl Personen offenstehen; ausgenommen sind die Sportwetten, die Geschicklichkeitsspiele und die Kleinspiele."

Schwierigkeiten bereitet insbesondere die begriffliche Abgrenzung der Spielbanken zu Spielhallen. Diese Unterscheidung ist auch für die Geldwäschebekämpfung relevant, unterliegen doch Spielbanken dem Regime des Geldwäschegesetzes, während eine Aufnahme von Spielhallen in das Geldwäschegesetz trotz zwischenzeitlicher Überlegungen in diese Richtung[412] bislang nicht erfolgt ist.

Bei der näheren Bestimmung des Spielbankenbegriffs hilft ein Blick in die Spielordnungen der Länder, die regelmäßig als Rechtsverordnung aufgrund einer entsprechenden Ermächtigung in den formell-gesetzlichen Landesspielbankenvorschriften (vgl. etwa § 14 Abs. 2 SpBG NRW) erlassen werden. Hier sind die typischerweise in einer Spielbank vertretenen Spiele aufgelistet. Dazu gehören insbesondere Roulette und diverse Kartenspiele wie z. B. Poker, Black Jack oder Baccara (vgl. etwa § 4 Abs. 1 Nr. 1 SpielO NRW). Diese Spiele sind in Spielhallen nicht vertreten.

---

410 Die Darstellung in diesem Abschnitt orientiert sich wesentlich an *Ennuschat*, in: ders./Wank/Winkler, § 33h Rn. 18 ff.

411 Vgl. ESBK/Neues Geldspielgesetz (URL-Verz.).

412 Vgl. BT-Drs. 17/11416, S. 3 ff. sowie S. 111 u. 122 des Referentenentwurfs des BMF v. 15.12.2016.

Umgekehrt finden sich auch in Spielhallen bisweilen Spiele, die in einer Spielbank nicht vertreten sind, nämlich Vertreter der Kategorie der Geschicklichkeitsspiele. Bei diesen hängt die Entscheidung über den Spielausgang nicht ganz oder überwiegend vom Zufall, sondern überwiegend von der Geschicklichkeit des Spielers ab.[413]

Eine Überschneidung besteht grundsätzlich hinsichtlich des Automatenspiels: Spielautomaten finden sich sowohl in Spielbanken als auch in Spielhallen. Während allerdings Automaten in Spielhallen den Beschränkungen der aufgrund von § 33f GewO erlassenen Spielverordnung unterliegen, unterfallen Automaten in Spielbanken den ordnungsrechtlich geprägten Spielbankenregelungen der Länder.

Diese unterschiedliche rechtliche Behandlung entspricht der zumindest lange vorherrschenden traditionellen Auffassung des Spielhallenbereichs als gewerberechtlicher, des Spielbankenbereichs dagegen als ordnungsrechtlicher Materie[414] und hat erhebliche Konsequenzen für die technische Beschaffenheit der Automaten und die ablaufenden Spielmechanismen. Diese Faktoren wiederum beeinflussen die Eignung der Automaten bzw. des Automatenspiels zum Missbrauch zu Geldwäschezwecken.

Abgesehen von der Art der Spiele unterscheiden sich Spielbanken und Spielhallen auch im Erscheinungsbild und in der generellen Atmosphäre.[415] Spielbanken sind räumlich größer, wirken vornehmer und eleganter und achten in der Regel zumindest im Bereich des klassischen Tischspiels auf eine äußerliche Etikette.[416] Spielhallen dagegen sind räumlich kleiner und wirken im Vergleich zu Spielbanken eher gewöhnlich.[417] Der Einfluss der atmosphärischen Gegebenheiten auf die Wahrnehmungen des Personals und dessen Einschätzung potentiell krimineller Vorgänge sollte nicht unterschätzt werden. So ist man in einer von Luxus und Großzügigkeit geprägten Umgebung eher bereit, auch den großzügigen Umgang mit Geldern weniger kritisch zu sehen und ihre Herkunft weniger in Frage zu stellen.[418]

---

413 Eigene Beobachtung des Verf. Ein Beispiel ist Billard.

414 Dazu *Ennuschat*, in: ders./Wank/Winkler, § 33h Rn. 2.

415 *Ennuschat*, in: ders./Wank/Winkler, § 33h Rn. 21.

416 *Ennuschat*, in: ders./Wank/Winkler, § 33h Rn. 21.

417 Das hindert indes einige Spielhallen nicht daran, sich mit dem englischen Begriff für Spielbank als „Casino" zu bezeichnen (eigene Beobachtung des Verf. insb. im Hinblick auf Spielhallen der Casino Merkur-Spielothek GmbH, die den Begriff bereits im Namen trägt).

418 Vgl. *Murphy*, Come in Spinner, S. 26.

B. Der Spielbankenmarkt in Deutschland

Zu den wohl zuverlässigsten Quellen für Zahlen zum Glücksspielmarkt in Deutschland gehören die Jahresreporte der Glücksspielaufsichtsbehörden der Länder, die in der Regel am Ende eines Kalenderjahres für das jeweils vorhergehende Kalenderjahr veröffentlicht werden.[419] Zum Stand der vorliegenden Untersuchung ist daher der Jahresreport 2019 von November 2020[420] die aktuellste Fassung. Da in den vorangegangenen Jahren keine allzu großen Schwankungen der für die vorliegende Untersuchung relevanten und im weiteren Verlauf zitierten Zahlen von einem Jahresreport zum nächsten zu beobachten waren,[421] ist davon auszugehen, dass diese Zahlen ein recht gutes Bild des Marktes liefern.[422] Auf die Jahresberichte wird daher im weiteren Verlauf der Untersuchung auch für die anderen Glücksspielbereiche zurückgegriffen.

In Deutschland gab es demnach im Jahr 2019 insgesamt 70 Spielbanken (davon 20 Automatendependancen) mit einem Bruttospielertrag von 860 Mio. Euro insgesamt aus Tisch- und Automatenspiel.[423] Allein die Spielbank Duisburg wies einen Bruttospielertrag von 54,6 Mio. Euro auf.[424]

Diese Zahlen zeigen, dass der Spielbankenmarkt trotz der immer wieder gemeldeten Rückläufigkeit der Besucherzahlen[425] noch immer ein erhebliches finanzielles Volumen aufweist und somit bei der Betrachtung potentiell geldwäscheanfälliger Branchen jedenfalls nicht von vorneherein außer Betracht bleiben kann. Hohe Umsätze in Spielbanken sind ein Faktor, die die Branche potentiell anfällig für Geldwäsche macht.[426]

---

419 Beobachtung des Verf. nach Durchsicht der Jahresreporte für die Jahre 2014 bis 2019.

420 Glücksspielaufsichtsbehörden der Länder, Jahresreport 2019.

421 Beobachtung des Verf. nach Durchsicht der Jahresreporte für die Jahre 2014 bis 2019.

422 In den Jahren 2020 und 2021 dürften in den landgebundenen Glücksspielbereichen natürlich Umsatzeinbrüche aufgrund der Corona-Krise zu verzeichnen gewesen sein. Da es sich dabei allerdings um eine Ausnahmesituation handelt, wären die Zahlen aus den Jahren 2020 und 2021 für die vorliegende Untersuchung auch wenig repräsentativ.

423 Glücksspielaufsichtsbehörden der Länder, Jahresreport 2019, S. 6 u. 7.

424 Westspiel/Geschäftsverlauf (URL-Verz.).

425 Vgl. etwa im Hinblick auf die Spielbanken in Nordrhein-Westfalen Welt.de, Art. v. 26.10.2015 (URL-Verz.).

426 *Diegmann/Hoffmann/Ohlmann*, Praxishandbuch für das gesamte Spielrecht, Rn. 263.

C. Mögliche Erscheinungsformen von Geldwäsche bei Spielbanken

I. Mögliche Erscheinungsformen der Spielergeldwäsche

1) Das Grundmodell der Geldwäsche in Spielbanken

Ein immer wieder in Literatur und Veröffentlichungen internationaler Organisationen beschriebenes Modell der Geldwäsche in Spielbanken ist das Folgende:

Der Geldwäscher betritt mit Bargeld illegaler Herkunft und erwirbt dafür Spielchips. Mit diesen Chips oder – zu Zwecken der Risikoverringerung – auch nur einem Teilbetrag davon nimmt er dann am Spiel teil und lässt sich anschließend die verbleibenden Chips und einen eventuellen Gewinn wieder ausbezahlen.[427]

2) Varianten des Grundmodells

Eine oft beschriebene Methode zur Verfeinerung des Grundmodells ist das sog. Smurfing, das nicht nur im Glücksspielbereich angewendet werden kann, sondern als Geldwäschetechnik auch in anderen Bereichen Erwähnung findet.[428] Hierbei stückelt der Geldwäscher den Gesamtbetrag in kleinere Beträge, und zwar derart, dass jeder dieser kleineren Beträge unterhalb der Identifizierungsschwelle verbleibt.[429] In einer Spielbank kann diese Technik etwa so umgesetzt werden, dass der Geldwäscher an verschiedenen Tagen Spielbanken aufsucht und jeweils einen Teilbetrag wäscht. Insbesondere wenn er dazu stets dieselbe Spielbank aufsucht, steigt jedoch mit der Häufigkeit und Frequenz der Besuche das Risiko, dass sein Verhalten dem Spielbankenpersonal als verdächtig auffällt.[430]

Denkbar ist auch die Anwendung von Risikovermeidungsstrategien, um beim Spiel den Verlustbetrag in akzeptablen Grenzen zu halten. So könnte der Geldwäscher etwa beim Roulette einen Betrag von 10.000 Euro wie folgt setzen: 4.850 Euro auf Schwarz, 4.850 Euro auf Rot und 300 Euro auf Null (grün).[431]

---

427 *Diegmann/Hoffmann/Ohlmann*, Praxishandbuch für das gesamte Spielrecht, Fn. 313 zu Rn. 263; *Harnischmacher*, Die Kriminalpolizei 3/2009, 21 (23).

428 *Hoyer/Klos*, Geldwäsche, S. 14.

429 *Krech*, Kriminalistik 2005, 92 (93); *Schneider/Dreer/Riegler*, Geldwäsche, S. 51.

430 Vgl. FATF, Vulnerabilities of Casinos and Gaming Sector, Abschn. Indicators of ML using structuring/refining methods [S. 34 ff.] UPkt. 18: „Frequent betting transactions just under thresholds".

431 Vgl. BMF, Hinweise v. 11.06.2014, S. 4; FinCEN, Guidance v. 01.08.2008, Abschn. Unusual Transaction Characteristics or Activities [S. 3 f.] UPkt. 1; *Godinho*, GLRE 17,4 (2013), 262

Im Falle der Null fiele in der Summe der Gewinne und Verluste ein Gesamtgewinn von 500 Euro an, in allen anderen Fällen würde sich der Verlust auf 300 Euro beschränken. Um nicht aufzufallen, könnte der Gesamtbetrag auch zuvor unter drei Komplizen entsprechend aufgeteilt werden, wonach einer das Setzen auf Schwarz, einer das Setzen auf Rot und der Dritte das Setzen auf die Null übernimmt.

3) Geldwäsche unter Ausnutzung unbarer Zahlungsmethoden

In der Literatur werden außerdem Vorgehensweisen beschrieben, bei denen sich der Täter unbare Zahlungsinstrumente oder besondere Services einer Spielbank zunutze macht. Diese Vorgehensweisen können auch mit dem eben beschriebenen Grundmodell und seinen Varianten kombiniert werden.

So kann der Geldwäscher etwa im Rahmen des Grundmodells oder einer Variante hiervon die Spielbank zu einer unbaren Auszahlung insbesondere per Scheck oder per Überweisung veranlassen.[432]

Unbare Zahlungsmethoden sind für Geldwäscher interessant, weil sie ihm eine Urkunde in Form beispielsweise eines Schecks oder eines Kontoauszugs verschaffen, die u. U. eine Nachweismöglichkeit für die angeblich legale Herkunft des Geldes bietet.

4) Geldwäsche unter Ausnutzung von Depots oder Spielerkonten

Manche Spielbanken stellen ihren Kunden auch Spielerkonten oder Depots zur Verfügung, auf die sie Spielkapital einzahlen und auf die sie dann zum Zwecke des Spiels zugreifen können. Immerhin denkbar ist, dass ein Geldwäscher auf einem solchen Spielerkonto bzw. in ein solches Depot Gelder illegaler Herkunft einzahlt, eine Zeitlang unter Verwendung seines Kapitals spielt und sich anschließend die auf dem Konto befindliche Summe wieder ausbezahlen lässt.[433]

Gegenüber dem oben beschriebenen Grundmodell und seinen Varianten hat diese Vorgehensweise aus Sicht des Geldwäschers den Vorteil, dass er seine Gelder längerfristig parken und über einen längeren Zeitraum auch größere Beträge in die Spielbank einbringen kann. Mit der längerfristigen geschäftlichen Beziehung sind in der Regel auch objektive Nachweismöglichkeiten für die angeblich

(264); Oberste Glücksspielaufsichtsbehörden der Länder, Auslegungs- und Anwendungshinweise, S. 12.

432 FATF, Vulnerabilities of Casinos and Gaming Sector, Ziff. 103.

433 *Krech*, Kriminalistik 2005, 92 (93); *Siska*, Die Geldwäsche, S. 72.

legale Herkunft des Geldes verknüpft, wie etwa Depoteröffnungsunterlagen oder die Wahrnehmung des Geldwäschers durch potentielle Zeugen unter dem Spielbankpersonal als „regelmäßig anwesendem Stammkunden".

U. U. hat der Geldwäscher sogar die Möglichkeit, einen Geldtransfer vom Spielerkonto bzw. -depot auf ein Konto bei einer anderen Spielbank oder auf ein Bankkonto zu veranlassen, was weiter zum Verwischen der Papierspur beiträgt und ihm weitere Nachweismöglichkeiten für die angeblich legale Herkunft des Geldes verschafft.[434]

5) *Geldwäsche unter Ausnutzung von Finanzservices*

Manche Spielbanken bieten auch Finanzservices wie den Eintausch von Fremdwährungen[435] oder den bereits angesprochenen Geldtransfer von Spielbank zu Spielbank oder von Spielbank zu Kreditinstitut an, die für Geldwäscher von Interesse sein können.

Denkbar ist, dass sie zum (weiteren) Verwischen der Papierspur genutzt werden, etwa, indem der Geldwäscher seine illegal erlangten Dollar vor der Spielteilnahme in Euro eintauscht oder sein Geld über die Landesgrenzen hinweg zu einer Spielbank oder Bank im Ausland transferiert.

6) *Die „Chipsammelmethode"*

Ralf Bockelmann beschreibt in seiner Dissertation eine Methode, bei der der Geldwäscher zur Umgehung der Identifizierung beim Kauf von Spielchips ab einer bestimmten Betragsschwelle eingangs lediglich für einen Betrag unterhalb der Identifizierungsschwelle Spielchips erwirbt.[436] Mit diesen Chips setzt er sich an einen der Spieltische, spielt um einen geringen Betrag und kauft zugleich am Spieltisch selbst weitere Chips, so dass sich der insgesamt im Besitz des Geldwäschers befindliche Chipbestand erhöht.[437] Der Chiperwerb mit Bargeld am Spieltisch selbst ist auch während des Spiels möglich.[438]

Diese Vorgehensweise wiederholt er mehrfach an jeweils neuen Spieltischen, bis er das in seinem Besitz befindliche Bargeld vollständig in Chips

434 FATF, Vulnerabilities of Casinos and Gaming Sector, Ziff. 119.

435 FATF, Vulnerabilities of Casinos and Gaming Sector, Ziff. 132 ff.

436 *Bockelmann*, Das Geldwäschegesetz, S. 73 ff.

437 *Bockelmann*, Das Geldwäschegesetz, S. 73 f.

438 So beobachtet in den Spielbanken Duisburg und Dortmund-Hohensyburg im Nov. 2015 und Aug. 2016.

„umgewandelt" hat.[439] Bei dem Chiperwerb am Spieltisch selbst kann der Geldwäscher unterhalb der Identifizierungsschwelle bleiben. *Bockelmann* führt sogar aus, dass auch beim Chiperwerb oberhalb der Identifizierungsschwelle am Spieltisch selbst in der Praxis oft keine Identifizierung erfolge, um den Spielverlauf nicht zu beeinträchtigen und Stammgäste nicht zu verärgern.[440] Den (scheinbaren) Gewinn, d. h. die Differenz zwischen den eingangs gekauften Chips und dem nach dem Spiel verfügbaren Chipdepot, lässt der Geldwäscher sich dann per Scheck ausbezahlen.[441]

7) Geldwäsche durch absichtlichen Verlust eines Täters an einen Komplizen

Teilweise finden sich in der Literatur Beschreibungen von Geldwäsche durch Geldverschiebungen zwischen Komplizen im Rahmen regulärer Spielteilnahme.[442] Diese Beschreibungen beziehen sich in der Regel auf den Online-Bereich, sind aber im terrestrischen Bereich ebenso denkbar. So ist etwa vorstellbar, dass sich mehrere Kriminelle an denselben Pokertisch setzen und einer von ihnen absprachegemäß den zu waschenden Betrag an einen Komplizen „verliert".[443] Da ein absichtlicher Verlust ohne weiteres im Rahmen der geltenden Spielregeln möglich ist, ohne aufzufallen, kann so der von der Spielbank gestellte Dealer ohne sein Wissen zur Verschiebung des bemakelten Vermögens eingespannt werden. Im Falle eines Ermittlungsverfahrens kann sich der unter Verdacht stehende Spieler u. U. sogar auf das Spielbankpersonal als Zeugen für den Gewinn des Geldes berufen.

8) Geldwäsche in Kooperation mit dem Personal

Sorgfaltsmaßnahmen in einer Spielbank können evtl. von Geldwäschern durch eine Kooperation mit dem Personal einer Spielbank umgangen werden.[444]

---

439 *Bockelmann*, Das Geldwäschegesetz, S. 74.

440 *Bockelmann*, Das Geldwäschegesetz, S. 86 f.

441 *Bockelmann*, Das Geldwäschegesetz, S. 74.

442 *Banks*, Online Gambling and Crime, S. 74; *Levi*, in: Unger/van der Linde, Research Handbook, 332 (338); BMF, Hinweise v. 11.06.2014, S. 4.

443 Vgl. *Banks*, Online Gambling and Crime, S. 74; *Levi*, in: Unger/van der Linde, Research Handbook, 332 (338); BMF, Hinweise v. 11.06.2014, S. 4.

444 FATF, Vulnerabilities of Casinos and Gaming Sector, Ziff. 136; FinCEN, Guidance v. 01.08.2008, Abschn. Attempts to Evade BSA Reporting or Recordkeeping Requirements [S. 1 f.] UPkt. 6.

Vorstellbar erscheint etwa, dass einzelne Spielbankenangestellte durch Beteiligung an den kriminellen Erträgen oder durch Drohung dazu bewogen werden, kriminelle Vorgänge in der Spielbank bewusst zu „übersehen“, die Erstattung von Verdachtsmeldungen zu unterlassen oder Quittungen über (angebliche) Spielbankengewinne auszustellen.[445] Vorstellbar erscheint auch, dass ein Croupier bei einem Spiel Geldverschiebungen zwischen Spieler und Bank oder zwischen Spieler und Spieler durch den absichtlichen „Verlust“ von Geld befördert.

9) Geldwäsche in Kooperation mit Dritten

Nicht auszuschließen ist auch, dass ein Geldwäscher zu seinen Zwecken einen anderen Spielbankenbesucher einspannt, indem er von diesem Jetons für sich einlösen lässt.[446]

Ferner könnte er auch einem Besucher, der soeben einen hohen Betrag gewonnen hat, den Abkauf seiner Spielchips gegen einen Aufpreis anbieten.[447] Den Aufpreis nimmt der Geldwäscher dabei in Kauf, wenn er unter dem Strich mit einer für ihn befriedigenden Quote gewaschenes Geld erhält. Denkbar erscheint auch, die Technik des absichtlichen Verlustes (s. o. 7)) mit der Technik der Kooperation mit Dritten zu kombinieren, etwa, indem der Geldwäscher mit bemakeltem Geld Spielchips erwirbt, einen Dritten mit diesen Chips ausstattet und ihn außerdem instruiert, die Chips z. B. beim Poker absichtlich gegen den Geldwäscher zu verlieren.

10) Geldwäsche unter Gebrauch von Kreditkarten

Mitunter werden auch Methoden der Geldwäsche in Spielbanken unter Einsatz von Kredit- oder Debitkarten beschrieben.[448] Hierbei lassen sich zwei Varianten unterscheiden. Zum einen kann der Kriminelle eine gestohlene Karte benutzen, um damit Spielmarken zu erwerben, die er sich ggf. ohne oder nach nur geringer Spielteilnahme wieder ausbezahlen lässt.[449] Zum anderen kann er eigene Karten zum Erwerb von Spielmarken verwenden, um anschließend den Sollsaldo

---

445 FATF, Vulnerabilities of Casinos and Gaming Sector, Ziff. 136; FinCEN, Guidance v. 01.08.2008, Abschn. Attempts to Evade BSA Reporting or Recordkeeping Requirements [S. 1 f.] UPkt. 6.

446 FinCEN, Guidance v. 01.08.2008, Abschn. Attempts to Evade BSA Reporting or Recordkeeping Requirements [S. 1 f.] UPkt. 5; *Krech*, Kriminalistik 2005, 92 (93).

447 FATF, Vulnerabilities of Casinos and Gaming Sector, Ziff. 105.

448 FATF, Vulnerabilities of Casinos and Gaming Sector, S. 43 ff.

449 FATF, Vulnerabilities of Casinos and Gaming Sector, Ziff. 138, 140.

auf dem Abbuchungskonto mit illegal erworbenen Geldern wieder auszugleichen.[450] Die zweite Variante ist für die vorliegende Untersuchung weniger interessant, da Erkennungs- und Präventionsmechanismen hierbei vor allem auf Ebene des Kontoausgleichs ansetzen müssen und damit in erster Linie die ebenfalls nach dem Geldwäschegesetz verpflichteten Kreditinstitute (§ 2 Abs. 1 Nr. 1 GwG) betreffen.

Ob der Erwerb von Spielmarken gegen Zahlung mit Kredit- oder Debitkarte zugelassen ist, wird in den deutschen Spielbanken uneinheitlich gehandhabt. Zugelassen ist die Zahlungsweise beispielsweise in der Spielbank Stuttgart[451] und bei den Spielbanken Bayern,[452] nicht zugelassen ist sie beispielsweise in den Hamburger Spielbanken, wo aber Geldautomaten zur Bargeldabhebung zur Verfügung stehen.[453]

11) Geldwäsche an Spielautomaten in Spielbanken

Nicht nur das klassische Spiel, sondern auch Spielautomaten in Spielbanken werden mit Geldwäscherisiken in Verbindung gebracht – jedenfalls, soweit sie über Geldscheineinzugsvorrichtungen verfügen.[454] Das Risiko wird dabei darin gesehen, dass kriminell erlangtes Bargeld in den Automaten gesteckt und anschließend eine Auszahlung veranlasst wird.[455]

12) Einsatz von Spielmarken als Währung für illegale Geschäfte

Denkbar ist auch, dass in einer Spielbank erworbene Spielmarken aus der Spielbank entfernt und als Währung für ein illegales Geschäft wie beispielsweise den

450 FATF, Vulnerabilities of Casinos and Gaming Sector, Ziff. 138, 140.

451 Spielbank Stuttgart/FAQ > „Bezahlen" (URL-Verz.).

452 Spielbanken Bayern/Frag den Croupier > „Welche Zahlungsmittel und -arten werden in den Bayerischen Spielbanken akzeptiert?" (URL-Verz.).

453 Spielbank Hamburg/Esplanade > Frage „Welche Zahlungsarten sind in der Spielbank akzeptiert?" im Abschnitt „Mein erster Besuch" (URL-Verz.).

454 Arbeitsgruppe „Verschärfung der Zugangskontrollen zum Kleinen Spiel in Spielbanken", Bericht, S. 4; *Krech*, Kriminalistik 2005, 92 (93) [Pkt. 3 in der mittleren Spalte]; vgl. auch FinCEN, Guidance v. 01.08.2008, Abschn. Minimal Gaming Activities Without Reasonable Explanations [S. 2 f.] UPkt. 5.

455 *Krech*, Kriminalistik 2005, 92 (93) [Pkt. 3 in der mittleren Spalte]; vgl. auch Arbeitsgruppe „Verschärfung der Zugangskontrollen zum Kleinen Spiel in Spielbanken", Bericht, S. 4 sowie ferner FinCEN, Guidance v. 01.08.2008, Abschn. Minimal Gaming Activities Without Reasonable Explanations [S. 2 f.] UPkt. 5.

Erwerb von Drogen eingesetzt werden.[456] Der Verkäufer der illegalen Ware kann die Spielmarken später bei der Spielbank einlösen.[457]

II. Mögliche Erscheinungsformen der Betreibergeldwäsche

Grundsätzlich können Geldwäscherisiken nicht nur von Kunden eines Glücksspielunternehmens, sondern auch oder sogar hauptsächlich von dessen Betreibern ausgehen. Wie bei anderen wirtschaftlichen Unternehmen auch besteht bei einem Glücksspielunternehmen das Risiko, dass es mit illegal erlangten Geldern gegründet oder laufend finanziert wird, während es an sich legal operiert und nach außen hin den Anschein eines „sauberen" Unternehmens erweckt.[458]

Der englische Begriff „money laundering" hat sogar seine Wurzeln in einer bestimmten Form der Betreibergeldwäsche: Er ist ursprünglich von der Praxis mafiöser Organisationen inspiriert, mit den aus kriminellen Aktivitäten erlangten Geldern Waschsalons aufzukaufen und so auf Grundlage illegal erwirtschafteter Gelder an sich legale Unternehmen zu betreiben.[459] Gewaschen wurde dabei eben nicht nur schmutzige Wäsche (engl. laundry), sondern im übertragenen Sinne auch schmutziges Geld.

Geldwäsche durch den Betreiber einer Spielbank kommt jedenfalls in einem rechtsstaatlichen System nur in Betracht, wenn der Spielbankenbetrieb durch Private und nicht durch den Staat selbst erfolgt, wenn also die Spielbanken nicht einem Staatsmonopol unterliegen.

D. Geldwäschefälle in Deutschland

I. Fälle der Spielergeldwäsche

Anhaltspunkte für einen tatsächlichen Missbrauch deutscher Spielbanken durch Spieler zu Geldwäschezwecken gibt es nur wenige.

1) Verdachtsmeldungen von Spielbanken nach dem GwG

Ein Blick in die Jahresberichte der Generalzolldirektion (seit 2017) zur Zahl der Geldwäscheverdachtsmeldungen von Veranstaltern und Vermittlern von Glücksspielen bzw. des Bundeskriminalamts (2009 bis 2016) zur Zahl der

---

456 FATF, Vulnerabilities of Casinos and Gaming Sector, Ziff. 108.
457 FATF, Vulnerabilities of Casinos and Gaming Sector, Ziff. 108.
458 Vgl. *Scriven*, JGS 11,1 (1995), 61 (68).
459 *Schneider/Dreer/Riegler*, Geldwäsche, S. 15.

Geldwäscheverdachtsmeldungen von Spielbanken zeigt, dass sich diese im Vergleich zur Zahl der Gesamtmeldungen im jeweiligen Jahr durchweg sehr gering ausnehmen. Insbesondere im Kredit- und Finanzsektor ist jeweils eine ungleich höhere Zahl von Verdachtsmeldungen zu verzeichnen.

Tabelle 1: Zahl der Geldwäscheverdachtsmeldungen von Veranstaltern/Vermittlern von Glücksspielen bzw. Spielbanken (2009 bis 2019)

Jahr	**Zahl der Verdachtsmeldungen gemäß Geldwäschegesetz**		
	VuV von Glücksspielen (2017–2019) bzw. Spielbanken (2009–2016)	**Kreditinstitute insgesamt**	**Alle Verpflichteten**
2019	754(*)	103.697	114.914
2018	150	65.132	77.252
2017	77	48.141	59.845
2016	55	35.038	40.690
2015	52	25.447	29.108
2014	42	20.998	24.054
2013	32	16.686	19.095
2012	22	12.308	14.361
2011	4	11.606	12.868
2010	11	10.227	11.042
2009	8	8.111	9.046
Quellen: Jahresberichte der Generalzolldirektion[460] bzw. des BKA[461] als Financial Intelligence Unit (FIU) Deutschland. Zahlen lagen zum Stand der Untersuchung bis 2019 vor.			

460 Abrufbar unter GZD/Jahresberichte (URL-Verz.).
461 Abrufbar unter BKA/Jahresberichte (URL-Verz.).

Jahr	Zahl der Verdachtsmeldungen gemäß Geldwäschegesetz		
	VuV von Glücksspielen (2017–2019) bzw. Spielbanken (2009–2016)	**Kreditinstitute insgesamt**	**Alle Verpflichteten**
(*) Der deutliche Sprung zwischen 2018 und 2019 dürfte damit zu erklären sein, dass sich im Glücksspielsektor die Zahl der registrierten Verpflichteten innerhalb eines Jahres von 45 auf 300 in etwa versiebenfacht hat.[462] Als Gründe für die erheblich gestiegene Registrierung gibt der Jahresbericht 2019 Sensibilisierungsmaßnahmen sowie die zu erwartende Verpflichtung zur Registrierung unabhängig von einer Verdachtsmeldung ab der Inbetriebnahme des Informationsverbundes der Zentralstelle für Finanztransaktionsuntersuchungen, spätestens ab dem 01.01.2024 (§§ 45 Abs. 1 S. 2, 59 Abs. 6 S. 1 GwG) an.[463]			

Auch absolut betrachtet nimmt sich die Zahl der Verdachtsmeldungen durch Spielbanken gering aus, wenn man bedenkt, dass in Deutschland immerhin etwa 70 Spielbanken[464] bestehen.

Ein ähnliches Bild zeigen die aus Bayern und Nordrhein-Westfalen vorliegenden Zahlen. In Bayern wird im Zeitraum von jeweils einschließlich 1993 bis 2011 ein Maximum von nur acht Verdachtsmeldungen in einem Jahr (2002) durch die Staatliche Lotterieverwaltung, Abteilung Spielbanken, erreicht.[465] In elf verschiedenen Jahren (1994–1998, 2000, 2001, 2003–2006) liegen sogar überhaupt keine Verdachtsmeldungen vor.[466] Zum Vergleich: Bayern verfügte 1993 bereits über fünf Spielbanken (Bad Reichenhall, Bad Kissingen, Garmisch-Partenkirchen, Bad Wiessee, Lindau).[467] Bis 2001 kamen mit Bad Füssing (1999), Bad Kötzting, Feuchtwangen (beide 2000) und Bad Steben (2001) noch vier weitere hinzu.[468]

In Nordrhein-Westfalen gingen in den Jahren von jeweils einschließlich 2006 bis 2018 maximal fünf Verdachtsanzeigen von Spielbanken in einem Jahr ein (nämlich in den Jahren 2012, 2013 und 2015), die zur Einleitung eines strafrechtlichen Ermittlungsverfahrens wegen Geldwäsche führten.[469] Dabei verfügt

---

462 Jahresbericht 2019, S. 18.
463 Jahresbericht 2019, S. 18.
464 Vgl. Teil 3 B.
465 LT-Drs. BY 16/11763, S. 4.
466 LT-Drs. BY 16/11763, S. 4.
467 Spielbanken Bayern/Spielbanken (URL-Verz.).
468 Spielbanken Bayern/Spielbanken (URL-Verz.).
469 LKA NRW, Finanzermittlungen – Lagebild für NRW 2016, S. 17; 2018 S. 9; für 2019 und 2020 werden Spielbanken nicht gesondert ausgewiesen.

Nordrhein-Westfalen seit Anfang 2007 über vier Spielbanken,[470] darunter mit Duisburg und Dortmund-Hohensyburg über zwei der umsatzstärksten Häuser in Deutschland.[471]

Die Zahlen der GZD und des BKA deuten bei relativer Betrachtung darauf hin, dass – sofern überhaupt Geldwäsche im Spielbankenbereich stattfindet – das Volumen der Geldwäsche in diesem Bereich im Vergleich zum gesamten Geldwäschevolumen nahezu vernachlässigbar ist. Bei absoluter Betrachtung deuten die Zahlen darauf hin, dass Geldwäsche in Spielbanken kaum vorkommt.

Zwingend ist aber insbesondere die zweite Schlussfolgerung nicht. Diese geringen Zahlen könnten durchaus auch unter der hypothetischen Prämisse zustande kommen, dass Spielbanken in nicht unbeträchtlichem Umfang zu Geldwäschezwecken genutzt werden. Denkbar wäre ja immerhin, dass Spielbanken von (Klein-)Kriminellen zum Waschen kleinerer Beträge genutzt werden, die beim Spielbankenpersonal keinen Verdacht auf Geldwäsche erregen und es daher auch nicht zu einer Verdachtsmeldung veranlassen. Diese Beträge werden regelmäßig unterhalb der Identifizierungsschwelle des § 10 Abs. 5 GwG liegen, wodurch die Verknüpfung der Identität des Spielers mit einer bestimmten Transaktion vermieden wird.

Denkbar ist auch, dass Spielbanken in Verdachtsfällen oder bei Vorliegen von Verdachtshinweisen seltener melden, als dies in der Praxis anderer Branchen der Fall ist. Darauf deutet jedenfalls der Jahresbericht 2003 des BKA, demzufolge „trotz der weit verbreiteten Vermutung der Nutzung von Spielbanken für Geldwäscheaktivitäten" der FIU im Jahr 2003 nur eine einzige Verdachtsanzeige von Spielbanken gemeldet worden sei.[472] Eine belastbare Begründung dafür könne nicht gegeben werden.[473]

2) *Hinweise auf konkrete Fälle*

Vereinzelt lassen sich Hinweise auf konkrete Geldwäschefälle oder zumindest konkrete Geldwäscherisiken auch in deutschen Spielbanken finden.

---

470 Vgl. RP-Online, Art. v. 22.02.2007 und Westspiel/Startseite (beide URL-Verz.).

471 Westspiel, Ergebnisse 2015 & Perspektiven, S. 9 f.; vgl. zu (den im Zeitpunkt der Untersuchung aktuellsten vorliegenden) Umsatzzahlen aus 2019 auch Westspiel/Geschäftsverlauf (URL-Verz.).

472 BKA-FIU, Jahresbericht 2003, S. 12.

473 BKA-FIU, Jahresbericht 2003, S. 12.

a) Fälle in Baden-Württemberg

Insbesondere die Spielbank Baden-Baden wurde in den Medien und in der Literatur mehrfach mit Geldwäsche in Verbindung gebracht.[474] Ein verdeckter Test Mitte 2000 habe gezeigt, dass eine insgesamt fünfstellige DM-Summe ohne Angabe eines Namens aus der Schweiz auf ein Depot bei der Spielbank überwiesen werden und nach kurzer Zeit auf ein Konto bei der Commerzbank Baden-Baden weitergeleitet werden konnte, ohne dass es zwischenzeitlich überhaupt zu einer Spielaktivität mit dem auf dem Depot befindlichen Geld gekommen sei.[475] Zudem seien vom Personal geführte Namenslisten von Spielern, die für hohe Beträge Jetons ankauften, von der Spielbankleitung nicht an die Ermittlungsbehörden weitergeleitet worden, obwohl auf den Listen bekannte Namen aus dem Bereich der Organisierten Kriminalität zu finden gewesen seien.[476]

Aus einem Antrag von baden-württembergischen Landtagsabgeordneten auf Stellungnahme des Ministeriums für Inneres geht hervor, dass diese kritische Medienberichterstattung von der Politik durchaus wahrgenommen wurde.[477] Aus einer Stellungnahme des Ministeriums für Inneres vom 22.03.2011 geht weiter hervor, dass es in der Vergangenheit bei der Spielbank Baden-Baden möglich war, Spielerdepots einzurichten.[478] Diese Depots hätten genutzt werden können, um Gelder darauf einzuzahlen und die Beträge nach einer Verwahrungszeit auf externe Konten bei Kreditinstituten zu verschieben.[479] Die Praxis sei vom Bundesaufsichtsamt über das Kreditwesen im Hinblick auf das Geldwäschegesetz beanstandet und daraufhin eingestellt worden.[480] Tatsächlich ist mit der Bereitstellung von Spielerdepots das Risiko verbunden, dass diese von Geldwäschern zumindest im Rahmen des ersten Schrittes der Layering-Phase als Durchgangs- oder Zwischenkonten genutzt werden.

---

474 Ausführlich *Roth/Nübel/Fromm*, Anklage unerwünscht, S. 24 ff.

475 *Brambusch*, Financial Times Deutschland v. 12.10.2009; *Nübel/Schütz*, Stern v. 14.08.2009; *Roth/Nübel/Fromm*, Anklage unerwünscht, S. 26.

476 *Frank*, Stellungnahme vom 11.02.2011, S. 10; *Nübel/Schütz*, Stern v. 10.09.2009. Kritisch zu der medialen Berichterstattung *Wulferding* (Staatliche Baden-Württembergische Spielbanken) bei einer öffentlichen Anhörung in der 51. Sitzung des Finanzausschusses des Landtags Baden-Württemberg am 13.10.2009.

477 LT-Drs. BW 14/5572, S. 2.

478 LT-Drs. BW 14/7665, S. 4; ferner LT-Drs. BW 12/3778, S. 5; *Roth/Nübel/Fromm*, Anklage unerwünscht, S. 25.

479 LT-Drs. BW 14/7665, S. 4 f.

480 LT-Drs. BW 14/7665, S. 5.

b) Fälle in Niedersachsen und Brandenburg

Auch die niedersächsischen Spielbanken und eine brandenburgische Spielbank fanden in den Medien im Zusammenhang mit Geldwäsche Erwähnung. Einem Artikel des Spiegels von 1988 zufolge sei durch die niedersächsischen Spielbanken das Einbringen von Geldern offensichtlich illegaler Herkunft durch Personen aus dem Bereich der Organisierten Kriminalität in die Spielbanken toleriert worden.[481] Spielern, die für hohe Barbeträge Jetons gekauft hätten, ohne jedoch anschließend am Spiel teilzunehmen, seien die vor dem Verlassen der Spielbank wieder eingelösten Jetons per Scheck ausbezahlt worden.[482]

In einem anderen Fall bei den niedersächsischen Spielbanken erwarb ein kriminelles Ehepaar mit Bargeld aus Drogengeschäften in Höhe von etwa 18.000 Euro Jetons, mit denen es aber nicht oder nur kaum spielte.[483] Die Jetons nahm es mit nach Hause und tauschte sie an den Folgetagen sukzessive zurück in Bargeld.[484] Aufgrund der von der Spielbank erstatteten Verdachtsanzeige und der anlässlich dieser Verdachtsanzeige eingeleiteten weiteren Ermittlungsmaßnahmen der Strafverfolgungsbehörden konnte das Paar bei einem Drogengeschäft überführt und strafrechtlich verurteilt werden.[485]

In Brandenburg wurde der „Joker's Place" in Cottbus, eine Spielbank der staatlichen Brandenburgischen Spielbanken GmbH & Co. KG, mit Geldwäsche in Verbindung gebracht.[486] Ein Faktor hierbei sei die grenznahe Lage.[487]

c) Weitere Fälle

Vereinzelt finden sich Berichte über Fälle, in denen die Einzahlung oder Transaktion großer Summen zweifelhafter Herkunft bei einer Bank mit der Behauptung erfolgte, das Geld sei beim Glücksspiel gewonnen worden.[488]

Zudem lassen sich teilweise auch der Rechtsprechung Fälle der Geldwäsche in Spielbanken entnehmen. In einem vom BVerwG (unter disziplinarrechtlichen

---

481 *Ohne Verf.*, Der Spiegel v. 04.07.1988 (Nr. 27), 68 (73); ferner LT-Drs. NI 14/2227, S. 2; *Frank*, Stellungnahme vom 11.02.2011, S. 10.

482 *Ohne Verf.*, Der Spiegel v. 04.07.1988 (Nr. 27), 68 (73).

483 Deutschlandfunk, Manuskript zur Sendung v. 09.11.2007, S. 4 u. 11.

484 Deutschlandfunk, Manuskript zur Sendung v. 09.11.2007, S. 4.

485 Deutschlandfunk, Manuskript zur Sendung v. 09.11.2007, S. 11 u. 16.

486 *Klesmann*, Berliner Zeitung v. 04.01.2003.

487 *Klesmann*, Berliner Zeitung v. 04.01.2003.

488 *Rademacher*, Focus v. 19.09.1994 (Nr. 38), S. 60.

Gesichtspunkten) entschiedenen Fall[489] tauschte ein Beamter über einen Zeitraum von etwa viereinhalb Jahren in einer Spielbank Jetons im Gegenwert von insgesamt rund 119.000 DM ein, die ein in der Spielbank beschäftigter Croupier zuvor unbefugt an sich genommen hatte.[490] Dafür erhielt er von dem Croupier eine „Provision" in Höhe von 20 Prozent.[491] Zum Zeitpunkt der bundesverwaltungsgerichtlichen Entscheidung war der Beamte für den Eintausch der Jetons bereits wegen Geldwäsche in 29 tatmehrheitlichen Fällen rechtskräftig verurteilt worden.[492] Der Fall zeigt, dass sich Geldwäsche nicht nur durch Einbringen von bemakelten Geldern von außerhalb in eine Spielbank vollziehen kann. Hier geschah die der eigentlichen Geldwäschehandlung vorangehende illegale Aneignungshandlung gerade in der Spielbank selbst.

In einem weiteren, vom Landgericht Düsseldorf am 03.02.1993 abgeurteilten Fall nutzten die drei Angeklagten eine Spielbank, um erpresstes Geld – zumindest nach Vorstellung einer der Angeklagten – möglichst unauffällig in „saubere" Geldscheine umzutauschen.[493]

II. Fälle der Betreibergeldwäsche

In einem rechtsstaatlichen System dürfte die Geldwäsche durch den Betreiber einer Spielbank im Wege z. B. der Gründung einer Spielbank mit bemakeltem Kapital oder der Vermischung von Geldern illegaler Herkunft mit dem Unternehmenskapital nicht in Betracht kommen, wenn es sich bei dem Betreiberunternehmen um ein Unternehmen in öffentlicher Hand handelt. Zwar ist es auch bei einem Staatsmonopol zumindest theoretisch nicht ausgeschlossen, dass die mit der Spielbankleitung beauftragten Personen oder das Spielbankpersonal die Spielbank zu Geldwäschezwecken missbrauchen oder – ggf. gegen entsprechende finanzielle Entlohnung – Geldwäsche durch Kunden wissentlich zulassen. Die Fälle in Niedersachsen[494] haben gezeigt, dass es auch in Deutschland zur Kooperation von unzuverlässigem Spielbankenpersonal mit Geldwäschern kommen kann bzw. aufgrund unzureichender Aufsicht Geldwäsche in der

489 BVerwG, Urt. v. 15.03.2006, 1 D 3/05; vorgehend VG Sigmaringen, Urt. v. 12.11.2004, DB 10 K 3/04.

490 BVerwG, Urt. v. 15.03.2006, 1 D 3/05, Rn. 1.

491 BVerwG, Urt. v. 15.03.2006, 1 D 3/05, Rn. 1.

492 BVerwG, Urt. v. 15.03.2006, 1 D 3/05, Rn. 2.

493 Vgl. insofern den Revisionsbeschluss des BGH, Beschl. v. 25.08.1993, 3 StR 377/93, juris Rn. 2.

494 S. o. Teil 3 D. I. 2) b).

Spielbank ermöglicht wird. Das sind dann aber wiederum Fälle der Spielergeldwäsche, keine Fälle von Betreibergeldwäsche.

In den Ländern mit Konzessionsmodell ist eine Betreibergeldwäsche hingegen zumindest denkbar. Insofern sind aber keine bekannt gewordenen (Verdachts-)Fälle in Deutschland ersichtlich.

In den Bundesländern sind die Modelle des Spielbankenbetriebs unterschiedlich ausgestaltet:[495] Einige Bundesländer sehen ein Staatsmonopol vor, andere wiederum ein Konzessionsmodell, bei dem einem privaten Anbieter die Erlaubnis zum Spielbankenbetrieb erteilt werden kann.[496] Einen Sonderfall bildet Hessen, das mit dem sog. Betreibermodell eine von Staatsmonopol und Konzessionsmodell verschiedene Lösung gefunden hat.[497]

Ein staatliches Spielbankenmonopol besteht in den Bundesländern Bayern, Brandenburg, Bremen, Saarland und Sachsen.[498] Ein Konzessionsmodell hingegen besteht in den Bundesländern Baden-Württemberg, Berlin, Hamburg, Mecklenburg-Vorpommern, Nordrhein-Westfalen,[499] Niedersachsen, Rheinland-Pfalz, Sachsen-Anhalt, Schleswig-Holstein und Thüringen.[500]

In Hessen kann die Erlaubnis zum Betrieb einer Spielbank gemäß § 3 Abs. 1 SpBG HE nur den in § 2 des Gesetzes abschließend aufgezählten Gemeinden erteilt werden. Den Gemeinden kann jedoch gemäß § 3 Abs. 4 SpBG HE vom Ministerium für Inneres und Sport gestattet werden, den Spielbankenbetrieb durch Dritte ausüben zu lassen, sofern dies die ordnungsrechtlich und wirtschaftlich einwandfreie Führung der Spielbank nicht gefährdet.

---

495 Vgl. dazu auch die Übersicht bei *Sandhaus/Shirvani*, Überblick v. 17.06.2019.

496 *Ennuschat*, ZfWG 2015, 78 (78).

497 *Ennuschat*, ZfWG 2015, 78 (78).

498 Art. 2 Abs. 2 S. 1 SpBG BY; § 3 Abs. 1 SpBG BB; § 2 SpBG HB; § 5 Abs. 3 SpBG SL; § 2 Abs. 1 SpBG SN.

499 In Nordrhein-Westfalen bestand vor dem Inkrafttreten des neuen Spielbankengesetzes am 03.06.2020 ein staatliches Spielbankenmonopol (vgl. Westspiel/Kurzinfo (URL-Verz.)). Die Veräußerung der bislang von der NRW.BANK gehaltenen Anteile an der Betreibergesellschaft Westspiel ist noch nicht abgeschlossen, auch wenn es bereits Berichte zu einem konkreten Käufer gibt (vgl. Westspiel/Kurzinfo (URL-Verz.) sowie dpa, Die Zeit v. 21.07.2021; dpa, Süddeutsche Zeitung v. 10.03.2021), sodass sich das Unternehmen derzeit noch in öffentlicher Hand befindet.

500 Vgl. § 27 Abs. 2 S. 1 LGlüG BW; § 2 Abs. 3 S. 1 SpBG BE; § 2 Abs. 2 S. 1 SpBG HH; § 4 Nr. 1 SpBG MV; § 3 SpBG NRW; § 2 Abs. 1 u. 2 SpBG NI; § 3 SpBG RP; § 2 Abs. 1 SpBG ST; § 3 Abs. 2 S. 1 SpBG SH; §§ 2, 2a SpBG TH.

E. Vorschriften zur Geldwäschebekämpfung in Spielbanken

Im Folgenden sollen die Vorschriften zur Geldwäschebekämpfung speziell in Spielbanken dargestellt werden, um die Basis für die anschließende verfassungs- und europarechtliche Untersuchung dieser Pflichten zu schaffen.

I. Pflichten nach dem Geldwäschegesetz

Zu den zentralen Pflichten nach dem Geldwäschegesetz gehören Identifizierungs- und Überwachungspflichten, Aufzeichnungs- und Aufbewahrungspflichten, Pflichten zum Risikomanagement und Meldepflichten.

1) Identifizierungs- und Überwachungspflichten

In Bezug auf den Spielbankenkunden bestehen v. a. Identifizierungs- und Überwachungspflichten, die zu den Allgemeinen Sorgfaltspflichten gehören und sich ggf. in vereinfachter bzw. verstärkter Form stellen können.

a) Allgemeine Sorgfaltspflichten nach § 10 Abs. 5 i. V. m. Abs. 1 GwG

In den Allgemeinen Sorgfaltspflichten sind die Grundpflichten zur Kundenidentifizierung geregelt.

aa) Identifizierungspflicht für Spielbanken bei Gewinnen oder Einsätzen eines Spielers in Höhe von 2.000 Euro oder mehr

§ 10 Abs. 5 S. 1 GwG verweist für den Fall von Gewinnen oder Einsätzen eines Spielers in Höhe von 2.000 Euro oder mehr auf die allgemeinen, für alle Verpflichteten des Geldwäschegesetzes geregelten Sorgfaltspflichten nach § 10 Abs. 1 GwG. Diese bestehen in der Identifizierung von Vertragspartner und ggf. wirtschaftlich Berechtigtem, der Einholung von Informationen über die Geschäftsbeziehung und deren Überwachung sowie der Feststellung, ob es sich bei dem Vertragspartner um eine politisch exponierte Person handelt.

Auch Spielbanken haben also diese allgemeinen Sorgfaltspflichten zu erfüllen, wenn die genannte Voraussetzung eines Gewinns oder Einsatzes eines Spielers in Höhe von 2.000 Euro oder mehr vorliegt. Unerheblich dabei ist, ob diese Schwelle durch eine einzelne Transaktion oder durch die Summe mehrerer geringerer Transaktionen, die in einem Zusammenhang zu stehen scheinen, erreicht wird.[501] Das sehen Art. 11 lit. d) 4. GwRL und § 1 Abs. 5 GwG[502] jetzt ausdrücklich vor.

Dass der Schwellenbetrag auch durch die Aufsummierung zusammenhängender Transaktionen erreicht bzw. überschritten werden kann, entspricht einer Vorgabe der FATF aus dem Jahr 2003.[503] Das ist sinnvoll: Ohne ein solches additives Verständnis des Schwellenbetrages wäre Stückelungstechniken[504] Tür und Tor geöffnet und die Identifizierungspflicht ein zahnloses Instrument. Im Hinblick auf die Geldwäscheprävention kann es keinen Unterschied machen, ob ein Kunde an einem Spieltisch auf einen Schlag Jetons im Wert von 2.000 Euro, oder zunächst 1.000 Euro und kurz darauf weitere 1.000 Euro einsetzt.

Gemäß § 10 Abs. 5 S. 2 GwG kann der Identifizierungspflicht auch dadurch nachgekommen werden, dass die Kunden bereits beim Betreten der Spielbank identifiziert werden, sofern vom Verpflichteten zusätzlich durch lückenlose Beobachtung und nachvollziehbare Dokumentation der Folgetransaktionen[505] sichergestellt wird, dass jede Transaktion im Wert von 2.000 Euro oder mehr im Zusammenhang mit dem Kauf, Verkauf oder Tausch von Spielmarken dem jeweiligen Kunden zugeordnet werden kann. Die Einfügung der Klarstellung „sofern vom Verpflichteten zusätzlich sichergestellt wird (...)" ist direkte Folge der von der FATF geübten Kritik an der deutschen Identifizierungspraxis.[506]

bb) Identifizierungspflicht für Spielbanken bei Anzeichen für Geldwäsche oder Terrorismusfinanzierung

§ 10 Abs. 3 GwG regelt allgemein, d. h. grundsätzlich für alle Verpflichteten, wann die allgemeinen Sorgfaltspflichten zu erfüllen sind. Aus den Formulierungen von § 10 Abs. 3 GwG („Die allgemeinen Sorgfaltspflichten sind von Verpflichteten zu erfüllen...") und § 10 Abs. 5 GwG („Verpflichtete nach § 2 Absatz 1 Nummer 15 haben die allgemeinen Sorgfaltspflichten [...] zu erfüllen...") sowie der systematischen, nämlich nachgelagerten Stellung des Abs. 5 zu Abs. 3 lässt sich ersehen, dass § 10 Abs. 5 GwG gegenüber § 10 Abs. 3 GwG

---

501 BT-Drs. 18/11555, S. 117.

502 Der Transaktionsbegriff des § 1 Abs. 5 GwG findet im Rahmen von § 10 Abs. 5 S. 1 GwG auch Anwendung, so ausdrücklich BT-Drs. 19/13827, S. 78.

503 FATF, Recommendations (2003), Interpretative Notes zu Recommendations 5, 12 and 16.

504 S. o. unter Teil 3 C. I. 2).

505 Vgl. BT-Drs. 17/6804, S. 27.

506 S. o. unter Teil 2 B. I. 3).

lex specialis für Veranstalter und Vermittler von Glücksspielen, insbesondere für Spielbanken ist.

Aus dem Fehlen einer Formulierung wie „auch“ oder „unbeschadet des Absatzes 3“ in § 10 Abs. 5 GwG lässt sich weiter ableiten, dass diese Spezialregelung abschließend ist. Das wird deutlich, wenn man die aktuelle Regelung mit der entsprechenden Identifizierungsregelung für Spielbanken in § 3 Abs. 3 des Geldwäschegesetzes in der bis zum 26.06.2017 geltenden Fassung vergleicht. Hier hieß es noch „unbeschadet des Absatzes 2“, der allgemein regelte, in welchen Fällen die allgemeinen Sorgfaltspflichten greifen.

Das abschließende Spezialitätsverhältnis von § 10 Abs. 5 GwG zu § 10 Abs. 3 GwG gilt allerdings nicht für § 10 Abs. 3 Nr. 3 GwG. Das lässt sich der dortigen Formulierung „ungeachtet etwaiger nach diesem Gesetz [...] bestehender Ausnahmeregelungen, Befreiungen oder Schwellenbeträge“ entnehmen. Die allgemeinen Sorgfaltspflichten greifen damit für Veranstalter und Vermittler von Glücksspielen, insbesondere Spielbanken, nach § 10 Abs. 3 Nr. 3 GwG also auch dann, wenn Tatsachen darauf hindeuten, dass Vermögensgegenstände in der Spielbank „gewaschen“ werden sollen oder in Zusammenhang mit Terrorismusfinanzierung stehen.

Mit Umsetzung der Transparenzvorgaben aus Art. 30 4. GwRL, die durch die fünfte Geldwäscherichtlinie hinsichtlich der Zugangsberechtigung zu den Transparenzdaten noch einmal erweitert wurden,[507] wurde in Deutschland überdies das Transparenzregister eingeführt.[508] Über das Transparenzregister werden bestimmte Angaben zu den wirtschaftlich Berechtigten von juristischen Personen des Privatrechts, eingetragenen Personengesellschaften, Trusts und vergleichbaren Rechtsgestaltungen zugänglich gemacht,[509] die ggf. von den Verpflichteten des Geldwäschegesetzes im Rahmen einer Identifizierung abzufragen sind (§ 10 Abs. 1 Nr. 2 i. V. m. § 11 Abs. 5 GwG). Die erhöhte Transparenz der „hinter“ einer wirtschaftlichen Einheit stehenden natürlichen Personen soll dazu beitragen, den Missbrauch der genannten Vereinigungen und Rechtsgestaltungen zum Zweck der Geldwäsche und Terrorismusfinanzierung zu verhindern.[510]

Die Abklärung der wirtschaftlich Berechtigten wird jedoch nur relevant, wenn es um die Beziehung zu einer der genannten Rechtsgestaltungen oder zu einer (möglicherweise) auf Veranlassung handelnden Person im Sinne

507 *Brian/Frey/Krais*, CCZ 2019, 245 (258).
508 BT-Drs. 18/11555, S. 125.
509 BT-Drs. 18/11555, S. 125.
510 BT-Drs. 18/11555, S. 125.

treuhänderischer Konstruktionen[511] geht (vgl. § 10 Abs. 1 Nr. 2 i. V. m. § 3 GwG). Da diese Konstellationen im Bereich des terrestrischen Glücksspiels, in dem es ganz vorwiegend um die einfache Beziehung der Verpflichteten zu einem spielenden Kunden geht, kaum relevant werden dürften, soll im Rahmen der vorliegenden Untersuchung nicht näher darauf eingegangen werden.

cc) Geldwäscherechtliche Identifizierungspflicht für Spielbanken bereits seit 1993

Bemerkenswert ist, dass das deutsche Recht eine Identifizierungspflicht von Spielbanken in Zusammenhang mit der Geldwäschebekämpfung schon kannte, bevor Kasinos mit der 2. GwRL erstmals auch auf europäischer Ebene in den Verpflichtetenkreis aufgenommen wurden. Eine solche Identifizierungspflicht für Spielbanken bei Annahme von Bargeld im Wert von 20.000 DM oder mehr war bereits in § 3 Abs. 1 des ersten Geldwäschegesetzes von 1993[512] vorgesehen. Das GwG 1993 sah zudem eine Identifizierung des Kunden in Geldwäscheverdachtsfällen (in § 6 S. 1) sowie die Einrichtung interner Sicherungsmaßnahmen (in § 14 Abs. 1 Nr. 7) durch Spielbanken vor.

Das zeigt das Geldwäscherisikopotential, das der deutsche Gesetzgeber Spielbanken schon vor den verpflichtenden Vorgaben des europäischen Sekundärrechts beimaß – und auch schon vor den Veröffentlichungen der FATF zum Kasinobereich. Deren 1993 noch aktuelle Erstfassung ihrer Recommendations von 1990 ging im Gegensatz zu späteren Fassungen und anderen, späteren Veröffentlichungen noch nicht gesondert auf Kasinos ein.[513] Erst in der Version der Empfehlungen von 2003 tauchen Kasinos erstmals auf.[514]

b) Durchführung der Identifizierung

Die allgemeinen Grundsätze für die Durchführung der Identifizierung sind in § 11 GwG geregelt. Nach § 11 Abs. 4 Nr. 1 GwG sind bei einer natürlichen Person Name, Geburtsort, Geburtsdatum, Staatsangehörigkeit und Anschrift des Identifizierten zu erheben. Für die Identifizierung im landgebundenen Bereich kommen v. a. die Instrumente nach § 12 Abs. 1 Nr. 1 GwG in Betracht, d. h.:[515]

---

511 Vgl. *Figura*, in: Herzog/Achtelik, GwG, § 3 Rn. 21.

512 Gesetz über das Aufspüren von Gewinnen aus schweren Straftaten (Geldwäschegesetz – GwG) v. 25.10.1993 (BGBl. I S. 1770); im Folgenden abgekürzt als: GwG 1993.

513 Vgl. FATF, Recommendations (1990).

514 FATF, Recommendations (2003), Empfehlung Nr. 24 lit. a).

515 BT-Drs. 18/11555, S. 118 i. V. m. BT-Drs. 16/9038, S. 37.

- bei Deutschen Reisepässe und amtliche Pässe i. S. v. § 1 Abs. 2 PassG sowie Personalausweise i. S. v. § 2 Abs. 1 PAuswG,
- bei nichtdeutschen Unionsbürgern oder Staatsangehörigen der Vertragsstaaten des Abkommens über den Europäischen Wirtschaftsraum und ihren jeweiligen Familienangehörigen Pässe und Passersätze nach § 8 Abs. 1 FreizügG/EU,
- bei Schweizern Personalausweise und Reisepässe nach dem Freizügigkeitsabkommen EU – Schweiz und
- bei Drittstaatsangehörigen Pässe, Passersätze und Ausweisersätze nach § 3 Abs. 1 AufenthG.

c) Vereinfachte und verstärkte Sorgfaltspflichten

Die §§ 14 und 15 GwG sehen unter bestimmten Voraussetzungen Erleichterungen oder Verschärfungen der Allgemeinen Sorgfaltspflichten vor.

aa) Verstärkte Sorgfaltspflichten bei politisch exponierten Personen

Besonders die verstärkten Sorgfaltspflichten bei sog. politisch exponierten Personen (vgl. § 15 Abs. 3 Nr. 1 GwG) können Spielbanken in der Praxis belasten. Nach § 10 Abs. 1 Nr. 4 GwG haben Verpflichtete angemessene, risikoorientierte Verfahren anzuwenden, um politisch exponierte Personen (PEPs) bzw. deren Angehörige oder ihnen nahestehende Personen ggf. identifizieren zu können. Dies geschieht in der Spielbankenpraxis meist durch Rückgriff auf kommerzielle Datenbanken.[516]

Politisch exponierte Personen sind solche natürlichen Personen, die ein hochrangiges wichtiges öffentliches Amt ausüben oder ausgeübt haben, vgl. § 1 Abs. 12 GwG. Familienmitglieder und nahestehende Personen sind in § 1 Abs. 13 und 14 GwG näher definiert. Hat der Verpflichtete tatsächlich eine PEP vor sich, sind die in § 15 Abs. 4 GwG weiter ausgeführten verstärkten Sorgfaltspflichten zu beachten. Insbesondere ist die Begründung oder Fortführung einer Geschäftsbeziehung durch den identifizierenden Mitarbeiter von der Zustimmung eines Mitglieds der Führungsebene abhängig zu machen (§ 15 Abs. 4 Nr. 1 GwG) und sind angemessene Maßnahmen zur Bestimmung der Herkunft der Vermögenswerte zu ergreifen (§ 15 Abs. 4 Nr. 2 GwG).

516 Zur Identifizierung von PEPs ausführlich noch unten, Teil 3 G. IV. 2) b).

bb) Regelung zur Zustimmungsbedürftigkeit gilt auch für Spielbanken

Nicht unproblematisch ist nach dem Wortlaut, ob die Vorgabe der Zustimmungsbedürftigkeit der Begründung oder Fortführung einer Geschäftsbeziehung überhaupt in Bezug auf Spielbanken einschlägig ist. Zwischen einem Kunden und einer Spielbank wird in der Regel keine Geschäftsbeziehung i. S. d. Geldwäschegesetzes begründet, da es am Merkmal der Dauer fehlt (§ 1 Abs. 4 GwG). Von gewisser Dauer wäre die Beziehung zwischen Spielbank und Kunden nur, wenn dem Kunden die Einrichtung eines dauerhaften Service wie eines Spielerkontos oder eines Depots bei der Spielbank möglich wäre oder wenn eine dauerhafte Betreuung des Kunden durch die Spielbank stattfinden würde.[517] Dass Ersteres bei deutschen Spielbanken nicht mehr möglich ist, wird unter Teil 3 G. III. 1) b) cc) noch ausführlich dargelegt. Letzteres scheitert daran, dass sich auch bei regelmäßigem Spielbankenbesuch eines Kunden die Besuche als singuläre Ereignisse und nicht als durchgehend betreute Verbindung darstellen.

Daher haben Spielbanken im Gegensatz etwa zu Kreditinstituten keine allgemeine, unabhängig von bestimmten Transaktionsschwellen bestehende Sorgfaltspflicht der Kundenidentifizierung nach § 10 Abs. 3 Nr. 1 i. V. m. Abs. 1 Nr. 1 GwG. Zwar besteht eine allgemeine Kundenidentifizierungspflicht für Spielbanken nach dem jeweiligen Landesspielbankengesetz. Diese dient jedoch der effektiven Kontrolle von Spielersperren und ggf. der Überprüfung der Volljährigkeit und hat damit in erster Linie suchtpräventiven Charakter.

Die Zustimmungsbedürftigkeit der Begründung oder Fortführung einer Geschäftsbeziehung im Falle einer PEP gilt jedoch nach Sinn und Zweck der Vorschrift auch für Spielbanken, in diesem Falle dergestalt, dass das Spielenlassen einer PEP zustimmungsbedürftig ist. Im Gegensatz zur allgemeinen Identifizierungspflicht nach § 10 Abs. 3 Nr. 1 i. V. m. Abs. 1 Nr. 1 GwG ist nämlich das Merkmal der Geschäftsbeziehung in § 15 Abs. 4 Nr. 1 GwG nicht der Tatbestandsseite, sondern der Rechtsfolgenseite zuzuordnen. Bei Vorliegen der Tatbestandsvoraussetzungen – wenn man es also tatsächlich mit einer PEP zu tun hat – ist aber die Rechtsfolge, d. h. die Zustimmungsbedürftigkeit des Weiteren geschäftlichen Kontakts, bei Kreditinstituten und Spielbanken gleichermaßen sinnvoll und geboten, da das erhöhte (Geldwäsche-)Risiko gerade in der

517 Vgl. *Figura*, in: Herzog/Achtelik, GwG, § 1 Rn. 28; *Kaetzler*, in: Zentes/Glaab, § 1 Rn. 50.

Eigenschaft der auftretenden Person als einer PEP verortet wird[518] und damit in einer Eigenschaft, die unabhängig ist von der Art der verpflichteten Institution.

Ebenso sinnvoll ist es umgekehrt, Kreditinstitute und Spielbanken im Hinblick auf die allgemeine Identifizierungspflicht nach § 10 Abs. 3 Nr. 1 i. V. m. Abs. 1 Nr. 1 GwG unterschiedlich zu behandeln. Die Geschäftsbeziehung zu einem Kreditinstitut birgt immer zumindest abstrakt das Risiko, dass die zur Verfügung gestellten finanziellen Services – insb. Konten – zu Geldwäschezwecken missbraucht werden. Beim Kunden einer Spielbank ist eine reelle Risikosituation aber grundsätzlich erst gegeben, wenn es um Geldbeträge oberhalb einer bestimmten Schwelle geht.

cc) Weitere verstärkte Sorgfaltspflichten

Verstärkte Sorgfaltspflichten können für Spielbanken auch ausgelöst werden, wenn von der allgemeinen Norm abweichende Transaktionen auftreten (§ 15 Abs. 3 Nr. 3 GwG: besondere Komplexität, ungewöhnliche Höhe, ungewöhnliches Transaktionsmuster, kein erkennbarer (Spiel-)Zweck) oder wenn ein Kunde aus einem Staat kommt, in Bezug auf den die Kommission ein hohes Risiko wegen Mängeln bei der Bekämpfung von Geldwäsche und Terrorismusfinanzierung festgestellt hat (§ 15 Abs. 3 Nr. 2 GwG i. V. m. Art. 9 Abs. 1 4. GwRL).[519]

d) Zwischenergebnis zu den Identifizierungspflichten

Als wesentliche Pflichten nach dem GwG in Zusammenhang mit der Identifizierung von Spielern lassen sich somit festhalten:

- Die Identifizierungspflicht bei Gewinnen oder Einsätzen in Höhe von 2.000 Euro oder mehr, auch wenn diese Schwelle als Summe von Einzeltransaktionen erreicht oder überschritten wird, sowie bei Anzeichen für Geldwäsche,
- die verstärkten Sorgfaltspflichten in Zusammenhang mit politisch exponierten Personen oder anderweitigen, von der allgemeinen Norm abweichenden Auffälligkeiten.

---

518 FATF, Guidance PEPs, S. 3; Erwägungsgrund Nr. 25 i. V. m. Nr. 24 3. GwRL (wenn auch programmatisch einschränkend jetzt Erwägungsgrund Nr. 33 4. GwRL).

519 Vgl. dazu die von der Europäischen Kommission unter EC/Drittländer mit Schwächen (URL-Verz.) veröffentlichte Liste. Die 23 auf der Liste aufgeführten Länder und Gebiete sind: Afghanistan, Amerikanisch-Samoa, die Bahamas, Botsuana, Demokratische Volksrepublik Korea, Äthiopien, Ghana, Guam, Iran, Irak, Libyen, Nigeria, Pakistan, Panama, Puerto Rico, Samoa, Saudi-Arabien, Sri Lanka, Syrien, Trinidad und Tobago, Tunesien, die Amerikanischen Jungferninseln, Jemen.

2) Aufzeichnungs- und Aufbewahrungspflichten

Die Grundregel der Aufzeichnungs- und Aufbewahrungspflichten findet sich in § 8 Abs. 1 S. 1 GwG, wonach die aufgrund von Sorgfaltspflichten nach dem Geldwäschegesetz erhobenen Angaben und eingeholten Informationen über Vertragspartner, wirtschaftlich Berechtigte, Geschäftsbeziehungen und Transaktionen für die Dauer von grundsätzlich fünf, maximal zehn Jahren (§ 8 Abs. 4 GwG) aufzuzeichnen sind.

3) Pflichten zum Risikomanagement

Die §§ 4 ff. GwG regeln umfassende Pflichten zur Verhinderung von Geldwäsche, die auch Spielbanken betreffen. Das den Verpflichteten auferlegte Risikomanagement (§ 4 GwG) unterteilt sich dabei in die Risikoanalyse nach § 5 GwG und die internen Sicherungsmaßnahmen nach § 6 GwG (§ 4 Abs. 2 GwG).

a) Risikoanalyse

Mit der Risikoanalyse nach § 5 GwG wird Spielbanken insbesondere aufgegeben, in ihrem Geschäftsbetrieb bestehende Geldwäscherisiken zu ermitteln und zu bewerten, diese Ermittlung und Bewertung von Geldwäscherisiken zu dokumentieren und die Dokumentation regelmäßig zu überprüfen und zu aktualisieren.

b) Interne Sicherungsmaßnahmen

Einige der wichtigsten internen Sicherungsmaßnahmen sind die folgenden:

aa) Bestellung eines Geldwäschebeauftragten

Für Spielbanken besteht die Pflicht zur Bestellung eines Angestellten oder ggf. auch eines Externen (vgl. § 6 Abs. 7 S. 1 GwG)[520] zum Geldwäschebeauftragten, § 6 Abs. 2 Nr. 2 i. V. m. § 7 GwG. Der Geldwäschebeauftragte ist die zentrale Figur im unternehmensinternen Anti-Geldwäschemanagement und erfüllt die folgenden Funktionen und Aufgaben:[521]

- Überprüfung und Durchsetzung der Einhaltung der Bestimmungen des Geldwäschegesetzes,

---

520 Zu Externen Haufe/Geldwäschebeauftragte (URL-Verz.).

521 *Herzog*, in: ders./Achtelik, GwG, § 7 Rn. 13 ff.; *Kaetzler*, in: Zentes/Glaab, GwG, § 7 Rn. 90 ff.

- Vermittlung zwischen Unternehmen und Behörden (Aufsichtsbehörden, Strafverfolgungsbehörden) als zentraler Ansprechpartner des Unternehmens,
- Bearbeitung und Meldung von ggf. auftretenden Verdachtsfällen,
- Schulung von Mitarbeitern des Unternehmens in der Erkennung von und im Umgang mit Geldwäscherisiken,
- Entwicklung von Systemen und Kontrollmechanismen zur Verhinderung von Geldwäsche,
- Berichterstattung gegenüber der Unternehmensleitung über getätigte Maßnahmen und ggf. festgestellte Defizite bei der Geldwäschebekämpfung.

In größeren Spielbankunternehmen, die mehrere Spielbanken betreiben, wird in der Regel ein zentraler Geldwäschebeauftragter bestellt, der sich um die ihm nach dem Geldwäschegesetz obliegenden Belange kümmert.[522] In den einzelnen Spielbanken hat er wiederum Ansprechpartner vor Ort, mit denen er bei seiner Arbeit kooperiert, die aber selbst nicht offiziell die Funktion eines Geldwäschebeauftragten innehaben.[523]

§ 7 Abs. 2 GwG räumt der geldwäscherechtlichen Aufsichtsbehörde eine Erleichterungsmöglichkeit ein. Danach kann sie u. a. auch Spielbanken von der Pflicht zur Bestellung eines Geldwäschebeauftragten befreien, wenn aufgrund arbeitsteiliger Unternehmensstruktur eine Gefahr von Informationsverlusten und -defiziten nicht besteht und wenn nach risikobasierter Bewertung anderweitige Vorkehrungen getroffen werden, um Geschäftsbeziehungen und Transaktionen, die mit Geldwäsche oder Terrorismusfinanzierung zusammenhängen, zu verhindern.

Dass von der Befreiungsmöglichkeit in der Spielbankenpraxis häufiger Gebrauch gemacht würde, ist zumindest nicht ersichtlich. Aufgrund der arbeitsteiligen Prozesse in Spielbanken (z. B. Trennung des Ein- und Auszahlungsbereichs vom Spielbereich, Separierung einzelner Spielbereiche, Trennung des administrativen vom spielbetreuenden Personal, etc.) dürfte zudem ohne Geldwäschebeauftragten eine Gefahr von Informationsverlusten bestehen, was gegen eine Befreiungsmöglichkeit spricht (vgl. § 7 Abs. 2 Nr. 1 GwG).

---

522 Informationen aus dem Gespräch mit den Spielbanken Niedersachsen.
523 Informationen aus dem Gespräch mit den Spielbanken Niedersachsen.

bb) Interne Sicherungssysteme und Kontrollen

§ 6 Abs. 2 Nr. 1 GwG verpflichtet Spielbanken zur Schaffung und laufenden Aktualisierung interner Sicherungssysteme und Kontrollen zur Verhinderung von Geldwäsche.

Gemäß § 6 Abs. 4 S. 1–2 GwG haben Spielbanken außerdem Datenverarbeitungssysteme zu betreiben und zu aktualisieren, mittels derer sie in der Lage sind, zweifelhafte oder ungewöhnliche Geschäftsbeziehungen und Transaktionen zu erkennen. Mit dieser Vorgabe für die zum Verpflichtetenkreis nach § 2 Abs. 1 Nr. 15 GwG zählenden Veranstalter und Vermittler von Glücksspiel ist der nationale Gesetzgeber über die Vorgaben der vierten Geldwäscherichtlinie hinausgegangen.[524] Gemäß § 6 Abs. 4 S. 3 GwG besteht allerdings auch hier eine behördliche Befreiungsmöglichkeit.

Spielbanken können der Verpflichtung zum Betreiben entsprechender Datenverarbeitungssysteme durch Besucherdateien, Videoüberwachungssysteme und Transaktionsaufzeichnungen nachkommen.[525] Diese Instrumente werden im Rahmen der nachfolgenden Darstellung einzeln erörtert.

cc) Unterrichtung der Beschäftigten

Gemäß § 6 Abs. 2 Nr. 6 GwG gehört für alle Verpflichteten, insbesondere also Spielbanken, auch die Unterrichtung des Personals über Geldwäscherisiken und ihre Bekämpfung zu den internen Sicherungsmaßnahmen.
Verantwortlich für die Durchführung der Unterrichtung ist der Geldwäschebeauftragte.[526]

dd) Zuverlässigkeit der Beschäftigten

Auch ist gemäß § 6 Abs. 2 Nr. 5 GwG die Zuverlässigkeit des Personals sicherzustellen und einer regelmäßigen Kontrolle zu unterziehen. Dies kann etwa durch Einsichtnahme in Ausweisdokumente, Registerauszüge und Bonitätsauskünfte sowie durch Plausibilitätsprüfungen des Lebenslaufs geschehen.[527]

Die Vorschrift vervollständigt den Katalog der internen Sicherungsmaßnahmen in sinnvoller Weise, wenn man bedenkt, dass die Möglichkeit der Kooperation eines Geldwäschers mit dem Personal weitgehend unabhängig von der

---

524 Vgl. BT-Drs. 18/11555, 92.

525 *Reeckmann*, ZfWG 2018, 15 (17).

526 S. o. unter Teil 3 E. I. 3) b) aa).

527 Oberste Glücksspielaufsichtsbehörden der Länder, Auslegungs- und Anwendungshinweise, S. 17.

objektiven Qualität der im Übrigen eingerichteten Kontrollen und Sicherungssysteme ist. Insbesondere in Bezug auf den Spielbankenbereich werden zumindest in Literatur und Medien immer wieder Fälle beschrieben, in denen es zu einer Kooperation zwischen Geldwäscher und Personal kam.[528]

4) Meldepflichten

Zentrale Vorschrift zur Regelung der Meldepflicht ist § 43 Abs. 1 GwG. Danach haben die nach dem Geldwäschegesetz Verpflichteten insbesondere dann unverzüglich eine Meldung an die Zentralstelle für Finanztransaktionsuntersuchungen zu erstatten, wenn Tatsachen darauf hindeuten, dass ein Vermögensgegenstand aus einer tauglichen Vortat für Geldwäsche stammen könnte (§ 43 Abs. 1 Nr. 1 GwG). In einer Spielbank wäre dies u. a. der Fall, wenn Tatsachen den Verdacht begründen, dass ein Spieler aus kriminellen Geschäften erlangte Vermögenswerte einsetzt. Solche Tatsachen können beispielsweise gegeben sein, wenn ein Spieler risikovermeidende Strategien einsetzt (s. o. Teil 3 C. I. 2)).

Die Zentralstelle für Finanztransaktionsuntersuchungen in Deutschland und nationale Financial Intelligence Unit (FIU) im Sinne der Vorgaben der FATF ist seit dem Inkrafttreten der Neufassung des Geldwäschegesetzes am 26.06.2017 bei der Generalzolldirektion angesiedelt.[529] Die Generalzolldirektion löste damit das Bundeskriminalamt (vgl. § 11 Abs. 1 S. 1 GwG a. F.) als zentrale Meldestelle ab. Die neue Zentralstelle für Finanztransaktionsuntersuchungen erfüllt dabei eine Filterfunktion:[530] Ihre Aufgabe ist es, insbesondere in Zusammenhang mit Verdachtsmeldungen Informationen zu erheben und zu analysieren und ggf. an die zuständigen Strafverfolgungs- oder Gefahrenabwehrbehörden weiterzuleiten.[531] Durch diese vorgeschaltete Aufbereitung und die Beschränkung der Weiterleitung auf Sachverhalte mit relevantem Gehalt sollen die Strafverfolgungsbehörden entlastet werden.[532]

---

528 Etwa FATF, Vulnerabilities of Casinos and Gaming Sector, S. 42 [Case 20]; *Graaf/Kingma/School/Zborowska*, JGI 26 (2011), 89 (95 u. 109 [Fn. 1]); *Ohne Verf.*, Der Spiegel v. 04.07.1988 (Nr. 27), 68 (73).

529 BT-Drs. 18/11555, S. 136.

530 BT-Drs. 18/11555, S. 90.

531 BT-Drs. 18/11555, S. 136.

532 BMF, Monatsbericht Juni 2017, S. 18.

5) *Geldwäscherechtliche Aufsicht*

Die Zuständigkeit für die geldwäscherechtliche Aufsicht über die Verpflichteten nach § 2 Abs. 1 GwG richtet sich nach § 50 GwG. Für Veranstalter und Vermittler von Glücksspielen nach § 2 Abs. 1 Nr. 15 GwG – also auch für Spielbanken – ist, soweit das Landesrecht nichts anderes bestimmt, die für die glücksspielrechtliche Aufsicht zuständige Behörde auch als geldwäscherechtliche Aufsichtsbehörde zuständig (§ 50 Nr. 8 GwG).

Eine andere landesrechtliche Bestimmung für Spielbanken trifft, soweit ersichtlich, derzeit nur Nordrhein-Westfalen (geldwäscherechtliche Aufsicht: Bezirksregierungen, § 11 SpiVO NRW; glücksspielrechtliche Aufsicht: Innenministerium, § 13 Abs. 1 S. 1 SpBG NRW). Hier aber berät und unterstützt das Innenministerium die Bezirksregierungen bei der Aufsicht und koordiniert Besprechungen.[533]

Das Zusammenfallen von Spielbankenaufsicht und geldwäscherechtlicher Aufsicht bei derselben Behörde ist im Interesse einer effektiven Beaufsichtigung von Spielbanken sinnvoll.[534] Durch die Vereinigung der Befugnisse in derselben Behörde dürfte der Situation entgegengewirkt werden, dass die Glücksspielaufsicht kein Verständnis für die „hauptsächlich für den Finanzsektor relevanten"[535] GwG-Pflichten und umgekehrt die Geldwäscheaufsicht kein Verständnis für die Besonderheiten des Glücksspielbereichs hat.[536]

Welche effektiven aufsichtsrechtlichen Instrumente durch das Zusammenfallen von Spielbankenaufsicht und geldwäscherechtlicher Aufsicht zumindest in der Anwendung erleichtert werden dürften, zeigt das Beispiel Hessen. Dort ist die Möglichkeit der Durchführung verdeckter Spielkontrollen durch die Spielbankaufsicht vorgesehen (§ 15 Abs. 2 S. 1 Nr. 3, S. 2–4 SpBG HE). Dieses Instrument wurde insbesondere zur Kontrolle der Einhaltung der Vorgaben des

533 Informationen aus einem Telefonat mit dem Ministerium für Inneres und Kommunales Nordrhein-Westfalen.

534 So auch BT-Drs. 19/13827, S. 101.

535 Vgl. zu der mitunter etwas stiefmütterlichen Behandlung des Anti-Geldwäscheregimes im Glücksspielbereich als „Annexe" zu den entsprechenden Vorschriften im Finanzsektor, die einen solchen Eindruck bei der Behörde hervorrufen mag, Teil 1 B.

536 Vgl. die Kritik der FATF in FATF, Mutual Evaluation Report Germany, Ziff. 974, wo sie im deutschen Nicht-Finanzsektor ein fehlendes Verständnis für die Besonderheiten des beaufsichtigten Sektors bei den jeweils zuständigen Geldwäscheaufsichtsbehörden identifizierte.

Geldwäschegesetzes eingeführt.[537] Dabei ist der Spielbankenaufsicht ausdrücklich auch die geldwäscherechtliche Aufsicht zugewiesen (§ 15 Abs. 3 SpBG HE).

Der Glücksspielsektor hat mit den Auslegungs- und Anwendungshinweisen der obersten Glücksspielaufsichtsbehörden der Länder zum Geldwäschegesetz auf Grundlage von § 51 Abs. 8 GwG zudem eine Publikation erhalten, die bei der Umsetzung der Verpflichtungen aus dem GwG nützlich ist.[538]

II. Vorschriften nach den Landesgesetzen

Die zahlreichen landesgesetzlichen Regelungen, die der Geldwäscheprävention und -bekämpfung in Spielbanken dienen oder zumindest faktischen Bezug dazu aufweisen, lassen sich in die folgenden Kategorien unterteilen:

1) Vorschriften zum Staatsmonopol

Für staatliche Glücksspielmonopole wie insb. das staatliche Spielbankenmonopol wird regelmäßig neben dem Ziel der Eindämmung und Kontrolle von Suchtgefahren auch das Ziel der Bekämpfung von Kriminalität in Zusammenhang mit Glücksspiel angeführt.[539] Dafür spricht zumindest auf den ersten Blick, dass bei staatlichen Spielbanken eine unmittelbarere Einflussmöglichkeit von staatlicher Seite und damit stärkere Kontrollmöglichkeiten bestehen. Jedenfalls lässt sich nicht von vorneherein ausschließen, dass die Einrichtung eines Staatsmonopols durch gesetzliche Einschränkung des Betreiberkreises auf öffentliche Unternehmen Relevanz für die Geldwäschebekämpfung entfaltet.

2) Vorschriften im Antragsverfahren

In den meisten Bundesländern gelten im Rahmen des Verfahrens zur Erteilung einer Spielbankenerlaubnis ähnliche Anforderungen an den einzureichenden Antrag bzw. ähnliche Ermächtigungen der Erlaubnisbehörde zur Erteilung von Auflagen. Einige dieser Vorschriften weisen einen Bezug zur Geldwäschebekämpfung auf. Von zentraler Relevanz für die Geldwäschebekämpfung sind dabei insb.

---

537 LT-Drs. Hessen 19/5243, S. 13.

538 Oberste Glücksspielaufsichtsbehörden der Länder, Auslegungs- und Anwendungshinweise.

539 Vgl. o. Teil 2 B. II. 3).

- die Forderung von Nachweisen der Zuverlässigkeit des Antragstellers (z. B. § 28 Abs. 2 Nr. 1 LGlüG BW),
- Auflagen zur Sicherstellung der Zuverlässigkeit des übrigen Personals (z. B. § 2 Abs. 4 Nr. 3 SpBG NI),
- Sicherheitskonzepte zur Gewährleistung ordnungsgemäßer Betriebsabläufe innerhalb der Spielbank (z. B. § 5 Abs. 4 SpBG HE),
- Konzepte zur Gewährleistung der Transparenz der Betriebsabläufe für die Aufsichtsbehörden (z. B. § 28 Abs. 2 Nr. 5 LGlüG BW) und
- die Darlegung der rechtmäßigen Herkunft der eingesetzten Mittel (z. B. § 28 Abs. 2 Nr. 9 LGlüG BW).

§ 28 Abs. 2 Nr. 6 LGlüG BW fordert sogar ausdrücklich die Vorlage eines Konzepts zur Verhinderung und Bekämpfung von Geldwäsche, ein sog. Geldwäschekonzept. Die gleiche Regelung fand sich im früheren § 3 Abs. 1 Nr. 4 GGVO SH.

3) Vorschriften zur technischen Überwachung von Spielbanken

In allen landesrechtlichen Regelungen zum Spielbankenbetrieb sind Vorschriften zur technischen, insb. visuellen Überwachung von Spielbanken vorgesehen. Die visuelle Überwachung dient dabei auch der Verhinderung und Verfolgung von Straftaten (vgl. z. B. ausdrücklich § 13a Abs. 1 S. 2 SpBG SH). In Hessen kann die Spielbankaufsicht sogar dem Spielbankunternehmer zu Zwecken der Geldwäscheprävention die Erhebung biometrischer Merkmale erlauben (§ 16 Abs. 3 S. 1 SpBG HE). Die Merkmale sind grundsätzlich spätestens 24 Stunden nach ihrer Erhebung wieder zu löschen (§ 16 Abs. 3 S. 3 SpBG HE).

4) Vorschriften zu Sperr- und Besucherdateien

Die §§ 8 ff., 23 GlüStV regeln eine länder- und spielformübergreifende Sperrdatei für öffentliche Glücksspiele (vgl. § 8 Abs. 1, Abs. 2 S. 1 GlüStV), d. h. insbesondere auch für Spielbanken. Ausgenommen vom Anwendungsbereich des Sperrsystems sind lediglich Lotterien, die nicht häufiger als zweimal pro Woche veranstaltet werden, Gewinnsparlotterien sowie Totalisatorwetten auf Pferderennen (vgl. § 1 Abs. 1 RennwLottG) und sonstige auf einer inländischen Pferderennbahn stationär angebotene Wetten (§ 8 Abs. 2 S. 2 GlüStV).

Sinn und Zweck der Sperrdatei ist zwar nicht Kriminalitätsbekämpfung, sondern Suchtprävention (vgl. § 8 Abs. 1 GlüStV). Die Einrichtung einer zentralen Spielbankensperrdatei hat aber regelmäßig zur Folge, dass der Zutritt zur

Spielbank nur mit einem Lichtbild-Ausweis, mit dem die Pass- und Ausweispflicht im Inland erfüllt wird (so etwa § 1 Abs. 2 S. 3 SpielO NRW), möglich ist.[540]

Teilweise sehen die Landesvorschriften zu Spielbanken auch die Möglichkeit einer Störersperre vor, die sich gegen Spieler richtet, die gegen die Hausordnung verstoßen haben oder gegen die der Verdacht krimineller Handlungen besteht (vgl. etwa Art. 6 SpBG BY; § 10 Abs. 3 S. 1 SpBG NRW).

Zudem existieren in allen Ländern Vorschriften zur Einrichtung von Besucherdateien, -verzeichnissen bzw. -karteien, in denen die Spielbankenbesucher mit den im Rahmen der Standardidentifizierung am Eingang erhobenen Daten gespeichert werden, d. h. unabhängig von den Identifizierungs- und Speicherungstatbeständen des Geldwäschegesetzes.[541] Gespeichert werden dabei Name, Vorname, Geburtsdatum, Wohnort, Datum und teilweise auch Uhrzeit der Spielbankbesuche sowie ggf. Beginn und Ende von Spielverboten, zudem je nach Land auch Geschlecht, Geburtsort, Staatsangehörigkeit, Beruf, Lichtbild sowie Art, Nummer und ausstellende Behörde des amtlichen Ausweises.

In den Landesgesetzen ist für die Besucherdateien eine Speicherfrist von mindestens einem Jahr seit dem letzten Besuch vorgesehen (kürzere Fristen sind mitunter gesondert hinsichtlich des Lichtbilds geregelt, vgl. § 30 Abs. 1 S. 4 LGlüG BW), teilweise wird aber auch hinsichtlich der Besucherdatei an die Fünf-Jahres-Frist des GwG (vgl. § 8 Abs. 4 GwG) angeknüpft (vgl. z. B. § 10 Abs. 3 S. 1–2 SpBG SL; Nr. 8 der Datenschutzhinweise zur Zugangskontrolle der Spielbanken Sachsen[542]). Das dürfte auf potentielle Geldwäscher eher abschreckend wirken.

---

540 *Ennuschat/Güldner*, NWVBl 2015, 321 (326) m. gesetzl. N. in Fn. 77. Bei zwei zu Forschungszwecken durchgeführten Besuchen in der Spielbank Duisburg im November 2015 und in der Spielbank Dortmund-Hohensyburg im August 2016 konnte sich der Verf. selbst davon überzeugen, dass diese Kontrolle tatsächlich durchgeführt wird.

541 § 30 LGlüG BW; § 6 SpBO BY; § 7 SpBO HB; § 8 SpielO HH; § 8 SpielO HE; § 6 SpielO MV; § 5 SpielO NI; § 2 SpielO NRW; § 10 SpBG SL; § 7 SpBG ST; § 7 SpBO TH; vgl. ferner § 10 Abs. 1 Nr. 5 SpBG BE; § 10 Abs. 1 Nr. 8 SpBG BB; § 12 Nr. 8 SpBG RP; § 12 Nr. 7 SpBG SH sowie für Sachsen jew. § 3 Abs. 3 der Spielordnungen für die Spielbanken Leipzig, Dresden und Chemnitz (abrufbar unter Spielbanken Sachsen/Rechtliche Grundlagen (URL-Verz.))

542 Spielbanken Sachsen, Ausführliche Datenschutzhinweise Zugangskontrolle/Gästekarte/Spielteilnahme/Videoüberwachung.

F. Zusammenfassung: Instrumente der Geldwäschebekämpfung in Spielbanken

Insgesamt lassen sich den bestehenden gesetzlichen Vorschriften (*de lege lata*) vier wesentliche Instrumente der Geldwäschebekämpfung in Spielbanken entnehmen:

1) Die Identifizierung von Kunden in Verbindung mit der Aufzeichnung und Speicherung der dabei gewonnenen Daten bzw. dem Abgleich mit bereits erfassten Daten (§ 10 Abs. 5 i.V.m. Abs. 1 u. § 8 GwG),
2) die Einrichtung eines internen Risikomanagements zur Erkennung krimineller Aktivitäten durch personalbezogene (z. B. Standards für die Informationsweitergabe; Schulungen) oder technische (z. B. Videoüberwachung) Maßnahmen (§§ 4 ff. GwG; z. B. § 13a Abs. 1 S. 2 SpBG SH; § 5 Abs. 4 SpBG HE),
3) die Sicherstellung der Zuverlässigkeit von Betreiber und Personal, einschließlich der Sicherstellung der rechtmäßigen Herkunft der Mittel (z. B. § 28 Abs. 2 Nr. 1 u. 9 LGlüG BW; § 2 Abs. 4 Nr. 3 SpBG NI) und
4) die Gewährleistung der effektiven Zusammenarbeit mit Melde- und Aufsichtsbehörden bzw. die Herstellung einer unmittelbaren staatlichen Einflussnahme auf die Spielbank durch Einrichtung eines Staatsmonopols (z. B. § 50 Nr. 8 GwG; Art. 2 Abs. 2 SpBG BY).

G. Europa- und verfassungsrechtliche Untersuchung der Geldwäschebekämpfungsinstrumente in Spielbanken

Im Folgenden werden diese Instrumente der Geldwäschebekämpfung in Spielbanken anhand des europa- und verfassungsrechtlichen Maßstabs der Untersuchung überprüft. Aus dem unter Teil 2 C. I. 2) d) dargestellten Grund werden die europarechtlichen Prüfungsmaßstäbe dabei vorrangig den Grundrechten entnommen.

I. Grundrechtsberechtigung von Spielbankenunternehmen auf europäischer Ebene

Auf europäische Grundrechte berufen können sich jedenfalls privat betriebene Spielbankenunternehmen.[543] Wie unter Teil 2 C. I. 1) a) bb) bereits angesprochen,

543 Vgl. etwa *Jarass*, GRCh, Art. 16 Rn. 12; *Tettinger*, in: Merten/Papier, Handbuch der Grundrechte, Bd. II, § 51 Rn. 75, 77.

kommt auf europäischer Ebene auch eine Grundrechtsberechtigung juristischer Personen des öffentlichen Rechts bzw. öffentlich beherrschter Unternehmen in Privatrechtsform – insbesondere im Hinblick auf den hier vorrangig bedeutsamen Art. 16 GRCh – in Betracht, jedenfalls soweit diese Unternehmen im Wettbewerb auf europäischer Ebene den gleichen Regeln unterworfen und den gleichen Eingriffen in ihre Rechtspositionen ausgesetzt sind wie Private.[544]

Im Gegensatz zu den Grundfreiheiten, auf die sich ein Unternehmen gegenüber dem eigenen Staat im Falle einer bloßen „Inländerdiskriminierung" möglicherweise nicht berufen kann,[545] schützen die Grundrechte der Grundrechtecharta jedenfalls auch vor beeinträchtigendem Handeln des eigenen Staates. Hier kommt es lediglich darauf an, dass der Anwendungsbereich des Art. 51 Abs. 1 S. 1 GRCh eröffnet ist, der Mitgliedstaat also Unionsrecht im Sinne dieser Norm „durchführt". Das gilt auch für öffentliche Unternehmen, sofern die übrigen Voraussetzungen der Grundrechtsberechtigung vorliegen.[546]

1) Juristische Personen des öffentlichen Rechts und öffentlich beherrschte Unternehmen in Privatrechtsform in Deutschland

Öffentliche Spielbankenunternehmen treten in Deutschland in drei verschiedenen Konstellationen auf:

- Bei dem Spielbankenbetreiber handelt es sich um ein öffentlich-rechtlich organisiertes Unternehmen (Bayern).[547] In Bayern werden die Spielbanken durch die Staatliche Lotterieverwaltung Bayern betrieben.[548]
- Bei dem Spielbankenbetreiber handelt es sich – bei einigen oder allen der Spielbanken im jeweiligen Bundesland – um ein privatrechtlich organisiertes Unternehmen, das von der öffentlichen Hand beherrscht wird (beispielsweise Baden-Württemberg, Brandenburg, Bremen,[549] Saarland, Sachsen und Schleswig-Holstein; z. Zt. auch noch in

544 *Tettinger*, in: Merten/Papier, Handbuch der Grundrechte, Bd. II, § 51 Rn. 75 unter Verweis auf *Bernsdorff*; vgl. im selben Band auch *Schnapp*, § 52 Rn. 27 a.E.

545 Dazu *Thiele*, JA 2005, 621 (622 f.).

546 Vgl. *Jarass*, GRCh, Art. 51 Rn. 60 ff.

547 Art. 2 Abs. 2 S. 1 SpBG BY: „Die Erlaubnis [Anm. d. Verf.: zum Betrieb einer Spielbank] darf nur dem Freistaat Bayern für einen Staatsbetrieb auf Antrag des Staatsministeriums der Finanzen erteilt werden."

548 Spielbanken Bayern/Impressum (URL-Verz.).

549 Die Privatisierung von Westspiel berührt den Betrieb der Bremer Spielbanken durch die Bremer Spielcasino GmbH & Co. KG nicht, macht aber evtl. eine Umstrukturierung

NRW[550]).[551]
- Es liegt ein Betreibermodell vor (Hessen).[552]

Die Betreibergesellschaften in Hessen sind unterschiedlich ausgestaltet.[553] Teils handelt es sich um städtische Gesellschaften, teils wurde von der nach § 3 Abs. 4 SpBG HE gegebenen Möglichkeit Gebrauch gemacht, den Spielbankenbetrieb durch Dritte ausüben zu lassen. So ist die François-Blanc-Spielbank GmbH Bad Homburg vor der Höhe eine Tochter der zu 100 Prozent städtischen Kur- und Kongress GmbH.[554] Die Spielbank Wiesbaden ist in der Hand eines privaten Betreibers,[555] ebenso wie die Spielbank Kassel/Bad Wildungen,[556] an der der österreichische NOVOMATIC-Konzern beteiligt ist.[557]

---

der letzteren erforderlich, vgl. Senatorin für Finanzen Bremen, Vorlage für die Sitzung des Senats am 21.08.2018, Antwort zu Frage 2 in Abschn. B.

550 Vgl. bereits o. Teil 3 D. II.

551 *Baden-Württemberg:* Baden-Württembergische Spielbanken GmbH & Co. KG (Baden-Württembergische Spielbanken/BW-Spielbanken [URL-Verz.]); *Brandenburg:* Brandenburgische Spielbanken GmbH & Co. KG (Brandenburgische Spielbanken/Impressum [URL-Verz.]); *Bremen:* Bremer Spielcasino GmbH & Co. KG (vgl. vorangehende Fn.); *Saarland:* Saarland-Spielbank GmbH (Saarland-Spielbanken/Impressum [URL-Verz.]); *Sachsen:* Sächsische Spielbanken-GmbH & Co. KG (Spielbanken Sachsen/Impressum [URL-Verz.]); *Schleswig-Holstein*: Spielbank SH GmbH (*Sandhaus/Shirvani*, Überblick v. 17.06.2019, S. 31).

552 François-Blanc-Spielbank GmbH Bad Homburg vor der Höhe (Spielbank Bad Homburg/Impressum [URL-Verz.]); Spielbank Wiesbaden GmbH & Co. KG (Spielbank Wiesbaden/Impressum [URL-Verz.]); Kurhessische Spielbank Kassel/Bad Wildungen GmbH & Co. KG (Spielbank Kassel/Impressum [URL-Verz.]).

553 Dazu auch *Sandhaus/Shirvani*, Überblick v. 17.06.2019, S. 19 f.

554 *Biener*, Frankfurter Allgemeine Zeitung v. 30.12.2012 (vgl. dazu Spielbank Bad Homburg/Impressum [URL-Verz.]).

555 *Diergardt*, Wiesbadener Tageblatt v. 26.04.2017.

556 Vgl. *Schuldt*, Waldeckische Landeszeitung v. 25.11.2014 sowie Spielbank Kassel/Impressum (URL-Verz.).

557 NOVOMATIC/NOVOMATIC Global; vgl. auch ISA-Guide, Veröff. v. 15.11.2003 (beide URL-Verz.).

2) *Der persönliche Schutzbereich von Art. 16 GRCh*

a) *Reichweite des persönlichen Schutzbereichs von Art. 16 GRCh*

aa) *Ansätze zur Bestimmung der Reichweite*

Zur Weite des persönlichen Schutzbereichs von Art. 16 GRCh werden verschiedene Ansätze vertreten.[558]

Ein Ansatz will sowohl juristische Personen des öffentlichen Rechts als auch von der öffentlichen Hand ausschließlich oder teilweise beherrschte juristische Personen in Privatrechtsform in den persönlichen Schutzbereich mit einbeziehen.[559] Andere Ansätze hingegen beziehen die vorgenannten Unternehmen nicht generell in den Schutzbereich mit ein, sondern differenzieren nach verschiedenen Kriterien, wann eine juristische Person des öffentlichen Rechts oder ein öffentliches Unternehmen von Art. 16 GRCh geschützt sein soll:

Im Hinblick auf juristische Personen des öffentlichen Rechts, aber auch im Hinblick auf öffentliche Unternehmen in Privatrechtsform, wird teilweise funktional danach unterschieden, ob die juristische Person in Wahrnehmung hoheitlicher oder gesetzlich zugewiesener Aufgaben tätig wird bzw. Ausprägung der Europäischen Union ist (dann soll keine Grundrechtsberechtigung vorliegen) oder ob sie erwerbswirtschaftlich tätig wird bzw. in Wettbewerb zu privaten Unternehmen nach denselben Wettbewerbsregeln (dann soll eine Grundrechtsberechtigung gegeben sein).[560] Teilweise wird auch – ähnlich wie bei der Figur der grundrechtstypischen Gefährdungslage in der nationalen Grundrechtsdogmatik[561] – eine Grundrechtsberechtigung (ausnahmsweise) im Hinblick auf ein bestimmtes Grundrecht angenommen, wenn die juristische Person die von diesem Grundrecht geschützte Freiheit ausübt und dabei der staatlichen Gewalt wie ein Privater gegenübersteht.[562]

---

558 Die Darstellung dieser Problematik orientiert sich wesentlich an *Sasse*, EuR 2012, 628 (643 ff.).

559 *Bernsdorff*, in: Meyer/Hölscheidt, GRCh, Art. 16 Rn. 18; vgl. auch die (vor Proklamation der GRCh erfolgte) Argumentation von *Wunderlich*, Das Grundrecht der Berufsfreiheit im Europäischen Gemeinschaftsrecht, S. 122 f. zum Gemeinschaftsgrundrecht der Berufsfreiheit.

560 *Frenz*, Handbuch Europarecht, Bd. 4, Rn. 307 u. 2674; *Kühling*, in: Pechstein/Nowak/Häde, EUV/GRC/AEUV, Bd. I, GRC Art. 16 Rn. 5; *Sasse*, EuR 2012, 628 (650 u. 653).

561 Vgl. BVerfG, Beschl. v. 07.06.1977, 1 BvR 108 u. a. – Stadtwerke Hameln, NJW 1977, 1960 (1962); zuletzt etwa BVerfG, Beschl. v. 18.08.2020, 1 BvQ 82/20, NVwZ 2020, 1500 (1501 [Rn. 9]).

562 Dazu *Goldhammer/Sieber*, JuS 2018, 22 (25) m. w. N.; vgl. ferner *Nowak*, in: Terhechte, Verwaltungsrecht der Europäischen Union, § 14 Rn. 83.

Im Hinblick auf Unternehmen in Privatrechtsform mit ausschließlicher oder anteilsmäßiger Beteiligung der öffentlichen Hand wiederum wird von einigen Autoren danach differenziert, ob zumindest auch eine private Beteiligung besteht (dann soll eine Grundrechtsberechtigung gegeben sein) oder ob das Unternehmen ausschließlich in öffentlicher Hand steht (dann soll keine Grundrechtsberechtigung vorliegen).[563]

bb) Entscheidendes Kriterium: Betroffensein in erwerbswirtschaftlicher Funktion

Vorzugswürdig ist die Auffassung, die juristischen Personen des öffentlichen Rechts wie auch öffentlichen Unternehmen in Privatrechtsform einen Grundrechtsschutz zukommen lassen will, sofern sie nicht in einer hoheitlichen oder gesetzlich zugewiesenen, sondern in einer erwerbswirtschaftlichen Funktion betroffen sind.

Auf der einen Seite steht einer generellen Einbeziehung solcher juristischen Personen das sog. Konfusionsargument entgegen, wonach Vertreter der staatlichen Sphäre grundsätzlich grundrechtsverpflichtet sind und nicht zugleich grundrechtsberechtigt sein können.[564] Dem lässt sich nicht entgegenhalten, dass das Konfusionsargument auf europäischer Ebene nicht gelte, da hier die Mitgliedstaaten der Union ebenso wie Private gegenüberstünden.[565] Denn mit dieser Begründung lässt sich das Konfusionsargument nur entkräften, wenn eine juristische Person des öffentlichen Rechts oder ein öffentliches Unternehmen ebenso wie ein Privater am Markt teilnimmt. Anderenfalls erscheint die juristische Person als Teil der mitgliedstaatlichen Hoheitsgewalt, deren Verhältnis zur Unionsgewalt nicht analog zum Verhältnis eines Privaten zur staatlichen Gewalt eingeordnet werden kann.[566]

Im Gegensatz zu privater Sphäre und staatlicher Sphäre stehen sich nämlich mitgliedstaatliche Hoheitsgewalt und Unionsgewalt nicht getrennt gegenüber.[567] Vielmehr ist das Verhältnis trotz der rechtlichen Unterordnung der

---

563 *Blanke*, in: Stern/Sachs, GRCh, Art. 16 Rn. 12; *Jarass*, GRCh, Art. 16 Rn. 12; tendenziell wohl auch *Nowak*, in: Heselhaus/Nowak, Handbuch der Europäischen Grundrechte, § 35 Rn. 39 i.V.m. § 9 Rn. 21.

564 *Blanke*, in: Stern/Sachs, GRCh, Art. 16 Rn. 12; *Sasse*, EuR 2012, 628 (649).

565 So aber *Wunderlich*, Das Grundrecht der Berufsfreiheit im Europäischen Gemeinschaftsrecht, S. 122 f.

566 Vgl. *Ruffert*, in: Calliess/ders., EUV/AEUV, Art. 16 GRCh Rn. 3; *Sasse*, EuR 2012, 628 (650).

567 *Sasse*, EuR 2012, 628 (650).

Mitgliedstaaten als ein Verhältnis des Zusammenwirkens zur Umsetzung des gemeinsamen Wirtschaftsraumes und der gemeinsamen Politiken zu charakterisieren, in dem sich Unionsrechtsordnung und mitgliedstaatliche Rechtsordnungen gegenseitig beeinflussen.[568]

Auf der anderen Seite muss einer juristischen Person des öffentlichen Rechts oder einem öffentlichen Unternehmen der Grundrechtsschutz des Art. 16 GRCh zukommen, wenn es wie ein Privater am Markt teilnimmt. Denn in diesen Fällen nimmt die juristische Person tatsächlich vom Grundrechtsverpflichteten unabhängige Ziele wahr, steht diesem wie ein Privater gegenüber und greift das Konfusionsargument nicht.[569]

b) Folgerungen für die Spielbankenunternehmen in Deutschland

Für die Spielbankenunternehmen in öffentlich-rechtlicher bzw. privatrechtlicher, staatlich beherrschter Form bedeutet dies, dass sie sich nicht auf das Grundrecht der Unternehmerischen Freiheit und auch nicht auf andere Grundrechte der GRCh berufen können, jedenfalls dann nicht, wenn in dem betroffenen Bundesland ein Staatsmonopol errichtet ist oder wenn sonst das öffentliche Unternehmen in dem Bundesland ein Monopol hält.

Zwar handelt es sich – wie unter Teil 2 C. I. 2) a) cc) ausgeführt – beim Betrieb einer Spielbank nicht um die Ausübung einer eigentlich hoheitlichen Tätigkeit. Andererseits handelt es sich auch nicht um eine erwerbswirtschaftliche Betätigung, bei der das Spielbankenunternehmen wie ein Privater am Markt tätig werden und in Konkurrenz zu privaten Betreibern treten würde.[570] Auch wenn ein staatlicher Betreiber oder ein staatlich beherrschtes Spielbankunternehmen mit einem Spielbankenbetrieb natürlich keine Verluste erwirtschaften wollen, geht es doch in erster Linie um die Wahrnehmung der gesetzlich zugewiesenen Aufgabe der Kanalisierung des Spieltriebs und der Gefahrenabwehr (vgl. insofern bereits o. Teil 2 C. II. 1) a) bb)).

Auch eine Wettbewerbssituation zu privaten Betreibern besteht – jedenfalls in Bundesländern mit Staatsmonopol – nicht in dem Maße wie in anderen Feldern erwerbswirtschaftlicher Betätigung, etwa bei dem Verkauf von Elektrogeräten, dem Betrieb einer Bergbahn für Ausflugszwecke oder der Tätigkeit als Spediteur oder Bierbrauer.[571] In Bundesländern mit Staatsmonopol ergibt sich

---

568 Vgl. *Streinz*, in: ders., EUV/AEUV, Art. 4 EUV Rn. 3.

569 *Kühling*, in: Pechstein/Nowak/Häde, EUV/GRC/AEUV, Bd. I, GRC Art. 16 Rn. 5; *Sasse*, EuR 2012, 628 (652).

570 Vgl. *Schröder*, in: Eiding/Hofmann-Hoeppel, Verwaltungsrecht, § 38 Rn. 1 ff.

571 Beispiele nach *Ehlers/Schneider*, in: Schoch/Schneider, VwGO, § 40 Rn. 317.

eine Wettbewerbssituation allenfalls zu privaten Spielbankenunternehmen in anderen Bundesländern. Zudem unterliegen diese anderen privaten Betreiber ebenfalls einer hohen Spielbankabgabe[572] und der vergleichsweise strengen steuerrechtlichen Spielbankenaufsicht.[573] Wettbewerbsunterschiede werden damit durch geographische sowie Regulierungsfaktoren im Rahmen gehalten.

Gleiches gilt für Bundesländer, in denen sich – auch wenn kein Staatsmonopol errichtet ist – ein Monopolunternehmen in öffentlicher Hand befindet, wie beispielsweise in Baden-Württemberg.[574] Für die Betrachtung der Wettbewerbssituation stellt sich diese Situation identisch zum Bestehen eines Staatsmonopols dar.

Weniger eindeutig ist die Lage z. B. in Hessen, wo im selben Bundesland das Angebot eines kommunalen Betreibers mit dem zweier privater Betreiber konkurriert. Auch in solchen Fällen gilt aber jedenfalls die Argumentation zum fehlenden erwerbswirtschaftlichen Charakter des kommunalen Spielbankenbetriebs und zur Einhegung von Wettbewerbsunterschieden. Nehmen die Spielbankenunternehmen in öffentlich-rechtlicher bzw. privatrechtlicher, staatlich beherrschter Form damit in erster Linie eine gesetzlich zugewiesene Aufgabe wahr, kommt ihnen kein Grundrechtsschutz nach der GRCh zu.
Die in Deutschland privat betriebenen Spielbankenunternehmen hingegen sind grundrechtsberechtigt.

II. Grundrechtsberechtigung von Spielbankenunternehmen auf nationaler Ebene

Da einige der zur Geldwäschebekämpfung im Spielbankenbereich bestehenden nationalen Vorschriften keine Umsetzung zwingenden Sekundärrechts darstellen, folglich also nach der für die vorliegende Untersuchung gewählten Herangehensweise am Grundgesetz zu messen sind,[575] ist auch die Grundrechtsberechtigung von Spielbankenunternehmen auf nationaler Ebene zu betrachten.

Während sich private Spielbankenunternehmen mit inländischem Sitz – und nach hier vertretener Auffassung[576] auch solche mit Sitz im EU-Ausland – gemäß Art. 19 Abs. 3 GG auf die wesensmäßig anwendbaren Wirtschaftsgrundrechte berufen können, ist hinsichtlich eines öffentlich-rechtlich organisierten

572 Vgl. zur erheblichen Höhe der Spielbankabgabe z. B. § 19 Abs. 2 SpBG NRW.
573 Vgl. u. Teil 3 G. III. 2) c).
574 Vgl. § 27 Abs. 2. S. 1 LGlüG BW sowie o. Teil 3 G. I. 1).
575 S. o. Teil 2 C. I. 1) c).
576 S. o. Teil 2 C. II. 1) b).

Spielbankenbetriebs keine Grundrechtsfähigkeit gegeben. Ein solcher Staatsbetrieb ist in der Dichotomie von grundrechtsgebundenem Staat und grundrechtsberechtigten Privaten[577] eindeutig der staatlichen Sphäre zugeordnet und kann sich somit nicht selbst dem Staat gegenüber auf Grundrechte berufen.[578] Ausnahmen von diesem Grundsatz hat das Bundesverfassungsgericht (nur) für von einem ausländischen Staat beherrschte Unternehmen zugelassen,[579] wobei diese Konstellation für den deutschen Spielbankenmarkt keine Rolle spielt.[580]

Auch eine grundrechtstypische Gefährdungslage[581] kommt nicht in Betracht, da es keine grundrechtlich geschützte Freiheit gibt, hinsichtlich derer der Spielbankenbetrieb dem Staat wie ein Privater gegenüberstehen würde.[582] Ähnliches gilt für staatlich beherrschte Unternehmen in Privatrechtsform: Auch diese stehen näher am Staat.[583] Eine gegeneilige Auffassung würde zu dem untragbaren Ergebnis führen, dass sich der Staat durch die Wahl einer privatrechtlichen Organisationsform einer bestehenden Grundrechtsbindung entziehen könnte.[584]

Auch für die Annahme einer Grundrechtsberechtigung *neben* einer Grundrechtsverpflichtung bleibt kein Raum: Ein staatliches Unternehmen kann sinnvoll nur entweder grundrechtsberechtigt oder grundrechtsverpflichtet sein.[585] Die Sphären grundrechtlicher Freiheit und staatlicher Gewalt sind klar getrennt.[586] Ein Schutz-„Kontinuum" mit weniger oder mehr Grundrechtsberechtigung

---

577 Vgl. *Dreier*, in: ders., GG, Bd. I, Art. 19 III Rn. 58.

578 BVerfG, Beschl. v. 18.08.2020, 1 BvQ 82/20, NVwZ 2020, 1500 (1501 [Rn. 8 ff.]); *Stern*, Staatsrecht, Bd. IV/1, S. 1838; *Storr*, Der Staat als Unternehmer, S. 295.

579 BVerfG, Urt. v. 06.12.2016, 1 BvR 2821/11 u. a., NJW 2017, 217 (219 f. [Rn. 191 ff.]); dazu *Ludwigs/Friedmann*, NVwZ 2018, 22 (25 f.).

580 Vgl. o. Teil 3 G. I. 1).

581 Vgl. Teil 3 G. I. 2) a) aa) sowie *Stern*, Staatsrecht, Bd. IV/1, S. 1838.

582 Anders die „Ausnahmetrias" von Universitäten, Rundfunkanstalten und Kirchen, die nach ständiger Rechtsprechung des BVerfG auch als juristische Personen des öffentlichen Rechts einem grundrechtlich geschützten Lebensbereich unmittelbar zugeordnet sind (*Dreier*, in: ders., GG, Bd. I, Art. 19 III Rn. 60).

583 BVerfG, Urt. v. 22.02.2011, 1 BvR 699/06 – *Fraport*, Rn. 51 ff.; BVerfG, Beschl. v. 25.10.2018, 1 BvR 1689/16, Rn. 2; BVerfG, Beschl. v. 18.08.2020, 1 BvQ 82/20, NVwZ 2020, 1500 (1501 [Rn. 8 ff.]); BVerwG, Urt. v. 12.12.2019, 8 C 8.19 Rn. 21 m. w. N.; *Bethge*, FS Schnapp, 3 (14).

584 Etwa *Becker*, NVwZ 2019, 1385 (1391).

585 *Kämmerer*, Privatisierung, S. 467.

586 *Poschmann*, Grundrechtsschutz gemischt-wirtschaftlicher Unternehmen, S. 396.

zwischen diesen Polen würde zu einer diffusen abgestuften Form des Grundrechtsschutzes führen.[587]

III. Abschätzung des tatsächlichen Risikos von Geldwäsche in Spielbanken

Das tatsächliche Risiko der Geldwäsche in Spielbanken wird für die Prüfung aller möglicherweise verletzten Grundrechte auf Rechtfertigungsebene relevant, da die Verhältnismäßigkeit von Regelungen zur Geldwäschebekämpfung nur im Hinblick auf das tatsächliche Geldwäscherisiko beurteilt werden kann. Daher soll die Abschätzung des tatsächlichen Geldwäscherisikos an dieser Stelle und vor der Prüfung einzelner Grundrechte erfolgen.

1) Abschätzung des tatsächlichen Risikos der Spielergeldwäsche

Die eingangs beschriebenen Methoden[588] zum Einbringen bemakelter Gelder in eine Spielbank durch einen Spieler sind immerhin denkbar. Ein gewisses Risiko, dass sie auch tatsächlich durchgeführt werden, ist damit nicht auszuschließen.

In diesem Zusammenhang kommt in Anknüpfung an die unter Teil 2 A. II. bis V. ausgeführten Überlegungen zur Trennung von strafrechtlichem und präventionsrechtlichem Geldwäschebegriff die Einordnung der beschriebenen Techniken unter zwei Blickwinkeln in Betracht: Zum einen kann gefragt werden, ob die in Betracht stehenden Vorgehensweisen im strafrechtlich-technischen Sinne den Geldwäschetatbestand erfüllen. Zum anderen kann gefragt werden, ob die Vorgehensweisen im Sinne eines präventionspolitischen Geldwäscheverständnisses überhaupt geeignet sind, illegal erlangtes Geld sauber zu waschen. Nur in letzterem Fall wären Spielbanken tatsächlich auch für Kriminelle als „Waschsalon" interessant.

a) Betrachtung unter dem strafrechtlichen Geldwäschebegriff

Im strafrechtlichen Sinne erfüllt nahezu jeder Umgang mit Vermögenswerten aus einer Katalogtat den objektiven Tatbestand der Geldwäsche. Für die vorliegende Untersuchung der präventionspolitischen Instrumente im Glücksspielbereich ist jedoch etwa der Fall des bloßen Verspielens von Drogengeldern durch einen spielfreudigen Drogendealer[589] weniger relevant. Hier bedeutsamer ist die

587 *Kämmerer*, Privatisierung, S. 467 f.; vgl. auch *Bethge*, FS Schnapp, 3 (13) m. w. N.
588 S. o. unter Teil 3 C. I.
589 Vgl. zu solchen Fällen der Geldwäsche i. S. v. § 261 StGB bereits o. Teil 2 A. IV.

Frage, ob der Glücksspielbereich aufgrund seiner Gegebenheiten geeignet ist, illegal erlangten Geldern den Anschein legaler Herkunft zu verleihen. Daher soll im Sinne des unter Teil 2 A. V. herausgearbeiteten Geldwäschebegriff diese Frage einer eingehenderen Betrachtung unterzogen werden.

b) Betrachtung unter dem präventionsrechtlichen Geldwäschebegriff

Grundsätzlich kann der Anschein der legalen Herkunft ausbezahlter Gelder nur mit Hilfe eines irgendwie gearteten Nachweises erzeugt werden, aus dem die Herkunft der Mittel aus dem Spiel in der Spielbank hervorgeht. An einem solchen Nachweis fehlt es aber, wenn die nach Spielende eingereichten Chips wieder in bar und ohne Quittung ausbezahlt werden.

Dem Täter mag im Einzelfall u. U. auch ein weniger belastbares, aber leichter zu bewerkstelligendes Verschleiern der Mittelherkunft reichen, bei dem er keinen vorzeigbaren Beleg erhält. Zumindest kann er nach dem Spiel wahrheitsgemäß behaupten, in einer Spielbank gewesen zu sein und dort gespielt zu haben. Das liefert ihm eine Geschichte, die er in seinem sozialen Umfeld erzählen kann, um keinen Verdacht zu erregen und ungewollt auf sich aufmerksam zu machen.

In einem Strafverfahren mag diese Geschichte im Einzelfall ausreichend sein, um den für eine Verurteilung notwendigen Ausschluss jeglichen vernünftigen Zweifels[590] an der Schuld des Täters in Frage zu stellen und so einen Freispruch oder zumindest eine Einstellung des Verfahrens zu erwirken.[591] Dass dies keine praxisferne Spekulation ist, zeigt ein Vergleich mit Steuerstrafverfahren: Dort berufen sich Verdächtige bezüglich ungeklärter Vermögenszuwächse häufig auf Lotto-, Lotterie oder Spielbankengewinne.[592] Dabei wirkt es sich für den Täter günstig aus, wenn seine Geschichte noch durch Zeugen in der Spielbank bestätigt wird. In einigen Spielbanken mag der Kunde auch eine Eintrittskarte mit seinem Namen[593] – und in den meisten Spielbanken zumindest eine schlichte Eintrittskarte[594] – erhalten, mit der er seine Geschichte eventuell untermauern kann.

---

590 Etwa BGH, Urt. v. 01.07.2020, 2 StR 326/19, BeckRS 2020, 25873, Rn. 8 m. w. N.; dazu *Miebach*, NStZ 2021, 403 (403).

591 Dieses Argument verdanke ich einem Gespräch mit *Severin Glaser* an der WU Wien im Juli 2015.

592 *Assmann*, StBp 1999, 35 (37).

593 So zumindest bei der Zeit-Gästekarte in Nordrhein-Westfalen, § 1 Abs. 3 SpielO NRW. Vgl. im Übrigen auch § 6 Abs. 1 SpielO NI a. F.

594 Vgl. z. B. § 5 SpBO HB; § 7 SpielO HE; § 4 SpBO SL.

Unter präventionspolitischen Gesichtspunkten wird man aber nur dann von einem ernstzunehmenden Geldwäscherisiko sprechen können, wenn zumindest eine gewisse objektive Eignung der Tathandlung zur Verschleierung der illegalen Herkunft der bemakelten Vermögenswerte vorliegt, wenn also über das bloße Wecken von Zweifeln an der illegalen Herkunft hinaus ein Anschein der legalen Herkunft erzeugt werden kann. Dies gilt insbesondere, wenn man gerade die Wiedereinspeisung bemakelter Vermögenswerte in den legalen Finanzmarkt bekämpfen will, da diese Wiedereinspeisung den Anschein der legalen Herkunft der eingebrachten Vermögenswerte voraussetzt. Es ist eben ein Unterschied, ob der Täter nur eine einigermaßen plausible Geschichte zur Herkunft seines Bargelds benötigt oder ob er gegenüber einem Geschäftspartner die „legale" Herkunft des Geldes positiv nachweisen will.

aa) Die Quittungs- bzw. Nachweisfrage

Um einen positiven Nachweis der (angeblich) legalen Herkunft des Geldes führen zu können, benötigt der Geldwäscher eine Quittung oder einen sonstigen Nachweis der Spielbank, der die Herkunft des Geldes belegt. Ein solcher sonstiger Nachweis kann etwa ein Scheck oder im Falle der Überweisung des Geldes ein Kontoauszug sein. Allgemein gesprochen sind sonstige Nachweise also Urkunden, die der Geldwäscher im Zusammenhang mit unbaren Auszahlungsmethoden erhält.

(1) Quittungen

(a) Rechtsprechung zur Ausstellung von Quittungen in Spielbanken

Einen Anspruch auf Quittungserteilung im Rechtsverkehr regelt § 368 BGB. Danach hat der Gläubiger einer Leistung auf Verlangen des Schuldners gegen Empfang der Leistung ein schriftliches Empfangsbekenntnis (Quittung) auszustellen.

Auf dieser Grundlage wurden Spielbankkunden bereits gerichtlich Ansprüche auf Quittungserteilung beim Erwerb von Spielmarken zuerkannt:

So sprach das AG Hannover in einem Urteil vom 02.10.2012 dem Kläger einen Anspruch auf Erteilung einer Quittung für den Kauf von Spielmarken im Wert von 100 Euro zu.[595] Ein solcher Anspruch bestehe auch dann, wenn die Quittungserteilung im konkreten Zusammenhang unüblich sei. Zu Letzterem verweist das AG Hannover auf einen Beschluss des LG Kempten vom 11.02.1987,[596]

595 AG Hannover, Urt. v. 02.10.2012, 448 C 1528/12.
596 LG Kempten, Beschl. v. 11.02.1987, 4 T 2575/86.

bei dem es allerdings um die Zahlung durch eine Banküberweisung ging. Einen Anspruch auf Rechnungserteilung aus § 14 UStG lehnte das AG Hannover jedoch mit der Begründung ab, dass der Kläger kein Unternehmer sei.[597]

Ähnlich das AG Bad Oeynhausen in einem Urteil vom 03.09.2012,[598] bestätigt hinsichtlich der Ablehnung des Hauptantrags auf Rechnungserteilung nach § 14 UStG vom LG Bielefeld in einem Beschluss vom 08.01.2013:[599] Auch hier erwarb der Kläger Spielmarken im Wert von 100 Euro und forderte eine Rechnung, hilfsweise eine Quittung. Die Begründung bezüglich der Ablehnung eines Anspruchs auf Rechnungserteilung war hier noch etwas differenzierter: Bezüglich des Verlustes des Spieleinsatzes beim Roulette lehnte das Gericht den Anspruch (ebenfalls) mit der Begründung ab, dass der Kläger kein Unternehmer sei. Bezüglich des Erhalts von Jetons gegen Bargeld lehnte das Gericht den Anspruch mit der Begründung ab, dass es sich bei dem Vorgang des Jetonerwerbs nicht um eine steuerbare Tätigkeit handle.

Die vorgenannten Urteile erscheinen im Hinblick auf das Ziel der Geldwäschebekämpfung auf den ersten Blick bedenklich. Der Kunde kann demnach neben den Jetons im Wert des von ihm eingezahlten Geldbetrages eine Quittung des Inhalts verlangen, dass er eben diesen Geldbetrag entrichtet hat.

Einem Geldwäscher wäre aber wohl primär daran gelegen, eine Quittung des Inhalts zu erhalten, dass es sich bei dem von der Spielbank nach dem Spiel ausgezahlten Bargeld um Geld aus Glücksspiel handelt. Idealerweise würde eine solche Quittung auch noch den Gewinn des Geldes bestätigen, um den Verdacht auszuräumen, dass der Spieler lediglich Jetons gekauft und nach keiner oder nur minimaler Beteiligung am Spiel wieder eingetauscht habe.

Auf eine solche Quittung kann § 368 BGB aber schon keinen Anspruch geben, weil die nach § 368 BGB gewährte Quittung das Erbringen der vom *Schuldner* zu erbringenden Leistung quittiert. Mit der Quittungserteilung erkennt der Gläubiger den Erhalt der Leistung an und gibt dem Schuldner einen Nachweis über das Erbringen der geschuldeten Leistung. Bezüglich der Auszahlung der nach dem Spiel eingelösten Jetons ist der Kunde aber gerade der Gläubiger. Allenfalls gibt § 368 BGB der Spielbank in dieser Situation einen Anspruch auf Quittierung des Erhalts des ausgezahlten Geldes durch den Kunden, nicht aber umgekehrt.

---

597 AG Hannover, Urt. v. 02.10.2012, 448 C 1528/12.

598 AG Bad Oeynhausen, Urt. v. 03.09.2012, 11 C 67/12, zitiert nach: http://www.test.uavd.de/index.php?option=com_content&task=view&id=483&Itemid=40 (zuletzt abgerufen am 02.04.2018; nicht mehr online verfügbar).

599 LG Bielefeld, Beschl. v. 08.01.2013, 21 S 194/12, ZfWG 2013, 225.

(b) *Weitere Überlegungen zu Quittungen in Spielbanken*

Eventuell könnte die Quittung über die geleistete Zahlung zum Erwerb der Jetons aber dennoch von Nutzen für einen Geldwäscher sein. Immerhin zeigt sie, dass er in einer Spielbank war und einen bestimmten Geldbetrag zum Erwerb von Jetons aufgewendet hat. Allerdings sagt sie nichts über die Herkunft des Geldes aus, das sich nach dem Spiel im Besitz des Geldwäschers befindet.

Zudem: Wenn der Geldwäscher für einen bestimmten Betrag Spielmarken erwirbt, eine Quittung für seine Zahlung erhält und die Spielmarken nach keinem, minimalem oder risikovermeidendem Spiel wieder in Bargeld umtauscht, ist der auf der Quittung ausgewiesene Betrag in etwa so hoch wie das verbleibende Geld. Dann kann der Geldwäscher aber nicht glaubhaft behaupten, den größten oder überwiegenden Teil des Geldes erst beim Spiel gewonnen zu haben.

Nicht ausgeschlossen erscheint allerdings, dass der Geldwäscher zunächst für einen nur geringen Betrag Spielmarken an der Kasse erwirbt, sich seine Zahlung quittieren lässt und erst anschließend am Tisch für einen hohen Betrag und diesmal ohne Quittung Spielmarken erwirbt. Dann könnte er bezüglich des überschüssigen Betrages auf einen angeblichen Gewinn verweisen.

Auch gibt es u. U. noch eine Möglichkeit, wie die Quittung über den zum Erwerb von Jetons geleisteten Betrag für einen Geldwäscher von Nutzen sein könnte: Er könnte die Quittung gerade umgekehrt nutzen, um die Behauptung zu belegen, dass er den entsprechenden Betrag in einer Spielbank verloren habe. Tatsächlich verbirgt oder verschleiert er die illegal erlangten Gelder und schützt das Verbergen bzw. Verschleiern durch eben diese Behauptung. Das wäre immerhin denkbar, wenn der Geldwäscher wie oben den zu waschenden Betrag für Spielchips einlöst und nach einiger Zeit den nahezu unveränderten Spielchipbestand wieder gegen Bargeld tauscht, um dessen Herkunft dann durch andere (bzw. weitere) Methoden zu verschleiern. Allerdings erscheint auch diese Möglichkeit bei näherer Betrachtung eher fernliegend: Aus der Quittung selbst ergibt sich schließlich nicht der Verlust des dort quittierten Betrages.

Es bleibt die Möglichkeit zu betrachten, dass der Geldwäscher bei Auszahlung eine Quittierung des ausgezahlten Betrages verlangt. Ein Anspruch darauf kann sich – wie oben ausgeführt – nicht aus § 368 BGB ergeben. Denkbar wäre aber immerhin, dass die Spielbank die Quittierung aus Kulanz vornimmt, etwa, weil der Geldwäscher ein nachvollziehbares Interesse an der Quittierung geltend macht.

Nachvollziehbar ist ein Interesse, das auch ein rechtschaffener Spielbankenbesucher plausibel geltend machen könnte. Angesichts der Steuerfreiheit von

Gewinnen aus Glücksspielen[600] liegt es durchaus auch im Interesse eines redlichen Kunden, für einen größeren gewonnenen Betrag bei Auszahlung eine Quittung zu erhalten, um die Herkunft des Geldes aus Glücksspiel nachweisen und damit eine Einkommensbesteuerung des Gewinns – oder gar ein Strafverfahren wegen des Verdachts der Steuerhinterziehung – vermeiden zu können.[601]

Auch wenn sich in den aufgrund des jeweiligen Spielbankengesetzes erlassenen Verordnungen zur Regelung des Spielbetriebs in den einzelnen Bundesländern keine expliziten Regelungen zur Quittungserteilung bzw. ihrem Verbot finden, ist die Quittungserteilung im Sinne einer Gewinnbestätigung – soweit ersichtlich – in Deutschland jedoch keine Praxis.[602] In § 3 S. 3 der Hausordnungen der Spielbanken der Westspiel-Gruppe wird das Ausstellen von Quittungen im Spielbetrieb sogar ausdrücklich verboten. Ausdrücklich äußerte sich in diesem Zusammenhang auch das Bayerische Innenministerium in einer Antwort vom 28.02.2012 auf eine Abgeordnetenanfrage: Danach werden von den bayerischen Spielbanken keine Nachweise oder Quittungen für Einsätze, Gewinne oder Verluste im Spiel ausgestellt.[603]

(2) Sonstige Nachweise durch unbare Auszahlung

Auf einer unbaren Auszahlung fußende sonstige Nachweise erhält ein Spieler bei Einlösung seiner Spielmarken grundsätzlich nicht, da die Auszahlung grundsätzlich (wieder) in bar erfolgt.

Große Summen allerdings werden von Spielbanken teilweise in unbarer Form ausgezahlt. Daran hat auch ein redlicher Spieler ein berechtigtes Interesse: Schon aus Sicherheitsgründen kann es ihm nicht zugemutet werden, mit großen Bargeldsummen nach Hause geschickt zu werden, zumal sein Gewinn in der Regel von anderen, eventuell kriminellen Gästen beobachtet wird.

Eine solche unbare Auszahlung kann insbesondere per Scheck erfolgen.[604] In der Spielordnung des Landes

600 Jedenfalls mag die öffentliche Berichterstattung (etwa *Seibel*, Welt.de v. 21.04.2021) viele zu dieser pauschalen Annahme verleiten; rechtlich dürften die Dinge differenzierter zu betrachten sein (vgl. z. B. FG Münster, Urt. v. 18.07.2016, 14 K 1370/12 E G zur Frage der Besteuerung von Gewinnen aus verschiedenen Kartenspielen in einer Spielbank).

601 Vgl. *Assmann*, StBp 1999, 35 (38); *Dörn*, StBp 1997, 1 (1); *Kahlen*, PStR 1999, 74 (75); *Schönfelder*, FR 2007, 597 (599).

602 So auch FATF, Mutual Evaluation Report Germany, Ziff. 889; vgl. auch *Assmann*, StBp 1999, 35 (37 u. 38).

603 LT-Drs. BY 16/11763, S. 5.

604 So auch FATF, Mutual Evaluation Report Germany, Ziff. 889.

Niedersachsen[605] ist diese Möglichkeit sogar ausdrücklich vorgesehen: Nach § 7 Abs. 5 S. 3 der Verordnung können höhere Gewinnbeträge ganz oder teilweise durch Scheck ausgezahlt werden. In der Praxis der Spielbanken Niedersachsen kann eine Auszahlung per Scheck ab einem Betrag von 10.000 Euro erfolgen.[606] Im gesamten Jahr 2015 gab es dort allerdings nur zwei Fälle einer Auszahlung von Beträgen per Scheck, wobei diese mit dem Zusatz „Keine Gewinnbestätigung" versehen waren.[607] Der Evaluationsbericht der FATF zu Deutschland aus dem Jahr 2010 deutet darauf, dass ein solcher Zusatz im Falle der Auszahlung per Scheck oder zumindest das Fehlen einer ausdrücklichen Gewinnbestätigung auf dem Scheckformular in deutschen Spielbanken gängige Praxis sind.[608]

Bockelmann[609] zufolge erfolgt eine bargeldlose Auszahlung in Spielbanken – wenn überhaupt – in der Regel nur hinsichtlich des reinen Spielgewinns.[610] Der vom Spieler in die Spielbank eingebrachte und eingangs in Jetons umgetauschte Betrag werde dagegen wieder in bar ausbezahlt.[611] Unter diesen Voraussetzungen würde die verbreitet in der Literatur beschriebene Standardmethode der Geldwäsche in Spielbanken,[612] bemakeltes Geld in Jetons einzutauschen und sich nach minimalem Spiel bargeldlos insbesondere in Form eines Schecks auszahlen zu lassen, ohnehin nicht funktionieren. Bei minimalem Spiel ist auch ein eventueller Gewinn allenfalls minimal und der Gewinnscheck nicht mehr geeignet, die Herkunft des Gesamtbetrages scheinbar zu legitimieren.

Dass eine bargeldlose Auszahlung – sofern es zu ihr kommt – nur hinsichtlich des reinen Spielgewinns erfolgen soll, erscheint allerdings nicht plausibel. In der Praxis wird es nämlich gerade bei großen Beträgen nahezu unmöglich sein, nachzuhalten, welchen Anteil am Gesamtbetrag die Einsätze und welchen Anteil

---

605 Spielordnung für die öffentlichen Spielbanken in Niedersachsen (NSpielO) v. 01.03.2021 (GVBl. S. 86).

606 Informationen aus dem Gespräch mit den Spielbanken Niedersachsen.

607 Informationen aus dem Gespräch mit den Spielbanken Niedersachsen.

608 FATF, Mutual Evaluation Report Germany, Ziff. 889. Die von den Obersten Glücksspielaufsichtsbehörden der Länder vorgegebene Standardformulierung „Ungenutzter Spieleinsatz" für den Verwendungszweck bei Rückzahlung ungenutzter Spieleinsätze gilt offenbar nur für den Bereich des Internet-Glücksspiels, vgl. Oberste Glücksspielaufsichtsbehörden der Länder, Auslegungs- und Anwendungshinweise, S. 54.

609 S. bereits o. unter Teil 3 C. I. 6).

610 *Bockelmann*, Das Geldwäschegesetz, S. 73.

611 *Bockelmann*, Das Geldwäschegesetz, S. 73.

612 S.o. unter Teil 3 C. I. 1).

der Reingewinn ausmachen. Dagegen ist angesichts der überschaubaren Größe deutscher Spielbanken leicht durch Mitarbeiter zu verifizieren, dass ein Kunde tatsächlich einen großen Gewinn erspielt hat, auch wenn sich dieser nicht genau beziffern lässt. Daher ist es einem Geldwäscher nicht ohne weiteres möglich, Großbeträge in Jetons und nach minimalem Spiel wiederum in einen Scheck zu tauschen.

Die gleichen Überlegungen gelten für die Auszahlung per Überweisung, die ebenfalls in der Praxis deutscher Spielbanken bei größeren Beträgen vorkommen kann.[613]

Der oben bereits zitierten Antwort des Bayerischen Innenministeriums vom 28.02.2012 zufolge werden insbesondere in Bayerischen Spielbanken Schecks nur im Falle eines nachgewiesenen Jackpot-Gewinns am Automaten und nur in Form eines Verrechnungsschecks ausgestellt.[614] Eine Auszahlung per Überweisung soll gar nicht erfolgen.[615]

(3) Parallelen zum Steuerrecht[616]

Es lässt sich also als Zwischenergebnis festhalten: Auch wenn die Erteilung von Quittungen und sonstigen Nachweisen in Spielbanken grundsätzlich nicht üblich ist, ist sie jedenfalls nicht in allen Spielbanken eindeutig ausgeschlossen.

Damit stellt sich die Frage, welche Beweis- oder – weniger technisch – Überzeugungskraft einer Quittung oder einem sonstigen Nachweis aus einer Spielbank zukommt. Schließlich ist z. B. bei Vorlage eines Kontoauszugs in einem Strafverfahren, der die Auszahlung eines bestimmten Betrages durch eine Spielbank belegt, nicht gesagt, dass sich das Gericht dadurch in der aus dem Hauptverfahren geschöpften Überzeugung erschüttern lässt, dass das in die Spielbank eingebrachte Geld aus illegalen Geschäften stammt.

(a) Die rechtliche Beurteilung von Quittungen und sonstigen Nachweisen im Steuerrecht

Bei der Beurteilung dieser Frage hilft ein vergleichender Blick in das Steuerrecht, insbesondere in die Rechtsprechung der Finanzgerichte.

---

613 FATF, Mutual Evaluation Report Germany, Ziff. 889; vgl. außerdem § 7 Abs. 5 S. 3–4 SpielO NI.

614 LT-Drs. BY 16/11763, S. 5.

615 LT-Drs. BY 16/11763, S. 5.

616 Dieser Abschnitt orientiert sich wesentlich an *Assmann*, StBp 1999, 35 ff.

In der finanzbehördlichen Praxis sieht man sich häufig vor das folgende Problem gestellt: Bei der Überprüfung eines einkommenssteuerpflichtigen Unternehmers stellt sich im Wege der Vermögenszuwachs- oder der Geldverkehrsrechnung[617] heraus, dass größere Vermögenszuwächse ungeklärten Ursprungs vorliegen. Der Unternehmer beruft sich auf Nachfrage der Finanzbehörde darauf, die fraglichen Beträge beim Glücksspiel in einer Spielbank gewonnen zu haben und legt in manchen Fällen eine Quittung oder einen sonstigen Nachweis vor, um seine Behauptung zu belegen.

Problematisch ist dann, ob die Finanzbehörde auf Grundlage dieses Belegs von einer Vermögensmehrung durch Glücksspielgewinn und damit von einer steuerfreien Vermögensmehrung ausgeht oder ob sie den Beleg nicht als ausreichend erachtet und den fraglichen Mehrbetrag als einen vom Unternehmer erwirtschafteten Wert der Einkommenssteuer unterwirft. Noch bedeutsamer wird diese Problematik, wenn dem in Betracht stehenden Unternehmer gar ein Strafverfahren wegen Steuerhinterziehung droht.

Zu dieser Problematik haben sich in der steuerrechtlichen Rechtsprechung und Literatur einige Leitlinien herauskristallisiert. Danach sind die an den Nachweis eines Spielbankengewinns anzulegenden Maßstäbe eher als streng einzuordnen.[618]

So können zunächst äußere Anzeichen von Unstimmigkeit von den Finanzbehörden bzw. -gerichten dahingehend interpretiert werden, dass eine ungeklärte Vermögensmehrung nicht von einem Spielbankengewinn herrühren kann oder dies zumindest nicht vom Steuerpflichtigen ausreichend plausibel dargelegt wurde. Beispielsweise wurde vom BFH die behauptete Finanzierung von Wertpapieren durch einen Spielbankengewinn als nicht überzeugend erachtet, da zwischen dem behaupteten Gewinn und dem Erwerb der Wertpapiere ein zu langer Zeitraum gelegen habe.[619] Auch Stundungsanträge zu einem Zeitpunkt, zu dem der Steuerpflichtige nach seinen Behauptungen über liquide Mittel aus dem angeblichen Spielbankengewinn hätte verfügen müssen, können auf Schutzbehauptung zur Vermeidung von Steuerzahlungen deuten.[620]

617 *Assmann*, ZAP Fach 20, 321 (323) m. V. a. BFH, Urt. v. 28.05.1986, I R 265/83, BStBl. 1986 II S. 732.

618 BFH, Beschl. v. 13.06.2013, X B 132–133/12, juris Rn. 12 m. w. N.; FG RP, Urt. v. 30.10.1985, 6 K 163/83; LT-Drs. BW 12/3778, S. 5.

619 BFH, Urt. v. 03.08.1966, IV R 75/66, juris Rn. 5.

620 Vgl. BFH, Urt. v. 10.11.1961, IV 359/58, BeckRS 1961, 21008324 sowie *Dörn*, StBp 1997, 1 (2 f.).

Beweismittel aus der Spielbank selbst oder ihrem Umfeld werden häufig nicht als ausreichend erachtet. Insbesondere reicht die Vorlage einer Papiereintrittskarte allein jedenfalls nicht aus,[621] obgleich sie in Verbindung mit anderen Umständen durchaus beachtlich sein kann.[622] Selbst Zeugenaussagen, die die Anwesenheit des Steuerpflichtigen in der Spielbank, seine Spielteilnahme und ggf. sogar Gewinne in bestimmter Höhe belegen, sind nicht unbedingt ausreichend. Neben der Höhe einzelner Gewinne müssen die gespielten Einsätze im fraglichen Zeitraum und die Verwendung der Gewinne nachgewiesen werden.[623] Dagegen dürfte der Nachweis der Herkunft von Vermögenszuwächsen aus Spielbankengewinnen als geführt anzusehen sein in einem Fall, in dem der Steuerpflichtige seine Tagesgewinne auf der jeweils am betreffenden Tag erworbenen Papiereintrittskarte vermerkt hatte und die Gewinne außerdem vom Spielbankenpersonal schriftlich auch in der betreffenden Höhe bestätigt worden waren.[624]

Bemerkenswert ist im Hinblick auf die Frage, ob es in deutschen Spielbanken unbare Formen der Auszahlung gibt, dass der BFH auch die Überweisung des Gegenwerts eingelöster Jetons und die Gutschrift von Schecks durch eine Spielbank als für sich genommen nicht ausreichend zum Nachweis eines Spielbankgewinns erachtet.[625] Das ist insofern verständlich, als dass Überweisung oder Scheck aus Gründen der kaum möglichen praktischen Nachvollziehbarkeit aller Spieltransaktionen wohl kaum exakt den Anteil des Reingewinns und den Anteil des in die Spielbank eingebrachten Startkapitals an der Scheck-Gesamtsumme ausweisen können.[626] Dann aber kann die aus dem Scheck hervorgehende Summe ebenso gut in die Spielbank eingebracht, in Jetons getauscht und ohne Spielteilnahme wieder eingelöst worden sein.

---

621 BFH, Urt. v. 10.11.1961, IV 359/58, BeckRS 1961, 21008324.

622 FG BW, Urt. v. 29.01.1998, 10 K 202/96, juris Rn. 13.

623 FG München, Beschl. v. 11.09.2002, 13 V 1270/02; FG Berlin, Urt. v. 24.08.1998, IX 142/95; FG BW, Urt. v. 17.03.1998, 1 K 39/96, EFG 1998, 919.

624 BFH, Urt. v. 10.11.1961, IV 359/58, BeckRS 1961, 21008324; vgl. auch *Schönfelder*, FR 2007, 597 (599 f.).

625 So jedenfalls *Assmann*, StBp 1999, 35 (39); *ders.*, ZAP Fach 20, 321 (327).

626 Vgl. *Assmann*, StBp 1999, 35 (38); LT-Drs. BW 12/3778, S. 5; So auch die Informationen aus dem Gespräch mit den Spielbanken Niedersachsen; anders – aber wenig plausibel – *Bockelmann*, s. o. unter Teil 3 G. III. 1) b) aa) (2).

(b) Übertragbarkeit auf die Untersuchung von Geldwäscherisiken im Glücksspielbereich

Aus den vorangegangenen Ausführungen lässt sich ersehen, dass jedenfalls im Steuerrecht solchen Belegen und sonstigen Nachweisen, wie sie für einen Geldwäscher theoretisch interessant sein mögen, eher eine geringere Bedeutung zugemessen wird. Dabei darf jedoch nicht die Frage aus den Augen verloren werden, inwieweit diese Ergebnisse auf den hier interessierenden Fall der Geldwäsche durch Glücksspiel übertragbar sind. Dazu ist zunächst die Darlegungs- und Beweislastverteilung im Steuerverfahren näher in den Blick zu nehmen.

(aa) Darlegungs- und Beweislastverteilung im Steuerverfahren

Im Grundsatz besteht für die Finanzbehörden ein dem allgemeinen behördlichen Untersuchungsgrundsatz nach § 24 VwVfG entsprechender[627] Untersuchungsgrundsatz nach § 88 AO.[628] Der aus § 88 AO folgende Untersuchungsauftrag an die Finanzbehörden zur Ermittlung des steuerrelevanten Sachverhalts von Amts wegen wird jedoch ergänzt[629] durch die Mitwirkungspflichten der Beteiligten nach § 90 AO.[630]

Konsequenz ist, dass der Steuerpflichtige von den ihm zur Verfügung stehenden Möglichkeiten Gebrauch machen muss, zur Klärung des Sachverhalts beizutragen und die ihm bekannten relevanten Tatsachen offenzulegen.[631] Eine Verletzung dieser Mitwirkungspflicht kann zur Einschränkung der amtlichen Ermittlungspflicht der Finanzbehörden führen.[632] Die Verletzung der Mitwirkungspflicht und die damit einhergehende Einschränkung der amtlichen Ermittlungspflicht stellt sich umso umfassender dar, je mehr die aufzuklärenden Tatsachen und Vorgänge der Sphäre des Steuerpflichtigen zuzuordnen sind in dem Sinne, dass nur er – und nicht oder nur unter unverhältnismäßigem Aufwand die Behörde – sie aufzuklären vermag.[633] Der Vermögenszuwachs durch einen Spielbankgewinn ist ein solcher, zumindest ganz überwiegend der Sphäre des Steuerpflichtigen zuzuordnender Vorgang.

---

627 *Rätke*, in: Klein, AO, § 88 Rn. 5.

628 *Assmann*, StBp 1999, 35 (36).

629 *Rätke*, in: Klein, AO, § 90 Rn. 7.

630 *Assmann*, StBp 1999, 35 (36).

631 *Rätke*, in: Klein, AO, § 90 Rn. 6.

632 *Rätke*, in: Klein, AO, § 88 Rn. 45.

633 *Assmann*, StBp 1999, 35 (36).

Wenn der besteuerte Unternehmer also steuerfrei hinsichtlich der in Betracht stehenden ungeklärten Vermögenszuwächse bleiben will, muss er deren Herkunft als Gewinne aus Glücksspiel positiv und vor allem überzeugend nachweisen. Die an diesen Nachweis gestellten Anforderungen sind, wie vorangehend dargestellt, nicht unbeträchtlich. Gelingt der positive Nachweis nicht, erfolgt in vielen Fällen eine Besteuerung, obwohl ein tatsächlicher Spielbankengewinn nicht ausgeschlossen ist.

(bb) Übertragbarkeit der Ergebnisse

Die Anforderungen im Steuerverfahren gelten naturgemäß nicht im Strafverfahren, wo die Schuld des Angeklagten zur Überzeugung des Gerichts feststehen muss. Hier kann sich also ein Geldwäscher u. U. mit einer Quittung oder einem sonstigen Nachweis vor einer Verurteilung retten, auch wenn sie ihn in einem Steuerverfahren nicht vor der Besteuerung schützen.

Quittungen und sonstige Nachweise können als Urkunden i. S. v. § 249 StPO in den Strafprozess eingeführt werden.[634] Für das Vorliegen einer Urkunde im strafprozessualen Sinne kommt es lediglich darauf an, dass es sich um ein beweisgeeignetes Schriftstück handelt, das verlesen werden kann.[635] Eine Beweisbestimmung für den Rechtsverkehr wie bei einer Urkunde im Sinne von § 267 StGB ist hingegen nicht erforderlich.[636] Auf den Fall, dass sich ein Geldwäscher unter Berufung auf den in-dubio-pro-reo-Grundsatz durch Vorlage von Spielbankbelegen vor einer strafrechtlichen Verurteilung zu retten versucht, sind die im Steuerrecht entwickelten Leitlinien also nicht übertragbar.

Anders sieht es aus, wenn der Geldwäscher bemakelte Vermögenswerte in den legalen Finanzkreislauf einspeisen und dabei sein Gegenüber (beispielsweise einen Geschäftspartner) positiv von der legalen Herkunft seines Geldes überzeugen will. Diese Situation ist der Beweislage im Steuerverfahren vergleichbar, insofern sich der Geldwäscher so wie der Steuerhinterzieher vor die kriminelle Aufgabe gestellt sieht, den behaupteten Spielbankgewinn überzeugend darzulegen.

Da sich die dargestellten Leitlinien im Zusammenhang mit der steuerlichen Überprüfung von Wirtschaftsunternehmen herausgebildet und gefestigt

---

634 Vgl. *Ganter*, in: Graf, BeckOK StPO, § 249 Rn. 7: „Eine Urkunde ist jeder schriftlich fixierte, aus sich heraus verständliche Gedankeninhalt, der geeignet ist, Beweis über Tatsachen zu erbringen."

635 *Kreicker*, MK-StPO, Bd. 2, § 249 Rn. 11.

636 *Kreicker*, MK-StPO, Bd. 2, § 249 Rn. 12.

haben, ist zudem davon auszugehen, dass im Unternehmensbereich ein gewisses Bewusstsein für den (steuer-)rechtlichen Umgang mit behaupteten Spielbankgewinnen besteht. Auch wenn naturgemäß keine hundertprozentige Übertragbarkeit auf die hier in Betracht stehende Situation gegeben ist, sprechen die Leitlinien aus dem Steuerrecht doch dafür, dass die überzeugende Behauptung eines Spielbankgewinns selbst mit Belegen aus einer Spielbank oder ihrem näheren Umfeld schwerfällt. Das spricht gegen eine Attraktivität von Spielbanken für Geldwäscher.

bb) Risiko „Umtausch" von Falschgeld oder durchnummerierten Scheinen

Das weitgehende Fehlen (schein-)legitimierender Belege und bargeldloser Auszahlungsmethoden im Spielbankenbereich ist in den Fällen kein risikomindernder Faktor, in denen es dem Kriminellen gerade darauf ankommt, für seine Geldscheine neue Geldscheine zu erhalten.[637] Das ist insbesondere bei Falschgeld sowie bei durchnummerierten, durch eine Straftat erlangten Scheinen der Fall.[638] Eine Spielbank, in der regelmäßig hohe Beträge über Tisch und Kasse gehen, kann für einen solchen Umtausch durchaus interessant sein.

Spielbanken haben insofern aus krimineller Sicht gegenüber Banken und Wechselstuben den Vorteil, dass ein Umtausch in weniger verdächtiger Weise bewerkstelligt werden kann. In einer Bank oder einer Wechselstube würde die Bitte, einen Bargeldbetrag in den gleichen Bargeldbetrag zu wechseln, auf Misstrauen stoßen. Eine solche Bitte ist allenfalls bezüglich einzelner großer Scheine zum Erhalt einer praktischeren Stückelung für den täglichen Bargeldverkehr gängig – und steht mittlerweile selbst in solchen Alltagsfällen häufig schon unter Geldwäscheverdacht.[639] In einer Spielbank kann der Kriminelle den Umweg über den Erwerb von Jetons und deren anschließende Wiedereinlösung gehen, um an die neuen Geldscheine zu gelangen.

cc) Risikofaktor Spielerdepots

Ein weiterer, das tatsächliche Geldwäscherisiko beeinflussender Faktor ist die u. U. bestehende Möglichkeit der Einrichtung von Spielerdepots oder -konten bei einer Spielbank, ggf. in Verbindung mit der Option des Transfers von

---

637 Vgl. dazu auch die Nachweise in Teil 7 C. I. 2), die eine entsprechende Vorgehensweise in Bezug auf Pferdewetten beschreiben.

638 Vgl. den unter Teil 3 D. I. 2) c) geschilderten Fall.

639 *Hübner*, Mitteldeutsche Zeitung v. 01.08.2013.

Geldern auf ein Konto bei einem Kreditinstitut.[640] In Deutschland bestand die Möglichkeit der Einrichtung von Spielerdepots vorübergehend bei den Spielbanken Baden-Baden[641] sowie Konstanz und Stuttgart.[642] In Baden-Baden und Konstanz bestand sogar die Möglichkeit, sich den Depotbetrag auf ein Konto bei einem Kreditinstitut überweisen zu lassen.[643]

In deutschen Spielbanken wird ein solcher Service jedoch nicht (mehr) angeboten. Der oben bereits zitierten Antwort des Bayerischen Innenministeriums vom 28.02.2012 zufolge werden insbesondere in bayerischen Spielbanken keine Spielerdepots geführt.[644] Die einstmals bei den baden-württembergischen Spielbanken bestehende Möglichkeit hierzu wurde nach der daran geübten Kritik abgeschafft.[645] Daher kann dahinstehen, ob die Möglichkeit der Einrichtung von Spielerdepots bei den baden-württembergischen Spielbanken tatsächlich ein so großes Geldwäscherisiko darstellte, wie von den bereits zitierten Stimmen in Literatur und Medien behauptet.[646]

Während diese Stimmen davon ausgehen, dass eine anonyme Nutzung jedenfalls des Depots in Baden-Baden möglich war,[647] äußerte sich das baden-württembergische Finanzministerium in einer Stellungnahme vom 24.02.1999 dahingehend, dass ein Spieler sich zur Eröffnung eines Spielbankdepots durch Vorlage eines entsprechenden Dokuments ausweisen müsse.[648] Zudem würden bei den Spielbanken nur wenige Depots geführt, deren Inhaber der Spielbank persönlich gut bekannt seien.[649] Im Hinblick auf die Möglichkeit der Überweisung von Depotguthaben auf ein Konto bei einem Kreditinstitut äußerte sich das Finanzministerium dahingehend, dass der Depotinhaber selbst – und nicht die Spielbank – als Auftraggeber der Überweisung auftrete.[650]

Sofern diese Ausführungen des Finanzministeriums zutreffen, stellte die Möglichkeit der Einrichtung von Spielerdepots in Baden-Württemberg tatsächlich kein bedeutsames Geldwäscherisiko dar – jedenfalls wenn man hier den

---

640 Vgl. Teil 3 C. I. 4).
641 S. bereits o. unter Teil 3 D. I. 2) a).
642 LT-Drs. BW 12/3778, S. 5.
643 LT-Drs. BW 12/3778, S. 5.
644 LT-Drs. BY 16/11763, S. 5.
645 S. o. unter Teil 3 D. I. 2) a).
646 S. o. unter Teil 3 D. I. 2) a).
647 S. o. unter Teil 3 D. I. 2) a).
648 LT-Drs. BW 12/3778, S. 5.
649 LT-Drs. BW 12/3778, S. 5.
650 LT-Drs. BW 12/3778, S. 5.

Geldwäscher vor Augen hat, dem es gerade darum geht, einen positiven Nachweis für die angeblich legale Herkunft seines Geldes zu erhalten. Denn eine scheinlegitimierende Wirkung konnte die Auflösung eines Spielerdepots oder die Überweisung von Guthaben auf ein Konto bei einem Kreditinstitut unter diesen Voraussetzungen nur entfalten, wenn dadurch der Anschein erzeugt worden wäre, dass es sich bei dem Depotbetrag um einen Gewinn aus dem Spiel (und nicht nur um eingezahltes und verwahrtes Geld) handelt. Ein solcher Anschein – etwa in Gestalt eines Überweisungsvermerks, der den Betrag als Spielgewinn ausweist – war mit der Depotauflösung bzw. der Überweisung aber nicht verbunden.[651]

dd) Zum Risiko der „Chipsammelmethode“ nach Bockelmann

Ob die von *Bockelmann* in seiner Dissertation beschriebene und hier unter Teil 3 C. I. 6) wiedergegebene Chipsammelmethode nach der aktuellen Fassung des Geldwäschegesetzes noch funktionieren würde, ist zweifelhaft. *Bockelmann* geht davon aus, dass bei Einlösung der Chips nach Spielende keine Identifizierung (mehr) stattfinden müsse.[652] Dies mache sich der Geldwäscher gerade zunutze, indem er durch das Ansammeln der Chips an einzelnen Spieltischen einen für ihn lohnenswerten, die Identifizierungsschwelle überschreitenden Betrag zusammenträgt, zugleich aber die Identifizierung selbst umgeht.

Die geschilderte Methode geht allerdings noch von § 3 Abs. 1 GwG in der bis Ende 2001 geltenden Fassung aus,[653] wonach eine Identifizierung (nur) bei Annahme von Bargeld erfolgen musste.[654] Die Identifizierungspflicht nach § 10 Abs. 5 GwG gilt aber (jetzt) auch für die Einlösung von Chips nach Spielende. Auch wenn der Wortlaut der deutschen Umsetzung der Geldwäscherichtlinien („Transaktionen in Form von Gewinnen oder Einsätzen“) nur auf eine Identifizierungspflicht bei Gewinn oder Einsatz von Chips am Spieltisch deutet, sprechen gewichtige Argumente für eine Erstreckung der Identifizierungspflicht auf die Einlösung.

---

651 LT-Drs. BW 12/3778, S. 5.

652 *Bockelmann*, Das Geldwäschegesetz, S. 74.

653 *Bockelmann*, Das Geldwäschegesetz, S. 74.

654 Vgl. § 3 Abs. 1 des Gesetzes über das Aufspüren von Gewinnen aus schweren Straftaten v. 25. 10.1993 (BGBl. I S. 1770), zum fraglichen Zeitpunkt zuletzt geändert durch Art. 3 Nr. 2 des Gesetzes zur Verbesserung der Bekämpfung der Organisierten Kriminalität v. 04.05.1998 (BGBl. I S. 845).

Zunächst formulierte der bis zum 26.06.2017 geltende § 3 Abs. 3 GwG a. F. eine Identifizierungspflicht bei „Kunden, die Spielmarken im Wert von 2.000 Euro oder mehr kaufen oder verkaufen" und erfasste damit jede Transaktion zwischen Spieler und Spielbank, also auch das Einlösen von Chips nach Spielende.[655] Ausweislich der Gesetzesbegründung zur Umsetzung der 4. GwRL entspricht § 10 Abs. 5 GwG aber im Wesentlichen § 3 Abs. 3 GwG a. F.,[656] soll diesen also nicht inhaltlich wesentlich verändern. In Umsetzung der 5. GwRL erfolgte lediglich eine geringfügige Anpassung des Wortlauts von § 10 Abs. 5 S. 1 GwG, durch die die Geltung von § 1 Abs. 5 GwG (auch) für den hier verwendeten Transaktionsbegriff klargestellt werden sollte.[657] Auch insofern erfolgte also keine inhaltliche Änderung der Norm.

Zudem knüpft die englische Fassung von Art. 11 lit. d) 4. GwRL, dessen Umsetzung § 10 Abs. 5 GwG ist,[658] die Identifizierungspflicht bei Erreichen des Schwellenbetrages u. a. „upon the collection of winnings" und damit eindeutig auch an das Einlösen (angeblich) gewonnener Chips.

Schließlich kann Erwägungsgrund Nr. 21 der 4. GwRL als Auslegungshilfe herangezogen werden, wo allgemein von „Transaktionen von 2.000 Euro oder mehr" die Rede ist, bei denen Sorgfaltspflichten anzuwenden seien, um die im Glücksspielbereich bestehenden Geldwäscherisiken zu mindern.

ee) *Zum Risiko des absichtlichen Verlustes von Jetons am Pokertisch an einen Komplizen*

Nicht zu unterschätzen ist das Risiko, dass sich mehrere Komplizen gemeinsam an einen Pokertisch setzen und eine absprachegemäße Verschiebung von Jetons durch absichtlichen Verlust von einem an einen anderen Komplizen stattfindet.[659] Zwar erhält der gewinnende Spieler auch hier grundsätzlich wieder nur Bargeld für die eingelösten Jetons. Die Methode ist aber deutlich schwerer zu durchschauen als die landläufig beschriebene Standardmethode des Jetonrücktauschs nach minimalem Roulette- oder Black-Jack-Spiel und schafft damit einen überzeugenderen Anschein nach außen hin.

Während nämlich im Bereich des klassischen Spiels durch Mitarbeiterbeobachtungen leicht verifiziert werden kann, ob ein Großgewinn stattgefunden

655 BT-Drs. 17/6804, S. 27.
656 BT-Drs. 18/11555, S. 117.
657 BT-Drs. 19/13827, S. 78.
658 BT-Drs. 18/11555, S. 117.
659 S. o. unter Teil 3 C. I. 7).

hat,[660] findet hier dem äußeren Erscheinungsbild nach tatsächlich ein Großgewinn statt. Das wird durch den Umstand ermöglicht, dass die Spieler bei Pokerturnieren und Cash Games gegeneinander antreten und damit potentiell auch verdeckt miteinander kooperieren können, während sie etwa beim Roulette oder Black-Jack allein gegen die Bank spielen. Damit kann sich der Geldwäscher eine überzeugende, evtl. durch gutgläubige Zeugenaussagen durch das Spielbankenpersonal gestützte Legende zurechtlegen.

Gewisse tatsächliche Schwierigkeiten bei dieser Methode bestehen aus Sicht des Geldwäschers darin, dass bei Pokerturnieren und Cash Games auch uneingeweihte Spieler mit am Tisch sitzen können, die eine ungestörte Kooperation durch ihr Spiel verkomplizieren. Diesen Störfaktor kann der Geldwäscher ggf. durch eine Erhöhung der Komplizenzahl und damit die Besetzung einer höheren Zahl von Sitzen am Tisch reduzieren.

Um der beschriebenen Methode entgegenzuwirken, sollte bei Pokerturnieren und Cash Games eine zufällige Tischzuweisung vorgenommen werden. Auf diese Weise wird die Besetzung desselben Tisches durch den Geldwäscher und seine Komplizen erschwert. Soweit ersichtlich können die Spieler in der aktuellen Praxis teilweise zumindest eingeschränkt darüber entscheiden, ob sie am selben Tisch sitzen, wenn sie sich früh genug anmelden.[661]

ff) Zum Risiko der Kooperation eines Geldwäschers mit dem Personal

Die Kooperation eines Geldwäschers mit dem Personal ist nicht von vorneherein auszuschließen. Insofern gelten für die Spielbankenbranche keine Besonderheiten im Vergleich zu anderen finanzintensiven und potentiell geldwäscheanfälligen Branchen.

Bei Spielbanken könnte evtl. eine unbefriedigende finanzielle Situation von Croupiers zu einer Anfälligkeit für Überredungsversuche zu krimineller Kooperation beitragen. Croupiers beziehen in der Regel nur ein vergleichsweise niedriges Grundgehalt und gelangen zu einem angemessenen oder sogar üppigen Verdienst nur durch die von den Gästen gegebenen Trinkgelder.[662] Bleiben diese

---

660 S. o. unter Teil 3 G. III. 1) b) aa) (2).

661 Vgl. etwa Saarland-Spielbanken/Hausordnung Cash Game (URL-Verz.): „Reservierungen werden ausschließlich zur vorgesehenen Tischeröffnung an der Rezeption angenommen. Es ist möglich sich bereits für den nächsten Spieltag anzumelden. […] Platzwünsche werden in der Reihenfolge der Anmeldung vergeben."

662 Vgl. etwa *Wohlgemuth*, Gehalt & Verdienst Croupier.

aufgrund rückläufiger Besucherzahlen aus, verzeichnen auch die Croupiers Gehaltsrückgänge.[663]

Allerdings gestaltet sich die Herstellung der Kooperation in der Praxis schwierig. Wenn ein Geldwäscher zum Beispiel das Spielbankenpersonal dazu bringen will, mit illegalen Geldern erworbene und nach minimalem Spiel wieder eingelöste Jetons als Gewinnfall zu verifizieren, muss er nicht nur einen einzelnen Croupier für sein Vorhaben gewinnen. Die Tische in einer Spielbank unterliegen außerdem einer Tischaufsicht, etwa beim französischen und amerikanischen Roulette ausgeübt durch einen weiteren Croupier, die das Spiel und die Tätigkeit des spielmachenden Croupiers im Auge behält. Daneben gibt es noch einen Saalchef, der für die Beaufsichtigung und Kontrolle der Abläufe im gesamten Spielsaal zuständig ist.[664]

Zudem kann es vorkommen, dass die Besetzung an einzelnen Tischen während des Spieltages geändert wird. Auch wird evtl. die Zusammensetzung einer bestimmten Tischmannschaft in bestimmten Zeitabständen geändert.[665] Der Geldwäscher ist also ggf. zusätzlich vor das Problem gestellt, die Zusammensetzung am Tisch vorherzusehen oder einen so hochrangigen Mitarbeiter für seine Pläne zu gewinnen, dass dieser eine geeignete Zusammensetzung im Sinne des Geldwäschers veranlassen kann.

Zudem kann es für den Geldwäscher ein Problem bedeuten, überhaupt die Identität bestimmter Mitarbeiter zwecks Herstellung eines Kontakts außerhalb der Spielbank zu ermitteln. In den Spielbanken wird – soweit ersichtlich – Wert auf die Wahrung der Anonymität der Mitarbeiter gelegt. Insbesondere finden sich Berichte, wonach die Mitarbeiter untereinander die Nennung ihrer Namen in Gegenwart der Spieler vermeiden.[666]

Hinzu kommt, dass die Mitarbeiter selbst der Beobachtung und Aufzeichnung durch das in allen Spielbanken installierte Videoüberwachungssystem[667] sowie der Beobachtung durch Aufsichtsbeamte von außerhalb – die der Spielbank zugeteilten Finanzbeamten nämlich[668] – unterliegen, was sie von kriminellem

663 Vgl. etwa Sueddeutsche.de, Art. v. 19.05.2010 (URL-Verz.).

664 Vgl. etwa BAG, Urt. v. 23.01.2019, 4 AZR 541/17, BeckRS 2019, 8903, Rn. 4; *Butters*, Süddeutsche Zeitung v. 12.04.2003.

665 Vgl. etwa *Wahba*, Hamburger Abendblatt v. 04.08.2004.

666 Etwa Die Achse/Casino Ratgeber (URL-Verz.).

667 Vgl. § 32 LGlüG BW; § 7 SpBO BY; § 10a SpBG BE; § 8 SpBG BB; § 3d SpBG HB; § 6 Abs. 2b SpBG HH; § 16 SpBG HE; § 11 Abs. 3 SpielO MV; § 10c SpBG NI; § 12 SpBG NRW; § 4a SpielO RP; § 11 SpBG SL; § 3 Abs. 8 SpBO f. d. SpB Leipzig, Dresden bzw. Chemnitz; § 8 SpBG ST; § 13a SpBG SH; § 8 SpBO TH.

668 Dazu ausführlicher sogleich u. unter Teil 3 G. III. 2) c).

Handeln eher abschrecken wird. Diese tatsächlichen Probleme lassen die Herstellung einer Kooperation mit dem Personal zwar nicht als unmöglich, aber als unwahrscheinlich erscheinen.

gg) Zum Risiko der Geldwäsche an Automaten in Spielbanken

Ein Risiko der Spielergeldwäsche an Automaten in Spielbanken ist weitgehend ausgeschlossen.

Zwar unterliegen Spielautomaten in Spielbanken im Gegensatz zu gewerblichen Spielautomaten nicht der Spielverordnung (vgl. § 33h Nr. 1 i. V. m. § 33f Abs. 1 GewO) und deren strengen Vorgaben für Einsatzhöchstgrenzen (§ 13 Nr. 2, 3 SpielV). Unter diesen Voraussetzungen bieten Spielautomaten in Spielbanken im Gegensatz zu ihren gewerblichen Pendants die für einen Geldwäscher grundsätzlich interessante Möglichkeit, hohe Bargeldsummen in kurzer Zeit in den Automaten einzuführen.[669] Bei der Aktivierung des Auszahlungsmechanismus erhält der Spieler aber lediglich ein ausgedrucktes Ticket mit einem Barcode, das er an der Kasse zwecks Einlösung abgeben muss.[670]

In manchen Spielbanken findet im Automatenspiel stattdessen ein Kartensystem Verwendung, bei dem Einsätze und Gewinne – jedenfalls bis zu einem bestimmten Limit – auf eine Chipkarte aufgebucht werden (vgl. etwa § 7 Abs. 1 S. 1 SpielO NI). Auch bei diesem System muss der Spieler sich aber nach Spielende zwecks Auszahlung des auf der Karte verfügbaren Guthabens und ggf. über das Limit hinausgehender Gewinne an der Kasse melden.[671]

Sowohl beim Ticket- als auch beim Kartensystem erhält er im Gegenzug wiederum nur Bargeld, so dass er keinen objektiven Nachweis für eine angeblich legale Herkunft des Geldes in Händen hält. In Einzelfällen kann die Auszahlung besonders hoher Automatengewinne per Scheck erfolgen.[672] In diesem Fall muss es sich aber um einen von der Spielbank bestätigten Gewinn handeln,[673] dessen Anfallen der Spieler nicht beeinflussen kann.

Teilweise ist in den Bundesländern auch für die Auszahlung von Gewinnen aus dem Automatenspiel oberhalb eines bestimmten Schwellenbetrages eine eigene Identifizierungspflicht geregelt (vgl. § 8 Abs. 4 S. 4 SpBO BY: 2.000 Euro;

---

669 LT-Drs. BY 16/11763, S. 5.

670 Eigene Beobachtung des Verf. beim praktischen Spiel.

671 Informationen aus dem Gespräch mit den Spielbanken Niedersachsen.

672 LT-Drs. BY 16/11763, S. 5.

673 LT-Drs. BY 16/11763, S. 5.

vor der Neufassung am 01.03.2021 auch ausdrücklich § 8 Abs. 5 S. 4 SpielO NI a. F.: 750 Euro).

hh) Zum Risiko des Einsatzes von Spielmarken als Währung für illegale Geschäfte

Der Einsatz von Spielmarken außerhalb von Spielbanken als Währung für illegale Geschäfte ist jedenfalls nicht schon praktisch dadurch ausgeschlossen, dass eine Entfernung von Spielmarken aus der Spielbank und ihre spätere Einlösung praktisch nicht möglich wären. Zwar finden sich auf Landesebene teilweise Regelungen, denen zufolge ein Einlösungsanspruch nach zwischenzeitlicher Entfernung von Spielmarken aus der Spielbank nicht besteht (etwa § 7 Abs. 5 S. 1–2 SpielO NI; § 6 Abs. 5 SpBO SL). Eine Spielbank kann sich dennoch kulant zeigen und auch in solchen Fällen eine Einlösung akzeptieren.[674]

Da der Geldwäscher aber auch bei dieser Methode letztlich wieder nur Bargeld für eingelöste Spielmarken erhält, gelten für die Risikoabschätzung ähnliche Überlegungen wie bei der unter Teil 3 G. III. 1) b) aa) dargelegten Risikoabschätzung für das Grundmodell der Spielergeldwäsche. Hinzu kommt, dass der Geldwäscher bei der Einlösung von außerhalb der Spielbank erlangten Spielmarken nicht einmal überzeugend (insb. unter Berufung auf Zeugen) darlegen kann, in der Spielbank gespielt zu haben.

Das Risiko der Methode ist daher als gering einzuschätzen.

jj) Zwischenergebnis

Als Zwischenergebnis lässt sich damit festhalten, dass das Geldwäscherisiko in deutschen Spielbanken jedenfalls bei einer Betrachtung unter dem präventionsrechtlichen Geldwäschebegriff als gering bis mittel anzusehen ist. Ein Risiko verbleibt im Wesentlichen in den Fällen, in denen es dem Kriminellen gerade auf den Umtausch seiner Geldscheine in neue Geldscheine ankommt sowie hinsichtlich des absprachegemäßen Verschiebens von Geldern beim Poker unter Komplizen.

2) Abschätzung des tatsächlichen Risikos der Betreibergeldwäsche

Nach den Ausführungen unter Teil 3 D. II. ist eine Betreibergeldwäsche in Spielbanken nicht generell auszuschließen, kann aber die Abschätzung des

674 Informationen aus dem Gespräch mit den Spielbanken Niedersachsen.

tatsächlichen Risikos bei deutschen Spielbanken schon im Ansatz auf die Länder mit Konzessionsmodell beschränkt werden.

a) Ausgestaltung des Vergabeverfahrens als risikomindernder Faktor

Die Ausgestaltung des Verfahrens zur Spielbankenkonzessionsvergabe lässt das Risiko einer Betreibergeldwäsche auch in Bundesländern mit Konzessionsmodell als gering erscheinen.

aa) Möglichkeit eines öffentlichen Betreiberunternehmens auch in Ländern mit Konzessionsmodell

Zunächst ist auch in Ländern mit Konzessionsmodell nicht ausgeschlossen, dass einige oder alle Spielbanken im Land von einem öffentlichen Unternehmen betrieben werden.[675] Ein Praxisbeispiel ist Baden-Württemberg, wo die drei Spielbanken des Landes in Baden-Baden, Konstanz und Stuttgart derzeit von der 100-prozentigen Landestochter Baden-Württembergische Spielbanken GmbH & Co. KG betrieben werden.[676] Im Falle des Spielbankenbetriebs durch ein öffentliches Unternehmen dürfte eine Betreibergeldwäsche ähnlich fernliegen wie im Falle eines Staatsmonopols.

bb) Strikte Begrenzung der Zahl von Spielbanken in den Bundesländern

Bei Betrachtung der Länder mit Konzessionsmodell unter dem Gesichtspunkt der Anfälligkeit für Betreibergeldwäsche durch Spielbanken fällt weiter auf, dass – so wie in den anderen Ländern im Übrigen auch – die Höchstzahl der Spielbanken eng begrenzt ist (vgl. auch § 20 GlüStV). So beträgt die maximale Zahl zulässiger Spielbanken in Baden-Württemberg drei (vgl. § 27 Abs. 1 S. 1 LGlüG BW), in Berlin zwei (§ 1 SpBG BE),[677] in Hamburg eins (§ 1 SpBG HH),[678] in Mecklenburg-Vorpommern sechs (§ 1 Abs. 2 SpBG MV), in Niedersachsen zehn (§ 1 S. 2 SpBG NI), in Nordrhein-Westfalen sechs (§ 2 Abs. 2

675 Vgl. dazu die Tabelle bei *Gebhardt/Gohrke,* in: Gebhardt/Korte, Glücksspiel, 457 (469 f.) sowie Rn. 29 u. 38 im selben Handbuchbeitrag; ferner auch *Sandhaus/Shirvani*, Überblick v. 17.06.2019, S. 24 u. 31 f.

676 *Sandhaus/Shirvani*, Überblick v. 17.06.2019, S. 24; Baden-Württembergische Spielbanken/Impressum (URL-Verz.).

677 Es existieren drei Nebenstandorte mit Automatenspiel, vgl. Spielbank Berlin/Standorte (URL-Verz.).

678 Es existieren drei Nebenstandorte mit hauptsächlichem oder ausschließlichem Automatenspiel, vgl. Spielbank Hamburg/Standorte (URL-Verz.).

S. 1 SpBG NRW[679]), in Rheinland-Pfalz zwei (vgl. § 2 Abs. 1 SpBG RP),[680] in Sachsen-Anhalt zwei (§ 2 Abs. 3 S. 1 SpBG ST),[681] in Schleswig-Holstein fünf (§ 2 Abs. 2 S. 1 SpBG SH)[682] und in Thüringen eins (§ 1 SpBG TH).

In Baden-Württemberg kommt hinzu, dass es sich bei dem Spielbankenbetrieb um ein Monopol handelt, die Konzession zum Betrieb aller Spielbanken im Lande also nur einem einzelnen Betreiber erteilt wird (§ 27 Abs. 2 S. 1 LGlüG BW). Auch werden teilweise in anderen Ländern mit Konzessionsmodell, in denen ein Monopol nicht gesetzlich vorgesehen ist, die Konzessionen für den Betrieb aller Spielbanken im Land einheitlich im Paket ausgeschrieben (so z. B. in Niedersachsen[683]).
Dementsprechend aufwendig ist das Vergabeverfahren ausgestaltet und dementsprechend streng sind die zu erfüllenden Anforderungen.

cc) Anforderungen im Vergabeverfahren: Finanzielle Voraussetzungen

§ 28 Abs. 2 S. 3 Nr. 9 LGlüG BW und § 3a Abs. 2 S. 3 Nr. 3 SpBG RP sehen die Darlegung der rechtmäßigen Herkunft der Mittel im Vergabeverfahren bereits gesetzlich ausdrücklich vor. § 4 Abs. 3 SpBG HE ermächtigt die zuständige Spielbankgemeinde, den Nachweis der rechtmäßigen Mittelherkunft von einem privaten Konzessionsnehmer zu verlangen.

Doch auch in den Ländern, in denen eine solche ausdrückliche gesetzliche Regelung nicht existiert, dürfte regelmäßig die rechtmäßige Herkunft der Mittel durch Vorlage geeigneter Unterlagen im Ausschreibungsverfahren zu belegen sein. Zudem dürfte regelmäßig durch die Forderung von Nachweisen bzw. Erklärungen sichergestellt werden, dass das Unternehmen die erforderliche wirtschaftliche Leistungsfähigkeit besitzt und wirtschaftlich sinnvoll strukturiert ist. Darauf deutet jedenfalls die nähere Betrachtung exemplarischer Vergabeunterlagen, die sogleich unten angestellt wird.

Dabei weist auch die Sicherstellung der wirtschaftlichen Leistungsfähigkeit des Bewerbers einen Bezug sowohl zur Verhinderung von Betreibergeldwäsche

---

679 Vgl. den Wortlaut: „Im Land Nordrhein-Westfalen werden […] vier Spielbanken zugelassen, zwei weitere Spielbanken können zugelassen werden."

680 Wobei insgesamt maximal vier Zweigspielbetriebe zugelassen sind, vgl. § 2 Abs. 2 SpBG RP.

681 Wobei die Höchstzahl von Spielbanken und Zweigstellen insgesamt auf sechs begrenzt ist, § 2 Abs. 3 S. 2 SpBG ST.

682 Höchstzahl bezieht sich auf die Summe von Spielbanken und Zweigstellen.

683 Informationen aus dem Gespräch mit den Spielbanken Niedersachsen.

als auch von Spielergeldwäsche auf. Ein wirtschaftlich stabil operierendes Unternehmen wird sowohl weniger anfällig dafür sein, seinen Betrieb finanziell durch das Waschen von Geldern für Kriminelle zu stützen, als auch weniger versucht, es bei offenbar dubiosen, aber hohe Beträge in die Spielbank einbringenden Kunden „nicht so genau" mit der Anwendung der Anti-Geldwäschevorschriften zu nehmen.

Eine Betrachtung von Ausschreibungen zur Neuvergabe von Spielbankenkonzessionen (hier Berlin (2015/S 127-233080), Mecklenburg-Vorpommern (2015/S 108-196331) und Rheinland-Pfalz (2016/S 012-017089)) zeigt, was u. a. typischerweise verlangt wird. Die sehr ähnlichen, häufig sogar identischen Formulierungen in den Ausschreibungsunterlagen lassen dabei vermuten, dass auch in anderen Ausschreibungen weitgehend gleiche bzw. vergleichbare Voraussetzungen gelten:

- Offenlegung der Jahresabschlüsse der letzten Geschäftsjahre (jedenfalls in Berlin und Mecklenburg-Vorpommern der letzten drei Geschäftsjahre; jedenfalls in Rheinland-Pfalz sowohl für das Unternehmen selbst als auch für die Leitungspersonen),
- Nachweis der finanziellen Leistungsfähigkeit (jedenfalls in Berlin und Mecklenburg-Vorpommern mittels Bankbescheinigung oder Bescheinigung eines unabhängigen Wirtschaftsprüfers),
- Nachweis einer finanziellen Sicherheitsleistung (in Berlin: 3 Mio. Euro; in Mecklenburg-Vorpommern: 150.000 Euro; jeweils aus vorhandenem Kapital oder durch selbstschuldnerische, unwiderrufliche und unbefristete Bankbürgschaft),
- Erklärung über die Abwicklung aller spielbezogenen Zahlungsvorgänge über ein inländisches Konto oder bei einem Kreditinstitut im EU-Ausland (jedenfalls in Berlin und Mecklenburg-Vorpommern),
- Erklärung bzw. Nachweis der Insolvenzfreiheit.

Außerdem wird (jedenfalls in Berlin und Mecklenburg-Vorpommern) eine ausdrückliche Erklärung der legalen Herkunft finanzieller Mittel auf einem eigens dafür vorgesehenen Formblatt verlangt. Mit dieser Erklärung wird insbesondere versichert, dass die finanziellen Mittel nicht aus Geldwäsche stammen und auch in Zukunft nicht hieraus erlangt werden. Ferner wird im Text der Erklärung darauf hingewiesen, dass bei unrichtigen Angaben der Bewerber ausgeschlossen bzw. bei bereits erteilter Erlaubnis diese widerrufen [sic] werden könne.

dd) Anforderungen im Vergabeverfahren: Persönliche Voraussetzungen

Neben den auf die wirtschaftliche Führung des Unternehmens bezogenen Voraussetzungen der Erlaubniserteilung gibt es auch einen umfassenden Katalog von Voraussetzungen zur Gewährleistung der persönlichen Integrität und fachlichen Eignung des Betreibers, der es Personen mit Bezug zum kriminellen Milieu schwer macht, sich für das Betreiben einer Spielbank zu qualifizieren:

- Vorlage eines aktuellen Auszugs aus dem Gewerbezentralregister nach § 150 Abs. 1 GewO,
- Vorlage eines aktuellen Führungszeugnisses zur Vorlage bei einer Behörde nach § 30 Abs. 5 BZRG (jedenfalls in Rheinland-Pfalz und Mecklenburg-Vorpommern),
- Erklärung über anhängige oder abgeschlossene Straf- und Ermittlungsverfahren (jedenfalls in Berlin und Mecklenburg-Vorpommern),
- Einverständniserklärung zur Einholung einer unbeschränkten Auskunft aus dem Bundeszentralregister gemäß § 41 Abs. 1 Nr. 2 BZRG (jedenfalls in Berlin und Mecklenburg-Vorpommern),
- Einverständniserklärung zur Einholung weiterer Auskünfte bei Behörden bzw. Dritten, insbesondere bei Staatsanwaltschaften und Polizeibehörden, zur Überprüfung der uneingeschränkten Zuverlässigkeit (jedenfalls in Berlin und Mecklenburg-Vorpommern) bzw. Erklärung über die Befreiung der Finanzbehörden vom Steuergeheimnis, um Auskünfte an das Land zu ermöglichen (jedenfalls in Rheinland-Pfalz),
- Vorlage von Unbedenklichkeitsbescheinigungen des Finanzamts und der Sozialversicherungsträger,
- Vorlage eines aktuellen Handelsregisterauszugs,
- Vorlage eines Lebenslaufs (jedenfalls in Berlin und Rheinland-Pfalz),
- Vollständige Offenlegung aller Inhaber- und Beteiligungsverhältnisse sowie weiterer Aktivitäten im Glücksspielbereich,
- Darstellung der bisherigen Tätigkeit am Glücksspielmarkt (jedenfalls in Berlin und Mecklenburg-Vorpommern).

In Rheinland-Pfalz besteht gemäß § 3a Abs. 4 S. 2 SpBG RP sogar die Möglichkeit, Erkenntnisse der Sicherheitsbehörden des Bundes und der Länder zur persönlichen Zuverlässigkeit und Eignung des Bewerbers, zu den Beteiligungsverhältnissen im Unternehmen, zur rechtmäßigen Herkunft der Mittel und zur evtl. Veranstaltung unerlaubten Glücksspiels durch den Bewerber abzufragen. Von dieser Abfragemöglichkeit umfasst sind insbesondere die deutschen

Nachrichtendienste und das Bundeskriminalamt.[684] Über die für die internationale Zusammenarbeit zuständigen Bundesbehörden ist auch ein Zugriff auf die Erkenntnisse ausländischer Sicherheitsbehörden möglich.[685]

Die gesetzliche Begründung verweist ausdrücklich darauf, dass im Rahmen der gebotenen europaweiten Ausschreibung einer Spielbankenerlaubnis nur durch eine solche umfassende Abfragemöglichkeit Betreiberkriminalität entgegengewirkt werden könne.[686] Es müsse verhindert werden, dass in anderen Staaten kriminell erlangtes Geld in den Spielbankenbetrieb investiert werde oder Personen mit kriminellem Hintergrund leitende Posten bei einer Spielbank bekleideten.[687] Das zeigt, dass jedenfalls der rheinland-pfälzische Gesetzgeber Betreibergeldwäsche durch Spielbanken durchaus als Risiko ernstnimmt.

b) Eigenheiten des Spielbankenbetriebs als risikomindernder Faktor

Lassen also bereits die Anforderungen im Erlaubnisverfahren eine Betreibergeldwäsche durch Spielbanken für Kriminelle wenig reizvoll erscheinen, ist zudem ist die Gründung eines Spielbankunternehmens mit erheblichem finanziellem und tatsächlichem Aufwand verbunden.

Um nur einige wesentliche Aspekte zu nennen: Angesichts des großzügigen Erscheinungsbilds einer Spielbank (s. bereits o. Teil 3 A.) ist die Anmietung bzw. der Erwerb entsprechend großer Räumlichkeiten erforderlich. Soll auch klassisches Spiel angeboten und nicht nur eine Automaten-Dependance betrieben werden, müssen die entsprechenden komplexen – vgl. nur § 10 Abs. 1 SpiVO NRW – Spielgerätschaften angeschafft und für den anspruchsvollen Beruf des Croupiers[688] ausgebildete Personen gesucht und eingestellt werden. Um der in allen Ländern bestehenden gesetzlichen Verpflichtung zur Einrichtung einer Videoüberwachungsanlage (s. o. Teil 3 G. III. 1) b) ff)) nachzukommen, müssen wiederum technische Gerätschaften angeschafft und für den Sicherheitsbereich ausgebildete Personen eingestellt werden.

Das alles steht im Widerspruch zu den Voraussetzungen, die eine Branche für einen Kriminellen für Betreibergeldwäsche durch Gründung eines Unternehmens mit Geldern illegaler Herkunft interessant machen: keine oder nur wenige behördliche Kontrollen vor Aufnahme der Tätigkeit, schnelle und

684 Vgl. LT-Drs. RP 16/5542, S. 14.
685 LT-Drs. RP 16/5542, S. 14.
686 LT-Drs. RP 16/5542, S. 14.
687 LT-Drs. RP 16/5542, S. 14.
688 Etwa ISA-Guide, Veröff. v. 28.04.2015; vgl. auch § 1 Abs. 2 Nr. 3 SpiVO NRW.

unproblematische Aufnahme des Betriebs und geringe Auffälligkeit einzelner Niederlassungen.[689] Damit scheidet eine Betreibergeldwäsche durch Gründung eines Spielbankunternehmens weitgehend aus.

c) Risiko des Einbringens illegal erlangter Gelder in den laufenden Spielbetrieb

Unabhängig davon bleibt das Risiko, dass private Betreiber illegal erlangte Gelder in ein einmal laufendes Spielbankunternehmen einbringen und mit dem Unternehmenskapital vermengen oder über das Spiel selbst Gelder waschen, indem sie etwa die entsprechenden Beträge von in der Spielbank spielenden Komplizen absichtlich an die Spielbank verlieren lassen.

Ersterem Risiko wird aber bereits dadurch entgegengewirkt, dass in den Ausschreibungen für eine Spielbankenerlaubnis regelmäßig eine Erklärung über die Abwicklung aller spielbezogenen Zahlungen über ein inländisches Konto bzw. bei einem Kreditinstitut im EU-Ausland gefordert wird (s. o. unter Teil 3 G. III. 2) a) cc)). Damit ist der Spielbankbetreiber auf die Nutzung von Kreditinstituten angewiesen, die selbst dem Geldwäschegesetz (jedenfalls im Falle von inländischen Instituten) bzw. der europäischen Geldwäscherichtlinie und ihrer jeweiligen Umsetzung in nationales Recht unterliegen. Insofern wirken die im Sekundärrecht und im jeweiligen nationalen Recht geschaffenen Geldwäschekontrollmechanismen für Kredit- und Finanzinstitute auch in den Spielbankenbereich hinein.

Hinsichtlich letzteren Risikos ist zu berücksichtigen, dass Spielbanken einer laufenden Präsenzüberwachung durch die Finanzbehörden unterliegen. So sind in den Spielbanken als solche nicht bzw. nur für den regelmäßigen oder in der Beobachtung der Abläufe geschulten Besucher erkennbare Finanzbeamte eingesetzt, die die Spielabläufe genauestens beobachten, ohne selbst am Spiel teilzunehmen.[690] Sie begleiten den gesamten Spieltag und auch die Schlussabrechnung am Ende des Tages. Zudem verfügen sie regelmäßig über die Befugnis zur Einsichtnahme in die Bilder der in jeder Spielbank installierten Videoüberwachungsanlage.[691]

---

689 Vgl. *Fiedler/Krumma/Zanconato/McCarthy/Reh*, Das Geldwäscherisiko verschiedener Glücksspielarten, S. 138.

690 Vgl. etwa für Baden-Württemberg *Böhm*, Eßlinger Zeitung v. 02.01.2017; für Niedersachsen *Bonath*, tacker 1-2/2011, 11 (11); für Hamburg *Jenssen*, Welt.de v. 08.12.2009.

691 Vgl. dazu bspw. die detaillierten Vorgaben zum Table Management System in § 13 Abs. 9 SpBG NRW.

Jedenfalls die oben[692] bereits in den Blick genommene Ausschreibung einer Spielbankerlaubnis in Mecklenburg-Vorpommern fordert überdies vom Bewerber, dass dieser in jeder Spielstätte den Revisoren einen eigens für sie eingerichteten Raum zur Verfügung stellt, um die Wahrnehmung ihrer Aufgaben zu erleichtern.[693]

Angesichts der Bedeutung, die die finanzielle Überwachung der Spielbanken und die Sicherstellung der korrekten Bemessung der Spielbankabgabe für die Länder hat, ist davon auszugehen, dass die anderen Länder in ähnlicher Weise die effektive Finanzaufsicht sichern. Dass der Spielbankenbetreiber das zu waschende Geld von Komplizen an die Spielbank verlieren lässt, scheint unter diesen Umständen zwar möglich, angesichts der dargestellten Präsenzüberwachung in der Spielbank selbst aber eher gering.

Nicht ganz auszuschließen ist die Möglichkeit, dass die Finanzbeamten mit dem Spielbankbetreiber bzw. mit dem Personal in krimineller Weise kooperieren. In Hittfeld wurde ein Fall bekannt, in dem Saalchef, Kassierer, Finanzaufsichtsbeamter und Tischchef miteinander kooperierten, um unbemerkt an Geld aus der Spielbankkasse zu gelangen und dieses unter sich aufzuteilen.[694] Dazu unterschrieben Sie gemeinsam einen Zettel über eine angebliche Tischnachlage, die aber tatsächlich nicht an den Tisch gebracht, sondern von den Komplizen der Kasse entnommen wurde.[695] Zwar ging es in diesem Fall nicht um Geldwäsche, eine ähnliche Kooperation scheint aber auch für Fälle der Geldwäsche zumindest theoretisch denkbar.

Dass eine solche kriminelle Kooperation von Aufsicht und Beaufsichtigtem im Spielbankenbereich öfter vorkommt, ist aber nicht ersichtlich. Zudem zeigt der Fall in Hittfeld, dass angesichts der vielschichtigen organisatorischen Abläufe in einer Spielbank bei einer kriminellen Kooperation eine Vielzahl von Personen auf unterschiedlichen Ebenen für das gemeinsame und riskante, weil strafbare Projekt gewonnen werden muss. Eine solche Kooperation herzustellen ist schwierig. Diese tatsächlichen Schwierigkeiten senken das Risiko einer Durchführung des kriminellen Projekts erheblich.

In diesem Zusammenhang ist auch zu berücksichtigen, dass in allen Spielbanken in Deutschland ein Spielverbot für Personen besteht, die für das

---

692 S. o. unter Teil 3 G. III. 2) a) cc).

693 MfIuS MV, Ausschreibung, Formblatt E-6 UPkt. A. II.

694 *Wahba*, Hamburger Abendblatt v. 04.08.2004.

695 *Wahba*, Hamburger Abendblatt v. 04.08.2004.

Spielbankunternehmen selbst tätig sind.[696] Eine kriminelle Kooperation, im Rahmen derer absichtlich Beträge beim Spiel an die Spielbank verloren gehen, muss also notwendig außerhalb der Spielbank stehende Personen beteiligen.

IV. Prüfung der Vorschriften zur Identifizierung von Kunden und zu Aufzeichnung und Speicherung von Kundendaten

Ist nach den vorangegangenen Untersuchungen das Risiko der Spieler- und insbesondere der Betreibergeldwäsche in deutschen Spielbanken als gering anzusehen, sind nunmehr auf Grundlage dieser Ergebnisse die Vorschriften zur Geldwäscheprävention und -bekämpfung in Spielbanken an den unter Teil 2 C. III. zusammengefassten Maßstäben zu prüfen. Zunächst sollen dabei die Vorschriften zur Identifizierung von Kunden und zur Aufzeichnung und Speicherung von Kundendaten betrachtet werden.

1) Anwendbarkeit europäischer Grundrechte

Vorab sind allerdings die anwendbaren Maßstäbe festzustellen. Wie unter Teil 2 C. I. 1) a) dargelegt, hängt die Prüfung europäischer Grundrechte nach der hier gewählten Herangehensweise davon ab, ob die in Betracht stehenden Vorschriften des Geldwäschegesetzes für Spielbanken Umsetzung zwingenden Sekundärrechts sind. Da Spielbanken zwingend zum Kreis der Verpflichteten zählen,[697] ist dies dann der Fall, wenn die in Betracht stehenden Vorschriften ohne Einräumung eines Gestaltungsspielraums in der vierten Geldwäscherichtlinie selbst vorgesehen sind und vom nationalen Gesetzgeber bei der Umsetzung „1 zu 1“ in nationales Recht übernommen wurden.

Die für Spielbanken in erster Linie maßgebliche Identifizierungspflicht bei Erreichen der 2.000 Euro-Schwelle nach § 10 Abs. 5 GwG ist in Art. 11 lit. d) 4. GwRL vorgesehen.[698] Auch die Erleichterung der Identifizierung bei Betreten ist in der Richtlinie selbst vorgesehen, nämlich in Erwägungsgrund Nr. 21 4. GwRL. Die Aufzeichnungs- und Aufbewahrungspflichten hinsichtlich der bei Erfüllung

---

696 § 29 Abs. 2 Nr. 2 u. 3 LGlüG BW; § 3 Nr. 2 SpBO BY; § 8 Nr. 2–4 SpBG BE; § 1 Nr. 5 SpielOV BB; § 4 Abs. 1 Nr. 3–5 SpBO HB; § 5 Nr. 1 lit. e) u. f) SpielO HH; § 6 Abs. 1 Nr. 3 u. 4 SpielO HE; § 4 Nr. 3–5 SpielO MV; § 4 SpielO NI; § 9 Abs. 3 SpBG NRW; § 4 Abs. 1 Nr. 1–4 SpielO RP; § 3 Nr. 4 SpBO SL; § 2 Abs. 3 SpBO f. d. SpB Leipzig, Dresden bzw. Chemnitz; § 6 Abs. 2 S. 1 Nr. 1–4 SpBG ST; § 4 Abs. 1 Nr. 6–8 SpBVO SH; § 5 Abs. 2 S. 1 Nr. 1–4 SpBO TH.

697 S. o. unter Teil 2 B. II. 2) a) bb).

698 BT-Drs. 18/11555, S. 117.

der Kundensorgfaltspflichten erhobenen Informationen und die Fristen nach § 8 Abs. 1 Nr. 1, Abs. 4 GwG sind in Art. 40 Abs. 1 4. GwRL vorgesehen,[699] wobei lediglich die Anknüpfungszeitpunkte für den Fristbeginn geringfügig auseinanderfallen.

Insofern räumt Erwägungsgrund Nr. 44 4. GwRL den Mitgliedstaaten ein gewisses Ermessen ein. Insgesamt sind damit die Identifizierungs- sowie auch die Aufzeichnungs- und Aufbewahrungspflichten zumindest hinsichtlich des Aufbewahrungszeitraums ab dem frühestmöglichen Anknüpfungszeitpunkt für den Fristbeginn (Durchführung der fraglichen Transaktion durch den Spielbankenspieler) durch Sekundärrecht determiniert.

Die Vorschriften der Landesgesetze zu Sperr- und Besucherdateien[700] hingegen sind keine Umsetzung zwingenden Sekundärrechts und damit am Maßstab des Grundgesetzes zu messen.

2) Prüfung am Maßstab von Art. 16 GRCh

Zunächst soll die Vereinbarkeit der Vorschriften mit Art. 16 GRCh betrachtet werden.

a) Prüfung der allgemeinen Kundenidentifizierungspflichten und der damit verbundenen Datenaufzeichnungspflichten

Die Betrachtung gilt dabei zunächst den allgemeinen Kundenidentifizierungspflichten und den damit verbundenen Datenaufzeichnungspflichten.

aa) Eröffnung des Schutzbereichs von Art. 16 GRCh

(1) Persönlicher Schutzbereich

Geschützt sind nach hier vertretener Ansicht[701] private Spielbankenbetreiber, nicht aber staatliche Betreiber und von der öffentlichen Hand beherrschte Betreiberunternehmen in Privatrechtsform.

(2) Sachlicher Schutzbereich

Da die unternehmerische Freiheit jede selbständige wirtschaftliche Betätigung schützt,[702] fällt auch das Betreiben einer Spielbank darunter. Während

---

699 BT-Drs. 18/11555, S. 114.

700 S. o. unter Teil 3 E. II. 4).

701 S. o. unter Teil 3 G. I. 2. b).

702 S. o. unter Teil 2 C. I. 1) d) aa).

die Einordnung des Betreibens einer Spielbank als Beruf auf nationaler Ebene teilweise mit der Überlegung bezweifelt wird, dass der in Grenzen legale Spielbankbetrieb der Kanalisierung des menschlichen Spieltriebs und damit der Gefahrenabwehr diene,[703] ist dies im Hinblick auf Art. 16 GRCh unproblematisch. Hier ist jede wirtschaftliche Aktivität geschützt.[704] Auch der in der nationalen Grundrechtsdogmatik klassische Streit, ob verbotene oder schlechthin sozialschädliche Tätigkeiten von vorneherein aus dem Schutzbereich von Art. 12 Abs. 1 GG herausfallen,[705] spielt – soweit ersichtlich – im Hinblick auf Art. 16 GRCh keine Rolle.[706]

bb) Eingriff in den Schutzbereich von Art. 16 GRCh

Die gesetzlichen Vorgaben zu Kundenidentifizierung und Datenaufzeichnung stellen eine spürbare Belastung für die Betriebsabläufe einer Spielbank dar. Insbesondere die hier wegen ihres spezifisch geldwäscherechtlichen Charakters zuvörderst zu betrachtende Identifizierungspflicht nach § 10 Abs. 5 GwG i. V. m. der Aufzeichnungspflicht nach § 8 Abs. 1 S. 1 GwG ist in der Umsetzung durch das Spielbankenpersonal mit einem nicht unwesentlichen Zeit- und Arbeitsaufwand verbunden.

Ein wesentlicher Grund dafür ist die in den Spielbanken bestehende Möglichkeit, Jetons auch während des Spiels direkt am Tisch zu erwerben.[707] Gerade bei Spielern, die sich längere Zeit in der Spielbank und an einzelnen Tischen aufhalten und um größere Summen spielen – bei Spielern also, bei denen die Identifizierungspflicht nach § 10 Abs. 5 GwG häufig relevant wird – ist der Jetonerwerb am Tisch selbst sogar die Regel. Auf diese Weise kann der Spieler eine Unterbrechung des Spielflusses und die Besetzung seines Platzes am Spieltisch während seiner Abwesenheit vermeiden.

Um der Identifizierungspflicht nachzukommen, muss das Personal am Spieltisch also ggf. das aktuelle Spiel unterbrechen und eine Identifizierung mittels der geeigneten Dokumente durchführen[708] oder zumindest sicherstellen, dass eine Verknüpfung des Gastes mit den bei der Eingangsidentifizierung erhobenen Daten erfolgt. Da die Identifizierungspflicht auch dann besteht, wenn der

---

703 S. dazu ausführlich Teil 2 C. II. 1) a) bb).
704 *Jarass*, GRCh, Art. 16 Rn. 8.
705 S. dazu ausführlich Teil 2 C. II. 1) a) bb).
706 Vgl. *Jarass*, GRCh, Art. 16 Rn. 8.
707 Eigene Beobachtung; vgl. auch *Bockelmann*, Das Geldwäschegesetz, S. 73.
708 S. o. unter Teil 3 E. I. 1) b).

Schwellenbetrag erst in der Summe durch den sukzessiven Erwerb von Jetons erreicht wird,[709] möglicherweise sogar an unterschiedlichen Spieltischen, entsteht zusätzlicher Aufwand dadurch, dass größere Transaktionen während des Spiels nachgehalten und aufaddiert werden müssen. Dazu muss das Personal am Spieltisch selbst Aufzeichnungen fertigen oder dem Saalchef größere Transaktionen und den sie tätigenden Spieler signalisieren, die dieser dann zentral festhält.

Eine ungefähre Abschätzung der mit der Identifizierungs- und Aufzeichnungspflicht nach § 10 Abs. 5 i. V. m. § 8 Abs. 1 S. 1 GwG verbundenen Belastung für Spielbanken lässt sich aus den Gesetzgebungsmaterialien zum Geldwäschebekämpfungsergänzungsgesetz vom 13.08.2008 (BGBl. I S. 1690) ableiten,[710] da § 3 Abs. 3 GwG a. F. durch die Neufassung des § 10 Abs. 5 GwG nicht wesentlich verändert wurde.[711]

In der dortigen Gesetzesbegründung geht es zwar nicht direkt um die Berechnung der Kostenbelastung für Spielbanken durch die genannten Vorschriften, sondern umgekehrt um die Berechnung der Reduzierung von Bürokratiekosten für Spielbanken durch die Heraufsetzung der Schwelle für die Auslösung von Identifizierungspflichten von 1.000 auf 2.000 Euro. Die Berechnungsgrundlagen lassen aber Rückschlüsse darauf zu, wie hoch der Gesetzgeber die Belastung durch die Identifizierung und Aufzeichnung nach § 10 Abs. 5 i. V. m. § 8 Abs. 1 S. 1 GwG[712] veranschlagt.

So werden für die durchschnittliche Arbeitsdauer zur Erfüllung der genannten Pflichten fünf Minuten angesetzt.[713] Unter Zugrundelegung der ferner angesetzten Personalkosten von 27,50 Euro pro Stunde für die Erbringung sonstiger Dienstleistungen bei mittlerem Qualifikationsniveau[714] ergeben sich somit Kosten von ca. 2,29 Euro (= 27,50 Euro/12) für die Bearbeitung eines Falls.

Das mag nicht sonderlich hoch erscheinen. Beachtlich ist aber, dass die Zahl der Fälle, in denen eine Identifizierung aufgrund der Heraufsetzung der einschlägigen Schwelle künftig nicht mehr erforderlich sein soll – die Fälle also, in denen eine Transaktion mindestens 1.000, aber weniger als 2.000 Euro beträgt – vom Gesetzgeber bei nur etwa 70 deutschen Spielbanken[715] auf immerhin

709 S. o. unter Teil 3 E. I. 1) a) aa).
710 BT-Drs. 16/9038, S. 26.
711 BT-Drs. 18/11555, S. 117.
712 Vgl. BT-Drs. 16/9038, S. 26 Abs. 4 S. 1.
713 BT-Drs. 16/9038, S. 26.
714 BT-Drs. 16/9038, S. 26.
715 S. o. unter Teil 3 B.

1,84 Millionen veranschlagt wird.[716] Auch wenn sich daraus nicht ohne weiteres eine Abschätzung der Zahl der Fälle ableiten lässt, in denen Transaktionen die 2.000-Euro-Schwelle erreichen oder überschreiten, lässt sich doch jedenfalls daraus ersehen, dass Transaktionen im vierstelligen Bereich in Spielbanken keine Seltenheit sind.

cc) Rechtfertigung des Eingriffs

Die in Betracht stehenden, in nationales Recht umgesetzten Vorschriften des Sekundärrechts sind formelle Gesetze und genügen somit grundsätzlich dem Gesetzesvorbehalt des Art. 51 Abs. 1 S. 1 GRCh. Der Eingriff muss sich ferner an den unter Teil 2 C. I. 1) e) dargelegten Schranken-Schranken, insbesondere am Verhältnismäßigkeitsgebot messen lassen. Da dessen Elemente im Wesentlichen wie in der deutschen Grundrechtsdogmatik bestimmt werden,[717] kann unter Zugrundelegung des unionsrechtlichen Verständnisses mit den aus der nationalen Dogmatik bekannten Definitionen gearbeitet werden.

(1) Geeignetheit

Dass die Identifizierungsvorschriften mit der Bekämpfung von Geldwäsche sowohl im präventionsrechtlichen als auch im strafrechtlichen Sinn einen legitimen Zweck verfolgen, steht außer Zweifel. Ihre Geeignetheit zur Erreichung dieses Zwecks bedarf jedoch einer näheren Betrachtung.

Geeignetheit bedeutet, dass das gewählte Mittel den angestrebten Zweck objektiv zumindest fördert.[718] Die Identifizierung nach § 10 Abs. 5 GwG verhindert Anonymität bei größeren Transaktionen oder schafft jedenfalls dadurch einen vergrößerten Aufwand zu ihrer Wahrung, dass der Geldwäscher sich gefälschter Ausweisdokumente oder Strohmänner bedienen muss, wenn er seine Identität geheim halten will. Anonymität wiederum wird gemeinhin als ein wesentlicher Faktor zur Begünstigung von Geldwäsche aufgefasst.[719] Wann und in welchem Maße dem so ist, hängt allerdings von der betrachteten Fallgruppe ab:

---

716 BT-Drs. 16/9038, S. 26.

717 S. o. unter Teil 2 C. I. 1) e).

718 Etwa *Sachs*, in: ders., GG, Art. 20 Rn. 150.

719 Etwa *Fiedler/Krumma/Zanconato/McCarthy/Reh*, Das Geldwäscherisiko verschiedener Glücksspielarten, S. 130; Gambling Commission, Guidance v. Feb. 2021, Ziff. 2.22 UPkt. 9.

(a) *Verspielen von bemakeltem Geld zum reinen Amusement*

Betrachtet seien zunächst die Fälle, in denen die Geldwäsche gerade darin liegt, dass der Täter illegal erlangte Gelder zum reinen Amusement verspielt. In diesen Fällen wird die Identifizierung durch die Spielbank vom Geldwäscher als störend empfunden. In Verbindung mit der Aufzeichnung und Aufbewahrung führt sie dazu, dass seine Daten für die Dauer von mindestens fünf Jahren gespeichert werden und im Falle eines Ermittlungsverfahrens wegen der Vortat möglicherweise zur Aufklärung der Vortat beitragen. Der Geldwäscher hat daher ein uneingeschränktes Interesse an der Wahrung seiner Anonymität.

(b) *Durchführung eines der Grundmodelle der Geldwäsche in Spielbanken*

Betrachtet seien weiter die Fälle, in denen der Geldwäscher eines der Grundmodelle der Geldwäsche in Spielbanken wählt, bei denen er nach minimalem oder risikovermeidendem Spiel die verbleibenden Jetons wieder in Bargeld eintauscht. Auch hier bergen Identifizierung und Datenaufzeichnung für den Geldwäscher das Risiko, dass die Aufdeckung der Vortat erleichtert wird. Insbesondere wird der Geldwäscher die Erregung eines Geldwäscheverdachts und eine Meldung des Verdachtsfalls gemäß § 43 Abs. 1 GwG vermeiden wollen.

Die bloße Identifizierung und Aufzeichnung ohne Erregung eines Geldwäscheverdachts muss aber den Zielen des Geldwäschers nicht unbedingt abträglich sein. Im Gegenteil werden in der Literatur Fälle beschrieben, in denen ein Geldwäscher bei der Einlösung von Spielmarken bewusst die einschlägige Identifizierungsschwelle überschreitet, um den legitimen Anschein der Herkunft seiner Gelder zu verstärken.[720]

Das könnte auch im vorliegenden Fall kriminell sinnvoll sein: Ohne die Identifizierung hätte der Geldwäscher im Wesentlichen wieder nur Bargeld für Bargeld in der Hand. Mit Identifizierung und Aufzeichnung kann er insbesondere in einem Ermittlungsverfahren gegen ihn überzeugend darlegen, in einer Spielbank gewesen zu sein.

Da dadurch aber eben nicht der Gewinn des Geldes, sondern lediglich die Auszahlung des Geldes durch eine Spielbank belegt wird, sind die Erfolgsaussichten dieser Vorgehensweise zweifelhaft. Die Identifizierung ist auch keine notwendige Voraussetzung, um den Aufenthalt in einer Spielbank zu belegen: Diesen Zweck können auch die Vorlage einer Papiereintrittskarte[721] oder

---

720 FATF, Vulnerabilities of Casinos and Gaming Sector, S. 33 [Case 9].

721 Vgl. bereits o. Teil 3 G. III. 1) b).

Zeugenaussagen des Spielbankenpersonals erfüllen. Insgesamt ist der Verlust der Anonymität für den Geldwäscher eher nachteilhaft, so dass eine Identifizierung den Zweck der Geldwäschebekämpfung fördert.

(c) Durchführung einer Geldwäschevariante mit Erhalt eines objektiven Nachweises

Betrachtet seien schließlich die Fälle, in denen der Geldwäscher eine Vorgehensweise wählt, bei der er einen objektiven Nachweis für das ausgezahlte Geld erhält. Legt es der Geldwäscher darauf an, in den Besitz eines Schecks oder eines Überweisungsbelegs zu gelangen, könnte erwogen werden, ob er sich nicht ohnehin bereits zwecks Durchführung der bargeldlosen Auszahlung identifizieren müsste. Das ist aber nicht zwingend der Fall.

Hinsichtlich der Auszahlung per Scheck ist zu berücksichtigen, dass der Name des Empfängers kein notwendiger Bestandteil eines Schecks ist, vgl. Art. 1 ScheckG. Die Auszahlung erfolgt – sofern es sich nicht um einen Order- oder Rektascheck, sondern um einen Inhaberscheck handelt[722] – auch „an Überbringer". Der Inhaberscheck ist zudem gegenüber dem Orderscheck in der Praxis mehr verbreitet, während der Rektascheck fast nicht vorkommt.[723] Diese Überlegungen gelten auch für den Verrechnungsscheck,[724] dessen Besonderheit nicht in der Bindung an einen bestimmten Berechtigten, sondern in der Weise der Auszahlung liegt, die nicht in bar erfolgen darf (Art. 39 Abs. 1 u. 2 ScheckG).

Hinsichtlich der Überweisung ist vorstellbar, dass der Geldwäscher die Auszahlung an einen eingeweihten Dritten veranlasst, um seine eigene Identität zu schützen. Im Übrigen gilt aber ähnliches wie im vorangegangenen Abschnitt ausgeführt. Eine (freiwillige) Identifizierung schon im Rahmen der bargeldlosen Auszahlung mag sogar von Interesse für den Geldwäscher sein, da er anschließend einen auf seinen Namen lautenden objektiven Nachweis einer Auszahlung durch die Spielbank in Händen hält, den er im legalen Geschäftsverkehr vorlegen kann. Nicht im Sinne des Geldwäschers sind aber die Aufzeichnung und Aufbewahrung seiner Daten nach § 8 GwG, da sie im Falle eines Ermittlungsverfahrens möglicherweise Rückschlüsse auf ihn zulassen. Insofern ist die Identifizierung in Verbindung mit der Aufzeichnung und Aufbewahrung der Daten geeignet, den Zweck der Geldwäschebekämpfung zu fördern.

---

722 Vgl. *Bülow*, WG/ScheckG, 2. Teil Einf. Rn. 4.

723 *Hakenberg*, in: Ebenroth/Boujong/Joost/Strohn, HGB, Bd. 2, Bank- und Börsenrecht II. Anh. 2. Rn. 45 u. 68.

724 Vgl. dazu LT-Drs. BY 16/11763, S. 5.

(2) Erforderlichkeit

(a) Höhe der Schwelle zur Auslösung der Identifizierungspflicht

Unter dem Gesichtspunkt der Erforderlichkeit kann in Erwägung gezogen werden, ob die Festlegung einer höheren Schwelle zur Auslösung der Identifizierungspflicht und damit eine Verringerung der von den Spielbanken zu bearbeitenden Fällen das Ziel der Geldwäschebekämpfung ebenso effektiv erreichen würde. Die Nutzung einer Spielbank zu Geldwäschezwecken wird für Kriminelle erst durch die Möglichkeit attraktiv, dort größere Transaktionen (insbesondere Bargeldtransaktionen) durchführen zu können.[725] Die Festlegung einer allzu niedrigen Transaktionsschwelle ist also nicht erforderlich.

Im Vergleich zu der in § 10 Abs. 3 Nr. 2 lit. b) GwG geregelten Transaktionsschwelle von 15.000 Euro fällt ins Auge, dass die Schwelle für Spielbanken deutlich niedriger angesetzt ist. Eine ausdrückliche Begründung dafür lässt sich den europäischen Gesetzgebungsmaterialien nicht entnehmen. In der Begründung zum Vorschlag zur zweiten Geldwäscherichtlinie, mit der Kasinos erstmals als Verpflichtete in das Sekundärrecht aufgenommen wurden, heißt es dazu: „Für die Feststellung der Identität von Kasinokunden, die Spielmarken kaufen, wird eine besondere Schwelle festgelegt."[726]

Ein plausibler Grund hierfür dürfte sein, dass Transaktionen in einer Spielbank in deutlich höherer Frequenz getätigt werden, als dies bei einem Kreditinstitut der Fall ist.[727] In einer Spielbank kann daher auch mit vergleichsweise kleinen Einzeltransaktionen in kurzer Zeit eine hohe Geldsumme umgesetzt werden. Das rechtfertigt es, die Schwelle für einzelne Transaktionen niedrig anzusetzen.

Nicht unproblematisch bei dieser Argumentation ist, dass die Identifizierungsschwelle allerdings nicht nur durch Einzeltransaktionen, sondern auch durch die Summe miteinander in Zusammenhang stehender Transaktionen erreicht werden kann.[728] Dann aber ist nicht recht ersichtlich, weshalb nicht auch im Spielbankenbereich eine höhere Schwelle ausreichen sollte. Praktisch ist es in einer Spielbank aber weitaus schwieriger als in einem Kreditinstitut, einzelne

---

725 *Diegmann/Hoffmann/Ohlmann*, Praxishandbuch für das gesamte Spielrecht, Rn. 263; FATF, Vulnerabilities of Casinos and Gaming Sector, Ziff. 87.

726 Abschn. „Bemerkungen zu den einzelnen Artikeln" > „Neuer Artikel 2a" der Begründung zum Richtlinienvorschlag ABl. Nr. C 177 E v. 27.06.2000, S. 14.

727 Zur Spielfrequenz als Risikofaktor für Geldwäsche *Fiedler/Krumma/Zanconato/McCarthy/Reh*, Das Geldwäscherisiko verschiedener Glücksspielarten, S. 130.

728 S. o. unter Teil 3 E. I. 1) a) aa).

Transaktionen nachzuhalten und aufzusummieren. Aus diesem Grund wird die Spielbank faktisch häufig nur an Einzeltransaktionen anknüpfen können.

Sprechen somit überzeugende Gründe für ein vergleichsweise niedriges Ansetzen der Identifizierungsschwelle bei Spielbanken, ist ferner zu bemerken, dass den Spielbanken bereits durch eine Heraufsetzung der Identifizierungsschwelle von 1.000 Euro auf 2.000 Euro im Zuge des Erlasses der dritten Geldwäscherichtlinie entgegengekommen wurde (vgl. Art. 1 Nr. 3 2. GwRL [„Artikel 3 [...] Abs. 5"] ggü. Art. 10 Abs. 1 3. GwRL).[729]

Die Kommission hatte ursprünglich im Erstentwurf der dritten Geldwäscherichtlinie eine Beibehaltung der 1.000-Euro-Schwelle aus der zweiten Geldwäscherichtlinie vorgesehen.[730] Das Europäische Parlament hingegen hatte, gestützt auf die Stellungnahmen des Ausschusses für Wirtschaft und Währung und des Ausschusses für Binnenmarkt und Verbraucherschutz, in erster Lesung eine Anhebung auf 3.000 Euro gefordert.[731] Die Ausschüsse hatten in ihren Stellungnahmen eine Schwelle von 1.000 Euro als unverhältnismäßig niedrig gerügt und eine ungerechtfertigte und übermäßige Beeinträchtigung des Spielbankenbetriebs durch die niedrige Ansetzung der Schwelle befürchtet.[732] Mit der Forderung nach einer Schwelle in Höhe von 3.000 Euro entsprachen die Ausschüsse dabei ausdrücklich[733] den Empfehlungen der FATF für den Kasinobereich.[734]

Letztlich einigten sich Kommission, Rat und Parlament in einem informellen Gespräch auf eine Schwelle von 2.000 Euro.[735] Durch die Anhebung der einschlägigen Schwelle hat sich – geht man von einer im Wesentlichen zutreffenden Abschätzung und Vorhersage durch den Gesetzgeber aus – die Arbeitsbelastung zur Umsetzung der Identifizierungspflicht spürbar verringert.[736]

---

729 Vgl. auch FATF, Mutual Evaluation Report Germany, Ziff. 888.

730 Europäische Kommission, Vorschlag v. 30.06.2004, KOM(2004) 448 endgültig, S. 5 [Erl. zu Art. 9] u. 20 [Art. 9 Abs. 1 RL-Vorschlag].

731 Europäisches Parlament, Bericht v. 03.05.2005, A6-0137/2005 endgültig, S. 46 [Änderungsantrag 79].

732 Europäisches Parlament, Bericht v. 03.05.2005, A6-0137/2005 endgültig, S. 115 [Änderungsantrag 28] u. 134 [Änderungsantrag 6].

733 Europäisches Parlament, Bericht v. 03.05.2005, A6-0137/2005 endgültig, S. 115 [Änderungsantrag 28] u. 134 [Änderungsantrag 6].

734 FATF, Recommendations (2003), Interpretative Note zu Recommendations 5, 12 and 16 [UPkt. 2].

735 Rat der Europäischen Union, Informatorischer Vermerk v. 27.05.2005, 9317/05, S. 1 u. Anl. S. 42 [Abänderung 184].

736 S. zu den Auswirkungen in der Praxis o. unter Teil 3 G. IV. 2) a) bb).

(b) Identifizierung des Kunden bei Betreten der Spielbank

Ein weiteres Zugeständnis an Spielbanken war, dass der Identifizierungspflicht auch durch Identifizierung des Kunden bei Betreten der Spielbank nachgekommen werden kann, auch wenn dabei die Zuordnung einschlägiger Transaktionen zum jeweiligen Kunden sichergestellt sein muss (Art. 10 Abs. 2 3. GwRL; vgl. dazu Erwägungsgrund Nr. 21 S. 4 4. GwRL). Dies hatte das Europäische Parlament im Rahmen des Gesetzgebungsverfahrens zur zweiten Geldwäscherichtlinie erwirkt, da es ohne diese Erleichterung erhebliche und nicht mehr hinnehmbare Beeinträchtigungen des Spielbetriebs befürchtet hatte.[737] Immerhin wird durch diese Regelung aber die für Spielbanken belastende Notwendigkeit zur Unterbrechung des Spielflusses bei einer Identifizierung am Spieltisch vermieden.

(c) Zwischenergebnis zur Erforderlichkeit

Nach den vorangegangenen Ausführungen stellen sich damit die Identifizierungsvorschriften und die damit verbundenen Aufzeichnungsvorgaben als erforderlich dar.

(3) Angemessenheit

Unter dem Gesichtspunkt der Angemessenheit ist zu untersuchen, ob die Belastung für Spielbanken in einem angemessenen Verhältnis zum tatsächlichen Geldwäscherisiko steht.

Wie oben unter Teil 3 G. III. 1) b) ausführlich geprüft, ist das Risiko der Spielergeldwäsche in deutschen Spielbanken als gering bis mittel einzuordnen. Dies hat zur Folge, dass jedenfalls nicht ganz auf eine geldwäschespezifische Identifizierungs- in Verbindung mit einer Aufzeichnungs- und langfristigen Aufbewahrungspflicht verzichtet werden kann. Wie im Rahmen der Geeignetheit dargelegt, entfaltet die Identifizierungspflicht von Spielbanken durchaus eine objektive Hemmungswirkung für Geldwäscher, ohne die die Durchführung der dargestellten kriminellen Methoden erleichtert würde.

Dagegen lässt sich auch nicht anführen, dass es aufgrund der unter Teil 3 E. II. 4) dargestellten Vorschriften zur Identifizierung zum Zwecke des Datenabgleichs mit der Spielersperrdatei und zu den Besucherdateien ohnehin zu einer

---

737 Europäisches Parlament, Report v. 21.06.2000, A5-0175/2000 final, S. 17 [Amendment 25]; Rat der Europäischen Union, Gemeinsamer Standpunkt v. 30.11.2000, 12469/1/00 REV 1 ADD 1, S. 7.

Identifizierung des Spielbankenbesuchers und zu einer Speicherung seiner Daten kommt. Die geldwäschespezifischen Pflichten leisten einige wesentliche Punkte, die von den allgemeinen Pflichten nicht abgedeckt werden.

So ist im Rahmen der geldwäschespezifischen Pflichten kraft gesetzlicher Anordnung sicherzustellen, dass einschlägige Transaktionen den eingangs erhobenen Daten zugeordnet werden können (§ 10 Abs. 5 S. 2 GwG). Eine solche Zuordnung mag auch im Rahmen der allgemeinen Pflichten häufig faktisch am betreffenden Spieltag möglich sein, insbesondere, wenn Lichtbilder zu den erhobenen und gespeicherten Daten zählen und/oder es sich um eine kleine Spielbank mit gut vernetztem Personal handelt. Sie ist in diesen Fällen aber eben nicht gesetzlich sichergestellt.

Zudem geht aus den im Rahmen der allgemeinen Identifizierung gespeicherten Daten nicht hervor, dass der betreffende Kunde in Zusammenhang mit Transaktionen von geldwäscherelevanter Größenordnung aufgefallen ist.

Ferner ist die Speicherfrist bei den Besucherdateien in der Regel deutlich kürzer ausgestaltet bzw. lässt sich nur unter dem Gesichtspunkt der Geldwäschebekämpfung eine ausreichend lange Speicherfrist rechtfertigen, die sich an der Verjährungsfrist des Geldwäschetatbestandes von fünf Jahren (§ 78 Abs. 3 Nr. 4, Abs. 4 i. V. m. § 261 Abs. 1 S. 1 StGB) orientieren sollte. Dass die Speicherfrist der Besucherdateien teilweise an die Speicherfrist des § 8 Abs. 4 GwG angepasst wurde (s. o. Teil 3 E. II. 4)), ist verfassungsrechtlich bedenklich und kann daher nicht als Argument dafür herangezogen werden, dass auch ohne die geldwäscherechtlichen Identifizierungsvorschriften ausreichende Identifizierungs- und Speichervorschriften gegeben seien.

Ist damit eine geldwäschespezifische Identifizierungspflicht unumgänglich, so steht diese in ihrer derzeitigen Ausgestaltung auch nicht außer Verhältnis zu den verbleibenden Risiken. Die mit ihr verbundenen Belastungen wurden bereits durch die im Rahmen der Erforderlichkeit dargestellten Anpassungen abgemildert, die den praktischen Bedürfnissen in den Spielbanken entgegenkommen. Die verbleibenden Belastungen sind von den Spielbanken im Hinblick auf die Zwecke der Geldwäscheprävention hinzunehmen.

b) Prüfung der verstärkten Kundenidentifizierungspflichten

Problematischer sind die gegenwärtigen Regelungen zu den verstärkten Sorgfaltspflichten bei politisch exponiertessn Personen (s. o. Teil 3 E. I. 1. c) aa)). Zwar sieht die vierte Geldwäscherichtlinie in Art. 3 Nrn. 9–11 Definitionen von politisch exponierten Personen, ihren Angehörigen und ihnen nahestehenden Personen vor, die in § 1 Abs. 12–14 GwG umgesetzt wurden. Dennoch ist in der

Praxis häufig nicht eindeutig, welche Personen konkret eine der einschlägigen Definitionen erfüllen. Die damit verbundenen Prüfungsunsicherheiten auf Seiten der Spielbanken werfen Zweifel an der Bestimmtheit der Regelung auf, die sich als Rechtfertigungsanforderung ebenfalls Art. 52 Abs. 1 GRCh entnehmen lässt.[738]

Eine einheitliche offizielle Liste, in der abschließend alle PEPs und ihre Familienmitglieder sowie ihnen bekanntermaßen nahestehende Personen aufgeführt wären, gibt es nicht.[739] Als wesentliches Argument gegen eine solche einheitliche Liste wird seitens der EU-Kommission vorgebracht, dass es ihr an Flexibilität fehle und daher auf neue Entwicklungen wie das Auftauchen neuer Personen im weltweiten Kreis der PEPs nicht angemessen reagiert werden könne.[740] Teilweise wird auch vorgebracht, es bestehe das Risiko, dass sich die Verpflichteten ausschließlich auf die einheitliche Liste verließen und sich damit ihre Sensibilität für Risikopersonen außerhalb des Kreises der PEPs verringere.[741]

aa) Schwierigkeiten bei der Identifizierung von PEPs

Die FATF führt mehrere Möglichkeiten auf, PEPs zu identifizieren:[742]

- durch in der Erkennung geschulte Mitarbeiter,
- durch Internet- und Mediensuche,
- aufgrund kommerzieller oder unternehmensinterner Datenbanken,
- aufgrund von der Regierung oder zuständigen Behörden veröffentlichten Listen,
- unter Rückgriff auf Daten zur öffentlichen Rechenschaftslegung,[743]
- aufgrund Eigenangaben des Kunden.

Die praktische Durchführbarkeit der meisten dieser Möglichkeiten insbesondere für Spielbanken ist zweifelhaft. Bei – jedenfalls unter Zugrundelegung des Umfangs mancher kommerziellen Datenbanken – weltweit mehreren 100.000 PEPs[744] können die Kasinomitarbeiter weder jeden einzelnen kennen,

---

738 *Jarass*, GRCh, Art. 52 Rn. 27.

739 Dazu ausführlich *Achtelik*, in: Herzog/ders., GwG, § 15 Rn. 16; *Kaetzler*, in: Zentes/Glaab, GwG, § 1 Rn. 123 ff.; vgl. auch *Brian/Frey/Krais*, CCZ 2019, 245 ().

740 *Achtelik*, in: Herzog/ders., GwG, § 15 Rn. 14.

741 *Greenberg/Gray/Schantz/Latham/Gardner*, Stolen Asset Recovery, S. 35.

742 FATF, Guidance PEPs, S. 13 ff.

743 Dazu ausführlich *Rossi/Pop/Clementucci/Sawaqed*, Using Asset Disclosure for Identifying PEPs.

744 Vgl. *Achtelik*, in: Herzog/ders., GwG, § 15 Rn. 16.

noch dürfte jede Person mit PEP-Status – und erst recht nicht jeder Angehörige und jede nahestehende Person – ohne weiteres im Internet zu finden sein. Hinzu kommt, dass selbst bei Feststellung eines gewissen prominenten Status aufgrund einer Internetrecherche im Einzelfall erhebliche Unsicherheit darüber bestehen kann, ob dieser prominente Status die betreffende Person auch zu einer PEP macht. Veröffentlichungen von staatlicher Seite, aus denen sich die Identität von PEPs ersehen oder schlussfolgern lässt, gibt es in Deutschland – soweit ersichtlich – nicht.

bb) Gebrauch von PEP-Datenbanken

In der Praxis wird von den Verpflichteten vor allem von der Möglichkeit des Rückgriffs auf kommerzielle Datenbanken Gebrauch gemacht.[745] Die mit der Datenbankerstellung befassten Unternehmen wiederum greifen auf öffentlich verfügbare Informationen auf Internet-Seiten etwa von Behörden, in Zeitungen und Magazinen oder aus ähnlichen öffentlichen Quellen zurück und aktualisieren ihre Datenbanken laufend.[746] Dadurch ist ein gewisses Maß an Aktualität und Abdeckungsumfang der Datenbanken gewährleistet. Jedenfalls von der Deutschen Kreditwirtschaft wird der Rückgriff auf kommerzielle Datenbanken als hinreichend, wenn auch nicht notwendig zur Erfüllung der Verpflichtung zur Identifizierung von PEPs angesehen.[747]

Eine hundertprozentige Zuverlässigkeit bei der Identifizierung von PEPs wird aber auch durch den Rückgriff auf solche Datenbanken nicht erreicht. PEPs aus Gegenden, in denen aufgrund der dortigen Gegebenheiten keine oder nur kaum öffentlich verfügbare Quellen zur Verfügung stehen, werden nur mit geringer Wahrscheinlichkeit überhaupt in der Datenbank erfasst.[748] Oft lassen sich den in Bezug genommenen Quellen auch neben dem Namen keine oder nur unzureichende zusätzliche Identifikatoren entnehmen, die eine eindeutige Bestimmung der Person möglich machen, so dass es bei einem Abgleich von Kundendaten mit der Datenbank mit vergleichsweise hoher Wahrscheinlichkeit zu einer falschen Treffermeldung kommen kann.[749]

Die Kosten für das Abonnement einer PEP-Datenbank indessen dürften angesichts der Umsätze von Spielbanken[750] überschaubar

745 Informationen aus dem in Frankfurt a. M. besuchten Geldwäscheseminar.
746 *Greenberg/Gray/Schantz/Latham/Gardner*, Stolen Asset Recovery, S. 45.
747 Deutsche Kreditwirtschaft, Auslegungs- und Anwendungshinweise, Zeile 46.
748 *Greenberg/Gray/Schantz/Latham/Gardner*, Stolen Asset Recovery, S. 45.
749 *Greenberg/Gray/Schantz/Latham/Gardner*, Stolen Asset Recovery, S. 45 f.
750 Vgl. o. Teil 3 B.

sein.[751] Eine Unangemessenheit der Vorschriften zu PEPs im Hinblick auf die dadurch verursachten finanziellen Kosten erscheint daher fernliegend.

cc) *Folgerungen aus den dargestellten Schwierigkeiten bei der Identifizierung von PEPs*

Insgesamt lässt sich damit festhalten, dass die Identifizierung von PEPs den Sorgfaltsaufwand für die Spielbanken nicht unerheblich erhöht. Angesichts der dargestellten dynamischen Veränderung des Kreises der PEPs kommt die Bereitstellung einer offiziellen Datenbank von behördlicher Seite praktisch wohl nicht in Betracht, um die Arbeit der Spielbanken in dieser Hinsicht zu erleichtern. Andererseits sind angesichts der bußgeldbewehrten (§ 56 Abs. 1 Nr. 19 GwG) Pflicht zur korrekten Identifizierung von PEPs und des Umstands, dass die Bußgeldsanktion bereits durch eine „nicht richtige" (§ 56 Abs. 1 Nr. 19 GwG) Identitätsfeststellung ausgelöst wird, für Spielbanken handhabbare Kriterien zu gewährleisten, bei deren Erfüllung sie die Gewissheit haben, den gesetzlichen Anforderungen zu genügen.

Insofern ist es zur Herstellung einer ausreichenden Normbestimmtheit erforderlich, dass in § 10 Abs. 1 Nr. 4 GwG angelegte Kriterium der Angemessenheit („Feststellung mit angemessenen […] Verfahren") zu präzisieren, etwa dahingehend, dass das Abonnement und der Gebrauch einer PEP-Datenbank ausreichend sind. Zur Sicherstellung der Qualität muss weiter gefordert werden, dass es sich um eine nach einem bestimmten, noch einzuführenden Standard zertifizierte Datenbank handelt. Die Erarbeitung eines solchen Standards würde den Rahmen der vorliegenden Untersuchung sprengen. Anforderungen werden jedenfalls die folgenden Bereiche betreffen:[752]

- Die Art und Weise der Informationsbeschaffung, insbesondere im Hinblick darauf, inwieweit diese vollständige und inhaltlich richtige Daten liefert,
- den Umfang der gespeicherten Daten[753] (zwischen den Polen Datensparsamkeit und Erhöhung der Suchqualität),

---

751 Die Spielbanken Niedersachsen gaben diese Kosten mit etwa 5.000 Euro jährlich an; vgl. auch *Greenberg/Gray/Schantz/Latham/Gardner*, Stolen Asset Recovery, S. 46.

752 Die Auflistung orientiert sich an Wolfsberg Group, Wolfsberg PEP Guidance 2017, S. 10 f. Bei der Wolfsberg Group handelt es sich um einen Zusammenschluss von dreizehn weltweit agierenden Banken, der sich zur Entwicklung von Rahmenbedingungen und Leitlinien zum Umgang mit Finanzkriminalitätsrisiken gebildet hat (https://www.wolfsberg-principles.com, zuletzt abgerufen am 01.08.2021).

753 Wolfsberg PEP Guidance 2017, S. 10 f. schlägt die folgenden Daten vor: Namen, d. h. alle bekannten Namen und Aliasnamen; Geburtsdatum oder Geburtsjahr, falls das

- den Umgang der Datenbank mit Zweifelstreffern sowie
- die Häufigkeit, den Umfang und die Umsetzungsgeschwindigkeit von Aktualisierungen.

Da Art. 20 lit. a) 4. GwRL den Mitgliedstaaten lediglich in allgemeiner Formulierung die Schaffung von Pflichten zur Einrichtung „angemessener" Risikomanagementsysteme zur Erkennung von PEPs vorgibt, stellen sich diese Präzisierungen noch als Umsetzung der Richtlinienvorgaben dar.

3) Prüfung am Maßstab von Art. 17 Abs. 1 GRCh

Eine Verletzung von Art. 17 Abs. 1 GRCh kommt hier nur in Betracht, wenn die Beeinträchtigungen für Spielbankenunternehmen so groß sind, dass die Unternehmen insgesamt in ihrem Fortbestand gefährdet sind.[754] Davon ist aber nach den Ausführungen unter Teil 3 G. IV. 2) a) bb) nicht auszugehen. Insbesondere wurde einer unzumutbaren Beeinträchtigung der Betriebsabläufe durch die Ermöglichung der Kundenidentifizierung bereits am Eingang entgegengewirkt.[755]

4) Prüfung am Maßstab von Art. 8 Abs. 1 GRCh bzw. Art. 2 Abs. 1 i. V. m. Art. 1 Abs. 1 GG (Informationelle Selbstbestimmung)

Im Rahmen der Prüfung der Vorschriften zur Identifizierung von Kunden und zur Aufzeichnung und Speicherung von Kundendaten am Maßstab von Art. 8 Abs. 1 GRCh bzw. Art. 2 Abs. 1 i. V. m. Art. 1 Abs. 1 GG wird im Folgenden zwischen den Vorschriften zur Identifizierung und Speicherung von Kundendaten aus dem Geldwäschegesetz einerseits und aus den Landesgesetzen zu Sperr- und Besucherdateien andererseits unterschieden. Dabei werden die Vorschriften aus dem GwG als Umsetzung zwingenden europäischen Sekundärrechts am Maßstab der GRCh, die landesrechtlichen Vorschriften am Maßstab des GG geprüft. Wegen der sehr ähnlichen inhaltlichen Ausrichtung der Vorschriften werden die Prüfungen jedoch gebündelt in einem Abschnitt vorgenommen.

---

genaue Datum nicht bekannt ist; Land, in dem der PEP-Status besteht; Geschlecht; Rolle, aufgrund derer der PEP-Status angenommen wird und die Zeiträume nach Daten oder Jahren, in denen diese Rolle eingenommen wurde; Datum oder Jahr, zu dem die PEP-Position aufgegeben wurde, sofern dies der Fall ist; Eintragung des Todesfalls, falls die Person verstorben ist.

754 S. o. unter Teil 2 C. I. 1) d) cc).

755 S. o. unter Teil 3 G. IV. 2) a) cc) (2) (b).

a) *Eingriff in den Schutzbereich von Art. 8 Abs. 1 GRCh bzw. Art. 2 Abs. 1 i. V. m. Art. 1 Abs. 1 GG*

Da beide Arten von Vorschriften zur Erhebung und Speicherung von Kundendaten verpflichten und damit die Privatheit persönlicher Daten beeinträchtigen, stellen auch beide Arten einen Eingriff in den Schutzbereich des Grundrechts auf Schutz personenbezogener Daten bzw. auf informationelle Selbstbestimmung der Spielbankenkunden dar.

b) *Rechtfertigung des Eingriffs*

Art. 8 Abs. 1 GRCh unterliegt den unter Teil 2 C. I. 1) e) bereits dargelegten Schranken, Art. 2 Abs. 1 GG i. V. m. Art. 1 Abs. 1 GG – ebenso wie das Grundrecht auf Allgemeine Handlungsfreiheit – der Schrankentrias des Art. 2 Abs. 1 GG.[756] Damit ist auch das Grundrecht auf informationelle Selbstbestimmung der Schranke der verfassungsmäßigen Ordnung und damit effektiv einem einfachen Gesetzesvorbehalt unterworfen.[757] Zu untersuchen ist jeweils wiederum die Verhältnismäßigkeit der in Betracht stehenden Vorschriften.

aa) *Rechtfertigung der Vorschriften des Geldwäschegesetzes am Maßstab von Art. 8 Abs. 1 GRCh*

Im Rahmen der Prüfung der Vorschriften des Geldwäschegesetzes zur Erhebung und Speicherung von Kundendaten am Maßstab von Art. 16 GRCh unter Teil 3 G. IV. 2) a) wurde deren Geeignetheit zur Geldwäscheprävention bereits ausführlich untersucht. Insofern ergeben sich bei der hier vorzunehmenden Prüfung keine Besonderheiten.

Auf nationaler Ebene konkretisieren sich die Aspekte der Erforderlichkeit und Angemessenheit beim Datenschutzgrundrecht vor allem in den Prinzipien der Zweckbindung und der Datensparsamkeit.[758] Letzteres Prinzip findet sich noch einmal ausdrücklich in Art. 5 Abs. 1 lit. c) DSGVO. Dies wird bei Art. 8 Abs. 1 GRCh aufgrund seiner gleichen Schutzrichtung ebenso zu fordern sein.

Dem Prinzip der Zweckbindung trägt das Geldwäschegesetz dadurch Rechnung, dass die Erhebung und Aufzeichnung von Kundendaten zur Geldwäscheprävention nur im Falle des Vorliegens bestimmter Auslösungstatbestände erfolgt, die ein Geldwäscherisiko bergen (vgl. § 10 GwG). Insbesondere bei

---

756 *Rixen*, in: Sachs, GG, Art. 2 Rn. 103 i. V. m. Rn. 68, 72.

757 *Rixen*, in: Sachs, GG, Art. 2 Rn. 103.

758 S. o. unter Teil 2 C. II. 3).

Spielbanken knüpft das GwG die Identifizierung an die Überschreitung der bereits erörterten Transaktionsschwelle, Fälle also, in denen bereits aufgrund der Höhe der Transaktion ein potentielles Geldwäscherisiko besteht.

Unter dem Gesichtspunkt der Datensparsamkeit ist zu fordern, dass nicht mehr Daten erhoben werden, als zur eindeutigen Identifizierung der betroffenen Person erforderlich sind. Mit Namen, Geburtsort, Geburtsdatum, Staatsangehörigkeit und Wohnanschrift (vgl. § 11 Abs. 4 Nr. 1 GwG) beschränkt sich der Umfang der erhobenen Daten aber auf das in diesem Sinne Notwendige.

Bei der Frage nach der Erforderlichkeit der Länge der Speicherfrist ist zu beachten, dass diese selbst bei strenger Auffassung des Erforderlichkeitskriteriums nicht kürzer bemessen sein sollte als die Verjährungsfrist der Geldwäsche auf nationaler Ebene.[759] Anderenfalls könnte es zu Fällen kommen, in denen die Verfolgung einer Geldwäsche rechtlich noch möglich wäre, aufgrund der bereits erfolgten Löschung von Daten aber praktisch nicht mehr durchführbar ist. Mit fünf Jahren entspricht die grundsätzliche Länge der Speicherfrist aber gerade der Verjährungsfrist der Geldwäsche in Deutschland (§ 78 Abs. 3 Nr. 4, Abs. 4 i. V. m. § 261 Abs. 1 S. 1 StGB), hält sich also am unteren Rand des denkbaren Rahmens.

Zudem hat der Gesetzgeber in Umsetzung von Art. 40 Abs. 1 4. GwRL (dazu Erwägungsgrund Nr. 44 4. GwRL) in § 8 Abs. 4 S. 2 GwG eine Höchstspeicherfrist von zehn Jahren festgelegt. Das ist im Hinblick auf den Datenschutz ein deutlicher Fortschritt gegenüber § 8 Abs. 3 GwG a. F., wo die Fünf-Jahres-Frist als Mindestspeicherfrist geregelt war, ohne durch eine ausdrückliche Höchstspeicherfrist gedeckelt zu sein.

bb) Rechtfertigung der landesrechtlichen Identifizierungsvorschriften

Die landesrechtlichen Identifizierungsvorschriften werden nach dem in Teil 2 C. III. zusammenfassend dargestellten Prüfungsmaßstab im Rahmen der vorliegenden Untersuchung am Maßstab des Grundgesetzes – hier des Grundrechts auf informationelle Selbstbestimmung (Art. 2 Abs. 1 i. V. m. Art. 1 Abs. 1 GG) der Spieler, deren Daten erhoben werden – gemessen.

Es soll jedoch keine Prüfung der landesrechtlichen Vorschriften zu Spielersperrdateien erfolgen. Soweit es sich um Vorschriften zu Sperren aus Gründen der Suchtgefährdung handelt, betreffen diese höchstens indirekt die Geldwäscheprävention.[760] Die für ihre Rechtfertigung maßgeblichen Argumente spielen im Rahmen der vorliegenden Untersuchung keine Rolle.

---

759 S. bereits o. unter Teil 3 G. IV. 2) a) cc) (3).

760 S. o. unter Teil 3 E. II. 4).

Hinsichtlich der Vorschriften zu Störersperren sind keine Anhaltspunkte für eine fehlende Verfassungsmäßigkeit ersichtlich. Für die Geldwäschebekämpfung können Störersperren jedenfalls insofern nützlich sein, als dass sie eine praktische Handhabe zum Ausschluss von Personen bieten, die eine Spielbank zu kriminellen Zwecken missbrauchen.

Dagegen sollen die Vorschriften zu Besucherdateien einer näheren Betrachtung unterzogen werden. Auffällig ist nämlich, dass die Speicherfrist in einigen Bundesländern der (grundsätzlichen) Speicherfrist des Geldwäschegesetzes angepasst ist. So entspricht die Regelung in § 10 Abs. 3 S. 1–2 SpBG SL hinsichtlich Fristlänge und Festlegung des Fristbeginns der Regelung in § 8 Abs. 4 S. 1, 3 u. 4 GwG. Dasselbe gilt für die Vorgaben in Sachsen, die ausdrücklich § 8 Abs. 4 GwG in Bezug nehmen.[761] Diesen Fristenregelungen liegt offenbar die Annahme zugrunde, dass zur Erfüllung der Geldwäschebekämpfungspflichten die vorsorgliche Speicherung aller Kundendaten für die Dauer der langen Frist des Geldwäschegesetzes erforderlich ist.

Diese Annahme begegnet jedoch erheblichen rechtlichen Bedenken. Eine Regelung zur längerfristigen Speicherung von Kundendaten in Spielbanken lässt sich überhaupt nur anlassbezogen rechtfertigen, da sonst kein tragender Grund für den Eingriff in das Recht auf informationelle Selbstbestimmung ersichtlich ist. Für diesen Anlass kommen aber nur drei Fallgruppen in Betracht: die Sperre unter Spielerschutzgesichtspunkten wegen Suchtgefährdung, die Störersperre wegen Verstößen gegen die Hausordnung oder des Verdachts kriminellen Verhaltens und das Vorliegen von Tatsachen, die auf ein potentielles Geldwäscherisiko deuten. Die Vielzahl der weder spielsuchtgefährdeten noch kriminellen oder störenden Spielbankbesucher fällt in keine dieser Gruppen.

Zuzugestehen ist zwar, dass ein tatsächliches und aufgrund der schnellen Abläufe in einer Spielbank auch nicht völlig vernachlässigbares Risiko besteht, die Identifizierung eines eigentlich nach dem Geldwäschegesetz zu identifizierendem Spieler zu versäumen und dann dessen Daten nicht oder jedenfalls nicht für die Dauer von fünf Jahren vorrätig zu haben. Die DSGVO erkennt auch die Zulässigkeit der Speicherung personenbezogener Daten unter der Voraussetzung der Erforderlichkeit zur Wahrung berechtigter Interessen bzw. der Voraussetzung der Erforderlichkeit der rechtmäßigen Aufgabenwahrnehmung an (Art. 6 Abs. 1 S. 1 lit. e) u. f) DSGVO). In Anbetracht dessen könnte in Erwägung

761 Spielbanken Sachsen, Ausführliche Datenschutzhinweise Zugangskontrolle/Gästekarte/Spielteilnahme/Videoüberwachung, Nr. 8.

gezogen werden, dass Spielbanken auch zur vorsorglichen langfristigen Speicherung berechtigt sind, um dem beschriebenen Risiko wirksam zu begegnen.

Allerdings lässt sich auch unter diesem Gesichtspunkt die generelle langfristige Speicherung nicht rechtfertigen: Da die Erfüllung der geldwäscherechtlichen Identifizierungspflichten in Spielbanken zwar mitunter schwierig, aber praktisch doch handhabbar ist,[762] fehlt es an der Erforderlichkeit. Die anlasslose langfristige Speicherung auf Grundlage landesrechtlicher Regelungen ist daher verfassungs- und – schon wegen der wahrscheinlichen Unvereinbarkeit mit den DSGVO-Vorgaben – wohl auch unionsrechtswidrig. Angesichts des dargestellten Prüfungsmaßstabs[763] soll jedoch an dieser Stelle keine weitere vertiefte unionsrechtliche Prüfung erfolgen.

V. Prüfung der Vorschriften zur Einrichtung eines internen Risikomanagements zur Erkennung krimineller Aktivitäten durch personalbezogene oder technische Maßnahmen

1) Anwendbarkeit europäischer Grundrechte

Das in § 4 GwG für Verpflichtete vorgesehene Risikomanagement teilt sich auf in die Risikoanalyse nach § 5 GwG und die internen Sicherungsmaßnahmen nach § 6 GwG, vgl. § 4 Abs. 2 GwG.

Die Vorschriften zur Risikoanalyse stellen sich als direkte Umsetzung von Art. 8 Abs. 1, Abs. 2 S. 1 4. GwRL dar,[764] einschließlich der Anpassung des Umfangs der Risikoanalyse an Art und Umfang der Geschäftstätigkeit des Verpflichteten sowie der Pflicht zur schriftlichen Dokumentation der Analyse.

Die Vorschriften zu internen Sicherungsmaßnahmen wiederum stellen eine direkte Umsetzung von Art. 8 Abs. 3, Abs. 4 4. GwRL dar.[765] Die Pflicht zur Bestellung eines Geldwäschebeauftragten nach § 6 Abs. 2 Nr. 2 i. V. m. § 7 GwG als eine spezielle Ausprägung der zu ergreifenden internen Sicherungsmaßnahmen ist in Art. 8 Abs. 4 lit. a) 4. GwRL mit dem Passus zur „Benennung eines für die Einhaltung der einschlägigen Vorschriften zuständigen Beauftragten auf Leitungsebene" ebenfalls vorgezeichnet.[766] Insgesamt stellen sich die Vorschriften

762 Vgl. Teil 3 G. IV. 2) a) bb).
763 S. o. Teil 2 C. I. 3) und Teil 2 C. I. 1) c).
764 BT-Drs. 18/11555, S. 109.
765 BT-Drs. 18/11555, S. 110.
766 BT-Drs. 18/11555, S. 111.

somit als Umsetzung zwingenden Sekundärrechts dar, das hier am Maßstab der europäischen Grundrechte gemessen wird.[767]

Die in den Landesgesetzen vorgesehenen Vorschriften zur technischen Überwachung von Spielbanken sind hingegen am Maßstab des Grundgesetzes zu messen.

2) Prüfung am Maßstab von Art. 16 GRCh

Dass die Vorschriften zur Einrichtung eines internen Risikomanagements Spielbanken und andere Glücksspielanbieter bei ihrer unternehmerischen Tätigkeit belasten, steht außer Frage. Die Bestellung eines Geldwäschebeauftragten und die Einrichtung sonstiger Kontrollen zur Verhinderung von Geldwäsche sind mit einem spürbaren Zeit- und Kostenaufwand verbunden.

Das lässt sich auch den Gesetzesmaterialien zum Umsetzungsgesetz zur 4. GwRL entnehmen, wo beim Erfüllungsaufwand für die Wirtschaft die Komplexität sowohl der Schaffung und Fortentwicklung von Maßnahmen zur Verhinderung des Missbrauchs der Einrichtung zu Geldwäschezwecken[768] als auch der Bestellung eines Geldwäschebeauftragten[769] mit „mittel" angegeben wird (wobei lediglich die Komplexitätskategorien „einfach" und „mittel" zur Einstufung Verwendung finden). Eine genauere Abschätzung des Aufwands gerade für Spielbanken und andere Glücksspielanbieter lässt sich dem Kabinettsentwurf aber nicht entnehmen, da sich die dort gegebenen Schätzungen von zeitlichem und finanziellem Aufwand auf die Wirtschaft im Allgemeinen beziehen.

Dafür, dass sich der Aufwand für Spielbanken in einem zumutbaren Rahmen bewegt, sprechen indes die folgenden Gesichtspunkte: Auch bei Betreiben mehrerer Standorte muss ein Spielbankunternehmen nur einen Geldwäschebeauftragten für die gesamte Gruppe bestellen (vgl. § 9 Abs. 1 Nr. 2 GwG). Die Tätigkeit als Geldwäschebeauftragter muss auch keine ausschließliche sein, sondern kann vom Beauftragten als eine Aufgabe neben anderen im Unternehmen miterledigt werden.[770] Die Routineaufgaben nehmen dabei etwa ein bis zwei

767 S. o. unter Teil 2 C. I. 1) c).

768 BT-Drs. 18/11555, S. 94.

769 BT-Drs. 18/11555, S. 95.

770 Gemäß Oberste Glücksspielaufsichtsbehörden der Länder, Auslegungs- und Anwendungshinweise, S. 22 ist selbst die durchgehende physische Präsenz des Geldwäschebeauftragten in Deutschland nicht zwingend gefordert. Dann wäre es widersinnig, anzunehmen, dass der Geldwäschebeauftragte während seiner gesamten Arbeitszeit als solcher tätig sein muss.

Arbeitstage monatlich in Anspruch.[771] Hinzu kommen Zeiten für Mitarbeiterschulungen und Fortbildungsseminare, die sich aber ebenfalls insgesamt in vertretbaren Grenzen halten.[772]

Die laufende Überwachung des Spielbetriebs durch das Personal ist zwar mit einem gewissen Aufwand verbunden, dürfte aber mit einer sich einstellenden Routine weitgehend reibungslos in die Betriebsabläufe eingebunden werden können. So erscheint es in den überschaubaren deutschen Spielbanken etwa denkbar, dass ein Mitarbeiter am Spieltisch einen Kollegen zum Eingang schickt, um sich nach der Identität eines am Spieltisch sitzenden Kunden mit auffallend hohen Einsätzen zu erkundigen.

Auf der anderen Seite sind die vorangehend bereits dargestellten Restrisiken zu berücksichtigen, die jedenfalls ein belastbares Grundkonzept der Geldwäschebekämpfung in Spielbanken erforderlich machen. Insgesamt lässt sich damit festhalten, dass die Pflichten für Spielbanken nicht außer Verhältnis zu den bestehenden Risiken stehen.

3) *Prüfung am Maßstab von Art. 2 Abs. 1 i. V. m. Art. 1 Abs. 1 GG (Informationelle Selbstbestimmung)*

Die in den Landesgesetzen vorgesehene optisch-elektronische Überwachung von Spielbanken einschließlich der Aufzeichnung und vorübergehenden Speicherung des Bildmaterials (vgl. z. B. § 12 Abs. 1 u. 2 SpBG NRW) berührt das Grundrecht auf informationelle Selbstbestimmung nicht nur der Kunden, sondern auch der Mitarbeiter einer Spielbank, die von der optisch-elektronischen Überwachung ebenso erfasst sind wie die Besucher. Zudem kommen als Maßstab für die Zulässigkeit einer optisch-elektronischen Überwachung die DSGVO sowie die in Umsetzung der Öffnungsklausel[773] nach Art. 6 Abs. 1 lit. c) u. e), Abs. 3 DSGVO ergangenen Bundes- bzw. Landesdatenschutzgesetze[774] (vgl. zum Anwendungsbereich des BDSG dessen § 1 Abs. 1) in Betracht.

Die Geldwäschebekämpfung macht jedoch nur einen Teilaspekt von vielen bei der verfassungs- und europarechtlichen Rechtfertigung der Videoüberwachung

---

771 Informationen aus dem Gespräch mit den Spielbanken Niedersachsen.

772 Informationen aus dem Gespräch mit den Spielbanken Niedersachsen.

773 Vgl. zu diesem Begriff etwa *Buchner*, in: Kühling/ders., DS-GVO BDSG, BDSG § 4 Rn. 3.

774 Vgl. zum Verhältnis der nationalen Vorschriften zur Videoüberwachung zu Art. 6 DSGVO *Buchner*, in: Kühling/ders., DS-GVO BDSG, BDSG § 4 Rn. 2 ff. sowie *Frenzel*, in: Paal/Pauly, DS-GVO BDSG, BDSG § 4 Rn. 10 ff.

aus. Die optisch-elektronische Überwachung einer Spielbank dient nicht allein der Verhinderung von Geldwäsche (durch Abschreckung potentieller Täter) und der Erleichterung der Verfolgung eventueller Geldwäschedelikte, sondern auch der Bekämpfung anderer Formen der Kriminalität und der Aufrechterhaltung der Ordnung in einer Spielbank. Daher soll im Rahmen dieser Arbeit an dieser Stelle keine umfassende Prüfung der einschlägigen Vorschriften erfolgen.

Herausgestellt sei allerdings eine wichtige Anwendung, die die Videoüberwachung im Hinblick auf die Geldwäschebekämpfung hat: Sie ermöglicht viel weitgehender, als es sonst in einer Spielbank möglich wäre, das Nachvollziehen einzelner Transaktionen.[775] Aus eben diesem Grund ist es in einer Spielbank untersagt, Bargeld oder Jetons unmittelbar zwischen Spieler und Croupier, Kassierer oder sonstigem Personal hin- und herzureichen, d. h. von einer Hand direkt in die Hand des Gegenübers zu geben. Bargeld oder Jetons müssen vielmehr offen auf Tisch oder Kassentheke gelegt und dürfen erst dann vom Gegenüber an sich genommen werden, was es dem Videoüberwachungssystem ermöglicht, im Moment der Übergabe ein klares Bild von den übergebenen Werten aufzunehmen.

In der Regel werden Bargeld oder Jetons vom Spielbankenpersonal außerdem kurz aufgefächert, wenn sie auf Tisch oder Kassentheke liegen, was die Identifizierung und Zählung der übergebenen Werte über das Videoüberwachungssystem zusätzlich erleichtert. Den tatsächlich verbleibenden Restrisiken der Geldwäsche – insbesondere die Methode der Einlösung von Jetons nach keinem oder minimalen Spiel – wird dadurch effektiv begegnet. Das ist immerhin ein starkes Argument für die Zulässigkeit von Regelungen zur optisch-elektronischen Überwachung.

Bedenklich erscheint jedoch die in § 16 Abs. 3 SpBG HE getroffene Regelung zu biometrischen Merkmalen, für die in S. 1 neben der Zutrittskontrolle ausdrücklich die Geldwäscheprävention zur Begründung angeführt wird. Zwar werden diese Daten gemäß S. 3 grundsätzlich nach spätestens 24 Stunden wieder gelöscht. Andererseits ist jedoch die Sensibilität biometrischer Daten – erkennbar u. a. an ihrer Aufführung in Art. 9 (Abs. 1) DSGVO, der besondere Regelungen zu als besonders sensitiv geltenden Daten trifft[776] – zu beachten.

Soweit die Datenerhebung zum Zwecke der Geldwäscheprävention erfolgt, dürfte ihr wohl maßgeblich die Erwägung zugrunde liegen, dass sie die Zuordnung der bei der Eingangsidentifizierung erhobenen Besucherdaten zu einem

---

775 Vgl. auch *Dieckert*, Videoüberwachung im Cashhandling, S. 25.

776 *Frenzel*, in: Paal/Pauly, DS-GVO BDSG, DSGVO Art. 9 Rn. 1.

frei sich in der Spielbank bewegenden Besucher auch zu einem späteren Zeitpunkt noch zweifelsfrei ermöglicht. Dieses an sich legitime Ziel kann angesichts der Überschaubarkeit deutscher Spielbanken aber auch durch mildere Mittel erreicht werden (vgl. o. vorhergehenden Abschnitt).

Ob die Vorschrift im Hinblick auf die Verbesserung der Zutrittskontrolle, die in erster Linie Spielerschutzgesichtspunkten dient, verhältnismäßig ist, ist nicht Gegenstand der vorliegenden Untersuchung. Unter Gesichtspunkten der Geldwäscheprävention allein ist ihre Rechtfertigung jedenfalls zweifelhaft.

VI. Prüfung der Vorschriften zur Sicherstellung der Zuverlässigkeit des Personals

1) Anwendbarkeit europäischer Grundrechte

Das Geldwäschegesetz verlangt in § 6 Abs. 2 Nr. 5 GwG geeignete Maßnahmen zur Prüfung der (in § 1 Abs. 20 GwG legaldefinierten) Zuverlässigkeit der Beschäftigten, und zwar – so geht aus der Lokalisierung der Regelung in § 6 GwG und dem Wortlaut von Abs. 2 Nr. 5 GwG hervor – als spezielle Ausprägung der internen Sicherungsmaßnahmen. Die Vorgabe der Zuverlässigkeitsprüfung geht aber aus dem insofern einschlägigen Art. 8 Abs. 4 4. GwRL nicht zwingend hervor, wo der Begriff „Mitarbeiterüberprüfung" lediglich allgemein genannt ist (Art. 8 Abs. 4 lit. a) 4. GwRL a. E.).

Zwar sieht die vierte Geldwäscherichtlinie an anderen Stellen Vorgaben zur Prüfung der Zuverlässigkeit von Personal vor (Art. 47 Abs. 2 4. GwRL). Diese Vorgaben beziehen sich jedoch nicht auf die Prüfung der Zuverlässigkeit von Angestellten durch einen Spielbankenbetreiber, sondern auf die Prüfung der Zuverlässigkeit von leitendem Personal durch die Behörden. Bei § 6 Abs. 2 Nr. 5 GwG handelt es sich also nicht um Umsetzung zwingenden Europarechts. Die Vorschrift wird daher im Rahmen der vorliegenden Untersuchung am Grundgesetz gemessen.[777]

777 S. o. Teil 2 C. I. 1) a) bb).

2) *Prüfung am Maßstab von Art. 12 Abs. 1 GG und Art. 2 Abs. 1 i. V. m. Art. 1 Abs. 1 GG*

a) *Betreiben einer Spielbank als Beruf*

Um überhaupt eine Prüfung am Maßstab von Art. 12 Abs. 1 GG durchführen zu können, muss es sich beim Betrieb einer Spielbank auch um einen Beruf im Sinne der Norm handeln.

Dass es sich beim Betrieb einer Spielbank um einen Beruf im Sinne der klassischen Definition[778] handelt, ist an sich unproblematisch.[779] Eine Spielbank ist ein auf Dauer angelegter Geschäftsbetrieb, dessen Spielangebot selbst bei dem für Spieler vergleichsweise fairsten Glücksspiel Roulette so kalkuliert ist, dass die Spielbank auf lange Sicht gesehen vom aus ihrer Sicht positiven Erwartungswert ihrer Spiele profitiert.[780]

Dennoch wurde die Einordnung des Betriebs einer Spielbank als Beruf[781] teilweise mit der Überlegung bezweifelt, dass es sich beim Spielbankenrecht um Recht der öffentlichen Sicherheit und Ordnung handele und sich daher ein Spielbankenbetreiber nicht auf das im wirtschaftsrechtlichen Bereich geltende Grundrecht der Berufsfreiheit berufen könne.[782] Diese Auffassung knüpft durchaus mit gewisser Konsequenz an die Funktion von Spielbanken an, den menschlichen Spieltrieb zu kanalisieren und kontrollierte Bereiche des Glücksspiels zu schaffen.[783] Wenn der Betrieb einer Spielbank im Dienste eines öffentlichen Interesses an Sucht- und Kriminalitätsbekämpfung steht – so der Gedanke – stellt er auch keine Erwerbstätigkeit im Sinne von Art. 12 Abs. 1 GG dar.

Tatsächlich wird das Spielbankenrecht von vielen noch heute nicht als Recht der Wirtschaft, sondern als Recht der Sicherheit und Ordnung aufgefasst.[784] Das Bundesverfassungsgericht kommt indes in seiner Entscheidung vom 19.07.2000 zum Spielbankgesetz Baden-Württemberg[785] zu dem Ergebnis, dass die Qualität

---

778 S. o. unter Teil 2 C. II. 1) a) aa).

779 So auch *Papier*, FS Stern, 543 (547); *Pieroth/Störmer*, GewArch 1998, 177 (183).

780 Vgl. *Thiel*, GewArch 2001, 96 (97).

781 Die Darstellung dieser Problematik orientiert sich an *Gielen*, JR 1995, 7 ff. sowie *Sachs*, JuS 1995, 833 f.

782 VGH München, Urt. v. 11.12.1990, 21 B 90.00884, GewArch 1991, 102 (102).

783 S. bereits o. Teil 2 C. II. 1) a) bb).

784 S. bereits o. Teil 2 B. II. 2) d) bb).

785 BVerfG, Beschl. v. 19.07.2000, 1 BvR 539/96.

des Spielbankenrechts als Gefahrenabwehrrecht die Einordnung des Spielbankbetriebs als Beruf nicht berühre.[786]

Dem ist zuzustimmen. Die Zuordnung des Spielbankenrechts zum Recht der öffentlichen Sicherheit und Ordnung führt nicht dazu, dass das Betreiben einer Spielbank selbst als Wahrnehmung einer öffentlichen Gefahrenabwehraufgabe aufzufassen wäre.[787] Bei dieser Tätigkeit handelt es sich nicht um eine Aufgabe, die einem staatlichen Monopol vorbehalten wäre oder naturgemäß nur durch die staatliche Verwaltung als klassisch hoheitliche Tätigkeit ausgeübt werden könnte.[788] *Papier* führt in diesem Zusammenhang das treffende Argument an, dass analog auch die Zuordnung des Gaststättenrechts zum Gefahrenabwehrrecht nicht bedeute, dass der Betrieb einer Gaststätte keine wirtschaftliche Tätigkeit i. S. v. Art. 12 Abs. 1 GG sei.[789]

b) *Prüfung von § 6 Abs. 2 Nr. 5 GwG am Maßstab des nationalen Verfassungsrechts*

Da die Vorschriften zur Überprüfung der Zuverlässigkeit des Personals weder subjektive noch objektive Zugangsvoraussetzungen für den Spielbankenbetreiber selbst begründen, sondern mit Blick auf diesen lediglich die Art und Weise der Tätigkeitsdurchführung regeln, handelt es sich um bloße Berufsausübungsregelungen. Solche sind nach der Rechtsprechung des Bundesverfassungsgerichts durch vernünftige Gründe des Allgemeinwohls gerechtfertigt,[790] was für die rechtliche Prüfung bedeutet, dass sie einer normalen Verhältnismäßigkeitsprüfung standhalten müssen.[791]

§ 6 Abs. 2 Nr. 5 GwG berührt nicht nur mit berufsregelnder Tendenz die Berufsfreiheit (privater) Spielbankenbetreiber, die einen nicht unerheblichen

---

786 BVerfG, Beschl. v. 19.07.2000, 1 BvR 539/96, juris Rn. 67.

787 BVerwG, Urt. v. 23.08.1994, 1 C 19.91, GewArch 1995, 24 (25).

788 BVerwG, Urt. v. 23.08.1994, 1 C 19.91, GewArch 1995, 24 (25).

789 *Papier*, FS Stern, 543 (550).

790 S. o. unter Teil 2 C. II. 1) d).

791 Das Bundesverfassungsgericht hat die Entscheidung zur Monopolisierung von Spielbanken bei Unternehmen in öffentlicher Trägerschaft in Baden-Württemberg (BVerfG, Beschl. v. 19.07.2000, 1 BvR 539/96) zum Anlass genommen, im Hinblick auf den Spielbankenbereich als einem durch „atypische Besonderheiten" geprägten Beruf auch die Rechtfertigungsanforderungen an eine objektive Zulassungsschranke zu relativieren (BVerfG, Beschl. v. 19.07.2000, 1 BvR 539/96, juris Rn. 69). Mangels Vorliegens einer objektiven Zulassungsschranke ist hier aber nicht vertieft auf diese Problematik einzugehen.

Aufwand zu ihrer Umsetzung betreiben müssen, sondern potentiell auch das Grundrecht auf informationelle Selbstbestimmung des überprüften Personals.

Unter Teil 3 G. III. 1) b) ff) wurde bereits erörtert, dass das Risiko des Zusammenwirkens eines Geldwäschers mit dem Personal aufgrund der damit verbundenen Schwierigkeiten bei der Herstellung einer kriminellen Kooperation als eher gering zu veranschlagen ist. Gewisse Restrisiken verbleiben aber. So hat der Fall in Hittfeld[792] gezeigt, dass sich u. U. auch ein ganzes Tischteam zu einer kriminellen Kooperation verbinden kann – etwas, das im Bereich der Geldwäsche ebenso möglich wäre. Zudem sind auch Fälle denkbar, in denen nur eine einzelne Person für eine kriminelle Kooperation gewonnen werden muss, um eine Geldwäsche erfolgreich durchzuführen. So könnte etwa ein Kassierer gegen finanzielle Beteiligung für die Auszahlung von Jetons per Scheck unter Nutzung eines offiziellen Scheckformulars der Spielbank gewonnen werden, ohne dass die übrigen Mitarbeiter der Spielbank davon wissen.

Auf der anderen Seite stellen sich risikoangemessene Maßnahmen zur Überprüfung der Zuverlässigkeit von Personal weder für die betrieblichen Abläufe noch für das informationelle Selbstbestimmungsrecht der überprüften Personen als übermäßig einschneidend dar. Standardmaßnahmen in diesem Bereich sind etwa die Einholung eines polizeilichen Führungszeugnisses und ggf. einer Schufa-Auskunft bei Begründung des Arbeitsverhältnisses.[793] Damit steht die Regelung in einem angemessenen Verhältnis zu den verbleibenden Restrisiken.

VII. Prüfung der Vorschriften zur Kooperation mit den Strafverfolgungsbehörden bzw. zu Staatsmonopolen

1) Anwendbarkeit europäischer Grundrechte

Die Meldepflicht von Spielbankenbetreibern nach § 43 Abs. 1 GwG stellt sich als direkte Umsetzung der Vorgaben in Art. 33 Abs. 1 4. GwRL zur Zusammenarbeit von Verpflichteten und zentraler Meldestelle dar. Die Regelung ist daher an den europäischen Grundrechten zu messen. Die Regelung von staatlichen Monopolen für Spielbanken in einigen Bundesländern ist keine Umsetzung einer Richtlinienvorgabe und daher am Grundgesetz zu messen.

Wie unter Teil 2 C. I. 2) d) dargestellt, wird auch an dieser Stelle angesichts der weitgehenden Parallelität der Rechtfertigungsanforderungen bei Grundrechten und Grundfreiheiten nicht gesondert auf die Grundfreiheiten eingegangen.

792 S. o. unter Teil 3 G. III. 2) c).
793 *Figura*, in: Herzog/Achtelik, GwG, § 1 Rn. 74.

2) *Prüfung am Maßstab von Art. 16 GRCh*

a) *Aufwand für eine Meldung nach § 43 Abs. 1 GwG*

Die Pflicht zur Meldung eines Geldwächeverdachts nach § 43 Abs. 1 GwG berührt zunächst die unternehmerische Freiheit privater Spielbankbetreiber. Zwar bedeutet die Meldung einer verdächtigen Transaktion an Strafverfolgungsbehörden bei Nutzung der dafür öffentlich bereitgestellten Formulare[794] keinen allzu großen Arbeitsaufwand. Das für Verdachtsmeldungen mit Transaktion und Verdachtsmeldungen ohne Transaktion jeweils nur wenige Seiten umfassende Formular kann zügig ausgefüllt und an die FIU bei der Generalzolldirektion versendet oder gefaxt werden.[795] Die äußerst geringe Zahl der Verdachtsmeldungen von Spielbanken[796] zeigt, dass dieser Vorgang in der Praxis auch nur selten anfällt.

Die Spielbanken müssen aber einen nicht unerheblichen Aufwand betreiben, um Transaktionen mit möglichem Geldwäschehintergrund rechtzeitig zu identifizieren und damit überhaupt melden zu können. So setzt etwa die Erkennung von Smurfing[797] voraus, dass Transaktionen eines Spielers an verschiedenen Tischen, die erst in der Gesamtsumme die Identifizierungsschwelle übersteigen, einzeln registriert und aufaddiert werden.

b) *Zur Möglichkeit des Rückgriffs auf Red Flags*

Eine Erleichterung erfährt die Aufgabe der Erkennung verdächtiger Vorgänge durch die Möglichkeit des Rückgriffs auf einen gefestigten Katalog von sog. Red Flags, beobachtbaren Anzeichen, die erfahrungsgemäß auf eine Geldwäschehandlung deuten.[798] Eine Red Flag liegt etwa vor, wenn ein Kunde einen Dritten vorschickt, um Jetons zu erwerben und sich von diesem Dritten die Jetons dann aushändigen lässt.[799] Für den deutschen Markt bieten die Auslegungs- und

---

794 Vgl. die Formulare 033572 und 033573, die im Formular-Management-System der Bundesfinanzverwaltung (https://www.formulare-bfinv.de) unter Formularcenter > Unternehmen > Financial Intelligence Unit (FIU) abgerufen werden können (zuletzt abgerufen am 01.08.2021).

795 Vgl. die in der vorangehenden Fn. zitierten Formulare.

796 S. o. unter Teil 3 D. I. 1).

797 S. o. Teil 3 C I. 2).

798 Vgl. bspw. AGA, Best Practices 2019–2020, S. 21 ff.; FATF, Vulnerabilities of Casinos and Gaming Sector, S. 31 ff. (jeweiliger Abschnitt „Indicators“); FinCEN, Guidance v. 01.08.2008; Gambling Commission, Guidance v. Feb. 2021, Ziff. 2.18 ff.

799 FATF, Vulnerabilities of Casinos and Gaming Sector, S. 32 UPkt. 13.

Anwendungshinweise der Obersten Glücksspielaufsichtsbehörden der Länder insofern eine Hilfe.[800]

Zudem können zumindest teilweise auch die von der FATF und von britischen und US-amerikanischen Glücksspielbehörden veröffentlichten Kataloge für den deutschen Markt herangezogen werden, da viele typische Anzeichen der Geldwäsche unabhängig von den Gegebenheiten der unterschiedlichen Märkte sind. In Verbindung mit den gefestigten Erkenntnissen aus der Praxis existiert damit ein recht detaillierter Katalog dessen, worauf Spielbanken in der Praxis zu achten haben.

Andererseits ist auch festzuhalten, dass die Existenz eines solchen Katalogs in vielen Fällen nichts an dem zu betreibenden Arbeitsaufwand ändert. Die Stückelung eines größeren Geldbetrages in mehrere kleinere als Red Flag aufzulisten ändert beispielsweise nichts an dem Aufwand, der zur Erkennung dieser Red Flag als solcher notwendig ist. Hier ist aber wiederum auf die überschaubare Größe der deutschen Spielbanken zu verweisen, wo das relativ genaue Nachhalten einzelner Vorgänge durch eine effektiv gestaltete Kommunikation zwischen Tischpersonal und Saalchef durchaus möglich ist.[801] Insgesamt ist die Meldepflicht daher mit Art. 16 GRCh vereinbar.

3) Prüfung am Maßstab von Art. 15 Abs. 1 GRCh

Zu prüfen ist weiter, ob die Meldepflicht die individuelle Berufsfreiheit eines Geldwäschebeauftragten dadurch verletzt, dass sie diesen einem übermäßigen Strafbarkeitsrisiko aussetzt.

a) Strafbarkeitsrisiken von Geldwäschebeauftragten in Zusammenhang mit § 43 GwG

Der Geldwäschebeauftragte eines Spielbankunternehmens ist die zentral aus § 43 Abs. 1 GwG zur Erstattung von Verdachtsanzeigen verpflichtete Person.[802] Nach von verschiedenen Autoren mit guten Argumenten vertretener Auffassung folge aus der Meldepflicht (nach § 11 GwG a. F.) eine Garantenstellung im Sinne von § 13 Abs. 1 StGB,[803] so dass sich der Geldwäschebeauftragte also durch

800 Vgl. bereits o. Teil 3 E. I. 5).

801 Vgl. auch FATF, Mutual Evaluation Report Germany, Ziff. 888.

802 S. o. unter Teil 3 E. I. 3) b) aa).

803 *Burr*, Geldwäsche, S. 86 ff.; *Neuheuser*, NZWiSt 2015, 241 (245); a. A. *Bottermann*, Untersuchung zu den grundlegenden Problematiken des Geldwäschetatbestandes, auch in seinen Bezügen zum Geldwäschegesetz, S. 164; *Leip*, Der Straftatbestand der Geldwäsche, S. 139; vgl. auch *Suendorf-Bischof*, BB 2020, 522 (523).

Unterlassen einer Verdachtsanzeige selbst wegen Geldwäsche bzw. Beihilfe zur Geldwäsche strafbar machen könne.[804] Dem widerspreche auch nicht, dass § 17 Abs. 1 Nr. 14 GwG [a. F.] (entspricht dem aktuellen § 56 Abs. 1 Nr. 69 GwG) das Unterlassen einer Meldung entgegen einer bestehenden Meldepflicht (bereits) zur Ordnungswidrigkeit erklärt; die Vorschrift entfalte keine Sperrwirkung.[805]

Eine eigene Stellungnahme zu dieser Auffassung soll an dieser Stelle nicht erfolgen. Im Rahmen dieser Untersuchung ist es ausreichend, festzuhalten, dass die Möglichkeit einer Unterlassungsstrafbarkeit durchaus vertreten wird und damit ein Strafbarkeitsrisiko besteht. Subjektiv ist dabei Vorsatz für eine Strafbarkeit nicht unbedingt erforderlich. § 261 Abs. 6 StGB lässt bereits Leichtfertigkeit genügen.

b) Beurteilung des Strafbarkeitsrisikos und verfassungsrechtliche Wertung

Grundsätzlich ist es trotz des geringen Geldwäscherisikos in Spielbanken in gewissem Rahmen vertretbar, dass die Meldepflichten von Geldwäschebeauftragten (auch) in Spielbanken nicht nur ordnungswidrigkeitsrechtlich, sondern auch strafrechtlich abgesichert sind. Eine Strafbarkeit erscheint vor allem angemessen in Fällen, in denen ein Geldwäschebeauftragter wissentlich die Meldung einer kriminellen Handlung in kollusivem Zusammenwirken mit dem Geldwäscher unterlässt.

In der gegenwärtigen Fassung geht die Meldepflicht in Verbindung mit ihrer strafrechtlichen Absicherung jedoch über diesen Rahmen hinaus und schafft damit zu weitgehende Strafbarkeitsrisiken für Geldwäschebeauftragte insbesondere in Spielbanken. Maßgeblicher Grund hierfür ist die weite Fassung der Voraussetzungen für die Auslösung der Meldepflicht, zusammenwirkend mit dem Umstand, dass Leichtfertigkeit zur Erfüllung des subjektiven Tatbestands der Geldwäsche ausreichen kann.[806] Hinzu kommt der Umstand, dass jetzt jede Straftat taugliche Vortat der Geldwäsche ist[807] und damit der Kreis der Fälle, in

---

804 So im Ergebnis für den Geldwäschebeauftragten in Kreditinstituten auch *Fischer*, Die Strafbarkeit von Mitarbeitern der Kreditinstitute wegen Geldwäsche, S. 126.

805 *Neuheuser*, NZWiSt 2015, 241 (245); a. A. *Bottermann*, Untersuchung zu den grundlegenden Problematiken des Geldwäschetatbestandes, auch in seinen Bezügen zum Geldwäschegesetz, S. 162 f.

806 So etwa auch *Gazeas*, NJW 2021, 1041 (1043 [Rn. 20]). Die Darstellung der subjektiven Voraussetzungen der Mitteilungspflicht in der vorliegenden Untersuchung orientiert sich wesentlich an *Barreto da Rosa*, in: Herzog/Achtelik, GwG, § 43 Rn. 14 ff.

807 S. o. Teil 2 A. I. 3).

denen potentiell eine (leichtfertige) Geldwäsche verwirklicht werden kann, noch einmal erheblich erweitert wurde.[808]

Ausweislich der gesetzlichen Begründung des Gesetzes zur Optimierung der Geldwäscheprävention,[809] die insofern die von der FATF in ihrem Deutschlandprüfbericht von Februar 2010 entsprechend geübte Kritik[810] aufgreift, ist nämlich die Meldung nach § 11 GwG [a. F.] ausdrücklich keine Strafanzeige nach § 158 Abs. 1 S. 1 StPO[811] – weshalb das Gesetz zur Optimierung der Geldwäscheprävention denn auch den Wortlaut der Vorschrift von „Anzeige" bzw. „anzeigen" in „Meldung" bzw. „melden" änderte.[812] Es gehe gerade nicht darum, nur Sachverhalte anzuzeigen, bei denen vom Verpflichteten bereits erste Untersuchungen angestellt worden seien und bei denen daher mit gewisser Wahrscheinlichkeit von einer Straftat ausgegangen werden könne.[813] Auch der Grad eines Anfangsverdachts im Sinne von § 152 Abs. 2 StPO werde nicht verlangt.[814] Die Meldepflicht sei vielmehr schon gegeben, wenn Grund zu der Annahme bestehe, dass eingebrachte Vermögenswerte illegaler Herkunft seien.[815] Diese Ausführungen gelten auch für den aktuellen § 43 Abs. 1 GwG, der die Verdachtsmeldeschwelle nicht verändert hat.[816]

In subjektiver Hinsicht sind dann bereits ein leichtfertiges Verkennen der möglichen illegalen Herkunft und ein folgliches Unterlassen der Meldung für eine Strafbarkeit ausreichend. Leichtfertig handelt nach gängiger Definition, wer die gebotene Sorgfalt in ungewöhnlich hohem Maße verletzt und nicht beachtet, was sich unter den Voraussetzungen seiner Erkenntnisse und Fähigkeiten aufdrängen muss.[817] Diese Definition stellt im Gegensatz zur zivilrechtlichen Definition der groben Fahrlässigkeit auch auf die individuellen Kenntnisse und Fähigkeiten des Täters ab.[818] Sie trägt daher stets das Risiko des Vorwurfs in sich,

---

808 *Gazeas*, NJW 2021, 1041 (1043 [Rn. 20]).

809 Gesetz v. 22.12.2011 (BGBl. I S. 2959).

810 FATF, Mutual Evaluation Report Germany, 19.02.2010, Ziff. 22 u. 692.

811 BT-Drs. 17/6804, S. 35.

812 Art. 1 Nr. 12 des Gesetzes.

813 BT-Drs. 17/6804, S. 35.

814 BT-Drs. 17/6804, S. 35.

815 BT-Drs. 17/6804, S. 35.

816 BT-Drs. 18/11555, S. 156.

817 Etwa *Kühl*, in: Lackner/ders., StGB, § 15 Rn. 55; speziell zum leichtfertigen Verschulden bei Geldwäschebeauftragten *Danda*, NJOZ 2021, 801 (803); *Suendorf-Bischof*, BB 2020, 522 (525).

818 Vgl. OLG Karlsruhe, Urt. v. 07.06.2016, 2 (5) Ss 156/16, openJur 2016, 7646, Rn. 10 m. w. N.

dass der Geldwäschebeauftragte – eben weil er in der Rolle des Geldwäschebeauftragten ist – nach seinen individuellen Kenntnissen und Fähigkeiten die Anhaltspunkte für die illegale Herkunft hätte erkennen müssen.[819]

Die Kritik der FATF am – aus ihrer Sicht – zu engen Maßstab für die Annahme eines meldepflichtigen Sachverhalts zeigt einen überbordenden Aktionismus,[820] der damit im Endeffekt zu unangemessenen Strafbarkeitsrisiken für Geldwäschebeauftragte führt.

c) Lösung der aufgezeigten Problematik

Die Strafbarkeit eines Geldwäschebeauftragten wegen Geldwäsche und Beihilfe zur Geldwäsche, jeweils durch Unterlassen einer Meldung entgegen § 43 Abs. 1 GwG, sollte daher gesetzlich ausgeschlossen werden, sofern der Geldwäschebeauftragte nicht positiv um die illegale Herkunft von Vermögenswerten weiß. Für den Fall des kollusiven Zusammenwirkens des Geldwäschebeauftragten mit dem Kriminellen bleibt damit die Strafbarkeit erhalten. Die übrigen Fälle, insbesondere der Fall des bloß leichtfertigen Versäumnisses einer Meldung, sind durch § 56 Abs. 1 Nr. 69 GwG als Ordnungswidrigkeit[821] hinreichend sanktioniert. Das gilt insbesondere für den Bereich der Spielbanken, wo das Risiko der Spielergeldwäsche – wie dargelegt – als gering zu veranschlagen ist.

4) Prüfung am Maßstab von Art. 8 Abs. 1 GRCh

Die Meldepflicht nach § 43 GwG beeinträchtigt schließlich auch das Grundrecht auf informationelle Selbstbestimmung der gemeldeten Urheber verdächtiger Transaktionen. Der dargestellte niedrigschwellige Verdachtsmaßstab und das Strafbarkeits- bzw. Bußgeldrisiko des Geldwäschebeauftragten im Falle der Nachlässigkeit könnten langfristig dazu führen, dass die bislang niedrigen Meldezahlen für Spielbanken (s. o. Teil 3 D. I. 1)) deutlich steigen. Denn

---

819 Ähnlich für Geldwäschebeauftragte in Kreditinstituten *Becker*, Geldwäschebekämpfung in Kreditinstituten, S. 54. Der erhöhte Strafrahmen des § 261 Abs. 4 StGB indessen bezieht sich ausweislich des Wortlauts – der nur auf die Absätze 1 und 2 referiert – nicht auf die leichtfertige Begehungsweise. Zudem dürfte § 261 Abs. 4 StGB auch allgemein auf Geldwäschebeauftragte keine Anwendung finden, da diese nicht selbst als Verpflichtete im Katalog des § 2 GwG aufgeführt sind und § 14 StGB nur auf strafbarkeitsbegründende, nicht auf strafschärfende Merkmale Anwendung findet (*Ruhmannseder*, in: von Heintschel-Heinegg, BeckOK StGB, § 261 Rn. 47).

820 Dazu ausführlich *Barreto da Rosa*, in: Herzog/Achtelik, GwG, § 43 Rn. 23 ff.

821 Vgl. dazu *Suendorf-Bischof*, BB 2020, 522 (524).

Geldwäschebeauftragte könnten sich veranlasst sehen, im Zweifelsfalle lieber eine unaufbereitete Meldung zu einem eigentlich harmlosen Sachverhalt abzugeben, als eine Sanktionierung zu riskieren. Das kann nicht im Sinne einer erkenntnisfördernden Aufbereitung der Meldefälle durch die FIU (s. o. Teil 3 E. I. 4)) sein und birgt die Gefahr der Inkriminierung ehrlicher Kunden.

Dass überhaupt eine Meldepflicht existiert, ist angesichts des verbleibenden Restrisikos der Geldwäsche in Spielbanken jedenfalls erforderlich. Fraglich ist allein, ob die potentielle Beeinträchtigung der Grundrechte der Kunden noch in einem angemessenen Verhältnis zum Geldwäscherisiko steht.

Der in diesem Zusammenhang besonders bedenklich erscheinende niedrigschwellige Verdachtsmaßstab ist dabei gerade umgekehrt so zu interpretieren, dass er zur Angemessenheit der Vorschrift beiträgt: Gerade, weil es sich bei der Meldung lediglich um eine Verdachtsmeldung, und nicht um eine Strafanzeige handelt, ist mit der Meldung nach § 43 GwG keine Inkriminierung verbunden. Diese Interpretation ist selbstverständlich nicht unproblematisch, wenn die Meldung an Strafverfolgungsbehörden erfolgt, wie es nach § 11 Abs. 1 S. 1 GwG a. F. der Fall war. Nach aktueller Gesetzeslage erfolgt die Meldung jedoch an die bei der Generalzolldirektion angesiedelte Zentralstelle, der ausdrücklich eine Filterfunktion zugewiesen ist.[822] Nur von der Zentralstelle analysierte und aufbereitete Sachverhalte werden an die Strafverfolgungsbehörden weitergegeben.[823] Damit ist die Meldepflicht nach § 43 Abs. 1 GwG im Hinblick auf Art. 8 Abs. 1 GRCh angemessen.

5) *Angemessenheit von staatlichen Spielbankenmonopolen als Instrument der Geldwäscheprävention?*

Ausgehend von der vom EuGH geprägten Devise, dass staatliche Glücksspielmonopole u. a. zur Bekämpfung der mit dem Glücksspiel verbundenen Kriminalität zulässig sein können,[824] liegt die Frage nahe, ob die Einführung eines staatlichen Spielbankenmonopols zur besseren Gewährleistung der Geldwäscheprävention zu rechtfertigen wäre. Angesichts des dargelegten nur geringen bis mittleren Risikos von Spieler- und Betreibergeldwäsche in Spielbanken ist jedoch eindeutig, dass ein Monopol unter diesem Gesichtspunkt allein nicht gerechtfertigt werden kann.

---

822 BT-Drs. 18/11555, S. 90.

823 BT-Drs. 18/11555, S. 90; *Welz*, UVR 2017, 149 (151).

824 S. o. unter Teil 2 B. II. 3).

VIII. Indienstnahmeproblematik

Wie vorangehend erörtert, wird durch das Geldwäschegesetz eine Reihe von Pflichten für Private zur Ermittlung von Sachverhalten, zur Aufzeichnung und Aufbewahrung von Kundendaten und zur Erstattung von Verdachtsmeldungen konstituiert, die in engem Zusammenhang zur staatlichen Pflicht der Gefahrenabwehr, der Strafverfolgung bzw. der Strafverfolgungsvorsorge stehen.[825] Es soll daher kurz auf den Aspekt der Indienstnahme und dessen mögliche rechtliche Folgen eingegangen werden.

1) Begriff der Indienstnahme

Bei einer Indienstnahme bzw. Inpflichtnahme handelt es sich um die Heranziehung eines Privaten zu bestimmten Dienstleistungen oder Aufgaben im Rahmen der staatlichen Pflichterfüllung.[826]

Im Gegensatz zur Beleihung findet bei der Indienstnahme keine Übertragung von hoheitlichen Befugnissen statt; der Indienstgenommene handelt also bei der Erfüllung der ihm übertragenen Aufgabe als Privater.[827] Wiederum im Gegensatz zum Verwaltungshelfer verbleibt dem Indienstgenommenen jedoch bei der Erfüllung der ihm übertragenen Aufgabe ein gewisser eigener Handlungsspielraum.[828]

Bei den im Rahmen der Indienstnahme übertragenen Pflichten handelt es sich um solche, deren Erfüllung einem öffentlichen Interesse oder Bedürfnis zugutekommt und die zumindest vorrangig der öffentlich-staatlichen Sphäre zuzuordnen sind.[829] Insofern unterscheidet sich die Indienstnahme von der Erfüllung von Eigensicherungspflichten. Bei Letzteren handelt es sich um Pflichten, deren Erfüllung angesichts der von privatem Eigentum bzw. privaten Einrichtungen ausgehenden Gefahren für die Öffentlichkeit auch im öffentlichen Interesse liegt, die jedoch vorrangig der privaten Sphäre zuzuordnen sind.[830]

---

825 *Böse*, ZStW 119 (2007), 848 (864).

826 *Schliesky*, Öffentliches Wirtschaftsrecht, S. 166.

827 *Schliesky*, Öffentliches Wirtschaftsrecht, S. 166.

828 Vgl. *Schliesky*, Öffentliches Wirtschaftsrecht, S. 165; die Indienstnahme von einer unselbständigen und einer selbständigen Verwaltungshilfe abgrenzend allerdings *Wolff/Bachof/Stober/Kluth*, Verwaltungsrecht II, § 91 Rn. 48 i. V. m. Rn. 1 ff.

829 *Braun*, K&R 2009, 386 (387).

830 *Braun*, K&R 2009, 386 (386); *ders.*, Die Finanzierung polizeilicher Aufgabenwahrnehmung, S. 355.

2) *Die Pflichten des Geldwäschegesetzes als Indienstnahme von privaten Spielbankenbetreibern*

Die Abgrenzung zwischen Pflichten aus Indienstnahme und Eigensicherungspflichten kann im Einzelnen schwierig sein.[831] Im Falle der aus dem Geldwäschegesetz folgenden Pflichten ist die Situation jedoch recht eindeutig.[832]

Den privaten Spielbankenbetreibern werden hierdurch zum einen Pflichten übertragen, deren Erfüllung der Verhinderung von Geldwäsche im Unternehmen dient. Dazu gehören insbesondere die internen Sicherungsmaßnahmen wie etwa die Bestellung eines Geldwäschebeauftragten (§ 6 Abs. 2 Nr. 2 i. V. m. § 7 GwG). Die Verhinderung von Geldwäsche – oder überhaupt kriminellen Phänomenen – ist aber traditionell Gegenstand des präventiven Gefahrenabwehrrechts wie insbesondere des Polizei- und/oder Ordnungsrechts der Länder und damit eine vorrangig der staatlichen Sphäre zuzuordnende Aufgabe.[833]

Zum anderen werden Pflichten übertragen, deren Erfüllung der Ermöglichung oder Erleichterung der Strafverfolgung dient. Hierzu gehören insbesondere die Verdachtsanzeigepflichten im Falle eines Geldwäscheverdachts (§ 43 Abs. 1 Nr. 1 GwG).[834] Strafverfolgung ist aber eine genuin staatliche Aufgabe, an der Private üblicherweise nicht im Rahmen eines fest ausgestalteten Pflichtenkreises mitwirken. Insbesondere besteht eine strafbewehrte Pflicht zur Verdachtsanzeige für Private üblicherweise nur bezüglich Taten aus dem Katalog des § 138 StGB.[835]

Schließlich wird durch das Geldwäschegesetz auch eine Vielzahl von Pflichten konstituiert, die sich mit entsprechender Argumentation sowohl als präventive als auch als repressive Pflichten im öffentlichen Interesse charakterisieren bzw. der Strafverfolgungsvorsorge zurechnen lassen. Dazu zählen etwa die

---

831 Dazu *Braun*, K&R 2009, 386 (386 f.); die Darstellung in diesem Textabschnitt orientiert sich im Übrigen wesentlich an Böse, ZStW 119 (2007), 848 (864 ff.).

832 Vgl. *Bäumler*, in: Lisken/Denninger, Handbuch des Polizeirechts [3. Aufl.], Abschn. J Rn. 524; *Böse*, ZStW 119 (2007), 848 (864 ff.); *Bottke*, wistra 1995, 121 (125 f.); *Bülte*, BB Die erste Seite 2016, Nr. 17; *Herzog*, BB Die erste Seite 2002, Nr. 20; *Rüpke*, in: Herzog/Mülhausen, GuG, § 55 Rn. 1; *Strauß*, Verfassungsfragen der Kostenüberwälzung bei staatlichen Indienstnahmen privater Unternehmen, S. 451.

833 Vgl. *Böse*, ZStW 119 (2007), 848 (865).

834 *Böse*, ZStW 119 (2007), 848 (866 ff. u. 870 ff.).

835 *Bäumler*, in: Lisken/Denninger, Handbuch des Polizeirechts [3. Aufl.], Abschn. J Rn. 524; *Böse*, ZStW 119 (2007), 848 (872).

Identifizierungs-, Aufzeichnungs- und Aufbewahrungspflichten (§§ 10 Abs. 5; 8 GwG).[836]

3) *Folgen der Einordnung der Pflichten des Geldwäschegesetzes als Indienstnahme*

Handelt es sich somit bei den gesetzlichen Regelungen zur Geldwäscheprävention bzw. zu ihrer Verfolgung um eine Indienstnahme, bleibt zu klären, wie sich diese Einordnung auf die vorliegende Prüfung auswirkt.

Prinzipiell sind bei der vollständigen Prüfung der rechtlichen Zulässigkeit einer Indienstnahme zwei Ebenen zu unterscheiden:[837] Auf der ersten Ebene (Primärebene) steht in Betracht, ob sich die Indienstnahme inhaltlich mit Grundrechten des Indienstgenommenen und mit Grundrechten Dritter vereinbaren lässt. Auf der zweiten Ebene (Sekundärebene) geht es dann um die Frage, ob eine Ausgleichspflicht des Staates für mit der Indienstnahme verbundene Kosten besteht und ob eine ggf. getroffene Ausgleichsregelung den tatsächlich entstehenden Kosten des Indienstgenommenen angemessen ist.

Nach der oben bereits vorgenommenen Prüfung am Maßstab der Grundrechte bleibt die Sekundärebene zu betrachten.

4) *Prüfung einer möglichen Ausgleichspflicht (Sekundärebene)*

Auf der Sekundärebene werden verschiedene Ansätze zur Beantwortung der Frage über das Bestehen bzw. Nicht-Bestehen einer Ausgleichspflicht herangezogen.

a) *Dogmatische Ansätze zur Entscheidung über das Bestehen bzw. Nicht-Bestehen einer Ausgleichspflicht*

Teilweise wird eine Parallele zur Sonderabgabenrechtsprechung gezogen.[838] Sonderabgaben unterscheiden sich von Steuern dadurch, dass sie nicht allgemein und zur Finanzierung allgemeiner staatlicher Aufgaben, sondern von

836 *Böse*, ZStW 119 (2007), 848 (877 ff.); vgl. ähnlich zu den Identifizierungspflichten von Kunstvermittlern und Auktionshäusern nach dem GwG *Raue/Roegele*, ZRP 2019, 196 (199).

837 *Braun*, K&R 2009, 386 (387); *ders.*, Die Finanzierung polizeilicher Aufgabenwahrnehmung, S. 358.

838 *Kube/Schütze*, CR 2003, 663 (668 ff.); *Strauß*, Verfassungsfragen der Kostenüberwälzung bei staatlichen Indienstnahmen privater Unternehmen, S. 241.

einer bestimmten Gruppe erhoben werden, die eine besondere Sachnähe zu der zu finanzierenden Aufgabe aufweist und von ihr profitiert.[839] Ähnlich wird in Bezug auf einen Indienstgenommenen regelmäßig eine besondere Nähe zu einer bestimmten, eigentlich vorrangig staatlich zu bewältigenden Aufgabe angenommen, die im Zusammenhang mit einer für den Indienstgenommenen vorteilhaften Tätigkeit steht.[840] Die Parallele ergibt sich dann aus einer Gleichsetzung von ausgleichsfreien Handlungspflichten mit Sonderabgabepflichten.[841]

Andere greifen auf den Grundsatz gerechter Lastenverteilung zurück,[842] der sich dogmatisch auf die Prinzipien von Proportionalität (Verhältnismäßigkeit) und Gleichheit (Art. 3 Abs. 1 GG) zurückführen lässt.[843] Idee hierbei ist, dass die ausgleichsfreie Indienstnahme Privater für eine vorrangig staatliche Aufgabe dem Grundsatz der gleichmäßigen Verteilung der finanziellen Lasten staatlicher Aufgabenerfüllung auf die Allgemeinheit durch die Erhebung allgemeiner Steuern widerspricht und daher der Rechtfertigung durch einen besonderen Zurechnungsgrund bedarf.[844]

Ein wesentlicher Unterschied zu dem von einer Parallele zur Sonderabgabenrechtsprechung ausgehenden Ansatz ist indessen nicht erkennbar; beide Ansätze gehen von der Zulässigkeit einer ausgleichsfreien Indienstnahme (nur) aus, wenn der Indienstgenommene eine besondere Nähe zu der eigentlich vorrangig staatlichen Aufgabe aufweist, aufgrund derer sich ein Zurechnungszusammenhang begründen lässt.

b) Dogmatische Ansätze zur Begründung eines Zurechnungszusammenhangs

Zur Begründung eines Zurechnungszusammenhangs zwischen Indienstgenommenem und übertragener Aufgabe werden wiederum verschiedene Ansätze herangezogen. Ein gängiger Ansatz ist das Kriterium der Sachnähe,[845] das aber näherer Bestimmung bedarf, um der ohnehin geforderten besonderen Nähe von Indienstgenommenem und Aufgabe inhaltlich etwas hinzuzufügen.

839 Vgl. *Kment*, in: Jarass/Pieroth, GG, Art. 105 Rn. 12.
840 *Kube/Schütze*, CR 2003, 663 (668 f.).
841 Kritisch dazu *Waechter*, VerwArch 87 (1996), 68 (77).
842 *Braun*, K&R 2009, 386 (388).
843 *Bockwoldt*, Rechtmäßigkeit und Kostentragungspflicht polizeilichen Handelns, S. 56.
844 *Braun*, K&R 2009, 386 (388).
845 *Strauß*, Verfassungsfragen der Kostenüberwälzung bei staatlichen Indienstnahmen privater Unternehmen, S. 242 f.; *Waechter*, VerwArch 87 (1996), 68 (77 ff.).

Im Bereich der Geldwäschebekämpfung werden für eine Sachnähe etwa ein effektiver Zugriff auf die für Geldwäschevorgänge relevanten Einrichtungen, eine dem Innehaben eines geldwäscheanfälligen Gewerbes korrespondierende Pflicht zur Unterbindung von Geldwäsche und die Einfügung der übertragenen Aufgabe in die üblichen Betriebsabläufe (keine unternehmensfremde Tätigkeit) als Kriterien genannt.[846] Damit wird im Wesentlichen dem in einigen Theorien[847] zum Ausdruck kommenden Gedanken Rechnung getragen, dass wer durch eine bestimmte Tätigkeit die Gefahr eines kriminellen Missbrauchs durch Dritte schafft, diesem Missbrauch auch auf eigene Kosten vorzubeugen hat.[848]

Teilweise wird auch mit der Annahme einer umgekehrten Parallelsituation zur staatlichen Gebührenerhebung gearbeitet.[849] Die Überlegung dahinter ist wie folgt: Bei der Erhebung von Gebühren wird dem Gebührenschuldner in Anknüpfung an eine individuell zurechenbare, öffentliche Leistung eine Geldleistung auferlegt, um die Kosten der öffentlichen Leistung ganz oder teilweise zu decken.[850] Voraussetzung für die Zulässigkeit einer Gebührenerhebung ist, dass der Gebührenpflichtige die staatliche Leistung (mit-)veranlasst hat oder dass sie durch einen besonderen Vorteil des Gebührenpflichtigen gerechtfertigt ist.[851]

Bei der Indienstnahme stellt sich die Situation umgekehrt dar: Der Indienstgenommene erbringt eine bestimmte Leistung, die eigentlich vorrangig dem Staat obliegt, und kann dafür u. U. eine Geldleistung vom Staat verlangen, die die mit der Erbringung der Leistung verbundenen Kosten ganz oder teilweise deckt.[852] Unter Berücksichtigung des umgekehrten Vorzeichens besteht demnach keine Ausgleichspflicht des Staates für eine Indienstnahme, wenn der Private die im Rahmen der Inpflichtnahme zu erbringende Leistung (mit-)veranlasst oder einen besonderen Vorteil davon hat.[853]

Neben diesen Zurechnungskriterien stehen weitere negative Wertungskriterien, bei deren Vorliegen trotz Bestehen eines Zurechnungszusammenhangs von einer staatlichen Ausgleichspflicht für die Indienstnahme auszugehen ist.

846 Vgl. *Waechter*, VerwArch 87 (1996), 68 (89) m. w. N.

847 *Manssen*, Archiv PT 1998, 236 (242); *Waechter*, VerwArch 87 (1996), 68 (82); zur Terminologie *Moser-Knierim*, Vorratsdatenspeicherung, S. 310.

848 *Waechter*, VerwArch 87 (1996), 68 (89); *Kube/Schütze*, CR 2003, 663 (669).

849 *Braun*, K&R 2009, 386 (389).

850 Vgl. *Seiler*, in: Maunz/Dürig, GG, Art. 105 Rn. 81.

851 *Braun*, K&R 2009, 386 (389).

852 *Braun*, K&R 2009, 386 (389).

853 *Braun*, K&R 2009, 386 (389 f.).

Neben dem oben bereits genannten Kriterium, dass es sich bei der übertragenen Aufgabe nicht um eine unternehmensfremde Tätigkeit handeln darf,[854] ist hier insbesondere das Nicht-Vorliegen einer erdrosselnden Wirkung der ausgleichsfreien Indienstnahme zu nennen.[855]

c) Zusammenfassung: Kriterien für eine Zurechnung

Nach den vorangegangenen Ausführungen ergeben sich als wesentliche und kumulative Kriterien für eine Zurechnung:

(i) Die Tätigkeit des Indienstgenommenen weist eine besondere Nähe zu der eigentlich staatlichen Aufgabe auf.
(ii) Die Tätigkeit des Indienstgenommenen veranlasst das Geldwäscherisiko mit oder er zieht einen wirtschaftlichen Vorteil aus der das Geldwäscherisiko verursachenden Tätigkeit.
(iii) Der Indienstgenommene verfügt über einen effektiven Zugriff auf die für Geldwäschevorgänge relevanten Einrichtungen.
(iv) Der Indienstgenommene kann seinen Pflichten ohne Verletzung anderweitiger wesentlicher Pflichten nachkommen und die Indienstnahme hat keine erdrosselnde Wirkung.

d) Prüfung der Zurechnungskriterien für private Spielbankenbetreiber

Die im vorangehenden Abschnitt herausgearbeiteten Zurechnungskriterien sind nun in Bezug auf private Spielbankenbetreiber zu prüfen.

aa) Besondere Nähe zu der eigentlich staatlichen Aufgabe

Erstes Kriterium ist die besondere Nähe der Tätigkeit des Indienstgenommenen zu der eigentlich staatlichen Aufgabe. Die eigentlich staatliche Aufgabe, die Spielbanken insbesondere bei der Meldepflicht übernehmen müssen, ist die Beurteilung eines Vorgangs als verdächtig und der Anstoß eines Strafermittlungsverfahrens. Auch wenn Verdacht in diesem Zusammenhang nicht den strafprozessualen Anfangsverdacht meint[856] und zwischen Meldung und Einschaltung der Strafverfolgungsbehörden mittlerweile noch die Zentralstelle für Finanztransaktionsuntersuchungen als Filterinstanz steht, ändert dies nichts daran, dass hier gesetzlich eine Einschätzung von Vermögenswerten als

854 So auch *Moser-Knierim*, Vorratsdatenspeicherung, S. 307.
855 *Moser-Knierim*, Vorratsdatenspeicherung, S. 312 f. m. w. N.
856 S. o. unter Teil 3 G. VII. 3) b).

möglicherweise illegal erlangt sowie die Initiierung eines Verfahrens verlangt werden, das die Vorstufe zu einem Strafverfahren darstellt.[857]

Zu dieser Aufgabe besteht aber insofern eine besondere Nähebeziehung, als dass nur die Spielbanken selbst die Spielvorgänge genau beobachten können. Die ebenfalls in den Spielbanken anwesenden Finanzbeamten[858] beobachten die Spielvorgänge zwar ebenfalls genau, können aber schon aufgrund ihrer im Vergleich zum Spielbankenpersonal geringen Zahl und ihrer größeren Distanz zum Spielgeschehen als „Zuschauer“ nicht das gleiche Überwachungsniveau gewähren wie die Spielbanken selbst.

bb) Mitveranlassung des Geldwäscherisikos oder wirtschaftlicher Vorteil

Zweites Kriterium ist, dass die Tätigkeit des Indienstgenommenen das Geldwäscherisiko mitveranlasst oder er einen wirtschaftlichen Vorteil aus der das Geldwäscherisiko verursachenden Tätigkeit zieht. Das Restrisiko des Missbrauchs einer Spielbank zu Geldwäschezwecken durch Spieler wird durch den Betreiber bereits durch die Bereitstellung des Spielangebots mitveranlasst. Zudem arbeiten alle Spielbanken – auch die staatlichen – gewinnorientiert. Sie zielen also auf einen wirtschaftlichen Vorteil ab.

cc) Effektiver Zugriff auf geldwäscherelevante Einrichtungen

Drittes Kriterium ist, dass der Indienstgenommene über einen effektiven Zugriff auf die für Geldwäschevorgänge relevanten Einrichtungen verfügt. Die für die Spielergeldwäsche relevanten Einrichtungen sind die Spieltische und Kassen, die von den Spielbanken mit Personal besetzt und mit Videokameras überwacht werden, so dass ein effektiver Zugriff besteht.

dd) Keine Verletzung anderweitiger Pflichten und keine Erdrosselung

Viertes Kriterium ist, dass der Indienstgenommene seinen Pflichten ohne Verletzung anderweitiger wesentlicher Pflichten nachkommen kann und die Indienstnahme keine erdrosselnde Wirkung hat. Wie oben unter Teil 3 G. VII. 2) a) gezeigt, hält sich der Arbeitsaufwand insbesondere der Meldepflicht für die Spielbanken in zumutbaren Grenzen. Eine dadurch erzwungene Vernachlässigung anderweitiger wesentlicher Pflichten oder eine erdrosselnd wirkende Beeinträchtigung der Betriebsabläufe sind nicht ersichtlich.

---

857 Vgl. bereits o. unter Teil 3 G. VII. 4).

858 S. o. Teil 3 G. III. 2) c).

e) *Ergebnis: Keine Ausgleichspflicht*

Nach Prüfung der Zurechnungskriterien besteht damit keine staatliche Ausgleichspflicht gegenüber den privaten Spielbankenbetreibern.

H. Abgleich von Regelungen anderer Länder

Der nun folgende Abgleich ausländischer Regelungen hat zweierlei zum Ziel: Zum einen soll der Frage nachgegangen werden, welche in anderen Ländern und Rechtsordnungen zur Anwendung kommenden Instrumente der Geldwäschebekämpfung auch für den deutschen Spielbankenmarkt interessant sein könnten. Angesichts der dargestellten verbleibenden Restrisiken ist nicht auszuschließen, dass die deutsche Regulierung von einem Blick auf andere Länder profitieren könnte.

Zum anderen soll untersucht werden, ob nicht eine stärkere Loslösung von den Veröffentlichungen und Empfehlungen der FATF auf nationaler Ebene den hier tatsächlich bestehenden Risiken besser gerecht würde.

Inwieweit hier eine Loslösung anzuraten wäre, lässt sich klarer beantworten, wenn ein Vergleich des deutschen Spielbankenmarkts mit den Kasinomärkten erfolgt, für die die Vorgaben der FATF in erster Linie geschrieben sind. Trotz Einholung ausführlicher Informationen über die einzelnen Kasinomärkte der zur FATF selbst oder einem ihrer Regional Bodies gehörenden Staaten[859] nämlich legt die FATF ihren Veröffentlichungen durchgehend das Verständnis von Kasinos als einer Finanzinstituten ähnlichen Einrichtung zugrunde.[860] Dieses Verständnis mag im Hinblick auf Kasinos beispielsweise in bestimmten Bundesstaaten der USA angemessen sein. Inwieweit es hinsichtlich des deutschen Spielbankenmarktes angemessen oder auf diesen übertragbar ist, lässt sich nur im Rahmen eines Vergleichs mit eben solchen Kasinomärkten klären, bei denen die Kasinos tatsächlich die von der FATF zugrunde gelegte Typologie aufweisen.

I. Österreich

1) *Spielbanken und Pokersalons in Österreich*

In Österreich gibt es zwölf Spielbanken, die allesamt von der Casinos Austria AG betrieben werden.[861] Im Jahr 2014 wurden der Novomatic AG bzw. einem

859 Vgl. FATF, Vulnerabilities of Casinos and Gaming Sector, Ziff. 25 ff.

860 Vgl. FATF, Vulnerabilities of Casinos and Gaming Sector, Ziff. 86.

861 BMF.gv.at/Konzessionäre und Ausspielbewilligte, Ziff. 1.2; vgl. auch die Übersicht unter Casinos.at/Casinos (beide URL-Verz.).

deutsch-schweizerischen Bieterkonsortium mit Beteiligung der Gauselmann-Gruppe die drei weiteren der fünfzehn möglichen (vgl. § 21 Abs. 5 öGSpG) Konzessionen für Standorte in Wien (Prater) und Bruck an der Leitha bzw. Wien (Palais Schwarzenberg) zugeschlagen, was ein Ende der faktischen Monopolstellung der Casinos Austria bedeutet hätte.[862]

Eine gegen die Konzessionsvergabe der in diesem Verfahren unterlegenen Casinos Austria gerichtete Beschwerde mündete jedoch letztlich in Entscheidungen des Verwaltungsgerichtshofs von Juni[863] und Juli[864] 2016, in denen dieser die vom Bundesverwaltungsgericht festgestellte mangelnde Transparenz des Vergabeverfahrens zunächst für die an die Novomatic AG[865] und dann auch für die an das Bieterkonsortium vergebenen Konzessionen[866] bestätigte. Von einer Neuausschreibung der Konzessionen unter Berücksichtigung der gerichtlich geübten Kritik an der Ausgestaltung des Vergabeverfahrens nahm das Bundesministerium für Finanzen bislang Abstand.[867]

Neben den Spielbanken gab es in Österreich zudem – zwischenzeitlich geschlossene[868] – Pokersalons, die von der Concord-Gruppe aufgrund gewerberechtlicher Erlaubnisse bis Ende 2019 betrieben werden durften.[869] Unter Berufung auf ein Rechtsgutachten eines Professors der Universität Linz[870] sowie auf eine Entscheidung des Landesverwaltungsgerichts Oberösterreich[871] zur Unionsrechtswidrigkeit der Unterwerfung des Pokerspiels unter ein staatliches Glücksspielmonopol hat offenbar Concord-Betreiber Peter Zanoni einen Pokersalon in Wien-Simmering wiedereröffnet.[872] Nach einer polizeilichen Razzia in dem fraglichen Pokersalon ist unklar, ob dort aktuell Spiele stattfinden.[873]

Die Größe österreichischer Spielbanken ist im Hinblick sowohl auf die räumliche Größe als auch im Hinblick auf das Umsatzvolumen in etwa der Größe deutscher Spielbanken vergleichbar. Die zwölf nationalen Spielbanken verfügten

---

862 Etwa Die Presse, Art. v. 15.07.2016.

863 VwGH, Erk. v. 28.06.2016, Ra 2015/17/0082.

864 VwGH, Beschl. v. 27.07.2016, Ra 2015/17/0084.

865 Die Presse, Art. v. 15.07.2016; Wien.orf.at, Art. v. 15.07.2016 (beide URL-Verz.).

866 Wien.orf.at, Art. v. 18.08.2016 (URL-Verz.).

867 *Oswald*, Der Standard v. 15.09.2017, S. 20.

868 Vgl. OTS.at, Veröff. v. 02.03.2020 (URL-Verz.).

869 Rechnungshof Österreich, Bericht des Rechnungshofes, S. 150.

870 *Leidenmühler*, Rechtsgutachten v. 17.06.2021.

871 Vgl. ccc.co.at/Startseite (URL-Verz.).

872 Vgl. ccc.co.at/Startseite (URL-Verz.).

873 *Schreiber/Möchel*, Kurier.at v. 01.06.2021.

im Jahr 2020 über insgesamt 244 Spieltische und 2.096 Automaten,[874] was einem Schnitt von etwa 20 Spieltischen und 175 Automaten pro Spielbank entspricht. Im Jahr 2019 erwirtschaftete die Casinos Austria AG Bruttospielerträge von 321,62 Mio. Euro.[875] Die deutlich geringeren Bruttospielerträge in Höhe von 162,54 Mio. Euro im Jahr 2020[876] dürften mit der Corona-Krise zu erklären sein[877] und sind daher kaum repräsentativ. Das Risiko der Spielergeldwäsche, jedenfalls insoweit es auf den Faktoren Größe und Umsatzvolumen von Spielbanken fußt, ist also in Österreich und Deutschland vergleichbar.

2) Regelungen zur Geldwäscheprävention im Spielbankenbereich

Österreich hat – ebenso wie Deutschland – die Geldwäscherichtlinien in nationales Recht transformiert, namentlich durch das Finanzmarkt-Geldwäschegesetz (FM-GwG) und weitere Änderungsgesetze (u. a. zur Änderung des Glücksspielgesetzes). § 31c öGSpG verweist für Spielbanken auf die weitgehend im FM-GwG kodifizierten Sorgfaltspflichten. Abgesehen von diesen Unterschieden in der Regelungstechnik sind also die wesentlichen Regelungen in Deutschland und Österreich zur Geldwäscheprävention gleichläufig.

Eine darüberhinausgehende Regelung des österreichischen Spielbankenrechts, die potentiell auch für das deutsche Recht vorbildlich sein könnte, ist die Vorgabe einer hohen Mindestkapitaleinlage von 22 Mio. Euro, deren rechtmäßige Herkunft nachgewiesen werden muss (§ 21 Abs. 2 Nr. 3 öGSpG). Diese kann auf zweierlei Weise zur Prävention von Betreibergeldwäsche beitragen: Zum einen stellt die Höhe der Einlage ein finanzielles Hindernis dar, das die Einrichtung einer Spielbank zum Zwecke der Betreibergeldwäsche erheblich verkompliziert. Zum anderen erschwert der Nachweis der legalen Mittelherkunft die Finanzierung eines Spielbankenbetriebes mit illegal erlangten Geldern.[878]

Wie unter Teil 3 G. III. 2) a) bereits ausführlich dargelegt, ist jedoch auch in Deutschland angesichts der konkreten Ausgestaltung des Vergabeverfahrens und

874 Casinos Austria AG/Österreichische Lotterien, Geschäftsbericht 2020, „Konzern Kennzahlen" vor S. 1.

875 Casinos Austria AG/Österreichische Lotterien, Geschäftsbericht 2020, „Konzern Kennzahlen" vor S. 1.

876 Casinos Austria AG/Österreichische Lotterien, Geschäftsbericht 2020, „Konzern Kennzahlen" vor S. 1.

877 So auch Casinos Austria AG/Österreichische Lotterien, Geschäftsbericht 2020, S. 2.

878 Dazu *Strobl*, Der Standard v. 11.11.2004; vgl. auch EuGH, Urt. v. 15.09.2011, C-347/09 – *Dickinger und Ömer*, Slg. 2011, I-8185, Rn. 74.

der strikten Begrenzung der Zahl der Spielbanken pro Bundesland die Inbetriebnahme einer Spielbank nur unter hohem finanziellen Aufwand möglich, so dass in dieser Hinsicht ein vergleichbarer Schutz vor Betreibergeldwäsche gewährleistet ist. Die ausdrückliche Verankerung des Nachweises der legalen Herkunft der Mittel im Gesetz ist hingegen ein Aspekt, der zu entsprechenden deutschen Regelungen inspirieren könnte.

Teilweise existieren solche Regelungen bereits in den Landesvorschriften zu Spielbanken. Neben den in Teil 3 G. III. 2) a) cc) genannten Vorschriften[879] sah auch Berlin in einem Entwurf für ein Gesetz zur Neuregelung des Spielbankenrechts unter dem Oberbegriff der erweiterten Zuverlässigkeit vor, dass die rechtmäßige Herkunft der Mittel zur Einrichtung des Spielbankenbetriebs gewährleistet sein muss.[880] Dies wurde ausdrücklich mit der Verhinderung von Geldwäsche durch Errichtung und Betrieb einer Spielbank begründet.[881] Bislang hat die rechtmäßige Mittelherkunft jedoch noch keinen ausdrücklichen Eingang in das Berliner Spielbankengesetz gefunden (vgl. § 2 SpBG BE).

II. USA

Eine Betrachtung der USA muss sich angesichts der weitgehenden Eigenständigkeit der einzelnen Bundesstaaten bei der Rechtssetzung im Glücksspielbereich[882] im Rahmen der vorliegenden Untersuchung auf wenige ausgewählte Bundesstaaten beschränken. Hier soll v. a. Nevada als der glücksspielrechtlich wohl vielfältigste und vom Verfasser anlässlich einer Forschungsreise im September 2016[883] näher untersuchte Bundesstaat betrachtet werden.

Zunächst soll dabei der Versuch unternommen werden, die Risiken der Betreiber- und der Spielergeldwäsche näher zu beleuchten. Zuverlässige statistische Zahlen zu Geldwäschefällen in Nevada sind indessen kaum zu finden.

1) Risiko der Betreibergeldwäsche über Kasinos in Nevada

Ein erster augenfälliger Unterschied des Regelungsrahmens für Kasinos in Nevada zum hiesigen Regelungsrahmen für Spielbanken besteht darin, dass in

879 § 28 Abs. 2 Nr. 9 LGlüG BW; § 3a Abs. 2 S. 3 Nr. 3 SpBG RP; § 4 Abs. 3 SpBG HE.

880 AH-Drs. BE 17/2711, S. 4 (zuletzt abgerufen am 01.08.2021 unter https://www.parlament-berlin.de/ados/17/IIIPlen/vorgang/d17-2711.pdf).

881 AH-Drs. BE 17/2711, S. 23.

882 *Güldner*, ZfWG 2017, 115 (116).

883 Darauf basierend *Güldner*, ZfWG 2017, 115 ff.

Nevada keine Begrenzung der Zahl der Kasinos existiert.[884] Grundsätzlich ist es einem privaten Betreiber also unabhängig von der Zahl der bereits bestehenden Kasinos möglich, eine Lizenz zum Betrieb eines weiteren Kasinos zu erhalten. Ein zentrales Argument gegen das tatsächliche Risiko einer Betreibergeldwäsche über Spielbanken in Deutschland – dass nämlich allein schon aufgrund der zahlenmäßigen Begrenzung der Spielbanken pro Bundesland nicht ohne weiteres eine solche eröffnet werden kann[885] – gilt damit nicht (analog) in Nevada.

Dennoch ist auch dort das Risiko einer Betreibergeldwäsche über Spielbanken als gering einzustufen. Weitere zentrale Argumente gegen das tatsächliche Risiko einer Betreibergeldwäsche über Spielbanken in Deutschland – die Komplexität des Lizenzierungsverfahrens und die vergleichsweise hohen Anforderungen an den Erhalt einer Lizenz[886] – gelten wiederum nämlich ebenso oder noch stärker in Nevada. Für das „Nevada model", das der Bundesstaat bei der Lizenzierung privater Kasinoanbieter verfolgt, ist es gerade charakteristisch, hohe Hürden für den Erhalt der Lizenz aufzustellen, den laufenden Betrieb eines Kasinos aber weniger streng zu regulieren.[887] So werden etwa der persönliche Hintergrund des Bewerbers (u. a. durch Fingerabdrucknahme) und die Herkunft seiner finanziellen Mittel im Antragsverfahren intensiv beleuchtet.[888]

2) *Risiko der Spielergeldwäsche über Kasinos in Nevada*

a) *Risikoerhöhende Faktoren*

Die Anreize für eine Spielergeldwäsche sind aufgrund verschiedener Faktoren grundsätzlich größer als in deutschen Spielbanken. Einer dieser Faktoren ist das Angebot bestimmter, sonst für Kredit- und Finanzinstitute typischer Services in den US-amerikanischen Kasinos, die von Kriminellen zu Geldwäschezwecken missbraucht werden können und in Deutschland nicht (mehr) angeboten werden.[889] Dazu gehören u. a. die Möglichkeit der Einrichtung eines Spielerkontos, die mit der Einrichtung eines solchen Kontos verbundene

---

884 Vgl. NRS 463.160 ff., wo keine Begrenzung geregelt ist; zudem Information aus den in den USA geführten Experteninterviews.
885 S. o. unter Teil 3 G. III. 2) a) bb).
886 Vgl. Teil 3 G. III. 2) a) cc) u. dd).
887 Informationen aus den in den USA geführten Experteninterviews.
888 Informationen aus den in den USA geführten Experteninterviews.
889 Vgl. *Senia*, in: Cabot/Pindell, Regulating Land-Based Casinos, 213 (223).

Möglichkeit des Transfers von Geldern von einem Kasino zu einem anderen sowie Geldwechselservices.[890]

Zudem ist die landgebundene Kasinoindustrie in Nevada und insbesondere in Las Vegas wirtschaftlich weit bedeutsamer und umsatzstärker als die Spielbankenindustrie in Deutschland. Der deutsche Spielbankenmarkt wies im Jahr 2019 im Bereich des Tischspiels einen Bruttospielertrag von insgesamt 160 Mio. Euro auf, im Bereich des Automatenspiels 700 Mio. Euro.[891] Der Bruttospielertrag (Total Gaming Revenue) allein des Las Vegas Strip betrug im selben Jahr 3,14 Mrd. US-Dollar (zum damaligen Wechselkurs ca. 2,83 Mrd. Euro) im Bereich des Tischspiels und 3,44 Mrd. US-Dollar (ca. 3,1 Mrd. Euro) im Bereich des Automatenspiels.[892] Damit überstieg der Bruttospielertrag des Las Vegas Strip den des gesamten deutschen Spielbankenmarkts im Bereich des Tischspiels ca. um das 18-fache, im Bereich des Automatenspiels ca. um das 4,4-fache.

Je größer aber die finanziellen Umsätze einer Einrichtung, desto leichter wird es einem Geldwäscher auch fallen, aus seiner Sicht lohnenswerte (hohe) Geldbeträge in die Einrichtung einzubringen, ohne übermäßig Aufsehen zu erregen. Auch in dieser Hinsicht ähneln die Kasinos in Nevada stärker Kredit- und Finanzinstituten, als dies bei ihren deutschen Pendants der Fall ist.[893]

Ein weiterer Faktor, der die Anreize für eine Spielergeldwäsche steigert, sind unbare Auszahlungsmethoden. Während diese in deutschen Spielbanken nur in Ausnahmefällen durchgeführt werden, steht es dem Spieler in einem Kasino in Nevada frei, sich eingelöste Spielmarken bar, per Scheck oder per Überweisung auszahlen zu lassen – und das auch im Falle kleinerer Beträge.[894]

Des Weiteren ist die Spieleranonymität in den Kasinos Nevadas größer, als dies in deutschen Spielbanken der Fall ist. Hierzulande findet eine zwar in erster Linie der Spielsuchtbekämpfung dienende, indirekt durch die Verringerung von Anonymität aber auch der Geldwäschebekämpfung förderliche Standardidentifizierung vor Betreten der Spielbank statt.[895] Hingegen können die Kasinos in Nevada ohne Kontrolle betreten werden, solange man nicht durch sein Aussehen Zweifel am Mindestalter von 21 Jahren weckt.[896]

---

890 *Senia*, in: Cabot/Pindell, Regulating Land-Based Casinos, 213 (223).

891 Glücksspielaufsichtsbehörden der Länder, Jahresreport 2020, S. 6.

892 Center for Gaming Research, Nevada Gaming Revenues, Feb. 2021, S. 3.

893 *Siska*, Die Geldwäsche, S. 71; vgl. auch FinCEN, SAR Activity Review, Iss. 17 (Mai 2010), S. 57.

894 Informationen aus den in den USA geführten Experteninterviews.

895 S. o. unter Teil 3 E. II. 4).

896 Eigene Erfahrung des Verf.

Die weitläufigen und verwinkelten Räumlichkeiten in den Großkasinos Nevadas bieten dabei auch mehr Möglichkeiten, sich durch die Einrichtung zu bewegen, ohne gleich dem Personal aufzufallen, als dies in den Räumlichkeiten der deutschen Spielbanken der Fall ist.[897] Selbst in Duisburg, einer der sehr gut besuchten Spielbanken in Deutschland,[898] befindet sich der Tischspielbereich in einem überschaubaren Spielsaal.[899] Dieser – aus Sicht des Geldwäschers – Vorteil der Las Vegas-Kasinos wird freilich durch die Videoüberwachung[900] relativiert.

b) Risiken durch Junket Operators

Ein in Deutschland gänzlich unbekanntes Risiko der Geldwäsche, das von sog. Junket Operators ausgeht, wird v. a. mit Macau,[901] teilweise aber auch über die noch näher darzulegenden Verbindungen zwischen Macau und Las Vegas mit letzterer Glücksspielmetropole[902] in Verbindung gebracht. Da in das Geschäft der Junket Operators kaum Einblick genommen werden kann, ist dieser potentielle Geldwäschebereich vielleicht noch schwieriger zu erhellen, als es in anderen Bereichen ohnehin schon der Fall ist. Die nachfolgenden Ausführungen müssen sich daher im Wesentlichen auf die wenigen veröffentlichten Berichte stützen.

aa) Grundsätzliches zu Junket Operators

Die in Macau tätigen Junket Operators sind private Unternehmer, die VIP-Kunden bzw. High-Roller – d. h. um erhebliche Beträge spielende Kunden, die für Kasinos von besonderem Interesse sind und eine bevorzugte Behandlung erfahren – im Auftrag eines Kasinos anwerben und zu den eigens für solche Kunden bereitgehaltenen Spielsälen, den VIP-Rooms, eskortieren.[903]

Die Vermittlung zwischen Kasino und Junket Operator findet dabei durch einen sog. VIP Promoter statt, der auf vertraglicher Grundlage für ein Kasino ein

---

897 Eigene Erfahrung des Verf.

898 Vgl. zu (den im Zeitpunkt der Untersuchung aktuellsten vorliegenden) Besucherzahlen aus 2019 auch Westspiel/Geschäftsverlauf (URL-Verz.).

899 Eigene Erfahrung des Verf.

900 Dazu ausführlich u. c) aa).

901 Dazu insb. *Godinho*, GLRE 17,4 (2013), 262 (264 f.); *Leong*, JMLC 7,4 (2004), 298 ff.; *Pontell/Fang/Geis*, Asian Criminology 9 (2014), 1 (10).

902 Dazu insb. *Rose*, GLRE 14,6 (2010), 457 ff.

903 *Kim*, UNLV Theses, Dissertations, Professional Papers, and Capstones (652), S. 11; *Siu*, UNLV Gaming Research & Review Journal 11,2, 49 (51 f.); *Wang*, UNLV Gaming Research & Review Journal 18,2, 105 (106); *Wang/Eadington*, UNR Economics Working Paper Series, Working Paper No. 07-001, S. 16 ff.

Netz von Junket Operators aufbaut und pflegt.[904] Der VIP Promoter eröffnet für den VIP-Kunden ein Konto bei dem betreffenden Kasino, in das er eine Summe zur Deckung der Ausgaben des Spielers einzahlt. Anschließend werden in einer Transaktionskette von Kasino über VIP Promoter und Junket Operator bis hin zum Spieler letzterem für das Spiel im VIP-Room sog. Dead Chips gewährt.[905] Dies sind Spielmarken, die nicht wieder eingelöst werden, sondern lediglich verspielt werden können. Einlösbar sind aber die unter Einsatz von Dead Chips gewonnenen normalen Spielmarken.[906]

Sind die vom Spieler erworbenen Dead Chips verspielt, kann dieser neue Dead Chips erwerben oder das Spiel beenden, wobei er sich im Gewinnfalle die gewonnenen normalen Spielmarken ausbezahlen lässt.[907] Gedeckelt sind die Verluste des Spielers durch das auf dem Spielerkonto verfügbare Guthaben, sodass das Kasino selbst kein Kreditrisiko trägt.[908]

Der Gegenwert der vom Spieler verspielten Dead Chips ist von diesem nach Beendigung des Spiels – in gegenläufiger Richtung der vorangehend beschriebenen Transaktionskette – an den Junket Operator und von diesem an den VIP Promoter zurückzugewähren.[909] Im Gewinnfalle kann der Spieler die Rückzahlung aus seinen Gewinnen bestreiten. Im Verlustfalle hat er Schulden bei dem Junket Operator, der sich selbst um die Beitreibung der offenen Forderung kümmert.[910]

In Macau besteht ein erhebliches Geldwäscherisiko in Zusammenhang mit Junket Operators.[911] Grund hierfür ist, dass Kriminelle vom chinesischen

---

904 *Wang*, UNLV Gaming Research & Review Journal 18,2, 105 (106); *Wang/Eadington*, UNR Economics Working Paper Series, Working Paper No. 07-001, S. 16.

905 *Wang/Eadington*, UNR Economics Working Paper Series, Working Paper No. 07-001, S. 21.

906 *Wang/Eadington*, UNR Economics Working Paper Series, Working Paper No. 07-001, S. 6.

907 *Wang/Eadington*, UNR Economics Working Paper Series, Working Paper No. 07-001, S. 18 f. u. 22.

908 *Wang/Eadington*, UNR Economics Working Paper Series, Working Paper No. 07-001, S. 8.

909 *Wang/Eadington*, UNR Economics Working Paper Series, Working Paper No. 07-001, S. 22.

910 *Wang/Eadington*, UNR Economics Working Paper Series, Working Paper No. 07-001, S. 19.

911 *Godinho*, GLRE 17,4 (2013), 262 (264 f.); *Pontell/Fang/Geis*, Asian Criminology 9 (2014), 1 (10).

Festland Junket Operators gerne nutzen, um illegal erlangtes Geld außer Landes zu schaffen.[912] Dabei können sie das von China gesetzte Limit von 50.000 US-$ umgehen, die jährlich pro Person maximal außer Landes transferiert werden dürfen.[913]

Die Ausfuhr des Geldes kann bewerkstelligt werden, indem das Geld entweder bereits auf dem Festland dem Junket Operator anvertraut und in Macau durch die Gewährung von Dead Chips wieder ausbezahlt wird, oder indem sich der Spieler das Geld in Macau vom Junket Operator leiht.[914] Zudem werden die Junket Operators selbst häufig mit den chinesischen Triaden, chinesischen Organisationen mit mafiösen Strukturen, in Verbindung gebracht.[915]

bb) Verbindungen zwischen Las Vegas und Junket Operators

Die Expansion von Wynn Resorts, Las Vegas Sands und MGM Resorts International nach Macau (mit dem Wynn Macau, dem Sands Macau bzw. dem MGM Macau) und die Kooperation der macauischen Niederlassungen der in Las Vegas ansässigen Kasinobetreiber mit den dortigen Junket Operators wird von den Glücksspielbehörden Nevadas kritisch gesehen.[916] Daran dürften u. a. auch dubiose Vorgänge um das Sands Macau im ersten Jahrzehnt der 2000er Jahre maßgeblichen Anteil haben. Medienberichten[917] zufolge habe der Triadenführer Cheung Chi-tai in ein Unternehmen namens Neptune Group investiert, um über dieses einen Anteil am Junket Operator Hou Wan zu erwerben. Hou Wan wiederum bediente im Sands Macau mehrere VIP-Räume. Außerdem habe besagter Triadenführer Untergebene mit der Ermordung eines Dealers in einem VIP-Raum des Sands Macau beauftragt, der in betrügerischer Weise mit einem Kunden zusammengewirkt und diesem so zu mehreren Millionen Dollar verholfen haben soll.[918]

Ähnlich zweifelhafte Verbindungen werden auch in Zusammenhang mit MGM berichtet: MGM Resorts International zog sich auf Druck der dortigen Regulierungsbehörden zeitweilig aus Atlantic City zurück, da man die dem

---

912 *Godinho*, GLRE 17,4 (2013), 262 (264 f.).

913 *Ball/Davies*, The Guardian v. 23.04.2015.

914 *Badkar*, Business Insider v. 11.11.2013.

915 *Ball/Davies*, The Guardian v. 23.04.2015; *Rogers*, Gambling Insider v. 09.03.2016; ausführlich dazu auch schon *Leong*, JMLC 7,4 (2004), 298 (299 ff.).

916 *Isaacs*, Reuters v. 29.03.2010; *Menn*, Reuters v. 24.10.2012; *Rose*, GLRE 14,6 (2010), 457 (457 f.).

917 *Menn*, Reuters v. 24.10.2012; *Isaacs*, Reuters v. 29.03.2010.

918 *Rose*, GLRE 14,6 (2010), 457 (460) m. w. N.

Unternehmen von behördlicher Seite vorgeworfene geschäftliche Partnerschaft mit der Unternehmerin Pansy Ho in Macau nicht aufzugeben bereit war.[919] Die behördlichen Bedenken bzgl. Pansy Ho bestanden aufgrund ihrer Verwandtschaft zu Geschäftsmann Stanley Ho, dessen Tochter sie ist. Stanley Ho wiederum steht im Verdacht, geschäftliche Kontakte zu den kriminellen Triaden zu pflegen.[920] Nachdem sich die Bedenken hinsichtlich der Geschäftsbeziehung zu Pansy Ho angesichts der zwischenzeitlichen Verringerung des Anteils der Unternehmerin an dem MGM-Kasino in Macau gemildert hatten, wurde MGM Resorts International die Rückkehr nach Atlantic City mit einem 50-prozentigen Anteil am Borgata-Kasino gewährt.[921]

Fragwürdig erscheint aber nicht nur die mit der Expansion der in Las Vegas ansässigen Kasinobetreiber nach Macau verbundene Unterstützung dortiger Junket Operators mit möglicherweise kriminellem Hintergrund. Einem Bericht von Reuters zufolge wurden drei mit der Neptune Group in Verbindung stehende Junket-Agenten auch für Kasinos in Las Vegas tätig und organisierten für diese gegen eine Kommission Spieler für die VIP-Räume.[922] Auf diesem Wege könnten Gelder illegaler Herkunft durch kriminelle High Roller auch in den US-amerikanischen Glücksspielmarkt eingebracht werden.

c) Risikomindernde Faktoren

Mag auch der Anreiz für Spielergeldwäsche in den Kasinos Nevadas grundsätzlich höher sein als in deutschen Spielbanken, gibt es andererseits in den ersteren Faktoren, die sich in deutschen Spielbanken nicht (oder nicht im selben Maße) finden und die gegen das Risiko einer Spielergeldwäsche sprechen.

aa) Videoüberwachung

Zu nennen ist zunächst die Videoüberwachung, die noch umfassender sein dürfte als in deutschen Spielbanken und eine extensive Beobachtung und Aufzeichnung der Einrichtung[923] ermöglicht (vgl. Regu-

---

919 *Menn*, Reuters v. 24.10.2012; *Isaacs*, Reuters v. 29.03.2010.

920 *Rose*, GLRE 14,6 (2010), 457 (457).

921 *Parry*, Las Vegas Sun v. 10.09.2014.

922 *Menn*, Reuters v. 24.10.2012.

923 Vgl. zur Definition von „Casino surveillance“ Sec. 1.010 No. 1 der Surveillance Standards for Nonrestricted Licensees von Nevada Gaming Commission und Nevada Gaming Control Board.

lation 5.160 von Nevada Gaming Commission und Nevada Gaming Control Board).[924]

Von den Croupiers wird zudem noch strenger darauf geachtet, Bargeld nicht direkt aus der Hand des Spielers entgegenzunehmen. Das Geld muss vielmehr beim Ankauf von Jetons am Tisch auf eben diesen gelegt werden. Vor der Aufnahme durch den Croupier wird es aufgefächert, um dem Videoüberwachungssystem einen unverdeckten Blick auf die Geldscheine zu ermöglichen.[925] Auch bei der Einlösung von Jetons am Cage, der zentralen Kasinokasse, dürfen die Jetons nicht direkt in die Hand des Kassierers gegeben werden. Das Personal achtet hier ebenfalls darauf, dass die Jetons zunächst auf die Theke gelegt werden, und fächert die Jetons vor der Entgegennahme auf der Theke auf.[926]

Ein Erwerb von Jetons am Cage ist im Übrigen nicht möglich. Die Spielmarken müssen vielmehr gegen Bargeld am Tisch erworben werden.[927] Für die Versorgung mit Bargeld stehen in den Kasinos Geldautomaten bereit.[928] Insgesamt lässt sich damit festhalten, dass sich physische Geld- und Jetontransaktionen in den Kasinos Nevadas optisch nahezu lückenlos nachvollziehen lassen.

bb) Total Rewards Karten

Ein weiterer, in deutschen Spielbanken weniger verbreiteter Faktor, der zumindest mittelbar zur Geldwäscheprävention beitragen kann, sind sog. Total Rewards Karten.[929] Bei Total Rewards Karten handelt es sich um Bonuskarten, die beim Tisch- wie auch beim Automatenspiel eingesetzt werden können.[930] In Abhängigkeit von den gespielten Beträgen werden der Karte Punkte gutgeschrieben, die wiederum gegen Annehmlichkeiten und Vergünstigungen bei dem jeweiligen Kasinounternehmen eingelöst werden können.

Wer sich eine Total Rewards Karte ausstellen lässt, muss sich zunächst identifizieren lassen. Bei einem Selbstversuch des Verf. in einem Kasino in Las Vegas musste er zu diesem Zweck seinen Reisepass vorlegen. Die darin enthaltenen

---

924 FinCEN, Suspicious Activity Reporting in the Gaming Industry, März 2012, S. 25 Pkt. 3.

925 Eigene Erfahrung des Verf.

926 Eigene Erfahrung des Verf.

927 Eigene Erfahrung des Verf.

928 Eigene Erfahrung des Verf.

929 Informationen aus den in den USA geführten Experteninterviews sowie eigene Erfahrung des Verf.

930 Vgl. FinCEN, Suspicious Activity Reporting in the Gaming Industry, März 2012, S. 24 Pkt. 6.

Daten wurden vom Kasino händisch in eine Computerdatenbank eingetragen. Bei jedem Einsatz der Total Rewards Karte durch einen Spieler wird eine Verknüpfung zu den über den Inhaber gespeicherten Daten hergestellt, so dass sich das Spielverhalten des Spielers im Tisch- wie auch im Automatenbereich nachvollziehen lässt. Auf diese Weise können die genauen Spielorte innerhalb des Kasinos und die dort jeweils eingesetzten Beträge nachgehalten werden.[931]

Voraussetzung dafür ist natürlich, dass der Spieler sich überhaupt eine Total Rewards Karte ausstellen lässt und davon auch Gebrauch macht. Der Gebrauch von Total Rewards Karten ist bei Spielern, die um hohe Beträge spielen, allerdings gängig.[932] Ein Spiel um hohe Beträge bei gleichzeitigem Verzicht auf den Gebrauch einer Total Rewards Karte wird zumindest Misstrauen erregen. Ein Geldwäscher wird es daher schwer haben, größere Beträge im Wege des Kasinospiels zu waschen und zugleich auf den Gebrauch einer Total Rewards Karte zu verzichten, ohne dass dies dem Kasinopersonal als ungewöhnlich auffallen würde.

cc) Multiple Transaction Log

Als ein dem Risiko der Spielergeldwäsche entgegenwirkender Faktor ist weiter das sog. Multiple Transaction Log (MTL) zu nennen. Bei einem MTL handelt es sich um ein Formular zum Nachhalten größerer Transaktionen eines Spielers (jedenfalls ab 3.000 US-$, vgl. Ch. 6 (c)(2) MICS[933]), die zwar für sich genommen nicht die Schwelle von 10.000 US-$ für die Auslösung der Pflicht zur Einreichung eines Currency Transaction Reports (31 CFR § 1021.311) erreichen, dies aber in der Summe tun oder voraussichtlich tun könnten (vgl. Ch. 6 (b)(2) i. V. m. Ch. 6 (c)(1) MICS).

Das MTL wird sowohl am Cage als auch in den jeweiligen Spielbereichen beim Tischspiel eingesetzt.[934] Es sieht eine Tabelle vor, in die die Transaktionen eines Spielers in jeweils eine Zeile mit Datums-, Zeit- und Tischangabe eingetragen werden. Für jede Zeile existieren zudem mehrere Spalten zur Eintragung von

931 Informationen aus den in den USA geführten Experteninterviews.

932 Informationen aus den in den USA geführten Experteninterviews.

933 MICS wird hier als Abkürzung verwendet für die Minimum Internal Control Standards der Grand Ronde Gaming Commission mit Stand 21.05.2021 (zuletzt abgerufen am 01.08.2021 unter http://www.grandrondegaming.org/PDF/mics.pdf). Die in den MICS zu findenden Vorgaben für das MTL sind – soweit ersichtlich – repräsentativ für die Anforderungen an das MTL auch in anderen US-Bundesstaaten.

934 Vgl. Ch. 6 (c)(4)A. MICS sowie IGI, The Gaming Industry, S. 192 i. V. m. S. 184 f.

Informationen zur Identifizierung des Spielers, insbesondere äußere Beschreibung und – sofern bekannt – Name.[935]

Teilweise sind die MTLs derart ausgestaltet, dass die rasche Erfassung der Beschreibung des betreffenden Spielers anhand festgelegter Merkmale erfolgen kann. So sind etwa eine Spalte für das Geschlecht, Spalten für bestimmte äußerliche Merkmale, etc. vorgesehen, in die das betreffende Merkmal nach einem Abkürzungskatalog eingetragen werden kann.[936]

Die demselben Spieler zugeordneten Transaktionen werden über den Einsetzungszeitraum des MTL von 24 Stunden hinweg aufaddiert.[937] Das MTL ermöglicht damit eine verbesserte Vorbeugung gegenüber Smurfing-Techniken.[938]

dd) Leitfäden zur Geldwäschebekämpfung

Wie unter Teil 3 G. VII. 2) b) bereits dargestellt, gibt es für US-amerikanische Kasinobetreiber überdies hilfreiche Leitfäden zur Geldwäschebekämpfung seitens der American Gaming Association (AGA) und des Financial Crime Enforcement Networks (FinCEN). In Deutschland geben die Auslegungs- und Anwendungshinweise zum Geldwäschegesetz (GwG) für Veranstalter und Vermittler von Glücksspielen der Obersten Glücksspielaufsichtsbehörden der Länder[939] den Glücksspielunternehmen insofern eine Hilfe an die Hand.

III. Singapur

Ebenso wie im Hinblick auf Nevada sind auch im Hinblick auf Singapur zuverlässige statistische Zahlen zu Geldwäschefällen kaum zu finden. Im Folgenden soll daher v. a. der Versuch unternommen werden, Risiken der Betreiber- und der Spielergeldwäsche näher zu beleuchten und mögliche Anstöße in den singapurischen Regelungen auch für die deutsche Gesetzgebung zu identifizieren.

---

935 Vgl. Ch. 6 (c)(3) MICS sowie IGI, The Gaming Industry, S. 189 (Abb. 9.3).

936 Vgl. Ch. 6 (c)(3)A. MICS sowie das unter https://www.pdffiller.com/jsfiller-desk19/?requestHash=b54eec1873f9be19f15e9fb315bb6c11239fafc477170f0e585bcba594b48b54&projectId=771467603&loader=tips#3e64bc40216d6c7f4e27ccbe6076a602 abrufbare Beispielformular (zuletzt abgerufen am 01.08.2021).

937 Vgl. Ch. 6 (c)(1) S. 2, (6) MICS.

938 S. o. Teil 3 C. I. 2).

939 Oberste Glücksspielaufsichtsbehörden der Länder, Auslegungs- und Anwendungshinweise.

1) Der Kasinomarkt in Singapur

a) Ähnlichkeiten zum deutschen Spielbankenmarkt

Sind auch die beiden Großkasinos Singapurs – Bestandteil der Freizeit- und Hotelkomplexe Resorts World Sentosa und Marina Bay Sands –[940] insgesamt nur schwerlich mit deutschen Spielbanken vergleichbar, so gibt es doch eine Gemeinsamkeit der Glücksspielindustrie Singapurs mit dem deutschen Spielbankenwesen, die beide vom Kasinomarkt in Nevada unterscheidet: die strikte Begrenzung der Zahl der Lizenzen. Von der effektiven Zulassung von Kasinos in Singapur am 01.03.2007 (vgl. Casino Control (Designated Second Site) Order 2012 Sec. 1) bis zum Ablauf der Zehn-Jahres-Frist für die Höchstzahlbegrenzung im März 2017 war die maximale Anzahl von Kasinos in Singapur auf zwei beschränkt (vgl. Sec. 41 (1) CCA[941]).[942]

Zwar ist nach Ablauf der vorgenannten Frist nunmehr die Zulassung weiterer Kasinos zumindest denkbar. Es überrascht aber ohnehin schon, dass sich der konservative Stadtstaat überhaupt zu einer Zulassung von Kasinos durchringen konnte.[943]

Zudem müsste ein Neuling am singapurischen Kasinomarkt rechtlich wie wirtschaftlich hohe Hürden nehmen. In rechtlicher Hinsicht müsste er das strenge Zulassungsverfahren (Sec. 40 ff. CCA) bei der Casino Regulatory Authority (CRA) durchlaufen, in dem der Bewerber bis hin zur polizeilichen Überprüfung von Fotos des Bewerbers und seinen Finger- und Handflächenabdrücken (Sec. 46 (2) CCA) durchleuchtet werden kann.

In wirtschaftlicher Hinsicht müsste er realistische Aussichten haben, sich auf dem räumlich eng begrenzten Kasinomarkt Singapurs neben den beiden etablierten Großkasinos behaupten. Das setzt u. a. ein erhebliches Startkapital voraus, das es erlaubt, ein Kasino in konkurrenzfähiger Größe überhaupt in Betrieb zu nehmen. Ein Unternehmen, das noch nicht in anderen Ländern in der Kasinoindustrie Fuß gefasst und sich ein gewisses Renommee erarbeitet hat, dürfte damit kaum Chancen auf einen Einstieg in den Kasinomarkt Singapurs haben. Insgesamt ist damit das Risiko einer Betreibergeldwäsche durch Gründung und Betrieb eines Kasinounternehmens so gut wie ausgeschlossen.

940 Dazu *Güldner*, ZfWG 2018, 108 (108).

941 CCA = Casino Control Act (Revised Edition 2007).

942 Dazu *Güldner*, ZfWG 2018, 108 (109).

943 Dazu Lee Kuan Yew School of Public Policy, Managing the Sin, S. 2 ff.

b) Unterschiede zum deutschen Spielbankenmarkt

Ist hinsichtlich der Begrenzung der Zahl der Lizenzen der singapurische Kasinomarkt eher dem deutschen als dem US-amerikanischen Kasinomarkt vergleichbar, bestehen im Übrigen vorwiegend Gemeinsamkeiten des erst- und des letztgenannten Marktes, die sie vom deutschen Spielbankenmarkt unterscheiden.

Eine solche Gemeinsamkeit der Kasinos in Singapur und der Kasinos in Las Vegas ist die gerade im Vergleich zu Deutschland ins Auge fallende Größe. Dies gilt sowohl hinsichtlich der räumlichen Größe auch als auch hinsichtlich des wirtschaftlichen Volumens.

Die zwei Kasinos Singapurs verfügen jeweils über einen weitläufigen Spielsaal mit mehr als 450 Tischen und mehr als 2.400 Automaten im Falle des Resorts World Sentosa[944] und mit mehr als 600 Tischen und mit mehr als 1.500 Automaten im Falle des Marina Bay Sands.[945] Zum Vergleich: Die Spielbank Dortmund-Hohensyburg verfügt als vergleichsweise große deutsche Spielbank über ungefähr 32 Tische und etwa 360 Automaten.[946] Die jährlichen Umsätze der Glücksspielindustrie Singapurs gab die Ratingagentur Fitch Ratings Anfang 2017 mit etwa 4 Mrd. US-Dollar (zum damaligen Kurs ca. 3,7 Mrd. Euro) an und stellte zugleich fest, dass die Glücksspielindustrie von den beiden Großkasinos dominiert sei[947] – ein Hinweis auf deren maßgeblichen Anteil an den Umsätzen.

Eine weitere wesentliche Gemeinsamkeit der Kasinos in Singapur und der Kasinos in Las Vegas ist die – im Vergleich zu Deutschland – deutlich stärkere Annäherung der Kasinobetriebe an die Strukturen und Abläufe eines Finanzunternehmens.[948] So bieten auch die Kasinos in Singapur u. a. die Einrichtung von Spielerdepots und Geldwechselservices an.[949] Eingelöste Spielchips können nicht nur in bar, sondern auch per Scheck, per Überweisung auf ein vom Spieler angegebenes Konto oder durch Gutschrift auf das Spielerkonto beim jeweiligen Kasino eingelöst werden (vgl. Sec. 8 Casino Control (Conduct of Gaming) Regulations 2009). Umsatzvolumen, räumliche Größe und die Annäherung der

---

944 Unter Resorts World Sentosa/Games (URL-Verz.) fanden sich am 31.08.2020 noch diese Zahlen; Thailand Gambling/Gambling in Singapore (URL-Verz.): mehr als 500 Tische und mehr als 2.400 Automaten.

945 Sands Casino/Marina Bay Sands (URL-Verz.).

946 Unter Westspiel/Do-Hohensyburg Spielangebot (URL-Verz.) fanden sich am 31.08.2020 noch diese Zahlen.

947 Vgl. Malay Mail Online, Art. v. 31.01.2017 (URL-Verz.).

948 Vgl. *Liang*, Law Gazette 2010/11 Feat. 1, Introduction.

949 *Liang*, Law Gazette 2010/11 Feat. 1, Introduction.

Betriebsabläufe an diejenigen eines Finanzunternehmens sind Umstände, die prinzipiell für ein gesteigertes Risiko der Spielergeldwäsche sprechen. Insbesondere die Geldwechselservices in singapurischen Kasinos werden teilweise mit Geldwäscherisiken in Verbindung gebracht.[950]

2) *Regelungen mit Bezug zur Geldwäscheprävention*

Unter den zahlreichen Regelungen zum Kasinobetrieb in Singapur finden sich andererseits einige, die dem Risiko der Spielergeldwäsche gezielt entgegenwirken. Diese Regelungen lassen sich nicht nur dem Casino Control Act, sondern auch den zum Casino Control Act erlassenen Regulations entnehmen. Bei Letzteren handelt es sich um exekutiv geschaffenes Recht zur Ausgestaltung und Durchführung der formell-gesetzlichen Statutes, vergleichbar den deutschen Rechtsverordnungen.[951]

Als Regelungen zur Geldwäschebekämpfung sind ganz ähnlich wie in Deutschland oder in den USA in erster Linie die Standardvorschriften wie die Einrichtung interner Kontrollmaßnahmen (Sec. 17 Casino Control (Prevention of Money Laundering and Terrorism Financing) Regulations 2009) und Sorgfaltsmaßnahmen in Bezug auf Kunden (Sec. 139 CCA i. V. m. Sec. 7 ff. Casino Control (Prevention of Money Laundering and Terrorism Financing) Regulations 2009) zu nennen.

a) *Verbot der Geldumwandlung ohne Spielteilnahme*

Einen besonders interessanten Mechanismus sah – bis zur Aufhebung der Norm mit Wirkung zum 03.06.2019[952] – Sec. 4 (1)(a) Casino Control (Prevention of Money Laundering and Terrorism Financing) Regulations 2009 („Prohibited Transactions") vor. Demnach war (ausdrücklich zu Zwecken der Geldwäscheprävention) in einem Kasino die Umwandlung von Geld von einer Form in eine andere ohne Spielteilnahme untersagt.[953] Eine Begründung für die Aufhebung ist aus dem Änderungsgesetz oder sonstigen Veröffentlichungen der CRA nicht ersichtlich. Es kann nur vermutet werden, dass sie dem Spielerschutz diente (vgl. dazu die eigenen Überlegungen des Verf. weiter unten in Abschnitt J.).

---

950 *Liang*, Law Gazette 2010/11 Feat. 1, Abschn. Use of currency exchanges for layering.

951 *Güldner*, ZfWG 2018, 108 (109 Fn. 12).

952 Casino Control (Prevention of Money Laundering and Terrorism Financing) (Amendment) Regulations 2019 [No. S 412/2019] Sec. 1 u. 2.

953 *Liang*, Law Gazette 2010/11 Feat. 1, Abschn. Buying and redeeming casino value instruments with minimal gambling, Abs. 3.

Eine entsprechende Regelung in Deutschland oder Nevada ist (ebenfalls) nicht ersichtlich. Mit dem Verbot der Geldumwandlung ohne Spielteilnahme könnte jedoch gerade auf das vielen Methoden der Spielergeldwäsche zugrundeliegende Basismuster von Ankauf und Wiedereinlösung nach keiner oder minimaler Spielteilnahme[954] abgezielt werden.

b) Regelungen zu Kreditkartenzahlungen

Grundsätzlich ist in Singapur – ebenso wie in Nevada[955] – kein Erwerb von Jetons per Kreditkarte möglich (Sec. 108 (1)(c) CCA). Aus Sec. 5 (1)(a) Casino Control (Credit) Regulations 2010 i. V. m. Sec. 108 (1)(c), (7)(a), (7)(b) CCA ergibt sich jedoch eine Ausnahmeregelung, wonach die Gewährung von Jetons gegen Kreditkartenzahlung nur (aber immerhin) an Personen, die weder Bürger noch ständiger Einwohner Singapurs sind, und an Premium Player erlaubt ist. Premium Player sind Spieler, die bei einem Kasino ein Spielerdepot mit einer Mindesteinzahlung von 100.000 Singapur-$ (= ca. 62.000 Euro) einrichten (Sec. 2 CCA: „premium player"). Mit dieser Ausnahmeregelung ist ein Einfallstor für Techniken der Spielergeldwäsche eröffnet, die den Gebrauch einer Kreditkarte zugrunde legen.[956]

c) Regelungen zu Junket Operators

In Singapur waren bis mindestens in das Jahr 2020 hinein zwei International Market Agents (IMA), wie Junket Operators dort aufgrund ihrer Vermittlungsfunktion auf dem Kasinomarkt anschaulich genannt werden,[957] lizenziert. Hierbei handelte es sich um Low Chong Aun und Haley Holding Pte. Ltd., die beide (nur) für das Resorts World Sentosa tätig wurden.[958]

Ursprünglich waren 2012 vierzehn Anträge auf eine IMA-Lizenz eingereicht worden, von denen allerdings nur zwei erfolgreich waren.[959] Das deutet auf

954 S. o. Teil 3 C. I. 1).

955 S. o. Teil 3 H. II. 2) c) aa).

956 Vgl. Teil 3 C. I. 10).

957 Vgl. *Keng/Wong*, European Gaming Lawyer, Autumn Iss. 2014, 32 (32).

958 So am 31.08.2020 noch CRA/International Market Agents (URL-Verz.).

959 Von den beiden vorgenannten International Market Agents gehörte jedenfalls Low Chong Aun zu den beiden ursprünglich lizenzierten Unternehmern, vgl. *Keng/Wong*, European Gaming Lawyer, Autumn Iss. 2014, 32 (32).

die Strenge der singapurischen Behörden bei der Zulassung hin.[960] Tatsächlich sind die Regelungen zu International Market Agents in den Casino Control (Casino Marketing Arrangements) Regulations 2013 tendenziell auf eine enge Kontrolle ausgelegt. So sieht Sec. 10 (2) der Regulations eine umfassende Ausermittlung des Hintergrunds des Bewerbers und der mit ihm verbundenen Personen vor. Nach Sec. 36 f. der Regulations findet eine regelmäßige Kontrolle der Geeignetheitsvoraussetzungen statt.

Der Internetseite der CRA lässt sich entnehmen, dass gegenwärtig keine International Market Agents (mehr) in Singapur lizenziert sind.[961] Über die Gründe für diese Veränderung, insbesondere über die Frage, ob sie mit einem von der CRA erkannten Geldwäscherisiko zu tun haben könnte, lässt sich nur spekulieren, da hierzu – soweit ersichtlich – keine öffentlichen Berichte zu finden sind.

Eine geldwäscheträchtige Verbindung zwischen Macau und Singapur könnte jedoch insofern bestehen, als dass bei einem Kasino in Macau gelagerte, illegal erworbene Gelder bei einem Kasino derselben Kette in Singapur verspielt werden können.[962] Faktisch kommt das nur hinsichtlich des Marina Bay Sands in Betracht, da nur bei diesem das dahinterstehende Unternehmen auch Niederlassungen in Macau hat.[963] Der hinter dem Resorts World Sentosa stehenden Genting-Gruppe ist es hingegen zumindest bislang nicht gelungen, in Macau Fuß zu fassen.[964]

Anfälligkeiten der Junket Operators für Geldwäsche könnten außerdem insofern bestehen, als dass unlizenzierte Junket Operators lizenzierte Unternehmen als Front benutzen könnten.[965] Dieses Risiko ist wohl nicht gänzlich auszuschließen, insbesondere dann nicht, wenn – ähnlich wie in Las Vegas (s. o. unter Teil 3 H. II. 2) b) bb)) – eine Verbindung zwischen dem heimischen Markt und Macau durch ein Tätigwerden desselben Kasinobetreibers auf beiden Märkten hergestellt wird.

---

960 Ebenso *Keng/Wong*, European Gaming Lawyer, Autumn Iss. 2014, 32 (32); vgl. auch *Iswaran*, Speech v. 15.11.2012, Abschn. Emphasise policy intent for IMA and credit issuance regimes.

961 CRA/International Market Agents (URL-Verz.) in der am 01.08.2021 abgerufenen Fassung.

962 *Liang*, Law Gazette 2010/11 Feat. 1, Abschn. Casino accounts and facilities, Abs. 2.

963 Vgl. Sands Casino/Sands Casinos at Macao (URL-Verz.).

964 *Leong*, The Straits Times v. 29.04.2016.

965 *Liang*, Law Gazette 2010/11 Feat. 1, Abschn. Junket promoters, Abs. 4.

d) Regelungen zur Videoüberwachung

Vorbildfunktion auch für Deutschland könnte eine singapurische Vorschrift haben, die die für die Geldwäscheprävention so wichtige Sichterfassung aller Transaktionsvorgänge in einer Spielbank durch das Personal und das Videoüberwachungssystem sicherstellt. Sec. 4 der Casino Control (Casino Layout) Regulations 2009 schreibt ausdrücklich eine unversperrte Sicht von Personen, die sich in einem beliebigen Teil eines bestimmten Spielbereichs aufhalten, sowie des Videoüberwachungssystems auf jeden (anderen) Teil des Spielbereichs vor. Damit wird gesetzlich ausgeschlossen, dass der vollständigen Sichterfassung jedes Spielbereichs durch Personal und Videoüberwachungssystem physische Hindernisse entgegenstehen.

e) Verbot der Mitnahme von Jetons aus dem Kasino

In Singapur besteht ein Verbot der Mitnahme von Jetons im Wert von 10.000 Singapur-$ (= ca. 6.200 Euro) oder mehr aus dem Kasino (Sec. 173 (1) CCA). Die Einführung eines solchen Verbotes auch in Deutschland dürfte aber hierzulande nicht wesentlich zur Geldwäscheprävention beitragen, da die Einlösung von außerhalb der Spielbank erlangten Spielmarken beispielsweise durch einen Drogendealer ohnehin kein allzu großes Geldwäscherisiko darstellt (vgl. o. Teil 3 G. III. 1) b) hh)).

IV. Zwischenergebnis des Abgleichs von Regelungen

Als Zwischenergebnis des Abgleichs von Regelungen der Rechtsordnungen Österreichs, Nevadas und Singapurs lässt sich festhalten, dass für das Antragsverfahren auf Erhalt einer Spielbankenkonzession sowie für die Ausgestaltung der Spielabläufe und der Spielüberwachung in Deutschland Anstöße für Verbesserungen aus dem Ausland gewonnen werden können. Darauf soll näher unten in Abschnitt J. eingegangen werden, in dem die Ergebnisse der Untersuchung des Spielbankenbereichs zusammengefasst werden.

V. Die Vorgaben der FATF und die Realität des deutschen Spielbankenmarkts

Ist damit untersucht, inwiefern die hier näher betrachteten ausländischen Rechtsordnungen Vorbildfunktion für den deutschen Spielbankenmarkt haben können, bleibt die zweite zu Beginn dieses Abschnitts H. aufgeworfene Frage zu beantworten: Gehen die Vorgaben der FATF an der Realität des deutschen Kasinomarktes vorbei?

Tatsächlich entspricht das Bild der FATF von einem Kasino als einer finanzinstitutsähnlichen Einrichtung nach den vorangegangenen Ausführungen mehr den Gegebenheiten auf den Kasinomärkten Nevadas und Singapurs. Wie in Teil 3 G. IV. bis VIII. ausführlich geprüft, erweisen sich die zentralen Vorgaben zur Geldwäschebekämpfung in deutschen Spielbanken angesichts der verbleibenden Risiken aber dennoch als mit höherrangigem Recht vereinbar. Festzuhalten bleibt daher: Auch wenn nicht alle Ausführungen der FATF (wie beispielsweise diejenigen zu Spielerdepots, vgl. Teil 3 C. I. 4)) die Realität auf dem deutschen Spielbankenmarkt abbilden mögen, ändert dies nichts daran, dass auf die zentralen Vorschriften zur Geldwäschebekämpfung auch auf dem deutschen Spielbankenmarkt nicht verzichtet werden kann.

Dass in gewissem Umfang ein gesetzliches Anti-Geldwäscheregime auch für Spielbanken bestehen muss, hat der deutsche Gesetzgeber im Übrigen unabhängig von der FATF erkannt. Spielbanken waren bereits in der ersten Fassung des Geldwäschegesetzes von 1993 als Verpflichtete vorgesehen – und damit einige Zeit vor der Aufnahme von Kasinos sowohl in die Geldwäscherichtlinien als auch in die Empfehlungen der FATF.[966]

J. Ergebnisse von Teil 3 – Spielbanken

Als Ergebnisse der europa- und verfassungsrechtlichen Untersuchung der bestehenden Vorschriften zur Geldwäschebekämpfung im Spielbankenbereich (*de lege lata*) lassen sich damit die folgenden Punkte festhalten:

- Die Vorschriften zur Geldwäschebekämpfung und -prävention in Spielbanken sind grundsätzlich europarechts- und verfassungskonform.
- Verfassungswidrig ist allerdings die pauschale Anpassung der Speicherfrist mancher Besucherdateien an die Speicherfrist des Geldwäschegesetzes (s. o. Teil 3 G. IV. 4) b) bb)).
- Auch ist die Vorschrift des § 16 Abs. 3 SpBG HE zur Erfassung biometrischer Merkmale unter Gesichtspunkten der Geldwäscheprävention allein verfassungsrechtlich nicht zu rechtfertigen. Eine mögliche Rechtfertigung unter Spielerschutzgesichtspunkten ist nicht Gegenstand der vorliegenden Untersuchung.

966 S. o. Teil 3 E. 1) a) cc).

Als Ergebnisse der rechtlichen Untersuchung sowie des Abgleichs ausländischer Regelungen im Spielbankenbereich im Hinblick auf Vorschriften *de lege ferenda* lassen sich die folgenden *zwingend* umzusetzenden Punkte festhalten:

- In den o. g. Fällen der pauschalen Anpassung der Speicherfrist einer Besucherdatei an die Speicherfrist des Geldwäschegesetzes muss eine Reduzierung der Speicherfrist der Besucherdatei (angemessen erscheinen maximal zwei Jahre) erfolgen.
- Die Durchführung der in § 10 Abs. 1 Nr. 4 GwG geregelten Sorgfaltspflicht zur Feststellung eines PEP-Status muss gesetzlich präzisiert werden, um eine ausreichende Bestimmtheit der Norm herzustellen.

Des Weiteren lassen sich die folgenden *empfehlenswerten* Regelungen *de lege ferenda* festhalten:

- Da in Spielbanken durchaus ein (geringes bis mittleres) Risiko der Spielergeldwäsche auch beim Spiel gegen die Bank besteht und um den gesetzlichen Vorgaben zur Spieleridentifizierung (v. a. § 10 Abs. 5 GwG) angesichts möglicher Smurfing-Techniken zur effektiven Durchsetzung zu verhelfen, sollte ein Buchführungssystem in Spielbanken eingerichtet werden, welches das Nachhalten größerer Transaktionen desselben Spielers erlaubt. Dabei sollten auch Transaktionen an unterschiedlichen Tischen demselben Spieler zugeordnet werden können. Als Vorbild kann hier das Multiple Transaction Log dienen, wie es in US-amerikanischen Kasinos Verwendung findet (s. o. Teil 3 H. II. 2) c) cc)). Manche deutschen Spielbanken setzen ein solches Buchführungssystem bereits ein.[967]
- Ein Risiko der Spielergeldwäsche verbleibt auch hinsichtlich der Methode des absichtlichen Verlusts von Spielmarken am Pokertisch an einen Komplizen (s. o. Teil 3 G. III. 1) b) ee)). Es empfiehlt sich, den Spielbanken eine zufällige Tischverteilung für das Pokerspiel (Cash Game und Turnier) vorzuschreiben.
- Das Risiko der Betreibergeldwäsche in Spielbanken kann – auch wenn es sehr gering ist – nicht ganz ausgeschlossen werden. Daher sollte wie in Österreich der Nachweis der rechtmäßigen Herkunft der Mittel im Antragsverfahren gesetzlich vorgeschrieben werden (s. o. Teil 3 H. I. 2)).

---

967 Informationen aus dem Gespräch mit den Spielbanken Niedersachsen (vgl. dazu § 8 Abs. 1 SpielO NI); vgl. zudem auch FATF, Mutual Evaluation Report Germany, Ziff. 888.

- Ferner wird empfohlen, die Strafbarkeit eines Geldwäschebeauftragten wegen (bloß) leichtfertigen Unterlassens einer Meldung entgegen § 43 Abs. 1 GwG gesetzlich auszuschließen (s. o. Teil 3 G. VII. 3) c)).

In Zusammenhang mit den folgenden Punkten wurden auch Vorschriften de lege ferenda in Betracht gezogen, es wird aber letztlich aus den jeweils dargestellten Gründen *kein Handlungsbedarf* gesehen:

- Das Verbot der Umwandlung von Geld in eine andere Form ohne dazwischenliegende Spielteilnahme, wie es in Singapur bis Juni 2019 vorgesehen war (s. o. Teil 3 H. III. 2) a)), ist zwar prinzipiell auch für Deutschland überlegenswert, praktisch aber schwierig umzusetzen. Es ließe sich wohl nur effektiv kontrollieren, wenn ein Spieler als Startkapital nur Dead Chips erwerben könnte, Jetons also, die nur verspielt und nicht wieder eingelöst werden können.[968] (Nur) Dann wäre gewährleistet, dass nach Spielende eingelöste normale Jetons tatsächlich auch (unter Einsatz der Dead Chips) gewonnen wurden und es sich nicht lediglich um die zurückgetauschten Startjetons handelt.

Diese Regelung hätte allerdings zur Folge, dass ein Spieler, der für eine hohe Summe Jetons erworben hat, es sich dann aber aus reiner Furcht davor, alles zu verspielen, doch anders überlegt, die Jetons nicht mehr ohne Spielteilnahme einlösen könnte. Dies wäre eine unter Spielerschutzgesichtspunkten äußerst bedenkliche Konsequenz. Da die Risiken der Spielergeldwäsche in deutschen Spielbanken eher gering sind, wiegen die Erwägungen zum Spielerschutz in diesem Fall schwerer. Eine solche Regelung kommt also für Deutschland nicht in Betracht.

- Die strengen Vorgaben zur Videoüberwachung in Singapur und den USA (s. o. Teil 3 H. II. 2) c) aa) u. III. 2) d)) finden sich ähnlich bereits in Deutschland.[969] Insofern ist also keine gesetzliche Neuregelung, sondern lediglich im Einzelfall eine Schärfung des Bewusstseins beim Spielbankenpersonal für die Bedeutung der optischen Erfassung aller Vorgänge erforderlich.

---

968 Vgl. o. Teil 3 H. II. 2) b) aa).
969 S. o. unter Teil 3 G. V. 3).

Teil 4: Spielhallen

A. Allgemeines zu Spielhallen

Spielhallen sind Lokalitäten, die für ihre Kunden ein Geldspielautomatenangebot bereitstellen. Die Möglichkeit zum Automatenspiel haben sie mit den (meisten) Spielbanken gemeinsam, wobei sie sich von Spielbanken im Hinblick auf das Erscheinungsbild und das übrige Glücksspielangebot unterscheiden.[970]

Neben diesen bereits ausgeführten tatsächlichen Unterschieden weisen Spielhallen zudem erhebliche Unterschiede in der rechtlichen Behandlung im Vergleich zu Spielbanken auf. Während das Recht der Spielbanken traditionell zum Gefahrenabwehrrecht gezählt wird,[971] wurden Spielhallen lange dem Gewerberecht zugeordnet.[972] An dieser klaren Zuordnung hat sich erst durch die Föderalismusreform 2006 etwas geändert: Das Recht der Spielhallen wurde aus der konkurrierenden Gesetzgebungszuständigkeit für das Recht der Wirtschaft (Art. 74 Abs. 1 Nr. 11 GG) ausgenommen;[973] Einordnung und Reichweite dieser Ausnahme sind umstritten.[974]

Nichtsdestotrotz wird der Betrieb einer Spielhalle nach wie vor als eine gewerbliche Tätigkeit aufgefasst.[975] Für die in einer Spielhalle aufgestellten Spielautomaten gelten die Regelungen der Spielverordnung (vgl. § 1 Abs. 1 Nr. 2 SpielV), für die sich die Ermächtigungsgrundlage in § 33f GewO findet. Die Spielverordnung sieht Beschränkungen für das gewerbliche Automatenspiel vor, denen die Automaten in Spielbanken nicht unterliegen, ein Umstand, der Vertreter der Spielhallenbranche immer wieder zu deutlicher Kritik veranlasst.

Auch in der steuerlichen Behandlung von Spielbanken und Spielhallen gibt es Unterschiede. Spielhallen entrichten für die aufgestellten Automaten die

970 S. o. unter Teil 3 A.

971 *Hartmann*, in: Hartmann/Pieroth, Spielbanken und Spielhallen zwischen Landes-, Bundes- und Unionsrecht, S. 103.

972 *Pieroth*, in: Hartmann/Pieroth, Spielbanken und Spielhallen zwischen Landes-, Bundes- und Unionsrecht, S. 33; *Schneider*, Der neue deutsche Bundesstaat, S. 280.

973 *Degenhart*, Spielhallen und Geldspielgeräte in der Kompetenzordnung des Grundgesetzes, S. 14.

974 *Dietlein*, in: Dietlein/Hecker/Ruttig, Glücksspielrecht, 2. Aufl. 2013, Einf Rn. 13; *Schneider*, Das Recht der Spielhallen nach der Föderalismusreform, S. 10 f.

975 Vgl. *Schneider*, Das Recht der Spielhallen nach der Föderalismusreform, S. 10.

kommunale Vergnügungssteuer, der Spielbanken nicht unterliegen.[976] Auf der anderen Seite haben Spielbanken nach den Spielbankengesetzen der Länder eine Abgabe zu entrichten und sind seit der am 06.05.2006 in Kraft getretenen Änderung des Umsatzsteuergesetzes[977] zudem umsatzsteuerpflichtig. Auch wenn diese doppelte Belastung finanziell dadurch kompensiert wird, dass die Spielbankenabgabe auf die Umsatzsteuer angerechnet wird,[978] stellt die Abgabe eine beträchtliche wirtschaftliche Belastung für die Spielbanken dar.

Diese Ausführungen sollen hier lediglich kurz die wesentliche Verschiedenheit von Spielhallen zu Spielbanken aufzeigen. Eine ausführlichere Betrachtung dieser Unterschiede und ihrer Relevanz für die Geldwäschebekämpfung in den beiden Bereichen wird im Folgenden noch vorzunehmen sein.

B. Der Spielhallenmarkt in Deutschland

Der Jahresreport 2019 der Glücksspielaufsichtsbehörden der Länder[979] gibt die Zahl der Spielhallen in Deutschland mit rund 9.000, die Zahl der dort aufgestellten Geldspielgeräte mit insgesamt rund 143.000 an.[980] Daneben gibt es dem Bericht zufolge deutschlandweit rund 40.000 bis 50.000 Gaststätten mit insgesamt rund 77.000 gewerblichen Spielautomaten.[981] Der Bruttospielertrag des gesamten gewerblichen Automatenbereichs wird mit 5.500 Millionen Euro angegeben, was in etwa die Hälfte des für den gesamten regulierten Glücksspielmarkt in Deutschland angegebenen Bruttospielertrags (11.070 Millionen Euro) ausmacht.[982]

Ähnlich bzw. gleich sind die vom Verband der Deutschen Automatenindustrie für 2019 veröffentlichten Zahlen:[983] ca. 8.800 Spielhallen mit rund 143.000 Geldspielgeräten; ca. 77.000 Geldspielgeräte in Gaststätten; 5 Milliarden Euro Nettoumsatz aller Geldspielgeräte.

Anhand der vorgenannten Zahlen lässt sich das enorme wirtschaftliche Volumen des gewerblichen Automatenbereichs ersehen. Berücksichtigt man

976 Etwa *Leipold*, in: Sölch/Ringleb, UStG, § 4 Nr. 9 Rn. 85.

977 Art. 2, 4 des Gesetzes zur Eindämmung missbräuchlicher Steuergestaltungen v. 28.04.2006 (BGBl. I S. 1095).

978 *Dziadkowski*, BB 2015, 3094 (3096).

979 Vgl. zu den Gründen für die Zugrundelegung dieses Berichts bereits o. Teil 3 B.

980 Glücksspielaufsichtsbehörden der Länder, Jahresreport 2019, S. 6.

981 Glücksspielaufsichtsbehörden der Länder, Jahresreport 2019, S. 6.

982 Glücksspielaufsichtsbehörden der Länder, Jahresreport 2019, S. 6.

983 VDAI, Wirtschaftskraft Unterhaltungsautomaten 2019.

wiederum, dass höhere Umsätze grundsätzlich die Attraktivität eines Marktes für Geldwäscher steigern,[984] wird deutlich, dass der gewerbliche Automatenmarkt durchaus einer näheren Untersuchung auf Geldwäscherisiken bedarf.

C. Mögliche Erscheinungsformen von Geldwäsche bei Spielhallen

Spielhallen werden in Medien, Politik, behördlichen Veröffentlichungen und auch in den Rechtswissenschaften immer wieder mit Geldwäsche in Verbindung gebracht.[985]

Eine verstärkte mediale Präsenz des Themas war dabei insbesondere im Zusammenhang mit einem Report des Tax Justice Network und anderer Organisationen in Kooperation mit dem Netzwerk Steuergerechtigkeit Deutschland von November 2013[986] zu beobachten, in dem Geldwäscherisiken in deutschen Spielhallen identifiziert wurden.[987]

Nachdrücklich wurde auch von dem italienischen Staatsanwalt *Roberto Scarpinato* in einer Anhörung des Finanzausschusses des Deutschen Bundestages im Oktober 2012 darauf hingewiesen, dass die italienische Mafia erhebliche Geldbeträge aus illegalen Geschäften in Deutschland investiere[988] und (jedenfalls) in Italien in großem Stil Lizenzen für die Aufstellung von Glücksspielautomaten und Videopokerterminals erwerbe, weil sie auf diese Weise Geld waschen könne.[989]

Von den Vertretern der Spielhallenbranche wird ein Geldwäscherisiko im Spielhallenbereich hingegen vehement zurückgewiesen; es handele sich um

---

984 Vgl. bereits o. Teil 3 B.

985 *Dick*, Deutsche Welle v. 30.10.2012; Spiegel Online, Art. v. 29.10.2012 (URL-Verz.); Zeit Online, Art. v. 29.10.2012 (URL-Verz.); *Hebestreit*, Frankfurter Rundschau v. 28.09.2012; *Teevs*, Spiegel Online v. 27.09.2012; *Mulke*, Badische Zeitung v. 29.06.2012; *Leersch*, Das Parlament v. 24.10.2011 (Nr. 43); LKA NRW, Clankriminalität – Lagebild für NRW 2018, S. 17; *Härtel/Klar*, Boom bei Spielhallen – Leichtes Spiel für Geldwäscher, Reihe ZDF Frontal21, Manuskript zur Sendung v. 16.08.2011; *Feltes*, Spielhallen. Kriminologische Risiken und Nebenwirkungen eines expandierenden Gewerbes, S. 32.

986 Tax Justice Network u. a., Schattenfinanzzentrum Deutschland, Report v. Nov. 2013.

987 Tax Justice Network u. a., Schattenfinanzzentrum Deutschland, Report v. Nov. 2013, S. 13.

988 Protokoll Nr. 17/108 der 108. Sitzung des Finanzausschusses v. 22.10.2012, S. 10.

989 Protokoll Nr. 17/108 der 108. Sitzung des Finanzausschusses v. 22.10.2012, S. 12.

haltlose Gerüchte, die eine streng regulierte Branche unangemessen in Verruf brächten.[990]
Zunächst soll daher betrachtet werden, welche tatsächlichen Möglichkeiten der Geldwäsche in Spielhallen bestehen.

Das gewerbliche Automatenspiel in Gaststätten wird dabei im Folgenden nicht weiter (gesondert) betrachtet. Das hat den Grund, dass Betreibergeldwäsche über Gaststätten nicht Gegenstand der vorliegenden Untersuchung ist, während sich die Überlegungen zur Spielergeldwäsche auf Automaten in Gaststätten übertragen lassen. Letztgenannte Überlegungen folgen nämlich – wie die nachfolgende Untersuchung zeigen wird – im Wesentlichen aus der Spielverordnung, die unterschiedslos für Automaten in Spielhallen wie auch in Gaststätten gilt (vgl. § 1 Abs. 1 Nr. 1 u. 2 SpielV). Einer gesonderten Erörterung der Gaststätten bedarf es daher nicht.

I. Mögliche Erscheinungsformen der Spielergeldwäsche

Eine mitunter angenommene Methode der Spielergeldwäsche in Spielhallen besteht ganz einfach darin, das zu waschende Geld in einen Spielautomaten zu werfen und sich nach kürzerem oder längerem Spiel wieder auszahlen zu lassen.[991] Häufiger noch als in Bezug auf Deutschland finden sich Beschreibungen dieser Methode in Bezug auf England und die dort weit verbreiteten Fixed-Odds Betting Terminals.[992] Diese sind den gewerblichen Spielautomaten in Deutschland insofern vergleichbar, als dass nach dem Einwurf von Geld auf den Ausgang eines elektronisch ablaufenden Glücksspiels gesetzt werden kann, um ggf. einen Gewinn zu erzielen.

Die Fixed-Odds Betting Terminals bieten dabei aber eine größere Bandbreite elektronischer Spiele als die gewerblichen Spielautomaten in Deutschland, die sich auf (virtuelle, elektronisch imitierte) Walzenspiele mit dem Ziel der Gewinnreihenbildung beschränken. Verbreitet und beliebt bei Spielern der Fixed-Odds Betting Terminals in England ist insbesondere das elektronische Roulette.[993]

---

990 Etwa ISA-Guide, Veröff. v. 30.10.2012 (URL-Verz.).

991 Vgl. *Fiedler/ Krumma/Zanconato/McCarthy/Reh*, Das Geldwäscherisiko verschiedener Glücksspielarten, S. 139 f.; LT-PlPr. SH 18/17, S. 1232.

992 Etwa *Bagot*, Mirror v. 27.01.2016; *Cook*, Gambling Insider v. 17.06.2016; *Ramesh*, The Guardian v. 08.11.2013; *ders.*, The Guardian v. 07.10.2013; Gambling Commission, Public statement v. Feb. 2016, S. 3 u. 4.

993 Vgl. etwa *Eardley*, BBC News v. 26.08.2015.

II. Mögliche Erscheinungsformen der Betreibergeldwäsche

1) Kooperation des Betreibers mit dem Spieler

Eine in Medien und Literatur beschriebene Methode der Betreibergeldwäsche stützt sich auf eine Kooperation des Betreibers mit dem Spieler. Sie läuft wie folgt ab:[994] Der Spieler wirft in Absprache mit dem Betreiber Geld illegaler Herkunft in den Automaten, bis dieses komplett verloren ist. Der Betreiber verbucht das Geld als Einnahmen, gibt diese bei der Steuererklärung auch an und nimmt die mit der Besteuerung verbundenen Abzüge in Kauf, um am Ende Geld scheinbar legaler Herkunft zu erhalten. Sein Komplize, der Spieler, wird entsprechend einer zuvor getroffenen Absprache entlohnt.

2) Manipulation der Aufzeichnungsvorrichtung

Nach § 13 Nr. 9a i. V. m. Nr. 9 SpielV müssen die in Spielhallen aufgestellten Automaten über eine technische Vorrichtung zur Aufzeichnung der Spieleinsätze und der Auszahlungsbeträge verfügen. Denkbar ist, dass der Betreiber diese Vorrichtung derart manipuliert, dass sie einen höheren Umsatz als den tatsächlichen Umsatz ausweist.[995] In Höhe des Differenzbetrages kann der Betreiber dann illegal erlangte Gelder als Spielhallenumsätze ausweisen.

Zwar wäre er hinsichtlich des vollen angegebenen Betrages steuerpflichtig und könnte somit seine Gelder nicht verlustfrei waschen. Diesen Verlust könnte er aber in Kauf nehmen, wenn sie sich im Rahmen hielten und er dafür gewaschenes Geld erhielte. Ein Vorteil aus Sicht des Geldwäschers läge bei dieser Methode zudem darin, dass er durch den Steuerbescheid des Finanzamts einen greifbaren Beleg mit einer Art Legitimationswirkung für die angegebenen Gelder erhielte.

3) Spiel an den eigenen Automaten

Weiter ist denkbar, dass der Betreiber Bargeld aus illegalen Tätigkeiten in die eigenen Automaten steckt, um sie als Umsätze seines Spielhallenunternehmens

---

994 *Leersch*, Das Parlament v. 24.10.2011 (Nr. 43); zur Möglichkeit einer Zusammenarbeit von Spieler und Betreiber auch *Fiedler/Krumma/Zanconato/McCarthy/Reh*, Das Geldwäscherisiko verschiedener Glücksspielarten, S. 141.

995 Etwa *Dick*, Deutsche Welle v. 30.10.2012; *Leber*, Der Tagesspiegel v. 01.12.2016; *Mulke*, Badische Zeitung v. 29.06.2012; Spiegel Online, Art. v. 29.10.2012 (URL-Verz.); *Teevs*, Spiegel Online v. 27.09.2012.

auszugeben.[996] Auch hier könnte der Betreiber die anfallenden Steuern in Kauf nehmen, um im Gegenzug gewaschenes Geld zu erhalten.

4) Geldwäsche im Zusammenhang mit der Geschäftsführung

Ähnlich wie im klassischen Waschsalon-Modell, dem die Geldwäsche im amerikanischen Original den Namen verdanken soll,[997] könnte ein Geldwäscher u. U. auch den Betrieb von Spielhallen aufnehmen, um das illegal erlangte Geld in sein neues Spielhallenunternehmen zu investieren.[998] Er könnte das Geld etwa zum Erwerb von Automaten, zur Ausstattung der Räumlichkeiten oder sogar zum Erwerb von Immobilien verwenden, in denen Spielhallen untergebracht werden sollen, und dabei noch einen Gewinn aus dem Betrieb der Spielhalle ziehen.

D. Geldwäschefälle in Deutschland

I. Fälle der Spielergeldwäsche

Für Fälle der Spielergeldwäsche in Deutschland bestehen keine konkreten Anhaltspunkte. Auch die Jahresberichte der GZD bzw. des BKA zur Zahl der Verdachtsmeldungen geben insofern nichts her, da Spielhallen keine Verpflichteten im Sinne des Geldwäschegesetzes sind.

II. Fälle der Betreibergeldwäsche

In Deutschland wird insbesondere das Bundesland Berlin immer wieder mit dem Verdacht der Betreibergeldwäsche in Spielhallen in Verbindung gebracht.[999] Polizeiberichten zufolge sei bei vielen Berliner Spielhallen zu beobachten, dass sie kaum Kundenverkehr, zugleich aber hohe Umsätze aufwiesen.[1000] Das lege den Verdacht nahe, dass sie von ihren Betreibern maßgeblich zu Geldwäschezwecken genutzt würden.[1001] Bei den Betreibern handele es sich vermutlich

---

996 *Alt u. a.*, Positionspapier v. 18.04.2011, S. 15; vgl. auch *Kraetzer*, Berliner Morgenpost v. 06.03.2015.

997 S. o. Teil 3 C. II.

998 So auch *Ruttig*, ZfWG 2016, 185 (189).

999 *Anker*, Berliner Morgenpost v. 07.02.2013; *Balcerowiak*, MieterEcho 352 (Jan. 2012); *Behrendt/Pletl*, Berliner Morgenpost v. 26.09.2013; *Grabitz*, Welt.de v. 02.03.2013; *Kraetzer*, Berliner Morgenpost v. 06.03.2015.

1000 *Suendorf*, Geldwäsche, S. 176; vgl. auch *Feltes*, Spielhallen. Kriminologische Risiken und Nebenwirkungen eines expandierenden Gewerbes, S. 32.

1001 *Suendorf*, Geldwäsche, S. 176.

häufig um Angehörige der russischen Mafia.[1002] Der Berliner Senat gab hingegen 2011 an, dass die bisherigen Ermittlungen des Landeskriminalamts keine Anhaltspunkte für die zielgerichtete Nutzung von Spielhallen oder Wettbüros zu Geldwäschezwecken erbracht hätten.[1003]

Auch in anderen Bundesländern wurde die Möglichkeit einer Geldwäsche durch den Betrieb von Spielhallen schon als ernstzunehmendes Risiko diskutiert oder zumindest in Betracht gezogen: so in Schleswig-Holstein,[1004] Bayern[1005] und Bremen.[1006] Allerdings sah auch der Bremer Senat im Zusammenhang mit Spielhallen keine Geldwäscherisiken.[1007] Ähnlich Schleswig-Holstein: der Angabe eines CDU-Landtagsabgeordneten zufolge habe eine Anfrage des Innenministeriums bei den Staatsanwaltschaften Schleswig-Holsteins ergeben, dass es derzeit keine Verfahren wegen des Verdachts der Geldwäsche im Zusammenhang mit Spielhallen, Spielcasinos, Wetten oder ähnlichem gebe.[1008]

Die Ausführungen von *Roberto Scarpinato*[1009] bei seiner Anhörung im Finanzausschuss legen ein Betreiben von Spielhallen (auch) in Deutschland durch die italienische Mafia zu Geldwäschezwecken nahe.

Dass die Aufzeichnungsvorrichtung eines Spielautomaten durchaus vom Betreiber manipuliert werden kann, zeigen z. B. Entscheidungen des BGH und des Landgerichts Köln.[1010] Zwar ging es in diesen Fällen nicht um Geldwäsche, sondern um Steuerhinterziehung. Die Angeklagten nutzten einen eigens dafür angeschafften Adapter[1011] bzw. ein Auslesegerät mit einem Manipulationsprogramm,[1012] um den von den Geldspielgeräten erzielten Umsatz nach unten zu korrigieren und so Steuern zu sparen.[1013]. Wenn dies aber technisch möglich ist,

1002 *Suendorf*, Geldwäsche, S. 211; vgl. auch AH-Wortprotokoll Hauptausschuss Berlin 16/77, S. 11.
1003 AH-Drs. BE 16/15290, S. 2.
1004 LT-Drs. SH 17/2073, S. 2; LT-Drs. SH 17/1808; LT-PlPr. SH 18/6, S. 306.
1005 LT-Drs. BY 16/11811.
1006 LT-Drs. HB 18/711, Frage 2.
1007 LT-Drs. HB 18/711, Antw. zu Frage 2.
1008 LT-PlPr. SH 17/67, S. 5825.
1009 S. o. unter Teil 4 C.
1010 BGH, Beschl v. 16.04.2015, 1 StR 490/14; LG Köln, Urt. v. 12.05.2010, 109 KLs 15/09.
1011 BGH, Beschl v. 16.04.2015, 1 StR 490/14, juris Rn. 12.
1012 LG Köln, Urt. v. 12.05.2010, 109 KLs 15/09, juris Rn. 37.
1013 BGH, Beschl v. 16.04.2015, 1 StR 490/14, juris Rn. 12 ff.; LG Köln, Urt. v. 12.05.2010, 109 KLs 15/09, juris Rn. 37 ff.

ist es ebenso möglich, die Umsätze zum Zwecke der Geldwäsche nach oben zu korrigieren.[1014] Zudem gab es einen Fall in Essen, in dem 2010 einige Verdächtige aus einem Familienclan wegen Manipulation von Automatenaufzeichnungsvorrichtungen in großem Stil festgenommen wurden.[1015] Auch das LKA NRW spricht in seinem Lagebild 2018 zur Clankriminalität in Nordrhein-Westfalen von der Möglichkeit der Manipulation von Geldspielgeräten.[1016]

Trotz dieser tatsächlichen Risiken gab die Bundesregierung in einer Antwort vom 08.10.2014 auf eine Kleine Anfrage an, dass ihr keine Ermittlungsverfahren anlässlich eines Verdachts des Missbrauchs des Automatenspiels zu Geldwäschezwecken bekannt seien.[1017]

E. Vorschriften zur Geldwäschebekämpfung in Spielhallen

I. Vorschriften auf Bundesebene

1) Vorschriften in der Spielverordnung

a) Manipulationssichere Aufzeichnungsvorrichtung

Wichtigste Vorschrift zur Geldwäscheprävention in Spielhallen in der Spielverordnung ist § 13 Nr. 9a i. V. m. Nr. 9. Nach § 13 Nr. 9 SpielV, auf den Nr. 9a trotz des Wortlauts „Nummer 8“ offensichtlich verweist (offenbar ein Versehen des Gesetzgebers beim Redigieren), muss ein Geldspielautomat über eine Kontrolleinrichtung verfügen, die Einsätze, Gewinne und Kasseninhalt zeitgerecht, unmittelbar und auslesbar erfasst. § 13 Nr. 9a SpielV verlangt, dass die so erfassten Daten manipulationssicher aufgezeichnet werden. Die Vorschrift wurde durch die Sechste Verordnung zur Änderung der Spielverordnung vom 04.11.2014 (BGBl. I S. 1678) mit Wirkung vom 10.02.2016 (vgl. Art. 4 Nr. 3 lit. a) i. V. m. Art. 7 Abs. 4 der VO) eingefügt, um zu verhindern, dass die von der Kontrolleinrichtung erfassten Umsätze vom Betreiber zu Zwecken der Geldwäsche nach oben bzw. zu Zwecken der Steuerhinterziehung nach unten korrigiert werden.[1018] Sie wirkt damit gezielt dem Risiko der Betreibergeldwäsche in Spielhallen entgegen.

1014 Ebenso DSTG, Stellungnahme v. 24.09.2012, S. 3 sowie *Ennuschat*, ZfWG 2016, 85 (89 f.).

1015 *Mulke*, Badische Zeitung v. 29.06.2012.

1016 LKA NRW, Clankriminalität – Lagebild für NRW 2018, S. 17.

1017 BT-Drs. 18/2761, S. 3.

1018 BR-Drs. 437/13, S. 14 u. 28 f.

b) Generelle Manipulationssicherheit von Geldspielgeräten

Bereits vor der umfassenden Reform durch die Sechste Änderungsverordnung sah die Spielverordnung die nunmehr in § 13 Nr. 11 SpielV enthaltene Vorgabe zur Manipulationssicherheit von Geldspielgeräten vor. Im Unterschied zu § 13 Nr. 9a lit. e) SpielV bezieht sich hier die Manipulationssicherheit nicht auf die Aufzeichnungseinrichtung, sondern auf die generellen technischen Abläufe im Automaten wie etwa die Einhaltung der Obergrenzen für den Spieleinsatz.[1019]

Auch diese Vorschrift kann zur Geldwäscheprävention beitragen. So kann sie etwa verhindern, dass die Obergrenzen für den Spieleinsatz außer Kraft gesetzt werden, um bei der Betreibergeldwäsche durch Werfen des zu waschenden Geldes in die eigenen Automaten größere Beträge in kürzerer Zeit umsetzen zu können. Neu ist mit Wirkung vom 10.05.2015 (vgl. Art. 2 Nr. 1 i. V. m. Art. 7 Abs. 2 Sechste Änderungsverordnung), dass der Antragsteller im Verfahren auf Zulassung eines Geldspielgeräts bei der PTB ein Sicherheitsgutachten über die Gewährleistung der Manipulationssicherheit nach § 13 Nr. 11 SpielV vorlegen muss (§ 12 Abs. 3 SpielV).

c) Vorgaben zum Spielbetrieb

Ferner gibt es Vorschriften in der Spielverordnung, die in erster Linie Spielerschutz und Suchtprävention dienen, mittelbar aber auch zur Geldwäschebekämpfung beitragen können. Dazu zählt vor allem § 13 Nr. 8 SpielV. Demnach darf der Spielbetrieb nur mit Euro-Bargeld und nur unmittelbar am Spielgerät erfolgen, was konkret bedeutet, dass das Gerät nur mit Bargeld in Betrieb genommen werden kann und auch nur Bargeld wieder ausgibt.[1020] Dadurch soll eine Umgehung der Höchstgrenzen von Einsatz und Gewinn verhindert werden,[1021] die vor allem dem Spielerschutz dienen.[1022] Zugleich steht die Vorschrift aber der Erlangung eines objektiven Nachweises für das (angeblich) in einer Spielhalle gewonnene Geld entgegen; ein Aspekt, der bei der Abschätzung des Risikos der Spielergeldwäsche unter Teil 4 G. I. 1) c) aa) noch näher betrachtet werden soll.

1019 Vgl. BR-Drs. 655/05, S. 27.

1020 *Dietlein/Hüsken*, in: Dietlein/Hecker/Ruttig, Glücksspielrecht, § 13 SpielV Rn. 15; *Marcks*, in: Landmann/Rohmer, GewO, § 13 SpielV Rn. 11.

1021 *Marcks*, in: Landmann/Rohmer, GewO, § 13 SpielV Rn. 11.

1022 Vgl. *Marcks*, in: Landmann/Rohmer, GewO, § 13 SpielV Rn. 1.

d) *Spielerkarte*

Eine immer wieder diskutierte, bislang aber noch nicht umgesetzte Vorschrift zur Suchtprävention in der Gewerbeordnung sieht eine personengebundene Spielerkarte vor, mit der ein Geldspielgerät überhaupt erst in Betrieb genommen werden kann. Eine solche personengebundene Spielerkarte könnte sowohl die anonyme Spielergeldwäsche als auch die Betreibergeldwäsche durch Spiel an den eigenen Automaten erschweren.

In das Gesetz aufgenommen ist bislang allerdings nur die Vorgabe eines personenungebundenen Identifikationsmittels zur Inbetriebnahme von Spielautomaten (§ 33f Abs. 1 Nr. 3 lit. h) GewO i. V. m. § 13 Nr. 10 SpielV), die mit Ablauf der Übergangsfrist am 10.11.2018 (§ 20 Abs. 2 SpielV) verpflichtend in allen betriebenen gewerblichen Spielautomaten praktisch umgesetzt sein muss. Diese Vorgabe wurde von der Bundesregierung bei der entsprechenden Änderung der Gewerbeordnung als erster Schritt auf dem Weg zu einer möglichen personengebundenen Karte begriffen, für die noch datenschutzrechtliche und technische Fragen zu klären seien.[1023] Damit setzte sie sich über die Forderung des Bundesrats hinweg, neben dem personenungebundenen gleich auch das personengebundene Identifikationsmittel in der Verordnungsermächtigung der Gewerbeordnung zu verankern.[1024] Auch der von der Bundesregierung unterbreitete Alternativvorschlag der Einführung eines elektronischen Identitätsnachweises[1025] konnte sich nicht durchsetzen, da ihn der zuständige Ausschuss in seiner Beschlussempfehlung für kurzfristig nicht umsetzbar hielt.[1026]

2) *Vorschriften in der Gewerbeordnung*

§ 33c Abs. 2 Nr. 1 GewO bzw. § 33i Abs. 2 Nr. 1 GewO in Verbindung mit der vorgenannten Vorschrift sehen vor, dass die für die Erlaubnis zum Aufstellen von Geldspielautomaten bzw. zum Betreiben einer Spielhalle erforderliche Zuverlässigkeit in der Regel nicht besitzt, wer in den letzten drei Jahren vor Stellung des Antrags rechtskräftig wegen Geldwäsche verurteilt wurde.

Durch Einfügung der rechtskräftigen Verurteilung wegen Geldwäsche als Regelbeispiel für die Unzuverlässigkeit wollte der Gesetzgeber bewusst der Einbringung von Vermögenswerten illegaler Herkunft in die legale Wirtschaft – hier

---

1023 BT-Drs. 17/10961, S. 12 u. 19.
1024 BT-Drs. 17/10961, S. 17 u. 19.
1025 BT-Drs. 17/10961, S. 19.
1026 BT-Drs. 17/11164, S. 1.

gerade im Bereich der gewerblichen Geldspielgeräte – entgegenwirken.[1027] Die entsprechende Änderung der Gewerbeordnung war ursprünglich im Entwurf des Gesetzes zur Ergänzung des Geldwäschegesetzes vorgesehen, wurde dort aber herausgenommen und stattdessen im Gesetz zur Änderung der Gewerbeordnung und anderer Gesetze vom 05.012.2012 (BGBl. I S. 2415) als umfassendem Gesetz zur Reform der Gewerbeordnung umgesetzt.[1028]

3) Spielhallen und das Geldwäschegesetz

Eine Aufnahme von Spielhallen in das Geldwäschegesetz wurde bereits im Gesetzgebungsverfahren zum Gesetz zur Ergänzung des Geldwäschegesetzes diskutiert,[1029] erfolgte aber letztlich nicht. Die Bundesregierung stellte sich einer entsprechenden Änderung mit dem Argument entgegen, dass das Geldwäscherisiko in Spielhallen nicht von den Spielern, sondern allenfalls von den Betreibern ausginge, das Geldwäschegesetz aber auf die Verhinderung von Geldwäsche durch Kunden durch Schaffung bestimmter Sorgfaltspflichten auf Unternehmerseite zugeschnitten sei.[1030] Zudem bestanden Zweifel an der Gesetzgebungskompetenz des Bundes.[1031]

Die für eine Aufnahme von Spielhallen in das Geldwäschegesetz plädierenden Empfehlungen der zuständigen Ausschüsse im Bundesrat sahen eine Ausweitung der geldwäscherechtlichen Aufsicht auf Spielhallen und in diesem Rahmen bestimmte Aufsichtsbefugnisse vor.[1032] Sie zielten damit – für die am Risiko der Spielergeldwäsche orientierte Systematik des Geldwäschegesetzes ungewöhnlich – auf eine Bekämpfung des Risikos der Betreibergeldwäsche ab. Konkret sollte der Aufsichtsbehörde die Befugnis gegeben werden, einem der Geldwäsche verdächtigen Spielhallenbetreiber Anweisungen zu erteilen, Änderungen beim Betrieb von Geldspielgeräten und der Dokumentation von Einsätzen, Gewinnen und Kasseninhalt anzuordnen oder ggf. die Erlaubnis des Betreibers aufzuheben.[1033]

Auch im Rahmen der Umsetzung der vierten Geldwäscherichtlinie wurden Spielhallen vom Verpflichtetenkreis ausgenommen (§ 2 Abs. 1 Nr. 15 lit. a)

1027 BT-Drs. 17/11164, S. 4.
1028 BT-Drs. 17/11164, S. 5; BT-Drs. 17/11416, S. 11.
1029 BT-Drs. 17/11416, S. 4 ff.
1030 Vgl. BT-Drs. 17/11416, S. 5.
1031 BT-Drs. 17/11416, S. 3.
1032 BR-Drs. 459/1/12, S. 11 ff.
1033 BR-Drs. 459/1/12, S. 11.

GwG), obwohl ihre Aufnahme in selbigen im Referentenentwurf von Dezember 2016 noch vorgesehen war.[1034] Zur Begründung führte die Bundesregierung an, dass das Geldwäscherisiko „jedenfalls auf Spielerseite als dem regelungssystematischen Ansatzpunkt der Geldwäscheprävention" gering sei.[1035]

Dass die vierte Geldwäscherichtlinie von der Spielerseite als regelungssystematischem Ansatzpunkt der Geldwäscheprävention ausgeht, mag richtig sein. Darauf deutet der Wortlaut an verschiedenen Stellen, der offenbar den Missbrauch eines Systems durch Externe zu kriminellen Zwecken vor Augen hat.[1036] Darauf deutet auch die Richtliniensystematik, in der keine speziell auf die Verhinderung von Betreibergeldwäsche gerichteten Vorschriften vorgesehen sind.[1037]

Dennoch hätte der Gesetzgeber die Richtlinienumsetzung durchaus zum Anlass nehmen können, sich über die unmittelbaren Richtlinienvorgaben hinaus mit dem Risiko der Betreibergeldwäsche in Spielhallen vertieft auseinanderzusetzen. Dies ist nicht erfolgt. Im Rahmen der nachfolgenden Untersuchung sollen die Risiken und Vorschriften (de lege lata und de lege ferenda) bzgl. der Betreibergeldwäsche in Spielhallen daher besonders in den Blick genommen werden.

II. Vorschriften auf Landesebene

Die Geldwäscheverurteilung als Regelvermutung für die Unzuverlässigkeit eines Bewerbers um eine Spielhallenerlaubnis findet sich teilweise auch in den jeweiligen landesrechtlichen Vorschriften zu Spielhallen. Dabei wird entweder die entsprechende Regelung der Gewerbeordnung in Bezug genommen (z. B. § 41 Abs. 2 Nr. 1 LGlüG BW) oder die Vorschrift noch einmal im Gesetz selbst formuliert (z. B. § 2 Abs. 5 Nr. 1 SpielhG HH).

Auch die in erster Linie dem Spielerschutz dienende Sperrdatei nach §§ 8 ff., 23 GlüStV (vgl. zur Anwendbarkeit auf Spielhallen § 2 Abs. 3 S. 1 GlüStV) kann zur Geldwäscheprävention beitragen, da die damit verbundene Identifizierung

---

1034 Vgl. S. 111 u. 122 des Referentenentwurfs des BMF v. 15.12.2016.

1035 Kabinettsentwurf v. 22.02.2017, S. 125; BT-Drs. 18/11555, S. 107.

1036 Vgl. etwa Erwägungsgrund Nr. 21 S. 1 4. GwRL („Die Nutzung der Dienstleistungen des Glücksspielsektors zum Waschen von Erträgen aus kriminellen Tätigkeiten gibt Anlass zur Sorge.") oder Art. 1 Abs. 1 4. GwRL („Ziel dieser Richtlinie ist die Verhinderung der Nutzung des Finanzsystems der Union zum Zwecke der Geldwäsche und der Terrorismusfinanzierung.").

1037 S. u. Abschn. G.

bei Betreten der Spielstätte (§ 8 Abs. 3 S. 1 u. 5 GlüStV) die (anonyme) Spielergeldwäsche erschwert. Die vor der mit dem Dritten Glücksspieländerungsstaatsvertrag erfolgten Erstreckung der übergreifenden Sperrdatei auch auf Spielhallen[1038] bereits bestehende Hessische Spielhallensperrdatei[1039] wird, andere bereits in einzelnen Ländern existierende Spielhallensperrdateien[1040] können in das neue Sperrsystem überführt werden (§ 8d Abs. 1 GlüStV).

Weitere in vielen oder zumindest einigen Landesgesetzen zu findende Spielhallenvorschriften, die unmittelbar oder mittelbar zur Geldwäschebekämpfung beitragen können, sind vor allem

- Verbote bestimmter Dienste nach dem Zahlungsdiensteaufsichtsgesetz (ZAG) (z. B. § 16 Abs. 9 Nr. 3 AG GlüStV NRW), deren Bedeutung für die Geldwäscheprävention bei der Risikoabschätzung unter Teil 4 G. I. 1) c) bb) noch näher ausgeführt werden soll,
- detailliert ausgestaltete Auskunfts-, Überprüfungs- und Nachschaurechte der Aufsichtsbehörden (z. B. § 9 Abs. 1 SpielhG SH) sowie
- Anordnungen optisch-elektronischer Überwachung zur Verhinderung bzw. Verfolgung von Straftaten (z. B. § 11 Abs. 6 LGlüG RP).

III. Sonstige Maßnahmen in Spielhallen mit Bezug zur Geldwäscheprävention

Ähnlich wie die personengebundene Spielerkarte[1041] und die Spielersperrdatei[1042] dient auch die von der Firma Gauselmann in einigen Spielhallen des Unternehmens u. a. in Baden-Württemberg und Nordrhein-Westfalen bereits eingeführte automatische Gesichtserkennung zur Überprüfung von Spielersperren[1043] in erster Linie der Suchtprävention, könnte aber mittelbar auch zur Verhinderung von Spielergeldwäsche beitragen, insofern sie das anonyme Waschen von Geld an einem Automaten erschwert.

De lege lata ist es denkbar, zur Verhinderung von Betreibergeldwäsche die legale Herkunft der Mittel zur Gründung eines Spielhallenbetriebs bereits im

1038 Vgl. Erläuterungen zum Glücksspielstaatsvertrag 2021, S. 12 f. (URL-Verz.).

1039 Vgl. Hessen.de/Spielsperrsystem OASIS (URL-Verz.).

1040 Wohl in erster Linie Rheinland-Pfalz, dessen Spielersperren bislang (ebenfalls) in das hessische Sperrsystem OASIS eingetragen werden, s. Erläuterungen zum Glücksspielstaatsvertrag 2021, S. 126 (URL-Verz.) sowie § 11a LGlüG RP.

1041 S. o. unter Teil 4 E. I. 1) d).

1042 S. o. unter Teil 4 E. II.

1043 *Seher*, WAZ v. 28.04.2017.

Erlaubnisverfahren umfassend zu prüfen. Zumindest nach Auskunft der Stadt Bochum im Juni 2016 erfolgt eine solche Überprüfung jedoch nicht.[1044]

F. Zusammenfassung: Instrumente der Geldwäschebekämpfung in Spielhallen

Als wichtigste Instrumente der Geldwäschebekämpfung in Spielhallen de lege lata lassen sich damit festhalten:

1) Die Verhinderung der Manipulation von Automatenaufzeichnungen durch Vorgabe entsprechend sicherer Aufzeichnungseinrichtungen (§ 13 Nr. 9a i. V. m. Nr. 9 SpielV),
2) die Kontrolle der Plausibilität von Umsatzangaben von Spielhallen durch Nachschau vor Ort (z. B. § 9 Abs. 1 SpielhG SH) und
3) die optisch-elektronische Überwachung (z. B. § 11 Abs. 6 LGlüG RP).

G. Verfassungsrechtliche Untersuchung der Geldwäschebekämpfungsinstrumente in Spielhallen

I. Abschätzung des tatsächlichen Risikos der Geldwäsche in Spielhallen

1) Abschätzung des tatsächlichen Risikos der Spielergeldwäsche

Angenommen, ein Krimineller verfügt über eine größere Summe Bargeld, die aus illegalen Tätigkeiten wie Drogenverkauf oder Zuhälterei stammt. Wäre eine Spielhalle der geeignete Ort, um die illegale Herkunft dieser Mittel zu verschleiern?

Zunächst lässt sich festhalten: sofern eine (ordnungsgemäß betriebene) Spielhalle überhaupt als Ort für Spielergeldwäsche in Betracht kommt, muss es sich bei dem zu waschenden Tatgegenstand um Bargeld handeln. § 33f Abs. 1 Nr. 3 lit. g GewO i. V. m. § 13 Nr. 8 SpielV schreibt nämlich vor, dass die in Spielhallen aufgestellten Automaten hinsichtlich ihrer Bauweise derart beschaffen sein müssen, dass der Spielbetrieb einschließlich der Ein- und Auszahlung von Geld nur mit Euro-Bargeld und nur unmittelbar am Spielgerät erfolgen kann.[1045]

1044 Informationen aus dem Telefonat mit dem Ordnungsamt der Stadt Bochum.

1045 *Dietlein/Hüsken*, in: Dietlein/Hecker/Ruttig, Glücksspielrecht, 2. Aufl. 2013, SpielV § 13 Rn. 15; *Marcks*, in: Landmann/Rohmer, GewO, SpielV § 13 Rn. 11.

Auch ist es den Spielern gesetzlich verwehrt, sich z. B. durch Vorlage eines Schecks oder eines Wechsels in einer Spielhalle vor Ort Bargeld zu verschaffen. Derartige Geschäfte sind in der Regel nach den jeweiligen Landesvorschriften zu Spielhallen i. V. m. den Regelungen des Zahlungsdiensteaufsichtsgesetzes (ZAG) in Spielhallen untersagt.[1046] Wechseln kann der Spieler nur Scheine gegen kleinere Scheine bzw. Münzen, wenn die Inbetriebnahme der Spielautomaten oder von Geschicklichkeitsspielen nur mit letzteren möglich ist. Zu diesem Zweck stehen in Spielhallen häufig auch Wechselautomaten zur Verfügung.[1047]

Wegen der nach § 8 Abs. 3 S. 1 u. 5 GlüStV vorgesehenen Identifizierung bei Betreten der Spielhalle und vor dem ersten Spiel[1048] ist es einem Geldwäscher zudem erschwert, unerkannt eine Spielhalle zu betreten und das illegal erlangte Bargeld im Schutze der Anonymität in einen oder mehrere Spielautomaten zu werfen und damit zu spielen.

Für eine Geldwäschetauglichkeit des bloßen Automatenspiels müssten außerdem drei Voraussetzungen erfüllt sein: Erstens müsste der Spieler mit hinreichender Wahrscheinlichkeit damit rechnen können, zumindest einen lohnenswerten Teilbetrag des eingesetzten Geldes nach dem Spiel als Auszahlung mitnehmen zu können. Zweitens müssten – jedenfalls bei größeren Geldbeträgen – auch größere Beträge im Spiel in vernünftiger Zeit umgesetzt werden können. Und drittens müsste das Automatenspiel objektiv geeignet sein, zumindest als erster Schritt in einer Reihe von Verschleierungshandlungen zur Verschleierung der illegalen Herkunft des Geldes beizutragen.
An allen Voraussetzungen bestehen Zweifel:

a) Auszahlungsquoten von gewerblichen Geldspielautomaten

Sofern der Geldwäscher den Automaten nicht durch eine technische Vorrichtung manipuliert, ist er wie jeder andere Spieler auch dem Zufallsgenerator ausgeliefert. Eine Garantie, dass er das eingeworfene Geld oder zumindest Teile davon zurückerhält, hat er nicht. Im Gegensatz etwa zu Spielbanken (s. Teil 3 C. I. 2)) oder Sportwetten (s. Teil 5 C. I. 1)) sind auch keine Spielsysteme denkbar, mit denen die Wahrscheinlichkeit eines größeren Verlustes stark oder sogar auf null reduziert werden könnte.

1046 Vgl. z. B. § 16 Abs. 9 Nr. 3 AG GlüStV NRW u. dazu LT-Drs. NRW 16/17, S. 44.
1047 Eigene Beobachtung des Verf.
1048 S. o. unter Teil 4 E. II.

aa) Abschätzung der Auszahlungsquote

Um im statistischen Mittel langfristig einen lohnenswerten Teilbetrag des eingesetzten Geldes zurückzuerhalten, müssten die gewerblichen Geldspielautomaten also über eine ausreichend hohe Auszahlungsquote verfügen.

Die aktuelle SpielV enthält keine ausdrückliche Angabe zur Mindestausschüttungsquote, wie dies bis 2006 in § 13 Nr. 6 SpielV a. F. der Fall war.[1049] Eine einfache Rechnung deutet jedoch darauf hin, dass die in § 13 Nr. 6 SpielV a. F. geregelte Mindestausschüttungsquote von 60 Prozent dem Verordnungsgeber auch bei der Neufassung der SpielV vor Augen stand:

Gemäß § 13 Nr. 2 SpielV beträgt die Mindestspieldauer fünf Sekunden und der Maximaleinsatz pro Spiel 0,20 Euro. In einer Stunde können damit maximal 3600/5 x 0,20 Euro = 144 Euro eingesetzt werden. Gemäß § 13 Nr. 4 SpielV darf zugleich die Summe der Verluste (Einsätze abzüglich Gewinne) innerhalb einer Stunde 60 Euro nicht übersteigen. Ausgehend von der naheliegenden Annahme, dass der maximale Verlustbetrag innerhalb einer Stunde auch nur bei Einsatz des maximal möglichen Betrages erreicht werden können soll, lässt sich die maximale Verlustquote abschätzen als 60/144 ~ 0,42 = 42 Prozent. Die Mindestausschüttungsquote beträgt demnach 100 % – 42 % = 58 Prozent, also wiederum knapp 60 Prozent.

Langfristig betrachtet darf jedoch kein höherer Betrag als 20 Euro je Stunde als Kasseninhalt verbleiben, vgl. § 12 Abs. 2 Nr. 1 SpielV. Diese Vorschrift lässt keine genaueren Rückschlüsse auf die der SpielV zugrunde gelegte Mindestausschüttungsquote zu, da der verbleibende Kasseninhalt naturgemäß (auch) vom Gesamtbetrag der getätigten Spielereinsätze abhängt. Immerhin lässt sich aber feststellen: Selbst wenn man von der realitätsfernen Annahme ausgeht, dass an allen Geräten durchgehend der Maximaleinsatz von 144 Euro pro Stunde getätigt wird – was schon aufgrund der in § 13 Nr. 6 SpielV vorgesehenen Spielpause nicht möglich ist –, wäre die Vorschrift mit einer Einbehaltungsquote von 20/144 ~ 0,14 = 14 Prozent und somit einer Ausschüttungsquote von (nur) 100 % – 14 % = 86 Prozent noch immer erfüllt.

Der in kommunalen Vergnügungssteuersatzungen teilweise zu findende Multiplikator zur Abschätzung der Summe der Spielereinsätze, wenn (nur) das Einspielergebnis bekannt ist, liegt in der Regel zwischen 3,0 und 3,5.[1050] Das deutet

---

1049 *Dziadkowski*, UStB 2012, 356 (358).

1050 Vgl. z. B. § 12a Abs. 1 S. 1 der Satzung über die Erhebung der Vergnügungssteuer in der Stadt Bochum (Vergnügungssteuersatzung) v. 16.12.2005 i. d. F. der Ersten Änderungssatzung v. 24.08.2007: 3,03; § 6 S. 1 der Vergnügungssteuersatzung für

darauf hin, dass die Kommunen von einer Einbehaltungsquote zwischen 1/3,5 ~ 0,29 = 29 Prozent und 1/3,0 ~ 0,33 = 33 Prozent und damit von einer Ausschüttungsquote von ca. 70 Prozent ausgehen. Das OVG Münster hat in einer Entscheidung angenommen, dass die Annahme einer durchschnittlichen Ausschüttungsquote von 70 Prozent im Ermessen des kommunalen Satzungsgebers liege.[1051]

bb) Folgerungen aus der Abschätzung der Auszahlungsquote für das Geldwäscherisiko

Die im Vergleich zu anderen Glücksspielen wie insbesondere dem Roulette niedrige Mindestausschüttungsquote lässt den Spielhallenbetreibern genug Spielraum, um die Vorgaben der Spielverordnung zu erfüllen und zugleich mit einer für sie wirtschaftlich lohnenswerten Einbehaltungsquote zu arbeiten. Für Geldwäscher sind derart niedrige Ausschüttungsquoten wohl nicht interessant.

Denkbar wäre allenfalls, dass der Geldwäscher einen größeren Betrag in den Automaten einführt, nur mit einem Bruchteil davon spielt und sich den Restbetrag dann ausbezahlen lässt. Ein solches System wird einigen Zeitungsberichten zufolge von Kleinkriminellen in England an den sog. Fixed-Odds Betting Terminals (FOBTs) praktiziert.[1052] Teilweise werden dort von den Kriminellen beim Spiel an den FOBTs auch risikovermeidende Strategie angewandt, indem beispielsweise beim elektronischen Roulette 20 £ auf Rot, 20 £ auf Schwarz und 2 £ auf die Null gesetzt werden.[1053] Das System funktioniert allerdings (nur) deswegen, weil das Terminal für den Spieler nach Beendigung des Spiels ein Ticket über den Auszahlungsbetrag ausdruckt. Mit diesem kann der Spieler sich den entsprechenden Betrag an der Kasse abholen. Außerdem kann er es mitnehmen und es – wenn er etwa von der Polizei angehalten und nach den mitgeführten hohen Bargeldsummen befragt wird – als Nachweis für das getätigte Glücksspiel nutzen.[1054] In Deutschland erfolgt jedoch, wie oben bereits ausgeführt, der Spielbetrieb am gewerblichen Automaten nur mit Bargeld.

---

die Benutzung von Apparaten in der Stadt Dortmund (Apparatesteuersatzung) v. 17.12.2010: 3,5.

1051 OVG Münster, Urt. v. 23.06.2010, 14 A 718/09, juris Rn. 93.

1052 S. o. unter Teil 4 C. I. 1).

1053 *Ramesh*, The Guardian v. 08.11.2013.

1054 *Ramesh*, The Guardian v. 08.11.2013.

b) Begrenzung der Einsätze

Jedenfalls dann, wenn ein Geldwäscher größere Beträge waschen will, benötigt er eine Methode, die die Umsetzung entsprechend großer finanzieller Volumina innerhalb einer – aus krimineller Sicht – vernünftigen Zeit ermöglicht. Eine Methode, mit denen nur wesentlich kleinere als die vom Geldwäscher anvisierten Beträge gewaschen werden können, scheidet grundsätzlich aus, da sie für ihn nicht von Interesse ist.

Zwar ist denkbar, dass der Geldwäscher – wie es in der Form des Smurfing häufig auch zum Zwecke der Unauffälligkeit geschieht – die bemakelten Vermögenswerte in handhabbare Teile stückelt, um diese dann über einen längeren Zeitraum hinweg hintereinander zu waschen. Allerdings findet diese Methode ihre Grenze da, wo sie für den Geldwäscher nicht mehr zeitökonomisch ist, wo die handhabbaren Teile also im Vergleich zur Gesamtsumme so gering sind, dass die letztlich zum Waschen des Gesamtbetrages benötigte Zeit vom Geldwäscher nicht mehr in Kauf genommen wird.

Zudem ist zu berücksichtigen, dass die Stückelung des Gesamtbetrages und seine Verteilung auf einen längeren Zeitraum durch den Geldwäscher der Unauffälligkeit auch gerade abträglich sein können. Insbesondere, wenn der Geldwäscher zu seinen kriminellen Zwecken beständig eine bestimmte Lokalität oder eng benachbarte Lokalitäten aufsucht, steigt mit fortschreitender Zeit die Wahrscheinlichkeit, dass sein Verhalten bei Angestellten oder anderen Personen Verdacht erregt. Dies zeigen insbesondere Beispiele aus dem Spielbankenbereich, im Zusammenhang mit dem das Smurfing als Geldwäschetechnik häufiger Erwähnung findet. Hier hat das Smurfing in der Regel konkret das Ziel, mit den Teilbeträgen unterhalb der Betragsschwelle für Transaktionen zu verbleiben, ab der die Spielbank zur Identifizierung eines Kunden verpflichtet ist. Dennoch ist es gerade die Häufigkeit, mit der ein Kunde eine Spielbank frequentiert, die Verdacht erregen bzw. eine Beobachtung verdächtiger Verhaltensweisen mit der Zeit erst ermöglichen kann.[1055]

Unter diesen Gesichtspunkten sind die Vorschriften zum gewerblichen Automatenspiel als eher geldwäschefeindlich einzustufen. Gemäß § 33f Abs. 1 Nr. 3 GewO i. V. m. § 13 Nr. 2 SpielV sind die einem Spieler möglichen Einsätze pro Stunde nach oben hin vergleichsweise strikt begrenzt.[1056]

1055 *Krech*, Kriminalistik 2005, 92 (93); vgl. etwa auch FATF, Vulnerabilities of Casinos and Gaming Sector, Case 15.

1056 S. bereits o. unter Teil 4 G. I. 1) a) aa): Maximal 144 Euro pro Stunde.

Für überschaubare kriminelle Erträge etwa aus kleineren Drogengeschäften können diese Dimensionen ausreichend sein, für große Vermögenswerte jedoch nicht.

c) Nachweismöglichkeiten bzgl. eines Spielhallengewinns

Drittens müsste das Spiel in einer Spielhalle auch objektiv geeignet sein, zur Verschleierung der illegalen Herkunft von Geldern beizutragen. An einer solchen Eignung fehlt es, wenn der Spieler für das zu waschende Bargeld wieder nur Bargeld ausbezahlt und dafür auch keine Form von Beleg oder Nachweis erhält. Auf diese Weise würde nicht der Anschein einer legalen Herkunft des Geldes erzeugt.

aa) Spielbetrieb am Automaten nur mit Bargeld

§ 13 Nr. 8 SpielV, wonach der Spielbetrieb nur mit auf Euro lautenden Münzen und Banknoten und nur unmittelbar am Spielgerät erfolgen darf, schreibt nicht nur die Inbetriebnahme des Automaten ausschließlich mit Bargeld, sondern auch die Auszahlung ausschließlich in bar vor.[1057] Durch die Formulierung „nur unmittelbar am Spielgerät" macht der Gesetzgeber deutlich, dass andere Formen der Auszahlung als die der Gewinnausschüttung am Gerät ausgeschlossen sind. So entschied auch das Sächsische OVG bereits 2007, dass Spielgeräte ohne eigene Auszahlungsfunktion, die den erspielten Betrag lediglich anzeigen und der dann vom „Chef" an den Spieler ausbezahlt wird, als Spielgeräte mit Gewinnmöglichkeit zu klassifizieren, aber nicht erlaubnisfähig seien.[1058] Somit erhält der Spieler für Bargeld auch nur Bargeld zurück.

bb) Zu Quittungen und unbaren Auszahlungsformen

Noch nicht beantwortet ist damit allerdings die Frage, ob der Spieler u. U. vom Personal eine Quittung für den Bargewinn erhalten oder große Gewinnbeträge bei der Spielhalle einzahlen kann, um sie sich anschließend überweisen oder per Scheck ausbezahlen zu lassen.

Gegen die Möglichkeit einer Überweisung oder einer Ausbezahlung per Scheck nach zuvor erfolgter Einzahlung des Bar-Gewinns spricht noch nicht § 13 Nr. 8 SpielV selbst. Die Norm regelt dem Wortlaut nach die Modalitäten des „Spielbetriebs". Aus der systematischen Stellung der Vorschrift in § 13 SpielV,

---

1057 *Marcks*, in: Landmann/Rohmer, GewO, SpielV § 13 Rn. 11.
1058 Beschl. d. OVG Bautzen v. 04.10.2007, 3 BS 128/06.

der die technischen Anforderungen für eine Bauartzulassung von Automaten durch die PTB festlegt, wird deutlich, dass damit Betrieb und Bedienung des Automaten selbst gemeint sind, nicht aber die Gesamtheit der Vorgänge in einer Spielhalle. Dann aber kann der Spielbetrieb i. S. v. § 13 Nr. 8 SpielV als beendet angesehen werden, wenn der Spieler sich zur Beendigung des Spiels entschließt und die Auszahlungsfunktion betätigt.

Diese Auslegung ist auch mit Sinn und Zweck der Vorschrift vereinbar: Sie soll gerade die Umgehung der gesetzlichen Vorgaben für die Höchstgrenzen von Gewinnen und Einsätzen, insbesondere durch eine andere technische Gestaltung des Automaten, verhindern.[1059] Eine solche Umgehung von Spielvorgaben ist naturgemäß nicht mehr möglich, wenn das Spiel bereits beendet ist.

Gegen eine Auszahlung per Überweisung oder Scheck könnten jedoch die in vielen Spielhallenvorschriften der Länder vorgesehenen Verbote bestimmter Zahlungsdienste und -geschäfte nach dem ZAG sprechen. Danach sind insbesondere die beiden vorgenannten Formen von Zahlungsgeschäften untersagt, vgl. z. B. § 16 Abs. 9 Nr. 3 AG GlüStV NRW i. V. m. § 1 Abs. 1 S. 2 und § 2 Abs. 1 Nr. 4, 6 und 10 ZAG (und hier insbesondere § 1 Abs. 1 S. 2 Nr. 3 lit. c) ZAG [Überweisung] sowie § 2 Abs. 1 Nr. 6 lit. a) [Scheck]).

Nicht eindeutig ist jedoch die Reichweite dieser Vorschriften. Die regelmäßige systematische Stellung der entsprechenden Verbotsvorschriften neben dem Verbot des Aufstellens von EC-Karten-Automaten (vgl. z. B. § 16 Abs. 9 Nr. 2 AG GlüStV NRW) lässt darauf schließen, dass es hier maßgeblich darum geht, Spieler an der schnellen Beschaffung größerer Bargeldmengen am Ort des Spiels zu hindern, und so ausuferndem und verlustreichem Spiel vorzubeugen. So heißt es in der Begründung zu § 16 des Gesetzentwurfs des AG GlüStV NRW:

> „Die BZgA hat in ihrem aktuellen Ergebnisbericht aufgezeigt, dass ein erheblicher Anteil von Spielern über eine EC- und oder Kreditkarte verfügt. Die Neigung, das Konto für den bargeldlosen Zahlungsverkehr auch für Geldspieleinsätze zu nutzen und damit das Risiko einer Verschuldung sei unter Glücksspielern deutlich erhöht […] Absatz 6 sieht daher vor, dass entsprechende Möglichkeiten zur Beschaffung von Bargeld in Spielhallen nicht geschaffen werden dürfen."[1060]

Diesem Sinn und Zweck steht es nicht entgegen, wenn die Spielhalle – insbesondere aus Sicherheitsgründen – größere (Bar-)Gewinnbeträge an einer Spielhallenkasse entgegennimmt und dem Spieler anschließend in unbarer Form ausbezahlt. Andererseits sind die in den Landesgesetzen vorgesehenen Verbote

---

1059 *Marcks*, in: Landmann/Rohmer, GewO, SpielV § 13 Rn. 11.
1060 LT-Drs. NRW 16/17, S. 44.

von Zahlungsdiensten und -geschäften einschränkungslos formuliert und erfassen so dem Wortlaut nach auch die bargeldlose Auszahlung von Gewinnen.

Ein generelles Verbot der Ausstellung von Quittungen lässt sich den Spielhallenvorschriften der Länder nicht entnehmen. Insbesondere weisen die Kataloge in § 1 Abs. 1 S. 2 und § 2 Abs. 1 Nr. 4, 6 und 10 ZAG – wie eine Durchsicht der dort aufgeführten Definitionen ergibt – keinen Tatbestand auf, der das Ausstellen einer Quittung erfassen würde.[1061]

Hinsichtlich der Praxis in Spielhallen lässt sich jedoch feststellen, dass das Ausstellen von Quittungen über größere Beträge durch das Spielhallenpersonal jedenfalls nicht üblich ist. Auch wenn mangels zuverlässiger empirischer Daten nicht ausgeschlossen werden kann, dass es in Einzelfällen vorkommt, würde eine solche Quittung ungewöhnlich und damit verdächtig wirken, was ihre Eignung zur effektiven Verwischung der Papierspur deutlich schmälert.

Was die denkbare Auszahlung eines Geldbetrages per Scheck oder Überweisung anbelangt, konnte vom Verfasser im November 2015 in einer größeren Spielhalle in der Essener Innenstadt ein Schild an der Personaltheke beobachtet werden, das auf die Möglichkeit einer Auszahlung größerer Beträge per Überweisung hinwies. Diese Beobachtung zeigt deutlich, dass auch bargeldlose Auszahlungen von Geldbeträgen durch Spielhallen in der Praxis nicht gänzlich ausgeschlossen werden können. Ebenso wie eine Quittung würde aber auch ein solcher Vorgang ungewöhnlich wirken. Zudem ist die Legalität einer bargeldlosen Auszahlung angesichts der dargestellten Verbote bestimmter Zahlungsdienste und -geschäfte nach dem ZAG zumindest zweifelhaft, so dass dieser Vorgang kaum geeignet wäre, dem ausgezahlten Geld den Anschein legaler Herkunft zu verleihen.

d) Einschätzung des Risikos

Insgesamt bleibt damit festzuhalten, dass aus den dargelegten Gründen das Risiko des Missbrauchs von Spielhallen zu Geldwäschezwecken durch Spieler als sehr gering einzustufen ist.

2) Abschätzung des tatsächlichen Risikos der Betreibergeldwäsche

Während die Spielergeldwäsche in Spielhallen damit als ernstzunehmendes Risiko ausscheiden dürfte, bleibt die Möglichkeit von Geldwäsche durch Spielhallenbetreiber näher zu betrachten. Hinsichtlich der dargestellten,[1062]

1061 Vgl. auch *Hopt*, in: Baumbach/ders., HGB, 2. Teil Abschn. 5 (7) Rn. A/4.
1062 S. o. unter Teil 4 C. II.

zumindest denkbaren Methoden der Betreibergeldwäsche hängt die Attraktivität einer Methode für Kriminelle maßgeblich davon ab, welche steuerlichen Abzüge zu erwarten sind. Eine Methode, bei der gegenüber anderen, u. U. sogar weniger entdeckungsanfälligen Methoden deutlich höhere steuerliche Verluste zu erwarten sind, wird für Geldwäscher nicht attraktiv sein. Zunächst soll daher die steuerliche Belastung von Spielhallen näher untersucht werden.

a) Zur steuerlichen Belastung von Spielhallen

aa) Steuerarten, die Spielhallen betreffen

Die folgenden Steuerarten betreffen Spielhallen:

(1) Umsatzsteuer

Der Umsatzsteuer unterliegen nach § 1 Abs. 1 Nr. 1 S. 1 UStG u. a. die Lieferungen und sonstigen Leistungen mit wirtschaftlichem Interesse, die ein Unternehmer im Inland gegen Entgelt im Rahmen seines Unternehmens ausführt.[1063] In einer Spielhalle erbringt der Betreiber gegen das vom Spieler entrichtete Entgelt, nämlich das zum Zwecke des Spiels in die Automaten geworfene Bargeld, eine Leistung in Form der Gewährung von Automatenglücksspiel und erzielt so Einnahmen.[1064]

(2) Gewerbesteuer

Die Gewerbesteuer ist eine kommunale Steuer (vgl. § 1 GewStG).[1065] Gemäß § 2 Abs. 1 GewStG unterliegen alle inländischen Gewerbetriebe i. S. d. Einkommenssteuergesetzes der Gewerbesteuer und damit auch Spielhallen.[1066] Je nach Ausgestaltung der einschlägigen Landesvorschriften können die für den Betrieb einzuholenden Erlaubnisse sich in verschiedenen Relationen auf unterschiedliche Rechtsgrundlagen stützen; als Rechtsgrundlagen in Betracht kommen § 33i GewO, § 2 Abs. 3 i. V. m. §§ 4 Abs. 1, 24 GlüStV sowie die jeweiligen Erlaubnistatbestände der Länder.[1067]

1063 *Robisch*, in: Bunjes, UStG, § 1 Rn. 10 f.

1064 Zur Umsatzsteuerbarkeit der durch das Automatenspiel erzielten Einnahmen BFH, Urt. v. 11.12.2019, XI R 13/18, DStR 2020, 784 (787 [Rn. 21 ff.]) m. w. N.

1065 *Drüen*, in: Blümich, GewStG § 1 Rn. 1.

1066 Zu den Merkmalen eines Gewerbebetriebs (Selbständigkeit, Nachhaltigkeit der Betätigung, Gewinnerzielungsabsicht, Teilnahme am allgemeinen wirtschaftlichen Verkehr) *Bode*, in: Blümich, EStG, § 15 Rn. 13.

1067 *Wild*, ZfWG 2012, 247 (252 f.).

(3) Körperschaftssteuer

Die Körperschaftssteuer ist im Grunde die Einkommenssteuer für Körperschaften,[1068] vgl. § 7 Abs. 1 KStG. Nach § 1 Nr. 1 KStG sind insbesondere Kapitalgesellschaften mit Sitz im Inland wie z. B. Aktiengesellschaften oder Gesellschaften mit beschränkter Haftung unbeschränkt körperschaftssteuerpflichtig. Das ist z. B. bei der Casino Merkur International GmbH der Fall, die in Deutschland Spielhallen unter dem Label „Casino Merkur Spielothek" mit dem Symbol der „lachenden Sonne" betreibt.[1069]

(4) Einkommenssteuer

Natürliche Personen, die im Inland ihren Wohnsitz oder ihren gewöhnlichen Aufenthalt haben, unterliegen hinsichtlich ihrer Einkünfte aus dem Betrieb einer Spielhalle als einem Gewerbebetrieb unbeschränkt der Einkommenssteuerpflicht, vgl. § 1 Abs. 1 S. 1 i. V. m. § 2 Abs. 1 S. 1 Nr. 2 EStG. Der Begriff der Einkünfte aus Gewerbebetrieb ist dabei vom Begriff der Einkünfte aus selbständiger Arbeit (§ 2 Abs. 1 S. 1 Nr. 3 EStG) zu trennen, da die Begriffe einander ausschließen.[1070] Entscheidendes Abgrenzungskriterium ist der gewerbliche (dann Gewerbebetrieb) oder freiberufliche (dann selbständige Arbeit) Charakter der Tätigkeit.[1071]

Im Falle des Betreibens einer Spielhalle liegt eine gewerbliche Tätigkeit vor, da sie die konstitutiven Merkmale des Gewerbebegriffs erfüllt,[1072] es ihr aber an der für Freiberufe typischen Voraussetzung einer besonderen intellektuellen Qualifikation[1073] fehlt. Der Einkommenssteuerpflicht unterliegen auch die einzelnen Gesellschafter einer Personengesellschaft, wenn diese Personengesellschaft Betreiberin der Spielhalle ist.[1074] Auch die Anteilseigner einer Körperschaft, die als Spielhallenbetreiberin auftritt, werden durch die Einkommenssteuer belastet: Neben der Zahlung der Körperschaftssteuer durch die Körperschaft selbst wird auf ihre eigenen Einnahmen Einkommenssteuer erhoben.[1075]

1068 *Rauh*, in: Alber u. a., Beck'sches Steuer- und Bilanzrechtslexikon, Stichwort Körperschaftssteuer Rn. 1.

1069 Vgl. Merkur Spielothek/Geschichte (URL-Verz.).

1070 *Bode*, in: Blümich, EStG, § 15 Rn. 80.

1071 *Bode*, in: Blümich, EStG, § 15 Rn. 79.

1072 Vgl. den vorhergehenden Abschnitt zur Gewerbesteuer.

1073 *Hutter*, in: Blümich, EStG, § 18 Rn. 50.

1074 *Bode*, in: Blümich, EStG, § 15 Rn. 3; vgl. auch *Bärwald*, Beck'sches Handbuch der Personengesellschaften, § 21 Rn. 251.

1075 *Büsching*, in: Römermann, GmbH-Recht, § 1 Rn. 33 f.

(5) *Vergnügungssteuer*

Bei der Vergnügungssteuer handelt es sich um eine kommunale Steuer, genauer um eine örtliche Aufwandsteuer.[1076] Der Vergnügungssteuersatz wird von den Kommunen in einer entsprechenden Vergnügungssteuersatzung (oder von den Stadtstaaten auch in kommunalen Vergnügungssteuergesetzen) festgelegt[1077] und kann – ebenso wie die Berechnungsgrundlage für die Steuer – von Kommune zu Kommune variieren. Z. B. in Bochum beträgt er für Spielhallen 5,5 Prozent,[1078] in Wedemark (Niedersachsen) 20,0 Prozent,[1079] wobei allerdings in diesem Beispiel angesichts unterschiedlicher Berechnungsgrundlagen keine unmittelbare Vergleichbarkeit der Zahlen gegeben ist.

Generell gibt es zwei verschiedene Ansätze zur Berechnung der Vergnügungssteuer in den Kommunen: auf Grundlage des Spieleraufwands (= Spieleinsatz) (so wie z. B. in Bochum[1080]) oder auf Grundlage des Einspielergebnisses (so wie z. B. in Wedemark[1081]).[1082] Die Vergnügungssteuer belastet die Spielhallenbetreiber spürbar, trotz des zahlenmäßig geringeren Steuersatzes besonders dann, wenn als Berechnungsgrundlage der Spieleraufwand herangezogen wird. Von einigen Kommunen wird sie auch zur Eindämmung einer unerwünschten Spielhallenflut eingesetzt.[1083]

bb) Das Urteil Metropol Spielstätten

Die Besteuerung von Glücksspielen in Deutschland spielt auch in der EuGH-Rechtsprechung eine Rolle.[1084] Von Relevanz für die Abschätzung der steuerlichen Belastung von Spielhallen ist hier das Urteil *Metropol Spielstätten*.[1085]

1076 Etwa FG Bremen, Urt. v. 17.03.2021, 2 K 119/20 1, BeckRS 2021, 15346, Rn. 63; *Ennuschat*, in: ders./Wank/Winkler, GewO, vor §§ 33c ff. Rn. 21; *Sodan/Kluckert*, GewArch 2013, 177 (177).

1077 *Balmes*, BB 2012, 1259 (1260); *Sodan/Kluckert*, GewArch 2013, 177 (177).

1078 § 12 Abs. 1 S. 1 VgStS Bochum (vgl. Teil 4 G. I. 1) a) aa)).

1079 § 7 Abs. 5 der Vergnügungssteuersatzung der Gemeinde Wedemark v. 20.10.2014 (VgStS Wedemark).

1080 § 12 Abs. 1 S. 1 VgStS Bochum.

1081 § 6 Abs. 3 VgStS Wedemark.

1082 *Balmes*, BB 2012, 1259 (1262); *Oebbecke*, Gemeindehaushalt 2015, 1 (3); *Sodan/Kluckert*, GewArch 2013, 177 (177).

1083 Vgl. etwa Senatskanzlei Berlin, Pressemitteilung v. 09.11.2010 (URL-Verz.).

1084 Dazu *Schmittmann*, StuB 2017, 554 (555).

1085 EuGH, Urt. v. 24.10.2013, C-440/12 – Metropol Spielstätten, ECLI:EU:C:2013:687; zurückgehend auf ein Vorabentscheidungsersuchen des FG Hamburg, Beschl. v. 21.09.2012, 3 K 104/11.

Demnach verbietet die Mehrwertsteuersystemrichtlinie 2006/112/EG nicht die kumulative Besteuerung von Glücksspielanbietern mit Umsatzsteuer und einer zusätzlichen Abgabe ohne umsatzsteuerlichen Charakter.[1086]

Die Vergnügungssteuer ist eine solche Abgabe ohne umsatzsteuerlichen Charakter, insbesondere da sie sich nicht auf den bei einem Umsatz erzielten Mehrwert, sondern auf den Bruttobetrag aller Einnahmen bezieht.[1087] Daraus folgt für das Verhältnis von Umsatzsteuer und Vergnügungssteuer, dass diese nebeneinanderstehen und Spielhallenbetreiber kumulativ belasten.[1088] Damit ist auch die Vergnügungssteuer nicht aus der Bemessungsgrundlage für die Umsatzsteuer herauszurechnen.[1089]

cc) Verhältnis der Spielhallen betreffenden Steuern untereinander

Es bleibt zu klären, in welchem Verhältnis die übrigen einen Spielhallenbetreiber betreffenden Steuern zueinanderstehen, da nur auf dieser Grundlage eine Einschätzung der steuerlichen Gesamtbelastung für Spielhallenbetreiber erfolgen kann.

(1) Grundsätzliches Nebeneinanderstehen der einzelnen Steuerarten

Umsatzsteuer, Körperschafts- bzw. Einkommenssteuer, Gewerbesteuer und Vergnügungssteuer haben mit dem Unternehmensumsatz, der Vermögensmehrung durch Einkommenserwerb, dem unterhaltenen Gewerbebetrieb[1090] bzw. dem Aufwand zur Erlangung eines Vergnügens unterschiedliche steuerliche Anknüpfungspunkte.

Steuerschuldner ist auch im Falle der Vergnügungssteuer derjenige, der die Automaten öffentlich zur Nutzung aufstellt,[1091] auch wenn nicht er selbst sondern der Spieler den Vergnügungsaufwand leistet.[1092] Der Aufsteller der

1086 EuGH, Urt. v. 24.10.2013, C-440/12, Rn. 32.

1087 FG Bremen, Urt. v. 17.03.2021, 2 K 119/20 1, BeckRS 2021, 15346, Rn. 71 m. w. N.; BFH, Urt. v. 22.04.2010, V R 26/08 unter II. 2. b) m. w. N.

1088 FG Bremen, Urt. v. 17.03.2021, 2 K 119/20 1, BeckRS 2021, 15346, Rn. 86; VGH Mannheim, Urt. v. 12.10.2017, 2 S 1359/17, juris Rn. 75; *Schmittmann*, ZfWG 2017, 86 (89).

1089 FG Bremen, Urt. v. 17.03.2021, 2 K 119/20 1, BeckRS 2021, 15346, Rn. 86; BFH, Urt. v. 22.04.2010, V R 26/08 m. Anm. *Grube*, jurisPR-SteuerR 26/2010, Anm. 5.

1090 *Drüen*, in: Blümich, GewStG § 2 Rn. 34.

1091 *Sodan/Kluckert*, GewArch 2013, 177 (177); vgl. auch VGH Mannheim, Urt. v. 23.03.2021, 2 S 2005/20, BeckRS 2021, 8511, Rn. 51.

1092 Vgl. BVerfGE 123, 1 (2).

Automaten soll die Steuerschuld dann zumindest kalkulatorisch auf den eigentlich im Blickfeld der Steuer stehenden Spieler überwälzen können.[1093] Zur Abbildung des Vergnügungsaufwands knüpfte die Vergnügungssteuer früher unter Zugrundelegung eines bestimmten Durchschnittsumsatzes pro Automat an den Automatenbestand an.[1094] Angesichts der fortgeschrittenen technischen Möglichkeiten zur genauen Ermittlung der Automatenumsätze wird heute allerdings als Anknüpfungspunkt die Summe der Spielereinsätze oder die elektronisch gezählte Bruttokasse gewählt.[1095]

In Anbetracht der unterschiedlichen Anknüpfungspunkte stehen die verschiedenen Steuerarten also grundsätzlich selbständig nebeneinander.[1096]

(2) Kompensationsmechanismen zwischen einzelnen Steuerarten

Im Verhältnis von Gewerbesteuer zu Einkommens- bzw. Körperschaftssteuer ist seit dem Veranlagungs- und Erhebungszeitraum 2008 der Abzug der Gewerbesteuer von der Bemessungsgrundlage für die Einkommens- bzw. Körperschaftssteuer gemäß § 4 Abs. 5b EStG abgeschafft, um letztere nicht zu schmälern.[1097] Durch die Gewährung einer Steuerermäßigung bei Einkünften aus Gewerbebetrieb gemäß § 35 EStG wird diese Doppelbelastung immerhin teilweise kompensiert.[1098]

Auch im Verhältnis von Körperschafts- und Einkommenssteuer liegt eine wirtschaftliche Doppelbelastung vor, da – wie unter Teil 4 G. I. 2) a) aa) (4) bereits ausgeführt – das private Einkommen der Gesellschafter einer Körperschaft nach Zahlung der Körperschaftssteuer noch mit der Einkommenssteuer belastet wird. Auch hier findet jedoch immerhin eine Teilkompensation der Doppelbelastung statt, indem nur ein Teil der ausgeschütteten Dividenden bei der Besteuerung angesetzt und zudem mit einem ermäßigten Steuersatz gearbeitet wird.[1099]

1093 VGH Mannheim, Urt. v. 19.01.2021, 2 S 1535/19, BeckRS 2021, 2375, Rn. 97; *Balmes*, BB 2012, 1259 (1260).

1094 *Schwarting*, Kommunale Steuern, S. 172.

1095 *Schwarting*, Kommunale Steuern, S. 172; *Sodan/Kluckert*, GewArch 2013, 177 (177).

1096 VGH Mannheim, Urt. v. 12.10.2017, 2 S 1359/17, juris Rn. 75; zum Nebeneinander von Gewerbesteuer und Einkommens- bzw. Körperschaftssteuer *Beck/Daumke/Perbey/Radeisen*, Grundriss des deutschen Steuerrechts, S. 297; zum Nebeneinander von Vergnügungssteuer und Umsatzsteuer *Leipold*, in: Sölch/Ringleb, UStG, § 4 Nr. 9 Rn. 85; vgl. auch FG Bremen, Urt. v. 17.03.2021, 2 K 119/20 1, BeckRS 2021, 15346, Rn. 86; VG Schleswig, Urt. v. 23.10.2019, 4 A 225/16, BeckRS 2019, 32571, Rn. 31.

1097 *Beck/Daumke/Perbey/Radeisen*, Grundriss des deutschen Steuerrechts, S. 297.

1098 *Kraft/Kraft*, Grundlagen der Unternehmensbesteuerung, S. 228 f.

1099 *Kraft/Kraft*, Grundlagen der Unternehmensbesteuerung, S. 148 f.

Im Verhältnis von Vergnügungssteuer zu Gewerbe- und Einkommens- bzw. Körperschaftssteuer ist die Vergnügungssteuer als Betriebsausgabe bei der Ermittlung der Besteuerungsgrundlage abzugsfähig und mindert somit die letztgenannten Steuerarten.[1100]

dd) Abschätzung der steuerlichen Belastung von Spielhallen

Im Folgenden soll auf Grundlage dieser Vorüberlegungen eine ungefähre Abschätzung der steuerlichen Belastungshöhe für einen Spielhallenbetreiber erfolgen.[1101]

(1) Umsatzsteuer

Bereits in der Rechtssache *Glawe*[1102] entschied der EuGH, dass Besteuerungsgrundlage für die Berechnung der Umsatzsteuer bei Geldspielgeräten der Kasseninhalt ist.[1103] Der Brutto-Kasseninhalt lässt sich berechnen aus der Summe des eingeworfenen Geldes abzüglich der Summe des ausgeworfenen Geldes zuzüglich der Entnahmen abzüglich der Auffüllungen.[1104] Der Netto-Kasseninhalt ergibt sich demnach durch Herausrechnung des Mehrwertsteueranteils aus dem Brutto-Kasseninhalt.[1105] Bei einem Mehrwertsteuersatz von 19,0 Prozent ist Netto-Kasseninhalt = Brutto-Kasseninhalt x 100/119.

Bei einem Umsatzsteuersatz von 19,0 Prozent ist also Umsatzsteuer = Netto-Kasseninhalt x 19/100 = Brutto-Kasseninhalt x 100/119 x 19/100. Die Umsatzsteuer beträgt damit knapp 16 Prozent (100/119 x 19/100 ~ 0,16) des Brutto-Kasseninhalts.

1100 Informationen aus der Befragung eines deutschen, bundesweit tätigen Herstellers von Geldspielgeräten; so auch OVG Lüneburg, Urt. v. 05.12.2017, 9 KN 68/17, BeckRS 2017, 134110, Rn. 104.

1101 Vgl. zu ähnlichen Beispielrechnungen *Balmes*, BB 2012, 1259 (1263); *Rose/Glorius-Rose*, UR 2002, 406 (409).

1102 EuGH, Urt. v. 05.05.1994, C-98/93 – Glawe, Slg. 1994, I-1679; vgl. dazu auch BFH, Urt. v. 11.12.2019, XI R 13/18, DStR 2020, 784 (787 Rn. 23).

1103 EuGH, Urt. v. 05.05.1994, C-98/93, Rn. 8 ff.; *Reeckmann*, ZfWG 2014, 13 (13).

1104 Vgl. EuGH, Urt. v. 24.10.2013, C-440/12, Rn. 14.

1105 Vgl. EuGH, Urt. v. 24.10.2013, C-440/12, Rn. 17.

(2) Vergnügungssteuer

(a) Ansätze zur Bestimmung der Bemessungsgrundlage

Das Einspielergebnis als Bemessungsgrundlage bemisst sich in der Regel nach der Bruttokasse, die wie oben bei der Bestimmung der Bemessungsgrundlage der Umsatzsteuer nach der Formel Einwürfe minus Auswürfe plus Entnahmen minus Auffüllungen berechnet wird[1106] (sog. Saldo 2[1107]).

Der Spieleinsatz als Bemessungsgrundlage ist hingegen die Summe des von den Spielern eingeworfenen Geldes zuzüglich der Gewinne abzüglich der Ausschüttungen.[1108]

(b) Berechnung der Vergnügungssteuer

Wird als Bemessungsgrundlage die elektronisch gezählte Bruttokasse herangezogen, tritt neben den Umsatzsteuerbetrag von ca. 16 Prozent der Bruttokasse der dem jeweiligen Vergnügungssteuersatz entsprechende Vergnügungssteuerbetrag. Der kommunale Vergnügungssteuersatz ist insbesondere in den Fällen, in denen als Bemessungsgrundlage die Bruttokasse herangezogen wird, mittlerweile in der Regel recht hoch; er wurde von den Kommunen in den vergangenen Jahren auf bis zu 20 Prozent angehoben.[1109]

In Wedemark mit einem solchen Spitzen-Vergnügungssteuersatz von 20 Prozent[1110] etwa wären damit insgesamt ca. 20 % + 16 % = 36 Prozent der Bruttokasse als Umsatzsteuer bzw. Vergnügungssteuer steuerlich abzuführen. Die Gesamtsumme kann hier durch einfache Addition bestimmt werden, da – wie im Vorangehenden ausgeführt – die Vergnügungssteuer selbständig neben der Umsatzsteuer steht und auch nicht aus der Bemessungsgrundlage der letzteren herausgerechnet wird.

Wird hingegen als Bemessungsgrundlage die Summe der Spieleinsätze herangezogen, ist der Vergnügungssteuersatz in der Regel niedriger. Häufig liegt er bei 5,5 Prozent, so z. B. in Bochum[1111] und Dortmund.[1112] Andererseits ist dafür die Summe der Spieleinsätze naturgemäß größer und (in Abhängigkeit von der

---

1106 FG Bremen, Urt. v. 17.03.2021, 2 K 119/20 1, BeckRS 2021, 15346, Rn. 83; *Balmes*, BB 2012, 1259 (1262).

1107 Vgl. etwa VG Gießen, Urt. v. 18.02.2009, 8 K 2044/06.GI, juris Rn. 37.

1108 Informationen aus dem Telefonat mit dem Ordnungsamt der Stadt Bochum.

1109 *Koch*, ZfWG 2015, 325 (327).

1110 S.o. Teil 4 G. I. 2) a) aa) (5).

1111 § 12 Abs. 1 S. 1 VgStS Bochum.

1112 § 5 Abs. 1 S. 2 AppStS Dortmund.

Höhe der Ausschüttungsquote) häufig sogar deutlich größer als der Betrag der elektronisch gezählten Bruttokasse. Ob diese Bemessungsgrundlage aus Sicht des Spielhallenbetreibers steuerlich vorteilhaft ist, hängt also im Wesentlichen von der Höhe der Ausschüttungsquote im Berechnungszeitraum ab.

Die kommunalen Vergnügungssteuersatzungen, die als Bemessungsgrundlage die Summe der Spieleinsätze heranziehen, legen in der Regel auch einen Ersatzmaßstab zur Bestimmung der Bemessungsgrundlage für den Fall fest, dass der Steuerpflichtige keine Angaben zum Spieleraufwand macht. In diesen Fällen wird als Spieleraufwand ein bestimmtes Vielfaches (in der Regel zwischen 3,0 und 3,5) der elektronisch gezählten Bruttokasse als Spieleraufwand angesehen. Dieser Regel liegt offenbar die Annahme einer durchschnittlichen Ausschüttungsquote von ca. 1–1/3,0 ~ 0,66 = 66 Prozent zugrunde, die sich vermutlich an der in § 13 Nr. 6 SpielV a. F. geregelten Mindestausschüttungsquote von 60 Prozent orientiert.

Unter Zugrundelegung dieser Regel lässt sich der Vergnügungssteuerbetrag im Falle der Heranziehung der Spielereinsätze als Bemessungsgrundlage grob als 3,0 x 5,5 % = 16,5 Prozent der elektronisch gezählten Bruttokasse abschätzen. Damit wird die Bruttokasse in der Summe mit Umsatzsteuer bzw. Vergnügungssteuer in Höhe von ca. 16,5 % + 16 % = 32,5 Prozent steuerlich belastet.

(3) Weitere Steuerarten

Gewerbesteuer, Einkommenssteuer und Körperschaftssteuer treten – wie im Vorangehenden dargelegt – grundsätzlich zu Umsatzsteuer und Vergnügungssteuer hinzu, wobei im Verhältnis von Gewerbesteuer zu Einkommenssteuer, von Körperschaftssteuer zu Einkommenssteuer und von Vergnügungssteuer zu Gewerbe- und Einkommens- bzw. Körperschaftssteuer die beschriebenen Abfederungsmechanismen die Belastung für den Steuerpflichtigen in gewissem Rahmen mildern.

Berechnungsgrundlage für alle drei sind gemäß §§ 6, 7 S. 1 GewStG, §§ 2 Abs. 1 S. 1 Nr. 2, 15 Abs. 1 EStG und §§ 7 Abs. 1 u. 2, 8 Abs. 1 S. 1 u. Abs. 2 i. V. m. § 1 Abs. 1 Nr. 1 KStG die Einkünfte aus dem Gewerbebetrieb.[1113]

Der Körperschaftssteuersatz beträgt 15 Prozent (§ 23 Abs. 1 KStG). Der Einkommenssteuertarif ist progressiv ausgestaltet und bewegt sich in Abhängigkeit von der Höhe des zu versteuernden Einkommens zwischen 14 und 42 Prozent bzw. 45 Prozent hinsichtlich des den Grenzbetrag der zweiten Proportionalzone übersteigenden Anteils.[1114] Der Hebesatz der Gewerbesteuer als kommunaler

1113 *Kraft/Kraft*, Grundlagen der Unternehmensbesteuerung, S. 201.
1114 *Kraft/Kraft*, Grundlagen der Unternehmensbesteuerung, S. 129 f.

Steuer wird von der jeweiligen Kommune festgelegt (§ 16 Abs. 1 GewStG). Gemäß § 16 Abs. 4 S. 2 GewStG beträgt der Hebesatz mindestens 200 Prozent. Die Kommunen bestimmen aber in der Regel einen höheren Hebesatz. In Nordrhein-Westfalen etwa betrug im Jahr 2020 das Minimum 250 Prozent[1115] und das Maximum 580 Prozent[1116].[1117] Die gewogenen Durchschnittshebesätze in Nordrhein-Westfalen lagen am 31.03.2021 bei 448 Prozent.[1118]

(4) Ergebnis der Abschätzung der steuerlichen Belastung

Letztlich verbleiben einem Spielhallenbetreiber damit – jedenfalls unter Zugrundelegung der Vergnügungssteuersätze in der Beispielrechnung, die aber mittlerweile durchaus üblich sind – nach steuerlichen Abzügen weniger als ca. zwei Drittel der Bruttokasse als Einnahmen. Davon gehen des Weiteren Betriebskosten wie etwa Kosten für das Personal, die Neuanschaffung bzw. das Leasing[1119] von Geräten oder Mietkosten ab, die den unter dem Strich verbleibenden Gewinn des Betreibers weiter schmälern.

b) Abschätzung des tatsächlichen Risikos der Betreibergeldwäsche unter besonderer Berücksichtigung der zur steuerlichen Belastung gefundenen Ergebnisse

Unter besonderer Berücksichtigung der zur steuerlichen Belastung gefundenen Ergebnisse soll im Folgenden das tatsächliche Risiko der Betreibergeldwäsche in Spielhallen abgeschätzt werden. Dabei sind risikomindernde wie auch risikoerhöhende Faktoren zu berücksichtigen.

aa) Steuerliche Belastung

Ein Geldwäscher wird sein Augenmerk im Wesentlichen darauf richten, mit welcher Quote er bei einer bestimmten Methode illegal erlangte Gelder in gewaschenes Geld verwandeln kann. Die als Ergebnis der vorangehenden Prüfung festgestellte vergleichsweise hohe steuerliche Belastung ist daher als risikomindernder Faktor zu berücksichtigen. Sie könnte einen Geldwäscher veranlassen, auf eine der zahlreichen Möglichkeiten außerhalb des Glücksspielbereichs

---

1115 Monheim am Rhein, Leverkusen.

1116 Mülheim an der Ruhr, Oberhausen.

1117 Statistische Ämter des Bundes und der Länder, Hebesätze der Realsteuern, Ausgabe 2020.

1118 IT.NRW/Durchschnittshebesätze (URL-Verz.).

1119 Vgl. VGH Mannheim, Urt. v. 23.03.2021, 2 S 2005/20, BeckRS 2021, 8511, Rn. 75 f.

zurückgreifen, wo er sein Geld unter Nutzung gewöhnlicher Geschäftsabläufe ebenfalls unauffällig und mit einer höheren Umwandlungsquote waschen kann.[1120]

bb) Entdeckungsrisiken für den Geldwäscher

Als risikomindernder Faktor ist weiter zu berücksichtigen, dass die Betreibergeldwäsche in Spielhallen jedenfalls im Falle der Manipulation von Umsatzzahlen mit einem nicht unerheblichen Entdeckungsrisiko verbunden ist.

Die Finanzbehörden und Stadtverwaltungen kennen bei der Manipulation des Auslesevorgangs von Automaten „nach unten" etwa durch Verwendung eines Adapters zwischen Automatenschnittstelle und Auslesegerät[1121] oder durch Manipulation der Auslesesoftware[1122] eine ganze Reihe tatsächlicher Auffälligkeiten, die auf eine solche Manipulation deuten.[1123] Zur Entdeckung einer Manipulation „nach oben" zum Zwecke der Geldwäsche können diese Auffälligkeiten ebenso dienen. Vor allem sind einige dieser Auffälligkeiten unabhängig vom Stand der vom Geldwäscher eingesetzten Technik, können also auch durch den Einsatz modernerer Manipulationssoftware oder modernerer technischer Manipulationsvorrichtungen nicht vermieden werden.

(1) Entdeckungsrisiko aufgrund betriebswirtschaftlicher Auffälligkeiten

Zu letzteren Auffälligkeiten gehören deutliche Abweichungen des Spielhallenbetriebs von bestimmten, betriebswirtschaftlich zu erwartenden Größen.

So lassen sich etwa aus dem Kaufpreis für eine erworbene Spielhalle Rückschlüsse auf den wirtschaftlichen Wert des Unternehmens ziehen, der sich maßgeblich nach den generierten Umsätzen bemisst.[1124] Weichen die angegebenen Umsätze nach dem Betreiberwechsel plötzlich deutlich von dem auf Grundlage des Kaufpreises zu prognostizierenden Umsatz ab, liegt eine Auffälligkeit vor, die Anlass zu weiteren Ermittlungen geben kann.[1125]

Eine weitere Möglichkeit zur Aufdeckung von Manipulationen ist die Rentabilitätsrechnung.[1126] Hierbei kalkuliert der Betriebsprüfer die zur Gründung

1120 Vgl. *Kern*, Geldwäsche, S. 22.
1121 Vgl. BGH, Beschl. v. 16.04.2015, 1 StR 490/14, juris Rn. 12.
1122 Vgl. LG Köln, Urt. v. 12.05.2010, 109 KLs 15/09, juris Rn. 37 ff.
1123 Die Darstellung dieser Auffälligkeiten orientiert sich wesentlich an *Ohne Verf.*, PStR 2000, 183 ff.
1124 *Ohne Verf.*, PStR 2000, 183 (183).
1125 *Ohne Verf.*, PStR 2000, 183 (183).
1126 *Ohne Verf.*, PStR 2000, 183 (183).

des Spielhallenunternehmens erforderlichen Kosten sowie die laufenden monatlichen Kosten und beurteilt anhand des Ergebnisses, ob das Unternehmen mit den angegebenen Umsätzen überhaupt rentabel betrieben werden kann.[1127]

Auch wenn diese Methode eher zur Aufdeckung von Manipulationen „nach unten" taugt, lässt sie sich für die Entdeckung von Manipulationen „nach oben" fruchtbar machen. Das vom Betriebsprüfer ermittelte Resultat lässt Rückschlüsse auf die wirtschaftliche Leistungsfähigkeit des Spielhallenunternehmens insgesamt zu, da insbesondere auch die Attraktivität der Lage der Spielhalle berücksichtigt wird und ein zudem ein Vergleich mit den bei der Prüfung vergleichbarer Betriebe gewonnenen Daten erfolgt.[1128] Dann lassen sich aber auch auffällige Abweichungen der Umsätze nach oben feststellen.

Im Rahmen einer Betriebsprüfung dürfte zudem eine Diskrepanz zwischen der Höhe der Umsätze und dem geringen Besucheraufkommen in der Spielhalle[1129] schnell augenfällig werden, wenn der Betreiber einer Spielhalle durch Spiel an den eigenen Automaten seine Umsätze maßgeblich selbst generiert.

(2) Entdeckungsrisiko aufgrund von Auffälligkeiten der Auslesestreifen

Schwerer zu entdecken ist eine Manipulation anhand der Auslesestreifen selbst, da diese sich auch bei erfolgter Manipulation äußerlich und im Hinblick auf die darin enthaltenen Angaben nicht von authentischen Auslesetreifen unterscheiden.[1130] Auch hier gibt es jedoch Anhaltspunkte, die eine Manipulation verraten können, etwa eine auffällige Abweichung des Verhältnisses von Röhrenauffüllungen und elektronisch gezählter Kasse vom typischen Wert.[1131]

In dem 2010 vom Landgericht Köln entschiedenen Fall konnten die manipulierten Streifen anhand eines bestimmten Wertes von den nicht manipulierten Streifen unterschieden werden.[1132] Dies wurde jedoch erst entdeckt, nachdem die Strafverfolgungsbehörden im Rahmen eines Ermittlungsverfahrens in einer anderen Strafsache gegen dieselben Angeklagten zufällig bei einer Telekommunikationsüberwachung von deren möglicher Steuerhinterziehung erfahren und

1127 *Ohne Verf.*, PStR 2000, 183 (183).

1128 *Ohne Verf.*, PStR 2000, 183 (183).

1129 Vgl. *Suendorf*, Geldwäsche, S. 176.

1130 BGH, Beschl. v. 16.04.2015, 1 StR 490/14, juris Rn. 12; vgl. auch *Ohne Verf.*, PStR 2000, 183 (186).

1131 *Ohne Verf.*, PStR 2000, 183 (185); vgl. auch *Hartmann*, Automatenmarkt, Nov. 2006 (erster Textabsatz).

1132 LG Köln, Urt. v. 12.05.2010, 109 KLs 15/09, juris Rn. 60.

sich die Auslesestreifen im weiteren Verlauf der Ermittlungen gründlich angesehen hatten.[1133] Die Manipulation wäre also aufgrund der vorgelegten Auslesestreifen allein wohl nicht aufgefallen.

Im Übrigen sind es Unachtsamkeiten des Kriminellen, die zur Entdeckung einer Manipulation der Auslesestreifen führen. Im Falle eines Kehler Spielhallenbetreibers war eine solche Unachtsamkeit die Ausweisung von 10-Cent-Beträgen beim Automatenauswurf, obwohl die aufgestellten Spielautomaten lediglich 20-Cent-Stücke und 2-Euro-Münzen auswerfen konnten.[1134] In einem Fall im Ruhrgebiet wurde eine Manipulation durch Rechtschreibfehler auf dem Auslesestreifen entdeckt.[1135]

cc) Kompensation der steuerlichen Belastung

Risikoerhöhend ist zu berücksichtigen, dass ein Spielhallenbetreiber die hohe steuerliche Belastung ggf. kompensieren kann. So geht die Rechtsprechung zu dem in zahlreichen Verfahren aufgeworfenen Problem, ob ein bestimmter hoher Vergnügungssteuersatz erdrosselnde Wirkung für einen Spielhallenbetreiber hat, selbst bei einem Vergnügungssteuersatz von 20 Prozent (der Bruttokasse) davon aus, dass der Spielhallenbetreiber einen Gewinn erwirtschaften bzw. wirtschaftlich arbeiten könne.[1136] Dementsprechend wurden selbst Vergnügungssteuersätze in dieser Höhe als vereinbar mit höherrangigem Recht angesehen. Wenn sich aber ein Geldwäscher neben der Verschleierung seiner illegal erlangten Gelder einen wirtschaftlichen Betrieb versprechen kann, der ggf. sogar noch Gewinne abwirft, könnte dies einen Anreiz für eine Betreibergeldwäsche bieten.

Hinzu kommt, dass die Vergnügungssteuer ihrer Natur nach eine abwälzbare Steuer ist.[1137] Dass eine solche Abwälzbarkeit vom Spielhallenbetreiber auf den Spieler trotz der sich aus der SpielV ergebenden Begrenzung der Einsätze, die einem Spielhallenbetreiber eine beliebige Erhöhung des Spielpreises versagt,

---

1133 LG Köln, Urt. v. 12.05.2010, 109 KLs 15/09, juris Rn. 52 ff.

1134 *Rudolf*, Badische Zeitung v. 01.04.2015.

1135 Informationen aus dem Telefonat mit dem Ordnungsamt der Stadt Bochum.

1136 Etwa FG Bremen, Urt. v. 17.03.2021, 2 K 119/20 1, BeckRS 2021, 15346, Rn. 96 ff.; OVG Münster, Urt. v. 10.09.2020, 14 A 2838/19, BeckRS 2020, 25872, Rn. 14; VG Schleswig, Urt. v. 23.10.2019, 4 A 225/16, BeckRS 2019, 32571, Rn. 41 ff.; VG Arnsberg, Urt. v. 29.08.2019, 5 K 4315/18, BeckRS 2019, 31069, Rn. 14; FG Berlin-Brandenburg, Urt. v. 07.07.2015, 6 K 6071/12, juris Rn. 68; OVG Schleswig, Urt. v. 19.03.2015, 2 KN 1/15, juris Rn. 33.

1137 S. bereits o. Teil 4 G. I. 2) a) cc) (1).

auch praktisch durchführbar ist, wird jedenfalls in der Rechtsprechung überwiegend bejaht.[1138] Als Möglichkeiten werden dabei vor allem genannt:

- Die Umprogrammierung der Spielautomaten auf eine höhere Einbehaltquote bzw. die Neuanschaffung von Spielautomaten mit höherer Einbehaltquote,[1139]
- die Expansion in bislang unerschlossene Gebiete mit evtl. zusätzlichem Profitieren von einem niedrigeren Mietzins,[1140]
- die Berücksichtigung der Vergnügungssteuer in der Kostenkalkulation und die Kompensation durch entsprechende betriebswirtschaftliche Maßnahmen.[1141]

Diese Ausführungen mag man anzweifeln. So überzeugt das Argument, dass Spielhallenbetreiber in bislang unerschlossene Gebiete expandieren und dort sogar von niedrigerem Mietzins profitieren könnten, nicht restlos. Bislang unerschlossene Gebiete sind vermutlich deswegen (noch) unerschlossen, weil sie etwa wegen dünner Besiedelung oder der dort hauptsächlich wohnenden Alters-/Sozialschicht potentiell weniger Spielhallenkundschaft bieten und somit weniger attraktiv für Betreiber sind. Eine Auseinandersetzung mit der Frage, ob die Spieleinnahmen in weniger attraktiven Gebieten voraussichtlich auch die mit einer Expansion verbundenen Kosten kompensieren würden, erfolgt jedoch nicht.

Auch die Effektivität der (technisch in der Regel möglichen) Senkung der Ausschüttungsquote als Abwälzungsmethode ist zweifelhaft, da der erhöhte Kasseninhalt wiederum insbesondere Umsatzsteuer und ggf. Vergnügungssteuer unterliegt. Zudem könnte eine zu geringe Ausschüttungsquote zu einem Kundenverlust führen.

1138 Etwa FG Bremen, Urt. v. 17.03.2021, 2 K 119/20 1, BeckRS 2021, 15346, Rn. 96 ff.; OVG Münster, Urt. v. 10.09.2020, 14 A 2838/19, BeckRS 2020, 25872, Rn. 14; VG Schleswig, Urt. v. 23.10.2019, 4 A 225/16, BeckRS 2019, 32571, Rn. 49 ff. m. w. N.; VG Arnsberg, Urt. v. 29.08.2019, 5 K 4315/18, BeckRS 2019, 31069, Rn. 14; FG Berlin-Brandenburg, Urt. v. 07.07.2015, 6 K 6071/12, juris Rn. 76 ff.

1139 VG Schleswig, Urt. v. 23.10.2019, 4 A 225/16, BeckRS 2019, 32571, Rn. 50; FG Berlin-Brandenburg, Urt. v. 07.07.2015, 6 K 6071/12, juris Rn. 81.

1140 VG Schleswig, Urt. v. 23.10.2019, 4 A 225/16, BeckRS 2019, 32571, Rn. 53; FG Berlin-Brandenburg, Urt. v. 07.07.2015, 6 K 6071/12, juris Rn. 79 f.

1141 VGH Mannheim, Urt. v. 19.01.2021, 2 S 1535/19, BeckRS 2021, 2375, Rn. 97; VG Arnsberg, Urt. v. 29.08.2019, 5 K 4315/18, BeckRS 2019, 31069, Rn. 14.

Jedenfalls aber kann ein Geldwäscher in gewissem Rahmen eine kalkulatorische Abwälzung der Vergnügungssteuer auf die spielende Kundschaft in Erwägung ziehen.

dd) Hohe Kundenfluktuation und anonyme Nutzung

Mit den klassischen Waschsalons haben Spielhallen jedenfalls gemeinsam, dass es sich um ein bewährtes Wirtschaftskonzept mit hoher Kundenfluktuation und weitgehend anonymer Nutzung handelt, das leicht zu einer Kette ausgebaut werden kann. Dies sind Faktoren, die eine Betreibergeldwäsche im Zusammenhang mit der Geschäftsführung begünstigen dürften. Der Betreiber muss hier selbst weniger persönlich in Erscheinung treten, um in der Startphase öffentlich für sein Unternehmen zu werben.

ee) Gebundener Anspruch auf Erteilung einer Spielhallenerlaubnis

Zudem besteht auf die Erteilung einer Spielhallenerlaubnis ein gebundener Anspruch, sofern keine Ausschlussgründe vorliegen, und zwar unabhängig davon, ob man in § 33i GewO,[1142] § 24 GlüStV oder in das jeweilige Landesrecht wie z. B. § 16 AG GlüStV NRW schaut. Stets ist der Erlaubnistatbestand nach dem Muster „Erstens: Der Betrieb einer Spielhalle bedarf der Erlaubnis; Zweitens: Die Erlaubnis ist zu versagen, wenn…" formuliert, das darauf deutet, dass die Erlaubnis nur im Falle des Vorliegens eines der aufgelisteten Ausschlussgründe zu versagen und eben sonst zu gewähren ist, d. h. auf ein präventives Verbot mit Erlaubnisvorbehalt.

Ein gebundener Anspruch macht es dem angehenden Spielhallenbetreiber vergleichsweise einfach, auch eine Erlaubnis für sein Vorhaben zu erhalten.[1143] Dieser Faktor wirkt risikoerhöhend.

ff) Kriminell vorbelastete Betreiber und illegale Spielhallen

Andererseits gilt dieser vergleichsweise einfache Zugang zum Gewerbe nicht unbedingt im Hinblick auf kriminell vorbelastete Personen. Im Verfahren zur Erteilung der Spielhallenerlaubnis sind bei vielen Kommunen umfangreiche Unterlagen vorzulegen, zu denen regelmäßig auch ein Führungszeugnis zur Vorlage bei Behörden und eine Auskunft aus dem Gewerbezentralregister

---

1142 Dazu *Marcks*, in: Landmann/Rohmer, GewO, § 33i Rn. 31.

1143 Ähnlich *Fiedler/Krumma/Zanconato/McCarthy/Reh*, Das Geldwäscherisiko verschiedener Glücksspielarten, S. 138.

gehören.[1144] Zumindest in Deutschland sollte der angehende Spielhallenbetreiber also noch nicht kriminell in Erscheinung getreten sein, will er sein Vorhaben in die Tat umsetzen. Das lässt Zweifel daran aufkommen, dass ein Krimineller ohne Weiteres eine Spielhalle nur zu Zwecken der Geldwäsche aufmachen kann, die aufgrund eines Vollzugsdefizits bei den Behörden nicht wieder geschlossen wird.[1145]

Soweit die zahlreichen Berichte zu illegalen Spielhallen[1146] davon ausgehen, dass kriminelle Betreiber ihre Spielhallen einfach ohne behördliche Zustimmung eröffnen, sind Überlegungen im Hinblick auf das tatsächliche Geldwäscherisiko solcher Spielhallen angebracht. Zwar mag es zunächst plausibel erscheinen, dass illegale Spielhallen ein Geldwäscherisiko bergen. Insbesondere funktionieren hier die unter Teil 4 G. I. 2) b) bb) (1) beschriebenen Entdeckungsmechanismen möglicherweise nicht, sofern eine ordnungsgemäße Betriebsprüfung nicht stattfindet.

Auch zeigt z. B. die Antwort der Stadt Duisburg vom 21.04.2017 auf eine Fraktionsanfrage[1147] aus der Bezirksvertretung Walsum, ob die Kommune die Möglichkeit habe, zu prüfen, ob bestimmte Spielstätten nur zum Zwecke der Geldwäsche geöffnet seien, dass die Kommunen insofern ggf. nur über eingeschränkte bzw. keine Kontrollmöglichkeiten verfügen. Der Antwort der Stadt zufolge bestehe eine solche Möglichkeit nicht, da es sich um seine Straftat handele, die durch Polizei bzw. Staatsanwaltschaft verfolgt werde.

Andererseits gilt: Gerade wenn keine ordnungsgemäßen Betriebsprüfungs- und Besteuerungsmechanismen zur Anwendung kommen, ist zweifelhaft, ob eine ohne Erlaubnis betriebene Spielhalle überhaupt tauglich ist, ihren Umsätzen den Anschein der Legalität zu verleihen.

gg) Mindestabstandsgebote

Der Zugang zum Spielhallengewerbe wird außerdem durch die in § 25 GlüStV vorgesehenen und im jeweiligen Landesrecht näher ausgestalteten Beschränkungen erschwert. Insbesondere die Mindestabstandsgebote können bei konsequenter Durchsetzung eine drastische Reduzierung der Spielhallen in innerstädtischen Arealen zur Folge haben.[1148]

1144 Vgl. nur den Katalog der Stadt Duisburg unter Duisburg/Spielhallenerlaubnis > Abschn. „Details“ (URL-Verz.).

1145 Vgl. die Berichte in Teil 4 D. II. mit den entsprechenden Nachweisen.

1146 Vgl. auch *Krüper*, ZfWG 2016, 390 (394).

1147 OB Duisburg, Drs.-Nr. 17-0308 v. 17.03.2017, Frage 10.

1148 Vgl. etwa *Krüper*, ZfWG 2016, 390 (390); *Lügermann*, Neue OZ v. 18.04.2016.

Die Mindestabstandsvorschriften wurden vom Bundesverfassungsgericht in einer Entscheidung von März 2017 als verfassungskonform bestätigt,[1149] so dass sie – trotz aller Gegenwehr der Spielhallenlobby – wohl Anwendung finden werden,[1150] auch wenn die Ausgestaltung der praktischen Umsetzung von Land zu Land verschieden und rechtlich stark umstritten ist.[1151] Dieser Faktor erschwert den Zugang zum Spielhallengewerbe und wirkt damit risikomindernd.

hh) Ergebnis der Abschätzung des Risikos der Betreibergeldwäsche

Nach Abwägung der vielfältigen risikomindernden und risikoerhöhenden Faktoren lässt sich als Ergebnis festhalten, dass ein mittleres Risiko der Betreibergeldwäsche in Spielhallen besteht. Angesichts der steuerlichen Belastung mag es attraktivere Methoden für Geldwäscher geben. Andererseits stellen sich die dargestellten betrieblichen Besonderheiten von Spielhallen aus Sicht von Geldwäschern als vorteilhaft für ihre Zwecke dar. Das Risiko der Betreibergeldwäsche ist also durchaus ernst zu nehmen.

II. Prüfung der bestehenden Vorschriften zur Geldwäschebekämpfung in Spielhallen

Zu prüfen ist hier als zentrale Vorschrift vor allem § 13 Nr. 9a i. V. m. Nr. 9 SpielV. Danach muss ein Spielhallenautomat eine Kontrolleinrichtung beinhalten, die sämtliche Einsätze, Gewinne und den Kasseninhalt zeitgerecht, unmittelbar und auslesbar erfasst sowie die von der Kontrolleinrichtung erfassten Daten dauerhaft aufzeichnen. Auch eine kurze Prüfung von § 12 Abs. 3 SpielV (Verpflichtung zur Vorlage eines Gutachtens über die Veränderungssicherheit im Antragsverfahren auf Zulassung eines Geldspielgeräts) soll vorgenommen werden. Prüfungsmaßstab ist das Grundgesetz.[1152]

1149 BVerfG, Beschl. v. .07.03.2017, 1 BvR 1314/12 u. a., ZfWG 2017, 253 (258 ff. [Tz. 119 ff.]); vgl. dazu im Weiteren etwa OVG Münster, Beschl. v. 10.03.2021, 4 A 4700/19, BeckRS 2021, 5554, amtl. Ls. Nr. 1 u. Rn. 36; OVG Münster, Beschl. v. 30.06.2021, 4 A 4472/19, BeckRS 2021, 17683, Rn. 9 ff.; VGH München, Beschl. v. 29.06.2021, 23 ZB 21.1482 u. a., BeckRS 2021, 18465, Rn. 21 m. w. N.

1150 Vgl. dazu etwa OVG Saarlouis, Beschl. v. 13.08.2020, 1 B 189/20, juris Rn. 23 f.; OVG Münster, Beschl. v. 10.02.2020, 4 B 1253/18, juris Rn. 36 ff.

1151 Vgl. Behörden Spiegel Online, Art. v. 23.02.2017 (URL-Verz.).

1152 Wegen der weitgehenden Parallelität der Rechtfertigungsanforderungen bei Grundrechten und Grundfreiheiten wird an dieser Stelle nicht gesondert auf die Grundfreiheiten eingegangen, s. o. Teil 2 C. I. 2) d).

1) Prüfung von § 13 Nr. 9a i. V. m. Nr. 9 SpielV

Als verletztes Grundrecht kommt hier vor allem die Berufsfreiheit der Spielhallenbetreiber und der Aufsteller von Automaten in Einzelaufstellung[1153] (Art. 12 Abs. 1 GG) in Betracht.

a) Eröffnung des Schutzbereichs von Art. 12 Abs. 1 GG

Nach hier vertretener Auffassung[1154] sind deutsche wie auch EU-ausländische Spielhallenbetreiber von Art. 12 Abs. 1 GG geschützt. Sachlich handelt es sich bei dem Betreiben einer Spielhalle unproblematisch um eine auf Dauer angelegte und mit Erwerbsabsicht betriebene Tätigkeit, mithin grundsätzlich um einen Beruf.

Zweifel an der Eröffnung des sachlichen Schutzbereichs könnten allenfalls dahingehend bestehen, dass – wie oben dargelegt[1155] – teilweise die Ausklammerung schlechthin sozialschädlicher Tätigkeiten aus dem Schutzbereich befürwortet wird. Gerade Spielhallen und das gewerbliche Automatenspiel stehen immer wieder hinsichtlich ihres Suchtpotentials massiv in der Kritik,[1156] diverse Studien bescheinigen der Branche, das höchste Suchtpotential aller Glücksspielbranchen zu bergen.[1157] Eine Ausklammerung aus dem Schutzbereich kommt aus den unter Teil 2 C. II. 1) a) bb) bereits dargelegten Gründen dennoch nicht in Betracht.

b) Eingriff in den Schutzbereich von Art. 12 Abs. 1 GG

Die Beeinträchtigung der Berufsfreiheit der Spielhallenbetreiber liegt hier darin, dass sie nach Ablauf der Übergangsfrist des § 20 Abs. 2 SpielV am 10.11.2018 vor dem 10.11.2014 von der PTB zugelassene Geldspielgeräte ohne die jetzt nach § 13 Nr. 9a SpielV verpflichtend vorgesehene, manipulationssichere (§ 13 Nr. 9a lit. e) SpielV) Aufzeichnungseinrichtung nicht weiter betreiben dürfen. Damit sind sie gehalten, ihre Altautomaten entweder technisch aufzurüsten – was

---

1153 Zum Aufstellerbegriff *Marcks*, in: Landmann/Rohmer, GewO, § 33c Rn. 7.
1154 S. o. unter Teil 2 C. II. 1) a) aa).
1155 S. o. unter Teil 2 C. II. 1) b).
1156 Vgl. nur *Jochhelm*, RP Online v. 21.08.2017.
1157 Etwa BZgA, Glücksspielverhalten und Glücksspielsucht in Deutschland, Jan. 2020, S. 13; Hessen, Endbericht 2017, S. 36 unter Verweis auf die Jahresberichte der deutschen Suchthilfestatistik; *Meyer/Häfeli/Mörsen/Fiebig*, SUCHT 56,6 (2010), 405 (412).

praktisch nahezu ausgeschlossen ist[1158] – oder durch neue zu ersetzen, was mit entsprechenden Kauf-, Miet- oder Leasingkosten[1159] verbunden ist.

Zudem dürften neu erworbene, gemietete oder geleaste Geräte mit Manipulationsschutz für Spielhallenbetreiber teurer werden, da sie für die Hersteller mit höheren Kosten verbunden sind. Das Bundeswirtschaftsministerium gibt die Kosten für die manipulationssichere Aufzeichnungseinrichtung mit 100 Euro pro Gerät an.[1160] Hinzu kommen laut derselben Stelle einmalige Entwicklungskosten von einigen Tausend Euro[1161] – wohl pro Bauartzulassung – die sich ebenfalls in den Kosten niederschlagen dürften. Erschwerend kommt hinzu, dass die Bauart eines Gerätes immer nur für ein Jahr zugelassen ist und dann neu überprüft werden muss (§ 11 Abs. 2 SpielV).[1162] Die zuvor für die Bauartzulassung bestehenden Erteilungsfristen von anderthalb bis zweieinhalb Jahren wurden damit erheblich verkürzt.[1163] Zudem wurde die Aufstelldauer einzelner Geräte auf vier Jahre befristet (§ 16 Abs. 1 Nr. 7 SpielV).[1164]

Auch wenn diese Vorschriften der Spielverordnung die (in Bundeskompetenz fallende) Gerätetechnik und nicht die (in Landeskompetenz fallenden) räumlichen Aspekte des Spielhallenbetriebs betreffen,[1165] zielen sie auch und gerade auf die Regelung der technischen Anforderungen an Geräte im Spielhallenbetrieb ab, so dass wohl bereits von einer subjektiv berufsregelnden Tendenz auszugehen ist. Angesichts der erheblichen faktischen Auswirkungen auf den Betrieb einer Spielhalle liegt aber zumindest eine objektiv berufsregelnde Tendenz vor.

c) Rechtfertigung des Eingriffs

Die höheren technischen Anforderungen an Geldspielgeräte beschränken weder subjektiv noch objektiv den Zugang zum Beruf des Spielhallenbetreibers, betreffen aber die Art und Weise der Ausübung des Berufs und greifen somit auf Ebene der Berufsausübungsregelungen in Art. 12 Abs. 1 GG ein. Berufsausübungsregelungen sind durch vernünftige Gründe des Allgemeinwohls gerechtfertigt,

1158 Informationen aus dem Telefonat mit der PTB.
1159 Vgl. VGH Mannheim, Urt. v. 23.03.2021, 2 S 2005/20, BeckRS 2021, 8511, Rn. 75 f.
1160 BR-Drs. 437/13, S. 3.
1161 BR-Drs. 437/13, S. 3.
1162 BR-Drs. 437/13, S. 20.
1163 BR-Drs. 437/13, S. 19.
1164 BR-Drs. 437/13, S. 20.
1165 Vgl. Teil 2 B. IV. 1).

müssen also im Wesentlichen (nur) der gewöhnlichen Verhältnismäßigkeitsprüfung standhalten.[1166]

Mit der Prävention von Geldwäsche (und Steuerhinterziehung) durch Manipulation von Geräteaufzeichnungen verfolgt § 13 Nr. 9a SpielV einen legitimen Zweck. Dass die Vorschrift bzgl. der Manipulationssicherheit der Aufzeichnungen (§ 13 Nr. 9a lit. e) SpielV) an den gegenwärtigen Stand der Technik anknüpft und keinen unbedingten Ausschluss von Manipulationsmöglichkeiten fordert, tut ihrer Geeignetheit zur Erreichung dieses Zwecks keinen Abbruch. Es liegt in der Natur der Sache, dass von der Bauartzulassung eines Geldspielgeräts technisch nicht mehr verlangt werden kann, als nach derzeitigem Stand möglich ist. Zudem verlangt das Merkmal der Geeignetheit lediglich eine Förderung des angestrebten Zwecks, keine in jeder Hinsicht gewährleistete Zweckerreichung.[1167]

Hinsichtlich des Merkmals der Erforderlichkeit ist festzustellen, dass dem Risiko einer Betreibergeldwäsche durch Manipulation der Aufzeichnungen nur durch einen technischen Manipulationsschutz wirksam begegnet werden kann. Ein milderes, gleichermaßen effektives Mittel kommt daher nicht in Betracht.

In Zweifel ziehen lässt sich allenfalls die Angemessenheit der Fristen für die Bauartzulassung und die Aufstelldauer. Angesichts der raschen technischen Entwicklungen gerade im Bereich der Informationstechnik und der damit einhergehenden Manipulationsanfälligkeit veralteter Software ist jedoch eine Überprüfung der Bauartzulassung in vergleichsweise kurzen Intervallen angezeigt.[1168] Auch eine generelle Begrenzung der Aufstelldauer eines Geräts auf vier Jahre erscheint unter diesem Gesichtspunkt nicht unangemessen.[1169] Die Aufstelldauer von vier Jahren entspricht im Übrigen der der Abschreibungstabelle für allgemein verwendbare Anlagegüter des BMF zu entnehmenden Abschreibungsdauer für Geldspielgeräte.[1170]

Zu berücksichtigen ist auch, dass die Belastung für Spielhallenbetreiber durch die Übergangsvorschrift des § 20 Abs. 2 SpielV abgefedert wird, deren Frist gerade der zuvor dargelegten Abschreibungsdauer von vier Jahren für Geldspielgeräte entspricht.

1166 Vgl. *Scholz*, in: Maunz/Dürig, GG, Art. 12 Rn. 336.

1167 Etwa *Sachs*, in: ders., GG, Art. 20 Rn. 150; *Sommermann*, in: v. Mangoldt/Klein/Starck, GG, Art. 20 Rn. 314.

1168 So auch BR-Drs. 437/13, S. 20.

1169 BR-Drs. 437/13, S. 24 f.

1170 BR-Drs. 437/13, S. 24 unter Verweis auf BMF, AfA-Tabelle für die allgemein verwendbaren Anlagegüter (AfA-Tabelle „AV"), Az. IV D 2-S 1551-188/00, B/2-2-337/2000-S 1551 A, S 1551-88/00, Fassung v. 15.12.2000 (dort Ziff. 7.5.1).

2) Prüfung von § 12 Abs. 3 SpielV

§ 12 Abs. 3 SpielV betrifft in erster Linie diejenigen Unternehmer, die im Antragsverfahren auf Zulassung eines Geldspielgeräts bei der PTB erstmals diese Zulassung beantragen, d. h. die Hersteller von Geldspielgeräten.[1171] Für diese ist die Pflicht zur Einreichung eines Sicherheitsgutachtens über die Wahrung der Geräteanforderungen nach § 13 Nr. 11 SpielV mit dem Antrag auf Bauartzulassung mit nicht unerheblichen Kosten verbunden. Das Bundeswirtschaftsministerium spricht in diesem Zusammenhang von Schätzungen von bis zu 10.000 Euro für ein solches Gutachten.[1172] Angesichts der Schlüsselbedeutung des Manipulationsschutzes – nicht nur im Hinblick auf die aufgezeichneten Daten, sondern auch auf die Spielmechanismen eines Geräts – für die Bekämpfung der verbleibenden Risiken der Betreibergeldwäsche im Spielhallenbereich erscheinen diese Kosten jedoch nicht unangemessen. In diesem Zusammenhang ist auch zu berücksichtigen, dass es einem Hersteller von Spielautomaten möglich ist, eine hohe Anzahl von Automaten einer einzelnen Bauartzulassung zu produzieren.

3) Prüfung von (§ 33i Abs. 2 Nr. 1 i. V. m.) § 33c Abs. 2 Nr. 1 GewO

Gegen die Regelvermutung der fehlenden Zuverlässigkeit bei rechtskräftiger Verurteilung wegen Geldwäsche in den letzten drei Jahren vor Stellung eines Antrags auf Erlaubnis zum Aufstellen von Geldspielgeräten oder zum Betreiben einer Spielhalle sprechen angesichts der unter Teil 4 G. I. 2) b) hh) dargelegten Risiken der Betreibergeldwäsche im Spielhallenbereich keine verfassungsrechtlichen Bedenken.

4) Ergebnis der Prüfung der bestehenden Vorschriften

Als Ergebnis der Prüfung der bestehenden Vorschriften (*de lege lata*) im Spielhallenbereich lässt sich festhalten, dass diese verfassungskonform sind.

De lege ferenda empfiehlt es sich angesichts des ernstzunehmenden Risikos der Betreibergeldwäsche, im jeweiligen Landesspielhallenrecht das Erfordernis eines Nachweises der rechtmäßigen Herkunft der Mittel im Antragsverfahren auf eine Spielhallenerlaubnis zu regeln.

1171 Vgl. BR-Drs. 437/13, S. 3.
1172 BR-Drs. 437/13, S. 3.

Aus der nachfolgenden rechtvergleichenden Betrachtung lassen sich ggf. noch weitere Anstöße für das deutsche Geldwäsche- und Glücksspielrecht *de lege ferenda* gewinnen.

H. Abgleich von Regelungen anderer Länder

Da sich in Nevada und Singapur das Automatenspiel in erster Linie in Kasinos abspielt und ein dem deutschen Spielhallenmarkt entsprechender Glücksspielbereich dort nicht besteht,[1173] beschränkt sich der Abgleich ausländischer Regelungen zu Spielhallen auf Österreich.

I. Die sog. Landesausspielungen mit Glücksspielautomaten in Österreich

In Österreich unterliegt das Glücksspiel grundsätzlich einem staatlichen Monopol des Bundes (§ 3 öGspG). Dieser Grundsatz gilt auch für das Automatenspiel außerhalb von Spielbanken, das in sog. Automatensalons und an Automaten in Einzelaufstellung angeboten wird (vgl. § 5 Abs. 1 S. 1 öGspG). Gemäß § 4 Abs. 2 öGspG sind diese Formen des Automatenspiels jedoch vom staatlichen Bundesmonopol ausgenommen und unter der rechtlichen Bezeichnung „Landesausspielungen mit Glücksspielautomaten" (§ 5 öGspG) den Ländern zugewiesen.[1174]

Automatensalons sind deutschen Spielhallen bis zu einem gewissen Grad vergleichbar, insofern auch sie Automatenspiel außerhalb von Spielbanken anbieten, dabei einschränkenden Vorschriften zu Automatentechnik und Spielabläufen im Bundesrecht (hier Glücksspielgesetz und Automatenglücksspielverordnung) unterliegen und grundsätzlich aber der Kompetenz der Länder und deren Regelungen u. a. zu räumlich radizierten Aspekten des Betriebs und zum Spielerschutz unterfallen.

In Bezug auf Ambiente, räumliche Größe und Spieleinsatzhöhe sind Automatensalons allerdings eher den Automatendependancen deutscher Spielbanken vergleichbar. Insbesondere können hier bis zu 50 Geräte aufgestellt (vgl. § 5 Abs. 1 S. 1 Nr. 1 öGspG) und bis zu 10 Euro in einem Spiel von einer Sekunde Dauer (vgl. § 5 Abs. 5 lit. a) Nr. 1 u. 3 öGspG) eingesetzt werden. Die Einzelaufstellung entspricht im Wesentlichen dem deutschen Begriff und meint die Aufstellung von bis zu drei Automaten (vgl. § 5 Abs. 1 S. 1 Nr. 2 öGspG) in

---

1173 Zu den Glücksspielbereichen in Nevada *Güldner*, ZfWG 2017, 115 (118); zu den in Singapur immerhin existierenden Jackpot-Rooms *ders.*, ZfWG 2018, 108 (111 f.).

1174 *Strejcek/Satzinger/Sautner*, ZfWG 2015, 15 (19).

bestimmten Betriebsstätten, deren Hauptzweck nicht im Angebot von Glücksspiel besteht (etwa Gastgewerbebetriebe, vgl. § 8g Abs. 1 Bgld. VeranstG).

Die Länder können jeweils bis zu drei privaten Unternehmern eine Konzession zum Betrieb von Glücksspielautomaten erteilen (vgl. § 5 Abs. 1 S. 2 öGspG),[1175] sind jedoch nicht verpflichtet, das Automatenspiel außerhalb von Spielbanken überhaupt durch ein entsprechendes gesetzliches Regelungswerk zu legitimieren.[1176] Erlaubt sind Landesausspielungen mit Glücksspielautomaten z. Zt. in Burgenland, Niederösterreich, Oberösterreich, Kärnten und der Steiermark.[1177] Verboten ist mangels einer gesetzlichen Grundlage[1178] das Automatenspiel außerhalb von Spielbanken hingegen in Salzburg, Wien, Tirol und Vorarlberg.

II. Regelungen mit Bezug zur Geldwäscheprävention

§ 5 öGspG regelt umfassende Rahmenbedingungen für die Durchführung der Landesausspielungen mit Glücksspielautomaten.[1179] Dazu gehören einige Vorschriften, die der Geldwäschebekämpfung dienen bzw. dazu beitragen können.

1) Stammkapitalanforderung und rechtmäßige Mittelherkunft

So legt § 5 Abs. 2 Nr. 3 öGspG für den Betreiber eine Stammkapitalanforderung von mindestens 8.000 Euro pro betriebsberechtigtem Glücksspielautomaten fest und verlangt den Nachweis der rechtmäßigen Herkunft der Mittel. Die Norm ist § 21 Abs. 2 Nr. 3 desselben Gesetzes, der für Spielbanken gilt, sehr ähnlich und kann – wie unter Teil 3 H. I. 2) bereits für die letztgenannte Norm dargelegt – in ähnlicher Weise zur Prävention von Betreibergeldwäsche beitragen.

In Deutschland gibt es keine vergleichbaren Normen in den Landesgesetzen zu Spielhallen. Allerdings ist – da die deutschen Spielhallen wie oben dargestellt deutlich kleiner sind als die österreichischen Automatensalons[1180] – auch zweifelhaft, ob eine solche Regelung dem deutschen Spielhallenmarkt gerecht würde.

1175 Vgl. die Liste der Ausspielbewilligten unter BMF.gv.at/Konzessionäre und Ausspielbewilligte (URL-Verz.).

1176 Vgl. *Strejcek/Satzinger/Sautner*, ZfWG 2015, 15 (19).

1177 Vgl. BMF.gv.at/Konzessionäre und Ausspielbewilligte (URL-Verz.).

1178 Vgl. *Strejcek/Satzinger/Sautner*, ZfWG 2015, 15 (19).

1179 *Strejcek/Satzinger/Sautner*, ZfWG 2015, 15 (19).

1180 Teil 4 H. I.

2) *Austauschverpflichtung*

Einen indirekten Beitrag zur Geldwäschebekämpfung könnte § 5 Abs. 4 lit. a) Nr. 8 öGspG liefern. Danach ist die Teilnahme von Automatensalonbetreibern an einer vom Bund ausgearbeiteten Austauschverpflichtung vorgesehen, im Rahmen derer Daten zu Besuchs- und Spielsperren ausgetauscht werden. Die Vorschrift dient dem Spielerschutz durch bundeseinheitliche Durchsetzung von Sperren aus Gründen der Spielsuchtgefährdung.[1181] Denkbar ist aber auch, dass im Rahmen dieser Austauschverpflichtung Daten von Personen ausgetauscht werden, die in Automatensalons kriminell in Erscheinung getreten sind und gegen die daher eine Störersperre verhängt wurde.

De lege lata ist ein solcher Datenaustausch im Hinblick auf Störersperren wohl nicht vorgesehen, wie ein Blick in die Landesgesetze zeigt, in denen die Austauschverpflichtung umgesetzt ist. Dort wird nämlich der Begriff der Besuchs- oder Spielsperre bzw. Spielbeschränkung, auf den sich die Austauschverpflichtung bezieht, stets nur in Zusammenhang mit Sperren und Beschränkungen aus Spielerschutzgründen verwendet (vgl. beispielhaft §§ 9 Abs. 2 Nr. 10 u. Nr. 12; 14 Abs. 9 u. Abs. 15; 16 Abs. 4; 17 Abs. 1 lit. a) Nr. 4 u. lit. b) Nr. 4 K-SGAG). Regelungen zu Störersperren finden sich hingegen nicht.

Die länderübergreifende Sperrdatei in Deutschland sieht ebenfalls keinen Austausch von Störersperren vor.[1182] Wegen des kaum vorhandenen Risikos der Spielergeldwäsche in Spielhallen[1183] erscheint eine entsprechende Regelung jedoch auch nicht erforderlich.

3) *Übertragung des Anti-Geldwäscheregimes für Spielbanken*

Zentrale Vorschrift zur Geldwäscheprävention in Automatensalons und bei Automaten in Einzelaufstellung ist § 5 Abs. 6 öGspG. Insbesondere schreibt die Norm für Betreiber von Glücksspielautomaten die entsprechende Anwendung zumindest von § 31c Abs. 1, 2 u. 4 öGspG vor. § 31c öGspG regelt in direkter Anwendung – und mit zahlreichen Verweisen auf das FM-GwG, dem zentralen österreichischen Gesetz zur Umsetzung der vierten Geldwäscherichtlinie (vgl. Anl. III Art. 1 Nr. 1 FM-GwG) – die Pflichten von Spielbankenbetreibern zur Geldwäscheprävention.

1181 BMF Österreich, Zweiter Bericht, Ziff. 3.2.

1182 Vgl. LT-Drs. NRW 14/4849, S. 43.

1183 S. o. Teil 4 G. I. 1).

Hinsichtlich einer möglichen Vorbildfunktion für das deutsche Geldwäscherecht ist jedoch festzustellen, dass diese Regelungssystematik wenig überzeugend erscheint. Wie für den deutschen Markt bereits ausführlich in Teil 3 und 4 dargelegt, sind die Geldwäscherisiken beim „kleinen" (Automaten-)Glücksspiel[1184] und bei Spielbanken ganz andere.

Das dürfte im Übrigen angesichts der – wenn auch eingeschränkten – Vergleichbarkeit der dortigen Automatensalons mit deutschen Spielhallen ähnlich für den österreichischen Markt gelten. Einzelne Faktoren mögen für ein höheres Risiko der Spielergeldwäsche in österreichischen Automatensalons (im Vergleich zu deutschen Spielhallen) und damit immerhin (im Gegensatz zum deutschen Markt) für eine gewisse Vergleichbarkeit der Risiken im Bereich des „kleinen" (Automaten-)Glücksspiels und des Spielbankenspiels sprechen. So ermöglichen in Österreich höhere Einsatzlimits[1185] den rascheren Einwurf größerer Beträge. Eine gesetzlich garantierte, vergleichsweise hohe Mindestausschüttungsquote von grundsätzlich 85 bis 95 Prozent (§ 5 Abs. 4 lit. a) Nr. 4 öGspG) lässt das Verlustrisiko bei der Methode des Waschens von Geld durch einfaches Spiel am Automaten[1186] akzeptabler erscheinen.

Eine vertiefte Auseinandersetzung mit der Frage, wie weit diese Vergleichbarkeit in Österreich reicht, soll jedoch an dieser Stelle nicht erfolgen. Für den deutschen Markt bleibt es jedenfalls dabei, dass die Risiken im Spielhallen- und im Spielbankenbereich sehr unterschiedliche sind und daher eine Übertragung des Anti-Geldwäscheregimes des letzteren auf den ersteren nicht sinnvoll erscheint.

4) Vorgaben in der Automatenglücksspielverordnung

In der österreichischen Automatenglücksspielverordnung finden sich außerdem Vorschriften, die zur Prävention von Betreibergeldwäsche durch Vorgaben zur Verhinderung der Manipulation von Erfassungssystemen in Glücksspielautomaten beitragen können (etwa § 11 Abs. 2 S. 1 öAGSV).

Eine weitere der Prävention von Betreibergeldwäsche förderliche Vorschrift ist die Pflicht zur elektronischen Anbindung von Glücksspielautomaten (auch) i. S. v. § 5 öGspG an das Bundesrechenzentrum (§§ 2 Abs. 3, 5 Abs. 7 Nr. 1 öGspG, §§ 4 ff. öAGSV). Diese dient u. a. der Verhinderung der Manipulation von Daten, die für die Bemessung von Abgaben relevant sind, durch den

---

1184 Vgl. zur Verwendung der Bezeichnung (auch) in Österreich nur *Krewer*, ZfWG 2010, 400 ff.

1185 Vgl. o. Teil 4 H. I.

1186 Vgl. dagegen zu Deutschland Teil 4 G. I. 1) a) aa).

Automatenbetreiber.[1187] Durch die Anbindung können etwa Zählerstände, Ausschüttungsquoten sowie Ein- und Auszahlungen erfasst werden.[1188]

Angesichts der angemessenen Vorgaben im nationalen Recht zur Prävention von Manipulationen (s. o. unter Teil 4. E. I. 1)) erscheint eine Übertragung dieser Vorschrift in das deutsche Recht jedoch nicht erforderlich.

J. Ergebnisse von Teil 4 – Spielhallen

Als Ergebnis der verfassungsrechtlichen Untersuchung der bestehenden Vorschriften (*de lege lata*) lässt sich damit festhalten, dass diese verfassungskonform sind.

De lege ferenda lässt sich als Ergebnis der Untersuchung sowie des Abgleichs ausländischer Regelungen festhalten: Angesichts des ernstzunehmenden Risikos der Betreibergeldwäsche in Spielhallen ist rechtspolitisch die Einführung einer gesetzlichen Verpflichtung von Spielhallenbetreibern zur Darlegung der rechtmäßigen Herkunft der Mittel im Erlaubnisverfahren im jeweiligen Landesspielhallenrecht empfehlenswert. Als Vorbilder im deutschen Recht können insofern die entsprechenden Regelungen für Spielbanken in § 28 Abs. 2 S. 3 Nr. 9 LGlüG BW und § 3a Abs. 2 S. 3 Nr. 3 SpBG RP herangezogen werden. Im österreichischen Recht kommt § 5 Abs. 2 Nr. 3 öGspG als Vorbild in Betracht, der sogar direkt für das kleine (Automaten-)Glücksspiel gilt.

1187 BMF Österreich, Auswirkungen des Glücksspielgesetzes 2010–2014, Ziff. 2.1.4 u. 5.7.
1188 BMF Österreich, Auswirkungen des Glücksspielgesetzes 2010–2014, Ziff. 2.1.5.

Teil 5: Sportwettbüros

A. Allgemeines zu Sportwetten

I. Der Begriff der Sportwette

1) Merkmale des Sportwettenbegriffs

Der Begriff der Sportwette ist in § 3 Abs. 1 S. 4 GlüStV legaldefiniert. Danach sind Sportwetten Wetten auf einen zukünftigen Vorgang während eines Sportereignisses, auf das Ergebnis eines Sportereignisses oder auf das Ergebnis von Abschnitten von Sportereignissen. Damit ist die Sportwette keine Wette im Sinne des üblichen juristischen Sprachgebrauchs, wie sie beispielsweise in § 762 Abs. 1 BGB genannt ist.[1189] Letztere Wette zeichnet sich gerade dadurch aus, dass die Richtigkeit bzw. Falschheit der bewetteten Tatsache bereits feststeht und um die Richtigkeit einer Behauptung gewettet wird.[1190]

2) Ist die Sportwette als Glücksspiel einzuordnen?

Für die vorliegende Untersuchung ist die Einordnung von Sportwetten als Glück- oder Geschicklichkeitsspiel schon deswegen relevant, weil Geldwäsche im Sportwettbereich eben nur dann begrifflich auch Geldwäsche im Glücksspielbereich ist, wenn Sportwetten Glücksspiel sind. Dass sie als solches einzuordnen sind, ist keineswegs selbstverständlich und unumstritten.[1191] Der Gewinn oder Verlust einer Sportwette lässt sich jedenfalls dann, wenn wie bei der Oddset-Wette[1192] der Spieler die zu tippenden Begegnungen selbst auswählt und sich sein Auszahlungsanspruch im Gewinnfall nach den zuvor bestimmten Wettquoten richtet,[1193] durchaus in gewissem Rahmen durch den Sportsachverstand und das Sportwissen des Wettenden beeinflussen,[1194] auch wenn dieser

---

1189 *Dietlein/Hüsken*, in: Dietlein/Hecker/Ruttig, Glücksspielrecht, § 3 Rn. 7.

1190 *Dietlein/Hüsken*, in: Dietlein/Hecker/Ruttig, Glücksspielrecht, § 3 Rn. 7; *Stadler*, in: Jauernig, BGB, § 762 Rn. 5.

1191 Dazu ausführlich *Voßkuhle/Bumke*, Rechtsfragen der Sportwette, S. 17 ff.

1192 Dazu *Volkwein*, Die Rechtsproblematik der Sportwette, S. 10.

1193 Zu dieser Differenzierung und ihren Folgen für die rechtliche Einordnung von Sportwetten *Voßkuhle/Bumke*, Rechtsfragen der Sportwette, S. 24 f.

1194 So LG Bochum, Urt. v. 26.02.2002, 22 KLs 10 Js 121/01 I 49/01, NStZ-RR 2002, 170 (170); AG Karlsruhe-Durlach, Urt. v. 13.07.2000, 1 Ds 26 Js 31893/98, juris Rn. 30 ff.

Faktor sicherlich in vielen Fällen subjektiv vom Einzelnen überschätzt werden mag.[1195]

In Österreich wird dieser Überlegung entsprechend die Sportwette, bei der der Spieler wie bei der deutschen Oddset-Wette die zu tippenden Begegnungen selbst auswählt und im Gewinnfall eine dem Produkt der zuvor festgelegten Wettquoten und seinem Einsatz entsprechende Auszahlung erhält, nicht als Glücksspiel eingeordnet, das der deutschen Elferwette vergleichbare Toto hingegen schon (§ 7 öGspG).[1196] Von der Sportwette unterscheidet sich das Toto durch die feste Vorgabe der zu tippenden Begegnungen und dadurch, dass die Auszahlung nicht für jeden einzelnen Spieler unabhängig nach festen Quoten, sondern in einem Lotteriesystem erfolgt.[1197]

In der deutschen Rechtspraxis werden jedoch Sportwetten nahezu einhellig als Glücksspiele angesehen. Auch der Glücksspielstaatsvertrag hat insofern eine eindeutige Einordnung vorgenommen: Aus der Zusammenschau der o. g. Definition der Sportwette in § 3 Abs. 1 S. 4 GlüStV mit den Definitionen von Glücksspiel und Zufallsabhängigkeit in § 3 Abs. 1 S. 1–2 GlüStV wird deutlich, dass der GlüStV den Ausgang des bewetteten Sportereignisses als zufallsabhängig bzw. ungewiss begreift.[1198]

Daher soll diese Auffassung auch der weiteren Untersuchung zugrunde gelegt werden, ohne die Einordnung im weiteren Verlauf vertieft zu problematisieren.

II. Typen von Sportwetten

Zur Vorbereitung der Darstellung der im Sportwettbereich denkbaren Geldwäscherisiken soll an dieser Stelle eine kurze Darstellung der wesentlichen Typen von Sportwetten erfolgen.

1) *Klassifizierung nach dem Gegenstand der Wette*

Sportwetten lassen sich zum einen danach klassifizieren, worauf gewettet wird:

(vgl. dazu *Volkwein*, Die Rechtsproblematik der Sportwette, S. 26 f.; *Voßkuhle/Bumke*, Rechtsfragen der Sportwette, S. 21 f.); differenzierend VGH Kassel, Beschl. v. 27.10.2004, 11 TG 2096/04, NVwZ 2005, 99 (102); dennoch für die Annahme eines Glücksspiels argumentierend *Thaysen*, Sportwetten in Deutschland, S. 15 f.

1195 *Haltern*, ZfWG 2011, 13 (16).

1196 Vgl. Schweizerisches Institut für Rechtsvergleichung, Study of Gambling Services in the Internal Market of the European Union, S. 18.

1197 *Volkwein*, Die Rechtsproblematik der Sportwette, S. 7 f.

1198 Vgl. *Hecker/Ruttig*, in: Dietlein/Hecker/Ruttig, Glücksspielrecht, § 21 Rn. 10.

Bei Ergebniswetten wird auf das Endergebnis (z. B. Endstand der Bundesligabegegnung FC Bayern München gegen Borussia Dortmund) oder das Ergebnis eines abgrenzbaren Abschnitts (z. B. Halbzeitergebnis der o. g. Bundesligabegegnung) eines Sportereignisses gewettet, vgl. § 21 Abs. 1 GlüStV.[1199] Im Falle des Endergebnisses wird dabei häufig nicht auf das genaue Ergebnis (z. B. FC Bayern München gegen Borussia Dortmund: 3–2), sondern auf die Tendenz, d. h. Sieg, Unentschieden oder Niederlage gewettet. Bei der in Deutschland populären Fußballwette werden diese möglichen Ausgänge mit „1“ (Sieg der Heimmannschaft), „0“ (Unentschieden) und „2“ (Sieg der Auswärtsmannschaft) bezeichnet. In Anbetracht der drei möglichen Ausgänge handelt es sich um eine sog. Drei-Weg-Wette.[1200]

Bei Ereigniswetten hingegen wird auf Ereignisse innerhalb eines Sportereignisses gewettet, z. B. beim Fußball, welche der beiden Mannschaften als nächste ein Tor erzielt oder wie viele Ecken eine Mannschaft bis Spielende mindestens noch zugesprochen bekommt.[1201] Während eines laufenden Sportereignisses sind allerdings nur Wetten auf das Endergebnis und auf solche Ereignisse zulässig, die größere Ergebnisabschnitte des Ereignisses darstellen, § 21 Abs. 4 S. 2 GlüStV.[1202] In dem vorgenannten Beispiel wäre also die Wette auf das nächste Tor noch als Live-Wette zulässig (§ 21 Abs. 4 S. 2 Nr. 2 GlüStV), die Wette auf die verbleibenden Eckbälle nicht.

2) *Klassifizierung nach dem Verfahren zur Bestimmung der Auszahlungsquote*

Sportwetten lassen sich zum anderen nach dem Verfahren zur Bestimmung der Auszahlungsquoten klassifizieren:

Bei der Festquotenwette legt der Sportwettenveranstalter[1203] die Auszahlungsquoten für jeden in Betracht kommenden Ausgang im Vorhinein fest[1204]

1199 *Fiedler*, Glücksspiele, S. 56; *Hecker/Ruttig*, in: Dietlein/Hecker/Ruttig, Glücksspielrecht, § 21 GlüStV Rn. 22 u. 25.

1200 Vgl. z. B. Tipico/Wetterklärung (URL-Verz.).

1201 *Fiedler*, Glücksspiele, S. 56 f.

1202 *Hecker/Ruttig*, in: Dietlein/Hecker/Ruttig, Glücksspielrecht, § 21 GlüStV Rn. 24.

1203 Im Folgenden sowie auch in den Teilen 6 (Lotterien) und 7 (Pferdewetten) wird (synonym zum Begriff des Anbieters) durchgängig der Begriff des Veranstalters gebraucht, um die Veranstaltung von Wetten bzw. Lotterien klar von deren Vermittlung an Kunden insbesondere in terrestrischen Wett- und Lottobüros zu unterscheiden.

1204 *Thaysen*, Sportwetten in Deutschland, S. 14 f.

(Bsp.: für die Bundesligabegegnung Borussia Dortmund gegen Borussia Mönchengladbach werden Quoten von 1,30 für einen Heimsieg, 4,50 für ein Unentschieden und 7,50 für einen Auswärtssieg festgelegt). Die Höhe der Auszahlung im Verhältnis von Veranstalter und Wettendem richtet sich im Gewinnfalle allein nach der zuvor festgelegten Quote und wird durch die Teilnahme anderer Wetter nicht beeinflusst.

Bei der Totalisator-Wette hingegen richtet sich die Auszahlungsquote für einen bestimmten Ausgang nach der Höhe der Einsätze, die auf diesen Ausgang entfallen, und deren Verhältnis zur Höhe der Gesamteinsätze. Damit stehen im Gegensatz zur Festquotenwette erst bei Ablauf der Frist für die Entgegennahme von Wetten, d. h. in der Regel erst bei Beginn des Sportereignisses, die endgültigen Auszahlungsquoten fest.[1205] Zudem wetten die Spieler bei einer Totalisator-Wette angesichts des Mechanismus zur Berechnung der Auszahlungsquoten im Endeffekt untereinander und gegeneinander, während sie bei der Festquotenwette jeweils individuell gegen den Veranstalter wetten. Aus der Formulierung in § 3 Abs. 1 S. 4 GlüStV („zu festen Quoten“) wird indes deutlich, dass nur die Festquotenwette eine Sportwette i. S. d. Glücksspielstaatsvertrages ist.[1206]

B. Der Sportwettmarkt in Deutschland

I. Veranstalter auf dem deutschen Sportwettenmarkt

Der Sportwettmarkt in Deutschland präsentiert sich uneinheitlich und als nur schwer zu überschauen.[1207] Im Bemühen um eine Kategorisierung lassen sich die folgenden Veranstalter bzw. Gruppen von Veranstaltern ausmachen (Überschneidungen möglich):[1208]

- Staatliche Veranstalter: Um eine von staatlicher Seite angebotene Sportwette handelt es sich bei der vom Deutschen Lotto- und Totoblock (DLTB) angebotenen Sportwette Oddset.[1209]
- Veranstalter, denen auf Grundlage des aktuellen Glücksspielstaatsvertrages eine Konzession durch das Regierungspräsidium Darmstadt erteilt wurde.[1210]

1205 *Zenglein*, in: Höfling/Horst/Nolte, Sportwetten in Deutschland, 39 (41).

1206 *Hecker/Ruttig*, in: Dietlein/Hecker/Ruttig, Glücksspielrecht, § 21 GlüStV Rn. 11.

1207 Überblick bei *Fiedler*, Glücksspiele, S. 56 ff.

1208 Vgl. auch *Berwanger*, NVwZ 2020, 916 (917); *Deiseroth*, DVBl 2013, 1545 (1545).

1209 *Fiedler*, Glücksspiele, S. 57; ODDSET/Über uns (URL-Verz.).

1210 Auflistung in: Regierungspräsidium Darmstadt, White List Sportwettenkonzession, Stand 05.07.2021, S. 2 ff.

Die 35 Veranstalter, die zuvor in dem auf Grundlage des GlüStV 2012 durchgeführten Konzessionsverfahren die Mindestanforderungen erfüllt hatten,[1211] erhalten nicht „automatisch“ eine Konzession, sondern müssen einen neuen Erlaubnisantrag einreichen.[1212]

- Veranstalter, denen vom Innenministerium Schleswig-Holstein bis zur Entscheidung über ihren Konzessionsantrag beim Regierungspräsidium Darmstadt eine Übergangsregelung eingeräumt wurde.[1213] Die Übergangsregelung berechtigt zur Veranstaltung und Vermittlung von Sportwetten im stationären wie auch im Online-Vertrieb, ist dabei jedoch auf Schleswig-Holstein beschränkt.[1214] Eine (spätere) Umwandlung in eine Konzession für ganz Deutschland erfolgt nicht.[1215] Die aufgrund des mit Wirkung vom 08.02.2013 aufgehobenen Landes-Glücksspielgesetzes vergebenen 25 Konzessionen sind indessen nach sechs Jahren ausgelaufen.[1216]
- Veranstalter, die ohne deutsche Erlaubnis bzw. Duldung und nur unter Berufung auf die Lizenz eines EU-Mitgliedstaates oder ohne jegliche Erlaubnis auf dem deutschen Markt tätig werden.
- Inhaber einer DDR-Sportwettlizenz, d. h. solche Veranstalter, die vor der deutschen Wiedervereinigung von den DDR-Behörden eine Gewerbegenehmigung zur Veranstaltung von Sportwetten erhalten haben und sich bei ihrer Tätigkeit nach wie vor darauf berufen.[1217] Strittig diskutiert wird

---

1211 S. o. unter Teil 2 B. II. 2) d) bb) (2).

1212 Regierungspräsidium Darmstadt/Sportwetten – FAQ > Antwort auf die Frage „Müssen die 35 Konzessionsbewerber …“ im Abschn. „Allgemeines Antragsteller“ (URL-Verz.).

1213 Schleswig-Holstein/Übergangsregelung (URL-Verz.). Dort findet sich auch eine Auflistung der derzeit zugelassenen Anbieter.

1214 Regierungspräsidium Darmstadt/Sportwetten – FAQ > Antwort auf die Frage „Wie werden die Sportwetten-Übergangsregelungen …“ im Abschn. „Allgemeines Antragsteller“ (URL-Verz.); Schleswig-Holstein/Übergangsregelung (URL-Verz.).

1215 Regierungspräsidium Darmstadt/Sportwetten – FAQ > Antwort auf die Frage „Wie werden die Sportwetten-Übergangsregelungen …“ im Abschn. „Allgemeines Antragsteller“ (URL-Verz.).

1216 Vgl. § 4 Abs. 3 S. 1 des aufgehobenen Gesetzes; dazu *Lüder*, NVwZ 2020, 190 (192).

1217 Vgl. OVG Lüneburg, Beschl. v. 04.02.2020, 11 LA 479/18, BeckRS 2020, 976, Rn. 58; OVG Weimar, Urt. v. 26.09.2019, 3 KO 161/11, GewArch 2020, 142 (143 Rn. 2); *Voßkuhle/Baußmann*, GewArch 2006, 395 (395). Inhaber einer DDR-Sportwettlizenz sind bwin (ehemals betandwin), Sportwetten Gera, Interwetten und Digibet, vgl. *Jessberger*, NJ 2007, 247 (249) [dort Fn. 21] und *Voßkuhle/Baußmann*, GewArch 2006, 395 (395) [dort Fn. 1].

die räumliche Geltungsreichweite der DDR-Sportwettlizenzen, namentlich ob diese nur das Gebiet des neuen Bundeslandes, in dem die Genehmigung erteilt wurde, das gesamte Gebiet der ehemaligen DDR oder sogar das gesamte Bundesgebiet umfasst.[1218] Das Bundesverwaltungsgericht indessen hat diese Frage bereits 2006 dahingehend entschieden, dass Geltungsbereich das Gebiet der ehemaligen DDR ist.[1219]

Eine Durchsicht der vorgenannten Gruppen – soweit sie möglich ist – erweckt den Eindruck, dass derzeit auf dem deutschen Markt keine oder allenfalls eine Handvoll privater Veranstalter tätig sind, die ihren Sitz in Deutschland haben. Ganz überwiegend handelt es sich um Veranstalter mit Sitz und Lizenz im EU-Ausland, meist Malta (z. B. IBA Entertainment Ltd.[1220] mit der Marke Bet3000[1221]).

II. Finanzielles Volumen des Sportwettenmarkts in Deutschland

Im Jahr 2019[1222] betrug das Volumen des stationären regulierten Sportwettenmarkts in Deutschland, gemessen an den Bruttospielerträgen, insgesamt knapp 59 Millionen Euro, wovon etwa 18 Millionen Euro auf Fußball-Toto und etwa 40 Millionen Euro auf Oddset entfielen.[1223] In Anbetracht eines Gesamtvolumens von 11.070 Millionen Euro des stationären regulierten Glücksspielmarktes im selben Jahr[1224] nimmt sich der Anteil des Sportwettenmarkts mit ca. 0,53 % gering aus.

Anders sieht es allerdings im nicht regulierten Bereich aus. Hier betrug das Volumen des (privaten) stationären Marktes für Sportwetten, gemessen wiederum an den Bruttospielerträgen, etwa 904 Millionen Euro.[1225] Vergleicht man

---

1218 *Jessberger*, NJ 2007, 247 (249). Für eine Geltung nur für das Gebiet des jeweiligen neuen Bundeslandes *Bethge*, BayVBl 2008, 97 (100); für eine bundesweite Geltung *Jessberger*, NJ 2007, 247 (251); *Lörler*, LKV 2009, 442 (444); *Voßkuhle/Baußmann*, GewArch 2006, 395 (400).

1219 BVerwG, Urt. v. 21.06.2006, 6 C 19/06, NVwZ 2006, 1175, Rn. 54.

1220 Regierungspräsidium Darmstadt, White List Sportwettenkonzession, Stand 05.07.2021, S. 3.

1221 Vgl. Bet3000/Impressum (URL-Verz.).

1222 Vgl. zur Zugrundelegung der Zahlen aus dem Jahresbericht 2019 der Glücksspielaufsichtsbehörden der Länder bereits o. Teil 3 B.

1223 Glücksspielaufsichtsbehörden der Länder, Jahresreport 2019, S. 6.

1224 Glücksspielaufsichtsbehörden der Länder, Jahresreport 2019, S. 6.

1225 Glücksspielaufsichtsbehörden der Länder, Jahresreport 2019, S. 12 (70 % von 1.292 Mio. Euro).

dieses Volumen mit dem Volumen des regulierten Spielbankenmarktes im selben Jahr (860 Millionen Euro, wovon 160 Millionen Euro auf das Tischspiel und 700 Millionen Euro auf das Automatenspiel entfielen),[1226] wird deutlich, dass es jedenfalls im nicht regulierten Bereich stationärer Sportwetten zu hohen Umsätzen kommt. Hohe Umsätze im Sportwettenbereich sind tendenziell auch ein Kriterium, das den Bereich für Geldwäscher attraktiv macht.[1227]

III. Wettbörsen

Ein anderes Funktionsprinzip haben Wettbörsen. Hier wettet der Spieler nicht bei einem staatlichen oder privaten Veranstalter einseitig auf den Ausgang oder bestimmte Ereignisse innerhalb eines Sportereignisses, sondern, ähnlich wie bei einer privaten Sportwette, gegen andere Spieler.[1228] Die Wettbörse selbst stellt lediglich die Online-Plattform bereit, um den Spielern den Austausch von Wetten zu ermöglichen und kassiert für diesen Service eine gewisse Provision.[1229]

Da sich die vorliegende Untersuchung auf die Geldwäsche im landgebundenen Glücksspielbereich beschränkt, sollen Wettbörsen an dieser Stelle jedoch nicht ausführlicher behandelt werden.

C. Mögliche Erscheinungsformen von Geldwäsche bei Sportwettbüros

I. Mögliche Erscheinungsformen der Spielergeldwäsche[1230]

In der Literatur werden verschiedene denkbare Vorgehensweisen zum Waschen von Geld im Sportwettbereich beschrieben.

1) Geldwäsche durch Arbitrage-Wetten

Der DUDEN definiert Arbitrage im Kontext des Wirtschafts- und Börsenwesens als die Ausnutzung von Kurs- oder Preisunterschieden an verschiedenen Börsen bzw. Märkten.[1231] Ähnlich kann ein Arbitrage-Wetter die unterschiedlichen

---

1226 Glücksspielaufsichtsbehörden der Länder, Jahresreport 2019, S. 6.

1227 Vgl. *Verbruggen*, in: SportAccord, Integrity in Sport, S. 3.

1228 *Zenglein*, in: Höfling/Horst/Nolte, Sportwetten in Deutschland, 39 (41).

1229 *Zenglein*, in: Höfling/Horst/Nolte, Sportwetten in Deutschland, 39 (41).

1230 Die Ausführungen in diesem Abschnitt orientieren sich wesentlich an *Kalb/Verschuuren*, Money Laundering: the Latest Threat to Sports Betting?, S. 51 ff.

1231 DUDEN/Arbitrage (URL-Verz.).

Quoten verschiedener Sportwettveranstalter nutzen, um durch das Setzen bei mehreren Veranstaltern auf die jeweils beste Quote alle möglichen Ausgänge eines Sportereignisses abzudecken. Die Arbitrage-Methode garantiert ihm zumindest eine hohe Rückzahlungsquote.[1232]

Sind die Quoten für den Arbitrage-Wetter so günstig, dass sich sogar ein garantierter – wenn auch bescheidener – Gewinn kalkulieren lässt, spricht man auch von einer „sure bet".[1233] Für einen Geldwäscher ist die Arbitrage-Methode interessant, wenn er bemakeltes Geld bei Sportwetten einsetzen und Geld scheinbar legaler Herkunft (nämlich als Gewinn aus einer Sportwette) zurückerhalten will. Ein eventueller geringer Verlustbetrag kann als Gebühr[1234] für die Verschleierung der Vermögensherkunft in Kauf genommen werden.[1235]

Die Arbitrage-Methode sei an einem Beispiel illustriert:[1236]

Ein Krimineller will die illegale Herkunft eines Geldbetrages von 1.000 € durch eine Arbitrage-Wette auf die Bundesligabegegnung Hertha BSC gegen Borussia Dortmund verschleiern. Dazu sucht er zunächst für jeden der drei möglichen Ausgänge („1": Heimsieg von Hertha BSC, „0": Unentschieden, „2": Auswärtssieg von Borussia Dortmund) die jeweils beste Quote bei einem der am Markt tätigen Sportwettveranstalter heraus:

Tabelle 2: Beispielquoten bei einer Arbitrage-Wette

Spielausgang	**Wettveranstalter mit der jew. besten Quote**	**Quote auf den jew. Ausgang**
1	AlphaBet	$Q_1 = 5{,}50$
0	BetaBet	$Q_0 = 4{,}00$

1232 IRIS u. a., Sports Betting and Corruption, S. 47; *Kalb/Verschuuren*, Money Laundering: the Latest Threat to Sports Betting?, S. 54 ff.

1233 IRIS u. a., Sports Betting and Corruption, S. 47; *Kalb/Verschuuren*, Money Laundering: the Latest Threat to Sports Betting?, S. 55.

1234 Begriff nach *Mainelli/Dibb*, Betting on the Future: Online gambling goes mainstream financial, S. 20 („fee").

1235 So auch *De Sanctis*, Football, Gambling, and Money Laundering, S. 80.

1236 Beispiel angelehnt an: *Kalb/Verschuuren*, Money Laundering: the Latest Threat to Sports Betting?, 55 f. Ähnliche Beispiele finden sich bei *Mainelli/Dibb*, Betting on the Future: Online gambling goes mainstream financial, S. 20 sowie *Mintas*, CaS 2013, 199 (204).

Spielausgang	**Wettveranstalter mit der jew. besten Quote**	**Quote auf den jew. Ausgang**
2	ZetaBet	$Q_2 = 1{,}60$

Dann setzt er einen Anteil von

$Anteil_1 = 1/(1 + Q_1/Q_0 + Q_1/Q_2) = 1/(1 + 5{,}50/4{,}00 + 5{,}50/1{,}60) \sim 0{,}17204 = 17{,}204\ \%$, also 172,04 € auf den Spielausgang „1" bei AlphaBet,

$Anteil_0 = 1/(1 + Q_0/Q_1 + Q_0/Q_2) = 1/(1 + 4{,}00/5{,}50 + 4{,}00/1{,}60) \sim 0{,}23656 = 23{,}656\ \%$, also 236,56 € auf den Spielausgang „0" bei BetaBet und

$Anteil_2 = 1/(1 + Q_2/Q_1 + Q_2/Q_0) = 1/(1 + 1{,}60/5{,}50 + 1{,}60/4{,}00) \sim 0{,}59140 = 59{,}140\ \%$, also 591,40 € auf den Spielausgang „2" bei ZetaBet.

Unabhängig vom Spielausgang erhält er unter dem Strich etwas mehr als 946 € zurück (172,04 € x 5,50 = 946,22 €; 236,56 € x 4,00 = 946,24 €; 591,40 € x 1,60 = 946,24 €), was einer garantierten Auszahlungsquote von 94,6 % entspricht. Die übrigen 54 € nimmt er als geringfügigen Verlust für das Waschen des Geldes in Kauf.

Grundsätzlich ist nicht ausgeschlossen, dass der Geldwäscher auch zwei der drei oder gar alle drei Wetten beim selben Veranstalter platziert. Um die Auszahlungsquote zu maximieren, müsste dann allerdings dieser Veranstalter auch für jeden der bei ihm bewetteten Spielausgänge jeweils die beste Quote anbieten – und das wird in der Praxis häufig nicht der Fall sein. Zudem dürfte die Platzierung mehrerer Wetten beim selben Veranstalter das Entdeckungsrisiko erhöhen.

2) Ankauf von Gewinnscheinen

Eine weitere in der Literatur beschriebene Methode ist der Ankauf von Gewinnscheinen durch den Geldwäscher.[1237] Ähnlich wie bei dem bereits beschriebenen Ankauf von gewonnenen Jetons in einer Spielbank[1238] tritt der Geldwäscher dabei auf den Gewinner einer Sportwette zu und kauft diesem gegen einen Aufschlag den Gewinnschein ab, um diesen selbst einzulösen.[1239]

3) Sammeln von Verlustscheinen

Umgekehrt ist auch denkbar, dass der Geldwäscher weggeworfene Verlustscheine sammelt oder sich diese von Spielern aushändigen lässt, um das Verschwinden

1237 *Kalb/Verschuuren*, Money Laundering: the Latest Threat to Sports Betting?, S. 59 f.
1238 S. o. unter Teil 3 C. I. 9).
1239 *Kalb/Verschuuren*, Money Laundering: the Latest Threat to Sports Betting?, S. 59.

von beiseitegeschafftem Geld mit angeblichen Verlusten bei Sportwetten erklären zu können.[1240]

4) *Verbindung von Spielmanipulation und Geldwäsche*

Banden im Bereich der Organisierten Kriminalität gelingt es mitunter, Sportler oder Schiedsrichter gegen die Gewährung von Vorteilen für die Manipulation des Verlaufs eines Sportereignisses zu gewinnen, um einen bereits im Vorfeld vereinbarten Ausgang des Ereignisses zu erzielen. Häufig ist die Vereinbarung der Manipulation mit der Idee verbunden, zugleich eine Sportwette auf das vereinbarte Ergebnis zu setzen.[1241] Durch den Einsatz bemakelter Gelder bei der Wette lässt sich dabei nicht nur die illegale Herkunft dieser Gelder verschleiern; es lassen sich zugleich auch Gewinne aus der Sportwette erzielen.[1242]

II. Mögliche Erscheinungsformen der Betreibergeldwäsche

Im Rahmen der folgenden Ausführungen zu möglichen Erscheinungsformen der Betreibergeldwäsche wird im Sinne der Klarheit der Untersuchung durchgehend zwischen Sportwettenveranstaltern (d. h. Anbietern, die selbst Sportwetten organisieren und durchführen) und Sportwettenvermittlern (d. h. insbesondere Betreibern terrestrischer Sportwettbüros, die die von den Veranstaltern angebotenen Sportwetten an den Kunden vermitteln) unterschieden.

Damit soll nicht ausgeschlossen werden, dass die beiden Rollen in ein und demselben Unternehmer bzw. Unternehmen zusammenfallen, wenn dieser bzw. dieses die selbst veranstalteten Sportwetten im Rahmen eines Eigenvertriebs selbst vermittelt. Da jedoch selbstverständlich auch der seine Sportwetten im Wege des Eigenvertriebs vermittelnde Veranstalter unter § 2 Abs. 1 Nr. 15 GwG fällt und es in der vorliegenden Untersuchung vorrangig um geldwäscherechtliche Pflichten geht, soll die Terminologie des § 2 Abs. 1 Nr. 15 GwG („Veranstalter und Vermittler") zugrunde gelegt werden. Der Begriff der „Vermittlers" ist daher im Folgenden eher tätigkeitsbezogen („vermittelnd Tätiger")

1240 *Kalb/Verschuuren*, Money Laundering: the Latest Threat to Sports Betting?, S. 61.

1241 Europarat, EPAS(2014) 13rev5 v. 03.03.2014, Ziff. 5; FATF, Money Laundering through the Football Sector, Ziff. 79; *Herzog/Hoch/Laustetter*, SpuRt 2010, 90 (92 f.); IRIS u. a., Sports Betting and Corruption, S. 23 f.; *Kalb/Verschuuren*, Money Laundering: the Latest Threat to Sports Betting?, S. 57.

1242 *Herzog/Hoch/Laustetter*, SpuRt 2010, 90 (92 f.); *Kalb/Verschuuren*, Money Laundering: the Latest Threat to Sports Betting?, S. 57; vgl. auch FATF, Money Laundering through the Football Sector, Ziff. 79.

zu verstehen, weniger als Begriff zur Abgrenzung der Fremdvermittlung von der Eigenvermittlung.

1) Geldwäsche durch Tätigkeit als Sportwettenveranstalter

Immerhin denkbar ist es, dass ein Krimineller ein Unternehmen zur Veranstaltung von Sportwetten nur bzw. auch aus dem Beweggrund gründet, es zur Integration illegal erlangter Gelder in ein an sich legales Wirtschaftsunternehmen zu nutzen. Ebenso denkbar ist es, dass ein vom Kriminellen gegründetes Unternehmen zum Anbieten von Sportwetten von diesem selbst (ggf. über Strohmänner) oder von Komplizen genutzt wird, um dort illegal erlangte Gelder als Wetteinsätze zu platzieren. Dabei gewonnene oder verlorene Gelder können dann als solche ausgegeben werden; die nach der internen Verteilung zwischen dem Unternehmer und seinen Komplizen bestehenden kriminellen Vermögensverhältnisse können dann durch einen inoffiziellen Ausgleich wieder hergestellt werden.

Reizvoll kann die Tätigkeit als Sportwettenveranstalter für Geldwäscher auch insofern sein, als dass sich das damit verbundene wirtschaftliche Risiko – namentlich das mit der Wette Außenstehender naturgemäß verbundene Verlustrisiko des Veranstalters – ggf. durch die Anwendung sog. Hedging-Methoden verringern lässt.[1243] Hedging meint in diesem Zusammenhang, dass der Sportwettenveranstalter selbst einen Teilbetrag der bei ihm eingezahlten Wetteinsätze auf ein bestimmtes Ereignis bei einem anderen Sportwettenveranstalter auf dasselbe oder auch auf das komplementäre Ereignis setzt.[1244] Bei geschickter Kalkulation kann er so – wenn auch u. U. zu Lasten seines Maximalgewinns – seine Verluste deutlich reduzieren.[1245]

2) Geldwäsche durch Tätigkeit als Sportwettbürobetreiber

Denkbar ist ferner auch, dass ein Krimineller als Sportwettvermittler tätig wird, um bemakelte Gelder in einen an sich legalen Unternehmensbetrieb zu integrieren. Das kann im landgebundenen Bereich durch Eröffnung eines Sportwettbüros geschehen.

1243 Zur Nutzung von Hedging-Methoden durch Sportwettanbieter IRIS u. a., Sports Betting and Corruption, S. 41 f.

1244 IRIS u. a., Sports Betting and Corruption, S. 41.

1245 Vgl. Beispiel nach IRIS u. a., Sports Betting and Corruption, S. 41 f.

3) *Investition von Geldern in Fußballvereine*

Auf größerer krimineller Skala kann es vorkommen, dass eine kriminelle Organisation Profite erwirtschaftet und zugleich Geld wäscht, indem sie – häufig in unteren, weniger im Fokus der Öffentlichkeit stehenden Ligen – selbst einen Fußballverein übernimmt und diesen finanziert und wirtschaftlich kontrolliert.[1246] Auf diese Variante der Geldwäsche soll im Rahmen dieser Arbeit nicht vertieft eingegangen werden, da es sich dabei nicht im eigentlichen Sinne um Geldwäsche im Glücksspielbereich, sondern in erster Linie um Geldwäsche im Fußballbereich handelt.

Eine Verbindung zur Geldwäsche im Glücksspielbereich ist aber insofern gegeben, als dass sich die kriminelle Kontrolle in diesen Fällen häufig nicht auf den betreffenden Klub selbst beschränkt, sondern auch auf den Spielbetrieb in der Liga selbst erstreckt. Durch Bestechung oder Drohung werden Partien manipuliert;[1247] Geldwäsche kann dann wiederum (auch) durch Setzen illegal erlangter Gelder auf das zuvor festgelegte Ergebnis erfolgen.[1248]

D. Geldwäschefälle in Deutschland

I. Fälle der Spielergeldwäsche

Dass die Verbindung von Spielmanipulation und Geldwäsche in Deutschland keine bloß in der Literatur beschriebene theoretische Gefahr darstellt, zeigt eindrücklich der sog. Bochum-Prozess,[1249] in dem im Jahr 2011 erste Urteile gegen die Angeklagten ergingen.[1250] Das im Jahr 2009 begonnene Strafverfahren zu einer der größten Manipulationsaffären im europäischen Fußball[1251] richtete sich gegen mehrere Personen, die ein gut organisiertes kriminelles Netzwerk geschaffen hatten, das Kontakt zu Spielern und Schiedsrichtern im europäischen Fußballbereich herstellte und diese gegen Gewährung von Vermögensvorteilen zur Manipulation von Spielen bewegte.[1252] Teile der Organisation setzten Wetten

---

1246 *Buschmann*, Der Spiegel 19/2016, 60 (61); *Herzog/Hoch/Laustetter*, SpuRt 2010, 90 (92); IRIS u. a., Sports Betting and Corruption, S. 28; FATF, Money Laundering through the Football Sector, Ziff. 80; *Simser*, JMLC 16,1 (2012), 41 (49).

1247 IRIS u. a., Sports Betting and Corruption, S. 28 f.

1248 Vgl. IRIS u. a., Sports Betting and Corruption, S. 28 u. 29.

1249 Dazu ausführlich IRIS u. a., Sports Betting and Corruption, S. 12 f.

1250 IRIS u. a., Sports Betting and Corruption, S. 12; Spiegel Online, Art. v. 19.05.2011 u. v. 14.04.2011 (URL-Verz.).

1251 So Spiegel Online, Art. v. 06.10.2010 (URL-Verz.).

1252 IRIS u. a., Sports Betting and Corruption, S. 12.

auf die zuvor abgesprochenen Partien bzw. kümmerten sich um die Abholung der bei diesen Wetten gewonnenen Gelder.[1253]

Auf diese Weise verdiente die Organisation in nur gut einem Jahr etwa 7,5 Millionen Euro.[1254] Allein in Deutschland wurden dabei mindestens 53 Fußballpartien manipuliert.[1255] Dabei ging es den Initiatoren der kriminellen Unternehmung nicht nur um den mit den Sportwetten zu erzielenden Gewinn, sondern zugleich auch um die Verschleierung der illegalen Herkunft von Geldern aus dem Handel mit Drogen und aus dem Prostitutionsmilieu.[1256]

II. Fälle der Betreibergeldwäsche

In Literatur und Medien finden sich teilweise Berichte über von der kalabrischen Mafia oder anderen Kriminellen in Deutschland ohne Erlaubnis betriebene Sportwettbüros, die von den Betreibern zu Geldwäschezwecken genutzt würden.[1257] Gegen diese werde aber – auch wegen der im Sportwettenbereich bestehenden unklaren Gesetzeslage – nicht eingeschritten.[1258] Zu Lizenznehmern von Tipico finden sich Berichte über Strafverfahren wegen des Verdachts der Wäsche von Drogengeldern über Sportwettbüros.[1259]

Auch das Lagebild 2019 des LKA NRW zur Clankriminalität in Nordrhein-Westfalen spricht von Geldwäsche in Zusammenhang mit dem Betrieb von Sportwettbüros.[1260]

E. Vorschriften zur Geldwäschebekämpfung in Sportwettbüros

I. Pflichten nach dem Geldwäschegesetz

Die unter Teil 3 E. I. bereits dargelegten Pflichten für Spielbankenbetreiber nach dem Geldwäschegesetz gelten auch für terrestrische Veranstalter und Vermittler

1253 IRIS u. a., Sports Betting and Corruption, S. 12.
1254 IRIS u. a., Sports Betting and Corruption, S. 12 f.
1255 IRIS u. a., Sports Betting and Corruption, S. 13.
1256 IRIS u. a., Sports Betting and Corruption, S. 12; *Kalb/Verschuuren*, Money Laundering: the Latest Threat to Sports Betting?, S. 57.
1257 *Lukat*, Beiträge zum Glücksspielwesen 1/2016, 10 (11); *Stinauer*, Kölner Stadt-Anzeiger v. 18.09.2013.
1258 *Lukat*, Beiträge zum Glücksspielwesen 1/2016, 10 (11 f.).
1259 WDR, Art. v. 15.11.2019 (URL-Verz.).
1260 LKA NRW, Clankriminalität – Lagebild für NRW 2019, S. 23.

von Sportwetten. Abgesehen von den Ausnahmeregelungen in § 2 Abs. 1 Nr. 15 GwG selbst differenziert das Geldwäschegesetz bei keiner für den terrestrischen Glücksspielbereich relevanten Regelung nach verschiedenen Glücksspielbranchen. Die Vermittlung umfasst dabei die Vermittlung von Sportwetten sowohl im Eigenvertrieb als auch im Fremdvertrieb, da es für den Sinn und Zweck der geldwäscherechtlichen Regelungen keinen Unterschied machen kann, ob die Sportwetten für das eigene oder für ein anderes Unternehmen vermittelt werden.[1261]

Eine sprachliche Differenzierung findet sich lediglich in § 10 Abs. 5 S. 2 GwG („beim Betreten der Spielbank oder der sonstigen örtlichen Glücksspielstätte"). Diese dient aber gerade dem Zweck, die Anwendbarkeit der Norm auf alle von § 2 Abs. 1 Nr. 15 GwG erfassten terrestrischen Glücksspielbranchen klarzustellen. Sonderregelungen für bestimmte Veranstalter und Vermittler von Glücksspiel trifft das Geldwäschegesetz lediglich hinsichtlich des Internet-Glücksspiels (vgl. § 16 Abs. 1 GwG), das jedoch nicht Gegenstand der vorliegenden Untersuchung ist.

1) Inländische Veranstalter und inländische, rechtlich selbständige Vermittler

Zum Kreis der terrestrischen Veranstalter und Vermittler von Sportwetten, die unter das deutsche Geldwäschegesetz fallen, zählen zunächst inländische Veranstalter sowie inländische, rechtlich selbständige Vermittler (die für einen in- oder ausländischen Veranstalter tätig werden). Damit sind insbesondere die im Rahmen eines Franchising-Systems eines EU-ausländischen Sportwettenveranstalters in Deutschland selbständig betriebenen Wettbüros[1262] (z. B. die in Deutschland betriebenen Tipico-Wettbüros[1263]) dem deutschen Geldwäschegesetz unterworfen.[1264]

Der Bundesrat plädierte im Gesetzgebungsverfahren dafür, rechtlich selbständige Vermittler nicht als eigenständige Verpflichtete, sondern als Bestandteil der Struktur des dahinterstehenden Veranstalters und damit als gruppenangehörige Unternehmen i. S. v. § 1 Abs. 16 i. V. m. § 9 GwG anzusehen.[1265] Dafür spreche die genauere Abbildung der tatsächlichen Vertriebsabläufe.[1266] Zudem sei die

---

1261 Vgl. bereits o. Teil 5 C. II.

1262 Vgl. *Liebgott*, UR 2015, 160 (161).

1263 Vgl. Tipico/Franchise-Programm (URL-Verz.).

1264 Vgl. die Ausführungen zu Nr. 5 in BT-Drs. 18/11928, S. 2 f. und S. 21.

1265 BT-Drs. 18/11928, S. 2 f.

1266 BT-Drs. 18/11928, S. 2.

vollumfängliche Umsetzung der geldwäscherechtlichen Pflichten für einzelne Wettvertriebsstätten mit unzumutbar hohem Personalaufwand verbunden.[1267] Der Vorschlag fand aber letztlich keine Berücksichtigung.[1268] Die Bundesregierung äußerte dazu insbesondere Bedenken hinsichtlich der Eindeutigkeit der Zuordnung eines Wettvermittlers, der für mehrere Veranstalter tätig wird, zu einem bestimmten Veranstalter.[1269]

2) Inländische Niederlassungen von Verpflichteten im EU-Ausland

Die deutschen Geldwäschevorschriften gelten auch für inländische Niederlassungen, die zur selben Gruppe i. S. v. § 1 Abs. 16 GwG wie ein EU-ausländisches und der Geldwäscherichtlinie unterfallendes Mutterunternehmen gehören[1270] (sog. Gastlandprinzip[1271]). Das lässt sich eindeutig Art. 45 Abs. 2 und Art. 48 Abs. 4 S. 1 4. GwRL entnehmen. Danach müssen die verpflichteten Mutterunternehmen bzw. die Behörden des Mitgliedstaates, in dem sich die Niederlassungen befinden, die Einhaltung der Geldwäschevorschriften gerade des Niederlassungsstaates durch die Niederlassungen sicherstellen bzw. überwachen. Entscheidendes Merkmal für die Gruppenzugehörigkeit ist dabei, dass das Mutterunternehmen einen beherrschenden Einfluss auf das im Niederlassungsstaat ansässige Unternehmen bzw. die Zweigstelle ausübt.[1272]

Damit müssen sich inländische Wettbüros von Sportwettenveranstaltern mit Sitz und Lizenz im EU-Ausland auch dann an die Regelungen des deutschen Geldwäschegesetzes halten, wenn sie zur selben Gruppe gehören wie der Veranstalter. Dies gilt unabhängig davon, ob das inländische Wettbüro über eine inländische Erlaubnis verfügt oder nicht, da der Niederlassungsbegriff der vierten Geldwäscherichtlinie insofern nicht differenziert. Auch der die Aufsicht durch

1267 BT-Drs. 18/11928, S. 3.
1268 Vgl. BT-Drs. 18/11928, S. 21.
1269 BT-Drs. 18/11928, S. 21.
1270 WKO, Die Vierte Geldwäsche-Richtlinie, Ziff. 4.6; vgl. auch *Koenig*, ZfWG 2017, 214 (215 ff.).
1271 Vgl. zu diesem Begriff als Gegenbegriff zum Herkunftslandprinzip etwa *Ohne Verf.*, WzS 2017, 119 (120). *Koenig*, ZfWG 2017, 214 (216) hingegen fasst umgekehrt den Umstand, dass im Falle des Fehlens einer Niederlassung im Wirkstaat als Anknüpfungspunkt für die Geltung von dessen Geldwächeregime das Geldwäscheregime des Sitzstaates Anwendung findet, als Beleg für das Herkunftslandprinzip auf.
1272 BT-Drs. 18/11555, S. 104.

die zuständigen Behörden des Niederlassungsstaates regelnde Art. 48 Abs. 4 4. GwRL setzt keine inländische Erlaubniserteilung voraus.

Gruppenangehörige Wettvermittler dürften allerdings insofern eine gewisse Erleichterung gegenüber rechtlich selbständigen Wettvermittlern haben, als dass für sie die gruppenweit einheitlich festzulegenden internen Sicherungsmaßnahmen gelten (§ 9 Abs. 1 S. 1, 2 Nr. 1 GwG).[1273] Hinsichtlich des umfangreichen Katalogs der internen Sicherungsmaßnahmen nach § 6 Abs. 2 GwG dürfen sie sich insofern auf die Bereitstellung der Grundlagen durch das Mutterunternehmen verlassen.[1274] Die Bestellung eines Geldwäschebeauftragen zur Erarbeitung gruppenweiter Strategien beim Mutterunternehmen (vgl. § 9 Abs. 1 Nr. 2 GwG) dürfte indes angesichts § 7 Abs. 5 S. 1 GwG nicht von der Bestellung eines inländischen Geldwäschebeauftragten befreien. Gemäß dieser Vorschrift muss der Geldwäschebeauftragte seine Tätigkeit im Inland ausüben.

3) *Illegale Sportwettbüros*[1275]

Das deutsche Geldwäschegesetz gilt schließlich auch für illegale Sportwettbüros, die ohne Erlaubnis im Inland tätig sind. Dafür sprechen Wortlaut und Systematik des GwG: Der Wortlaut des GwG differenziert bei den Pflichten nicht nach legaler und illegaler Ausübung der Tätigkeit, während § 2 Abs. 1 Nr. 15 lit. c) GwG zugleich systematisch darauf deutet, dass das Vorliegen einer (deutschen) Erlaubnis ausdrücklich Erwähnung findet, wenn es darauf ankommt.

Zudem kann es im Hinblick auf die Effektivität der Geldwäschebekämpfung nicht gewünscht sein, illegalen Sportwettbüros eine rechtlich vorteilhaftere Situation einzuräumen als legal betriebenen. Auch bei anderen Verpflichteten nach dem Geldwäschegesetz wie beispielsweise Kreditinstituten kommt es für die Verpflichtung nicht auf das Vorliegen einer Erlaubnis zum Betreiben der Geschäfte an.[1276]

1273 Vgl. die Ausführungen zu § 17 Absatz 2 in BT-Drs. 18/11555, S. 124 f.

1274 In diesem Sinne wohl auch BT-Drs. 18/11928, S. 3.

1275 Dieser Abschnitt orientiert sich gedanklich an Überlegungen, die bereits in *Ennuschat/Güldner*, NWVBl 2015, 321 (326) zu illegalen Anbietern von Online-Glücksspielen angestellt wurden.

1276 So *Figura*, in: Herzog/Achtelik, GwG, § 2 Rn. 11.

II. Weitere Vorschriften im Bundesrecht

Insoweit Geldwäsche im Sportwettenbereich durch das Setzen auf manipulierte Spiele begangen wird,[1277] kann auch eine konsequente Pönalisierung der Manipulation von Sportereignissen zur Bekämpfung von Geldwäsche beitragen. Zur besseren strafrechtlichen Erfassung der Manipulation von Sportereignissen und zur Schließung von Strafbarkeitslücken in diesem Bereich wurden mit Wirkung vom 19.04.2017 § 265c und § 265d StGB geschaffen.[1278]

§ 265c StGB erfasst dabei die eben auch zu Geldwäschezwecken taugliche Vorgehensweise der Manipulation eines Sportereignisses gerade zu dem Zweck, eine Sportwette auf das zuvor vereinbarte Ergebnis zu setzen.[1279] § 265d StGB stellt – unabhängig von konkreten Wettabsichten – die Manipulation berufssportlicher Ereignisse unter Strafe.[1280] § 265c StGB ist überdies aufgrund der Bezüge des Tatbestandes zur organisierten Kriminalität in den Vortatenkatalog der Geldwäsche gemäß § 261 Abs. 1 S. 2 Nr. 4 lit. a) StGB aufgenommen worden.[1281]

Da die fraglichen Straftatbestände allerdings in erster Linie zum Schutz der Integrität sportlicher Wettbewerbe und zur Verhinderung des Missbrauchs des Sports zu kriminellen Profitzwecken geschaffen wurden,[1282] und ihre Eignung (auch) zur Geldwäscheprävention eher eine Begleiterscheinung ist, soll eine vertiefte Auseinandersetzung mit ihnen im Rahmen dieser Untersuchung nicht erfolgen.

Zudem können auch die Aufzeichnungspflichten von Sportwettenveranstaltern nach dem Rennwett- und Lotteriegesetz (§ 23 RennwLottG) zur Geldwäscheprävention beitragen. Gemäß § 23 Abs. 1 RennwLottG hat der Veranstalter als der Steuerschuldner (vgl. § 19 RennwLottG) für jede einzelne Wettannahmestelle getrennte Aufzeichnungen zur Ermittlung der Sportwettensteuer und zu den Grundlagen ihrer Berechnung zu führen. Aus den Aufzeichnungen müssen insbesondere der Name und die Anschrift des Wettenden zu ersehen sein (§ 23 Abs. 2 Nr. 1 RennwLottG), was Spielern die anonyme Wettabgabe erschwert. Da die betreffenden Pflichten jedoch in erster Linie mit steuerrechtlichen Erwägungen begründet werden,[1283] sollen sie hier nicht vertieft geprüft werden.

1277 Vgl. o. Teil 5 C. I. 4).
1278 Vgl. BT-Drs. 18/8831, S. 10 f.; *Perron*, JuS 2020, 809 (809 f.).
1279 BT-Drs. 18/8831, S. 11.
1280 BT-Drs. 18/8831, S. 11.
1281 BT-Drs. 18/11445, S. 5.
1282 BT-Drs. 18/8831, S. 11; *Perron*, JuS 2020, 809 (810 f.).
1283 Vgl. BT-Drs. 19/28400, S. 55.

III. Vorschriften auf Landesebene

1) Identifizierungsvorschriften des GlüStV

Identifizierungsvorschriften im Sportwettenbereich existieren auch auf Landesebene. So ist gemäß § 2 Abs. 6 i. V. m. §§ 8 ff., 23 GlüStV durch eine Überprüfung der Identität und Abgleich der Daten mit der Sperrdatei sicherzustellen, dass gesperrte Spieler nicht an Sportwetten teilnehmen. Eine Sperre für Sportwetten besteht dabei auch, wenn der betreffende Spieler für ein anderes öffentliches Glücksspiel – mit Ausnahme der in § 8 Abs. 2 S. 2 GlüStV genannten Glücksspiele – gesperrt wurde, da es sich bei der Sperrdatei um ein spielformübergreifendes (vgl. § 8 Abs. 1 GlüStV) Sperrsystem handelt. Diese Identifizierung dient dem Spielerschutz, kann aber mittelbar auch zur Geldwäscheprävention beitragen, da sie die Abgabe einer anonymen Wette erschwert.

Zu berücksichtigen ist allerdings, dass die Identifizierungsvorschriften zum Spielerschutz im Sportwettenbereich in Anbetracht der Vielfalt des unter Teil 5 B. I. dargestellten Marktes in Deutschland über das staatliche Angebot Oddset[1284] hinaus keinen umfassenden Anwendungsbereich haben. Im EU-Ausland lizenzierte Sportwettenveranstalter mit stationärem Angebot in Deutschland sind mit ihren Wettvermittlungsstellen nur teilweise an das zentrale Sperrsystem angebunden.[1285] Der Verfasser konnte sich bei Abgabe einer Testwette im Juni 2016 in einem Wettbüro eines privaten Veranstalters mit Sitz in Malta selbst davon überzeugen, nicht zu Zwecken der Feststellung des Vorliegens einer Sperre identifiziert zu werden, obwohl die Vorschriften zum Spielersperrsystem auch zu diesem Zeitpunkt bereits für Sportwettbüros galten.[1286]

Eine Registrierung der Identität eines Kunden in einem für einen EU-ausländischen Veranstalter tätigen Wettbüro findet ggf. (auch) bei Verwendung einer persönlichen Kundenkarte statt, die zur Durchführung von Wetten mit einem Kundenkonto verknüpft wird.[1287] Die Verwendung einer Kundenkarte zur Durchführung von Wetten in solchen Wettbüros ist jedoch – soweit ersichtlich – nicht verpflichtend.[1288] Beim staatlichen Veranstalter Oddset hingegen ist die Wettteilnahme nur mit personalisierter Kundenkarte möglich.[1289]

1284 Vgl. *Fiedler*, Evaluierung des Sperrsystems in deutschen Spielbanken, S. 22.

1285 Vgl. Regierungspräsidium Darmstadt, White List OASIS, S. 5 f.

1286 Vgl. § 8 Abs. 2 GlüStV 2012.

1287 Vgl. etwa Tipico/AGB, Abschn. II. Ziff. 1.2 u. 2. (URL-Verz.).

1288 Vgl. etwa Tipico/AGB, Abschn. II. Ziff. 1.2 i. („Sie können […] beantragen") (URL-Verz.).

1289 ODDSET Sportwetten GmbH, Wettanleitung ODDSET, S. 36, 38.

2) Geldwäschebekämpfung und staatliches Sportwettenmonopol

Ähnlich wie bei Spielbanken[1290] könnte auch bei Sportwetten die Einrichtung eines staatlichen Sportwettenmonopols zu Zwecken der besseren Kriminalitätsprävention – insbesondere zur Verhinderung von Betreibergeldwäsche durch Eröffnung eines Unternehmens zur Veranstaltung und/oder Vermittlung von Wetten mit Geldern illegaler Herkunft – in Erwägung gezogen werden.

Bei der Reform des Ersten Glücksspielstaatsvertrags spielte allerdings umgekehrt die Überlegung eine Rolle, dass gerade mit der Lockerung des zuvor bestehenden staatlichen Sportwettenmonopols eine Überführung des Schwarzmarkts in den Bereich kontrollierter Legalität und damit eine Eindämmung von Kriminalität bewerkstelligt werden könne.[1291] Auf diese Weise könne insbesondere das Risiko von Sportwettbetrug gemindert werden.[1292] Das ist angesichts des unter Teil 5 C. I. 4) dargelegten Zusammenhangs zwischen Spielmanipulation und Geldwäsche auch eine für die Geldwäscheprävention relevante Überlegung.

3) Vorschriften zur Verhinderung von Spielmanipulation[1293]

Insofern Spielmanipulation zur Vorbereitung von Geldwäsche durch Sportwetten betrieben wird, können auch die Vorschriften des GlüStV zur Verhinderung von Spielmanipulation mittelbar zur Geldwäscheprävention beitragen. Dazu zählt zunächst die im vorhergehenden Abschnitt bereits erörterte Lockerung des staatlichen Sportwettenmonopols, mit der eine bessere Kontrolle privater Veranstalter und damit bessere Einwirkungsmöglichkeiten zur Verhinderung von Manipulationen geschaffen werden sollten.

Als eigentliche Vorschriften zur Umsetzung dieser verbesserten Einwirkungsmöglichkeiten sind vor allem das grundsätzliche Verbot von Live-Ereigniswetten (§ 21 Abs. 4 S. 2 GlüStV), die Inkompatibilitätsvorschriften nach § 21 Abs. 3 S. 1 u. 2 GlüStV und die Ermächtigung der zuständigen Behörde zur Anordnung der Einrichtung eines Frühwarnsystems (§ 21 Abs. 3 S. 3 GlüStV) zu nennen.[1294] Nach den Inkompatibilitätsvorschriften müssen der Sportwettenbereich und der

---

1290 Vgl. Teil 3 E. II. 1)

1291 LT-Drs. BY 16/11995, S. 18.

1292 LT-Drs. BY 16/11995, S. 18.

1293 Die Darstellung in diesem Gliederungsabschnitt orientiert sich wesentlich an *Haucap/Nolte/Stöver*, Faktenbasierte Evaluierung des Glücksspielstaatsvertrags, S. 198 ff.

1294 *Haucap/Nolte/Stöver*, Faktenbasierte Evaluierung des Glücksspielstaatsvertrags, S. 198 f.

Bereich der bewetteten Sportereignisse organisatorisch und personell voneinander getrennt sein.

4) Vorschriften im Antragsverfahren

Auch einige der Vorschriften im Konzessionsverfahren für Sportwettenveranstalter können der Geldwäscheprävention dienen. So fordert etwa § 4a Abs. 1 Nr. 1 lit. a) i. V. m. § 4b Abs. 1 S. 4 Nr. 1 GlüStV eine transparente Darlegung der am Unternehmen bestehenden Beteiligungen, eine Regelung, die anonyme Betreibergeldwäsche über ein eigens zu diesem Zweck gegründetes Unternehmen erschwert. § 4a Abs. 1 Nr. 1 lit. b) GlüStV knüpft den Konzessionserhalt an die Zuverlässigkeit des Betreibers.

Die in § 4a Abs. 1 Nr. 1 lit. c) i. V. m. § 4b Abs. 1 S. 4 Nr. 4 GlüStV geforderte Darlegung der rechtmäßigen Herkunft der Mittel und Vorlage eines Wirtschaftlichkeitskonzepts erschwert die unbemerkte Verwendung von finanziellen Mitteln illegaler Herkunft zur Gründung eines Wettunternehmens. Gemäß § 4b Abs. 2 S. 2 GlüStV kann die Erlaubnisbehörde zur Sicherstellung der rechtmäßigen Herkunft der Mittel sogar die Erkenntnisse von Sicherheitsbehörden des Bundes und der Länder abfragen.

Auch unter den einschlägigen Landesvorschriften zum Antragsverfahren für Vermittler von Sportwetten finden sich einige, die zur Geldwäscheprävention beitragen können, so insbesondere zur Sicherstellung der Zuverlässigkeit des Sportwettenvermittlers. Exemplarisch sei hier § 20a Abs. 1 Nr. 3 LGlüG BW genannt, wonach der Betrieb einer Wettvermittlungsstelle nur erlaubt werden darf, wenn der Betreiber die für die Abwicklung des Spielgeschäfts und des Zahlungsverkehrs erforderliche persönliche, sachliche und wirtschaftliche Zuverlässigkeit besitzt. Gemäß § 8 Abs. 3 S. 2 Nr. 6 AG GlüStV HH muss einem Antrag auf Erlaubnis zum Betrieb einer Wettvermittlungsstelle ein Geldwäschepräventionskonzept beigefügt werden.

5) Vorschriften zu Spielerkonto und Kundenkarte

Gemäß § 21a Abs. 4 S. 1 GlüStV müssen Veranstalter, deren Sportwetten in einer terrestrischen Wettvermittlungsstelle vertrieben oder vermittelt werden, sowie terrestrische Sportwettenvermittler in dem Falle, dass der betreffende Veranstalter oder Vermittler sein Angebot auch im Internet zugänglich macht, die in den Wettvermittlungsstellen getätigten Wetten eines auch online aktiven Spielers auf dessen Online-Spielkonto nach § 6a GlüStV erfassen. Da diese Regelung allerdings voraussetzt, dass der Spieler wegen der Durchführung von Online-Sportwetten über ein Konto nach § 6a GlüStV verfügt und sich die vorliegende

Untersuchung auf den terrestrischen Bereich beschränkt, soll diese Regelung hier nicht näher betrachtet werden.

Nordrhein-Westfalen und Schleswig-Holstein haben allerdings auf Grundlage ihrer jeweiligen Ausführungsgesetze zum Glücksspielstaatsvertrag Verordnungen erlassen, die neben dem Spielerschutz auch der Bekämpfung von Kriminalität und insbesondere der Geldwäsche in Wettvermittlungsstellen dienen und vergleichbare bzw. ähnliche Regelungen enthalten.

a) Vorschriften zum Spielerkonto in Nordrhein-Westfalen

Mit der Annahme- und Vermittlungsstellenverordnung Nordrhein-Westfalen (AnVerVO NRW) vom 25.02.2020 (GV. NRW. 2020, 159, 183) hat Nordrhein-Westfalen neben umfangreichen Vorschriften im Antragsverfahren (§ 5 AnVerVO NRW) – wie etwa der Vorlage eines Führungszeugnisses, aus dem sich das Fehlen von Vorstrafen wegen Geldwäsche ergibt (§ 5 Abs. 2 Nr. 1 i. V. m. § 4 Abs. 1 S. 3 AnVerVO NRW) – auf Grundlage der Ermächtigung aus § 22 Abs. 1 Nr. 6 i. V. m. § 13 Abs. 8 AG GlüStV NRW auch ein Spielerkonto eingeführt. Gemäß § 7 Abs. 1 AnVerVO NRW muss ein Wettvermittlungsstellenbetreiber für Spieler zur Teilnahme an Sportwetten ein solches Spielerkonto auf den Namen des Spielers errichten. Über dieses Spielerkonto werden Ein- und Auszahlungsbeträge sowie Einsätze und Gewinne eines Spielers dokumentiert (§ 7 Abs. 3, Abs. 4 AnVerVO NRW).

Bei der zur Eröffnung des Spielerkontos erforderlichen Registrierung wird der Spieler durch Vorlage eines amtlichen Lichtbildausweises identifiziert und werden seine persönlichen Daten erhoben (§ 7 Abs. 2 S. 1 bis 3 AnVerVO NRW). Die Kontrolle kann auch anhand einer Kundenkarte durchgeführt werden, sofern ein korrespondierendes Lichtbild des Kunden im System des Betreibers hinterlegt ist (§ 7 Abs. 2 S. 5 AnVerVO NRW). Bei der Spielteilnahme können die geldwäscherechtlichen Vorgaben zur Identitätsprüfung entsprechend angewandt werden, soweit sie deckungsgleich mit den glücksspielrechtlichen sind (§ 7 Abs. 2 S. 4 AnVerVO NRW).

Bei der Auszahlung von Barbeträgen wird der Spieler erneut identifiziert. Dabei wird angegeben, ob es sich bei dem ausgezahlten Betrag um einen Gewinn oder um einen ungenutzten Spieleinsatz handelt (§ 7 Abs. 5 AnVerVO NRW).

b) Vorschriften zur Kundenkarte in Schleswig-Holstein

Schleswig-Holstein hat mit der Sportwettvermittlungsverordnung (SVVO) vom 08.04.2020 (GVOBl. 2020, 182) eine Kundenkarte für die stationäre Wettvermittlung eingeführt. Dabei handelt es sich um eine zu Identifizierungszwecken ausgegebene Chipkarte (§ 3 Abs. 1 S. 1 SVVO SH), auf der allerdings grundsätzlich nur die vom Veranstalter vergebene Identifikationsnummer für das Spielerkonto des Spielers gespeichert ist, vgl. § 3 Abs. 1 S. 2 i. V. m. § 7 Abs. 2 S. 1 SVVO SH. Die Karte ist zudem geschützt durch eine PIN, deren Eingabe Voraussetzung für den Abschluss einer Sportwette ist (§ 7 Abs. 2 S. 3 bis 5, Abs. 3 S. 1 SVVO SH).

Die Überprüfung der Spieleridentität bei der Registrierung oder bei Zweifeln an der legitimen Nutzung der Kundenkarte erfolgt hingegen anhand eines amtlichen Lichtbildausweises (§ 10 Abs. 2 S. 1, Abs. 3 S. 1 SVVO SH). Auch bei Auszahlungsbeträgen von 100 Euro oder mehr ist eine Vorlage des amtlichen Lichtbildausweises erforderlich (§ 11 Abs. 3 SVVO SH). Daneben finden die Identifizierungspflichten des Geldwäschegesetzes Anwendung, vgl. § 10 Abs. 5 SVVO SH.

F. Zusammenfassung: Instrumente der Geldwäschebekämpfung in Sportwettbüros

Insgesamt lassen sich damit den bestehenden gesetzlichen Vorschriften fünf wesentliche Instrumente der Geldwäschebekämpfung in Sportwettbüros entnehmen:

1) Die Identifizierung von Kunden in Verbindung mit der Aufzeichnung und Speicherung der dabei gewonnenen Daten bzw. dem Abgleich mit bereits erfassten Daten, insbesondere auch über Spielerkonten oder Kundenkarten (§ 10 Abs. 5 i.V.m. Abs. 1 u. § 8 GwG; z. B. § 7 Abs. 2 S. 1 bis 3 AnVerVO NRW),
2) die Einrichtung eines internen Risikomanagements zur Erkennung krimineller Aktivitäten (§§ 4 ff. GwG),
3) die Sicherstellung der Zuverlässigkeit von Betreiber und Personal, einschließlich der Sicherstellung der rechtmäßigen Herkunft der Mittel (z. B. § 4a Abs. 1 Nr. 1 lit. b) GlüStV; § 4a Abs. 1 Nr. 1 lit. c) i. V. m. § 4b Abs. 1 S. 4 Nr. 4 GlüStV; § 20a Abs. 1 Nr. 3 LGlüG BW),
4) die Gewährleistung der effektiven Zusammenarbeit mit Melde- und Aufsichtsbehörden bzw. die Überführung des Schwarzmarktes in staatlich kontrollierte Bahnen durch Aufhebung des staatlichen Sportwettenmonopols (z. B. §§ 4a ff. GlüStV) sowie
5) als mittelbares Instrument die Bekämpfung von Spielmanipulation durch präventive Vorschriften sowie Vorschriften zur Erleichterung der Aufdeckung von Spielmanipulation oder Straftatbestände (z. B. § 21 Abs. 4 S. 2 GlüStV; §§ 265c, 265d StGB).

G. Verfassungsrechtliche Untersuchung der Geldwäschebekämpfungsinstrumente in Sportwettbüros

I. Abschätzung des tatsächlichen Geldwäscherisikos im Sportwettenbereich

1) Abschätzung des tatsächlichen Risikos der Spielergeldwäsche

a) Geldwäsche durch Arbitrage-Wetten

Das System der Arbitrage-Wetten funktioniert (mathematisch) zuverlässig und ist nahezu entdeckungssicher, wenn der Geldwäscher die mit lediglich geringem Aufwand verbundene Vorsicht walten lässt, für drei verschiedene Wetten auf dasselbe Sportereignis drei unterschiedliche Sportwettbüros aufzusuchen.

aa) Minderung des Risikos durch Besteuerungsvorschriften?

Eine gewisse Minderung der Attraktivität der Arbitrage-Methode für einen potentiellen Geldwäscher kann aus den Besteuerungsvorschriften für Sportwetten resultieren,[1295] da die eigentlich den Veranstalter treffende Steuer von diesem häufig auf den Spieler überwälzt wird.

Gemäß § 16 i. V. m. §§ 17 Abs. 1, 18 RennwLottG schuldet der Veranstalter einer Sportwette 5,3 Prozent des geleisteten Wetteinsatzes abzüglich der Sportwettensteuer als Steuer. Dies gilt auch dann, wenn es sich um einen ausländischen Veranstalter handelt, der Spieler aber die Wette in Deutschland abgibt (vgl. § 16 S. 2 Nr. 2 RennwLottG). § 17 RennwLottG a. F. wurde bereits im Jahr 2012 dahingehend reformiert, dass auch bei Wohnsitz oder gewöhnlichem Aufenthalt des Wettenden im Inland eine Steuerpflicht besteht, um ausländische Veranstalter insofern ebenfalls zu erfassen.[1296] Mit der Neufassung von § 16 RennwLottG durch Art. 1 des Gesetzes zur Änderung des Rennwett- und Lotteriegesetzes und der Ausführungsbestimmungen zum Rennwett- und Lotteriegesetz vom 25.06.2021 (BGBl. I S. 2065) wird zur Herstellung eines Gleichlaufs mit § 3 Abs. 4 GlüStV der Veranstaltungsort nunmehr an den Ort der Wettabgabe verlagert.[1297]

Die Überwälzung der Sportwettensteuer geschieht in der Praxis oft dadurch, dass ein entsprechender Anteil von den Spieleinsätzen oder den Gewinnen vom

---

1295 Vgl. *Haucap/Nolte/Stöver*, Faktenbasierte Evaluierung des Glücksspielstaatsvertrags, S. 183.
1296 BT-Drs. 17/8494, S. 8.
1297 BT-Drs. 19/28400, S. 53.

Veranstalter einbehalten oder die Steuer bei der Quotenkalkulation mindernd berücksichtigt wird.[1298] Auch bei Überwälzung der Steuer auf den Spieler bleibt aber aus Sicht des Geldwäschers unter dem Strich noch eine ausreichend attraktive Auszahlungsquote. Büßt er durch die Arbitrage-Methode etwa fünf Prozent und durch die Sportwettensteuer ungefähr weitere fünf Prozent des zu waschenden Geldes ein, so verbleiben ihm immerhin noch ca. 0,95 x 0,95 ~ 0,9 = 90 % des ursprünglichen Betrags.

bb) Minderung des Risikos durch Einsatzlimits?

Teilweise werden auch Einsatzlimits als Argument gegen eine Attraktivität des terrestrischen Sportwettenbereichs für Spielergeldwäsche genannt.[1299] Dem kann – jedenfalls in Bezug auf die „klassische", vor Spielbeginn abgegebene Ergebniswette – allerdings nicht gefolgt werden. Bei EU-ausländischen Sportwettenveranstaltern finden sich regelmäßig Gewinnlimits im fünf- bis sechsstelligen Eurobereich (Beispiel Tipico: 100.000 Euro pro Kunde und Woche bzw. pro Wettschein[1300]). Das Einsatzlimit, das vom Gewinnlimit und von der Quote der jeweiligen Wette abhängt, bewegt sich bei solchen Veranstaltern also durchaus in einem für Geldwäscher interessanten Größenbereich.

Bei einem Gewinnlimit von 100.000 Euro und einer Wettquote von 2,0 beispielsweise beträgt das Einsatzlimit 100.000 Euro/2,0 = 50.000 Euro. Bei einer höheren Wettquote sinkt das Einsatzlimit zwar (z. B. beim selben Gewinnlimit und einer Quote von 5,0 auf nur noch 20.000 Euro). Gerade beim Arbitrage-System folgt aber aus der Vorgehensweise bei der Berechnung der einzelnen Einsätze, dass je höher die Quote einer einzelnen Wette, desto geringer der darauf entfallende Einsatzbetrag ist. Dadurch wirkt sich die Verringerung des Einsatzlimits bei höherer Quote nicht auf die Funktionsfähigkeit des Arbitrage-Systems aus.

Das Risiko der Spielergeldwäsche durch Arbitrage-Wetten ist daher als hoch einzustufen.

b) Ankauf von Gewinnscheinen

Voraussetzung dafür, dass der Ankauf von Gewinnscheinen als Geldwäschemethode überhaupt funktionieren kann, ist die fehlende Personalisierung des

1298 Sportwettenanbieter.de/Sportwetten und Steuer (URL-Verz.).

1299 *Haucap/Nolte/Stöver*, Faktenbasierte Evaluierung des Glücksspielstaatsvertrags, S. 183.

1300 Tipico/AGB, Abschn. VII. Ziff. 5. (URL-Verz.)

Gewinnscheins. Wäre nämlich der Gewinnschein personalisiert, d. h. mit dem Namen und ggf. weiteren Daten des Wettenden versehen, um die Identität des Einlösenden und deren Übereinstimmung mit den Daten auf dem Gewinnschein bei der Einlösung überprüfen zu können, wäre eine Einlösung fremder Gewinnscheine nicht möglich.

Bei der Testwette des Verfassers im Sportwettbüro eines privaten Veranstalters im Juni 2016[1301] erfolgte jedoch keine Aufnahme persönlicher Daten in die Wettquittung.[1302] Die Wettquittung enthält lediglich Informationen zu getippten Begegnungen, abgegebenen Tipps, Quoten, Einsatz und möglichem Gewinn. Dafür, dass dies bei anderen Veranstaltern anders wäre, ist nichts ersichtlich. Insbesondere enthalten auch die Wettquittungen des staatlichen Oddset-Angebots lediglich die genannten Wettinformationen.[1303]

Ist also demnach der Ankauf von Gewinnscheinen als Geldwäschemethode grundsätzlich denkbar, ist das tatsächliche Risiko dieser Methode als gering einzuordnen. Zunächst ist es mit erheblichen praktischen Schwierigkeiten für den Geldwäscher verbunden, die Inhaber eines Gewinnscheins überhaupt ausfindig zu machen. Selbst wenn er sich in einem oder mehreren Wettbüros ein kriminelles Netzwerk aufgebaut haben sollte, durch das er über die Gewinne einzelner Spieler informiert wird, wäre er immer noch von der Zufälligkeit abhängig, dass überhaupt Gewinne und auch Gewinne in ausreichender Höhe anfallen, um sein illegal erlangtes Geld in Gewinnscheine umsetzen zu können. Angesichts der praktischen Schwierigkeiten der Ankaufmethode wird ein Krimineller jedenfalls dann, wenn er größere Beträge waschen will, eine effektivere Methode vorziehen.

c) Sammeln von Verlustscheinen

Aufgrund der fehlenden Personalisierung von Wettquittungen ist auch die Methode des Sammelns von Verlustscheinen grundsätzlich denkbar. Das Risiko dieser Methode ist aber als gering einzuordnen. Zwar sind die praktischen Schwierigkeiten der Durchführung insofern geringer als beim Ankauf von Gewinnscheinen, als dass der Geldwäscher keine bestimmten Personen ausfindig machen, sondern lediglich weggeworfene Scheine sammeln muss. Zur Erklärung des angeblichen Verlusts größerer Beträge wird er aber eine Vielzahl

1301 S. bereits o. Teil 5 E. III. 1).

1302 In diesem Fall erfolgte nicht einmal eine Identifizierung.

1303 Vgl. die Musterabbildungen einer Spielquittung in: ODDSET Sportwetten GmbH, Wettanleitung ODDSET, S. 15 u. 23.

solcher Verlustscheine bzw. Verlustscheine mit erheblichen Verlustbeträgen sammeln müssen, was das längere Durchwühlen von Papierkörben in Wettbüros voraussetzt, wo die meisten Verlustscheine weggeworfen werden dürften. Dadurch kann leicht Verdacht erregt werden.

Selbst wenn ihm das Sammeln einer ausreichenden Zahl von Verlustscheinen gelingt, ist zweifelhaft, ob mit der Vorlage solcher Verlustscheine der angebliche Verlust von Geld auch plausibel erklärt werden kann. Insbesondere muss der Geldwäscher damit rechnen, dass seine Angaben durch Nachfrage beim Personal der angeblich frequentierten Wettbüros überprüft werden. Einer solchen Überprüfung wird seine Geschichte nicht standhalten, wenn er zahlreiche Verlustscheine eines bestimmten Wettbüros vorlegt, sich das Personal aber kaum an getätigte Wetten erinnern kann.

d) Verbindung von Spielmanipulation und Geldwäsche

Die Manipulation von Spielen auf Betreiben Krimineller ist – wie die Ausführungen in Teil 5 D. I. zum Bochum-Prozess gezeigt haben – auch in Deutschland ein ernstzunehmendes Risiko. Dementsprechend besteht auch ein ernstzunehmendes Risiko, dass illegal erlangte Gelder durch Setzen einer Sportwette auf ein zuvor vereinbartes Ergebnis gewaschen werden. In der Praxis ist diese Methode aber keine, der sich jeder Dieb oder Drogendealer ohne weiteres bedienen könnte. Die Manipulation von Spielen setzt große finanzielle Mittel und ein gut organisiertes kriminelles Gefüge voraus, um geeignete Personen im Sportbereich kontaktieren und für die eigenen Zwecke gewinnen zu können.

Von den verschiedenen Wetttypen sind vor allem vor Spielbeginn abgegebene Ergebniswetten aus krimineller Sicht für Manipulation und Geldwäsche interessant.[1304] Live-Wetten und Ereigniswetten hingegen, obschon häufig mit besonderer Manipulationsanfälligkeit in Verbindung gebracht, sind es hingegen weniger. Ein maßgeblicher Grund hierfür ist, dass diese in der Regel deutlich strengeren Einsatzlimits unterliegen als vor Spielbeginn abgegebenen Ergebniswetten, so dass sie für Kriminelle weniger lohnenswert erscheinen.[1305] Zudem fällt aufgrund der im Allgemeinen deutlich geringeren Nachfrage in diesem

1304 *Haucap/Nolte/Stöver*, Faktenbasierte Evaluierung des Glücksspielstaatsvertrags, S. 206; *Van Rompuy*, Die Wahrscheinlichkeiten von Spielmanipulation, S. 35 f.

1305 *Haucap/Nolte/Stöver*, Faktenbasierte Evaluierung des Glücksspielstaatsvertrags, S. 205; *Van Rompuy*, Die Wahrscheinlichkeiten von Spielmanipulation, S. 36.

Wettbereich ein verstärktes Setzen leichter auf, so dass das Entdeckungsrisiko erhöht ist.[1306]

Ein weiterer, das Risiko der Verbindung von Spielmanipulation und Geldwäsche beeinflussender Faktor sind die Eigenarten der in Betracht stehenden Sportart. Je höher die individuelle Kontrolle von Spielereignissen und Spielausgang durch die teilnehmenden Sportler, desto leichter gestaltet sich eine Manipulation und desto größer sind die Anreize, eine solche auch durchzuführen.[1307]

2) *Abschätzung des tatsächlichen Risikos der Betreibergeldwäsche*

a) *Geldwäsche durch Tätigkeit als Sportwettenveranstalter*

Das Risiko der Betreibergeldwäsche durch Sportwettenveranstalter war in Deutschland lange Zeit durch den Umstand verringert, dass es – von den in Schleswig-Holstein vergebenen Lizenzen einmal abgesehen – vor Einfügung der Öffnungsklausel in § 10a GlüStV 2012 schon gar nicht bzw. nur schwierig möglich war, eine Konzession zu erhalten. Zuvor bestand ein staatliches Sportwettenmonopol.[1308] Auch unter Geltung der Öffnungsklausel bestand in Anbetracht des rechtlich unzureichend ausgestalteten Vergabeverfahrens und der eingelegten Eilrechtsschutzanträge leer ausgegangener Veranstalter faktisch oft nicht die Möglichkeit, eine entsprechende Konzession zu erhalten.[1309]

Mit dem Dritten Glücksspieländerungsstaatsvertrag ist jedoch nunmehr die zahlenmäßige Begrenzung der Sportwettenkonzessionen für private Veranstalter aufgehoben worden.[1310] Vom Regierungspräsidium Darmstadt als zuständiger Erlaubnisbehörde wurden auch bereits erste Konzessionen erteilt.[1311] Die in Teil 5 C. II. 1) beschriebenen Möglichkeiten der Betreibergeldwäsche als Sportwettenveranstalter erscheinen damit durchaus denkbar.

b) *Geldwäsche durch Tätigkeit als Sportwettbürobetreiber*

In Bezug auf die inländische Vermittlung des Sportwettenangebots eines Unternehmens mit Sitz im EU-Ausland bestanden auch schon vor der Aufhebung der zahlenmäßigen Begrenzung der Sportwettenkonzessionen für

---

1306 *Haucap/Nolte/Stöver*, Faktenbasierte Evaluierung des Glücksspielstaatsvertrags, S. 205 f.; *Van Rompuy*, Die Wahrscheinlichkeiten von Spielmanipulation, S. 36.

1307 IRIS u. a., Sports Betting and Corruption, S. 17 ff.

1308 Etwa *Ennuschat*, WRP 2014, 642 (643).

1309 Dazu etwa *Hilf/Umbach*, ZfWG 2015, 197 (199 ff.).

1310 Vgl. bereits o. Teil 2 B. II. 2) d) cc) (2).

1311 Vgl. bereits o. Teil 5 B. I. sowie etwa dpa, Die Zeit v. 22.01.2021.

private Veranstalter keine größeren rechtlichen Hindernisse. Bereits 2016 hatte der EuGH geurteilt, dass die Vermittlung – auch wenn sie ohne Erlaubnis erfolgt – nicht sanktioniert werden könne, wenn es dem Veranstalter der vermittelten Wetten angesichts eines unionsrechtswidrigen Sportwettenmonopols bzw. dessen faktischen Weiterbestehens nicht möglich sei, eine Erlaubnis für die Veranstaltung zu erhalten.[1312] Daran anknüpfend gab es einige gerichtliche Entscheidungen auf nationaler Ebene, die entsprechende behördliche Untersagungsverfügungen für rechtswidrig erklärten,[1313] wobei die Verfassungs- und Unionsrechtskonformität des Erlaubnisvorbehalts nach § 4 Abs. 1 GlüStV (2012) an sich nicht in Frage gestellt wurde.[1314]

Mit Aufhebung der zahlenmäßigen Begrenzung der Konzessionen für private Veranstalter sollte es diesen nun auch realistisch möglich sein, eine Erlaubnis zu erhalten. In der Folge wird Sportwettenvermittlern, die für die Veranstalter tätig werden, die legale Tätigkeitsaufnahme erleichtert. Umgekehrt ist im Einzelfall auch eine Erschwerung denkbar, weil sich der Vermittler ggf. nicht mehr behaupten kann, dass „sein" Veranstalter nur wegen der faktischen Aufrechterhaltung eines unionsrechtswidrigen Monopols keine Erlaubnis erhalten könne. Letztlich dürften insofern die Hürden für die Tätigkeitsaufnahme als Sportwettenvermittler – die Voraussetzung für die Betreibergeldwäsche im Rahmen dieser Tätigkeit ist – in etwa gleichgeblieben sein.

Hinsichtlich der kommunalen Wettbürosteuer bei Sportwettbüros geht die Rechtsprechung ähnlich wie hinsichtlich der Vergnügungssteuer bei Spielhallen[1315] regelmäßig davon aus, dass Wettbürobetreiber diese Steuer kalkulatorisch abwälzen und insgesamt wirtschaftlich arbeiten und Gewinne erzielen können.[1316] Die steuerliche Belastung durch eine Wettbürosteuer wirkt daher nur eingeschränkt als risikomindernder Faktor.

1312 EuGH, Urt. v. 04.02.2016, C-336/14 – *Ince*, ECLI:EU:C:2016:72, Rn. 65 u. 95; *Brüning/Thomsen*, NVwZ 2021, 11 (11).

1313 Etwa BVerwG, Urt. v. 15.06.2016, 8 C 5/15; OVG Münster, Beschl. v. 19.05.2016, 4 A 302/09, juris Rn. 16 ff. m. w. N.; vgl. insofern rekapitulierend auch VGH München, Beschl. v. 02.06.2021, 23 ZB 20.521, BeckRS 2021, 16287, Rn. 60 i. V. m. Rn. 57 [hier im Kontext eines Urteils zu Spielhallen]; OVG Lüneburg, Beschl. v. 04.02.2020, 11 LA 479/18, juris Rn. 25.

1314 Etwa OVG Lüneburg, Beschl. v. 04.02.2020, 11 LA 479/18, juris Rn. 23; OVG Münster, Urt. v. 25.02.2014, 13 A 2018/11, ZfWG 2014, 209 (215) m. allerdings krit. Anm. *Mayer/Luther*, ZfWG 2014, 190 (191 f.).

1315 Teil 4 G. I. 2) b) cc).

1316 BVerwG, Urt. v. 29.06.2017, 9 C 7/16, NVwZ 2017, 1871 (1876 f. Rn. 43 ff.); daran anknüpfend etwa VGH Mannheim, Urt. v. 19.01.2021, 2 S 1535/19, BeckRS 2021,

Insgesamt lässt sich festhalten, dass die Betreibergeldwäsche durch Gründung und/oder laufende Finanzierung eines Sportwettbüros mit Geldern illegaler Herkunft sehr gut möglich erscheint.[1317] Es besteht ein zumindest mittleres Risiko.

c) Investition von Geldern in Fußballvereine

Verlässliche Aussagen über das Risiko einer Geldwäsche durch Investition in oder Kauf von Fußballvereinen in Deutschland lassen sich kaum treffen. Ein Fall aus Portugal[1318] zeigt immerhin, dass diese Methode keine lediglich in der Literatur beschriebene theoretische Möglichkeit ist, sondern tatsächlich auch im Ligasystem einer größeren europäischen Fußballnation Anwendung finden kann. In dem 2016 aufgedeckten Fall übernahmen Angehörige der russischen Mafia finanziell klamme Fußballvereine, um über geschäftliche Transaktionen in Zusammenhang mit dem Verein Gelder illegaler Herkunft zu waschen.[1319] Wie unter Teil 5 C. 2. III. bereits ausgeführt, soll diese Geldwäschemethode allerdings als nicht eigentlich glücksspielbezogene Methode hier nicht vertieft behandelt werden.

II. Prüfung der Vorschriften des Geldwäschegesetzes

1) Anwendbarkeit der nationalen Grundrechtsordnung

Veranstalter und Vermittler von Sportwetten waren bei der Umsetzung der 4. GwRL nicht zwingend in den Verpflichtetenkreis mitaufzunehmen. Vielmehr gehören sie zu den Veranstaltern und Vermittlern von Glücksspiel, die nach einer angemessenen Risikobewertung vom nationalen Gesetzgeber ganz oder teilweise vom Anwendungsbereich des Geldwäschegesetzes hätten ausgenommen werden können (Art. 2 Abs. 2 S. 1 4. GwRL). Die Vorschriften des Geldwäschegesetzes für Veranstalter und Vermittler von Sportwetten sind damit nach der hier vertretenen Auffassung[1320] am Maßstab des Grundgesetzes zu messen.

2375 Rn. 56; VG Gelsenkirchen, Urt. v. 24.03.2020, 2 K 5005/19, BeckRS 2020, 9148, Rn. 40 ff.; VG Schleswig, Beschl. v. 13.12.2019, 4 B 61/19, BeckRS 2019, 32572, Rn. 45 ff.; VG Gelsenkirchen, Urt. v. 19.07.2019, 2 K 61/19, BeckRS 2019, 26581, Rn. 50 ff.; VG Düsseldorf, Urt. v. 12.04.2019, 25 K 6279/18, BeckRS 2019, 6808, Rn. 23 ff.; so zudem auch *Risch*, KommJur 2018, 361 (363).

1317 Vgl. auch den in Teil 5 D. II. bereits zitierten Artikel zu Betreibern von Tipico-Sportwettbüros.

1318 Faz.net, Art. v. 04.05.2016 (URL-Verz.).

1319 Faz.net, Art. v. 04.05.2016 (URL-Verz.).

1320 S. o. Teil 2 C. I. 1) c).

2) *Prüfung am Maßstab von Art. 12 Abs. 1 GG*

a) *Schutzbereich*

Als auf Dauer angelegte und mit Erwerbsabsicht betriebene Tätigkeit ist das Veranstalten und Vermitteln von Sportwetten ein Beruf i. S. v. Art. 12 Abs. 1 GG. Nach den Ausführungen unter Teil 2 C. II. 1) a) bb) handelt es sich auch nicht um eine absolut gemeinschaftsschädliche Tätigkeit, die vom Schutzbereich auszunehmen wäre.

Nach den in Teil 5 E. I. erfolgten Ausführungen unterfällt dem deutschen Geldwäschegesetz die Veranstaltung und die Vermittlung (im Eigen- oder im Fremdvertrieb) von Sportwetten, die rechtlich selbständig oder über eine gruppenangehörige Niederlassung eines EU-ausländischen Mutterunternehmens in Deutschland ausgeübt werden. Vom Grundrecht der Berufsfreiheit ist dabei als natürliche Person geschützt, wer die deutsche oder – nach hier vertretener Ansicht[1321] – eine EU-ausländische Staatsbürgerschaft innehat. Auch juristische Personen mit Sitz im Inland oder – nach hier vertretener Ansicht[1322] – EU-Ausland können sich (über Art. 19 Abs. 3 GG) auf Art. 12 Abs. 1 GG berufen.

b) *Eingriff*

Die Vorschriften des Geldwäschegesetzes zu Kundenidentifizierung, Aufzeichnungs- und Meldepflichten, Einrichtung eines internen Risikomanagements und Sicherstellung der Personalzuverlässigkeit stellen eine nicht unerhebliche Belastung für Veranstalter und Vermittler von Sportwetten dar und weisen als unmittelbar auf die Berufsausübung bezogene Regelungen auch eine berufsregelnde Tendenz auf. Sie greifen somit in Art. 12 Abs. 1 GG ein.

c) *Rechtfertigung*

Da die in Betracht stehenden Vorschriften nicht die Zulassung zum Beruf des Sportwettenveranstalters oder -vermittlers, sondern die Art und Weise der Berufsausübung regeln, handelt es sich um Berufsausübungsregelungen, die (lediglich) einer gewöhnlichen Verhältnismäßigkeitsprüfung standhalten müssen. Um die tatsächliche Belastung durch diese Regelungen besser abschätzen zu können, ist zunächst näher zu betrachten, für wen sie in der Praxis in erster Linie relevant werden.

1321 S. o. unter Teil 2 C. II. 1) b).
1322 S. o. unter Teil 2 C. II. 1) b).

Dies ist für private Vermittler von Sportwetten für EU-ausländische Unternehmen der Fall, die in Deutschland ein Wettbüro betreiben. Daneben werden sie relevant auch für die gewerblichen Vermittler des staatlichen Oddset-Angebots, die in die Betriebsstruktur des staatlichen Lotto- und Sportwettenangebots eingegliedert sind (vgl. § 3 Abs. 5 GlüStV)[1323] und in denen sich die Vermittlungstätigkeit lediglich als Nebenangebot zu einem Hauptbetrieb (beispielsweise einem Kiosk) darstellt.

Ferner werden die Vorschriften relevant für die Landeslotteriegesellschaften als Veranstalter der staatlichen Oddset-Sportwette, was allerdings im Rahmen der vorliegenden Prüfung angesichts der fehlenden Grundrechtsberechtigung der Landeslotteriegesellschaften[1324] keine Rolle spielt. Zudem werden sie relevant für (grundrechtsberechtigte) private Sportwettenveranstalter mit Sitz in Deutschland und solche mit Sitz im EU-Ausland, die im Wege des Eigenvertriebs auch terrestrisch in Deutschland tätig werden.[1325]

aa) Relevanz des Geldwäschegesetzes für eingegliederte Annahmestellen

Für die in die Betriebsstruktur eines Sportwettenveranstalters eingegliederten Annahmestellen dürften die Vorschriften des Geldwäschegesetzes weitgehend (nur) insofern relevant werden, als dass sie die gruppenweiten, einheitlichen Vorgaben des Mutterunternehmens zu internen Sicherungsmaßnahmen umzusetzen haben (vgl. § 9 Abs. 1 S. 1, S. 2 Nr. 1 GwG).[1326] So müssen sie etwa die Vorschriften zur Identifizierung des Kunden bei Erreichen oder Überschreiten der Transaktionsschwelle in Höhe von 2.000 Euro (vgl. § 9 Abs. 1 S. 2 Nr. 1 i. V. m. §§ 6 Abs. 2 Nr. 1 lit. b), 10 Abs. 5 GwG) und die damit verbundenen Aufzeichnungsvorschriften (vgl. § 9 Abs. 1 S. 2 Nr. 1 i. V. m. §§ 6 Abs. 2 Nr. 1 lit. d), 8 Abs. 1 S. 1 Nr. 1 GwG) praktisch umsetzen.

Insbesondere dürften sie aber regelmäßig keinen eigenen Geldwäschebeauftragten stellen müssen.[1327] Dieser ist beim Mutterunternehmen angesiedelt und hat dort gerade die Aufgabe, gruppenweite Strategien zur Verhinderung von Geldwäsche einheitlich festzulegen (§ 9 Abs. 1 S. 2 Nr. 2 GwG). Zudem können

---

1323 Vgl. etwa BGH, Urt. v. 04.03.2008, KZR 36/05, juris Rn. 40.

1324 Vgl. bereits die entsprechenden Ausführungen zu öffentlichen Spielbankenunternehmen in Teil 3 G. II.

1325 S. o. Teil 5 E. I. 2).

1326 Vgl. BT-Drs. 18/11928, S. 2 f. u. 21.

1327 Vgl. BT-Drs. 18/11928, S. 3.

sie sich auf die gemäß § 9 Abs. 1 S. 1, S. 2 Nr. 2 GwG zentral erarbeiteten Sicherungsmaßnahmen stützen.

Damit stellen sich die Annahmestellen bei der Sportwettenvermittlung in erster Linie als die Ausläufer des Mutterunternehmens dar, über die letzteres im terrestrischen Bereich mit den Kunden in Kontakt kommt und seine Verpflichtungen nach dem Geldwäschegesetz wahrnimmt. Die in diesem Rahmen vorzunehmenden Aufgaben sind den privaten Betreibern von Wettannahmestellen zumutbar und angesichts des tatsächlichen Risikos der Spielergeldwäsche in Sportwettbüros auch erforderlich und angemessen. Für den Fall, dass sie aufgrund einer weitergehenden Verselbständigung im Einzelfall doch umfangreichere Pflichten wahrnehmen müssen, sei auf die Überlegungen im nachfolgenden Abschnitt bb) verwiesen.

bb) Relevanz des Geldwäschegesetzes für rechtlich selbständige Sportwettbüros

Rechtlich selbständige Wettbüros unterliegen grundsätzlich den gleichen Sorgfaltspflichten nach dem Geldwäschegesetz wie Spielbanken.[1328] Demnach müssen sie grundsätzlich insbesondere eine eigenständige Risikoanalyse und -dokumentation vornehmen (§ 5 Abs. 1, 2 GwG), über einen Geldwäschebeauftragten verfügen (§ 6 Abs. 2 Nr. 2 i. V. m. § 7 GwG) und Mitarbeiter selbst in Geldwäschetypologien und rechtlichen Vorgaben zur Geldwäschebekämpfung schulen (§ 6 Abs. 2 Nr. 6 GwG). Angesichts der geringen wirtschaftlichen Größe und der geringen Personalausstattung mancher selbständigen Wettbüros können diese Pflichten eine nicht unerhebliche Belastung darstellen.[1329]

Allerdings ist zu berücksichtigen, dass ein Sportwettbürobetreiber durchaus Möglichkeiten hat, sich die vorgenannten zentralen Pflichten zu erleichtern. Er kann beispielsweise die Funktion des Geldwäschebeauftragten auslagern (§ 6 Abs. 7 GwG),[1330] indem er sie einem Externen überträgt, der diese Aufgabe professionell für verschiedene nach dem GwG verpflichtete Kunden wahrnimmt.[1331]

1328 Vgl. bereits o. Teil 5 E. I.

1329 So auch der Bundesrat in seiner Stellungnahme zum Gesetzentwurf zur Umsetzung der vierten Geldwäscherichtlinie, BT-Drs. 18/11928, S. 3.

1330 Vgl. bereits o. Teil 3 E. I. 3) b) aa) sowie Oberste Glücksspielaufsichtsbehörden der Länder, Auslegungs- und Anwendungshinweise, S. 25; *Herzog*, in: ders./Achtelik, GwG, § 7 Rn. 5.

1331 Zu dieser Möglichkeit für „kleine" Unternehmen bzw. Unternehmer auch *Walther*, in: Schimansky/Bunte/Lwowski, Bankrechts-Handbuch, Bd. 1, § 42 Rn. 456.

Nach den Auslegungs- und Anwendungshinweisen zum GwG der Obersten Glücksspielaufsichtsbehörden der Länder kann ein Geldwäschebeauftragter eines Veranstalters für mehrere Vermittler dieses Veranstalters tätig werden.[1332] Darüber hinaus besteht auch die Möglichkeit, dass ein Geldwäschebeauftragter für mehrere Veranstalter tätig wird.[1333]

Ggf. kann der Sportwettbürobetreiber auch – schriftlich und mit Begründung[1334] – eine vollständige Befreiung von der Pflicht zur Bestellung eines Geldwäschebeauftragten bei der zuständigen Aufsichtsbehörde beantragen (§ 7 Abs. 2 GwG).[1335] Zwar deuten die Auslegungs- und Anwendungshinweise der Obersten Glücksspielaufsichtsbehörden der Länder an, dass ein solcher Antrag wenig Aussicht auf Erfolg hätte: In der Zusammenarbeit zwischen Vermittler und Veranstalter bestehe im Sportwettenbereich grundsätzlich immer die Gefahr eines Informationsverlustes i. S. v. § 7 Abs. 2 Nr. 1 GwG,[1336] der eine Befreiung tatbestandlich nicht zulässt. Die darauffolgende Aussage, wonach „eine Befreiung von der Pflicht zur Bestellung eines Geldwäschebeauftragten [...] den Verpflichteten nicht von der Einhaltung der übrigen geldwäscherechtlichen Pflichten [entbinde]“[1337], zeigt jedoch, dass eine Befreiung nicht generell ausgeschlossen wird.

Ferner hat der Sportwettbürobetreiber nach § 6 Abs. 9 GwG die Möglichkeit, bei der zuständigen Aufsichtsbehörde unter Geltendmachung einer geringen Größe seines Geschäftsbetriebs eine (risiko-)angemessene Anwendung der Sorgfaltspflichten nach § 6 Abs. 1 bis 6 GwG für sein Sportwettbüro[1338] zu beantragen und auf diesem Wege ggf. Erleichterungen zu erwirken.

1332 Oberste Glücksspielaufsichtsbehörden der Länder, Auslegungs- und Anwendungshinweise, S. 22.

1333 Oberste Glücksspielaufsichtsbehörden der Länder, Auslegungs- und Anwendungshinweise, S. 22.

1334 Oberste Glücksspielaufsichtsbehörden der Länder, Auslegungs- und Anwendungshinweise, S. 22; vgl. zu den in etwa zu erwartenden Anforderungen an einen solchen Antrag die entsprechenden Anforderungen des Landes Berlin an einen Befreiungsantrag von (den ähnlich gelagerten) Buchmachern, Berlin.de/Befreiungsantrag (URL-Verz.).

1335 Vgl. bereits o. Teil 3 E. I. 3) b) aa).

1336 Oberste Glücksspielaufsichtsbehörden der Länder, Auslegungs- und Anwendungshinweise, S. 22.

1337 Oberste Glücksspielaufsichtsbehörden der Länder, Auslegungs- und Anwendungshinweise, S. 22.

1338 Vgl. den Wortlaut von § 6 Abs. 9 GwG: „(...) einzelne Verpflichtete oder (...)“.

Ähnlich kann der Sportwettbürobetreiber nach § 5 Abs. 4 GwG eine Befreiung von der Pflicht zur Risikodokumentation beantragen, wenn er darlegen kann, dass die in seinem Bereich bestehenden konkreten Risiken klar erkennbar sind und verstanden werden. Diese Darlegung wird umso eher gelingen, je übersichtlicher die Unternehmensstrukturen[1339] und je einfacher die in Betracht kommenden Geldwäschemodelle sind. Angesichts der gut verständlichen Modelle der Spielergeldwäsche im Sportwettbereich[1340] und der überschaubaren Strukturen in einem kleinen Sportwettbüro sollte ein entsprechender Antrag eines solchen Büros aussichtsreich sein.

Mit den o. g. Auslegungs- und Anwendungshinweisen wird dem Sportwettbürobetreiber zudem ein umfangreiches Dokument zur Verfügung gestellt, dem sich die Sorgfaltspflichten in detaillierter Beschreibung entnehmen lassen. Auch erscheint es in kleinen Sportwettbüros nicht fernliegend, dass der Sportwettbürobetreiber die zentralen Pflichten – insbesondere die Identifizierungspflichten und die Risikodokumentation – in Personalunion wahrnimmt. Insofern mögen die Pflichten zwar eine zusätzliche Arbeitsbelastung für den Inhaber darstellen, dürften aber keinen erheblichen zusätzlichen Personalaufwand erfordern.

Halten sich damit die Belastungen für Sportwettbürobetreiber in Grenzen, fallen demgegenüber die erheblichen Risiken der Spielergeldwäsche im Sportwettbereich[1341] mehr ins Gewicht. Die Vorschriften des Geldwäschegesetzes für Betreiber rechtlich selbständiger Sportwettbüros sind daher verfassungsrechtlich gerechtfertigt.

cc) Relevanz des Geldwäschegesetzes für private Sportwettenveranstalter

Nach den Überlegungen der beiden vorangegangenen Abschnitte sind die Vorschriften des Geldwäschegesetzes auch in Bezug auf private Sportwettenveranstalter mit Sitz in Deutschland und auf EU-ausländische Sportwettenveranstalter, die im Wege des Eigenvertriebs über terrestrische Sportwettbüros in Deutschland tätig werden, verfassungsrechtlich gerechtfertigt. Eine Besonderheit gegenüber den vorangegangenen Überlegungen könnte sich allenfalls in Bezug auf Sportwettenveranstalter ergeben, die nicht im Wege des Eigenvertriebs tätig werden, also nur über Vermittler unmittelbaren Kontakt zum Kunden haben. Auch für solche Veranstalter besteht jedoch angesichts der erheblichen Risiken

---

1339 *Herzog*, in: ders./Achtelik, GwG, § 5 Rn. 20.
1340 S. o. Teil 5 C. I.
1341 S. o. Teil 5 G. I. 1).

der Spielergeldwäsche das Erfordernis, gruppenweite Strategien für die Einhaltung der Geldwäschevorschriften festzulegen.

Die geldwäschebezogenen Anforderungen im Antragsverfahren auf Erteilung einer Veranstaltungskonzession lassen sich dem betreffenden Merkblatt des Regierungspräsidiums Darmstadt[1342] entnehmen. Demnach müssen u. a. ein Geldwäschebeauftragter und dessen Stellvertreter namentlich benannt sowie eine Darstellung des Risikomanagements und ein Geldwäschekonzept vorgelegt werden.[1343]

III. Prüfung der Vorschriften des GlüStV und des Landesrechts am Maßstab des Grundgesetzes

Die Prüfung der übrigen Vorschriften, die für die Geldwäschebekämpfung relevant werden können, soll hier nur noch in geraffter Form erfolgen. Von einer Prüfung der Vorschriften zur Kundenidentifizierung auf Landesebene soll weitgehend abgesehen werden, da sie ganz überwiegend dem Jugend- und Spielerschutz dienen und nur einen mittelbaren Bezug zur Geldwäschebekämpfung aufweisen.

1) Vorschriften zur Manipulationsprävention

Eine größere Nähe zur Geldwäschebekämpfung als die Jugend- und Spielerschutzvorschriften weisen die Vorschriften zur Manipulationsprävention auf, da es sich bei Geldwäsche in Anknüpfung an eine zuvor erfolgte Spielmanipulation um ein ernstzunehmendes Risiko handelt. Nach den unter Teil 5 G. I. 1) d) erfolgten und wesentlich an den dort zitierten Arbeiten von *Van Rompuy* und *Haucap/Nolte/Stöver* orientierten Ausführungen bestehen aber angesichts der deutlich geringeren finanziellen Anreize und des höheren Entdeckungsrisikos für Kriminelle bei Live-Ereigniswetten Zweifel an einer signifikanten Manipulationsanfälligkeit dieses Wetttypus.

Zu berücksichtigen ist auch, dass Ereigniswetten in tatsächlicher Hinsicht nicht immer leichter zu manipulieren sind als Ergebniswetten.[1344] Denn auch wenn ein ganzes Spiel oder ein ganzer Spielabschnitt insgesamt komplexer sind als ein singuläres Ereignis, ist auch letzteres in komplexe, schwierig zu

---

1342 Regierungspräsidium Darmstadt, Mindestanforderungen, Stand 16.07.2021.

1343 Regierungspräsidium Darmstadt, Mindestanforderungen, Stand 16.07.2021, S. 5 f.

1344 *Haucap/Nolte/Stöver*, Faktenbasierte Evaluierung des Glücksspielstaatsvertrags, S. 204 f.

beherrschende Geschehensabläufe eingebettet und sind umgekehrt erstere (nur) durch einzelne Ereignisse beeinflussbar.

So kann zum Beispiel ein Fußballspieler nicht ohne weiteres den nächsten Eckball für den Gegner herbeiführen. Er muss sich dazu zunächst in Ballbesitz bringen, was je nach Spielsituation nicht einfach ist, und das zudem in einer Situation, in der er den Ball hinter die eigene Torauslinie spielen kann. Bis dahin mag es schon zu einem Eckball für die eigene Mannschaft gekommen sein. Umgekehrt kann ein singuläres Ereignis das Ergebnis eines Spieles oder einen Ergebnisabschnitt entscheidend beeinflussen, wie zum Beispiel der „versehentliche" Abschlag eines Torwarts direkt vor die Füße eines gegnerischen Stürmers.[1345]

Unter dem Gesichtspunkt der Manipulations- und damit auch Geldwäschebekämpfung allein lässt sich das Verbot von Live-Ereigniswetten nach § 21 Abs. 4 S. 2 GlüStV daher nicht rechtfertigen.[1346]

2) *Inkompatibilitätsvorschriften und Frühwarnsystem*

Angemessen zur Bekämpfung von Spielmanipulation und damit auch Geldwäsche sind hingegen die Inkompatibilitätsvorschriften sowie die Ermächtigung der Behörde zur Anordnung der Einrichtung eines Frühwarnsystems.[1347] Die Inkompatibilitätsvorschriften wirken der Spielmanipulation befördernden Verquickung von Wettbereich und Sportbereich entgegen.[1348] Frühwarnsysteme können erheblich zur Erkennung von Anomalien auf dem Sportwettenmarkt und damit von Spielmanipulation beitragen.[1349]

Verlangt wird vom Verpflichteten bei § 21 Abs. 3 S. 3 GlüStV zudem nicht der selbständige Aufbau eines Frühwarnsystems. Der „Einrichtung" im Sinne des Tatbestandes ist nach Sinn und Zweck der Vorschrift schon Genüge getan, wenn ein Anschluss an ein bestehendes und effektives Frühwarnsystem erfolgt.[1350] Die

---

1345 Vgl. *Haucap/Nolte/Stöver*, Faktenbasierte Evaluierung des Glücksspielstaatsvertrags, S. 205.

1346 *Haucap/Nolte/Stöver*, Faktenbasierte Evaluierung des Glücksspielstaatsvertrags, S. 206 f.

1347 *Haucap/Nolte/Stöver*, Faktenbasierte Evaluierung des Glücksspielstaatsvertrags, S. 210 f.

1348 *Haucap/Nolte/Stöver*, Faktenbasierte Evaluierung des Glücksspielstaatsvertrags, S. 211.

1349 *Haucap/Nolte/Stöver*, Faktenbasierte Evaluierung des Glücksspielstaatsvertrags, S. 212.

1350 *Hecker/Ruttig*, in: Dietlein/dies., Glücksspielrecht, § 21 GlüStV Rn. 47.

Aufhebung des staatlichen Sportwettenmonopols und die Konzessionierung privater Veranstalter auch aus dem EU-Ausland schaffen dabei die Voraussetzungen dafür, dass diese Vorschriften auf dem Boden eines regulierten Angebots Wirkung entfalten können.[1351] Zudem trägt die Konzessionierung EU-ausländischer Veranstalter zu einer besseren Zusammenarbeit mit den deutschen Ordnungsbehörden bei.[1352]

3) Weitere Vorschriften

Angemessen sind auch die Vorschriften zur Sicherstellung der Transparenz von Beteiligungsverhältnissen (§ 4a Abs. 1 Nr. 1 lit. a) i. V. m. § 4b Abs. 1 S. 4 Nr. 1 GlüStV), der Legalität der Mittelherkunft (§ 4a Abs. 1 Nr. 1 lit. c) i. V. m. § 4b Abs. 1 S. 4 Nr. 4 GlüStV) und der Zuverlässigkeit der Betreiber (§ 4a Abs. 1 Nr. 1 lit. b) GlüStV), da nach den Ausführungen unter Teil 5 G. I. 2) a) ein tatsächliches Risiko der Betreibergeldwäsche besteht.

Die Vorschriften zu Spielerkonto (§ 13 Abs. 8 AG GlüStV NRW i. V. m. § 7 AnVerVO NRW) und Kundenkarte (§§ 3, 7 SVVO SH) in Nordrhein-Westfalen bzw. Schleswig-Holstein sollen an dieser Stelle keiner ausführlichen Prüfung unterzogen werden. Bei der Einführung des Spielerkontos in NRW standen die Überprüfbarkeit der Redlichkeit des Vermittlers im Verhältnis zum Veranstalter sowie Spielerschutzgesichtspunkte, nicht die Geldwäscheprävention im Vordergrund[1353] (vgl. ferner § 7 Abs. 4 S. 3 AnVerVO NRW: „Die geldwäscherechtlichen Vorschriften bleiben unberührt.“). Auch bei der Einführung der Kundenkarte in Schleswig-Holstein ging es offenbar nicht (primär) um Geldwäscheprävention. So verweist § 10 Abs. 5 SVVO SH bzgl. der Identifizierung von Spielern neben den Vorschriften zur Kundenkarte gesondert auf die einzuhaltenden geldwäscherechtlichen Vorschriften. Dessen ungeachtet können die Regelungen in beiden Ländern offenbar auch zur Geldwäschebekämpfung beitragen.

IV. Indienstnahmeproblematik

Ähnlich wie bei privaten Spielbanken (s. o. Teil 3 G. VIII.) stellt sich auch bei Sportwettbüros die Frage, ob eine staatliche Ausgleichspflicht für die Pflichten nach dem Geldwäschegesetz in Betracht kommt.

1351 Vgl. *Haucap/Nolte/Stöver*, Faktenbasierte Evaluierung des Glücksspielstaatsvertrags, S. 198.

1352 Informationen aus einem Telefonat mit dem Innenministerium Schleswig-Holstein.

1353 LT-Drs. NRW 17/6611, S. 37.

1) Meldeverpflichtung an sich verfassungsgemäß

Wie unter Teil 5 G. I. 1) dargelegt, bestehen gerade im Sportwettenbereich tatsächliche Risiken der Spielergeldwäsche. Diesen kann effektiv nur dadurch begegnet werden, dass ein Sportwettbürobetreiber in Verdachtsfällen zur Meldung an die Zentralstelle für Finanztransaktionsuntersuchungen verpflichtet ist. Die Meldeverpflichtung ist daher verfassungsgemäß.

Unabhängig davon gelten die im Rahmen der Ausführungen zu Spielbanken bereits dargelegten Erwägungen zum übermäßigen Strafbarkeitsrisiko von Geldwäschebeauftragten (s. o. Teil 3 G. VII. 3)) ebenso für Geldwäschebeauftragte bei Veranstaltern und Vermittlern von Sportwetten. Dem sollte aber nicht durch die Abschaffung der (unabdingbaren) Meldepflicht, sondern durch die Einschränkung der Strafbewehrung leichtfertiger Verletzungen der Meldepflicht (s. o. Teil 3 G. VII. 3) c)) begegnet werden.

2) Prüfung einer staatlichen Ausgleichsverpflichtung

Auf der Sekundärebene der Indienstnahmeproblematik ist anhand der vier unter Teil 3 G. VIII. 4) c) herausgearbeiteten Kriterien zu überprüfen, ob möglicherweise eine Ausgleichspflicht für die Indienstnahme von Veranstaltern und Vermittlern von Sportwetten besteht (wobei eine solche bei kumulativem Vorliegen der Kriterien gerade nicht gegeben ist). Der Fokus liegt hier wiederum auf den in erster Linie betroffenen rechtlich selbständigen Sportwettbürobetreibern.

Eine besondere Sachnähe dieser Betreiber zu der eigentlich staatlichen Aufgabe ist ohne weiteres zu bejahen, da die Registrierung von Auffälligkeiten beim Wettverhalten von Kunden nur in den Sportwettbüros selbst möglich ist. Ebenso unproblematisch ist, dass die Betreiber das Geldwäscherisiko durch ihre Tätigkeit mitveranlassen, einen wirtschaftlichen Vorteil aus der das Geldwäscherisiko verursachenden Tätigkeit ziehen und über einen effektiven Zugriff auf die für die Geldwäschevorgänge relevanten Einrichtungen verfügen. Nach den Ausführungen in Teil 5 G. II. 2) c) können sie den Pflichten des Geldwäschegesetzes ohne Verletzung anderweitiger wesentlicher Pflichten nachkommen und hat die Indienstnahme keine erdrosselnde Wirkung.

3) Ergebnis der Prüfung

Eine staatliche Ausgleichspflicht ist damit nicht gegeben.

H. Abgleich von Regelungen anderer Länder

I. Österreich

In den meisten österreichischen Bundesländern gibt es Regelungen zur Führung eines Wettbuchs und/oder zum Einsatz von Wettkundenkarten in Sportwettbüros.

1) Wettbücher

Ein Wettbuch ist eine elektronische Datenbank, in der vom Betreiber sämtliche Wettvorgänge erfasst und gespeichert werden (vgl. etwa § 16 Abs. 3 Sbg. WuG). Zu den erfassten und gespeicherten Daten gehören dabei zumindest Datum und Uhrzeit des Wettabschlusses, das bewettete Ereignis sowie Einsatz, Quote und möglicher Gewinn (vgl. etwa § 7 Abs. 6 Oö. WettG; § 16 Abs. 3 Sbg. WuG).

Ab einem bestimmten, von Land zu Land verschiedenen Schwellenbetrag für den Spieleinsatz pro Wettabschluss wird auch die Identität des Wettenden mit in das Wettbuch aufgenommen. Der Schwellenbetrag liegt dabei in vielen Ländern unterhalb der Grenze von 2.000 Euro, die Art. 11 lit. d) 4. GwRL für die Auslösung der Identifizierungspflicht veranschlagt.[1354]

2) Wettkundenkarten

Ein weiteres, für die Geldwäscheprävention in Sportwettbüros potentiell interessantes Instrument ist die Wettkundenkarte. Wettkundenkarten sind durchlaufend nummerierte, personengebundene Karten, für deren Ausstellung sich der beantragende Kunde identifizieren muss (vgl. § 9b Abs. 2 S. 4–5 K-TBWG; § 7 Abs. 3 Hs. 2, Abs. 4 Oö. WettG; § 20 Abs. 4 Sbg. WuG; § 8 Abs. 3 S. 1 StWttG).

In einigen Bundesländern werden zudem – anders als in Schleswig-Holstein, wo grundsätzlich nur die Identifikationsnummer des Spielers auf der Karte hinterlegt wird[1355] – auf der Wettkundenkarte selbst Name und Geburtsdatum des Kunden angebracht, mitunter auch zusätzlich ein Lichtbild (§ 9b Abs. 2 S. 2 Nr. 2 K-TBWG; § 7 Abs. 3 Hs. 1 Oö. WettG; § 8 Abs. 4 S. 1 StWttG). Da der Einsatz der Karte in der Regel sowohl für Wetten an Wettterminals als auch für Wetten,

1354 Z. B. Kärnten: 70 Euro (§ 9b Abs. 2 K-TBWG); Oberösterreich: 70 Euro (§ 7 Abs. 2 Oö. WettG); Vorarlberg: 1.000 Euro (§ 9b Abs. 1 lit. b) WettG Vabg.); Wien: 1.000 Euro (§ 21d Abs. 1 lit. b) Wiener WettG); der angegebene Schwellenbetrag muss dabei jeweils überstiegen werden.

1355 S. o. Teil 5 E. III. 5) b).

bei denen der Einsatz pro Abschluss einen vergleichsweise geringen Schwellenwert[1356] übersteigt, vorgeschrieben ist (§ 9b Abs. 2 S. 1 K-TBWG; § 7 Abs. 2 S. 1 Oö. WettG; § 8 Abs. 3 S. 1 StWttG), ist in diesen Fällen eine anonyme Wettabgabe nahezu ausgeschlossen.

In den Fällen, in denen die Wettkundenkarte vorzulegen ist, besteht zudem in einigen Bundesländern[1357] die Pflicht des Wettbüros, neben den ohnehin zu erfassenden Daten zum Wettvorgang auch die Identität des Kunden im Wettbuch festzuhalten.

3) *Folgerungen für das deutsche Geldwäsche- und Glücksspielrecht*

Das österreichische Wettbuch ähnelt mit seinem Nachvollziehen einzelner Transaktionen und ihrer Zuordnung zum Spieler dem nordrhein-westfälischen Spielerkonto,[1358] die österreichische Wettkundenkarte der Kundenkarte in Schleswig-Holstein.[1359] Ebenso wie die entsprechenden Regelungen aus Deutschland sollen sie jedoch an dieser Stelle nicht vertieft untersucht werden, da sie sich gegenüber den Identifizierungs- und Aufzeichnungsvorschriften des Geldwäschegesetzes eher als mittelbare bzw. sekundäre Geldwäschebekämpfungsnormen darstellen und die genannten GwG-Vorschriften die wesentlichen Regelungen bereits treffen. So lagen denn auch in Österreich insbesondere der Einführung von Wettkundenkarten in erster Linie Erwägungen des Spielerschutzes zugrunde,[1360] wobei immerhin ihre Einführung jedenfalls in Oberösterreich zusätzlich mit Geldwäscheprävention begründet wurde (vgl. § 7 Abs. 4 Oö. WettG).[1361]

II. Singapur und Nevada

Eine den österreichischen Vorgaben zur Wettbuchführung ähnliche Vorschrift findet sich in Singapur in Sec. 6 Betting and Sweepstake Duties Act (Rev. Ed.

1356 70 Euro (Kärnten, Oberösterreich) bzw. 50 Euro (Steiermark).

1357 Genauer: bei Wetten über Wettterminals in Kärnten (§ 9b Abs. 3 K-TBWG) und Salzburg (§ 16 Abs. 3 Nr. 1 Sbg. WuG) sowie bei sonstigen Wetten, bei denen der Wetteinsatz pro Wettabschluss einen Geldbetrag von 70 Euro übersteigt, in Kärnten (§ 9b Abs. 4 K-TBWG) und Oberösterreich (§ 7 Abs. 5 u. 6 Oö. WettG).

1358 S. o. Teil 5 E. III. 5) a).

1359 S. o. Teil 5 E. III. 5) b).

1360 Vgl. Steiermark.orf.at, Art. v. 25.04.2017; WKOÖ, Infoblatt, S. 4; Ooe.orf.at, Art. v. 08.05.2015 (URL-Verz.).

1361 Vgl. auch Amt der Oö. Landesregierung, Begutachtungsentwurf v. 04.05.2017, S. 5.

2012). Diese ist aber weniger geldwäschespezifisch ausgestaltet als ihr österreichisches Pendant.

Im Übrigen sind in Singapur Vorschriften mit Bezug zur Geldwäscheprävention im Sport- oder Pferdewettenbereich mit potentieller Vorbildfunktion auch für Deutschland nicht ersichtlich. Auch die Vorschriften in Nevada, die einen Bezug zur Geldwäscheprävention im Sport- oder Pferdewettenbereich aufweisen (vgl. z. B. NRS 463.800 zu Identifizierungspflichten bei Wettplatzierungen durch Unternehmen), sind für Deutschland weniger interessant, da den Gegebenheiten des heimischen Marktes wenig angemessen.

J. Ergebnisse von Teil 5 – Sportwetten

Als Ergebnis der verfassungsrechtlichen Untersuchung der bestehenden Vorschriften zur Geldwäschebekämpfung im Sportwettenbereich (*de lege lata*) lässt sich damit festhalten, dass diese verfassungskonform sind.

Vorschläge *de lege ferenda* erübrigen sich, da die Untersuchung und der Abgleich ausländischer Regelungen keine Erforderlichkeit von oder Anstöße zu Änderungen ergeben haben.

Teil 6: Lotterien

A. Allgemeines zu Lotterien

Trotz seiner Verwendung in ganz unterschiedlichen Gesetzen wird der Lotteriebegriff in der Regel einheitlich wie bei § 287 StGB bestimmt.[1362] Eine Lotterie ist demnach ein Glücksspiel, das sich dadurch auszeichnet, dass ein den Spielablauf regelnder Spielplan vom Veranstalter einseitig für alle Teilnehmer vorgegeben wird.[1363]

Als Spielarten lassen sich bei der Lotterie die klassische Loslotterie, die Zahlenlotterie und das Toto unterscheiden.[1364] Bei der klassischen Loslotterie fällt die Entscheidung über den Spielausgang durch das Ziehen von Losen aus einem Lostopf.[1365] Gewonnen hat, wer zuvor ein Los gekauft hat, das einem der gezogenen Gewinnlose entspricht. Bei der Zahlenlotterie geht es darum, eine zufällig gezogene Zahlenreihe im Vorhinein richtig zu tippen.[1366] Beim Toto werden ebenfalls Zahlen- bzw. Ergebnisreihen getippt. Die Richtigkeit des Tipps hängt hier aber nicht an einer Zufallsziehung, sondern an den Ergebnissen bestimmter Sportereignisse.[1367] Insofern handelt es sich beim Toto um eine Mischung aus Lotterie und Sportwette.

B. Der Lotteriemarkt in Deutschland

Traditionell besteht ein Deutschland ein staatliches Lotteriemonopol.[1368] Veranstalter der staatlichen Lotterien sind die im Deutschen Lotto- und Totoblock (DLTB) zusammengeschlossenen Lottogesellschaften der Länder.[1369]

Private Lotterien können nur zugelassen werden, wenn es sich um Lotterien mit geringerem Gefährdungspotential handelt (§§ 12 ff. GlüStV). Dazu zählen prinzipiell alle Lotterien, bei denen keiner der Versagungsgründe des § 13 Abs. 2 GlüStV vorliegt, die also maximal zweimal pro Woche veranstaltet werden, bei

---

1362 *Bauch*, Soziallotterien, S. 44.
1363 *Hohmann*, MK-StGB, Bd. 5, § 287 Rn. 8.
1364 *Bahr*, Glücks- und Gewinnspielrecht, Rn. 21.
1365 *Bahr*, Glücks- und Gewinnspielrecht, Rn. 23.
1366 *Bahr*, Glücks- und Gewinnspielrecht, Rn. 23.
1367 *Bahr*, Glücks- und Gewinnspielrecht, Rn. 23.
1368 Vgl. LT-Drs. BY 16/11995, S. 18.
1369 Lotto.de/DLTB (URL-Verz.).

denen der Höchstgewinn drei Millionen Euro nicht übersteigt, die keine planmäßige Jackpotbildung vorsehen[1370] und bei denen keine interaktive Teilnahme in Rundfunk und Telemedien mit zeitnaher Gewinnbekanntgabe ermöglicht wird. In der Praxis sind es vor allem Soziallotterien[1371] und Gewinnsparlotterien[1372] die diese Voraussetzungen erfüllen.

Unter den Begriff der Soziallotterie werden verschiedene Lotterien gefasst, die sich dadurch auszeichnen, dass ihre Erträge gemeinnützigen Zwecken zugutekommen.[1373] Beispiele sind die Aktion Mensch-Lotterie, die Deutsche Fernsehlotterie und die Glücksspirale.[1374]

Gewinnsparlotterien[1375] werden von Banken und Sparkassen veranstaltet. Bei einer Gewinnsparlotterie werden vom Spieler monatlich Lose zu einem Preis von etwa fünf bis sechs Euro pro Los erworben. Der überwiegende Teil des Lospreises (mindestens 75 Prozent, vgl. § 12 Abs. 1 S. 2 GlüStV) fließt in einen Topf, der dem Spieler einmal jährlich auf dem Sparbuch gutgeschrieben wird. Der restliche Teil dient zur Finanzierung der eigentlichen Lotterie. Von den für die Lotterie erzielten Einnahmen wird wiederum ein Teil an die Spieler ausgeschüttet. Der verbleibende Reinertrag in Höhe von mindestens 25 Prozent kommt gemeinnützigen, mildtätigen oder kirchlichen Zwecken zugute (§ 30 Abs. 2 GlüStV).

Zu den Lotterien mit geringerem Gefährdungspotential zählen ferner bzw. insbesondere auch Kleine Lotterien im Sinne von § 18 GlüStV.[1376]

C. Mögliche Erscheinungsformen von Geldwäsche bei Lotterien

I. Mögliche Erscheinungsformen der Spielergeldwäsche

1) Geldwäsche durch Lotteriespiel

Eine in der Literatur beschriebene Methode der Geldwäsche im Lotteriebereich besteht schlicht darin, mit dem illegal erlangten Geld Lotto zu spielen, d. h. eine

1370 Vgl. *Ruttig*, in: Dietlein/Hecker/ders., Glücksspielrecht, § 12 GlüStV Rn. 10.

1371 Vgl. *Bauch*, Soziallotterien, S. 234; *Schneider*, WiVerw 2014, 165 (171).

1372 Vgl. *Ruttig*, in: Dietlein/Hecker/ders., Glücksspielrecht, § 12 GlüStV Rn. 4; vgl. *Schneider*, WiVerw 2014, 165 (171).

1373 *Bauch*, Soziallotterien, S. 50.

1374 *Bauch*, Soziallotterien, S. 50.

1375 Dazu *Hecker*, ZfWG 2016, 327 (328).

1376 *Ruttig*, in: Dietlein/Hecker/ders., Glücksspielrecht, § 12 GlüStV Rn. 4.

große Zahl von Losen zu kaufen und das investierte Geld über Lottogewinne zumindest größtenteils wieder zurückzuerhalten.[1377] In einem Fall[1378] von April 2002 kaufte ein Mann aus Belgien für fast 390.000 Euro Lose der deutschen Lotterie, um auf diese Art und Weise Geld zu waschen. Eines der gekauften Lose gewann immerhin 468.700 Euro. Teilweise wird die Beschreibung dieser Methode auch dahingehend ergänzt, dass der Geldwäscher sein Geld bevorzugt so investiere, dass alle Gewinnmöglichkeiten abgedeckt seien.[1379]

2) Geldwäsche durch Nutzung von Spielerkonten

Eine ebenfalls mit dem Lotteriebereich in Verbindung gebrachte Methode der Spielergeldwäsche ist die Nutzung eines Kontos bei einem Lotterieveranstalter zur Verschleierung der Herkunft illegaler Gelder durch Einzahlung und spätere Veranlassung der Auszahlung oder Weiterleitung der Gelder.[1380]

3) Geldwäsche durch Ankauf von Gewinnscheinen

Eine weitere, in der Literatur beschriebene Methode ist der Ankauf von Lotteriescheinen durch den Geldwäscher von Spielern, die bei der Lotterie gewonnen haben.[1381] Der Geldwäscher löst den Gewinnschein anschließend selbst beim Lotterieveranstalter ein. Der Anreiz für den verkaufenden Spieler liegt dabei darin, dass der Geldwäscher ihm einen über den Gewinn hinausgehenden Bonus zahlt.[1382] Im Geltungsbereich von Rechtsordnungen, die eine Steuer auf Lottogewinne vorsehen, kann außerdem die Vermeidung der Abführung von Steuern von dem gewonnen Geld ein Anreiz für den Spieler sein, sich auf das Geschäft mit dem Geldwäscher einzulassen.[1383]

1377 Vgl. *Spapens/Littler/Fijnaut*, Crime, Addiction and the Regulation of Gambling, S. 45.

1378 *Spapens/Littler/Fijnaut*, Crime, Addiction and the Regulation of Gambling, S. 45.

1379 *De Sanctis*, Football, Gambling, and Money Laundering, S. 81; WLA, Anti-Money Laundering Guidelines v. Juni 2006, S. 8.

1380 BMF, Hinweise v. 11.06.2014, S. 41.

1381 *Beare/Schneider*, Money Laundering in Canada, S. 133; *De Sanctis,* Football, Gambling, and Money Laundering, S. 80, 81 u. 83; *Murphy*, Acams Today v. 01.12.2011, Abschn. 1; *Spapens/Littler/Fijnaut*, Crime, Addiction and the Regulation of Gambling, S. 45.

1382 *Beare/Schneider*, Money Laundering in Canada, S. 133; *Spapens/Littler/Fijnaut*, Crime, Addiction and the Regulation of Gambling, S. 45; vgl. auch *De Sanctis,* Football, Gambling, and Money Laundering, S. 83.

1383 *Beare/Schneider*, Money Laundering in Canada, S. 133.

Dass es sich bei dieser Methode nicht lediglich um eine theoretische Möglichkeit handelt, zeigen zahlreiche in Literatur und Medien beschriebene Fälle. In einem Fall in Boston etwa[1384] kaufte ein Verbrechersyndikat über eine ihm gehörende Firma einem Lotteriespieler, der 14,3 Millionen Dollar gewonnen hatte, einen hälftigen Anteil seines Gewinnscheins ab, um diesen selbst einzulösen. Auf diese Weise wollte es die Herkunft illegal erlangter Gelder verschleiern. Der gleichen Methode bediente sich ein Drogendealer in Baltimore, der gemeinsam mit einer Komplizin innerhalb eines Zeitraums von fünf Wochen im Jahr 2008 Spielern der Maryland State Lottery drei Gewinnscheine im Gesamtwert von 15.000 Dollar abkaufte.[1385] Ähnliche Fälle auf dem nordamerikanischen Kontinent ereigneten sich u. a. in Miami,[1386] Detroit,[1387] Toronto,[1388] und Neufundland.[1389] Auch in Brasilien soll die Methode von Kriminellen angewandt werden.[1390]

In Europa liegt u. a. ein Fall aus Spanien[1391] vor, der Geldwäsche durch Ankauf von Gewinnscheinen stark vermuten lässt. Dort erklärte ein unter Korruptionsverdacht stehender Geschäftsmann die Herkunft eines Teils seines Geldes mit Lotteriegewinnen. Tatsächlich hatte er innerhalb eines 16-monatigen Zeitraums zwischen Dezember 2012 und März 2014 insgesamt acht mit Gewinnscheinen belegte Lotteriegewinne in einer Gesamthöhe von 257.000 Euro beim Finanzamt angegeben. Acht Lotteriegewinne mit einer Durchschnittshöhe von 32.125 Euro innerhalb eines Zeitraums von 16 Monaten sind aber äußerst unwahrscheinlich. Auch aus Dänemark wird ein Geldwäschefall unter Verwendung der Gewinnscheinankaufsmethode berichtet.[1392]

4) Geldwäsche durch Zusammenwirken mit Mitarbeitern

Zumindest denkbar ist – ähnlich wie bei Sportwetten[1393] – auch, dass ein Spieler oder eine kriminelle Gruppe Spielmanipulation und Geldwäsche miteinander

---

1384 *Cullen*, Boston Globe v. 18.07.1995; *He*, JMLC 13 (2010), 15 (20).
1385 *Torbati*, The Baltimore Sun v. 27.04.2011.
1386 *Richey*, Sun Sentinel v. 12.07.1996.
1387 DEA, News Release v. 12.09.2008.
1388 *Beare/Schneider*, Money Laundering in Canada, S. 133.
1389 *Beare/Schneider*, Money Laundering in Canada, S. 133.
1390 *De Sanctis*, Football, Gambling, and Money Laundering, S. 83.
1391 *Badcock*, The Telegraph v. 11.03.2015.
1392 FATF, Report v. 03.02.2000, Ziff. 57.
1393 Vgl. o. Teil 5. C. I. 4).

verknüpfen, indem sie bei einem Lotterieveranstalter tätige Mitarbeiter für eine Manipulation der Lotterie gewinnen und auf das zuvor vereinbarte Ergebnis setzen.[1394]

II. Mögliche Erscheinungsformen der Betreibergeldwäsche

Ebenso wie in anderen Branchen erscheint es auch im Lotteriesektor nicht von vorneherein ausgeschlossen, dass ein Unternehmen – sei es im Bereich der Veranstaltung, sei es im Bereich der Vermittlung – zu dem Zweck gegründet wird, Gelder illegaler Herkunft durch Investition in das Unternehmen zu waschen.

In England werden von und für Non-Profit Organisationen veranstaltete Lotterien (sog. society lotteries) teilweise mit einem Risiko der Betreibergeldwäsche in Verbindung gebracht.[1395] Die Gambling Commission hält es jedenfalls für nicht ausgeschlossen, dass solche Lotterien zu Geldwäschezwecken von Personen aus dem Bereich der Organisierten Kriminalität übernommen oder kontrolliert werden.[1396] Das Risiko sei aber als gering anzusehen.[1397]

D. Geldwäschefälle in Deutschland

Abgesehen von dem unter Teil 6 C. I. 1) geschilderten Fall des Mannes aus Belgien, der sein Geld durch Lottospiel bei der deutschen Lotterie wusch, sind keine Fälle der Geldwäsche durch bzw. über Lotterien in Deutschland ersichtlich. Immer wieder kommt es allerdings zu Fällen,[1398] in denen Personen in einer E-Mail über einen angeblichen Lottogewinn benachrichtigt werden. Bei Kontaktaufnahme mit dem Absender werden von diesem Komplikationen bei der Auszahlung des Gewinns vorgetäuscht, um die Person zur Überweisung von angeblichen hohen Gebühren und Auslagen, die bei der Beseitigung der Komplikationen anfallen sollen, zu veranlassen.

Mitunter wird die Person dann auch dafür gewonnen, das eigene Konto zur Abwicklung von angeblichen Zahlungen an andere Lottogewinner zur Verfügung zu stellen, um auf diese Art und Weise unter Ausnutzung des Getäuschten

1394 BMF, Hinweise v. 11.06.2014, S. 41.

1395 Gambling Commission, Consultation v. Mai 2016, Ziff. 2.11; dies., Risk Assessment v. Dez. 2020, Ziff. 14.1 ff.

1396 Gambling Commission, Consultation v. Mai 2016, Ziff. 2.10 f.; dies., Risk Assessment v. Dez. 2020, Ziff. 14.2 u. 14.4.

1397 Gambling Commission, Risk assessment v. Dez. 2020, Ziff. 14.1 f.

1398 Vgl. etwa *Rost*, Süddeutsche Zeitung v. 06.03.2015.

Geld zu waschen. Wer leichtgläubig auf diese kriminelle Machenschaft hereinfällt, kann sich selbst wegen leichtfertiger Geldwäsche gemäß § 261 Abs. 1, 2, 6 StGB strafbar machen. Da es bei dieser Methode aber nicht um Geldwäsche durch Ausnutzung von Spielmechanismen einer Lotterie bzw. durch Nutzung eines Unternehmens im Lotteriebereich, d. h. nicht um Geldwäsche durch Lotterien im eigentlichen Sinne geht, soll sie in der vorliegenden Untersuchung nicht weiter behandelt werden.

E. Vorschriften zur Geldwäschebekämpfung bei Lotterien

I. Vorschriften im Geldwäschegesetz und in weiteren Bundesgesetzen

Vom Verpflichtetenkreis des Geldwäschegesetzes ausgenommen sind nach § 2 Abs. 1 Nr. 15 lit. c) GwG Lotterien, für die die Veranstalter und Vermittler über eine glücksspielrechtliche Erlaubnis der in Deutschland jeweils zuständigen Behörde verfügen. Damit fallen die Lotterien der Landeslotteriegesellschaften des Deutschen Lotto- und Totoblocks, die Klassenlotterien der Gemeinsamen Klassenlotterie der Länder, Gewinnsparlotterien und die jeweiligen terrestrischen Annahmestellen dieser Lotterien nicht unter das Geldwäschegesetz.[1399]

Ebenfalls nicht zum Verpflichtetenkreis zählen die (übrigen) privat veranstalteten terrestrischen Lotterien, die über eine staatliche Erlaubnis nach den Regelungen über Lotterien mit geringerem Gefährdungspotential (§§ 12 ff. GlüStV) verfügen. Damit unterliegt der in der vorliegenden Untersuchung allein betrachtete terrestrische Bereich der Lotterieveranstaltung und -vermittlung nicht den Vorgaben des Geldwäschegesetzes.

Ein terrestrischer Grau- oder Schwarzmarkt für Lotterien, die ohne staatliche Erlaubnis operierten und damit nicht ohne weiteres unter den Ausnahmetatbestand fallen würden, ist in Deutschland nicht ersichtlich. Vermehrt sind immerhin Berichte über Zweitlotterien bzw. Schwarze Lotterien zu lesen.[1400] Dabei handelt es sich um Spielangebote von Veranstaltern mit Sitz im Ausland, die auf den ersten Blick ebenfalls die staatlichen Lotterien im Programm haben. Tatsächlich werden die Lotterien jedoch nicht durch den Veranstalter selbst durchgeführt, sondern tippt der Kunde (ggf. unwissend) auf den Ausgang einer echten staatlichen Lotterie, bei der sich der Veranstalter lediglich zur Bestimmung des

1399 BT-Drs. 19/28164, S. 41 f.; BT-Drs. 18/11555, S. 107.
1400 Etwa Lotto.de/Checkliste seriöse Lotterieanbieter (URL-Verz.).

Spielausgangs des Ergebnisses der Ziehung bedient.[1401] Dementsprechend wird die Tippabgabe des Kunden nach wohl ganz h. M. auch nicht als Lotteriespiel, sondern als Wette eingeordnet.[1402]

Da Zweitlotterien und eventuelle andere ausländische Lotterien nicht über terrestrische Vertriebsstellen, sondern über das Internet in Deutschland operieren, soll im Rahmen der vorliegenden Untersuchung nicht weiter auf sie eingegangen werden. Daher sollen auch die Aufzeichnungspflichten nach § 33 RennwLottG, wonach im Falle der inländischen Tippabgabe bei einem ausländischen Veranstalter (inkl. Zweitlotterieveranstaltern, vgl. § 26 Abs. 2 RennwLottG) durch den Veranstalter bzw. durch den Vermittler einer illegalen Lotterie (vgl. § 33 Abs. 1 i. V. m. § 30 Abs. 1 u. 2 RennwLottG) insbesondere auch der Name und die Anschrift des Spielers zu erheben sind (§ 33 Abs. 2 Nr. 3 i. V. m. § 26 Abs. 1 S. 2 Nr. 2 RennwLottG) nicht weiter betrachtet werden.

II. Vorschriften im Glücksspielstaatsvertrag

Die wohl wichtigste Regelung des Glücksspielstaatsvertrages mit Bezug zu Lotterien und zur Geldwäschebekämpfung ist die Aufrechterhaltung des staatlichen Lotteriemonopols (vgl. §§ 2, 10 Abs. 1–3 u. 6 GlüStV). Dieses wird auch mit Kriminalitäts- und Manipulationsprävention begründet.[1403] Lotterien seien wegen der Intransparenz der Ergebnisermittlung und der Höhe der ausgeschütteten Gewinnbeträge anfällig für Manipulationsversuche und kriminelle Handlungen.[1404]

Auch wenn die Geldwäsche in diesem Zusammenhang nicht ausdrücklich genannt wird, ist sie durchaus eine denkbare kriminelle Handlung im Lotteriebereich. In bestimmten Varianten steht sie möglicherweise sogar in Verbindung mit Spielmanipulation.[1405] Insofern ist sie mitgemeint, wenn es um Kriminalitätsprävention durch das staatliche Lotteriemonopol geht. Da bei der Frage nach der Verfassungs- und Unionsrechtskonformität des Lotteriemonopols jedoch auch und vor allem Aspekte der Bekämpfung von Wett- und Spielsucht eine Rolle spielen[1406] und darüber hinaus seine Eignung zur Kriminalitätsprävention

---

1401 Lotto.de/Zweitlotterie-Angebote (URL-Verz.).

1402 Etwa *Ennuschat*, in: Pielow, BeckOK GewO, § 33h Rn. 33.1; *Ruttig*, in: Hoeren/Sieber/Holznagel, Multimedia-Recht, Teil 21.2 Rn. 29.

1403 Dazu etwa *Ruttig*, Gutachten v. 07.11.2019, S. 14 ff.; vgl. ferner LT-Drs. BY 16/11995, S. 18.

1404 LT-Drs. BY 16/11995, S. 18.

1405 Vgl. o. Teil 6 C. I. 4).

1406 Dazu etwa *Ruttig*, Gutachten v. 07.11.2019, S. 14 ff.

nicht geldwäschespezifisch ist, soll es in der vorliegenden Untersuchung keiner weiteren Prüfung unterzogen werden.

Lotterien – mit Ausnahme ggf. von Lotterien, die nicht häufiger als zwei Mal pro Woche veranstaltet werden und Gewinnsparlotterien (vgl. § 8 Abs. 2 S. 2 GlüStV; Sofortlotterien im Internet fallen gemäß S. 3 nicht unter den Ausnahmetatbestand) – sind an das länderübergreifende Sperrsystem nach §§ 8 ff., 23 GlüStV angeschlossen (vgl. § 2 Abs. 10 GlüStV). Zwecks Abgleichs mit der Sperrdatei müssen Spieler daher im terrestrischen Bereich gemäß § 8 Abs. 3 S. 1 u. 5 GlüStV identifiziert werden. Die Identifizierungsvorschriften können indirekt auch zur Geldwäscheprävention beitragen, da sie eine anonyme Tippabgabe erschweren.

F. Zusammenfassung: Instrumente der Geldwäschebekämpfung bei Lotterien

Als ein Instrument mit Bezug zur Geldwäschebekämpfung im terrestrischen Lotteriebereich de lege lata lässt sich damit (nur) die Aufrechterhaltung des staatlichen Lotteriemonopols (§§ 2, 10 Abs. 1–3 u. 6 GlüStV) ausmachen.

G. Verfassungsrechtliche Untersuchung der Geldwäschebekämpfungsinstrumente bei Lotterien

I. Abschätzung des tatsächlichen Geldwäscherisikos im Lotteriebereich

1) Abschätzung des Risikos der Spielergeldwäsche

a) Risiko der Geldwäsche durch Spielteilnahme

Eine Spielergeldwäsche durch bloße Teilnahme an einer Lotterie kommt zwar durchaus mitunter vor (vgl. den Fall aus Belgien in Teil 6 C. I. 1)), dürfte aber im Allgemeinen wohl kaum eine von Geldwäschern in Betracht gezogene Methode sein. Die Gewinnwahrscheinlichkeit ist zu gering, als dass der Geldwäscher sich auf den Rückerhalt eines akzeptablen Anteils seines investierten Geldes verlassen könnte.[1407] Die Ausschüttungsquoten der vom DLTB angebotenen Lotterien betragen durchweg lediglich 50 Prozent oder weniger.[1408]

1407 So auch BT-Drs. 18/11555, S. 107.

1408 Vgl. die Angaben zur Ausschüttungsquote in den jeweiligen Annahmestellen-Teilnahmebedingungen von WestLotto unter WestLotto.de/Downloads (URL-Verz.),

Bei den Soziallotterien sind die Ausschüttungsquoten noch geringer, so (mindestens) 30 Prozent bei der Aktion Mensch[1409] und der Deutschen Fernsehlotterie.[1410] Auch wenn es sich um Mindestangaben handelt, ist davon auszugehen, dass die tatsächlichen Ausschüttungsquoten nicht erheblich darüber liegen. Es liegt gerade im Wesen einer Soziallotterie, dass große Teile der Einnahmen für gemeinnützige Zwecke zur Verfügung gestellt werden.

Ähnliches gilt für Kleine Lotterien, bei denen der für gemeinnützige Zwecke zur Verfügung gestellte Reinertrag mindestens 25 Prozent betragen muss (§ 18 Nr. 3 GlüStV). Gewinnsparlotterien setzen ein Konto bei einer Bank oder Sparkasse voraus, von dem die (auch) zur Finanzierung der Lotterie verwendeten Beträge abgebucht werden. Insofern unterliegen sie schon dem für Banken und Sparkassen geltenden Geldwäscheregime[1411] und können im Rahmen der vorliegenden Untersuchung außer Betracht bleiben.

Im Gegensatz zu Sportwetten[1412] sind beim Lotto auch keine Spieltechniken möglich, mit denen sich eine für den Geldwäscher akzeptable Ausschüttungsquote garantieren ließe.[1413] Die in der Literatur teilweise beschriebene Technik der Abdeckung aller Gewinnvarianten[1414] bedeutet bei einer Lotterie nichts anderes als den Aufkauf aller Lose. Das ist bei größeren Lotterien schon wirtschaftlich nicht praktikabel. Bei Kleinen Lotterien mag diese Technik im Einzelfall wirtschaftlich noch möglich sein, sieht man einmal von den praktischen Schwierigkeiten ab, die sich stellen, wenn man alle Lose derselben Lotterie aufkaufen will, ohne Verdacht zu erregen. Selbst bei Aufkauf aller Lose ändert sich aber nichts an der geringen, für den Geldwäscher uninteressanten Ausschüttungsquote.

b) Risiko der Geldwäsche durch Ankauf von Gewinnscheinen

Der Methode des Ankaufs von Gewinnscheinen staatlicher Lotterien steht nicht schon entgegen, dass der Gewinnschein stets personalisiert wäre. Die

---

z. B. WestLotto, Teilnahmebedingungen für LOTTO 6aus49 v. Juli 2021, § 19 Nr. 1: 50 %.

1409 Aktion-Mensch.de/Spielrelevante Informationen (URL-Verz.).

1410 Fernsehlotterie.de/Mittelverwendung (URL-Verz.).

1411 *Fiedler/Krumma/Zanconato/McCarthy/Reh*, Das Geldwäscherisiko verschiedener Glücksspielarten, S. 134 [Tab. 12, Begründung des Geldwäscherisikos bei PS- und Gewinnsparen].

1412 Vgl. o. unter Teil 5 C. I. 1).

1413 BMF, Hinweise v. 11.06.2014, S. 40 f.; *Ruttig*, Studie v. 09.09.2015, S. 21; *ders.*, ZfWG 2016, 185 (190).

1414 S. o. unter Teil 6 C. I. 1).

Spielquittung enthält als wesentliche Bestandteile v. a. spielbezogene Informationen wie die vom Spieler getippten Zahlen oder die Losnummer, grundsätzlich nicht aber personenbezogene Daten, die einen Rückschluss auf die Identität des Spielers zuließen.[1415] Da bei Vorlage (lediglich) einer Gewinnquittung keine Überprüfung der Anspruchsberechtigung des Vorlegenden erfolgt und der Lottounternehmer – abgesehen von Fällen positiver Kenntnis und grob fahrlässiger Unkenntnis – mit befreiender Wirkung an den Vorlegenden leisten kann,[1416] ist eine Personalisierung auch nicht erforderlich. Anders sieht es nur bei Verwendung einer Lotto-Kundenkarte durch den Spieler aus. In diesem Fall ist auch die Spielquittung selbst personalisiert.[1417]

Die Gewinnscheinankaufmethode stellt einen Geldwäscher aber vor erhebliche praktische Probleme.[1418] Zunächst muss er einen oder mehrere Lottogewinner ausfindig machen, deren Gewinne in der Summe den zu waschenden Geldbetrag erreichen. Die Gewinner müssen zudem auch bereit sein, dem Geldwäscher ihre Gewinnscheine zu verkaufen.

Um überhaupt Lottogewinner ausfindig zu machen, ist es immerhin denkbar, dass der Geldwäscher mit dem Betreiber einer Lottoannahmestelle zusammenwirkt. Auch der Betreiber einer Lottoannahmestelle wird aber die Losscheinnummer eines Gewinnloses in der Regel nur dann der Spieleridentität zuordnen können, wenn der betreffende Spieler unter Verwendung einer Lotto-Kundenkarte gespielt hat. Nur dann wird das getätigte Spiel in Verknüpfung mit der Spieleridentität gespeichert.[1419] In diesen Fällen aber ist – wie oben bereits ausgeführt – die Spielquittung gerade personalisiert.

Zwar ist denkbar, dass der Geldwäscher in weiterem Zusammenwirken mit dem Betreiber der Annahmestelle und dem gewinnenden Spieler die personalisierte Quittung einlöst. Das Auseinanderfallen der Identitäten von Geldwäscher und gewinnendem Spieler ist dann aber ohne weiteres nachvollziehbar.

Auch ein Abwarten des Geldwäschers in einer Annahmestelle, um einen Lottogewinner abzupassen, ist kaum praktikabel. Denn erstens ist ein solches Verhalten auffällig und wirkt verdächtig. Zweitens ist für den Geldwäscher ein Ankaufen des Gewinnscheins auch dann kaum möglich, wenn er das Glück hat,

---

1415 Vgl. etwa WestLotto, Teilnahmebedingungen für LOTTO 6aus49 v. Juli 2021, § 13 Nr. 2.

1416 WestLotto, Teilnahmebedingungen für LOTTO 6aus49 v. Juli 2021, § 22 Nr. 7.

1417 WestLotto, AGB für die Spielteilnahme mittels WestLotto-Karte v. Nov. 2020, § 4 S. 2.

1418 So auch *Ruttig*, Studie v. 09.09.2015, S. 25; *ders.*, ZfWG 2016, 185 (191).

1419 Vgl. Westfälische Nachrichten, Sonderveröffentlichung v. 16.06.2017.

dass ein Lottogewinner die Annahmestelle betritt. Als Lottogewinner wird er die Person nämlich erst dann erkennen, wenn diese ihre Spielquittung einlöst. Bei der Einlösung muss die Spielquittung aber abgegeben werden.[1420]

c) Risiko der Geldwäsche durch Verwendung von Spielerkonten

Die Verwendung von Spielerkonten zur Durchführung von Layering-Transaktionen scheidet als Methode aus, da sie nur funktionieren würde, wenn ein Spieler Beträge auf ein solches Konto buchen und nach keiner oder geringer Spielteilnahme wieder abbuchen könnte. Das ist aber im Lottobereich nicht der Fall.[1421] Die eingesetzten Beträge sind vielmehr an den Spielzweck gebunden, müssen also verspielt werden. Nur Gewinne können wieder an den Spieler ausgezahlt werden.[1422]

d) Risiko der Geldwäsche durch kollusives Zusammenwirken

Auch ein Zusammenwirken des Geldwäschers mit einem oder mehreren bei einem Lottoveranstalter beschäftigten Mitarbeitern zur Manipulation des Ausspielergebnisses ist so gut wie ausgeschlossen. Im Gegensatz zum Sportbereich haben die beim Spiel selbst Tätigen kaum die Möglichkeit, dessen Ausgang (technisch) zu beeinflussen.[1423] Dem Spielausgang beim TOTO liegen zwar die Ergebnisse von prinzipiell manipulierbaren Sportereignissen zugrunde. Allerdings ist die Zahl der beim TOTO getippten Ergebnisse so hoch, dass eine Manipulation all dieser Spiele zugleich nicht in Betracht kommt.

2) Abschätzung des Risikos der Betreibergeldwäsche

Im terrestrischen Lotteriebereich in Deutschland ist eine Betreibergeldwäsche schon aufgrund des staatlichen Monopols weitgehend ausgeschlossen. Allenfalls Lotterien mit geringerem Gefährdungspotential, insbesondere Kleine Lotterien im Sinne von § 18 GlüStV, kommen als auch von Privaten betriebene Lotterien für Betreibergeldwäsche in Betracht. Die unter Teil 6 C. II. bereits angesprochenen Bedenken der Gambling Commission im Hinblick auf Lotterien von Non-Profit Organisationen in England deuten darauf hin, dass ein Risiko

1420 WestLotto, Teilnahmebedingungen für LOTTO 6aus49 v. Juli 2021, § 22 Nr. 1 Abs. 2 S. 1.

1421 *Ruttig*, Studie v. 09.09.2015, S. 26; *ders.*, ZfWG 2016, 185 (191).

1422 *Ruttig*, Studie v. 09.09.2015, S. 26; *ders.*, ZfWG 2016, 185 (191); vgl. auch WestLotto, Teilnahmebedingungen für LOTTO 6aus49 v. Juli 2021, § 22.

1423 Vgl. *Ruttig*, Studie v. 09.09.2015, S. 23 f.; *ders.*, ZfWG 2016, 185 (190).

der Betreibergeldwäsche auch bei Lotterien zu gemeinnützigen Zwecken nicht schlechthin auszuschließen ist. Die in § 18 Nr. 2, 3 GlüStV vorgesehene Verpflichtung des Veranstalters einer Kleinen Lotterie, mindestens 25 Prozent der Entgelte für gemeinnützige, mildtätige oder kirchliche Zwecke zur Verfügung zu stellen und mindestens weitere 25 Prozent als Gewinn wieder auszuschütten, insgesamt also mindestens die Hälfte der Entgelte wieder abzuführen, macht die Betreibergeldwäsche durch eine Kleine Lotterie jedoch unattraktiv.

II. Ergebnis der Risikoabschätzung für den Lotteriebereich

Als Ergebnis der Risikoabschätzung lässt sich festhalten, dass im Lotteriebereich weder Spielergeldwäsche noch Betreibergeldwäsche ein nennenswertes Risiko darstellen.

H. Ergebnisse von Teil 6 – Lotterien

Angesichts des Fehlens eines nennenswerten Risikos lässt sich konstatieren, dass im Lotteriebereich *de lege ferenda* kein aktueller Handlungsbedarf besteht. Daher erübrigt sich auch ein Abgleich von Regelungen anderer Länder.

Das Lotteriemonopol als Instrument *de lege lata* mit Bezug zur Geldwäscheprävention wird im Rahmen der vorliegenden Untersuchung aus den in Teil 6 E. II. genannten Gründen nicht auf seine Unions- bzw. Verfassungsrechtskonformität geprüft.

Teil 7: Pferdewetten

A. Allgemeines zu Pferdewetten

Bei den Pferdewetten sind in Deutschland Totalisatorwetten (vgl. § 1 RennwLottG) und Buchmacherwetten (vgl. § 2 RennwLottG) zu unterscheiden. Das Spielprinzip einer Totalisatorwette ähnelt dem einer Lotterie.[1424] Wie auch bei einer Lotterie wird der ausgeschüttete Gewinntopf aus den Spieleinsätzen der Mitspieler gebildet und hängt die Höhe der Gewinnsumme eines (zumindest teilweise) erfolgreichen Spielers von der Zahl der Mitgewinner mit dem gleichen Tipp bzw. in derselben Gewinnklasse ab.[1425]

Die typische Buchmacherwette hingegen wird zu festen Quoten abgeschlossen.[1426] Hier wettet der Einzelne nicht mit anderen Spielern untereinander, sondern zu der festgelegten Quote gegen den Veranstalter der Wette.[1427] Ein Buchmacher kann ggf. aber auch Totalisatorwetten veranstalten oder Festquotenwetten oder Totalisatorwetten an andere Buchmacher bzw. Totalisatoren vermitteln.[1428]

Das Unternehmen eines Totalisators kann gemäß § 1 Abs. 1 RennwLottG i. V. m. § 2 Abs. 1 RennwLottDV nur von einem Renn- oder Pferdezuchtverein ausgeübt werden, der gemäß § 1 Abs. 3 RennwLottG die Sicherheit dafür bieten muss, dass die Einnahmen ausschließlich zum Besten der Landespferdezucht verwendet werden.[1429] Die Erlaubnis zur Ausübung des Buchmachergewerbes hingegen kann auch einer natürlichen Person erteilt werden, die die Voraussetzungen der Gewähr einer einwandfreien Geschäftsführung und der kaufmännischen Befähigung erfüllt (§ 3 Abs. 1 RennwLottDV).[1430]

1424 *Becker*, in: ders./Hilf/Nolte/Uwer, Glücksspielregulierung, § 1 RennwLottG Rn. 4.
1425 Zur Berechnung *Steegmann*, RennwLottG, § 1 Rn. 1.
1426 *Becker*, in: ders./Hilf/Nolte/Uwer, Glücksspielregulierung, § 2 RennwLottG Rn. 1.
1427 *Becker*, in: ders./Hilf/Nolte/Uwer, Glücksspielregulierung, § 2 RennwLottG Rn. 1.
1428 *Becker*, in: ders./Hilf/Nolte/Uwer, Glücksspielregulierung, § 2 RennwLottG Rn. 2.
1429 *Steegmann*, RennwLottG, § 1 Rn. 2, 4.
1430 *Steegmann*, RennwLottG, § 2 Rn. 2.

B. Der Pferdewettmarkt in Deutschland

Insgesamt gab es im Jahr 2019[1431] in Deutschland 44 Pferderennbahnen, auf denen 45 Rennvereine mit Totalisator und 38 gewerbliche Buchmacher Wetten veranstalteten.[1432] Gewettet werden kann bei einer Pferdewette u. a. auf das Siegpferd, darauf, dass ein bestimmtes Pferd auf einem Platz – d. h. unter den ersten drei – einläuft (sog. Platzwette) oder auf die ersten zwei, ersten drei oder ersten vier Pferde in der richtigen Reihenfolge.[1433]

Der Markt der Pferdewetten in Deutschland ist im Vergleich zu anderen Glücksspielbereichen wirtschaftlich eher unbedeutend, jedenfalls, soweit der regulierte, terrestrische Glücksspielmarkt betrachtet wird. So betrugen die Bruttospielerträge in diesem Bereich im Jahr 2019 lediglich 22 Millionen Euro.[1434] Im Vergleich dazu betrugen die Bruttospielerträge der verwandten Angebote der DLTB-Lotterien und der staatlichen Sportwetten im terrestrischen Bereich 3.112 Millionen Euro (DLTB-Lotterien) und 57,4 Millionen Euro (Sportwetten).[1435]

C. Mögliche Erscheinungsformen von Geldwäsche bei Pferdewetten

I. Mögliche Erscheinungsformen der Spielergeldwäsche

1) Ankauf von Gewinnscheinen

Wie bei Sportwetten[1436] und Lotterien[1437] erwähnt die Literatur auch bei Pferdewetten den Ankauf von Gewinnscheinen als Methode der Spielergeldwäs-

---

1431 Vgl. zur Zugrundelegung der Zahlen aus dem Jahresbericht 2019 der Glücksspielaufsichtsbehörden der Länder bereits o. Teil 3 B.

1432 Glücksspielaufsichtsbehörden der Länder, Jahresreport 2019, S. 6; von 41 Rennbahnen (Galopp- und/oder Trabrennbahn) deutschlandweit spricht *Milbradt*, ZeitMagazin v. 27.04.2016.

1433 Etwa Deutscher Galopp, Tutorial, S. 3 f.; *Reinke*, Westfälische Rundschau v. 04.07.2014.

1434 Glücksspielaufsichtsbehörden der Länder, Jahresreport 2019, S. 6 (45 Mio. Euro insgesamt, davon 23 Mio. Euro online, also ca. 22 Mio. Euro terrestrisch).

1435 Glücksspielaufsichtsbehörden der Länder, Jahresreport 2019, S. 6 (Lotterien: 3.628 Mio. Euro insgesamt, davon ca. 516 Mio. Euro online; Sportwetten: 59 Mio. Euro insgesamt, davon 1,6 Mio. Euro online).

1436 S. o. unter Teil 5 C. I. 2).

1437 S. o. unter Teil 6 C. I. 3).

che.[1438] Der Anreiz für den verkaufenden Spieler kann wiederum in einem vom Geldwäscher gezahlten Bonus oder in der Steuerfreiheit des Geldes liegen.[1439]

2) Umwandlung von Bargeld in Buchgeld oder von Bargeld in Bargeld

Ähnlich wie bei Spielbanken[1440] werden zudem in Bezug auf Pferdewetten die Umwandlung von Bargeld in Buchgeld, insbesondere in einen bei Banken einlösbaren Scheck,[1441] und von Bargeld in Bargeld[1442] als Methoden der Spielergeldwäsche beschrieben. Ziel des Geldwäschers bei der Umwandlung von Bargeld in Buchgeld ist es auch hier, einen objektiven Nachweis für die angeblich legale Herkunft des ausgezahlten Geldes zu erhalten.[1443]

3) Manipulation von Pferderennen oder Wetten

Eine weitere denkbare Möglichkeit der Spielergeldwäsche besteht darin, in Zusammenwirken mit Akteuren aus dem Pferderennbereich Rennen zu manipulieren und das Wissen um die Manipulation des Rennens zum Abschließen von Wetten und damit verbundener Geldwäsche auszunutzen.[1444]

Doch auch eine Manipulation der Wette selbst bzw. die Ausnutzung bestimmter technischer Abläufe in Zusammenhang mit der Wettabgabe scheint

---

1438 EPMA, Contribution to SNRA v. April 2016, S. 2; FATF, Money Laundering through the Football Sector, Fn. 6 zu Ziff. 23; *Richards*, Transnational Criminal Organizations, S. 108.

1439 Zu Letzterem *Richards*, Transnational Criminal Organizations, S. 108.

1440 S. o. unter Teil 3 C. I. 3).

1441 *Beare/Schneider*, Money Laundering in Canada, S. 134; EPMA, Contribution to SNRA v. April 2016, S. 1; FATF, Money Laundering through the Football Sector, Fn. 6 zu Ziff. 23.

1442 *Beare/Schneider*, Money Laundering in Canada, S. 134; FATF, Money Laundering through the Football Sector, Fn. 6 zu Ziff. 23. Als Untervarianten finden sich der Umtausch von (verdächtigen) kleinen („szenetypische Stückelung", vgl. zum Begriff etwa LG Halle, Beschl. v. 11.06.2021, 3 Qs 561 Js 8136/21 (58/21), BeckRS 2021, 17070, Rn. 2) in (weniger verdächtige) große Scheine (*Beare/Schneider*, Money Laundering in Canada, S. 134; FATF, Money Laundering through the Football Sector, Fn. 6 zu Ziff. 23), von Falschgeld in Echtgeld und von – im wörtlichen wie übertragenen Sinne – dreckigen (beispielsweise durch ausgelöste Sicherungsfarbkapseln verfärbten) in saubere Scheine (GAMLG, AML Risk Assessment, S. 9).

1443 EPMA, Contribution to SNRA v. April 2016, S. 1.

1444 BMF, Hinweise v. 11.06.2014, S. 42.

vorstellbar. So machten sich in einem Fall in den USA[1445] ein Spieler und sein in der Wettadministration tätiger Komplize den Umstand zunutze, dass eine Mehrfachwette auf mehrere hintereinander stattfindende Rennen aufgrund einer technischen Lücke noch nach Beginn des ersten Rennens geändert werden konnte. Aufgrund dieses Umstands konnte der Komplize die abgegebene Mehrfachwette auf insgesamt sechs Rennen nach Ablauf der ersten vier Rennen an deren jeweilige Sieger anpassen und für die zwei verbleibenden Rennen eine Nullwette auf jeweils alle Pferde platzieren.

4) Geldwäsche durch Spiel risikovermeidender Systeme

Jedenfalls bei Buchmacherwetten mit Festquoten kommt ebenso wie bei Sportwetten die Verwendung des risikovermeidenden Arbitrage-Systems[1446] durch den Spieler zu Geldwäschezwecken in Betracht. Doch auch Totalisatorwetten werden mit der Möglichkeit des Spiels risikovermeidender Systeme in Verbindung gebracht.[1447] So könne eine auf Statistiken und vergangene Rennergebnisse gestützte Analyse die Wahrscheinlichkeit eines Wettgewinns deutlich erhöhen.[1448] Zudem könne die Wahrscheinlichkeit eines Wettgewinns auch durch das Wetten auf mehrere Pferde zugleich erhöht werden, ggf. unter Aufteilung der Wettabgaben auf mehrere Komplizen, um Auffälligkeiten zu vermeiden.[1449]

II. Mögliche Erscheinungsformen der Betreibergeldwäsche

Als Methode der Betreibergeldwäsche ist der Ankauf von Rennpferden und Betrieb eines Zucht- und Rennstalls denkbar.[1450] Der Großeinstieg in das Pferderennwesen bringt überdies vielfältige Kontakte und Einfluss in diesem Milieu mit, die ggf. zur Manipulation von Rennen[1451] ausgenutzt werden können.

Dass es sich bei der Betreibergeldwäsche im Pferderennbereich nicht lediglich um eine theoretische, in der Literatur beschriebene Möglichkeit handelt, zeigen eindrucksvoll Fälle aus den USA und Irland. In den USA investierten Mitglieder der mexikanischen Drogengang Los Zetas mehrere Millionen US-Dollar

---

1445 *Fitzgerald*, The Edwardsville Intelligencer v. 19.03.2003.

1446 S. o. unter Teil 5 C. I. 1).

1447 BT-Drs. 18/11928, S. 5.

1448 BT-Drs. 18/11928, S. 5.

1449 BT-Drs. 18/11928, S. 5.

1450 *Beare/Schneider*, Money Laundering in Canada, S. 133 f.; FATF, Money Laundering through the Football Sector, Fn. 6 zu Ziff. 23.

1451 Vgl. o. unter Teil 7 C. I. 3).

in Rennpferde, Ranches und Stallungen – Gelder, die aus dem Geschäft mit Betäubungsmitteln stammten.[1452] Den Kauf der Pferde ließen sie unauffällig von mexikanischen Geschäftsleuten vornehmen, denen sie ihre Auslagen anschließend erstatteten.[1453] Ihre Präsenz im Pferderennbereich nutzten die Kriminellen zudem, um Rennen durch Bestechung[1454] oder Bedrohung[1455] der für das Öffnen der Starttore zuständigen Assistenten zu manipulieren. In Irland waren es Mitglieder von kriminellen Gangs aus Dublin, die ebenfalls durch den Ankauf von Rennpferden über „saubere" Mittelsmänner illegal erlangte Gelder wuschen.[1456]

D. Geldwäschefälle in Deutschland

In Deutschland sind konkrete Fälle der Spieler- oder Betreibergeldwäsche im Pferdewettenbereich nicht ersichtlich.

E. Vorschriften zur Geldwäschebekämpfung bei Pferdewetten

I. Bundesrechtliche Vorschriften

1) Vorschriften nach dem Geldwäschegesetz

Ausgenommen sind vom Verpflichtetenkreis des Geldwäschegesetzes im Pferdewettenbereich gemäß § 2 Abs. 1 Nr. 15 lit. b) GwG (nur) Totalisatorvereine. Veranstalter und Vermittler von Buchmacherwetten hingegen sind erfasst und unterliegen damit den gleichen Pflichten nach dem Geldwäschegesetz wie Spielbanken und Veranstalter und Vermittler von Sportwetten.

2) Vorschriften nach dem RennwLottG und der RennwLottDV

Einige Vorschriften mit Bezug zur Geldwäscheprävention finden sich auch im RennwLottG sowie in den zugehörigen Ausführungsbestimmungen. So muss gemäß § 1 Abs. 3 u. 4 RennwLottG, § 2 Abs. 3 RennwLottDV sichergestellt sein, dass ein Totalisatorverein seine Einnahmen aus dem Wettbetrieb nur

---

1452 CNBC.COM, Art. v. 13.06.2014 (URL-Verz.); *Thompson*, The New York Times v. 12.06.2012.

1453 *Thompson*, The New York Times v. 12.06.2012.

1454 So *Swenson*, Vice.de v. 16.01.2014.

1455 So wohl CNBC.COM, Art. v. 13.06.2014 (URL-Verz.).

1456 *MacNamee*, TheJournal.ie v. 23.07.2017.

zum Besten der Landespferdezucht verwendet. Eine solche Einnahmenbindung schmälert die Attraktivität von Totalisatorvereinen als Vehikeln für Betreibergeldwäsche. Gemäß § 3 Abs. 1 RennwLottDV muss ferner ein Buchmacher den Nachweis erbringen, dass er seiner Person nach die Gewähr für eine einwandfreie Geschäftsführung bietet. Zudem ist sein Personal gemäß § 2 Abs. 2 S. 1 RennwLottG gesondert genehmigungsbedürftig.

Im Gegensatz zu Sportwettenveranstaltern[1457] wird bei der Aufzeichnung nach den steuerrechtlichen Vorschriften für Buchmacher und Totalisatorvereine (§ 14 i. V. m. §§ 11, 8 RennwLottG) der Name des Wettenden grundsätzlich nicht erhoben (vgl. § 14 Abs. 2 RennwLottG).

3) Vorschriften nach dem StGB

Dem Risiko der Geldwäsche durch Manipulation von Pferderennen in Verbindung mit dem Setzen von Wetten auf die manipulierten Rennen könnte ebenfalls der unter Teil 5 E. II. bereits erörterte § 265c StGB[1458] entgegenwirken. Das setzt voraus, dass die Norm auch auf Manipulation von Pferderennen Anwendung findet. Die den Gesetzgebungsmaterialien zu entnehmenden Ausführungen zur Definition des Sportwettenbegriffs in § 265c StGB deuten jedenfalls darauf hin, da dort Pferdewetten zu Festquoten bei den Festquotenwetten auf Sportereignisse mitgemeint sein dürften.[1459]

Da die Eignung der Norm zur Geldwäscheprävention und -bekämpfung im Pferdewettenbereich aber – ebenso wie bei Sportwetten – eher eine Begleiterscheinung ist, soll sie auch hier nicht vertieft untersucht werden.

II. Vorschriften nach dem Glücksspielstaatsvertrag

Gemäß § 8 Abs. 2 S. 2 GlüStV sind Totalisatorwetten und auf inländischen Pferderennbahnen stationär angebotene Festquotenwetten vom Spielersperrsystem ausgenommen. Insofern kann also nicht davon ausgegangen werden, dass bereits unter Spielerschutzgesichtspunkten eine Identifizierung des Spielers stattfindet. Allerdings gilt die Ausnahmeregelung im Umkehrschluss (vgl. § 8 Abs. 1, Abs. 2 S. 1 GlüStV) nicht für Buchmacherwetten, die nicht stationär auf

---

1457 Vgl. o. Teil 5 E. II.

1458 Zur Erinnerung: § 265c StGB erfasst die Manipulation eines Sportereignisses gerade zu dem Zweck, eine Sportwette auf das zuvor vereinbarte Ergebnis zu setzen (BT-Drs. 18/8831, S. 11).

1459 BT-Drs. 18/8831, S. 17.

der betreffenden Pferderennbahn angeboten werden[1460] – insofern liegt also eine Identifizierungsverpflichtung unter Spielerschutzgesichtspunkten vor, die mittelbar auch zur Geldwächeprävention beitragen kann.

Die in Nordrhein-Westfalen und Schleswig-Holstein erlassenen Vorschriften zu Spielerkonten bzw. Kundenkarten[1461] gelten nicht für Buchmacher und Totalisatoren. Zwar dürfte eine Regelung auch für diese Gruppen auf die Öffnungsklauseln des Rennwett- und Lotteriegesetzes für die Länder gestützt werden können.[1462] Die Wettvermittlungsstellen, auf die sich AnVerVO NRW und SVVO SH beziehen, sind jedoch in § 4 Abs. 1 S. 1 AnVerVO NRW und § 13 Abs. 2 S. 1 AG GlüStV NRW bzw. § 1 Abs. 1 S. 1 SVVO SH als Lokalitäten zur Vermittlung von Sportwetten definiert. Sport- und Pferdewetten sind aber in der Terminologie der Länder begrifflich klar getrennt, vgl. § 3 Abs. 1 S. 4–6 GlüStV. Eine Wirkung der Vorschriften auch auf den Pferdewettenbereich kommt nur in Betracht, wenn die Wettvermittlungsstelle neben Sport- auch Pferdewetten anbietet, vgl. § 13 Abs. 3 S. 2 AG GlüStV NRW.

F. Zusammenfassung: Instrumente der Geldwäschebekämpfung bei Pferdewetten

Insgesamt lassen sich damit den bestehenden gesetzlichen Vorschriften vier wesentliche Instrumente der Geldwäschebekämpfung im Bereich der Buchmacherpferdewetten entnehmen:

1) Die Identifizierung von Kunden in Verbindung mit der Aufzeichnung und Speicherung der dabei gewonnenen Daten bzw. dem Abgleich mit bereits erfassten Daten (§ 10 Abs. 5 i. V. m. Abs. 1 u. § 8 GwG),
2) die Einrichtung eines internen Risikomanagements zur Erkennung krimineller Aktivitäten (§§ 4 ff. GwG),
3) die Sicherstellung der Zuverlässigkeit von Betreiber und Personal (§ 3 Abs. 1 RennwLottDV; § 2 Abs. 2 S. 1 RennwLottG),
4) als mittelbares Instrument die Bekämpfung von Rennmanipulation durch einen entsprechenden Straftatbestand (§ 265c StGB).

Für Totalisatorvereine lässt sich de lege lata nur die Verpflichtung zum Tätigwerden zum Besten der Landespferdezucht (§ 1 Abs. 3 u. 4 RennwLottG; § 2

1460 So auch Erläuterungen zum Glücksspielstaatsvertrag 2021, S. 120 (URL-Verz.).
1461 S. o. Teil 5 E. III. 5).
1462 Vgl. o. Teil 2 B. IV. 1).

Abs. 3 RennwLottDV) als ein gesetzliches Instrument ausmachen, das indirekt zur Geldwäscheprävention beitragen kann.

G. Verfassungsrechtliche Untersuchung der Geldwäschebekämpfungsinstrumente bei Pferdewetten

I. Abschätzung des tatsächlichen Geldwäscherisikos im Pferdewettenbereich

1) Abschätzung des Risikos der Spielergeldwäsche

a) Risiko der Geldwäsche durch Ankauf von Gewinnscheinen

Auch im Pferdewettenbereich sind Wettquittungen nicht personalisiert,[1463] so dass der Ankauf von Gewinnscheinen grundsätzlich als Geldwäschemethode in Betracht kommt. Die Methode ist aus Sicht des Geldwäschers jedoch mit den im Wesentlichen gleichen Hindernissen verbunden wie bei Sportwetten[1464] und Lotterien.[1465] Einen gewissen Vorteil für den Geldwäscher mag eine Pferderennbahn gegenüber einem Sportwettbüro und einer Lottoannahmestelle insofern bieten, als dass eine Pferderennbahn weitläufiger ist und mehr Gelegenheit bietet, Wettgewinner anzusprechen und zum Verkauf ihrer Gewinnscheine zu überreden, ohne dabei übermäßig Aufsehen zu erregen. Nichtsdestotrotz bleibt das Grundproblem für den Geldwäscher bestehen, Gewinner noch vor Einlösung des Gewinnscheins ausfindig zu machen, um den Kauf abzuwickeln.

b) Risiko der Geldwäsche durch Umwandlung von Bargeld in Buchgeld

Die Umwandlung von Bargeld in Buchgeld ist für einen Geldwäscher auf einer Pferderennbahn schon deswegen schwierig, weil die Auszahlung von Gewinnen an den Wettschaltern grundsätzlich in bar erfolgt.[1466] Selbst wenn sich das Personal am Wettschalter dazu bereit erklären würde, einen größeren Betrag per Scheck oder Überweisung auszubezahlen, bestünde für einen Geldwäscher das Problem, diesen Betrag überhaupt erst einmal zu gewinnen.

1463 Vgl. §§ 7 lit. a) bis d), § 8 S. 5 lit. a) bis h) RennwLottDV; zudem praktische Recherche des Verf. im Juni 2016 auf der Galopprennbahn Dortmund-Wambel.

1464 S. o. unter Teil 5 G. I. 1) b).

1465 S. o. unter Teil 6 G. I. 1) b).

1466 Praktische Recherche des Verf. im Juni 2016 auf der Galopprennbahn Dortmund-Wambel.

Hier besteht ein wesentlicher Unterschied zu Spielbanken: Während in einer Spielbank gekaufte Jetons nach keiner oder nur geringer Spielteilnahme wieder eingelöst werden können, bedeutet der Kauf einer Wettquittung auf einer Pferderennbahn zunächst einmal einen nicht mehr rückholbaren Einsatz. Die garantierte Rückzahlung eines zufriedenstellenden Anteils des Einsatzes erreicht der Geldwäscher nur durch das Spiel risikovermeidender Systeme – eine Methode, deren tatsächliche Durchführbarkeit sogleich erörtert wird. Die gleiche Problematik stellt sich für den Geldwäscher bei der Umwandlung von Bargeld in Bargeld, da die bloße Bitte um Geldwechsel bei einem Wettschalter Verdacht erregen würde, wenn es nicht lediglich um den Wechsel von Kleinstbeträgen geht.

aa) Möglichkeit risikovermeidender Systeme bei Buchmacherwetten

Was die tatsächliche Durchführbarkeit des Spiels risikovermeidender Systeme anbelangt, so ist zwischen Buchmacherwetten zu Festquoten und Totalisatorwetten zu unterscheiden. Bei Buchmacherwetten zu Festquoten ist die Anwendung des unter Teil 5 C. I. 1) bereits beschriebenen Arbitrage-Systems ebenso möglich wie bei Sportwetten. Mathematisch lässt sich der optimale Einsatz für jeden Wettausgang etwa bei einer Sechs- oder Acht-Weg-Wette (im Falle der Wette auf das Siegpferd bei einem Rennen mit sechs oder acht Teilnehmern) ebenso kalkulieren wie bei einer Zwei- (etwa Tennis) oder Drei-Weg-Wette (die typische Fußballwette). Lediglich der praktische Aufwand wird größer, da der Geldwäscher eben bei sechs oder acht verschiedenen Buchmachern Wetten platzieren muss. Dies aber ist insbesondere bei Zusammenwirken mehrerer Komplizen machbar.

bb) Möglichkeit risikovermeidender Systeme bei Totalisatorwetten

Bei Totalisatorwetten hingegen ist eine Kalkulation mit Festquoten nicht möglich, da die Totalisatorquoten von den auf die einzelnen Pferde entfallenden Spieleinsätzen abhängen, die wiederum noch bis unmittelbar vor Rennbeginn geleistet werden können.[1467] Damit stehen auch die Totalisatorquoten erst unmittelbar vor Rennbeginn fest.

Von der Möglichkeit, die Spieleinsätze erst unmittelbar vor Rennbeginn zu leisten, dürfte auch von vielen Spielern Gebrauch gemacht werden. Denn dies entspricht erstens der Wettkultur auf einer Rennbahn, wo an einem Renntag in der Regel mehrere Rennen stattfinden und vor jedem einzelnen noch bis

1467 Vgl. BMF, Hinweise v. 11.06.2014, S. 42.

zum Schluss Informationen eingeholt, Diskussionen geführt und Prognosen abgegeben werden. Zum zweiten ist ein Wetter, der der Überzeugung ist, einen Geheimfavoriten ausgemacht zu haben und einen hohen Betrag auf diesen setzen will, gut beraten, seine Absicht nicht durch ein verfrühtes Setzen und ein damit verbundenes Absinken der Quote anzuzeigen. Dies kann zur Folge haben, dass auch andere Wetter auf das betreffende Pferd aufmerksam werden, ebenfalls auf dieses setzen und die Quote unattraktiv wird. Damit ist eine Anwendung des Arbitrage-Systems bei Totalisatorwetten ausgeschlossen.

Auch die Abgabe mehrerer Einzelwetten auf verschiedene oder sogar alle Pferde ist wenig geldwäschetauglich. Sie mag zwar die Wahrscheinlichkeit dafür erhöhen, dass eine der Wetten erfolgreich ist. Da sich aber bei einem Rennen häufig der Favorit tatsächlich auch durchsetzt, wird dies häufig die Wette auf den Favoriten sein, die eine entsprechend niedrige Quote aufweist. Alle anderen Wetten verlieren hingegen – unter dem Strich ein deutlicher Verlust, den ein Geldwäscher nicht in Kauf nehmen wird. Der Verlust ließe sich nur dann im Rahmen halten, wenn der Geldwäscher den Einsatz auf jede Einzelwette der jeweiligen Quote entsprechend kalkulieren könnte. Dass dies bei der Totalisatorwette nicht funktioniert, wurde eben gezeigt.

Ernster zu nehmen ist die Methode der Erhöhung der Gewinnwahrscheinlichkeit durch Auswertung von Statistiken und vergangenen Rennergebnissen zur Begrenzung des Verlustes auf ein akzeptables Maß. Im Grunde handelt es sich dabei um die Idee der Wette auf den nahezu sicheren Favoriten, die zwar kaum Gewinn bringt, dafür aber in fast allen Fällen zumindest den Einsatz retourniert und damit auf lange Sicht – auch wenn der Favorit mitunter verlieren mag – mit akzeptabler Verlustrate das Waschen von Geld ermöglicht.[1468]

Unter Heranziehung von Statistiken und vergangenen Rennergebnissen wird sich vermutlich häufiger eine Pferd-Jockey-Kombination ausfindig machen lassen, der man mit hoher Wahrscheinlichkeit prognostizieren kann, zumindest unter den ersten drei von (mindestens) acht oder unter den ersten zwei von weniger als acht Pferden einzulaufen. Das ist für den Gewinn einer Platzwette[1469] auf deutschen Galopprennbahnen ausreichend.[1470]

Andererseits gibt es bei Pferderennen seltener klare Favoriten, als dies etwa beim Fußball oder Tennis der Fall ist, was die Bestimmung eines sicheren Kandidaten auch für eine Platzwette wiederum erschweren dürfte. Das wird deutlich,

1468 Vgl. *Beare/Schneider*, Money Laundering in Canada, S. 134.
1469 Zum Begriff Teil 7 B.
1470 Vgl. Deutscher Galopp, Tutorial, S. 3.

wenn man sich die Festquoten der Buchmacher für Pferderennen anschaut. Dort finden sich nur sehr vereinzelt Pferde, deren Siegquote unter 1,1 liegt. Solche niedrigen Quoten – Hinweis auf einen hohen Favoriten – findet man bei Fußball oder Tennis aber häufig, wenn etwa Bayern München im DFB-Pokal gegen einen Viertligisten oder der Weltranglistenerste im Tennis in der ersten Runde eines Grand Slam-Turniers gegen einen Wild Card-Spieler antritt. Dieser Unterschied zwischen Pferderennen und anderen Sportarten ist wohl auch mit der höheren Zahl der am Wettkampf beteiligten Parteien zu erklären.

cc) Risikominderung bei Totalisatorwetten durch die Einsatzhöhe

Das Risiko einer Geldwäsche durch Favoritenwetten (auch) bei Totalisatorwetten wird zudem dadurch gemindert, dass bei Totalisatorwetten nur geringe Einsätze möglich sind.[1471] Bei Totalisatorwetten können lediglich Einsätze von bis zu 500 Euro pro Wette geleistet werden.[1472] Große kriminell erlangte Summen müssten daher aufgeteilt und durch eine Vielzahl von Einzelwetten gewaschen werden.

Diese Vorgehensweise erscheint angesichts der Pferderennlandschaft in Deutschland nicht generell ausgeschlossen. Es gibt gut 40 Rennbahnen[1473] – die zudem mit mindestens einer Rennbahn pro Bundesland[1474] recht gleichmäßig über das Land verteilt sind. Zudem gibt es nahezu über das gesamte Jahr hinweg Renntage, oft sogar mehrere wöchentlich, wobei an jedem Renntag wiederum mehrere Rennen stattfinden.[1475] Gelegenheit bestünde also für einen Geldwäscher – ggf. in Zusammenwirken mit Komplizen, die die Arbeit unter sich aufteilen – die zum Waschen der Gesamtsumme erforderlichen Einzelwetten zeitlich und/oder örtlich versetzt zu platzieren.

Allerdings würde die Aufteilung der kriminellen Arbeit auf mehrere Komplizen auch einen erheblichen Kooperationsaufwand und die mit zusätzlichem Entdeckungsrisiko verbundene Einweihung mehrerer weiterer Personen durch den Geldwäscher in seine Pläne erfordern. Die eigene Durchführung aller

---

1471 So BT-Drs. 18/11928, S. 22.

1472 Praktische Recherche des Verf. im Juni 2016 auf der Galopprennbahn Dortmund-Wambel; vgl. auch die Wettscheinabbildung in Deutscher Galopp, Tutorial, S. 2: Ein größerer Betrag als 500 kann unter „Einsatz in Euro“ nicht markiert werden.

1473 S. o. Teil 7 B.

1474 *Milbradt*, Zeit-Magazin v. 27.04.2016.

1475 Vgl. den Rennkalender unter German-Racing/Renntermine [zumindest für die Jahre 2019 und früher, aufgrund der Ausnahmesituation der Corona-Krise dürften die Jahre 2020 und 2021 nicht repräsentativ sein] (URL-Verz.).

Einzelwetten durch den Geldwäscher wiederum erscheint langwierig und ist – da für einen ausreichenden Umsatz wohl mehrere hohe Wetten kurz nacheinander am selben Ort erforderlich wären – ebenfalls mit einer Steigerung des Entdeckungsrisikos verbunden. Insgesamt dürfte die Beschränkung der Einsatzhöhe damit tatsächlich zu einer Minderung des Geldwäscherisikos von Totalisatorwetten beitragen.

c) Risiko der Geldwäsche durch Manipulation von Pferderennen

Die Spielergeldwäsche durch Manipulation von Pferderennen in Zusammenwirken mit im Pferderennbereich tätigen Personen und anschließendes Setzen auf das manipulierte Rennen kann ebenso wenig prinzipiell ausgeschlossen werden wie die analoge Vorgehensweise im Sportwettenbereich.

Teilweise wird das Manipulationsrisiko bei Pferderennen aufgrund der Identität von Wettveranstalter (Totalisatorverein) und Rennveranstalter (der mit dem Totalisatorverein identische Renn- und Pferdezuchtverein) geringer veranschlagt, da mit dieser Identität eine größere Nähe von Wettkampf und Wette und damit bessere Kontrollmöglichkeiten gegeben seien.[1476] So fiele eine deutliche Abweichung von der erwarteten Leistung eines Pferdes – ob nach unten oder nach oben – leicht auf und veranlasse die Rennleitung zu Untersuchungen wie die Einholung von Dopingproben oder die Ermittlung der Identität von Wettenden, die von der auffälligen Leistungsabweichung profitieren.[1477]

Andererseits wurde im Rahmen der Ausführungen zu der Inkompatibilitätsvorschrift des § 21 Abs. 3 S. 1 GlüStV[1478] gerade umgekehrt festgestellt, dass die Verquickung von Sportbereich und Wettbereich das Manipulationsrisiko befördert. Nicht ausgeschlossen werden kann, dass der Totalisatorverein als Rennveranstalter selbst in Rennmanipulationen verstrickt ist.

Die Frage, ob Pferdewetten im Vergleich zu Sportwetten manipulationsanfälliger sind, lässt sich im Rahmen der vorliegenden Untersuchung nicht endgültig beantworten. Zugunsten einer geringeren Manipulationsanfälligkeit von Pferdewetten spricht jedenfalls, dass die Rennvereine als Totalisatorvereine einer sehr

---

1476 *von Mutius* gegenüber dem Tagesspiegel, zitiert nach *Bardow*, Der Tagesspiegel v. 28.11.2009; vgl. auch *Deselaers*, AgrarR 1980, 325 (327).

1477 *von Mutius* gegenüber dem Tagesspiegel, zitiert nach *Bardow*, Der Tagesspiegel v. 28.11.2009.

1478 S. o. unter Teil 5 E. III. 3) u. G. III. 2).

engmaschigen Kontrolle durch das Direktorium für Vollblutzucht und Rennen unterliegen.[1479]

Bei diesem handelt es sich um einen privaten Verein, dem die Aufgabe obliegt, die bei der Pferdezucht als Leistungsprüfungen veranstalteten Rennen zu überwachen und den Totalisatorbetrieb in Deutschland zu beaufsichtigen.[1480] Im Rahmen der Wahrnehmung dieser Aufgaben verlangt es etwa von Vereinen mit umfangreicherem Rennbetrieb die Einrichtung einer Zielfotoanlage sowie – ab einem gewissen Betriebsumfang – zusätzlich einer Rennverfilmungsanlage,[1481] und kann es Dopingproben anordnen[1482] Insbesondere diese hier beispielhaft genannten Instrumente – die vollständige filmische Aufzeichnung von Rennen und die Kontrolle von Pferden auf leistungssteigernde oder leistungssenkende Substanzen – sind gut geeignet, Rennmanipulationen zu erkennen.

Mittlerweile sind einige Bundesländer dazu übergegangen, aufgrund der Öffnungsklausel des § 25 Abs. 3 RennwLottG a. F. (jetzt § 6 Abs. 3 RennwLottG) in ihren landesrechtlichen Vorschriften selbst Regelungen zu einer behördlichen Aufsicht über Totalisatorvereine zu schaffen, die von RennwLottG und GlüStV an sich nicht vorgesehen sind.[1483] Die ungleich differenzierter und ausführlicher ausgestaltete Aufsicht nach der Rennordnung des Direktoriums für Vollblutzucht und Rennen bleibt jedoch bei eben diesem privaten Verein verortet, dem seine Kontrollaufgabe bereits in den Anfangszeiten der Bundesrepublik Deutschland übertragen wurde.[1484] Aufgrund dieser langen Erfahrungszeit sowie der Zusammensetzung des Vereins aus Mitgliedern mit Sachverstand im Bereich der Pferderennen bei gleichzeitiger Trennung des Vereins vom eigentlichen Renn- und Totalisatorbetrieb dürfte eine effektive Aufsicht und Manipulationsprävention gegeben sein, die bei der behördlichen Aufsicht in anderen Glücksspielbereichen nicht immer gewährleistet ist.

2) Abschätzung des Risikos der Betreibergeldwäsche

Die Investition kriminell erlangter Gelder in Rennpferde und ggf. Infrastruktur wie etwa Stallungen zur Gründung eines Renn- und Totalisatorvereins ist

1479 Vgl. Direktorium für Vollblutzucht und Rennen, Rennordnung, Ziff. 2 ff.; vgl. ferner auch dass, Stellungnahme v. 23.08.2012, S. 6 u. 9; *Deselaers*, AgrarR 1980, 325 (328).

1480 Direktorium für Vollblutzucht und Rennen, Rennordnung, Ziff. 2.

1481 Direktorium für Vollblutzucht und Rennen, Rennordnung, Ziff. 270.

1482 Direktorium für Vollblutzucht und Rennen, Rennordnung, Ziff. 532 Nr. 1.

1483 *Ennuschat*, in: Dietlein/Hecker/Ruttig, Glücksspielrecht, § 1 RennwLottG Rn. 8.

1484 *Deselaers*, AgrarR 1980, 325 (328).

auch in Deutschland nicht auszuschließen. Immerhin für größere Banden aus dem Bereich der Organisierten Kriminalität könnte diese Methode in Betracht kommen.

Deutschland ist aus Sicht der Kriminellen für Betreibergeldwäsche im Pferdewettenbereich allerdings ein eher unattraktiver Standort, da hier den Totalisatorvereinen ein gemeinnütziges Gepräge gesetzlich vorgeschrieben ist. So fordert § 2 Abs. 3 S. 1 RennwLottDV, dass sich aus der Vereinssatzung die Förderung der Landespferdezucht als ausschließlicher Vereinszweck ergeben muss.[1485] Damit dürfte das Risiko der Betreibergeldwäsche als Totalisator eher gering sein.

Die Eröffnung eines Buchmacherbüros hingegen ist der Eröffnung eines Sportwettbüros vergleichbar. Insofern dürfte das Risiko der Betreibergeldwäsche hier ebenfalls als mittel einzuschätzen sein.[1486]

II. Prüfung der Vorschriften für Buchmacherwetten

1) Verfassungsrechtliche Prüfung der Vorschriften de lege lata nach dem Geldwäschegesetz

Die Verpflichtungen nach dem Geldwäschegesetz stellen als Beeinträchtigung der Berufsausübung von Buchmachern einen Eingriff in deren Berufsfreiheit (Art. 12 Abs. 1 GG) dar.[1487]

Für die verfassungsrechtliche Rechtfertigung der Anti-Geldwäschevorschriften im Bereich der Festquotenwetten bei Buchmachern gelten ähnliche Überlegungen wie bei den terrestrischen Sportwettbüros.[1488] Da nämlich beide – Buchmacher und Sportwettbüros – Festquotenwetten auf sportliche Ereignisse anbieten, sind die mit dem angebotenen Produkt verbundenen Geldwäscherisiken im Wesentlichen identisch. Zudem sind die terrestrische Niederlassung eines Buchmachers und ein Sportwettbüro hinsichtlich des wirtschaftlichen Umfangs und der Betriebsabläufe vergleichbar. Die Verpflichtungen nach dem Geldwäschegesetz sind damit auch für Buchmacher gerechtfertigt.

1485 *Ennuschat*, in: Dietlein/Hecker/Ruttig, Glücksspielrecht, § 1 RennwLottG Rn. 3; vgl. auch BT-Drs. 18/11928, S. 22.

1486 Vgl. o. Teil 5 G. I. 2) b).

1487 Vgl. insofern bereits die analogen Ausführungen zu Sportwetten, Teil 5 G. II. 2) a) u. b).

1488 Teil 5 G. II. 2) c).

2) *Überlegung zu Vorschriften de lege ferenda: Einrichtung eines Frühwarnsystems im Buchmacherbereich*

Grundsätzlich sinnvoll ist es de lege ferenda, die bislang nur für Sportwetten vorgesehene Ermächtigung der zuständigen Behörde zur Anordnung der Einrichtung eines Frühwarnsystems (§ 21 Abs. 3 S. 3 GlüStV) auch auf Pferdewetten zu Festquoten auszudehnen. Dies könnte gesetzestechnisch durch einen Verweis auf die entsprechende Anwendbarkeit von § 21 Abs. 3 S. 3 GlüStV in § 27 GlüStV geschehen.

Frühwarnsysteme sind elektronische Systeme, die weltweit die am Wettmarkt angebotenen Sportwetten mit ihren zugehörigen Quoten registrieren.[1489] Gehen in kurzer Zeit hohe Einsätze auf einen zuvor als nicht sehr wahrscheinlich veranschlagten Spielausgang ein, nehmen die Sportwettenveranstalter entsprechende Angleichungen ihrer Quoten vor – Veränderungen, die von dem System registriert werden.[1490] Ab einem bestimmten Maß der Veränderung gibt es eine Alarmmeldung aus.[1491] Das ermöglicht – entgegen der irreführenden Bezeichnung als *Früh*warnsystem – immerhin die nachträgliche Untersuchung des fraglichen Sportereignisses auf mögliche Manipulationen.[1492] Da das Frühwarnsystem also auf der Registrierung der Quotenanpassung durch die Veranstalter basiert, kann es prinzipiell auch bei den von Buchmachern angebotenen Festquotenwetten auf Pferderennen funktionieren.

Praktisches Problem dabei ist die Erhebung der relevanten Daten. Das Frühwarnsystem für Sportwetten wird durch eine Kooperation zahlreicher Sportverbände mit dem Unternehmen Sportradar ermöglicht, das zentral Sportdaten sammelt und mittels seines eigens entwickelten Fraud Detection Systems auf Auffälligkeiten überprüft.[1493] Daten aus dem Pferderennbereich werden von dem Unternehmen bislang nicht erhoben.[1494] Mit der Schaffung einer entsprechenden Verpflichtung für Buchmacher würde es aber evtl. auch ein geeignetes Datenangebot geben.

1489 Welt.de, Art. v. 05.02.2005 (URL-Verz.).

1490 Welt.de, Art. v. 05.02.2005 (URL-Verz.).

1491 *Haucap/Nolte/Stöver*, Faktenbasierte Evaluierung des Glücksspielstaatsvertrags, S. 212; Welt.de, Art. v. 05.02.2005 (URL-Verz.).

1492 *Haucap/Nolte/Stöver*, Faktenbasierte Evaluierung des Glücksspielstaatsvertrags, S. 212 f.

1493 *Haucap/Nolte/Stöver*, Faktenbasierte Evaluierung des Glücksspielstaatsvertrags, S. 212; vgl. ferner Betradar, News Archive v. 07.02.2013 (URL-Verz.).

1494 Vgl. Betradar/Global Coverage (URL-Verz.).

III. Überlegungen zu Vorschriften für Totalisatorwetten de lege ferenda

1) Verpflichtung von Totalisatoren nach dem GwG

De lege ferenda könnte in Betracht gezogen werden, Totalisatoren ebenso wie Buchmacher in den Verpflichtetenkreis des Geldwäschegesetzes einzubeziehen. Angesichts des geringen Geldwäscherisikos in diesem Bereich[1495] besteht hierfür jedoch keine Erforderlichkeit.

2) Einrichtung eines Frühwarnsystems im Totalisatorbereich

Auch eine Übertragung des Prinzips des Frühwarnsystems auf Totalisatorwetten könnte de lege ferenda in Betracht gezogen werden. Indessen kommt eine solche Übertragung wohl generell nicht in Betracht. Aufgrund der Quotenberechnung bei Totalisatorwetten[1496] besteht eine direkte Kopplung der Quote an die geleisteten Einsätze und führen größere Einsätze immer zu einer deutlichen Veränderung der Quote. Das Phänomen der Quotenveränderung ist daher nicht so ungewöhnlich wie bei einer Festquotenwette, bei der eine Quotenveränderung immerhin eine Neukalkulation durch den Buchmacher in Reaktion auf ein geändertes Setzverhalten voraussetzt.

H. Abgleich von Regelungen anderer Länder

Aus den unter Teil 5 H. II. bereits für Sportwetten dargelegten Gründen beschränkt sich der Abgleich von Regelungen anderer Länder zu Pferdewetten auf Österreich.

In Österreich gelten die Vorschriften zur Wettbuchführung[1497] auch für Buchmacher und Totalisatoren im Pferdewettenbereich. Buchmacher ist den einschlägigen österreichischen Landesvorschriften zufolge, wer gewerbsmäßig Wetten aus Anlass sportlicher Veranstaltungen abschließt (vgl. etwa § 2 Nr. 1 Wiener WettenG), Totalisator (österreichisch: „Totalisateur"), wer gewerbsmäßig Wetten zwischen Wettkunden aus Anlass sportlicher Veranstaltungen vermittelt (vgl. etwa § 2 Nr. 2 Wiener WettenG).

Dass mit sportlichen Veranstaltungen auch Pferderennen gemeint sind, lässt sich aus mehreren Anhaltspunkten in den österreichischen Landesvorschriften

1495 S. o. Teil 7 G. I. 1) b) bb) u. cc).
1496 S. o. unter Teil 7 A.
1497 Vgl. o. Teil 5 H. I. 1).

schließen. So fallen etwa nach der Definition in § 2 Abs. 15 K-VAG Pferderennen unter den Begriff der Pferdesportveranstaltungen. § 1 Abs. 1 des Burgenländischen Gesetzes betreffend Gebühren von Totalisateur- und Buchmacherwetten sowie Maßnahmen zur Unterdrückung des Winkelwettwesens nennt Rennen ausdrücklich als Beispiel für sportliche Veranstaltungen. Ferner wird etwa in § 25 Abs. 2 Wiener WettenG im Hinblick auf Wetten auf Hunderennen ausdrücklich klargestellt, dass diese nicht als Wetten aus Anlass sportlicher Veranstaltungen zu qualifizieren seien – woraus sich im Umkehrschluss entnehmen lässt, dass dies im Hinblick auf Pferdewetten durchaus der Fall ist.

Die Vorschriften zur Wettbuchführung mögen zwar (in Österreich) auch zur Geldwäscheprävention im Pferdewettenbereich beitragen. Als mögliches Vorbild für eine deutsche Gesetzgebung de lege ferenda sollen sie an dieser Stelle jedoch nicht weiterverfolgt werden. Nach den vorangegangenen Untersuchungen bestehen in Deutschland im Buchmacherbereich mit den Verpflichtungen nach dem Geldwäschegesetz bereits ausreichende und verfassungsrechtlich gerechtfertigte Vorgaben zur Geldwäscheprävention. Für eine Geldwäschepräventionsregelung im Totalisatorbereich wäre in erster Linie eine Änderung des Geldwäschegesetzes der regelungssystematische Anknüpfungspunkt. Diese wurde jedoch angesichts des geringen Geldwäscherisikos nicht als erforderlich angesehen.[1498]

J. Ergebnisse von Teil 7 – Pferdewetten

Als Ergebnis der verfassungsrechtlichen Untersuchung der bestehenden Vorschriften zur Geldwäschebekämpfung im Pferdewettenbereich (*de lege lata*) lässt sich damit festhalten, dass diese verfassungskonform sind.

De lege ferenda wird die Empfehlung gegeben, die Regelungen zum Frühwarnsystem für Sportwetten auch auf Buchmacher zu erstrecken.

1498 S. o. Teil 7 G. III. 1).

Teil 8: Aspekte des Art. 20 GRCh, des Art. 3 Abs. 1 GG und der intersektoralen Kohärenz

Abschließend soll nach den ausführlichen Untersuchungen der einzelnen Glücksspielbereiche noch eine kurze Betrachtung erfolgen, ob die unterschiedlichen Regelungen zur Geldwäscheprävention in unterschiedlichen Glücksspielbereichen das Verbot einer willkürlichen Ungleichbehandlung von wesentlich Gleichem (Art. 3 Abs. 1 GG) oder das Gebot einer intersektoral kohärenten Regelung des Glücksspielmarktes verletzen. Zudem soll der Umstand, dass für Spielbanken im Gegensatz zu anderen Glücksspielbereichen keine Ausnahmemöglichkeit in der vierten Geldwäscherichtlinie vorgesehen ist, kurz im Hinblick auf Art. 20 GRCh betrachtet werden.

A. Vergleich von Spielbanken und anderen Glücksspielbereichen im Hinblick auf Art. 20 GRCh

Geht man von der Spielergeldwäsche als dem regelungssystematischen Ansatzpunkt der vierten Geldwäscherichtlinie aus,[1499] erscheint es auf den ersten Blick nicht unbedenklich, dass dort nur für Spielbanken keine Ausnahmemöglichkeit von den Geldwäscheverpflichtungen vorgesehen ist. Wie die vorliegende Untersuchung gezeigt hat, besteht auch in anderen Glücksspielbereichen – insbesondere im Bereich der Sport- und Pferdewetten – ein Risiko der Spielergeldwäsche.

Dennoch wäre es zu weitgehend, auf dieser Grundlage eine Verletzung des Art. 20 GRCh anzunehmen. Gemäß Art. 2 Abs. 2 4. GwRL können die Mitgliedstaaten andere Glücksspielbereiche erst nach einer risikoangemessenen Bewertung ganz oder teilweise von den Verpflichtungen ausnehmen. Daher kann ein Glücksspielbereich, der in einem Mitgliedstaat ein dem Spielbankenbereich vergleichbares Risiko der Spielergeldwäsche aufweist, auch nicht ohne eine Verletzung der Pflicht zur ordnungsgemäßen Risikobewertung aus den Verpflichtungen ausgenommen werden.

Zudem liegt wohl die Annahme, dass in anderen Glücksspielbereichen sehr unterschiedliche Gegebenheiten in den einzelnen Mitgliedstaaten und damit unterschiedliche Geldwäscherisiken bestehen, während Spielbanken ganz

1499 Vgl. Teil 4 E. I. 3).

allgemein eine gewisse Anfälligkeit für Geldwäsche aufweisen, noch innerhalb der Einschätzungsprärogative des europäischen Gesetzgebers.

B. Vergleich von Spielbanken und Spielhallen

Da die Ungleichbehandlung von Spielbanken und Spielhallen hinsichtlich der Verpflichtung nach dem Geldwäschegesetz eine Entscheidung des nationalen Gesetzgebers ist, wird sie nach der hier vertretenen Auffassung[1500] am Maßstab des Grundgesetzes (Art. 3 Abs. 1 GG) gemessen. Grundfreiheitliche Aspekte werden aus dem in Teil 2 C. I. 2) d) dargestellten Grund darüber hinaus nur mit Blick auf die intersektorale Kohärenz berücksichtigt.

I. Prüfung von Art. 3 Abs. 1 GG

Eine Ungleichbehandlung von Spielbanken und Spielhallen liegt darin, dass Spielbanken Verpflichtete nach dem Geldwäschegesetz sind (§ 2 Abs. 1 Nr. 15 GwG), während das gewerbliche Automatenspiel vom Anwendungsbereich des Geldwäschegesetzes ausgenommen ist (§ 2 Abs. 1 Nr. 15 lit. a) GwG). Umgekehrt unterliegen die gewerblichen Automaten den (auch) der Geldwäschebekämpfung dienenden Vorschriften der Spielverordnung, denen Automaten in Spielbanken nicht unterfallen. Spielbanken und Spielhallen dürften auch „wesentlich gleich" im Sinne von Art. 3 Abs. 1 GG sein, da sie eine Vielzahl von Eigenschaften gemeinsam haben:[1501] Bei beiden handelt es sich um landgebundene Einrichtungen, die Glücksspiele an bzw. unter Einsatz von physischen Spielgeräten – insbesondere Automatenspiele – anbieten.

Da die Ungleichbehandlung mit der Art der Glücksspieleinrichtung an ein sachbezogenes Differenzierungskriterium anknüpft, dürfte für die Rechtfertigung die Angabe eines sachlich einleuchtenden Grundes genügen.[1502]

Ein solcher liegt hier vor. Wie in Teil 3 G III. dargelegt, verbleibt bei Spielbanken ein gewisses Risiko der Spielergeldwäsche (im Bereich des klassischen Spiels), während das Risiko einer Betreibergeldwäsche nahezu ausgeschlossen ist. Bei Spielhallen hingegen ist nach den Ausführungen unter Teil 4. G. I. gerade umgekehrt das Risiko einer Spielergeldwäsche nahezu ausgeschlossen, während im Bereich der Betreibergeldwäsche Risiken verbleiben. Die Ausnahme des

---

1500 S. o. Teil 2 C. I. 1) c).

1501 Vgl. zu diesem Kriterium *Kischel*, in: Epping/Hillgruber, BeckOK GG, Art. 3 Nr. 15 u. 15.1.

1502 Vgl. o. Teil 2 C. II. 4).

gewerblichen Automatenspiels aus dem an der Bekämpfung von Spielergeldwäsche orientierten Geldwäschegesetz bei gleichzeitiger Schaffung von Regelungen zur Bekämpfung von Betreibergeldwäsche in der Spielverordnung trägt den unterschiedlichen Risiken angemessen Rechnung.

II. Intersektorale Kohärenz

Nach dem Gebot der intersektoralen Kohärenz darf die in einem bestimmten Glücksspielbereich verfolgte Politik der in einem anderen Glücksspielbereich verfolgten Politik nicht zuwiderlaufen und dessen Regulierung daher als inkohärent erscheinen lassen.[1503] Da – wie im vorangegangenen Abschnitt dargestellt – die unterschiedliche Rechtspolitik im Spielbanken- und im Spielhallenbereich hinsichtlich der Geldwäschebekämpfung wohlbegründet ist, bestehen jedoch insofern auch keine Anhaltspunkte einer Verletzung der intersektoralen Kohärenz.

C. Vergleich von Buchmachern und Totalisatoren

Auch die unterschiedliche Behandlung von Buchmachern und von Totalisatoren – erstere sind Verpflichtete im Sinne des Geldwäschegesetzes, letztere von dessen Anwendungsbereich ausgenommen (§ 2 Abs. 1 Nr. 15 lit. b) GwG) – muss sich an Art. 3 Abs. 1 GG und dem Gebot der intersektoralen Kohärenz messen lassen.

Hinsichtlich Art. 3 Abs. 1 GG ist zunächst festzustellen, dass in der Ungleichbehandlung von Buchmachern und Totalisatoren ebenfalls eine Ungleichbehandlung von „wesentlich Gleichem"[1504] liegen dürfte: Sowohl Buchmacher als auch Totalisatoren bieten Wetten auf Pferderennen an. Da auch hier das Anknüpfungskriterium die Art des Glücksspielbetriebs und damit ein sachbezogenes Kriterium ist, dürfte für die Rechtfertigung ein sachlich einleuchtender Grund ausreichen.[1505]

Dieser liegt hier in den erheblich verschiedenen Geldwäscherisiken: Während bei Buchmachern ebenso wie Sportwettbüros ein hohes Risiko der Spielergeldwäsche gegeben ist,[1506] fällt das Risiko bei Totalisatoren eher gering aus.[1507] Daher ist ein vernünftiger Grund für die Ungleichbehandlung gegeben.

Aus dem gleichen Grund ist auch eine Verletzung des Gebots der intersektoralen Kohärenz nicht ersichtlich.

1503 S. o. Teil 2 C. I. 2) e) aa) (2).
1504 Vgl. zu den hierfür relevanten Kriterien bereits den vorangegangenen Abschnitt.
1505 Vgl. o. Teil 2 C. II. 4).
1506 Vgl. o. Teil 7 G. I. 1) b) aa).
1507 Vgl. o. Teil 7 G. I. 1) b) bb) u. cc).

Teil 9: Zusammenfassung und Umsetzungsvorschläge

A. Zusammenfassung der wesentlichen Ergebnisse

In diesem Abschnitt werden die wesentlichen Ergebnisse der Untersuchung des Geldwäscherisikos (getrennt nach Spielergeldwäsche und Betreibergeldwäsche) sowie der rechtlichen Untersuchung (getrennt nach Vorschriften de lege lata, zwingend erforderlichen Vorschriften de lege ferenda und (bloß) empfehlenswerten Vorschriften de lege ferenda) der einzelnen Glücksspielbereiche noch einmal übersichtlich tabellarisch dargestellt. In den nachfolgenden Abschnitten werden dann konkrete Umsetzungsvorschläge für die Vorschriften de lege ferenda vorgestellt.

I. Zusammenfassung der Ergebnisse zum Geldwäscherisiko

Die Ergebnisse zur Untersuchung des tatsächlichen Geldwäscherisikos in den einzelnen Glücksspielbereichen stellen sich wie folgt dar:

Tabelle 3: Ergebnisse zur Untersuchung des tatsächlichen Geldwäscherisikos in den einzelnen Glücksspielbereichen

Bereich	**Spielergeldwäsche**	**Betreibergeldwäsche**
Spielbanken	geringes bis mittleres Risiko v. a. durch Erwerb und Rücktausch von Spielmarken zwecks Umtauschs bemakelten Bargelds sowie durch Verschieben von Geldern zwischen Komplizen beim Poker	kaum Risiko, insb. wegen Staatsmonopol bzw. hoher Hürden im Antragsverfahren

Bereich	**Spielergeldwäsche**	**Betreibergeldwäsche**
Spielhallen	kaum Risiko, insb. wegen Modalitäten des Automatenspiels nach der SpielV	mittleres Risiko, risikomindernd wirkt v. a. die steuerliche Belastung, risikoerhöhend wirken v. a. die Eigenheiten des Spielhallenbetriebs und Manipulationsmöglichkeiten
Sportwetten	hohes Risiko v. a. durch Arbitrage-Wetten	mittleres Risiko, ähnlich wie bei Spielhallen
Lotterien	kaum Risiko, wegen Eigenheiten des Lotteriespiels	kaum Risiko, insb. wegen weitgehenden Staatsmonopols
Pferdewetten	hohes Risiko bei Buchmachern, ähnlich wie bei Sportwetten; kaum Risiko bei Totalisatoren, wegen Eigenheiten des Totalisatorspiels	mittleres Risiko bei Buchmachern, ähnlich wie bei Sportwettbüros; geringes Risiko bei Totalisatoren, insb. wegen des Gepräges von Renn- und Pferdezuchtvereinen

II. Zusammenfassung der Ergebnisse der rechtlichen Untersuchung

1) Wesentliche Instrumente der Geldwäschebekämpfung de lege lata

Als wesentliche Instrumente der Geldwäschebekämpfung de lege lata wurden in den einzelnen Glücksspielbereichen die folgenden Instrumente identifiziert:

Tabelle 4: Wesentliche Instrumente der Geldwäschebekämpfung de lege lata

Bereich	**Kernvorgaben de lege lata zur Geldwäschebekämpfung**
Spielbanken	– Identifizierung von Kunden; Aufzeichnung und Speicherung der Daten bzw. Abgleich mit bereits erfassten Daten – Einrichtung eines internen Risikomanagements zur Erkennung krimineller Aktivitäten, insb. auch durch personalbezogene und technische Maßnahmen – Sicherstellung der Zuverlässigkeit von Betreiber und Personal, einschließlich Sicherstellung der rechtmäßigen Herkunft der Mittel – Gewährleistung effektiver Zusammenarbeit mit Melde- und Aufsichtsbehörden und/oder Herstellung einer unmittelbaren staatlichen Einflussnahme auf die Spielbank durch Einrichtung eines Staatsmonopols
Spielhallen	– Verhinderung der Manipulation von Automatenaufzeichnungen durch Vorgabe entsprechend sicherer Aufzeichnungseinrichtungen – Kontrolle der Plausibilität von Umsatzangaben durch Nachschau vor Ort – optisch-elektronische Überwachung

Bereich	**Kernvorgaben de lege lata zur Geldwäschebekämpfung**
Sportwetten	– Identifizierung von Kunden; Aufzeichnung und Speicherung der Daten bzw. Abgleich mit bereits erfassten Daten, insbesondere auch über Spielerkonten oder Kundenkarten – Einrichtung eines internen Risikomanagements zur Erkennung krimineller Aktivitäten – Sicherstellung der Zuverlässigkeit von Betreiber und Personal, einschließlich Sicherstellung der rechtmäßigen Herkunft der Mittel – Gewährleistung effektiver Zusammenarbeit mit Melde- und Aufsichtsbehörden bzw. Überführung des Schwarzmarktes in staatlich kontrollierte Bahnen durch Aufhebung des staatlichen Sportwettenmonopols – (mittelbar:) Bekämpfung von Spielmanipulation durch präventive Vorschriften und Straftatbestände
Lotterien	– Aufrechterhaltung des staatlichen Lotteriemonopols
Pferdewetten	*Für Buchmacher:* – Identifizierung von Kunden; Aufzeichnung der Daten bzw. Abgleich mit bereits erfassten Daten – Einrichtung eines internen Risikomanagements zur Erkennung krimineller Aktivitäten – Sicherstellung der Zuverlässigkeit von Betreiber und Personal – (mittelbar:) Strafbarkeit von Rennmanipulation *Für Totalisatorvereine:* – Verpflichtung zum Tätigwerden zum Besten der Landespferdezucht

2) Ergebnisse der Prüfung der Vorschriften de lege lata und der Überlegungen zu Vorschriften de lege ferenda

Die Prüfung der Kernvorschriften zur Geldwäschebekämpfung de lege lata und die Überlegungen zu den Vorschriften de lege ferenda haben die folgenden Ergebnisse erbracht:

Tabelle 5: Ergebnisse der Prüfung der Vorschriften de lege lata und der Überlegungen zu Vorschriften de lege ferenda

Bereich	**de lege lata**	**de lege ferenda**
Spielbanken	– Vorschriften zur Geldwäschebekämpfung grs. unionsrechts- und verfassungskonform – allerdings bei manchen Besucherdateien verfassungswidrige Löschfrist	*zwingend erforderlich:* – Korrektur der Löschfrist bei betreffenden Besucherdateien (s. links) *empfehlenswert:* – Einführung eines Buchführungssystems zum Nachhalten gestückelter Transaktionen – Vorgabe einer zufälligen Tischverteilung beim Poker – Nachweis der rechtmäßigen Mittelherkunft im Antragsverfahren
Spielhallen	– Vorschriften zur Geldwäschebekämpfung verfassungskonform	*empfehlenswert:* – Nachweis der rechtmäßigen Mittelherkunft im Antragsverfahren
Sportwetten	– Vorschriften zur Geldwäschebekämpfung verfassungskonform	Aktuell kein Handlungsbedarf
Lotterien	Prüfung im Rahmen der Untersuchung nicht geboten	Aktuell kein Handlungsbedarf

Bereich	de lege lata	de lege ferenda
Pferdewetten	– Vorschriften zur Geldwäschebekämpfung verfassungskonform	*empfehlenswert:* – Erstreckung des Frühwarnsystems auch auf Buchmacher
alle Bereiche	–	*zwingend erforderlich:* – Präzisierung der Sorgfaltspflichten bei PEPs *empfehlenswert:* – Ausschluss unangemessener Strafbarkeitsrisiken für Geldwäschebeauftragte – Trennung von präventionsrechtlichem und strafrechtlichem Geldwäschebegriff

B. Umsetzungsvorschläge de lege ferenda im Spielbankenbereich

I. Anpassung der Speicherfrist für Daten in der allgemeinen Besucherdatei (*zwingend erforderlich*)

Die Speicherfrist für Daten in der allgemeinen Besucherdatei ist im jeweiligen Landesspielbankenrecht auf maximal zwei auf den letzten Besuch folgende Kalenderjahre zu verkürzen, sofern sie darüber liegt.

II. Einführung eines Buchführungssystems für Spielertransaktionen (*empfehlenswert*)

Die Einführung des in Teil 3 J. geforderten Buchführungssystems zum Nachhalten von Transaktionen desselben Spielers, die ggf. auch an unterschiedlichen Tischen erfolgen können und erst in der Summe 2.000 Euro erreichen oder überschreiten, kann durch Ergänzung von § 10 Abs. 5 GwG um einen Satz 3 erfolgen. Satz 2 lautet aktuell:

> „Der Identifizierungspflicht kann auch dadurch nachgekommen werden, dass der Spieler bereits beim Betreten der Spielbank oder der sonstigen örtlichen Glücksspielstätte identifiziert wird, wenn vom Verpflichteten zusätzlich sichergestellt wird, dass

Transaktionen im Wert von 2.000 Euro oder mehr einschließlich des Kaufs oder Rücktauschs von Spielmarken dem jeweiligen Spieler zugeordnet werden können."

Dahinter kann ein neuer Satz 3 wie folgt ergänzt werden:

„Dabei ist vom Verpflichteten insbesondere durch ein geeignetes Dokumentationssystem sicherzustellen, dass einem Spieler auch Transaktionen zugeordnet werden können, die erst in der Summe den Wert von 2.000 Euro erreichen oder überschreiten."

III. Vorgabe einer zufälligen Tischverteilung beim Poker (*empfehlenswert*)

Als regelungssystematischer Anknüpfungspunkt für die Vorgabe der zufälligen Tischverteilung beim Poker und anderen Kartenspielen, bei denen die Spieler gegeneinander und nicht gegen die Bank antreten, kommt die jeweilige Landesspielordnung in Betracht. Regelmäßig ist das für die Glücksspielaufsicht zuständige Landesministerium im jeweiligen Landesspielbanken- bzw. -glücksspielgesetz ermächtigt, in der Spielordnung (auch) zu regeln, welche Spiele nach welchen Spielregeln gespielt werden dürfen (vgl. z. B. § 14 Abs. 2 Nr. 2 SpBG NRW; § 12 S. 2 Nr. 1 SpBG RP). In Zusammenschau mit der Zielvorgabe der Landesgesetze, die mit Glücksspiel verbundene Folge- und Begleitkriminalität abzuwehren,[1508] dürfte sich daraus auch die Ermächtigung ergeben, der Geldwäscheprävention förderliche Spielregeln zu erlassen.

Allerdings erscheint es sachnäher, eine solche, vergleichsweise spezifische Regelung nicht allgemein in der Landesspielordnung zu regeln, sondern in der Hausordnung der jeweiligen Spielbank. Die Vorgabe hierfür kann von der Erlaubnisbehörde im Rahmen der Konzessionserteilung (vgl. z. B. § 2 Abs. 10 S. 4 SpBG HH: „Die Konzession kann zur Erreichung der in § 1 genannten Anforderungen[1509] Auflagen enthalten [...]") bzw. von der – regelmäßig identischen, vgl. z. B. §§ 3 Abs. 1 S. 1, 11 Abs. 1 SpBG RP sowie o. Teil 3 E. I. 5) – glücksspiel- und geldwäscherechtlichen Aufsichtsbehörde auf Grundlage der ihr eingeräumten Aufsichtsbefugnisse[1510] gemacht werden.

1508 Vgl. z. B. Art. 1 Abs. 1 Nr. 4 SpBG BY; § 1 Nr. 4 SpBG HH; § 1 Abs. 1 Nr. 4 SpBG RP; in Nordrhein-Westfalen sogar ausdrücklich „Folge- und Begleitkriminalität einschließlich der Geldwäsche", § 1 Nr. 4 SpBG NRW (vgl. bereits o. Teil 2 B. IV. 2)).

1509 Also der vorgenannten Zielvorgaben, insbesondere der Abwehr der Folge- und Begleitkriminalität, vgl. die vorangehende Fußnote.

1510 Vgl. z. B. § 13 Abs. 1 S. 2, Abs. 2 S. 1 SpBG NRW: „Die Aufsicht hat den Schutz der öffentlichen Sicherheit und Ordnung vor Gefahren, die vom Spielbankbetrieb ausgehen, zu gewährleisten und sicherzustellen, dass die für den Betrieb der Spielbank

IV. Nachweis der rechtmäßigen Herkunft der Mittel im Antragsverfahren (*empfehlenswert*)

Zur Umsetzung der empfohlenen gesetzlichen Verankerung des Nachweiserfordernisses für die rechtmäßige Herkunft der Mittel im Antragsverfahren kann in den Ländern mit Konzessionsmodell ein entsprechender Passus in die jeweilige landesgesetzliche Norm eingefügt werden, die die Anforderungen an den Antrag auf Erteilung einer Spielbankenerlaubnis regelt. Dabei kann auf die bereits in § 28 Abs. 2 S. 3 Nr. 9 LGlüG BW und ganz ähnlich in § 3a Abs. 2 S. 3 Nr. 3 SpBG RP enthaltene Formulierung zurückgegriffen werden, etwa:

> „Der Antrag bedarf der Schriftform. Er muss alle Angaben, Nachweise und Unterlagen in deutscher Sprache enthalten, die in der Ausschreibung bezeichnet sind. Dazu gehören insbesondere
> […]
> eine Darlegung der rechtmäßigen Herkunft der für die Veranstaltung öffentlicher Glücksspiele erforderlichen Mittel,
> […]".

C. Umsetzungsvorschläge de lege ferenda im Spielhallenbereich

Die unter Teil 4 J. geforderte (*zwingend erforderliche*) gesetzliche Verankerung des Nachweiserfordernisses für die rechtmäßige Herkunft der Mittel im Erlaubnisverfahren zum Betrieb einer Spielhalle kann sich an den zuvor genannten entsprechenden Vorschriften für Spielbanken, ergänzend auch an § 5 Abs. 2 Nr. 3 öGSpG orientieren. Konkret kann in die jeweilige landesgesetzliche Vorschrift, die die Fälle regelt, in denen eine Erlaubnis zu versagen ist, eine entsprechende neue Nummer eingefügt werden:

> „Die Erlaubnis ist zu versagen, wenn
> […]
> die rechtmäßige Herkunft der für den Betrieb der Spielhalle erforderlichen Mittel nicht in geeigneter Weise nachgewiesen wird,
> […]".

---

geltenden Rechtsvorschriften und die in der Spielordnung und den Konzessionen enthaltenen Bestimmungen eingehalten werden. – Das für die Glücksspielaufsicht zuständige Ministerium trifft seine Maßnahmen nach pflichtgemäßem Ermessen." sowie §§ 50 Nr. 8, 51 Abs. 2 GwG.

D. Umsetzungsvorschläge de lege ferenda im Pferdewettenbereich

Die Erstreckung der Vorschriften zum Frühwarnsystem auf den Buchmacherbereich ist nach dem Ergebnis von Teil 7 J. *empfehlenswert.*

Dazu kann § 27 GlüStV der folgende Absatz 5 hinzugefügt werden:

> „Auf Festquotenwetten findet § 21 Abs. 3 S. 3 entsprechende Anwendung."

E. Umsetzungsvorschläge de lege ferenda, die alle Bereiche betreffen

I. Präzisierung der Vorgaben zur Identifizierung von PEPs (*zwingend erforderlich*)

Für die nach Teil 3 J. erforderliche Präzisierung der in § 10 Abs. 1 Nr. 4 GwG geregelten allgemeinen Sorgfaltspflicht

> „4. die Feststellung mit angemessenen, risikoorientierten Verfahren, ob es sich bei dem Vertragspartner oder dem wirtschaftlich Berechtigten um eine politisch exponierte Person, um ein Familienmitglied oder um eine bekanntermaßen nahestehende Person handelt, […]"

kann die Nummer wie folgt ergänzt werden:

> „4. die Feststellung mit angemessenen, risikoorientierten Verfahren, ob es sich bei dem Vertragspartner oder dem wirtschaftlich Berechtigten um eine politisch exponierte Person, um ein Familienmitglied oder um eine bekanntermaßen nahestehende Person handelt; als angemessen ist jedenfalls der Abgleich der bei der Identifizierung nach den Nummern 1 und 2 erhobenen Daten mit einer zertifizierten Datenbank politisch exponierter Personen anzusehen, […]".

II. Ausschluss unangemessener Strafbarkeitsrisiken für Geldwäschebeauftragte (*empfehlenswert*)

Der Ausschluss der Strafbarkeit eines Geldwäschebeauftragten wegen leichtfertigen Unterlassens einer Meldung entgegen § 43 Abs. 1 GwG ist nach dem Ergebnis von Teil 3 J. empfehlenswert. Er kann erfolgen, indem § 7 GwG um einen neuen Absatz 8 ergänzt wird:

> „(8) Der Geldwäschebeauftragte wird nicht wegen Geldwäsche nach § 261 des Strafgesetzbuchs bestraft, wenn er entgegen § 43 Absatz 1 eine Meldung nicht, nicht richtig, nicht vollständig oder nicht rechtzeitig abgibt und dies nicht vorsätzlich geschieht."

III. Trennung von präventionsrechtlichem und strafrechtlichem Geldwäschebegriff (*empfehlenswert*)

Zur gesetzlichen Umsetzung der nach Teil 2 A. II. bis IV. empfehlenswerten Trennung von präventionsrechtlichem und strafrechtlichem Geldwäschebegriff und zur Vermeidung einer übermäßigen Ausdehnung des Geldwäschetatbestandes in den Bereich der Vortätergeldwäsche kann die Aufhebung der uneingeschränkten Straflosigkeit der Vortätergeldwäsche in § 261 Abs. 9 StGB a. F. (jetzt § 261 Abs. 7 StGB) wieder rückgängig gemacht werden.
Zugleich kann § 1 Abs. 1 GwG

> „(1) Geldwäsche im Sinne dieses Gesetzes ist eine Straftat nach § 261 des Strafgesetzbuchs."

um einen Satz 2 ergänzt werden:

> „(1) Geldwäsche im Sinne dieses Gesetzes ist eine Straftat nach § 261 des Strafgesetzbuchs. Als Geldwäsche im Sinne dieses Gesetzes gilt auch eine Tat, die nur deswegen nicht nach § 261 Strafgesetzbuch bestraft wird, weil der Täter oder Teilnehmer wegen Beteiligung an der Vortat strafbar ist."

Anhang zu Teil 1 F.

Fragebögen an die Bundesländer und Fragenkataloge für die geführten Interviews

A. Fragebögen an die Bundesländer

I. Baden-Württemberg

1) Ministerium des Inneren Baden-Württemberg (August 2015)

Allgemein:

1) Besteht nach Einschätzung der Behörde ein Risiko der Geldwäsche im Spielbankenbereich?

Fragen zur Erlaubniserteilung:

2) Wie kann bei der Antragstellung für die Spielbankenerlaubnis die legale Herkunft des Kapitals nachgewiesen werden?
3) Bei der Antragstellung muss nach dem Landesglücksspielgesetz ein Geldwäschekonzept vorgelegt werden.
   3.1) Welche Gewährleistungen muss dieses Konzept bieten und welche Inhalte hat es typischerweise?
   3.2) Welche Rolle spielt es bei der Auswahlentscheidung und welche Beurteilungskriterien gelten dabei?
4) Welche Anforderungen werden von behördlicher Seite an die Zuverlässigkeit und die persönliche Eignung des Antragstellers gerade im Hinblick auf die Geldwäscheprävention gestellt?
5) Welche Auflagen und/oder Nebenbestimmungen werden bei der Erlaubniserteilung zur Verhinderung krimineller Aktivitäten, insbesondere Geldwäsche gemacht?
6) Welche Auflagen und/oder Nebenbestimmungen werden hinsichtlich der technischen Anforderungen an Spielautomaten in der Spielbank gemacht? Können diese zur Geldwäscheprävention beitragen?

Fragen zur Aufsicht:

7) Die glücksspielrechtliche Aufsicht über Spielbanken ist dem Regierungspräsidium Karlsruhe übertragen, die geldwäscherechtliche Aufsicht dem jeweils örtlich zuständigen Regierungspräsidium.

Findet bei der Aufsicht eine Kooperation mit dem Innenministerium insbesondere im Hinblick auf die Geldwäschebekämpfung statt?

Allgemein:

8) Wie schätzt die Behörde die

- zeitliche
- Personelle
- finanzielle

Belastung der Spielbanken durch die Vorgaben des Geldwäschegesetzes und durch sonstige behördliche Vorgaben zur Geldwäschebekämpfung ein?

2) Regierungspräsidium Karlsruhe (August 2015)

Allgemeines:

1) Besteht nach Einschätzung der Behörde ein Risiko der Geldwäsche im Glücksspielbereich?
   Insbesondere:
   1.1) Im Spielbankenbereich?
   1.2) Im Bereich des Internet-Glücksspiels?
   1.3) In anderen Glücksspielbereichen?
2) Wurden Erlaubnisse zur Veranstaltung und/oder Vermittlung von Internet-Glücksspielen erteilt?
   Falls ja: für welche Formen von Glücksspiel?

Fragen zur Erlaubniserteilung:

3) Muss bei einer Antragstellung für eine glücksspielrechtliche Erlaubnis (z.B. Buchmacher/Totalisator) die legale Herkunft des Kapitals nachgewiesen werden?
   Falls ja: Wie kann das geschehen?
4) Muss bei der Antragstellung ein Sicherheitskonzept zur Verhinderung krimineller Aktivitäten, insbesondere Geldwäsche vorgelegt werden?
   Falls ja:
   4.1) Welche Inhalte hat dieses Konzept?
   4.2) Welche Rolle spielt es bei der Auswahlentscheidung und welche Beurteilungskriterien gelten dabei?
5) Welche Anforderungen werden von behördlicher Seite an die Zuverlässigkeit und die persönliche Eignung des Antragstellers gestellt?
   Inwieweit spielen dabei Aspekte der Geldwäscheprävention eine Rolle?

6) Welche Auflagen und/oder Nebenbestimmungen werden bei der Erlaubniserteilung zur Verhinderung krimineller Aktivitäten, insbesondere Geldwäsche gemacht?

Fragen zur Aufsicht:

7) Übt das Regierungspräsidium Karlsruhe in der Praxis sowohl die Aufsicht nach dem Landesglücksspielgesetz Baden-Württemberg als auch nach dem Geldwäschegesetz über Spielbanken aus?
   Gibt es in der Praxis Unterschiede zwischen diesen Aufsichtsformen?
8) Werden auch Veranstalter und Vermittler von Internet-Glücksspielen durch das Regierungspräsidium Karlsruhe beaufsichtigt?
   Falls ja: welche Formen von Internet-Glücksspiel werden beaufsichtigt?
9) Inwieweit macht die Behörde von ihren Befugnissen nach dem Geldwäschegesetz in Bezug auf Spielbanken und/oder Veranstalter bzw. Vermittler von Internet-Glücksspielen Gebrauch?
   Insbesondere:
   9.1) Ordnet sie bestimmte interne Sicherungsmaßnahmen zur Verhinderung von Geldwäsche an, und falls ja: welche?
   9.2) Bestimmt sie die über die risikoangemessene Anwendung der Sorgfaltspflichten nach dem Geldwäschegesetz und/oder konkretisiert sie diese Pflichten, und falls ja: wie?
   9.3) Befreit sie von bestimmten Pflichten? Falls ja: Ist das eher die Regel oder eher die Ausnahme?
   9.4) Gestattet sie die Übertragung von Sicherungsmaßnahmen auf Dritte?
10) Wie werden die Auslegungs- und Anwendungshinweise für die Umsetzung der Sorgfaltspflichten und internen Sicherungsmaßnahmen für Spielbanken und/oder Veranstalter bzw. Vermittler von Internet-Glücksspielen nach dem Geldwäschegesetz erarbeitet und aktualisiert?

Allgemein:

11) Wie schätzt die Behörde die

- zeitliche
- Personelle
- finanzielle

Belastung der Spielbanken und Veranstalter bzw. Vermittler von Internet-Glücksspiel durch die Vorgaben des Geldwäschegesetzes ein?

II. Bayern

1) Staatsministerium des Inneren Bayern (August 2015)

Allgemein:

1) Besteht nach Einschätzung der Behörde ein Risiko der Geldwäsche im Spielbankenbereich?

Fragen zur Erlaubniserteilung:

2) Muss bei der Antragstellung für eine Spielbankenerlaubnis durch das Staatsministerium der Finanzen ein Sicherheitskonzept zur Verhinderung krimineller Aktivitäten, insbesondere Geldwäsche vorgelegt werden?
Welche Gewährleistungen muss dieses Konzept bieten?
3) Welche Anforderungen werden von behördlicher Seite an die Zuverlässigkeit und die persönliche Eignung des Spielbankenpersonals (Spielbankleitung und Mitarbeiter) gerade im Hinblick auf die Geldwächeprävention gestellt?
4) Welche Auflagen und/oder Nebenbestimmungen werden bei der Erlaubniserteilung zur Verhinderung krimineller Aktivitäten, insbesondere Geldwäsche gemacht?

Fragen zur Aufsicht:

5) Dem Staatsministerium des Inneren ist sowohl die Aufsicht nach dem Landesspielbankengesetz als auch nach dem Geldwäschegesetz über Spielbanken übertragen.
Gibt es in der Praxis eine Abgrenzung zwischen diesen Aufsichtsformen?
6) Inwieweit macht die Behörde von ihren Befugnissen nach dem Geldwäschegesetz in Bezug auf Spielbanken Gebrauch?
Insbesondere:
   6.1) Ordnet sie bestimmte interne Sicherungsmaßnahmen zur Verhinderung von Geldwäsche an, und falls ja: welche?
   6.2) Bestimmt sie die über die risikoangemessene Anwendung der Sorgfaltspflichten nach dem Geldwäschegesetz und/oder konkretisiert sie diese Pflichten, und falls ja: wie?
   6.3) Befreit sie von bestimmten Pflichten? Falls ja: Ist das eher die Regel oder eher die Ausnahme?
   6.4) Gestattet sie die Übertragung von Sicherungsmaßnahmen auf Dritte?

7) Wie werden die Auslegungs- und Anwendungshinweise für die Umsetzung der Sorgfaltspflichten und internen Sicherungsmaßnahmen für Spielbanken nach dem Geldwäschegesetz erarbeitet und aktualisiert?

Allgemein:

8) Wie schätzt die Behörde die

- Zeitliche
- Personelle
- finanzielle

Belastung der Spielbanken durch die Vorgaben des Geldwäschegesetzes ein?

2) Regierung Oberpfalz (August 2015)

Allgemein:

1) Besteht nach Einschätzung der Behörde ein Risiko der Geldwäsche im Glücksspielbereich?
   Insbesondere:
   1.1) Im Lotteriebereich?
   1.2) Im Sportwettenbereich?
   1.3) Im Bereich des Internet-Glücksspiels?
2) Wurden durch die Behörde Erlaubnisse zur Veranstaltung und/oder Vermittlung von Internet-Glücksspielen erteilt?
   Falls ja: für welche Formen von Glücksspiel?

Fragen zur Erlaubniserteilung:

3) Muss bei einer Antragstellung für eine glücksspielrechtliche Erlaubnis durch einen Privaten die legale Herkunft des Kapitals nachgewiesen werden?
   Falls ja: Wie kann das geschehen?
4) Muss bei der Antragstellung ein Sicherheitskonzept zur Verhinderung krimineller Aktivitäten, insbesondere Geldwäsche vorgelegt werden?
   Falls ja:
   4.1) Welche Gewährleistungen muss dieses Konzept bieten?
   4.2) Spielt es eine Rolle bei einer eventuellen Auswahlentscheidung zwischen mehreren Antragstellern und welche Beurteilungskriterien gelten hierbei?
5) Welche Anforderungen werden von behördlicher Seite an die Zuverlässigkeit und die persönliche Eignung des Antragstellers gerade im Hinblick auf die Geldwäscheprävention gestellt?

6) Welche Auflagen und/oder Nebenbestimmungen werden bei der Erlaubniserteilung zur Verhinderung krimineller Aktivitäten, insbesondere Geldwäsche gemacht?

Fragen zur Aufsicht:

7) Gibt es in der Praxis auch Veranstalter und/oder Vermittler von Internet-Glücksspielen, die durch die Regierung Oberpfalz beaufsichtigt werden?
   Falls ja: welche Formen von Internet-Glücksspiel werden beaufsichtigt?

Ferner, sofern es Veranstalter und/oder Vermittler von Internet-Glücksspielen gibt, die beaufsichtigt werden:

8) Inwieweit macht die Behörde dabei von ihren Befugnissen nach dem Geldwäschegesetz Gebrauch?
   Insbesondere:
   8.1) Ordnet sie bestimmte interne Sicherungsmaßnahmen zur Verhinderung von Geldwäsche an, und falls ja: welche?
   8.2) Bestimmt sie die über die risikoangemessene Anwendung der Sorgfaltspflichten nach dem Geldwäschegesetz und/oder konkretisiert sie diese Pflichten, und falls ja: wie?
   8.3) Befreit sie von bestimmten Pflichten? Falls ja: Ist das eher die Regel oder eher die Ausnahme?
   8.4) Gestattet sie die Übertragung von Sicherungsmaßnahmen auf Dritte?
9) Wie werden die Auslegungs- und Anwendungshinweise für die Umsetzung der Sorgfaltspflichten und internen Sicherungsmaßnahmen für Veranstalter bzw. Vermittler von Internet-Glücksspielen nach dem Geldwäschegesetz erarbeitet und aktualisiert?
   10) Wie schätzt die Behörde die

- zeitliche
- personelle
- finanzielle

Belastung der Veranstalter bzw. Vermittler von Internet-Glücksspiel durch die Vorgaben des Geldwäschegesetzes ein?

III. Berlin – Senatsverwaltung für Inneres und Sport (August 2015)

Allgemein:

1) Welche Formen von Glücksspielerlaubnissen (Veranstaltung/Vermittlung, landgebundene Unternehmen/Internet) wurden von der Senatsverwaltung für Inneres und Sport bereits für welche Glücksspielformen erteilt?
2) Besteht nach Einschätzung der Behörde ein Risiko der Geldwäsche im Glücksspielbereich?
   Insbesondere:
   2.1) Im Spielbankenbereich?
   2.2) Im Lotteriebereich?
   2.3) Im Sportwettenbereich?
   2.4) Im Bereich des Internet-Glücksspiels?
   Insbesondere: Gibt es in den einzelnen Glücksspielbereichen Nachweise, Quittungen oder Formen der Auszahlung (z. B. per Scheck oder Überweisung), die zum Nachweis der Herkunft des Geldes aus der Teilnahme am jeweiligen Glücksspiel geeignet sind?

Fragen zur Erlaubniserteilung:

3) Wie kann bei der Antragstellung für eine glücksspielrechtliche Veranstaltungs- oder Vermittlungserlaubnis die legale Herkunft des Kapitals nachgewiesen werden?
   Insbesondere: im Spielbankenbereich?
4) Muss bei der Antragstellung für eine glücksspielrechtliche Erlaubnis ein Sicherheitskonzept zur Verhinderung krimineller Aktivitäten, insbesondere Geldwäsche vorgelegt werden?
   Wenn ja:
   4.1) Welche Inhalte hat dieses Konzept?
   4.2) Welche Rolle spielt es bei der Auswahlentscheidung und welche Beurteilungskriterien gelten dabei?
   Insbesondere: im Spielbankenbereich?
5) Welche Anforderungen werden von behördlicher Seite an die Zuverlässigkeit und die persönliche Eignung des Antragstellers insbesondere im Hinblick auf die Geldwäscheprävention gestellt?
6) Welche Auflagen und/oder Nebenbestimmungen werden bei der Erteilung einer glücksspielrechtlichen Erlaubnis zur Verhinderung krimineller Aktivitäten, insbesondere Geldwäsche gemacht?
   Insbesondere: im Spielbankenbereich?
7) Welche Auflagen und/oder Nebenbestimmungen werden hinsichtlich der technischen Anforderungen an Spielautomaten in einer Spielbank gemacht? Können diese zur Geldwäscheprävention beitragen?

Fragen zur Aufsicht:

8) Ist die glücksspielrechtliche Erlaubniszuständigkeit der Senatsverwaltung für Inneres und Sport deckungsgleich mit ihrer glücksspielrechtlichen Aufsichtszuständigkeit?
9) Übt die Senatsverwaltung für Inneres und Sport sowohl die Aufsicht nach den glücksspielrechtlichen Vorschriften als auch die Aufsicht nach dem Geldwäschegesetz über die Berliner Spielbanken und ggf. weitere Verpflichtete nach dem Geldwäschegesetz (Veranstalter und Vermittler von Internet-Glücksspielen) aus?
   In welchem Verhältnis stehen diese Aufsichtsformen in der Praxis zueinander?

Falls die Senatsverwaltung für Inneres und Sport auch die geldwäscherechtliche Aufsicht führt:

10) Inwieweit macht die Behörde von ihren Befugnissen nach dem Geldwäschegesetz Gebrauch?
    Insbesondere:
    10.1) Ordnet sie bestimmte interne Sicherungsmaßnahmen zur Verhinderung von Geldwäsche an, und wenn ja welche?
    10.2) Bestimmt sie über die risikoangemessene Anwendung der Sorgfaltspflichten nach dem Geldwäschegesetz und/oder konkretisiert sie diese Pflichten, und wenn ja wie?
    10.3) Befreit sie (regelmäßig) von bestimmten Pflichten?
    10.4) Gestattet sie die Übertragung von Sicherungsmaßnahmen auf Dritte?
11) Wie werden die Auslegungs- und Anwendungshinweise für die Umsetzung der Sorgfaltspflichten und internen Sicherungsmaßnahmen für Spielbanken und Veranstalter/Vermittler von Internet-Glücksspielen nach dem Geldwäschegesetz erarbeitet und aktualisiert?
12) Wie schätzt die Behörde die

- Zeitliche
- Personelle
- finanzielle

Belastung der Verpflichteten durch die Vorgaben des Geldwäschegesetzes ein?

13) Bei Betreten einer Spielbank wird jeder Besucher durch Kontrolle des Ausweises oder eines ähnlichen Dokuments identifiziert. Das dient dem

Abgleich der Daten mit der Sperrdatei und ggf. der Feststellung der Volljährigkeit.
Werden die dabei erhobenen Daten in einer Besucherdatei/Besucherverzeichnis gespeichert? Falls ja: welche Daten genau und für wie lange?

IV. Hamburg – Behörde für Inneres und Sport (August 2015)

Allgemein:

1) Welche Formen von Glücksspielerlaubnissen (Veranstaltung/Vermittlung, landgebundene Unternehmen/Internet) wurden von der Behörde für Inneres und Sport bereits für welche Glücksspielformen erteilt?
2) Besteht nach Einschätzung der Behörde ein Risiko der Geldwäsche im Glücksspielbereich?
   Insbesondere:
   2.1) Im Spielbankenbereich?
   2.2) Im Lotteriebereich?
   2.3) Im Sportwettenbereich?
   2.4) Im Bereich des Internet-Glücksspiels?

Fragen zur Erlaubniserteilung:

3) Wie kann bei der Antragstellung für eine glücksspielrechtliche Veranstaltungs- oder Vermittlungserlaubnis die legale Herkunft des Kapitals nachgewiesen werden?
   Insbesondere: im Spielbankenbereich?
4) Muss bei der Antragstellung für eine glücksspielrechtliche Erlaubnis ein Sicherheitskonzept zur Verhinderung krimineller Aktivitäten, insbesondere Geldwäsche vorgelegt werden?

Wenn ja:

   4.1) Welche Inhalte hat dieses Konzept?
   4.2) Welche Rolle spielt es bei der Auswahlentscheidung und welche Beurteilungskriterien gelten dabei?
   Insbesondere: im Spielbankenbereich?
5) Welche Anforderungen werden von behördlicher Seite an die Zuverlässigkeit und die persönliche Eignung des Antragstellers insbesondere im Hinblick auf die Geldwäscheprävention gestellt?
6) Welche Auflagen und/oder Nebenbestimmungen werden bei der Erteilung einer glücksspielrechtlichen Erlaubnis zur Verhinderung krimineller Aktivitäten, insbesondere Geldwäsche gemacht?

Insbesondere: im Spielbankenbereich?

7) Welche Auflagen und/oder Nebenbestimmungen werden hinsichtlich der technischen Anforderungen an Spielautomaten in einer Spielbank gemacht?

Können diese zur Geldwäscheprävention beitragen?

Fragen zur Aufsicht:

8) Ist die glücksspielrechtliche Erlaubniszuständigkeit der Behörde für Inneres und Sport deckungsgleich mit ihrer glücksspielrechtlichen Aufsichtszuständigkeit?
9) Übt die Behörde für Inneres und Sport sowohl die Aufsicht nach den glücksspielrechtlichen Vorschriften als auch die Aufsicht nach dem Geldwäschegesetz über die Hamburger Spielbanken und ggf. weitere Verpflichtete nach dem Geldwäschegesetz (Veranstalter und Vermittler von Internet-Glücksspielen) aus?

In welchem Verhältnis stehen diese Aufsichtsformen in der Praxis zueinander?

Falls die Behörde für Inneres und Sport auch die geldwäscherechtliche Aufsicht führt:

10) Inwieweit macht die Behörde von ihren Befugnissen nach dem Geldwäschegesetz Gebrauch?
    Insbesondere:
    10.1) Ordnet sie bestimmte interne Sicherungsmaßnahmen zur Verhinderung von Geldwäsche an, und wenn ja welche?
    10.2) Bestimmt sie über die risikoangemessene Anwendung der Sorgfaltspflichten nach dem Geldwäschegesetz und/oder konkretisiert sie diese Pflichten, und wenn ja wie?
    10.3) Befreit sie (regelmäßig) von bestimmten Pflichten?
    10.4) Gestattet sie die Übertragung von Sicherungsmaßnahmen auf Dritte?
11) Wie werden die Auslegungs- und Anwendungshinweise für die Umsetzung der Sorgfaltspflichten und internen Sicherungsmaßnahmen für Spielbanken und Veranstalter/Vermittler von Internet-Glücksspielen nach dem Geldwäschegesetz erarbeitet und aktualisiert?
12) Wie schätzt die Behörde die

- zeitliche
- Personelle
- finanzielle

Belastung der Verpflichteten durch die Vorgaben des Geldwäschegesetzes ein?

V. Hessen

1) Ministerium des Innern Hessen (August 2015)

Allgemein:

1) Welche Arten von Glücksspielerlaubnissen (Veranstaltung/Vermittlung, landgebundene Unternehmen/Internet) wurden vom Ministerium des Innern bereits für welche Glücksspielformen vergeben?
2) Besteht nach Einschätzung der Behörde ein Risiko der Geldwäsche im Glücksspielbereich?
   Insbesondere:

- Im Spielbankenbereich?
- Im Sportwettbereich?
- Im Lotteriebereich?
- Im Bereich der Spielveranstaltung oder -vermittlung über das Internet?
- In anderen Bereichen, in denen das Ministerium des Innern für die Erlaubniserteilung oder die Aufsicht zuständig oder daran beteiligt ist?

Insbesondere: Gibt es in den einzelnen Glücksspielbereichen Nachweise, Quittungen oder Formen der Auszahlung (z. B. per Scheck oder Überweisung), die zum Nachweis der Herkunft des Geldes aus der Teilnahme am jeweiligen Glücksspiel geeignet sind?

Fragen zur Erlaubniserteilung:

3) Wie kann bei der Antragstellung für eine glücksspielrechtliche Veranstaltungs- oder Vermittlungserlaubnis die legale Herkunft des Kapitals nachgewiesen werden?
   Insbesondere:

- Im Spielbankenbereich?
- Im Bereich der Veranstaltung von Sportwetten?

4) Ein Unternehmer, der sich um das Recht zur Ausübung einer Spielbankerlaubnis bewirbt, muss zur Vorbereitung der Auswahlentscheidung der Spielbankengemeinde und des Ministeriums ein Sicherheitskonzept vorlegen.
   4.1) Welche Inhalte hat dieses Konzept in Bezug auf die Verhinderung und Verfolgung krimineller Aktivitäten, insb. Geldwäsche?
   4.2) Welche Rolle spielt die Qualität des Anti-Geldwäschekonzepts bei einer eventuellen Auswahlentscheidung und welche Beurteilungskriterien gelten dabei?

5) Muss auch bei der Antragstellung für die Erteilung einer Sportwettenkonzession ein Sicherheitskonzept mit Anti-Geldwäscheelementen vorgelegt werden?
   5.1) Welche Inhalte hat dieses Konzept?
   5.2) Welche Rolle spielt die Qualität des Anti-Geldwäschekonzepts bei der Auswahlentscheidung und welche Beurteilungskriterien gelten dabei?
6) Welche Anforderungen werden von behördlicher Seite an die Zuverlässigkeit und die persönliche Eignung eines Antragstellers für eine glücksspielrechtliche Erlaubnis insbesondere im Hinblick auf die Geldwäscheprävention gestellt?
7) Welche Auflagen und/oder Nebenbestimmungen werden bei der Erteilung einer glücksspielrechtlichen Erlaubnis zur Verhinderung krimineller Aktivitäten, insbesondere Geldwäsche gemacht?
   Insbesondere:

- Im Spielbankenbereich?
- Im Bereich der Veranstaltung von Sportwetten?

8) Welche Auflagen und/oder Nebenbestimmungen werden hinsichtlich der technischen Anforderungen an Spielautomaten in einer Spielbank gemacht? Können diese zur Geldwäscheprävention beitragen?

Fragen zur Aufsicht:
Nach der Verordnung über Zuständigkeiten nach dem Geldwäschegesetz führen die Regierungspräsidien die geldwäscherechtliche Aufsicht über die Hessischen Spielbanken und führt das Regierungspräsidium Darmstadt außerdem die geldwäscherechtliche Aufsicht über die Sportwettenkonzessionäre.

Nach der Übertragung der Erlaubniszuständigkeit für die Veranstaltung und Vermittlung von Pferdewetten auf das Regierungspräsidium Darmstadt dürfte dieses – soweit ersichtlich – auch für die geldwäscherechtliche Aufsicht über die im Internet veranstalteten und vermittelten Pferdewetten zuständig sein.

9) In welchem Verhältnis steht in der Praxis die glücksspielrechtliche Aufsicht des Ministeriums des Innern über Spielbanken zur geldwäscherechtlichen Aufsicht der Regierungspräsidien über die Spielbanken ihres jeweiligen Bezirks?
   Insbesondere:

- Gibt es Überschneidungen der Aufgabenbereiche?
- Inwiefern findet eine Kooperation der Aufsichtsbehörden statt?

10) Wirkt das Ministerium des Innern in irgendeiner Form bei der geldwäscherechtlichen Aufsichtstätigkeit des Regierungspräsidiums Darmstadt über Veranstalter und Vermittler von Internet-Glücksspiel (insb. Veranstalter/Vermittler von Sport- oder Pferdewetten im Internet) mit?
11) Gibt es einen Bereich geldwäscherechtlicher Aufsicht, der in die Zuständigkeit des Ministeriums des Innern fällt (etwa Lotterievermittler, die über das Internet tätig werden, ihre Tätigkeit dabei allerdings auf das Gebiet des Bundeslandes Hessen beschränken)?

Frage zu OASIS:

12) Können in die bundesweite Sperrdatei für spielsuchtgefährdete Kunden von Spielbanken, Sportwettveranstaltern und Veranstaltern von Lotterien mit besonderem Gefährdungspotential auch Störersperren eingetragen werden, d. h. Sperren für Spieler, die nicht aus Gründen der Suchtgefährdung gesperrt wurden, sondern weil sie im Verdacht des Missbrauchs des jeweiligen Glücksspiels zu kriminellen Handlungen, insb. Geldwäsche stehen?

2) Regierungspräsidium Darmstadt

Allgemein:

1) Welche Formen von Glücksspielerlaubnissen (Veranstaltung/Vermittlung, landgebundene Unternehmen/Internet) wurden vom Regierungspräsidium Darmstadt bereits für welche Glücksspielformen

- für das Gebiet des Landes Hessen
- im ländereinheitlichen Verfahren

erteilt?

2) Besteht nach Einschätzung der Behörde ein Risiko der Geldwäsche im Glücksspielbereich?
Insbesondere:

- Im Spielbankenbereich?
- Im Pferdewettbereich?
- Im Sportwettbereich?
- Im Spielhallenbereich?
- Im Bereich der Spielveranstaltung oder -vermittlung über das Internet?

Insbesondere: Gibt es in den einzelnen Glücksspielbereichen Nachweise, Quittungen oder Formen der Auszahlung (z. B. per Scheck oder Überweisung), die zum Nachweis der Herkunft des Geldes aus der Teilnahme am jeweiligen Glücksspiel geeignet sind?

Fragen zur Erlaubniserteilung:

3) Wie kann bei der Antragstellung für eine Erlaubnis zur Veranstaltung oder Vermittlung von Pferdewetten die legale Herkunft des Kapitals nachgewiesen werden?
   Gibt es dabei Unterschiede zwischen dem Bereich landgebundener Buchmacher/Totalisatoren und der Veranstaltung/Vermittlung von Pferdewetten über das Internet?
4) Wie kann der Nachweis der legalen Kapitalherkunft im Spielhallenbereich erfolgen?
5) Muss bei der Antragstellung für eine Erlaubnis zur Veranstaltung oder Vermittlung von Pferdewetten ein Sicherheitskonzept zur Verhinderung krimineller Aktivitäten, insbesondere Geldwäsche vorgelegt werden?
   Falls ja:
   5.1) Welche Inhalte hat dieses Konzept?
   5.2) Welche Rolle spielt es bei einer eventuellen Auswahlentscheidung und welche Beurteilungskriterien gelten dabei?
   5.3) Gibt es dabei Unterschiede zwischen dem Bereich landgebundener Buchmacher/Totalisatoren und der Veranstaltung/Vermittlung von Pferdewetten über das Internet?
6) Welche Anforderungen werden von behördlicher Seite an die Zuverlässigkeit und die persönliche Eignung des Antragstellers insbesondere im Hinblick auf die Geldwäscheprävention gestellt?
7) Welche Auflagen und/oder Nebenbestimmungen werden bei der Erteilung einer Erlaubnis zur Veranstaltung oder Vermittlung von Pferdewetten zur Verhinderung krimineller Aktivitäten, insbesondere Geldwäsche gemacht?

- Im Bereich landgebundener Buchmacher/Totalisatoren?
- Im Bereich der Veranstaltung/Vermittlung von Pferdewetten über das Internet?

Fragen zur Aufsicht:
Nach der Verordnung über Zuständigkeiten nach dem Geldwäschegesetz führen die Regierungspräsidien die geldwäscherechtliche Aufsicht über die Hessischen Spielbanken und führt das Regierungspräsidium Darmstadt außerdem die geldwäscherechtliche Aufsicht über die Sportwettenkonzessionäre.

Nach der Übertragung der Erlaubniszuständigkeit für die Veranstaltung und Vermittlung von Pferdewetten auf das Regierungspräsidium Darmstadt dürfte dieses – soweit ersichtlich – auch für die geldwäscherechtliche Aufsicht über die im Internet veranstalteten und vermittelten Pferdewetten zuständig sein.

8) Inwieweit macht die Behörde von ihren Aufsichtsbefugnissen nach dem Geldwäschegesetz in Bezug auf

- Spielbanken ihres Regierungsbezirks (Bad Homburg, Wiesbaden)
- Veranstalter/Vermittler von Pferdewetten über das Internet
- Sportwettenkonzessionäre

Gebrauch?

Insbesondere:

8.1) Ordnet sie bestimmte interne Sicherungsmaßnahmen zur Verhinderung von Geldwäsche an, und wenn ja welche?

8.2) Bestimmt sie über die risikoangemessene Anwendung der Sorgfaltspflichten nach dem Geldwäschegesetz und/oder konkretisiert sie diese Pflichten, und wenn ja wie?

8.3) Befreit sie (regelmäßig) von bestimmten Pflichten?

8.4) Gestattet sie die Übertragung von Sicherungsmaßnahmen auf Dritte?

9) Wie werden die Auslegungs- und Anwendungshinweise für die Umsetzung der Sorgfaltspflichten und internen Sicherungsmaßnahmen für Spielbanken und Veranstalter/Vermittler von Internet-Glücksspielen nach dem Geldwäschegesetz erarbeitet und aktualisiert?

10) Wie schätzt die Behörde die

- zeitliche
- Personelle
- finanzielle

Belastung der

- Spielbanken ihres Regierungsbezirks
- Veranstalter/Vermittler von Pferdewetten über das Internet
- Sportwettenkonzessionäre

durch die Vorgaben des Geldwäschegesetzes ein?

11) Unterliegen auch Internet-Anbieter von Sport- oder Pferdewetten mit Sitz im Ausland, die ihr Angebot im Bundesgebiet zugänglich machen, den hiesigen Sorgfaltspflichten in Bezug auf die Geldwäschebekämpfung?

12) Gibt es Weisungen des Regierungspräsidiums Darmstadt als Fachaufsichtsbehörde zur Verhinderung von Geldwäsche im Spielhallenbereich?

Frage zu OASIS:

13) Können in die hessische Spielhallen-Sperrdatei für spielsuchtgefährdete Spielhallenkunden auch Störersperren eingetragen werden, d. h. Sperren für Spieler, die nicht aus Gründen der Suchtgefährdung gesperrt wurden, sondern weil sie im Verdacht des Missbrauchs von Spielhallen zu kriminellen Handlungen, insb. Geldwäsche stehen?

VI. Niedersachsen – Ministerium für Inneres (August 2015)

Allgemein:

1) Welche Formen von Glücksspielerlaubnissen (Veranstaltung/Vermittlung, landgebundene Unternehmen/Internet) wurden vom Ministerium für Inneres und Sport bereits für welche Glücksspielformen

- für das Gebiet des Landes Niedersachsen
- länderübergreifend
- erteilt?

2) Besteht nach Einschätzung der Behörde ein Risiko der Geldwäsche im Glücksspielbereich?
Insbesondere:

- Im Spielbankenbereich?
- Im Pferdewettbereich?
- Im Lotteriebereich?
- Im Bereich der gewerblichen Spielvermittlung?

Insbesondere: Gibt es in den einzelnen Glücksspielbereichen Nachweise, Quittungen oder Formen der Auszahlung (z. B. per Scheck oder Überweisung), die zum Nachweis der Herkunft des Geldes aus der Teilnahme am jeweiligen Glücksspiel geeignet sind?

Fragen zur Erlaubniserteilung:

3) Wie kann bei der Antragstellung für eine glücksspielrechtliche Veranstaltungs- oder Vermittlungserlaubnis die legale Herkunft des Kapitals nachgewiesen werden?
Insbesondere:

- Im Spielbankenbereich?
- Im Bereich der länderübergreifenden gewerblichen Spielvermittlung?

4) Muss bei der Antragstellung für eine glücksspielrechtliche Erlaubnis ein Sicherheitskonzept zur Verhinderung krimineller Aktivitäten, insbesondere Geldwäsche vorgelegt werden?
   Wenn ja:
   4.1) Welche Inhalte hat dieses Konzept?
   4.2) Welche Rolle spielt es bei einer eventuellen Auswahlentscheidung und welche Beurteilungskriterien gelten dabei?
   Insbesondere:

- Im Spielbankenbereich?
- Im Bereich der länderübergreifenden gewerblichen Spielvermittlung?

5) Welche Anforderungen werden von behördlicher Seite an die Zuverlässigkeit und die persönliche Eignung des Antragstellers insbesondere im Hinblick auf die Geldwäscheprävention gestellt?
6) Welche Auflagen und/oder Nebenbestimmungen werden bei der Erteilung einer glücksspielrechtlichen Erlaubnis zur Verhinderung krimineller Aktivitäten, insbesondere Geldwäsche gemacht?
   Insbesondere:

- Im Spielbankenbereich?
- Im Bereich der länderübergreifenden gewerblichen Spielvermittlung?

7) Welche Auflagen und/oder Nebenbestimmungen werden hinsichtlich der technischen Anforderungen an Spielautomaten in einer Spielbank gemacht? Können diese zur Geldwäscheprävention beitragen?

Fragen zur Aufsicht:

8) Ist die glücksspielrechtliche Erlaubniszuständigkeit des Ministeriums für Inneres und Sport deckungsgleich mit seiner glücksspielrechtlichen Aufsichtszuständigkeit?
9) Übt das Ministerium für Inneres und Sport sowohl die Aufsicht nach den glücksspielrechtlichen Vorschriften als auch die Aufsicht nach dem Geldwäschegesetz über die Spielbanken in Niedersachsen aus?
   In welchem Verhältnis stehen diese Aufsichtsformen in der Praxis zueinander?
10) Übt das Ministerium für Inneres und Sport auch die Aufsicht nach dem Geldwäschegesetz über Spielvermittler (als Vermittlern von Internet-Glücksspiel

und damit Verpflichteten nach dem Geldwäschegesetz) aus, denen es eine Erlaubnis zur Spielvermittlung über das Internet erteilt hat?

11) Inwieweit macht die Behörde von ihren Befugnissen nach dem Geldwäschegesetz in Bezug auf

- Spielbanken
- Veranstalter und Vermittler von Internet-Glücksspielen (insb. Spielvermittler, die über das Internet tätig werden)
  Gebrauch?

  Insbesondere:
  11.1) Ordnet sie bestimmte interne Sicherungsmaßnahmen zur Verhinderung von Geldwäsche an, und wenn ja welche?
  11.2) Bestimmt sie über die risikoangemessene Anwendung der Sorgfaltspflichten nach dem Geldwäschegesetz und/oder konkretisiert sie diese Pflichten, und wenn ja wie?
  11.3) Befreit sie (regelmäßig) von bestimmten Pflichten?
  11.4) Gestattet sie die Übertragung von Sicherungsmaßnahmen auf Dritte?

12) Wie werden die Auslegungs- und Anwendungshinweise für die Umsetzung der Sorgfaltspflichten und internen Sicherungsmaßnahmen für Spielbanken und Veranstalter/Vermittler von Internet-Glücksspielen nach dem Geldwäschegesetz erarbeitet und aktualisiert?

13) Kann die Befugnis des Landes Niedersachsens zur Unterbrechung von Zahlungsströmen gemäß § 9a Abs. 2 S. 2 i.V.m. § 9 Abs. 1 S. 3 Nr. 4 des Glücksspielstaatsvertrages nach Einschätzung der Behörde zur Bekämpfung von Geldwäsche im Online-Glücksspielbereich beitragen?

14) Wie schätzt die Behörde die

- zeitliche
- Personelle
- finanzielle

Belastung der

- Spielbanken
- Veranstalter und Vermittler von Internet-Glücksspielen (insb. Spielvermittler, die über das Internet tätig werden)
  sdurch die Vorgaben des Geldwäschegesetzes ein?

VII. Nordrhein-Westfalen

1) Ministerium für Inneres NRW (August 2015)

Allgemein:

1) Besteht nach Einschätzung der Behörde ein Risiko der Geldwäsche im Glücksspielbereich?

Insbesondere:

1.1) Im Spielbankenbereich?
1.2) Im Sportwettenbereich?
1.3) Im Bereich des Internet-Glücksspiels?
1.4) In anderen Glücksspielbereichen?

Fragen zur Erlaubniserteilung:
Nach § 4 Abs. 1 S. 1 SpBG NRW erteilt das Ministerium für Inneres und Kommunales die Erlaubnis zum Betrieb einer Spielbank, nach § 19 Abs. 1 S. 1 AG GlüStV NRW außerdem grundsätzlich auch die nach dem Glücksspielstaatsvertrag erforderlichen Erlaubnisse für das Veranstalten und Vermitteln von Lotterien, Veranstaltungen in Form des Gewinnsparens und Sportwetten einschließlich der (Internet-)Erlaubnisse nach § 4 Abs. 5 Glücksspielstaatsvertrag.

2) Wie kann bei der Antragstellung für eine glücksspielrechtliche Erlaubnis durch einen Privaten die legale Herkunft des Kapitals nachgewiesen werden?
3) Muss bei der Antragstellung für eine glücksspielrechtliche Erlaubnis ein Sicherheitskonzept zur Verhinderung krimineller Aktivitäten, insbesondere Geldwäsche vorgelegt werden?
   Wenn ja:
   3.1) Welche Inhalte hat ein solches Konzept – je nach Glücksspielbereich – typischerweise?
   3.2) Welche Rolle spielt es bei einer eventuellen Auswahlentscheidung und welche Beurteilungskriterien gelten dabei?
   Insbesondere: Wie sieht ein solches Konzept typischerweise bei Spielbanken aus?
4) Welche Anforderungen werden von behördlicher Seite an die Zuverlässigkeit und die persönliche Eignung des Antragstellers bzw. (bei Spielbanken) an die Leitung und das Personal gerade im Hinblick auf die Geldwäscheprävention gestellt?

5) Welche Auflagen und/oder Nebenbestimmungen werden – je nach Glücksspielbereich – bei der Erlaubniserteilung zur Verhinderung krimineller Aktivitäten, insbesondere Geldwäsche gemacht?
   Welche diesbezüglichen Auflagen und Nebenbestimmungen werden insbesondere bei der Erlaubniserteilung für Spielbanken gemacht?
6) Welche Auflagen und/oder Nebenbestimmungen werden hinsichtlich der technischen Anforderungen an Spielautomaten in einer Spielbank gemacht? Können diese zur Geldwäscheprävention beitragen?

Fragen zur Aufsicht:

7) In welchem Verhältnis steht in der Praxis die glücksspielrechtliche Aufsicht des Ministeriums für Inneres und Kommunales zur geldwäscherechtlichen Aufsicht der Bezirksregierungen über Spielbanken?
   Gibt es insbesondere Überschneidungen zwischen den Aufsichtsbereichen und/oder eine Kooperation?
8) Gibt es andere Glücksspielveranstalter oder -vermittler, über die das Ministerium für Inneres und Kommunales die geldwäscherechtliche Aufsicht führt? Welche sind das?

Falls Frage 8) bejaht wurde:

9) Inwieweit macht die Behörde dabei von ihren Befugnissen nach dem Geldwäschegesetz Gebrauch?
   Insbesondere:
   9.1) Ordnet sie bestimmte interne Sicherungsmaßnahmen zur Verhinderung von Geldwäsche an, und wenn ja welche?
   9.2) Bestimmt sie die über die risikoangemessene Anwendung der Sorgfaltspflichten nach dem Geldwäschegesetz und/oder konkretisiert sie diese Pflichten, und wenn ja wie?
   9.3) Befreit sie (regelmäßig) von bestimmten Pflichten?
   9.4) Gestattet sie die Übertragung von Sicherungsmaßnahmen auf Dritte?
10) Wie werden die Auslegungs- und Anwendungshinweise für die Umsetzung der Sorgfaltspflichten und internen Sicherungsmaßnahmen für Veranstalter und Vermittler von Internet-Glücksspiel nach dem Geldwäschegesetz erarbeitet und aktualisiert?
11) Wie schätzt die Behörde die

- Zeitliche
- Personelle
- finanzielle

Belastung der Verpflichteten durch die Vorgaben des Geldwäschegesetzes ein?

2) *Einzelne Bezirksregierungen NRW (August 2015)*

Allgemein:

1) Besteht nach Einschätzung der Behörde ein Risiko der Geldwäsche im Spielbankenbereich?
   Insbesondere: Welche tatsächlichen Gegebenheiten in Spielbanken können zu einem solchen Risiko beitragen, welche es verringern?

Fragen zur geldwäscherechtlichen Aufsicht über Spielbanken:

2) In welchem Verhältnis steht in der Praxis die geldwäscherechtliche Aufsicht der Bezirksregierung zur glücksspielrechtlichen Aufsicht des Ministeriums für Inneres und Kommunales über Spielbanken?
   Gibt es insbesondere Überschneidungen zwischen den Aufsichtsbereichen und/oder eine Kooperation?
3) Inwieweit macht die Bezirksregierung bei der Aufsicht über Spielbanken von ihren Befugnissen nach dem Geldwäschegesetz Gebrauch?

Insbesondere:

- 3.1) Ordnet sie bestimmte interne Sicherungsmaßnahmen zur Verhinderung von Geldwäsche an, und wenn ja welche?
- 3.2) Bestimmt sie die über die risikoangemessene Anwendung der Sorgfaltspflichten nach dem Geldwäschegesetz und/oder konkretisiert sie diese Pflichten, und wenn ja wie?
- 3.3) Befreit sie (regelmäßig) von bestimmten Pflichten?
- 3.4) Gestattet sie die Übertragung von Sicherungsmaßnahmen auf Dritte?

4) Wie werden die Auslegungs- und Anwendungshinweise für die Umsetzung der Sorgfaltspflichten und internen Sicherungsmaßnahmen für Spielbanken nach dem Geldwäschegesetz erarbeitet und aktualisiert?
5) Wie schätzt die Behörde die

- zeitliche
- Personelle
- finanzielle

Belastung der Spielbanken durch die Vorgaben des Geldwäschegesetzes ein?

VIII. Rheinland-Pfalz

1) Ministerium des Innern Rheinland-Pfalz (August 2015)

Allgemein:

1) Welche Formen von glücksspielrechtlichen Erlaubnissen (Veranstaltung/ Vermittlung) wurden vom Ministerium des Innern bereits für welche Glücksspielformen erteilt?
2) Besteht nach Einschätzung der Behörde ein Risiko der Geldwäsche im Glücksspielbereich?
   Insbesondere:
   2.1) Im Spielbankenbereich?
   2.2) Im Lotteriebereich?
   2.3) In anderen Glücksspielbereichen, die der Erlaubnis- oder Aufsichtszuständigkeit des Ministeriums des Innern unterfallen?
   Insbesondere: Gibt es in den vorgenannten Bereichen Nachweise, Quittungen oder bestimmte Auszahlungsmethoden (etwa per Scheck oder Überweisung) die zum Nachweis der Herkunft von Geldern aus dem jeweiligen Glücksspiel geeignet sind?

Fragen zur Erlaubniserteilung:

3) Wie kann bei der Antragstellung für eine glücksspielrechtliche Erlaubnis die legale Herkunft des Kapitals nachgewiesen werden?
   Insbesondere: im Spielbankenbereich?
4) Muss bei der Antragstellung für eine glücksspielrechtliche Erlaubnis ein Sicherheitskonzept zur Verhinderung krimineller Aktivitäten, insbesondere Geldwäsche vorgelegt werden?
   Wenn ja:
   4.1) Welche Inhalte hat dieses Konzept?
   4.2) Welche Rolle spielt es bei einer eventuellen Auswahlentscheidung und welche Beurteilungskriterien gelten dabei?
   Insbesondere: im Spielbankenbereich?
5) Welche Anforderungen werden von behördlicher Seite an die Zuverlässigkeit und die persönliche Eignung des Antragstellers insbesondere im Hinblick auf die Geldwäscheprävention gestellt?
6) Welche Auflagen und/oder Nebenbestimmungen werden bei der Erteilung einer glücksspielrechtlichen Erlaubnis zur Verhinderung krimineller Aktivitäten, insbesondere Geldwäsche gemacht?
   Insbesondere: im Spielbankenbereich?

7) Welche Auflagen und/oder Nebenbestimmungen werden hinsichtlich der technischen Anforderungen an Spielautomaten in einer Spielbank gemacht? Können diese zur Geldwäscheprävention beitragen?

Fragen zur Aufsicht:

8) Inwiefern macht die Behörde bei ihrer geldwäscherechtlichen Aufsicht über Spielbanken von ihren Befugnissen nach dem Geldwäschegesetz Gebrauch?
Insbesondere:
   8.1) Ordnet sie bestimmte interne Sicherungsmaßnahmen zur Verhinderung von Geldwäsche an, und wenn ja welche?
   8.2) Bestimmt sie über die risikoangemessene Anwendung der Sorgfaltspflichten nach dem Geldwäschegesetz und/oder konkretisiert sie diese Pflichten, und wenn ja wie?
   8.3) Befreit sie (regelmäßig) von bestimmten Pflichten?
   8.4) Gestattet sie die Übertragung von Sicherungsmaßnahmen auf Dritte?
9) Wie werden die Auslegungs- und Anwendungshinweise für die Umsetzung der Sorgfaltspflichten und internen Sicherungsmaßnahmen für Spielbanken nach dem Geldwäschegesetz erarbeitet und aktualisiert?
10) Wie schätzt die Behörde die

- Zeitliche
- Personelle
- finanzielle

Belastung der Verpflichteten durch die Vorgaben des Geldwäschegesetzes ein?

2) *Aufsichts- und Dienstleistungsdirektion Rheinland-Pfalz (August 2015)*

Allgemein:

1) Welche Arten von glücksspielrechtlichen Erlaubnissen (Veranstaltung/Vermittlung) wurden von der ADD bereits für welche Glücksspielformen erteilt?
2) Besteht nach Einschätzung der Behörde ein Risiko der Geldwäsche im Glücksspielbereich?

Insbesondere:

2.1) Im Sport- und Pferdewettbereich?

2.2) Im Spielhallenbereich?
2.3) Im Pokerbereich?
2.4) In anderen Glücksspielbereichen, in denen die ADD für die Erlaubniserteilung oder die Aufsicht zuständig oder daran beteiligt ist?

Insbesondere: Gibt es in den vorgenannten Bereichen Nachweise, Quittungen oder bestimmte Auszahlungsmethoden (etwa per Scheck oder Überweisung) die zum Nachweis der Herkunft von Geldern aus dem jeweiligen Glücksspiel geeignet sind?

Fragen zur Erlaubniserteilung:

3) Wie kann bei der Antragstellung für eine glücksspielrechtliche Erlaubnis die legale Herkunft des Kapitals nachgewiesen werden?
4) Muss bei der Antragstellung für eine glücksspielrechtliche Erlaubnis ein Sicherheitskonzept zur Verhinderung krimineller Aktivitäten, insbesondere Geldwäsche vorgelegt werden?
   Wenn ja:
   4.1) Welche Inhalte hat dieses Konzept?
   4.2) Welche Rolle spielt es bei einer eventuellen Auswahlentscheidung und welche Beurteilungskriterien gelten dabei?
5) Welche Anforderungen werden von behördlicher Seite an die Zuverlässigkeit und die persönliche Eignung des Antragstellers insbesondere im Hinblick auf die Geldwäscheprävention gestellt?
6) Welche Auflagen und/oder Nebenbestimmungen werden bei der Erteilung einer glücksspielrechtlichen Erlaubnis zur Verhinderung krimineller Aktivitäten, insbesondere Geldwäsche gemacht?

Fragen zur Aufsicht:

7) Gibt es in der Praxis Veranstalter und/oder Vermittler von Internet-Glücksspielen, die der Aufsicht der ADD unterfallen?
   Falls ja: Welche Tätigkeitsformen (Veranstaltung/Vermittlung) in welchen Glücksspielbereichen sind das?

Falls es Veranstalter und/oder Vermittler von Internet-Glücksspielen gibt, die der Aufsicht der ADD unterfallen:

8) Inwiefern macht die Behörde dabei von ihren Befugnissen nach dem Geldwäschegesetz Gebrauch?
   Insbesondere:
   8.1) Ordnet sie bestimmte interne Sicherungsmaßnahmen zur Verhinderung von Geldwäsche an, und wenn ja welche?

8.2) Bestimmt sie über die risikoangemessene Anwendung der Sorgfaltspflichten nach dem Geldwäschegesetz und/oder konkretisiert sie diese Pflichten, und wenn ja wie?
8.3) Befreit sie (regelmäßig) von bestimmten Pflichten?
8.4) sGestattet sie die Übertragung von Sicherungsmaßnahmen auf Dritte?

9) Wie werden die Auslegungs- und Anwendungshinweise für die Umsetzung der Sorgfaltspflichten und internen Sicherungsmaßnahmen für Veranstalter und Vermittler von Internet-Glücksspielen nach dem Geldwäschegesetz erarbeitet und aktualisiert?
10) Wie schätzt die Behörde die

- Zeitliche
- Personelle
- finanzielle

Belastung der Verpflichteten durch die Vorgaben des Geldwäschegesetzes ein?

IX. Schleswig-Holstein – Ministerium für Inneres (August 2015)

Allgemein:

1) Besteht nach Einschätzung der Behörde ein Risiko der Geldwäsche im Glücksspielbereich?
Insbesondere:

- Im Spielbankenbereich?
- Im Bereich des Internet-Glücksspiels?
- Im Sportwettbereich?
- Im Pferdewettbereich?
- Im Lotteriebereich?

Insbesondere: Gibt es in den einzelnen Glücksspielbereichen Nachweise, Quittungen oder Formen der Auszahlung (z. B. per Scheck oder Überweisung), die zum Nachweis der Herkunft des Geldes aus der Teilnahme am jeweiligen Glücksspiel geeignet sind?

Fragen zur Erlaubniserteilung:

2) Wie kann bei der Antragstellung für eine glücksspielrechtliche Veranstaltungs- oder Vermittlungserlaubnis die legale Herkunft des Kapitals nachgewiesen werden?
Insbesondere:

- Im Spielbankenbereich?

- Im früheren Online-Casinobereich?

3) Muss bei der Antragstellung für eine glücksspielrechtliche Erlaubnis ein Sicherheitskonzept zur Verhinderung krimineller Aktivitäten, insbesondere Geldwäsche vorgelegt werden?

Wenn ja:

3.1) Welche Inhalte hat dieses Konzept?
3.2) Welche Rolle spielt es bei der Auswahlentscheidung und welche Beurteilungskriterien gelten dabei?
Insbesondere:
- Im Spielbankenbereich?
- Im früheren Online-Casinobereich?

4) Welche Anforderungen werden von behördlicher Seite an die Zuverlässigkeit und die persönliche Eignung des Antragstellers insbesondere im Hinblick auf die Geldwäscheprävention gestellt?
5) Welche Auflagen und/oder Nebenbestimmungen werden bei der Erteilung einer glücksspielrechtlichen Erlaubnis zur Verhinderung krimineller Aktivitäten, insbesondere Geldwäsche gemacht?
Insbesondere:

- Im Spielbankenbereich?
- Im früheren Online-Casinobereich?

6) Welche Auflagen und/oder Nebenbestimmungen werden hinsichtlich der technischen Anforderungen an Spielautomaten in einer Spielbank gemacht? Können diese zur Geldwäscheprävention beitragen?

Fragen zur Aufsicht:

7) Ist die glücksspielrechtliche Erlaubniszuständigkeit des Ministeriums für Inneres deckungsgleich mit seiner glücksspielrechtlichen Aufsichtszuständigkeit?
8) Übt das Ministerium für Inneres sowohl die Aufsicht nach den glücksspielrechtlichen Vorschriften als auch die Aufsicht nach dem Geldwäschegesetz über die Spielbanken in Schleswig-Holstein und weitere Verpflichtete nach dem Geldwäschegesetz (Veranstalter und Vermittler von Internet-Glücksspielen) aus?
In welchem Verhältnis stehen diese Aufsichtsformen in der Praxis zueinander?

9) Inwieweit macht die Behörde von ihren Befugnissen nach dem Geldwäschegesetz in Bezug auf

- Spielbanken
- Veranstalter und Vermittler von Internet-Glücksspielen (insb. Online-Casinos)

  Gebrauch?

  Insbesondere:

  9.1) Ordnet sie bestimmte interne Sicherungsmaßnahmen zur Verhinderung von Geldwäsche an, und wenn ja welche?

  9.2) Bestimmt sie über die risikoangemessene Anwendung der Sorgfaltspflichten nach dem Geldwäschegesetz und/oder konkretisiert sie diese Pflichten, und wenn ja wie?

  9.3) Befreit sie (regelmäßig) von bestimmten Pflichten?

  9.4) Gestattet sie die Übertragung von Sicherungsmaßnahmen auf Dritte?

10) Wie werden die Auslegungs- und Anwendungshinweise für die Umsetzung der Sorgfaltspflichten und internen Sicherungsmaßnahmen für Spielbanken und Veranstalter/Vermittler von Internet-Glücksspielen nach dem Geldwäschegesetz erarbeitet und aktualisiert?

11) Wie schätzt die Behörde die

- Zeitliche
- personelle
- finanzielle

Belastung der

- Spielbanken
- Veranstalter und Vermittler von Internet-Glücksspielen (insb. Online-Casinos)

  durch die Vorgaben des Geldwäschegesetzes ein?

12) Unterliegen auch Anbieter von Internet-Glücksspiel mit Sitz im Ausland der geldwäscherechtlichen Aufsicht des Landes Schleswig-Holstein, wenn sie ihr Spielangebot in Schleswig-Holstein zugänglich machen?

B. Fragenkataloge für die Forschungsreisen

I. Wien, Österreich (Juli 2015)

Tatsächliche Fragen:

1) Wie ist Geldwäsche in den jeweiligen Glücksspielbereichen durchführbar (Methoden)?
   Wird eine Art Quittung oder Nachweis erteilt, die/der zur Ausweisung der „sauberen" Herkunft des Geldes geeignet ist?
2) Wie kann Geldwäsche in den jeweiligen Glücksspielbereichen durch Behörden oder Personal erkannt werden?
3) Gibt es Statistiken über Geldwäscheverdachtsmeldungen in den jeweiligen Bereichen?
   Die Jahresberichte der Geldwäschemeldestelle weisen entsprechende Zahlen für Casinos aus, aber was ist mit den ebenfalls meldeverpflichteten Betreibern von Automatensalons bzw. Automaten in Einzelaufstellung und von Elektronischen Lotterien?
4) Nach § 1 II 2 GSpG ist der Bundesminister für Finanzen ermächtigt, aus Gründen der Rechtssicherheit durch Verordnung weitere Spiele als Glücksspiele i. S. v § 1 I GSpG zu
   bezeichnen. Die Einstufung eines Spiels als Glücksspiel durch Verordnung ist dem deutschen Recht unbekannt. Was ist die Idee dahinter?

Fragen zu rechtlichen Normen …
… zu Spielbanken:

1) Inwiefern finden die Geldwäschevorschriften des österreichischen Rechts auf ausländische
   Beteiligungen Anwendung, abgesehen von der Informationspflicht nach § 25 VI 4 GSpG i. V. m. § 41 IV Nr. 2 BWG?
2) Trägt die verpflichtende Anbindung von Spielbankenautomaten an das zentrale
   Bundesrechenzentrum zur Geldwäschebekämpfung bei?
   Mit welchem Aufwand ist sie für Spielbanken verbunden?
3) Warum sieht § 25 I GSpG eine so lange Aufbewahrungsfrist (mind. 5 Jahre) für die Daten
   identifizierter Spieler vor? Geht es dabei auch um Geldwäscheprävention?
4) Warum wurde die in der 3. Geldwäscherichtlinie vorgesehene Identifizierungspflicht beim Kauf oder Verkauf von Jetons im Wert von 2.000 € oder mehr nicht im GSpG geregelt?
5) Kennt das österreichische Recht auch das Instrument der Störersperre?
   Wie werden Spieler vom Spiel ausgeschlossen, die im Verdacht krimineller Handlungen stehen oder technische Hilfsmittel i.S.v. § 25 IV GSpG mitführen?
   Gibt es spielbankeninterne Störersperrdateien?

6) § 25 VI l, 2 GSpG regelt Aufzeichnungs- und Meldepflichten im Geldwäscheverdachtsfall. Wie wird in der Praxis ein solcher Verdacht gebildet? Welchen Inhalt hat die Aufzeichnung bzw. Meldung, wie lange müssen die Aufzeichnungen aufbewahrt werden und mit welchem Aufwand sind diese Pflichten verbunden?
7) In welchem Verhältnis stehen die BKA-Befugnisse in Bezug auf Spielbanken zu den
Aufsichtsbefugnissen des BMF? Findet ein Austausch zwischen den Behörden statt?
8) Hat die Pflicht zur jederzeitigen Ermöglichung von Kontrollen durch die Finanzmarktaufsicht nach § 41 IV Nr. 5 BWG, auf die auch durch § 25 VI 4 GSpG verwiesen wird, eine eigenständige Bedeutung für Spielbanken?
9) Hat die Meldepflicht nach § 25 VI 4 i.V.m. § 41 I BWG eine eigenständige Bedeutung
gegenüber der ohnehin im GSpG für Spielbanken angeordneten Meldepflicht nach § 25 VI 2?
10) Wird von dem Auskunftsanspruch nach § 25 VI 4 i.V.m. § 41 II BWG vom BKA gegenüber Spielbanken in der Praxis Gebrauch gemacht und auf welche Weise geschieht das?
11) Hat die Befugnis des BKA zur Unterbindung von Transaktionen nach § 25 VI 4 i.V.m. § 41 III BWG eine eigenständige Bedeutung gegenüber der Vorschrift § 25 VI 3, wonach Transaktionen im Geldwäscheverdachtsfall bis zur Entscheidung der Behörde nicht abgewickelt werden dürfen?
12) sInwieweit lassen sich die Pflichten nach § 41 IV BWG auf Spielbanken übertragen?
Wie sehen insbesondere die Strategien und Verfahren zur Geldwäscheverhinderung bei Spielbanken in der Praxis aus?
13) Mit welchem Aufwand sind die Strategien und Verfahren für die Verpflichteten verbunden?
14) Wie wird in der Praxis ein Geldwäschebeauftragter bestellt? Welche Aufgaben hat er? Mit welchem Aufwand ist das für die Spielbanken verbunden?
15) Wie erfolgen in der Praxis die Personalschulungen? Mit welchem Aufwand sind sie verbunden?
16) Gibt es Befreiungs- oder Anpassungsmöglichkeiten in Bezug auf die in Abs. 6 S. 4 genannten Pflichten?
17) Wie ergibt sich in der Praxis der Verdacht, dass ein Spieler nicht auf eigene Rechnung handelt (§ 25 VII 1 GSpG)? Spielen „Strohmannverhältnisse“ bei der Geldwäsche eine Rolle?

... zu Landesausspielungen mit Glücksspielautomaten:

1) Was genau bedeutet Gefährdung der Zuverlässigkeit durch Gesellschafter mit beherrschendem Einfluss i.S.v. § 5 II Nr. 1 GSpG?
   Wie wird insbesondere ein krimineller Einfluss ausgeschlossen?
2) Nach § 5 II Nr. 2, 6 GSpG muss eine effektive und umfassende ordnungspolitische Aufsicht bzw. eine die Aufsicht nicht behindernde Konzernstruktur gewährleistet sein. Welche Anforderungen gelten danach in der Praxis für den Betrieb?
3) Kann die in der Automatenglücksspielverordnung technisch näher ausgestaltete Anbindung der Automaten an das zentrale Bundesrechenzentrum zur Geldwäscheprävention beitragen? Mit welchem Aufwand ist die Anbindung verbunden?
4) Wie erfolgt in der Praxis der Nachweis der rechtmäßigen Mittelherkunft (§ 5 II Nr. 3 GSpG)? Welche Anforderungen gelten hierbei? Wem gegenüber erfolgt der Nachweis?
5) Was genau ist ein Staatskommissär und was überprüft er? Kontrolliert er auch die Einhaltung von Geldwäschebekämpfungsvorschriften? Wird davon bei den Automatensalons in der Praxis Gebrauch gemacht?
6) Gibt es persönliche Voraussetzungen der Geschäftsleiter gerade im Hinblick auf die Verhinderung von Geldwäsche? Wie werden sie überprüft?
7) Warum die strenge Regelung in § 5 IV a) Nr. 1 GSpG (Identifizierung von Spielern in Automatensalons, Aufbewahrung der Daten mind. 5 Jahre)? Geht es hier auch um Aspekte der Geldwäschebekämpfung?
8) Was genau ist die Austauschverpflichtung von Automatensalons nach § 5 IV a) Nr. 8 GSpG? Werden auch Störersperren ausgetauscht, also auch Daten von gesperrten Spielern, die gerade wegen eines Verdachts auf Geldwäscheaktivitäten gesperrt wurden?
9) Bei Automaten in Einzelaufstellung muss nach § 5 IV b) Nr. I GSpG ein Identifikationssystem eingerichtet werden. Verhindert die Identifizierung am Automaten nicht auch Geldwäsche?
10) Wie sehen die Strategien und Maßnahmen zur Geldwäschebekämpfung in Automatensalons aus? Muss auch ein Geldwäschebeauftragter bestellt werden?
11) Ist es (verfassungs-)rechtlich unbedenklich, die Vorgaben für Spielbankenbetriebe bzw. Finanzinstitute auf Automatensalons zu übertragen, zumal über einen „doppelten" Verweis (auf die Vorschriften für Spielbanken und von dort auf das BWG)?

12) Wie sehen die Strategien und Maßnahmen zur Geldwäschebekämpfung bei Automaten in
Einzelaufstellung aus? Muss auch ein Geldwäschebeauftragter bestellt werden?
13) Ist diese Übertragung so ohne Weiteres (verfassungs-)rechtlich zulässig?
14) Warum sprechen die Glücksspielautomaten- bzw. Veranstaltungsgesetze der Länder davon, dass durch „dieses" Gesetz die Richtlinie 2005/60/EG (3. Geldwäscherichtlinie) umgesetzt werde? Diese verpflichtet doch nur „Casinos"?
15) Welche datenschutzrechtlichen Regelungen gelten für die Landesausspielungen mit
Glücksspielautomaten in den Bundesländern?
16) Die folgenden Bundesländer verfügen über einen eigenständigen Regelungskatalog im jeweiligen LDSG und haben zugleich auch das Automatenspiel legalisiert: Steiermark, NÖ und Burgenland. Ein Blick in die jeweiligen Gesetze zeigt: Sie gelten nicht in Angelegenheiten, in denen die Gesetzgebung Sache des Bundes ist, und sie gelten auch nicht für die automationsunterstützte Datenverarbeitung.
Aber gelten die Aufzeichnungs- und Identifizierungspflichten im Zusammenhang mit der Geldwäschebekämpfung im Automatenbereich nun als Bundes- oder als Landesangelegenheit? Und sind diese Aufzeichnungs- und Identifizierungspflichten „automationsunterstützte Datenverarbeitung"?

... zu elektronischen Lotterien:

1) Wie sehen die Maßnahmen und Strategien zur Geldwäschebekämpfung bei Elektronischen
Lotterien aus?

- Beim Internet-Glücksspiel?
- Bei Video-Lottery-Terminals?

2) Muss jeweils auch ein Geldwäschebeauftragter bestellt werden?
3) Für wen gelten die Geldwäsche-Bestimmungen? Nur für inländische Anbieter oder auch für Anbieter, die vom Ausland aus Internet-Glücksspiele in Österreich anbieten?
4) Hat § 12a III I GSpG wonach u. a. die § 5 III–VI GSpG entsprechende Anwendung finden, hinsichtlich der Geldwäschebekämpfung eine eigenständige Bedeutung neben § 12a I 2 GSpG? Der in Bezug genommene § 5 VI GSpG verweist auf die Vorschriften zur Geldwäschebekämpfung im Spielbankenabschnitt, ebenso wie § 12a I 2 GSpG.

5) Dienen die technischen Vorgaben für VLTs und deren Anbindung an das zentrale
Datenrechenzentrum auch der Geldwäschebekämpfung?

... Bestimmten Lotterien (umfassen auch Elektronische Lotterien):

1) Wie genau muss die Abwicklung des Spielbetriebs i. S. v. § 14 II Nr. 1 GSpG gestaltet sein, um eine effektive ordnungspolitische Aufsicht zu ermöglichen? Spielen dabei auch Aspekte der Geldwäschebekämpfung eine Rolle?
2) Nach § 14 II Nr. 2 GSpG darf die Satzung der Kapitalgesellschaft keine Bestimmungen
enthalten, die die Sicherheit und die ordnungsgemäße Spieldurchführung gefährden. Was können das für Bestimmungen sein?
3) Wie kann die rechtmäßige Herkunft der Mittel in der Praxis nachgewiesen werden? Welche Anforderungen gelten hierbei?
4) Wie werden die ordnungsrechtlichen Anforderungen an Konzernstruktur und Anteilseigner bzw. Geschäftsleiter in der Praxis nachgewiesen? Geht es dabei auch um Aspekte der Geldwäschebekämpfung?
5) Wie werden die nach § 14 II Nr. 7 geforderten Maßnahmen und Systeme zur Geldwäschevorbeugung im Antragsverfahren dargelegt? Wie können Sie ausgestaltet sein?
6) Wie werden sie im Konzessionsverfahren berücksichtigt bzw. gewertet? Handelt es sich (auch) um ein Auswahlkriterium für die Auswahl zwischen mehreren konkurrierenden Bewerbern?
7) Geht es bei § 15 I GSpG der die Errichtung eines Filialbetriebes (nicht aber eine qualifizierte Beteiligung) außerhalb von Österreich verbietet, auch um Geldwäscheprävention?

Fragen zu Konzessionen[1511] *...*
... im Allgemeinen:

1) Welche Auflagen/Nebenbestimmungen werden hinsichtlich der Geldwäschebekämpfung bei der Konzessionsvergabe in den einzelnen Glücksspielbereichen gemacht?

... für Spielbanken und Pokersalons:

1511 Die Fragen zu Konzessionen stammen teilweise von einer ebenfalls vom Erstbetreuer des Verfassers betreuten Doktorandin.

1) Was war der Hintergrund für die Heraufsetzung der Maximalzahl von Spielbankenkonzessionen im Glücksspielgesetz von 12 auf 15?
2) Welche Bewertungskriterien wurden bei der Vergabeentscheidung über die jüngsten drei Spielbankenkonzessionen (2 x Wien, 1 x Bruck a. d. Leitha) herangezogen?
   Nach § 21 VI GSpG hat das BMF bei mehreren geeigneten Bewerbern die Kriterien nach § 21 II Nr. 7 GSpG zu berücksichtigen. Inwiefern haben Probleme mit der lokalen Beteiligung in Argentinien (Enjasa) bei der Entscheidung gegen die Casinos Austria AG eine Rolle gespielt?
3) Hat die von der Casinos Austria AG gegen die Vergabeentscheidung eingereichte Klage
   Aussicht auf Erfolg?
4) Was war der Hintergrund für die Einführung von (reinen) Pokersalons in das Glücksspielgesetz?
5) Trifft es zu, dass die Pokersalons ganz wegfallen sollen? Was sind die genauen Gründe
   hierfür?
6) Gehört zu den Systemen und Einrichtungen zur Spielsuchtvorbeugung und zum
   Spielerschutz, die ein Konzessionär nach § 21 II Nr. 7 GSpG gewährleisten muss, auch die
   Spielersperre?
7) Warum sind Spielersperre und Austauschverpflichtung [letztere nur bei Automatensalons]
   nur bei Automaten in Einzelaufstellung/Automatensalons ausdrücklich geregelt, nicht aber für Spielbankenkonzessionäre?
8) Wie ist die verpflichtende Anbindung von Spielbankenautomaten an das zentrale
   Bundesrechenzentrum (§ 21 X 2 GSpG) rechtlich einzuordnen? Ist sie den Spielbankenkonzessionären zumutbar?
9) Nach § 21 III GSpG muss grundsätzlich (nur) der Sitz der Kapitalgesellschaft des Konzessionärs inländisch sein. Auch das ist entbehrlich, wenn im Sitzstaat vergleichbare Aufsichtsstandards gewahrt sind.
   Welche ordnungsrechtlichen Vorschriften Österreichs gelten aber bei Sitz des Konzessionärs
   im EU/EWR-Ausland?

10) sDie Konzession kann nach § 21 VII GSpG mit Nebenbestimmungen versehen werden, wenn das im öffentlichen Interesse liegt. Welche Nebenbestimmungen können das sein?

... für Landesausspielungen mit Glücksspielautomaten:

1) Was waren die maßgeblichen Erwägungen, die für das Aus des Automatenspiels in Wien
eine Rolle gespielt haben?
2) § 5 II GSpG nennt ordnungspolitische Mindestanforderungen an den Bewilligungsinhaber. Welche ordnungsrechtlichen Vorgaben werden bei der Konzessionserteilung sonst noch gemacht?
3) § 5 IV GSpG nennt Mindestvorgaben für den Spielerschutz in Automatensalons und bei Einzelaufstellung. Welche Vorgaben werden sonst noch gemacht? Warum ist die personengebundene Spielerkarte nur für Automaten in Einzelaufstellung
geregelt?
4) Die entsprechenden Landesgesetze ermächtigen die jeweilige Landesregierung zu Auflagen und Bedingungen in Zusammenhang mit der Ausspiel- und Standortbewilligung (z.B. § 7 II 2 K-SGAG). Welche Auflagen und Bedingungen werden regelmäßig gemacht?

... für Elektronische Lotterien:

l) Ist es zutreffend, den Begriff „Elektronische Lotterien“ als einen Oberbegriff für Internet-Glücksspiele und Video-Lottery-Terminals anzusehen?
2) Trifft es zu, dass in Österreich solche Glücksspiele, die als landgebundene Spiele erlaubnisfähig sind, auch als Elektronische Lotterie im Internet erlaubnisfähig sind?
3) ssssIn Tirol und Salzburg sind Landesausspielungen mit Glücksspielautomaten nicht erlaubt, es gibt aber WINWIN-Outlets mit Video-Lottery-Terminals. Wie ist das mit der Kohärenz vereinbar?

... für Bestimmte Lotterien (umfassen auch Elektronische Lotterien):

1) Trifft es zu, dass Sportwetten in Österreich keine Glücksspiele im rechtlichen Sinne sind? Was ist der Unterschied zwischen Sportwetten und Toto?
2) Wie sind Pferdewetten einzuordnen?
3) Die Konzession für die Durchführung der Bestimmten Lotterien inkl. der Elektronischen Lotterien wird einheitlich nach § 14 GSpG vergeben. Gibt es Bedenken hinsichtlich einer mangelnden Differenzierung zwischen Glücksspielen ganz unterschiedlicher Natur?

4) Nach § 14 III GSpG muss grundsätzlich (nur) der Sitz der Kapitalgesellschaft des Konzessionärs inländisch sein. Auch das ist entbehrlich, wenn im Sitzstaat vergleichbare Aufsichtsstandards gewahrt sind.
   Welche ordnungsrechtlichen Vorschriften Österreichs gelten aber bei Sitz des Konzessionärs im EU/EWR-Ausland?
5) Nach § 14 IV GSpG kann die Konzession mit Nebenbestimmungen versehen werden, wenn dies im öffentlichen Interesse liegt. Welche Nebenbestimmungen können das sein?
6) Die Auswahlentscheidung ist bei mehreren geeigneten Konzessionsbewerbern vom BMF nach den Kriterien des § 14 II Nr. 7 GSpG zu treffen. Wie ist dieses Verfahren abgelaufen?
   Gab es mehrere Bewerber?

Sonstige Fragen:

1) Welche verfassungs- und datenschutzrechtlichen Maßstäbe gelten für die Vorschriften zur Geldwäschebekämpfung im Glücksspielbereich?

II. Las Vegas (NV), USA (September 2016)

1) Fragenkatalog für das Gespräch an der University of Nevada, Las Vegas

Questions concerning the USA in general:

1) Is federal law always executed by federal authorities or are there cases in which it is executed by authorities of a state?
2) As far as can be seen, the penal law is regulated primarily on state level but there are also elements of penal law in the federal U.S.C., in particular the criminalization of money laundering (18 U.S.C. §§ 1956 et seq.). Which law applies for the criminal procedure if someone commits the crime of money laundering in a US state?
3) As far as can be seen, the only states in which sports betting is legal under the Professional and Amateur Sports Protection Act are Nevada, Delaware, Oregon and Montana.
   a) What types of sports gambling do these states allow? Do they allow only parimutuel betting or also fixed-odds betting?
   b) In which of these states and for which types of sports betting can a license be granted to private organizers, which types of sports betting are reserved for a state monopoly?

4) Which types of gambling are typically state monopolized, which are typically privately operated and which vary in this respect?
5) How do you interpret the Interstate Wire Act? Is it applicable to sports betting only or is it applicable to all forms of internet gambling?
6) As far as can be seen, the legalization or prohibition of internet gambling is each state's own responsibility.
   a) Is the legalization of internet gambling rather the rule or the exception in the US?
   b) Which states primarily come to mind when it comes to states to allow internet gambling and what kind of games are playable there?
   c) Is there also a considerable gray market or the phenomenon of customers playing at foreign providers?

Questions concerning Nevada in particular:
(Casinos)

1) Why is there an own chapter in the Nevada Gaming Control Act respectively an own regulation by the Nevada Gaming Commission and the Nevada Gaming Control Board for nearly all types of gambling but not for casinos?

(Lotteries)

2) Why are lotteries prohibited in Nevada whereas a variety of other types of gambling can be allowed?

(Slot machines)

3) What is the idea behind the differentiation between a restricted and a non-restricted license?
4) Are there also amusement arcades in Nevada, meaning places offering gambling machines and maybe games of skill and/or video games without being casinos?

(Betting (Sportsbetting, Horseracing, etc.))

5) Nevada is one of four states to be exempted from the general prohibition of sports betting under the Professional and Amateur Sports Protection Act. As far as can be seen, NRS 464.005 No. 3 allows parimutuel betting on horse or dog races and sporting events.
   a) What is the legal state of fixed-odds betting and betting on occurrences during a sporting event (like f. e. the next player to score in a basketball match)?

b) If only pari-mutuel betting can be allowed: Since pari-mutuel-betting is a system designed for racing and sporting events which result in a certain ranking of the participants, does the prohibition of fixed-odds betting mean that it's not possible to bet on sporting events which result in a win, lose or draw (like a tennis or soccer match)?

(Online Gambling)

6) In the definition of interactive gaming in NRS 463.016425 the operation of a race book or sports pool is explicitly excluded. Is that due to the Federal Wire Act?
   a) If yes: Why is there no differentiation between in-state and interstate betting in view of the fact that the Federal Wire Act only applies to interstate betting?
   b) If no: What else is the reason for the exclusion?
7) Does the definition of interactive gaming in NRS 463.016425 mean that all types of gambling except betting on races and sporting events can be permitted as internet-games?
8) What types of online-gambling exist in Nevada?

Questions concerning money laundering:

1) How do you assess the money laundering risks posed by the different types of gambling (non-tribal and tribal) in Nevada?
   a) For money laundering by customers?
   b) For money laundering by operators?
   c) For money laundering by high rollers and/or junket operators?
2) According to the Bank Secrecy Act, casinos, other gambling establishments and tribal gambling establishments with an annual revenue surpassing one million $ have a variety of recording- and reporting-duties in connection with the prevention of money laundering as well as the duty to establish effective anti-money laundering programs.
   Do you assess these duties as proportional to the factual money laundering risk posed by the individual gambling establishments when considering the effort for the operators?
3) In Germany the constitution (the basic law) with its basic rights is the national standard all other laws have to be compatible with. Legal duties to establish certain procedures to prevent money laundering may limit the freedom of a gambling operator and thereby affect his basic rights, esp. the occupational liberty, the freedom of property and the equality principle. These limitations have to be justified by constitutional standards.

Which standards are there in the US law system respectively the Nevada law system money laundering prevention laws have to be compatible with? Is there something comparable to the basic rights in the German constitution?

4) In Germany, insofar money laundering prevention laws provide for the collection of data they have to be compatible with data protection standards, esp. the basic right of informational self-determination.
   Which data protection standards are relevant in the US respectively Nevada? Is there something comparable to the German basic right of self-determination?
5) Is there a codification of data protection law?
6) In Germany, the publications and recommendations of the FATF have a great impact on money laundering prevention laws in two ways. First, the recommendations of the FATF have massively influenced the money laundering directives by the European Union which in turn have to be transformed in national law. Second, the views and recommendations of the FATF are taken into consideration directly by the German legislator and had a direct influence on the legislative procedure in more than one case.
   In which ways do the views and recommendations of the FATF influence US law respectively the law of Nevada?
7) 18 U.S.C. § 1956, which is laundering of monetary instruments, not only penalizes different variations of handling the proceeds of specified unlawful activity but also transferring monetary instruments from the US to or through a place outside the US or to the US from or through a place outside the US with the intent to promote the carrying on of specified unlawful activity.
   Is it correct that this variation doesn't require the monetary instruments to be derived from unlawful activity?
   If yes: What's the idea behind penalizing also the transfer of monetary instruments derived from legal activities in this case?

2) Fragenkatalog für die Gespräche mit Rechtsanwälten

Questions concerning the USA in general:

1) Is federal law always executed by federal authorities or are there cases in which it is executed by authorities of a state?
2) As far as can be seen, the penal law is regulated primarily on state level but there are also elements of penal law in the federal U.S.C., in particular the criminalization of money laundering (18 U.S.C. §§ 1956 et seq.). Which law

applies for the criminal procedure if someone commits the crime of money laundering in a US state?

3) As far as can be seen, the only states in which sports betting is legal under the Professional and Amateur Sports Protection Act are Nevada, Delaware, Oregon and Montana.
   a) What types of sports gambling do these states allow? Do they allow only parimutuel betting or also fixed-odds betting?
   b) In which of these states and for which types of sports betting can a license be granted to private organizers, which types of sports betting are reserved for a state monopoly?
4) Which types of gambling are typically state monopolized, which are typically privately operated and which vary in this respect?
5) How do you interpret the Interstate Wire Act? Is it applicable to sports betting only or is it applicable to all forms of internet gambling?
6) As far as can be seen, the legalization or prohibition of internet gambling is each state's own responsibility.
   a) Is the legalization of internet gambling rather the rule or the exception in the US?
   b) Which states primarily come to mind when it comes to states to allow internet gambling and what kind of games are playable there?
   c) Is there also a considerable gray market or the phenomenon of customers playing at foreign providers?

Questions concerning Nevada in particular:
(Casinos)

1) Why is there an own chapter in the Nevada Gaming Control Act respectively an own regulation by the Nevada Gaming Commission and the Nevada Gaming Control Board for nearly all types of gambling but not for casinos?

(Lotteries)

2) Why are lotteries prohibited in Nevada whereas a variety of other types of gambling can be allowed?

(Slot machines)

3) What is the idea behind the differentiation between a restricted and a non-restricted license?
4) Are there also amusement arcades in Nevada, meaning places offering gambling machines and maybe games of skill and/or video games without being casinos?

(Betting (Sportsbetting, Horseracing, etc.))

5) Nevada is one of four states to be exempted from the general prohibition of sports betting under the Professional and Amateur Sports Protection Act. As far as can be seen, NRS 464.005 No. 3 allows parimutuel betting on horse or dog races and sporting events.
   a) What is the legal state of fixed-odds betting and betting on occurrences during a sporting event (like f. e. the next player to score in a basketball match)?
   b) If only pari-mutuel betting can be allowed: Since pari-mutuel-betting is a system designed for racing and sporting events which result in a certain ranking of the participants, does the prohibition of fixed-odds betting mean that it's not possible to bet on sporting events which result in a win, lose or draw (like a tennis or soccer match)?

(Online-Gambling)

6) In the definition of interactive gaming in NRS 463.016425 the operation of a race book or sports pool is explicitly excluded. Is that due to the Federal Wire Act?
   a) If yes: Why is there no differentiation between in-state and interstate betting in view of the fact that the Federal Wire Act only applies to interstate betting?
   b) If no: What else is the reason for the exclusion?
7) Does the definition of interactive gaming in NRS 463.016425 mean that all types of gambling except betting on races and sporting events can be permitted as internet-games?
8) What types of online-gambling exist in Nevada?

Questions concerning Money Laundering:

1) How do you assess the money laundering risks posed by the different types of gambling (non-tribal and tribal) in Nevada?
   a) For money laundering by customers?
   b) For money laundering by operators?
   c) ssFor money laundering by high rollers and/or junket operators?
2) According to the Bank Secrecy Act, casinos, other gambling establishments and tribal gambling establishments with an annual revenue surpassing one million $ have a variety of recording- and reporting-duties in connection with the prevention of money laundering as well as the duty to establish effective anti-money laundering programs.

Do you assess these duties as proportional to the factual money laundering risk posed by the individual gambling establishments when considering the effort for the operators?

3) In Germany the constitution (the basic law) with its basic rights is the national standard all other laws have to be compatible with. Legal duties to establish certain procedures to prevent money laundering may limit the freedom of a gambling operator and thereby affect his basic rights, esp. the occupational liberty, the freedom of property and the equality principle. These limitations have to be justified by constitutional standards.
Which standards are there in the US law system respectively the Nevada law system money laundering prevention laws have to be compatible with? Is there something comparable to the basic rights in the German constitution?
4) In Germany, insofar money laundering prevention laws provide for the collection of data they have to be compatible with data protection standards, esp. the basic right of informational self-determination.
Which data protection standards are relevant in the US respectively Nevada? Is there something comparable to the German basic right of self-determination?
5) Is there a codification of data protection law?
6) In Germany, the publications and recommendations of the FATF have a great impact on money laundering prevention laws in two ways. First, the recommendations of the FATF have massively influenced the money laundering directives by the European Union which in turn have to be transformed in national law. Second, the views and recommendations of the FATF are taken into consideration directly by the German legislator and had a direct influence on the legislative procedure in more than one case.
In which ways do the views and recommendations of the FATF influence US law respectively the law of Nevada?
7) 18 U.S.C. § 1956, which is laundering of monetary instruments, not only penalizes different variations of handling the proceeds of specified unlawful activity but also transferring monetary instruments from the US to or through a place outside the US or to the US from or through a place outside the US with the intent to promote the carrying on of specified unlawful activity.
Is it correct that this variation doesn't require the monetary instruments to be derived from unlawful activity?
If yes: What's the idea behind penalizing also the transfer of monetary instruments derived from legal activities in this case?

3) Fragenkatalog für das Gespräch im Caesars Palace

1) Is there a standard identification of a customer when he enters a casino? If yes:
   a) What data is collected and how and how long is it recorded?
   b) Are there any recorded lists the collected data is checked against?
   c) In particular: Is there an establishment-internal, a corporate-wide or even a state-wide list to recognize and block patrons who are suspected of criminal activities in gambling establishments or have been convicted of such in the past?
2) In what (other) cases is a customer identified in a casino? What data is collected in these cases and how and how long is it recorded?
3) Is there a procedure in a casino to discover structuring or "smurfing" (splitting transactions to avoid certain thresholds for identification or reporting)?
4) How can chips be purchased in a casino (only with cash or also by using non-cash methods)? If the latter is the case: Which non-cash methods can be used?
5) How can chips be paid out in a casino (only in cash or also by using non-cash methods)?
   If the latter is the case: Which non-cash methods can be used?
6) Which additional information do the non-cash instruments for payout contain (in the form of written notes on a cheque form, as the purpose of a transfer, etc.)?
   In particular: Is it apparent from the non-cash instrument which amount of the paid-out sum is pure profit, i. e. actually won by the patron?
7) Can a patron get a receipt by a casino for paid out chips to prove that the paid out monies come from a game of chance? If yes: Which information does the receipt contain?
8) Do you get an entrance ticket when visiting a casino?
   If yes: Which information does it contain?
9) Can a chip be redeemed which has been removed from a casino for some time?
10) Is there the possibility for several players of non-banked card games to choose the same table in a casino or are the tables assigned by chance?
11) Is there the possibility to establish a player account or deposit with a casino?
12) Do casinos offer the possibility to transfer money directly from one casino to another?
13) Do casinos offer the possibility to change foreign currency into US-dollars?

14) Are there any other financial services in casinos normally associated with financial institutions?
15) How do the slot machines in casinos work (with cash only, with printable tickets, with chip cards, ...)?
16) How do race and sports book work exactly? Are there only parimutuel betting opportunities or also fixed-odd betting opportunities?
17) Which procedures are there in a casino to recognize suspicious behavior which might indicate money laundering (f. e. minimal play, highly risk-aversive play, sending ahead a third party to buy chips, etc.)? If such behavior is discovered, how would the casino react?
18) Are there official recommendations or guidelines by the Nevada Gaming Control Board or the Nevada Gaming Commission how to design an effective anti-money laundering program?
19) Are there junket operators active in casino-gambling?
    If yes: Are they perceived as posing or contributing to money laundering risks?
    If yes: In which way?
20) According to the Bank Secrecy Act, casinos, other gambling establishments and tribal gambling establishments with an annual revenue surpassing one million $ have a variety of recording- and reporting-duties in connection with the prevention of money laundering as well as the duty to establish effective anti-money laundering programs.
    Does Caesars assess these duties as proportional to the factual money laundering risk posed by casinos when considering the efforts?
21) Is it correct that to each of Caesars casinos applies the law of the respective US-state or – in the case of casinos not located in the US – the law of the respective country it is located in?
22) How does Caesars deal with the different challenges different locations may pose when it comes to the prevention of money laundering? Is an individual anti-money laundering program developed for each of the locations or is there a general concept applied to all the different locations?
23) Can the obligatory internal control procedures (also) help to prevent money laundering?

4) *Fragenkatalog für das Anschlussgespräch beim Nevada Gaming Control Board, Carson City*[1512]

1) Why is there an own chapter in the Nevada Gaming Control Act respectively an own regulation by the Nevada Gaming Commission and the Nevada Gaming Control Board for nearly all types of gambling but not for casinos?
2) Why are lotteries prohibited in Nevada whereas a variety of other types of gambling can be allowed?
3) What is the idea behind the differentiation between a restricted and a non-restricted license?
4) Are there also amusement arcades in Nevada, meaning places offering gambling machines and maybe games of skill and/or video games without being casinos, or is there no such differentiation?
5) Nevada is one of four states to be exempted from the general prohibition of sports betting under the Professional and Amateur Sports Protection Act. As far as can be seen, NRS 464.005 No. 3 allows parimutuel betting on horse or dog races and sporting events.
   a) What is the legal state of fixed-odds betting and betting on occurrences during a sporting event (like f. e. the next player to score in a basketball match)?
   b) If only pari-mutuel betting can be allowed: Since pari-mutuel-betting is a system designed for racing and sporting events which result in a certain ranking of the participants, does the prohibition of fixed-odds betting mean that it's not possible to bet on sporting events which result in a win, lose or draw (like a tennis or soccer match)?
6) In the definition of interactive gaming in NRS 463.016425 the operation of a race book or sports pool is explicitly excluded. Is that due to the Federal Wire Act?
   a) If yes: Why is there no differentiation between in-state and interstate betting in view of the fact that the Federal Wire Act only applies to interstate betting?
   b) If no: What else is the reason for the exclusion?
7) Does the definition of interactive gaming in NRS 463.016425 mean that all types of gambling except betting on races and sporting events can be permitted as internet-games?
8) What types of online-gambling exist in Nevada?

1512 Bei diesem Gespräch war der Verfasser nicht persönlich zugegen, vgl. Teil 1 F. I.

9) Is a license application necessary for each single gambling establishment or are licenses rather granted for the operation of a certain kind of gambling establishments respectively a group of gambling establishments by the same licensee?
10) How is a gaming license granted – by administrative act, by contract or in another way?
11) Is a public tender necessary?
12) Are there limitations on the number of gambling establishments operated in the whole state or in a certain area for any of the particular types of gambling establishments? If such limitations exist, by which criteria do Commission and Control Board decide which applicant to grant a license when there are more applicants than licenses to grant?
13) As far as can be seen, there are some plans an applicant for a gambling establishment license has to submit besides the standard forms. These are in particular a concept about internal control procedures, a security (surveillance) plan and a layout of all slot machines/tables.
    a) Are there any other standard plans an applicant has to submit?
    b) Is the security and surveillance plan required to address the risk of money laundering by providing certain counter measures?
    c) Which (further) plans or concepts are required by the Commission in the application process relating to …

    … the prevention of gambling addiction and problem gambling?
    … the prevention of criminal activities, esp. money laundering?
14) Are there any (and if yes: what?) conditions formulated by the Control Board or the Commission in a permission to operate a specific gambling establishment or a specific kind of gambling establishments concerning…
    … the prevention of gambling addiction and problem gambling?
    … the prevention of criminal activities, esp. money laundering?
15) According to Regulation 5.170 licensees shall implement programs to address problem gambling. Is there also a file accessible by all gambling establishments of a certain corporation or even by all gambling establishments in the state of Nevada in which players at risk for addiction can be registered and blocked for participation in gaming?
16) Is there (also) such a file to register and block patrons who are suspected of criminal activities in gambling establishments?
17) Do the Control Board and/or the Commission participate in the licensing of tribal casinos and other tribal gambling establishments? If yes: How?
18) According to the Bank Secrecy Act, casinos, other gambling establishments and tribal gambling establishments with an annual revenue surpassing one

million $ have a variety of recording- and reporting-duties in connection with the prevention of money laundering as well as the duty to establish effective anti-money laundering programs.
Do the Control Board and/or the Commission have the possibility to free individual gambling establishments from the requirements of the Bank Secrecy Act, to ease these requirements or – conversely – to create additional duties? Or is this impossible due to the federal nature of the Bank Secrecy Act?

III. Singapur (März 2017)

Questions concerning casinos and money laundering in casinos:

1) Is there a standard identification of a customer when he enters a casino? If yes:
   a) What data is collected and how and how long is it recorded?
   b) Are there any recorded lists the collected data is checked against?
   c) In particular: Is there an establishment-internal, a corporate-wide or even a state-wide list to recognize and block patrons who are suspected of criminal activities in gambling establishments or have been convicted of such in the past?
2) In what (other) cases is a customer identified in a casino?
   What data is collected in these cases and how and how long is it recorded?
3) Is there a procedure in a casino to discover structuring or "smurfing" (splitting transactions to avoid certain thresholds for identification or reporting)?
4) How can chips be purchased in a casino (only with cash or also by using non-cash methods)? If the latter is the case: Which non-cash methods can be used?
5) How can chips be paid out in a casino (only in cash or also by using non-cash methods)?
   If the latter is the case: Which non-cash methods can be used?
6) Which additional information do the non-cash instruments for payout contain (in the form of written notes on a cheque form, as the purpose of a transfer, etc.)?
   In particular: Is it apparent from the non-cash instrument which amount of the paid out sum is pure profit, i.e. actually won by the patron?
7) Can a patron get a receipt by a casino for paid out chips to prove that the paid out monies come from a game of chance? If yes: Which information does the receipt contain?
8) Do you get an entrance ticket when visiting a casino?

If yes: Which information does it contain?

9) Can a chip be redeemed which has been removed from a casino for some time?
10) Is there the possibility for several players of non-banked card games to choose the same table in a casino or are the tables assigned by chance?
11) Is there the possibility to establish a player account or deposit with a casino?
12) Do casinos offer the possibility to transfer money directly from one casino to another?
13) Do casinos offer the possibility to change foreign currency into Singapore-dollars?
14) Are there any other financial services in casinos normally associated with financial institutions?
15) How do the slot machines in casinos work (with cash only, with printable tickets, with chip cards, …)?
16) Are there technical devices integrated in slot machines to prevent manipulation of the internal revenue count by a gambling operator?
17) Are there race and sports books in casinos? If yes: Are there only parimutuel betting opportunities or also fixed-odd betting opportunities?
18) Which procedures are there in a casino to recognize suspicious behaviour which might indicate money laundering (f, e. minimal play, highly risk-aversive play, sending ahead a third party to buy chips, etc.)? If such behaviour is discovered, how would the casino react?
19) Are there official recommendations or guidelines by the Casino Regulatory Authority or other parties how to design an effective anti-money laundering program?
20) Are there junket operators active in casino-gambling?
    If yes: Are they perceived as posing or contributing to money laundering risks?
    If yes: In which way?
21) According to the Casino Control Act, casinos have a variety of recording- and reporting-duties in connection with the prevention of money laundering as well as the duty to establish effective anti-money laundering programs.
    Does the casino operator assess these duties as proportional to the factual money laundering risk posed by casinos when considering the efforts?
22) Is it correct that to each of the casinos operated by the corporation applies the law of the respective country it is located in?
23) How does the casino operator deal with the different challenges different locations may pose when it comes to the prevention of money laundering?

Is an individual anti-money laundering program developed for each of the locations or is there a general concept applied to all the different locations?

24) Is there a Total Rewards System installed in the casinos (comparable to the one in Las Vegas)?
25) In how far are single transactions monitored by the casinos?
26) The casinos located in Singapore are still young compared to casinos in other countries like Germany or the United States. Why haven't there been casinos before and what was the reason to introduce them?
    What did the gambling landscape in Singapore look like before casinos were introduced?
27) Are there any stipulations in a casino license regarding the prevention of money laundering?
28) Are there any stipulations in a casino license regarding the prevention of gambling addiction?
29) By which criteria is the suitability of the applicant measured in a public tender?
30) Which forms does the applicant have to submit? Does he also have to present a plan for preventing…
    … money laundering?
    … gambling addiction?
31) Which investigations are made by the authorities to ensure …
    … the personal integrity of the applicant,
    … the legal origin of funds,
    … further aspects of relevance for the prevention of criminal activities (esp. money laundering) by the licensee himself?
32) How is a casino license granted? By administrative act, by contract or in another way?
33) Is there a possibility for players who are at risk of gambling addiction to exclude themselves from play?
34) Is there (also) a possibility to block patrons who are suspected of criminal activities in gambling establishments?
35) As far as can be seen, the period of ten years for which two casinos only are permitted under the Casino Control Act ends in March 2017. What's the future of casino-gambling in Singapore?
36) Why is there a state monopoly for all other kinds of gambling in Singapore but not for casinos?
37) Are there race and sports books in casinos?

Questions concerning online gambling and e-gaming:

1) How do you evaluate the permission for Singapore Pools and the Singapore Turf Club to offer online gambling?
2) Does the permission increase the risk of money laundering or does it make money laundering risks more controllable in your opinion?
3) Is there a large offer of illegal online gambling in Singapore?
4) Are fantasy sports and daily fantasy sports a current topic in Singapore?
5) Is e-gaming and betting on e-gaming a current topic in Singapore?

Questions concerning lotteries:

1) How is the state monopoly for lotteries justified?

Questions concerning slot machines:

1) Are there also amusement arcades in Singapore, meaning places offering gambling machines and maybe games of skill and/or video games without being casinos?
2) Are there single slot machines in public spaces like f. e. pubs or malls?

Questions concerning betting (sports betting, horseracing, etc.):

1) As far as can be seen, sports betting is only allowed on international soccer events and events in connection with the formula-1 world championship. Why is sports betting restricted to these events?
2) Is there also the possibility of betting on single events during a sporting event?

Questions concerning money laundering:

1) do you assess the money laundering risks posed by the different types of gambling in Singapore?
   a) For money laundering by customers?
   b) For money laundering by operators?
   c) For money laundering by high rollers and/or junket operators?
2) According to the Casino Control Act, casinos have a variety of recording- and reporting-duties in connection with the prevention of money laundering as well as the duty to establish effective anti-money laundering programs. Do you assess these duties as proportional to the factual money laundering risk posed by casinos when considering the effort for the operators?
3) How do you assess the influence of the FATF on the AML regime in Singapore?
4) In Germany the constitution (the basic law) with its basic rights is the national standard all other laws have to be compatible with. Legal duties to establish certain procedures to prevent money laundering may limit the

freedom of a gambling operator and thereby affect his basic rights, esp. the occupational liberty, the freedom of property and the equality principle. These limitations have to be justified by constitutional standards.
In Singapore the constitution is the supreme law, too. Does it contain something comparable to the basic rights in the German constitution? How is the compatibility of statutes, subsidiary legislation and common law with the constitution measured?

5) In Germany, insofar money laundering prevention laws provide for the collection of data they have to be compatible with data protection standards, esp. the basic right of informational self-determination.
Which data protection standards are relevant in Singapore? Is there something comparable to the German basic right of self-determination?
6) Is there a codification of data protection law?
7) In Germany, the publications and recommendations of the FATF have a great impact on money laundering prevention laws in two ways. First, the recommendations of the FATF have massively influenced the money laundering directives by the European Union which in turn have to be transformed in national law. Second, the views and recommendations of the FATF are taken into consideration directly by the German legislator and had a direct influence on the legislative procedure in more than one case. In which ways do the views and recommendations of the FATF influence Singaporean law?
8) Why are the sections in the Corruption, Drug Trafficking and Other Serious Crimes Act penalizing money laundering not named as such, whereas the term is used in other parts of Singaporean law?

IV. Spielbank Hannover (Februar 2016)

Fragen zu Spielbankenkonzessionen:

1) Wird die Spielbankzulassung nach § 2 NSpielBG (ausschließlich) per Verwaltungsakt erteilt, oder ist auch eine vertragliche Ausgestaltung der Zulassungserteilung denkbar?
2) Was hat es mit dem in der NSpielO vorgesehenen Internet-Casinospiel auf sich, das doch eigentlich nach § 4 Abs. 4 GlüStV verboten ist? Wird das auch von der Konzession umfasst?
3) Enthält das bei der Antragstellung im Zulassungsverfahren vorgelegte Sicherheitskonzept Maßnahmen zur Geldwäschebekämpfung?
4) Gibt es in der Erlaubnis Auflagen oder Nebenbestimmungen zur Geldwäschebekämpfung?

5) Was sind zusätzliche Kontroll- und Sicherheitsmaßnahmen i. S. v. § 10 NSpielbG? Haben diese evtl. einen Bezug zur Geldwäschebekämpfung?

Fragen zur Auszahlung von Spielmarken:

1) Nach § 8 V 3 NSpielO können höhere Gewinnbeträge auch per Scheck ausbezahlt werden.
   Wie wird die Auszahlung per Scheck in der Praxis gehandhabt?
   Insbesondere: Bei welcher Betragshöhe fangen in etwa die „höheren Beträge“ an’?
2) Enthalten Schecks den Zusatz „Keine Gewinnbestätigung“ o.ä.?
3) Gibt es in der Praxis auch andere unbare Auszahlungsmethoden, insbesondere Überweisungen?
   Falls ja: Sind diese mit dem Zusatz „Keine Gewinnbestätigung“ o.ä. versehen?
4) Wird bei der Auszahlung nur der (Rein-)Gewinn unbar ausgezahlt, oder wird der Gesamtbetrag inklusive der vom Spieler geleisteten Einsätze ausgezahlt?
   Falls der Gesamtbetrag ausgezahlt wird: Ist der Anteil des (Rein)Gewinns am Gesamtbetrag in irgendeiner Form aus dem Scheckformular, dem Verwendungszweck bei einer Überweisung, etc. ersichtlich?
5) Nach § 8 V 2 NSpielO besteht bei Vorlage von Spielmarken, die vorübergehend aus der Spielbank entfernt wurden, kein Einlösungsanspruch. Wie werden solche Situationen in der Praxis gehandhabt?

Fragen zu Quittungen/Eintrittskarten:

1) Nach dem Urteil des AG Hannover vom 02.10.2012 hat ein Kunde u. U. gegen die Spielbank einen Anspruch auf Erteilung einer Quittung über den Empfang des Geldes beim Ankauf von Spielmarken.
   Wird dem Kunden auf Verlangen auch bei der Auszahlung von Spielmarken ein Nachweis ausgestellt, dass es sich bei dem ausgezahlten Geld um Geld aus einer Spielbank handelt (insbesondere wenn der Kunde angibt, dass er einen solchen Nachweis benötige, um gegenüber den Finanzbehörden den [einkommenssteuerfreien] Glücksspielgewinn nachzuweisen)?
   Falls ja: Differenziert dieser Nachweis zwischen dem (Rein-)Gewinn und den vom Spieler geleisteten Einsätzen, oder weist er nur einen einheitlichen Gesamtbetrag aus?
2) Handelt es sich bei den Eintrittskarten nach § 6 I 1 NSpielO um klassische Papiereintrittskarten?
   Falls ja: Welche Informationen sind darauf aufgedruckt?

Fragen zu Spielautomaten:

1) Wie funktionieren genau die in § 8 I 1 NSpielO genannten Chipkarten für das Automatenspiel?
2) Besteht daneben auch die Möglichkeil, Automaten mit Bargeld und/oder Automatentickets in Betrieb zu nehmen und sich vom Automaten ein Automatenticket ausgeben zu lassen?
   Falls ja, besteht die Möglichkeit, dass der Spieler sich ein Automatenticket von der Spielbank Auszahlen lässt und das Ticket zugleich mit nach Hause nimmt?
   Falls ja: Weist das Ticket die vom Spieler geleisteten Einsätze und den (Rein-) Gewinn gesondert aus oder nur einen einheitlichen Betrag?

Fragen zur Identifizierung:

1) § 7 II SpielO verpflichtet zur Führung einer Besucherdatei, in der die genannten Daten aller Besucher mindestens ein, maximal zwei Jahre gespeichert werden. Welche Erwägungen stehen hinter dieser Vorschrift, wenn die allgemeine Identifizierung bei Betreten einer Spielbank doch eigentlich (nur) dem Abgleich mit der Spielersperrdatei, der Überprüfung der Volljährigkeit und der Kontrolle von Hausverboten dient?
2) Werden im Falle einer Identifizierung nach § 3 III GwG (Kauf oder Verkauf von Jetons im Wert von 2.000 € oder mehr) Aufzeichnungen über die erhobenen Daten gefertigt?
   Falls ja: Wie lange werden diese Daten aufbewahrt?
3) Wie erfolgt die Identifizierung nach § 3 III GwG in der Praxis, insbesondere, wenn ein Kunde erst durch sukzessiven Erwerb von Spielmarken während des Spiels an den Spieltischen die Grenze von 2.000 € überschreitet?

Fragen zur Bildung eines Geldwäscheverdachts:

1) Welche Beobachtungen oder Anzeichen können in der Praxis dazu führen, dass das Spielbankenpersonal einen Geldwäscheverdacht schöpft?
2) Wird risikovermeidendes Spiel (z.B. Setzen der gleichen Beträge auf Rot und auf Schwarz beim Roulette) unterbunden?
3) Gibt es eine Kontrolle zur Verhinderung von Smurfing?

Fragen zu Verdachtsmeldungen:

1) Nach § 11 I 1 GwG sind Geldwäscheverdachtsfälle an das BKA – Zentralstelle für Verdachtsmeldungen – und an die zuständige Strafverfolgungsbehörde zu melden.

An wen erfolgt die Meldung in der Praxis? An die beim LKA Niedersachsen eingerichtete Zentralstelle Finanzermittlungen und/oder an weitere/andere Strafverfolgungsbehörden?

2) Gibt es ein aufschlussreiches Feedback der Behörde über den weiteren Verlauf nach einer Verdachtsmeldung?
   Falls ja: In wieviel von wieviel Fällen der Verdachtsmeldung

- kommt es zu einer strafrechtlichen Verurteilung,
- in wieviel Fällen wird das Verfahren jeweils nach
- § 170 Abs. 2 StPO (kein hinreichender Tatverdacht) oder
- § 153 bzw. § 153a StPO (Einstellung wegen Geringfügigkeit bzw. gegen Auflage) eingestellt?

3) War schon einmal jemand vom Spielbankenpersonal in einem Strafverfahren u. a. wegen Geldwäsche in der Spielbank als Zeuge vor Gericht?

Fragen zu weiteren Finanzservices:

1) Kann bei niedersächsischen Spielbanken ein Spielerdepot, Spielerkonto o. ä. eingerichtet werden, um dort Spielkapital einzahlen zu können?
2) Gibt es die Möglichkeit, Geldtransfers von einer Spielbank zu anderen Spielbanken vornehmen zu lassen?
3) Gibt es die Möglichkeit, in der Spielbank Fremdwährungen gegen Euro einzutauschen?

Fragen zur praktischen Umsetzung der GwG-Vorschriften:

1) Mit welchem zeitlichen, personellen und finanziellen Aufwand ist die Umsetzung der gesetzlichen Vorgaben zur Geldwäscheverhinderung und -verfolgung verbunden?
2) Steht die zeitliche, personelle und finanzielle Belastung nach Einschätzung der Spielbank in einem angemessenen Verhältnis zum tatsächlich bestehenden Geldwäscherisiko?
3) Erhalten die Spielbanken Hilfe von den Strafverfolgungsbehörden bei der Umsetzung der Vorgaben des Geldwäschegesetzes, insbesondere durch Bereitstellung von Geldwäschetypologien?

C. Weitere Fragebögen bzw. Fragenkataloge für (telefonische) Interviews

I. Stadt Bochum – Amt für Finanzsteuerung (Juni 2016)

Besteuerung von Spielhallen:

1) Stehen Umsatzsteuer, Einkommens- bzw. Körperschaftssteuer, Gewerbesteuer und Vergnügungssteuer jeweils vollumfänglich nebeneinander oder findet eine zumindest teilweise Anrechnung einer Steuer auf eine andere Steuer zugunsten des Spielhallenbetreibers statt?
2) Kann nach Einschätzung der Behörde die Vergnügungssteuer durch den Spielhallenbetreiber in irgendeiner Form auf den Kunden übergewälzt werden?
3) Wie hoch schätzt die Behörde die prozentuale Gesamtsteuerbelastung für einen Spielhallenbetreiber im Verhältnis zum Einspielergebnis (= Elektronisch gezählte Bruttokasse zuzüglich Entnahmen abzüglich Auffüllungen) ein?
4) Welchen Anteil machen die einzelnen, unter 1) genannten Steuern dabei jeweils in etwa an der Gesamtsteuerbelastung aus?
5) Wie rentabel ist nach Einschätzung der Behörde der Betrieb einer Spielhalle unter Berücksichtigung der steuerlichen Belastung sowie der laufenden Betriebskosten (Miete, Personalkosten, etc.) und der Anschaffungskosten für Geldspielgeräte, Einrichtungsgegenstände, etc.?
   5.1) Falls *als rentabel eingeschätzt:* Welcher prozentuale Anteil vom Einspielergebnis verbleibt dem Spielhallenbetreiber in etwa als Reingewinn?

Unbare Auszahlungsmethoden/Quittungen:

6) Ist es möglich, dass ein Spieler einen (hohen) Spielhallengewinn aus Sicherheitsgründen bei der Spielhallenkasse einzahlt und sich den entsprechenden Betrag dann unbar, also z. B. per Überweisung oder Scheck ausbezahlen lässt?
7) Werden in Spielhallen Quittungen über vom Geldspielautomaten ausgezahlte Gelder ausgestellt (z. B. auf Bitte eines Kunden, der geltend macht, einen Beleg „für die Steuer" zu benötigen)?

Technische Voraussetzungen der Geldspielautomaten:

8) Wie hoch ist die Auszahlungsquote bei gewerblichen Geldspielautomaten?
9) Sind der Behörde Manipulationen in Zusammenhang mit Geldspielautomaten (in Bochum oder andernorts) zur Kenntnis gelangt?

9.1) *Falls ja:* Lässt sich eine Auswirkung der Einführung von § 13 Nr. 9a SpielV (Aufzeichnungseinrichtung) auf die Manipulationsanfälligkeit von Automaten ausmachen, zumindest in Bezug auf die Automaten, in denen eine solche Aufzeichnungseinrichtung bereits vorhanden ist?

II. Stadt Bochum – Ordnungsamt (Juni 2016)

Unbare Auszahlungsmethoden/Quittungen:

1) Ist es möglich, dass ein Spieler einen (hohen) Spielhallengewinn aus Sicherheitsgründen bei der Spielhallenkasse einzahlt und sich den entsprechenden Betrag dann unbar, also z. B. per Überweisung oder Scheck ausbezahlen lässt?
2) Werden in Spielhallen auf Nachfrage eines Spielers Quittungen über vom Geldspielautomaten ausgezahlte Gelder ausgestellt (z. B. wenn der Spieler geltend macht, einen Beleg „für die Steuer" zu benötigen)?

Technische Voraussetzungen der Geldspielautomaten:

3) Wie hoch ist in etwa die Auszahlungsquote bei gewerblichen Geldspielautomaten?
4) Sind der Behörde technische Manipulationen in Zusammenhang mit Geldspielautomaten (in Bochum oder andernorts) zur Kenntnis gelangt?
   Falls ja:

- Welcher Art waren diese Manipulationen?
- Lässt sich eine Auswirkung der Einführung von § 13 Nr. 9a SpielV (Aufzeichnungseinrichtung) auf die Manipulationsanfälligkeit von Automaten ausmachen, zumindest in Bezug auf die Automaten, in denen eine solche Aufzeichnungseinrichtung bereits vorhanden ist?

Erlaubnisverfahren nach § 33i GewO (Spielhallenerlaubnis):

5) Wird im Erlaubnisverfahren die legale Herkunft des Betreiberkapitals überprüft?
   Falls ja: Wie erfolgt diese Überprüfung praktisch?
6) Werden bei der Erlaubniserteilung bestimmte Auflagen und/oder sonstige Nebenbestimmungen mit Bezug zur Verhinderung von Geldwäsche gemacht?
   Falls ja: Welche genau?

III. Physikalisch-Technische Bundesanstalt (Juni 2016)

1) Anhand welcher Auffälligkeiten oder sonstigen Anhaltspunkte können ggf. Manipulationen der vom Gerät aufgezeichneten Daten (Einsätze, Gewinne, Kasseninhalt) durch den Spielhallenbetreiber nachträglich erkannt werden?
2) Sind nach Einschätzung der PTB nach der Einführung der Aufzeichnungsfunktion als Voraussetzung für die Bauartzulassung (§ 13 Nr. 9a SpielV) überhaupt noch unerkannte Manipulationen der vom Gerät aufgezeichneten Daten durch den Spielhallenbetreiber möglich?

IV. Privates Spielhallenunternehmen (Januar 2018)

Besteuerung von Spielhallen:

1) In welchen Rechts- und Organisationsformen (Einzelunternehmen, Personengesellschaft, Kapitalgesellschaft; Franchisesystem, Kette) treten Spielhallenbetreiber auf?
2) Welche der unter 1) genannten Rechts- und Organisationsformen kommen häufiger vor, welche weniger häufig?
3) Soweit ersichtlich gibt es fünf Steuerarten, die sich für eine natürliche Person, die (ggf. über eine Gesellschaft) eine Spielhalle betreibt, belastend auswirken können: Umsatzsteuer, (ggf.) Körperschaftssteuer, Einkommensteuer, Gewerbesteuer und Vergnügungssteuer. Soweit ersichtlich, ist Berechnungsgrundlage der Vergnügungssteuer – je nach Kommune – das Einspielergebnis oder der Spieleinsatz, Berechnungsgrundlage der Umsatzsteuer der Nettokasseninhalt und Berechnungsgrundlage der Gewerbesteuer, Einkommenssteuer und Körperschaftssteuer die Einkünfte aus dem Gewerbebetrieb. Ist es korrekt, dass die Einkünfte aus dem Gewerbebetrieb dem Bruttokasseninhalt entsprechen?
4) Soweit ersichtlich, gibt es im Verhältnis von Gewerbesteuer und Einkommenssteuer (durch § 35 EStG) und im Verhältnis von Körperschaftssteuer und Einkommenssteuer (durch Teilansetzung der ausgeschütteten Dividenden und Anwendung eines ermäßigten Steuersatzes) Kompensationsmechanismen, die eine Berücksichtigung einer Steuer bei der Berechnung einer anderen Steuer erlauben.
   Gibt es solche Kompensations- oder Anrechnungsmechanismen auch im Verhältnis zwischen anderen Steuern, die in 3) genannt sind?
5) Welche Möglichkeiten stehen einem Spielhallenbetreiber zur Verfügung, die Vergnügungssteuer auf den Kunden zu überwälzen?

6) Wie hoch schätzen Sie die prozentuale Gesamtsteuerbelastung für einen Betreiber im Verhältnis zum Bruttokasseninhalt ein und welchen Anteil machen dabei die einzelnen, unter 3) genannten fünf Steuerarten jeweils in etwa an der Gesamtsteuerbelastung aus?
   6.1) Falls sich Frage 6) nicht eindeutig beantworten lässt: In welcher Reihenfolge stehen die unter 3) genannten fünf Steuerarten, wenn man sie nach dem Maß der Belastung für den Betreiber (von der am meisten belastenden zur am wenigsten belastenden Steuer) sortiert, und in welchem Größenverhältnis stehen sie in etwa zueinander?
7) Wie rentabel ist nach Ihrer Einschätzung der Betrieb einer Spielhalle unter Berücksichtigung der steuerlichen Belastung sowie der laufenden Betriebskosten (Miete, Personalkosten, etc.) und der Anschaffungskosten für Geldspielgeräte, Einrichtungsgegenstände, etc.?
   7.1) Falls als rentabel eingeschätzt: Welcher prozentuale Anteil vom Bruttokasseninhalt verbleibt dem Betreiber in etwa als Reingewinn?
8) Gibt es eine Besteuerung von illegalen Spielhallen, d. h. von Spielhallen, die ohne behördliche Erlaubnis betrieben werden?

Unbare Auszahlungsmethoden/Quittungen:

9) Ist es möglich, dass ein Spieler einen (hohen) Spielhallengewinn aus Sicherheitsgründen bei der Spielhallenkasse einzahlt und sich den entsprechenden Betrag dann unbar, also z. B. per Überweisung oder Scheck ausbezahlen lässt?
10) Werden in Spielhallen Quittungen für Kunden über vom Geldspielautomaten ausgezahlte Gelder ausgestellt (z. B. auf Bitte eines Kunden, der geltend macht, einen Beleg „für die Steuer“ zu benötigen)?

Technische Voraussetzungen der Geldspielautomaten:

11) Wie hoch ist die Auszahlungsquote bei gewerblichen Geldspielautomaten?
12) Lässt sich die Auszahlungsquote vom Betreiber verändern, und falls ja, in welchem Rahmen?

Literaturverzeichnis

Literatur

Ahne, Matthias: Die Dienstleistungskonzession im Umfeld der Anschluss- und Benutzungszwänge, [ohne Ortsangabe] 2014.

Alber, Matthias u. a.: Beck'sches Steuer- und Bilanzrechtslexikon, 55. Auflage, München 2021.

Alber, Siegbert: Glücksspiele und Europarecht – Ausgewählte mitgliedstaatliche Glücksspielregelungen unter besonderer Berücksichtigung der Rechtsprechung des EuGH, Dissertation (eingereicht am 16.06.2016), zitiert nach der zuletzt am 01.08.2021 unter d-nb.info/1160523843/34 abgerufenen Fassung.

Alt, Ulrich/Benzinger, Michael/Deringer, Markus/Hansemann, Klaus/Noone, Thomas/Obermöller, Ulrich/Otto, Hans-Joachim/Pruß, Michael/Uhlenberg, Wilhelm/Weißleder, Jörg: Auslöser und Ursachen für die aktuelle Entwicklung des Marktes für Geldspielgeräte nach Novellierung der Spielverordnung im Jahre 2006 – Probleme und Lösungsvorschläge – Ein Positionspapier maßgeblich an der Überprüfung von Geldspielgeräten beteiligter öffentlich bestellter und vereidigter Sachverständiger, 18.04.2011, zuletzt abgerufen am 01.08.2021 unter https://www.spielsucht-forum.de/media/Positionspapier_%C3%B6buvSV.pdf.

American Gaming Association (AGA): Best Practices for Anti-Money Laundering Compliance 2019–2020, zuletzt abgerufen am 01.08.2021 unter https://www.americangaming.org/wp-content/uploads/2019/12/AGA-AML-Best-Practices_12-9.pdf.

Amt der Oberösterreichischen Landesregierung: Begutachtungsentwurf betreffend das Landesgesetz, mit dem das Oö. Glücksspielautomatengesetz und das Oö. Wettgesetz geändert werden, Stand: 4. Mai 2017, zuletzt abgerufen am 01.08.2021 unter https://www.land-oberoesterreich.gv.at/187347.htm.

Anker, Jens: Neun von zehn Spielhallen in Berlin verstoßen gegen Gesetze, Berliner Morgenpost vom 07.02.2013, zuletzt abgerufen am 01.08.2021 unter http://www.morgenpost.de/berlin-aktuell/article113466716/Neun-von-zehn-Spielhallen-in-Berlin-verstossen-gegen-Gesetze.html.

Arbeitsgruppe „Verschärfung der Zugangskontrollen zum Kleinen Spiel in Spielbanken": Bericht, zuletzt abgerufen am 01.08.2021 unter https://www.innenministerkonferenz.de/IMK/DE/termine/to-beschluesse/2004-07-08/anlage-15.pdf?__blob=publicationFile&v=2.

Assmann, Eberhard: Anerkennungsprobleme von Spielbankgewinnen bei der Geldverkehrsrechnung, StBp 1999, S. 35–41.

ders.: Steuerliche Anerkennung von Vermögenszuwächsen durch Spielbankgewinne – Anerkennungskriterien, Beweisprobleme, ZAP Fach 20, S. 321–328.

Badcock, James: Spanish man "won lottery eight times in 16 months", The Telegraph vom 11.03.2015, zuletzt abgerufen am 01.08.2021 unter http://www.telegraph.co.uk/news/worldnews/europe/spain/11454809/Spanish-man-won-lottery-eight-times-in-16-months.html.

Badkar, Mamta: How China's Filthy Rich Use Macau To Launder Their Money, Business Insider vom 11.11.2013, zuletzt abgerufen am 01.08.2021 unter http://www.businessinsider.com/how-people-use-macau-to-launder-money-2013-11?IR=T.

Bagot, Martin: Betting shops fear drug barons are laundering cash in gambling machines, Mirror vom 27.01.2016, zuletzt abgerufen am 01.08.2021 unter http://www.mirror.co.uk/news/uk-news/betting-shops-fear-drug-barons-7258011.

Bahr, Martin: Glücks- und Gewinnspielrecht – Eine Einführung in die wichtigsten rechtlichen Aspekte, 2. Aufl., Berlin 2007.

Balcerowiak, Rainer: Kasino-Kapitalismus, MieterEcho 352 (Januar 2012), zuletzt abgerufen am 01.08.2021 unter http://www.bmgev.de/mieterecho/archiv/2012/me-single/article/kasino-kapitalismus.html.

Ball, James/Davies, Harry: How China's Macau crackdown threatens big US casino moguls, The Guardian vom 23.04.2015, zuletzt abgerufen am 01.08.2021 unter https://www.theguardian.com/world/2015/apr/23/how-chinas-macau-crackdown-threatens-big-us-casino-moguls-sheldon-adelson.

Balmes, Frank: Rechtfertigungsdefizite der Vergnügungssteuer, BB 2012, S. 1259–1264.

Banks, James: Online Gambling and Crime – Causes, Controls and Controversies, Farnham (Surrey, UK)/Burlington (Vermont, USA) 2014.

Bardow, Dominik: Von Pferden lernen, Der Tagesspiegel vom 28.11.2009, zuletzt abgerufen am 01.08.2021 unter http://www.tagesspiegel.de/sport/wettmanipulation-von-pferden-lernen/1639776.html.

Bauch, Stephanie A.: Soziallotterien – Glücksspiel im Dienste des Gemeinwohls, Baden-Baden 2016.

Bauer, Hartmut/Kahl, Wolfgang: Europäische Unionsbürger als Träger von Deutschen-Grundrechten?, JZ 1995, S. 1077–1085.

Baumbach, Adolf (Begr.)/Hopt, Klaus J. (Bearb.) u. a.: Handelsgesetzbuch – mit GmbH & Co., Handelsklauseln, Bank- und Kapitalmarktrecht, Transportrecht (ohne Seerecht), 40. Aufl., München 2021.

Bausch, Olaf/Voller, Thomas: Geldwäsche-Compliance für Güterhändler, Wiesbaden 2014.

Beare, Margaret E./Schneider, Stephen: Money Laundering in Canada – Chasing Dirty and Dangerous Dollars, Toronto Buffalo London 2007.

Beck, Hans-Joachim/Daumke, Michael/Perbey, Uwe/Radeisen, Rolf-Rüdiger: Grundriss des deutschen Steuerrechts – Die wesentlichen Steuerarten, Verfahrensrecht, Internationales Steuerrecht, 7. Aufl., Berlin 2015.

Becker, Florian: Öffentliches und Privates Recht, NVwZ 2019, S. 1385–1392.

ders./Hilf, Juliane/Nolte, Martin/Uwer, Dirk: Glücksspielregulierung – Glücksspielstaatsvertrag und Nebengesetze, Köln 2017.

Becker, Konrad: Geldwäschebekämpfung in Kreditinstituten – Analyse der Rechtsrisiken für Bankmitarbeiter, Hamburg 2013.

Behrendt, Michael/Pletl, Steffen: Schlag gegen Glücksspielmafia, Berliner Morgenpost vom 26.09.2013, zuletzt abgerufen am 01.08.2021 unter http://www.morgenpost.de/printarchiv/berlin/article120394368/Schlag-gegen-Gluecksspiel-Mafia.html.

Berwanger, Jörg: Neuer Glücksspielstaatsvertrag – jetzt endlich ein gelungener Wurf?, NVwZ 2020, S. 916–920.

Bethge, Herbert: Die begrenzte Legitimation von „DDR-Lizenzen" für das Unternehmen von Glücksspielen in den alten Ländern, BayVBl 2008, S. 97–100.

ders.: Zur Grundrechtsträgerschaft gemischt-wirtschaftlicher Unternehmen, in: Organisation und Verfahren im sozialen Rechtsstaat – Festschrift für Friedrich E. Schnapp zum 70. Geburtstag, Berlin 2008, S. 3–14.

Biener, Bernhard: Spielbank Bad Homburg – Neues Jahr beginnt mit einem Neuanfang im Casino, Frankfurter Allgemeine Zeitung vom 30.12.2012, zuletzt abgerufen am 01.08.2021 unter http://www.faz.net/aktuell/rhein-main/spielbank-bad-homburg-neues-jahr-beginnt-mit-einem-neuanfang-im-casino-12010434.html.

BKA-FIU: Jahresberichte der Financial Intelligence Unit (FIU) Deutschland beim Bundeskriminalamt (BKA), zuletzt abgerufen am 01.08.2021 unter https://www.bka.de/DE/AktuelleInformationen/StatistikenLagebilder/Lagebilder/FinancialIntelligenceUnitDeutschland/financialintelligenceunitdeutschland_node.html.

Blümich (hrsg. von Heuermann, Bernd/Brandis Peter): Einkommenssteuergesetz, Körperschaftssteuergesetz, Gewerbesteuergesetz – Kommentar, 157. Aufl., München 2021.

Bockelmann, Ralf: Das Geldwäschegesetz – Zur Effizienz des GwG in der Praxis, Aachen 2001.

Bockwoldt, Gesine: Rechtmäßigkeit und Kostentragungspflicht polizeilichen Handelns, Stuttgart u. a. O. 2003.

von Bogdandy, Armin/Bast, Jürgen: Europäisches Verfassungsrecht – Theoretische und dogmatische Grundzüge, 2. Aufl., Berlin Heidelberg 2009.

Böhm, Roland: Das wachsame Auge am Roulettetisch, Eßlinger Zeitung vom 02.01.2017, zuletzt abgerufen am 01.08.2021 unter http://www.esslinger-zeitung.de/region/baden-wuerttemberg_artikel,-das-wachsame-auge-am-roulettetisch-_arid,2096692.html.

Bonath, Christine: Kopfrechnen am Casino-Tisch, tacker 1-2/2011, S. 11–13.

Böse, Martin: Aufsichtsrechtliche Vorermittlungen in der Grauzone zwischen Strafverfolgung und Gefahrenabwehr, ZStW 119 (2007), S. 848–886.

Bottermann, Christoph: Untersuchung zu den grundlegenden Problematiken des Geldwäschetatbestandes, auch in seinen Bezügen zum Geldwäschegesetz, Bochum 1994.

Bottke, Wilfried: Teleologie und Effektivität der Normen gegen Geldwäsche (Teil 2), wistra 1995, S. 121–130.

Brambusch, Jens: Wie Spielbanken Schwarzgeld waschen, Financial Times Deutschland v. 12.10.2009.

Braun, Frank: Die entschädigungslose Indienstnahme Privater am Beispiel der sog. Vorratsdatenspeicherung, K&R 2009, S. 386–391.

ders.: Die Finanzierung polizeilicher Aufgabenwahrnehmung im Lichte eines gewandelten Polizeiverständnisses, Stuttgart 2009.

Brian, Ilka/Frey, Tobias/Krais, Jürgen: Umsetzung der Fünften Geldwäsche-Richtlinie in Deutschland, CCZ 2019, S. 245–262.

Brüning, Christoph/Thomsen, Frederik: Das Online-Glücksspiel nach dem Glücksspiel-Staatsvertrag 2021, NVwZ 2021, S. 11–15.

Bülow, Peter: Wechselgesetz – Scheckgesetz – mit AGB-Sparkassen, AGB-Banken, AGB-Postbank und Scheckbedingungen – Kommentar, 5. Aufl., München 2013.

Bülte, Jens: Gesetzgebung zur Geldwäsche-Compliance als Vorbild oder abschreckendes Beispiel?, BB Die erste Seite 2016, Nr. 17.

Bultmann, Peter Friedrich: Dienstleistungskonzession und Dienstleistungsvertrag – warum kompliziert, wenn es auch einfach geht?, NVwZ 2011, S. 72–76.

Bundesministerium der Finanzen (BMF): Monatsbericht des BMF – Juni 2017, zuletzt abgerufen am 01.08.2021 unter http://www.bundesfinanzministerium.de/Content/DE/Downloads/Broschueren_Bestellservice/monatsbericht-juni-2017.html.

dass.: Hinweise des Bundesministeriums der Finanzen und der zuständigen Aufsichtsbehörden der Länder zum Umgang mit den Sondervorschriften zum Glücksspiel im Internet gem. § 9a, § 9b und § 9c GwG sowie den

Befreiungsanträgen nach § 16 Absatz 7 Geldwäschegesetz vom 11.06.2014, zuletzt abgerufen am 01.08.2021 unter https://www.anti-gw.de/gw-materialen/auslegungshinweise-1 > „Auslegungshinweise für Glücksspiele im Internet".

Bundesministerium für Finanzen Österreich (BMF Österreich): Auswirkungen des Glücksspielgesetzes 2010–2014 – Evaluierungsbericht des Bundesministers für Finanzen gemäß § 60 Abs. 25 Z 5 GSpG, November 2014, zuletzt abgerufen am 01.08.2021 unter https://www.parlament.gv.at/PAKT/VHG/XXV/III/III_00131/fname_380250.pdf.

dass.: Zweiter Bericht an den Nationalrat über eine betreiberunabhängige Spielerkarte, November 2014, zuletzt abgerufen am 01.08.2021 unter https://www.parlament.gv.at/PAKT/VHG/XXV/III/III_00132/fname_380246.pdf.

Bundeszentrale für gesundheitliche Aufklärung: Glücksspielverhalten und Glücksspielsucht in Deutschland – Ergebnisse des Surveys 2019 und Trends, BZgA-Forschungsbericht von Januar 2020, zuletzt abgerufen am 01.08.2021 https://www.bzga.de/fileadmin/user_upload/PDF/studien/BZgA-Forschungsbericht_Gluecksspielsurvey_2019.pdf.

Bunjes, Johann/Geist, Reinhold (Begr.): Umsatzsteuergesetz – Kommentar, 20. Aufl., München 2021.

Burgi, Martin: Die Dienstleistungskonzession ersten Grades – Verwaltungs- und kartellvergaberechtliche Fragen eines Privatisierungsmodells am Beispiel der Abwasserbeseitigung, Baden-Baden 2004.

Burr, Christian: Geldwäsche: eine Untersuchung zu § 261 StGB, Siegburg 1995.

Buschmann, Rafael: Müde Rebellen, Der Spiegel 19/2016, S. 60–61.

Bussmann, Kai: Dunkelfeldstudie über den Umfang der Geldwäsche in Deutschland und über die Geldwäscherisiken in einzelnen Wirtschaftssektoren – Zusammenfassung, August 2015, zuletzt abgerufen am 01.08.2021 unter https://www.schleswig-holstein.de/DE/Fachinhalte/M/marktueberwachung/Downloads/Geldwaesche/dunkelfeldstudie_geldwaesche_Dtld.pdf?__blob=publicationFile&v=1.

Butters, Ingo: Aufstieg am Spieltisch, Süddeutsche Zeitung vom 12.04.2003, zuletzt abgerufen am 01.08.2021 unter http://www.sueddeutsche.de/karriere/berufe-im-casino-aufstieg-am-spieltisch-1.559281.

Cabot, Anthony/Kelly, Joseph: Internet, Casinos and Money Laundering, JMLC Vol. 2 Iss. 2 (1998), S. 134–147.

Calliess, Christian/Ruffert, Matthias: EUV/AEUV – Das Verfassungsrecht der Europäischen Union mit Europäischer Grundrechtecharta – Kommentar, 5. Aufl., München 2016.

Casinos Austria AG/Österreichische Lotterien: Geschäftsbericht 2020, zuletzt abgerufen am 01.08.2021 unter https://www.casinos.at/de/casinos-austria/unternehmen/presse/publikationen.

Center for Gaming Research: Nevada Gaming Revenues, 1984–2020 – Calendar Year Revenues for Selected Reporting Areas, February 2021, zuletzt abgerufen am 27.07.2021 unter https://gaming.unlv.edu/reports/NV_1984_present.pdf.

Ciszewski, Simon: Glücksspielregulierung aus nationaler und gemeinschaftsrechtlicher Sicht am Beispiel des Staatsvertrags zum Glücksspielwesen in Deutschland (Glücksspielstaatsvertrag – GlüStV), Bonn 2009.

Cook, David: FOBTs debate: Money laundering issues are a new battleground, Gambling Insider vom 17.06.2016, zuletzt abgerufen am 01.08.2021 unter https://www.gamblinginsider.com/in-depth/2170/fobts-debate-money-laundering-issues-are-a-new-battleground.

Cullen, Kevin: US orders lottery to hold Bulger's winnings, Boston Globe vom 18.07.1995, zuletzt abgerufen am 01.08.2021 unter http://archive.boston.com/news/packages/whitey/globe_stories/1995/0718_us_orders_lottery_to_hold_bulger_s_winnings.htm.

Danda, Clemens: Geldwäscheprävention und Kundenidentifikation in der Kunstauktion, NJOZ 2021, S. 801–807.

Degenhart, Christoph: Spielhallen und Geldspielgeräte in der Kompetenzordnung des Grundgesetzes, Baden-Baden 2014.

Deiseroth, Dieter: Sportwetten vor dem Bundesverwaltungsgericht, DVBl 2013, S. 1545–1553.

De Sanctis, Fausto Martin: Football, Gambling, and Money Laundering – A Global Criminal Justice Perspective, Schweiz 2014.

Deselaers, Josef: Die Doppelfunktion der Rennvereine, AgrarR 1980, S. 325–328.

Deutsche Kreditwirtschaft: Auslegungs- und Anwendungshinweise der DK zur Verhinderung von Geldwäsche, Terrorismusfinanzierung und „sonstigen strafbaren Handlungen" vom 01.02.2014, zuletzt abgerufen am 01.08.2021 unter https://bankenverband.de/media/files/DK-Hinweise_Stand_01-02-2014.pdf.

Deutscher Galopp e. V.: Wollen wir wetten? – Dein Tutorial, zuletzt abgerufen am 01.08.2021 unter https://www.koeln-galopp.de/wp-content/uploads/2020/05/Wett-Tutorial.pdf.

Deutsche Steuer-Gewerkschaft (DSTG): Stellungnahme der Deutschen Steuer-Gewerkschaft zum Regierungsentwurf für ein Ergänzungsgesetz zum Geldwäschegesetz (GwGErgG) – BT-Drucksache 17/10745 vom 24.09.2012.

Deutschlandfunk: Manuskript zur Sendung vom 09.11.2007 (Dossier „Saubere Geschäfte – Geldwäscher und ihre Gegenspieler" von Gaby Mayr, DLF/WDR

2007), zuletzt abgerufen am 01.08.2021 unter http://www.deutschlandfunk.de/saubere-geschafte-geldwascher-und-ihre-gegenspieler.media.75530804dfa8bc141c93c9d22c307b45.pdf.

Dick, Wolfgang: Germany, a safe haven for money laundering, Deutsche Welle vom 30.10.2012, zuletzt abgerufen am 01.08.2021 unter http://www.dw.com/en/germany-a-safe-haven-for-money-laundering/a-16343313.

Dieckert, Ulrich: Videoüberwachung im Cashhandling, Security Point [Jahrgang unbekannt], S. 23–25, zuletzt abgerufen am 01.08.2021 unter http://dieckert.de/media/videoueberwachung_im_cashhandling.pdf.

Diegmann, Heinz/Hoffmann, Christof/Ohlmann, Wolfgang: Praxishandbuch für das gesamte Spielrecht, Stuttgart 2008.

Diergardt, Cornelia: Wiesbadener Spielbank verzeichnet mehr Umsatz und mehr Besucher, Wiesbadener Tageblatt vom 26.04.2017, zuletzt abgerufen am 01.08.2021 unter http://www.wiesbadener-tagblatt.de/lokales/wiesbaden/nachrichten-wiesbaden/wiesbadener-spielbank-verzeichnet-mehr-umsatz-und-mehr-besucher_17844043.htm.

Dietlein, Johannes/Hecker, Manfred/Ruttig, Markus: Glücksspielrecht – Glücksspielstaatsvertrag – §§ 33c ff. GewO – SpielV – RennwLottG – Kommentar, 2. Aufl., München 2013.

Direktorium für Vollblutzucht und Rennen: Rennordnung (RO) vom 1. März 1960 – In der Neufassung vom 1. Januar 1991 mit Änderungen bis Juni 2021 – Vorschriften für die Leistungsprüfungen der Vollblutzucht, zuletzt abgerufen am 01.08.2021 unter https://www.deutscher-galopp.de/gr/service/downloads/rennordnung/.

dass.: Stellungnahme vom 23.08.2012 gegenüber dem Landtag Nordrhein-Westfalen (Az. dort: 16/40), zuletzt abgerufen am 01.08.2021 unter https://www.landtag.nrw.de/portal/WWW/dokumentenarchiv/Dokument/MMST16-40.pdf.

Dohmen, Frank/Schießl, Michaela: NRW privatisiert seine Spielbanken – Wer wirklich vom Casino-Deal profitiert, Spiegel Online vom 03.07.2020, zuletzt abgerufen am 01.08.2021 unter https://www.spiegel.de/wirtschaft/unternehmen/nrw-privatisiert-spielbanken-wer-wirklich-vom-casino-deal-profitiert-a-00000000-0002-0001-0000-000171875120.

Dörn, Harald: Standard-Einwendungen bei Betriebs- oder Steuerfahndungsprüfungen, StBp 1997, S. 1–4.

dpa: Gauselmann-Gruppe übernimmt landeseigene Spielbanken in NRW, Die Zeit vom 21.07.2021, zuletzt abgerufen am 01.08.2021 unter https://www.zeit.de/news/2021-07/21/gauselmann-gruppe-uebernimmt-landeseigene-westspiel-casinos.

dies.: Westspiel-Verkauf: Jetzt noch drei Bieter im Rennen, Süddeutsche Zeitung vom 10.03.2021, zuletzt abgerufen am 01.08.2021 unter https://www.sueddeutsche.de/leben/gluecksspiele-duisburg-westspiel-verkauf-jetzt-noch-drei-bieter-im-rennen-dpa.urn-newsml-dpa-com-20090101-210310-99-761320.

dies.: Illegale Spielhalle stillgelegt: 29 Personen unter Verdacht, Westfälische Nachrichten vom 21.05.2021, zuletzt abgerufen am 01.08.2021 unter https://www.wn.de/nrw/illegale-spielhalle-stillgelegt-29-personen-unter-verdacht-1052838?pid=true.

dies.: 21 Konzessionen für Sportwetten erteilt, Die Zeit vom 22.01.2021, zuletzt abgerufen am 01.08.2021 unter https://www.zeit.de/news/2021-01/22/21-konzessionen-fuer-sportwetten-erteilt.

Dreier, Horst (Hrsg.): Grundgesetz – Kommentar – Band I – Präambel, Artikel 1–19, 3. Aufl., Tübingen 2013.

Drug Enforcement Administration (DEA): Black Mafia Family Members Sentenced to 30 Years, News Release vom 12.09.2008, zuletzt abgerufen am 01.08.2021 unter https://www.dea.gov/sites/default/files/divisions/det/2008/detroit091208ap.html.

Dziadkowski, Dieter: Zur Mehrfachbesteuerung von Glücksspielumsätzen in öffentlichen Spielbanken und privaten Spielhallen, BB 2015, S. 3094–3103.

ders.: Umsatzbesteuerung von Geldspielgeräten erneut auf dem Prüfstand des EuGH, UStB 2012, S. 356–361.

Eardley, Nick: "I lost £400k using High Street betting machines", BBC News vom 26.08.2015, zuletzt abgerufen am 01.08.2021 unter http://www.bbc.com/news/uk-33566034.

Ebenroth, Thomas Carsten (Begr.)/Boujong, Karlheinz (Begr.)/Joost, Detlev (Hrsg.)/Strohn, Lutz (Hrsg.): Handelsgesetzbuch – Band 2 – §§ 343–475 h – Transportrecht – Bank- und Börsenrecht, 4. Aufl., München 2020.

Eiding, Lutz/Hofmann-Hoeppel, Jochen (Hrsg.): Verwaltungsrecht – Schriftsatzmuster und Erläuterungen, Materielles Recht, Verfahrensrecht, 2. Aufl., Baden-Baden 2017.

Ennuschat, Jörg: Bekämpfung der Geldwäsche in Spielhallen, ZfWG 2016, S. 85–94.

ders.: Zur Vergabe von Spielbankenkonzessionen, ZfWG 2015, S. 78–84.

ders.: Konsistenz und Kohärenz im Glücksspielrecht, WRP 2014, S. 642–649.

ders./Güldner, Johannes: Der unionsrechtliche Rahmen für Glücksspiele, in: Gebhardt, Ihno/Korte, Stefan (Hrsg.): Glücksspiel – Ökonomie, Recht, Sucht, 2. Aufl., Berlin/Boston 2018, S. 205–245.

ders./Güldner, Johannes: Geldwäschebekämpfung im Glücksspielbereich – Erscheinungsformen, Rechtsrahmen und Instrumente, NWVBl 2015, S. 321–328.

ders./Wank, Rolf/Winkler, Daniela (Hrsg.): Gewerbeordnung – Kommentar, 9. Aufl., München 2020.

Epping, Volker/Hillgruber, Christian: Beck'scher Online-Kommentar Grundgesetz, 47. Aufl., München 2021.

Esch, Oliver: Öffentlicher Auftrag, Dienstleistungskonzession und mitwirkungsbedürftiger Verwaltungsakt, KSzW 2012, S. 152–161.

Europäische Kommission: Grünbuch Online-Glücksspiele im Binnenmarkt, KOM(2011) 128, zuletzt abgerufen am 01.08.2021 unter https://www.bundesgerichtshof.de/SharedDocs/Downloads/DE/Bibliothek/Gesetzesmaterialien/17_wp/geldwaescheergg/gruenbuch.pdf?__blob=publicationFile&v=1.

dies.: Directive of the European Parliament and of the Council on the award of Concession Contracts – Frequently Asked Questions, Memo vom 15.01.2014, zuletzt abgerufen am 01.08.2021 unter http://europa.eu/rapid/press-release_MEMO-14-19_en.htm.

dies.: Grünbuch zu öffentlich-privaten Partnerschaften und den gemeinschaftlichen Rechtsvorschriften für öffentliche Aufträge und Konzessionen vom 30.04.2004, KOM(2004) 327 endgültig, zuletzt abgerufen am 01.08.2021 unter http://eur-lex.europa.eu/legal-content/DE/TXT/PDF/?uri=CELEX:52004DC0327&from=DE.

dies.: Kommission legt Aktionsplan zum Online-Glücksspiel vor, Pressemitteilung vom 23.10.2012, IP/12/1135, zuletzt abgerufen am 01.08.2021 unter http://europa.eu/rapid/press-release_IP-12-1135_de.htm.

Europarat: Enlarged Partial Agreement on Sport (EPAS) – Draft Explanatory Report to the Council of Europe Draft Convention on the Manipulation of Sports Competitions, EPAS(2014) 13rev5 vom 03.03.2014, zuletzt abgerufen am 01.08.2021 unter https://rm.coe.int/168070b616.

FATF: 3rd Follow-Up Report Germany (voller Titel: 3rd Follow-Up Report – Mutual Evaluation of Germany) von Juni 2014, zuletzt abgerufen am 01.08.2021 unter http://www.fatf-gafi.org/media/fatf/documents/reports/mer/FUR-Germany-2014.pdf.

dies.: Guidance PEPs (voller Titel: FATF Guidance – Politically Exposed Persons (Recommendations 12 and 22)) von Juni 2013, zuletzt abgerufen am 01.08.2021 unter http://www.fatf-gafi.org/media/fatf/documents/recommendations/Guidance-PEP-Rec12-22.pdf.

dies.: FATF Guidance – National Money Laundering and Terrorist Financing Risk Assessment, Februar 2013, zuletzt abgerufen am 01.08.2021 unter http://

www.fatf-gafi.org/media/fatf/content/images/National_ML_TF_Risk_Assessment.pdf.

dies.: Recommendations (2012) (voller Titel: International Standards on Combating Money Laundering and the Financing of Terrorism & Proliferation – The FATF Recommendations) von Februar 2012 (aktualisiert im Oktober 2020), zuletzt abgerufen am 01.08.2021 unter http://www.fatf-gafi.org/media/fatf/documents/recommendations/pdfs/FATF%20Recommendations%202012.pdf.

dies.: Mutual Evaluation Report Germany (voller Titel: Mutual Evaluation Report – Anti-Money Laundering and Combating the Financing of Terrorism – Germany) vom 19.02.2010, zuletzt abgerufen am 01.08.2021 unter http://www.fatf-gafi.org/media/fatf/documents/reports/mer/MER%20Germany%20full.pdf.

dies.: Money Laundering through the Football Sector, Report von Juli 2009, zuletzt abgerufen am 01.08.2021 unter http://www.fatf-gafi.org/media/fatf/documents/reports/ML%20through%20the%20Football%20Sector.pdf.

dies.: Vulnerabilities of Casinos and Gaming Sector, Report von März 2009, zuletzt abgerufen am 01.08.2021 unter http://www.fatf-gafi.org/media/fatf/documents/reports/Vulnerabilities%20of%20Casinos%20and%20Gaming%20Sector.pdf.

dies.: RBA Guidance for Casinos vom 23.10.2008, zuletzt abgerufen am 01.08.2021 unter http://www.fatf-gafi.org/media/fatf/documents/reports/RBA%20for%20Casinos.pdf.

dies.: Annual Report 2004–2005 vom 10.06.2005, zuletzt abgerufen am 01.08.2021 unter http://www.fatf-gafi.org/media/fatf/documents/reports/2004%202005%20ENG.pdf.

dies.: Recommendations (2003) (voller Titel: The Forty Recommendations) vom 20.06.2003, zuletzt abgerufen am 01.08.2021 unter http://www.fatf-gafi.org/media/fatf/documents/recommendations/pdfs/FATF%20Recommendations%202003.pdf.

dies.: Annual Report 2001–2002 vom 21.06.2002, zuletzt abgerufen am 01.08.2021 unter http://www.fatf-gafi.org/media/fatf/documents/reports/2001%202002%20ENG.pdf.

dies.: Report (voller Titel: Report on Money Laundering Typologies 1999–2000) vom 03.02.2000, zuletzt abgerufen am 01.08.2021 unter http://www.apgml.org/fatf-and-fsrb/documents/default.aspx?s=date&c=5433ad41-3c44-4a43-86a2-256b5ad23720&pcPage=4 > „FATF Report on Money Laundering Typologies 1999–2000".

dies.: Recommendations (1990) (voller Titel: The Forty Recommendations of the Financial Action Task Force on Money Laundering – 1990), zuletzt abgerufen am 01.08.2021 unter http://www.fatf-gafi.org/media/fatf/documents/recommendations/pdfs/FATF%20Recommendations%201990.pdf.

Feltes, Thomas: Spielhallen. Kriminologische Risiken und Nebenwirkungen eines expandierenden Gewerbes, Holzkirchen/Obb. 2011.

Fiedler, Ingo: Glücksspiele – Eine verhaltens- und gesundheitsökonomische Analyse mit rechtspolitischen Empfehlungen, Frankfurt a. M. 2016.

Fiedler, Ingo: Evaluierung des Sperrsystems in deutschen Spielbanken, 2014, zuletzt abgerufen am 01.08.2021 unter https://www.bwl.uni-hamburg.de/irdw/dokumente/publikationen/evaluierung-von-sperrsystemen-in-spielbanken.pdf.

ders./Krumma, Isabel/Zanconato, Ulrich Andreas/McCarthy, Kilian/Reh, Eva: Das Geldwäscherisiko verschiedener Glücksspielarten, Studie vom 20.01.2016.

Financial Crimes Enforcement Network (FinCEN): Suspicious Activity Reporting in the Gaming Industry – Based on Filings of Suspicious Activity Reports by Casinos and Card Clubs from January 1, 2004, through June 30, 2011, März 2012, zuletzt abgerufen am 31.08.2020 unter https://www.fincen.gov/sites/default/files/shared/GamingIndustry508March2012.pdf (nicht mehr online verfügbar).

dass.: The SAR Activity Review – Trends, Tips & Issues, Issue 17 (Mai 2010), zuletzt abgerufen am 31.08.2020 unter https://www.fincen.gov/sites/default/files/shared/sar_tti_17.pdf (nicht mehr online verfügbar).

dass.: Guidance FIN-2008-G007, Issued: 01.08.2008, Subject: Recognizing Suspicious Activity – Red Flags for Casinos and Card Clubs, zuletzt abgerufen am 31.08.2020 unter https://www.fincen.gov/sites/default/files/guidance/fin-2008-g007.pdf (nicht mehr online verfügbar).

Fischer, Eva Susanne: Die Strafbarkeit von Mitarbeitern der Kreditinstitute wegen Geldwäsche, Frankfurt a. M. 2011.

Fitzgerald, Jim: Man Gets 24 Months in Horse Betting Scam, The Edwardsville Intelligencer vom 19.03.2003, zuletzt abgerufen am 01.08.2021 unter http://www.theintelligencer.com/news/article/Man-Gets-24-Months-in-Horse-Betting-Scam-10567845.php.

Frank, Andreas: Stellungnahme zur öffentlichen Anhörung der Sachverständigen zu dem „Entwurf eines Gesetzes zur Verbesserung der Bekämpfung von Geldwäsche und Steuerhinterziehung (Schwarzgeldbekämpfungsgesetz)" – Drucksache 17/4182 vom 21.02.2011.

Frenz, Walter: Handbuch Europarecht – Band 4 – Europäische Grundrechte, Berlin Heidelberg 2009.

Frey, James H.: Federal Involvement in U.S. Gaming Regulation, ANNALS AAPSS Vol. 556 (1998), S. 138–152.

Friauf, Karl Heinrich (Begr.)/Höfling, Wolfram (Hrsg.)/Augsberg, Steffen (Hrsg.)/Rixen, Stephan (Hrsg.): Berliner Kommentar zum Grundgesetz, Stand: Mai 2022 (Egl. Nr. 2/22), Berlin 2022.

Gambling Anti-Money Laundering Group (GAMLG): GAMLG's AML Risk Assessment for Licensed Betting Offices (LBOs) and Remote Gambling Industries, 2017, zuletzt abgerufen am 01.08.2021 unter https://bettingandgaming council.com/uploads/Downloads/GAMLG-Risk-Assessment.pdf.

Gambling Commission: The prevention of money laundering and combating the financing of terrorism – Guidance for remote and non-remote casinos, Fifth Edition (Revision 2), Februar 2021, zuletzt abgerufen am 01.08.2021 unter https://www.gamblingcommission.gov.uk/guidance/the-prevention-of-money-laundering-and-combating-the-financing-of-terrorism.

dies.: The money laundering and terrorist financing risks within the British gambling industry – Risk assessment, Dezember 2020, zuletzt abgerufen am 01.08.2021 unter https://assets.ctfassets.net/j16ev64qyf6l/1hA9tcIqe0F0AET dwaQM1U/4440bed7d59035a78cefca96a9326a66/Gambling_Commission_Risk_Assessment_2020_Final_version.pdf.

dies.: Supplementary Consultation – Extending the requirement to assess money laundering risk to non-remote lottery licence holders, Consultation von Mai 2016, zuletzt abgerufen am 31.08.2020 unter http://www.gamblingcom mission.gov.uk/PDF/consultations/Money-laundering-risk-for-non-remote-lotteries-consultation-May-2016.pdf (nicht mehr online verfügbar).

dies.: Paddy Power Holdings Ltd – Failures in anti-money laundering and social responsibility controls, Public statement von Februar 2016, zuletzt abgerufen am 31.08.2020 unter http://www.gamblingcommission.gov.uk/PDF/public-statements/Paddy-Power-public-statement-February-2016.pdf (nicht mehr online verfügbar).

Gazeas, Nikolaos: Das neue Geldwäsche-Strafrecht: Weitreichende Folgen für die Praxis, NJW 2021, S. 1041–1046.

Gebhardt, Ihno/Gohrke, Thomas: Spielbankenrecht, in: Gebhardt, Ihno/Korte, Stefan (Hrsg.): Glücksspiel – Ökonomie, Recht, Sucht, 2. Aufl., Berlin/Boston 2018, S. 457–504.

Gielen, Peter: Aus der Rechtsprechung des Bundesverwaltungsgerichts, JR 1995, S. 7–12.

Glücksspielaufsichtsbehörden der Länder: Jahresreport 2019 der Glücksspielaufsichtsbehörden der Länder – Der deutsche Glücksspielmarkt 2019 – Eine ökonomische Darstellung, Endgültige Fassung vom 26.11.2020, zuletzt abgerufen am 01.08.2021 unter https://gluecksspiel.uni-hohenheim.de/fileadmin/einrichtungen/gluecksspiel/Oekonomie/jahresreport_2019.pdf.

Goldhammer, Michael/Sieber, Ferdinand: Juristische Person und Grundrechtsschutz in Europa, JuS 2018, S. 22–27.

de Graaf, Gjalt/Kingma, Sytze/School, John/Zborowska, Natalia: Tricky business: The nature of integrity violations in Dutch casinos, JGI 26 (2011), S. 89–109.

Grabenwarter, Christoph (Hrsg.): Europäischer Grundrechteschutz, Baden-Baden 2014.

Grabitz, Eberhard (Begr.)/Hilf, Meinhard (fortgef.)/Nettesheim, Martin (Hrsg.): Das Recht der Europäischen Union: EUV/AEUV, 72. Aufl., München 2021.

Grabitz, Ileana: Der Staat verliert den Kampf gegen die Spielhalle, Welt.de vom 02.03.2013, zuletzt abgerufen am 01.08.2021 unter http://www.welt.de/wirtschaft/article114069214/Der-Staat-verliert-den-Kampf-gegen-die-Spielhalle.html.

Graf, Jürgen (Hrsg.): Beck'scher Online-Kommentar StPO mit RiStBV und MiStra, 39. Aufl., München 2021.

Greenberg, Theodore S./Gray, Larissa/Schantz, Delphine/Latham, Michael/Gardner, Carolin: Stolen Asset Recovery – Politically Exposed Persons – A Policy Paper on Strengthening Preventive Measures, Washington DC 2009, zuletzt abgerufen am 01.08.2021 unter https://www.un.org/ruleoflaw/files/Politically%20Exposed%20Persons%20A%20Policy%20Paper%20on%20Strengthening%20Preventive%20Measures.pdf.

von der Groeben, Hans/Schwarze, Jürgen/Hatje, Armin: Europäisches Unionsrecht – Vertrag über die Europäische Union – Vertrag über die Arbeitsweise der Europäischen Union – Charta der Grundrechte der Europäischen Union, 7. Aufl., Baden-Baden 2015.

Groth, Axel: Die Dienstleistungskonzession im europäischen Vergabe- und Beihilfenrecht, Frankfurt a. M. 2010.

Grube, Friederike: Anmerkung zu BFH 5. Senat, Urteil vom 22.04.2010 – V R 26/08, jurisPR-SteuerR 36/2010, Anm. 5.

Gstrein, Oskar Josef/Zeitzmann, Sebastian: Die „Åkerberg Fransson"-Entscheidung des EuGH – „Ne bis in idem" als Wegbereiter für einen effektiven Grundrechtsschutz in der EU?, ZEuS 2013, S. 239–260.

Güldner, Johannes: Das Glücksspielrecht Singapurs, ZfWG 2018, S. 108–113.

ders.: Das US-amerikanische Glücksspielrecht, ZfWG 2017, S. 115–121.

Haltern, Ulrich: Lotteriemonopol und Öffnung des Sportwettenmarktes – Teil 1, ZfWG 2011, S. 13–22.

Harnischmacher, Robert F. J.: Geldwäsche – Money Laundering, Die Kriminalpolizei 3/2009, S. 21–24.

Härtel, Robert/Klar, Herbert: Boom bei Spielhallen – Leichtes Spiel für Geldwäscher, Reihe ZDF Frontal21, Manuskript zur Sendung vom 16.08.2011.

Hartmann, Bernd J.: Sind Spielbanken und Spielhallen gleich zu behandeln?, in: Hartmann, Bernd J./Pieroth, Bodo: Spielbanken und Spielhallen zwischen Landes-, Bundes- und Unionsrecht – Zwei Rechtsgutachten, Baden-Baden 2013, S. 95–149.

Hartmann, Horst: Fehlbeträge sind oft selbstgemacht, Automatenmarkt, November 2006, zitiert nach der zuletzt am 01.08.2021 unter http://www.automatenmarkt.de/fileadmin/PDF_Heft/Artikel/2006/2006-11/03_Praxis/aerger_bei_Betriebspruefung_vermeiden__Fehlbetraege_sind_oft_se.pdf abgerufenen Fassung.

Haucap, Justus/Nolte, Martin/Stöver, Heino (Hrsg.): Faktenbasierte Evaluierung des Glücksspielstaatsvertrags, Köln 2017, zuletzt abgerufen am 01.08.2021 unter https://www.dshs-koeln.de/fileadmin/redaktion/Institute/Sportrecht/Dokumente/Faktenbasierte_Evaluierung_des_GlueStV.pdf.

Hebeler, Timo/Berg, Katharina: Die Grundrechte im Lichte der Digitalisierung – Teil II: Grundrechte zum Schutz persönlicher Daten, JA 2021, S. 617–623.

Hebestreit, Steffen: Die Lobby, die FDP und die Geldwäsche, Frankfurter Rundschau vom 28.09.2012, zuletzt abgerufen am 01.08.2021 unter https://www.fr.de/politik/lobby-geldwaesche-11330332.html.

He, Ping: A typological study on money laundering, JMLC 13 (2010), S. 15–32.

Hecker, Manfred: Gewinnsparlotterien im Spiegel der Evaluationspflicht nach § 4 Abs. 5 Nr. 4 GlüStV – Der berühmte Schuss mit der Kanone auf den Spatz?, ZfWG 2016, S. 327–328.

Heermann, Peter W./Schlingloff, Jochen: Münchener Kommentar zum Lauterkeitsrecht – Band 1: Grundlagen, 3. Aufl., München 2020.

von Heintschel-Heinegg, Bernd: Beck'scher Online-Kommentar Strafgesetzbuch, 50. Aufl., München 2021.

Herzog, Felix: Gläserne Konten – Big Brother is watching us, BB Die erste Seite 2002, Nr. 20.

ders./Achtelik, Olaf (Hrsg.): Geldwäschegesetz (GwG), 4. Aufl., München 2020.

ders./Hoch, Temba/Laustetter, Christian: „Schmutziges Geld“ und Geldwäsche im Fußballsport – Problemfelder und Prävention, SpuRt 2010, S. 90–94.

ders./Mülhausen, Dieter (Hrsg.): Geldwäschebekämpfung und Gewinnabschöpfung, München 2006.

Heselhaus, Sebastian M./Nowak, Carsten (Hrsg.): Handbuch der Europäischen Grundrechte, 2. Aufl., München 2020.

Hessen: Endbericht des Landes Hessen zur Evaluierung des Glücksspielstaatsvertrages, Endgültige Fassung vom 10.04.2017, zuletzt abgerufen am 01.08.2021 unter https://innen.hessen.de/sites/default/files/media/evaluierungsbericht_des_landes_hessen_zum_gluecksspielstaatsvertrag.pdf.

Hilf, Juliane/Umbach, Klaus: Rechtsprechungsübersicht zum Sportwettkonzessionsverfahren, ZfWG 2015, S. 197–201.

Hoeren, Thomas/Sieber, Ulrich/Holznagel, Bernd: Handbuch Multimedia-Recht – Rechtsfragen des elektronischen Geschäftsverkehrs, 56. Aufl., München 2021.

Hölscher, Reinhold/Gesmann-Nuissl, Dagmar/Hornbach, Christian: Systeme zur Geldwäschebekämpfung in der EU – Rechtsgrundlagen – Aufsichtsstrukturen – Risikomanagement, Berlin 2011.

Hoyer, Petra/Klos, Joachim: Regelungen zur Bekämpfung der Geldwäsche und ihre Anwendung in der Praxis – Geldwäschegesetz, Gesetz zur Verbesserung der Bekämpfung der Organisierten Kriminalität, internationale Regelungen, 2. Aufl., Bielefeld 1998.

Hübner, Michael: Geldwäschegesetz: Sparkasse verweigert Geldwechsel, Mitteldeutsche Zeitung vom 01.08.2013, zuletzt abgerufen am 01.08.2021 unter http://www.mz-web.de/wittenberg/geldwaeschegesetz-sparkasse-verweigert-geldwechsel-1734208.

Hufen, Friedhelm: Die Einschränkung des gewerblichen Geld-Gewinnspiels – Verfassungsrechtliche Maßstäbe und Grenzen, Baden-Baden 2012.

ders.: Verfassungsrechtliche Maßstäbe und Grenzen einer Einschränkung des gewerblichen Geld-Gewinnspiels (Thesen), in: Herrmann, Christoph/ders./Kauder, Siegfried/Koch, Susanne/Schneider, Hans-Peter/Uwer, Dirk: Neuordnung des Glücks- und Gewinnspielmarktes in Deutschland – Tagungsbericht, Thesen und Gutachten zum Juristischen Pressefachgespräch am 22. November 2011 im Bundespresseamt, Berlin, Wien – München 2012, S. 28–32.

International Gaming Institute (IGI): The Gaming Industry – Introduction and Perspectives, New York u. a. O. 1996.

IRIS/University of Salford/Cabinet Praxes-Avocats/CCLS: Sports Betting and Corruption – How to preserve the integrity of sport, zuletzt abgerufen am 01.08.2021 unter www.spordiinfo.ee/est/g22s355.

Isaacs, Matt: Special report: High-rollers, triads and a Las Vegas giant, Reuters vom 29.03.2010, zuletzt abgerufen am 01.08.2021 unter http://www.reuters.com/article/us-casinos-macau-sands/special-report-high-rollers-triads-and-a-las-vegas-giant-idUSTRE62S34020100329.

Isensee, Josef/Kirchhof, Paul (Hrsg.): Handbuch des Staatsrechts der Bundesrepublik Deutschland – Band VIII – Grundrechte: Wirtschaft, Verfahren, Gleichheit, 3. Aufl., Heidelberg 2010.

Iswaran, S.: Second Reading Speech by Mr. S. Iswaran, Minister in the Prime Minister's Office and Second Minister for Home Affairs and Trade & Industry, on the Casino Control (Amendment) Bill, in Parliament, on Thurday, 15 November 2012, zuletzt abgerufen am 01.08.2021 unter https://www.mti.gov.sg/Newsroom/Parliamentary-Replies/2012/11/Second-Reading-Speech-by-Second-Minister-S-Iswaran-on-the-Casino-Control-Amendment-Bill-in-Parliamen.

Janz, Norbert: Rechtsfragen der Vermittlung von Oddset-Wetten in Deutschland, NJW 2003, S. 1694–1701.

Jarass, Hans D.: Charta der Grundrechte der Europäischen Union unter Einbeziehung der vom EuGH entwickelten Grundrechte, der Grundrechtsregelungen der Verträge und der EMRK – Kommentar, 4. Aufl., München 2021.

ders.: Die Bindung der Mitgliedstaaten an die EU-Grundrechte, NVwZ 2012, S. 457–461.

ders. (Hrsg.)/Kment, Martin (Hrsg.)/Pieroth, Bodo (Begr.): Grundgesetz für die Bundesrepublik Deutschland – Kommentar, 16. Aufl., München 2020.

Jauernig, Othmar (aktueller Hrsg: Stürmer, Rolf): Bürgerliches Gesetzbuch, 18. Aufl., München 2021.

Jenssen, Martin: Betrug in der Spielbank: Finanzbeamte überlistet, Welt.de vom 08.12.2009, zuletzt abgerufen am 01.08.2021 unter https://www.welt.de/welt_print/vermischtes/hamburg/article5460616/Betrug-in-der-Spielbank-Finanzbeamte-ueberlistet.html.

Jessberger, Tobias: Zur Reichweite der Geltung von DDR-Verwaltungsakten, NJ 2007, S. 247–251.

Jochhelm, Tobias: Warum Menschen spielsüchtig werden, RP Online vom 21.08.2017, zuletzt abgerufen am 01.08.2021 unter http://www.rp-online.de/nrw/panorama/spielothek-warum-menschen-spielsuechtig-werden-aid-1.6989634.

Kahl, Wolfgang/Waldhoff, Christian/Walter, Christian: Bonner Kommentar zum Grundgesetz, 215. Aufl., Heidelberg 2022.

Kahlen, Hermann: Ungeklärte Vermögenszuwächse, PStR 1999, S. 74–76.

Kalb, Christian/Verschuuren, Pim: Money Laundering: the Latest Threat to Sports Betting?, Paris 2013.

Kämmerer, Jörn Axel: Privatisierung – Typologie – Determinanten – Rechtspraxis – Folgen, Tübingen 2001.

Kelly, Joseph M./Clayton, Mark: Money Laundering and Land-Based Casinos, GLRE Vol. 14 No. 4 (2010), S. 275–284.

Keng, Lau Kok/Wong, Cherrin: The Regulation of International Market Agents in Singapore, European Gaming Lawyer, Autumn Issue 2014, S. 32–35, zuletzt abgerufen am 01.08.2021 unter https://www.imgl.org/sites/default/files/media/regulationofinternationalmarketagenstinsingapore_laukokkeng-cherrinwong_eglfall2014.pdf.

Kern, Christine: Geldwäsche und organisierte Kriminalität, Regensburg 1993.

Kim, Jung-Eun Joyce: Sunrise, sunset? Comparing the Las Vegas and Macao gaming markets in 2010, UNLV Theses, Dissertations, Professional Papers, and Capstones (652), Dez. 2010, zuletzt abgerufen am 01.08.2021 unter http://digitalscholarship.unlv.edu/thesesdissertations/652/.

Kindhäuser, Urs/Neumann, Ulfrid/Paeffgen, Hans-Ullrich: Strafgesetzbuch – Band 3, 5. Aufl., Baden-Baden 2017.

Kirchhof, Ferdinand: Kooperation zwischen nationalen und europäischen Gerichten, EuR 2014, S. 267–276.

Klein, Franz (Begr. mit Gerd Orlopp): Abgabenordnung – einschließlich Steuerstrafrecht, 15. Aufl., München 2020.

Klesmann, Martin: Im Cottbuser Casino hingegen läuft das Geschäft – auch dank Geldwäsche: Spielbank Potsdam ohne Glück, Berliner Zeitung vom 04.01.2003, zuletzt abgerufen am 31.03.2018 unter http://www.berliner-zeitung.de/im-cottbuser-casino-hingegen-laeuft-das-geschaeft--auch-dank-geldwaesche-spielbank-potsdam-ohne-glueck-16628770 (nicht mehr online verfügbar).

Klippl, Irene: Geldwäscherei, Wien 1994.

Koch, Susanne: Belastungskumulation im Spielhallenrecht – Ein Überblick über die aktuellen Rahmenbedingungen des gewerblichen Geldspiels und die daraus resultierende verfassungswidrige Belastungskumulation, ZfWG 2015, S. 325–330.

Koenig, Christian: Der Gesetzesentwurf zur Umsetzung der Vierten EU-Geldwäscherichtlinie in Bezug auf grenzüberschreitende Glücksspieldienstleistungen – Das Herkunftslandprinzip und seine praktische Überwachungswirksamkeit, ZfWG 2017, S. 214–221.

Körner, Harald Hans/Dach, Eberhard: Geldwäsche – Ein Leitfaden zum geltenden Recht, München 1994.

Körner, Harald Hans (Begr.)/Patzak, Jörn (fortgef.)/Volkmer, Mathias: Betäubungsmittelgesetz, 9. Aufl., München 2019.

Kraetzer, Ulrich: In Berlin werden fünf Millionen Euro gewaschen, Berliner Morgenpost vom 06.03.2015, zuletzt abgerufen am 01.08.2021 unter http://

www.morgenpost.de/berlin/article138123891/In-Berlin-werden-fuenf-Millionen-Euro-gewaschen.html.

Kraft, Cornelia/Kraft, Gerhard: Grundlagen der Unternehmensbesteuerung – Die wichtigsten Steuerarten und ihr Zusammenwirken, 5. Aufl., Wiesbaden 2018.

Krech, Joachim: Geldwäsche und Spielbanken – Missbrauchsmöglichkeiten und Präventionsmaßnahmen, Kriminalistik 2005, S. 92–95.

Krewer, Norbert: Teilliberalisierung des Sportwettenbereichs gescheitert? – Anmerkung zu VGH Hessen, Beschl. v. 16.10.2015 – 8 B 1028/15, ZfWG 2015, S. 485–487.

ders.: „Kleines Glücksspiel" in Österreich, ZfWG 2010, S. 400–407.

Krüper, Julian: Bestandsschutz und Konzeptpflichten bei der Neuordnung des Spielhallenmarktes – Zur Umsetzung der Mindestabstände nach § 25 Abs. 1 GlüStV, ZfWG 2016, S. 390–399.

Kube, Hanno/Schütze, Marc: Die Kosten der TK-Überwachung – Zum Ausgleich einer staatlichen Inpflichtnahme, CR 2003, S. 663–671.

Kühling, Jürgen/Buchner, Benedikt: Datenschutz-Grundverordnung – BDSG – Kommentar, 3. Aufl., München 2020.

Lackner, Karl (fortgef.)/Kühl, Kristian (Bearb.): Strafgesetzbuch – Kommentar, 29. Aufl., München 2018.

Lampe, Ernst-Joachim: Der neue Tatbestand der Geldwäsche (§ 261 StGB), JZ 1994, S. 123–132.

Landesverbände Schleswig-Holstein von CDU, Bündnis 90/Die Grünen und FDP: Koalitionsvertrag für die 19. Wahlperiode des Schleswig-Holsteinischen Landtages (2017–2022), zuletzt abgerufen am 01.08.2021 unter http://www.schleswig-holstein.de/DE/Landesregierung/_documents/koalitionsvertrag2017_2022.pdf?__blob=publicationFile&v=2.

Landmann/Rohmer: Gewerbeordnung und ergänzende Vorschriften, 85. Aufl., München 2020.

Leber, Sebastian: Senat tut sich schwer mit der Schließung von Casinos, Der Tagesspiegel vom 01.12.2016, zuletzt abgerufen am 01.08.2021 unter http://www.tagesspiegel.de/berlin/spielhallen-in-berlin-senat-tut-sich-schwer-mit-der-schliessung-von-casinos/14921600.html.

Lee Kuan Yew School of Public Policy: Managing the Sin in Singapore's Casinos, 2014, zuletzt abgerufen am 01.08.2021 unter https://lkyspp.nus.edu.sg/docs/default-source/case-studies/20140814-managing-the-sin-in-singapores-casinos.pdf?sfvrsn=5138960b_2.

Leersch, Hans-Jürgen: Geldwaschmaschine läuft, Das Parlament vom 24.10.2011 (Nr. 43), zuletzt abgerufen am 01.08.2021 unter http://www.das-parlament.de/2011/43/WirtschaftFinanzen/36236593-315760.

Leidenmühler, Franz: Rechtsgutachten zur Frage der Zulässigkeit des Betriebs von Pokerspielsalons vor dem Hintergrund der Grundfreiheiten des Unionsrechts – erstellt im Auftrag der Concord Card Casino Gruppe (CCC), Rechtsgutachten v. 17.06.2021, zuletzt abgerufen am 01.08.2021 unter https://www.ccc.co.at/downloads/Gutachten_Poker_Leidenmuehler.pdf.

Leip, Carsten: Der Straftatbestand der Geldwäsche – Zur Auslegung des § 261 StGB, Berlin 1995.

Leong, Angela Veng Mei: Macau Casinos and Organised Crime, JMLC Vol. 7 Iss. 4 (2004), S. 298–307.

Leong, Grace: Genting Singapore dissolves Macau unit, The Straits Times vom 29.04.2016, zuletzt abgerufen am 01.08.2021 unter http://www.straitstimes.com/business/companies-markets/genting-singapore-dissolves-macau-unit.

Levi, Michael: E-gaming, money laundering and the problem of risk assessment, in: Unger, Brigitte/van der Linde, Daan (Hrsg.): Research Handbook on Money Laundering, Cheltenham (Gloucestershire, UK)/Northampton (Massachusetts, USA) 2013, S. 332–345.

Liang, Tan Sin: The Vulnerability of Casinos to Money Laundering, Law Gazette 2010/11 Feature 1, zuletzt abgerufen am 01.08.2021 unter http://v1.lawgazette.com.sg/2010-11/feature1.htm.

Liebgott, Wendelin: Sportwettenvermittlung – das Finanzamt will es endlich wissen…, UR 2015, S. 160–165.

Lisken, Hans/Denninger, Erhard (Hrsg.): Handbuch des Polizeirechts, 3. Aufl., München 2001 (zitierte Passagen in neueren Auflagen nicht mehr vorhanden).

LKA NRW: Finanzermittlungen – Lagebilder für NRW (zitiert für 2016, 2018 und 2019), zuletzt abgerufen am 01.08.2021 unter https://polizei.nrw/artikel/lagebild-finanzermittlungen.

dass.: Clankriminalität – Lagebilder für NRW 2018 und 2019, zuletzt abgerufen am 01.08.2021 unter https://polizei.nrw/artikel/lagebild-clankriminalitaet.

Lörler, Sighart: Zur Rechtswirksamkeit von Buchmachersportwettlizenzen der ehemaligen DDR, LKV 2009, S. 442–448.

Lüder, Tobias: Der Dritte Glücksspieländerungsstaatsvertrag, NVwZ 2020, S. 190–195.

Ludwigs, Markus/Friedmann, Carolin: Die Grundrechtsberechtigung staatlich beherrschter Unternehmen und juristischer Personen des öffentlichen Rechts, NVwZ 2018, S. 22–28.

Lügermann, Johanna: Großer Teil der Spielhallen vor dem Aus, Neue Osnabrücker Zeitung vom 18.04.2016, zuletzt abgerufen am 01.08.2021 unter https://www.noz.de/deutschland-welt/wirtschaft/artikel/698306/grosser-teil-der-spielhallen-vor-dem-aus.

Lukat, Meike: Spiel ohne Grenzen – Geldwäschegesetz & Co chancenlos im Sportwettbüro!? – Möglichkeiten der Zielerreichung Kriminalprävention, Beiträge zum Glücksspielwesen 1/2016, S. 10–12.

MacNamee, Garreth: Race fixing and money laundering: How the horse racing industry fights back against criminal cartels, TheJournal.ie vom 23.07.2017, zuletzt abgerufen am 01.08.2021 unter http://www.thejournal.ie/horseracing-crime-gangland-3500986-Jul2017.

Magaw, Edward: Suspicious Activity Reporting and Casinos: The Life and Death of Nevada's Regulation of Casino Suspicious Activity Reporting, GLRE Vol. 7 No. 6 (2003), S. 427–443.

Mainelli, Michael/Dibb, Sam: Betting on the Future: Online Gambling goes mainstream financial, Veröffentlichung des Centre for the Study of Financial Innovation (CSFI) und des New York CSFI, 2004.

Makswit, Jesko-Alexander: Auswirkungen des Föderalismus im Glücksspielrecht, Berlin 2015.

ders.: Unionsrechtliches Kohärenzgebot und das deutsche Glücksspielrecht – Ein (un)lösbarer Widerspruch?, ZfWG 2014, S. 169–174.

Maloy, Bruce: Extraterritorial Application of United States Criminal Statutes to the Gaming Industry, GLRE Vol. 1 No. 4 (1997), S. 491–500.

Manger-Nestler, Cornelia/Noack, Gregor: Europäische Grundfreiheiten und Grundrechte, JuS 2013, S. 503–507.

von Mangoldt, Hermann (Begr.)/Klein, Friedrich (fortgef.)/Starck, Christian (fortgef.)/Huber, Peter M. (Hrsg.)/Voßkuhle, Andreas (Hrsg.): Grundgesetz – Band 2 – Artikel 20–82 – Kommentar, 7. Aufl., München 2018.

Manssen, Gerrit: Das Telekommunikationsgesetz (TKG) als Herausforderung für die Verfassungs- und Verwaltungsrechtsdogmatik, Archiv PT 1998, S. 236–242.

Maunz, Theodor/Dürig, Günter (Begr.): Grundgesetz – Kommentar, 94. Aufl., München 2021.

Mayer, Christian A./Luther, Katharina: Eine Leitentscheidung zum neuen GlüStV? Hoffentlich nicht. – Anmerkung zu OVG NRW, Urteil v. 25.02.2014 – 13 A 2018/11 –, ZfWG 2014, S. 190–193.

McAfee: Jackpot! Money Laundering Through Online Gambling, McAfee Labs White Paper von 2014.

Menn, Joseph: Insight: Nevada struggles with dark side of Macau casinos' growth, Reuters vom 24.10.2012, zuletzt abgerufen am 01.08.2021 unter http://www.reuters.com/article/us-casinos-vegas-regulators/insight-nevada-struggles-with-dark-side-of-macau-casinos-growth-idUSBRE89N07G20121024.

Merten, Detlef/Papier, Hans-Jürgen: Handbuch der Grundrechte in Deutschland und Europa – Band II – Grundrechte in Deutschland: Allgemeine Lehren I, Heidelberg 2006; Band VI/2 – Europäische Grundrechte II – Universelle Menschenrechte, Heidelberg 2009.

Meyer, Christian/Rumpf, Hans-Jürgen/Kreuzer, Anja/de Brito, Susana/Glorius, Sonja/Jeske, Christine/Kastirke, Nadin/Porz, Sarah/Schön, Daniela/Westram, Anja/Klinger, Diana/Goeze, Christian/Bischof, Gallus/John, Ulrich: Pathologisches Glücksspielen und Epidemiologie (PAGE): Entstehung, Komorbidität, Remission und Behandlung – Endbericht, Greifswald und Lübeck, 29.03.2011, zuletzt abgerufen am 01.08.2021 unter http://www.jogoremoto.pt/docs/extra/FooxpP.pdf.

Meyer, Gerhard/Häfeli, Jörg/Mörsen, Chantal/Fiebig, Marisa: Die Einschätzung des Gefährdungspotentials von Glücksspielen – Ergebnisse einer Delphi-Studie und empirischen Validierung der Beurteilungsmerkmale, SUCHT 56,6 (2010), S. 405–414.

Meyer, Jürgen/Hölscheidt, Sven (Hrsg.): Charta der Grundrechte der Europäischen Union, 5. Aufl., Baden-Baden 2019.

Michl, Walther: Das Kohärenzkriterium in der Rechtsprechung des Europäischen Gerichtshofs, ZfWG 2016, S. 110–115.

Miebach, Klaus: Die freie richterliche Beweiswürdigung in der neueren Rechtsprechung des BGH, NStZ 2021, S. 403–412.

Milbradt, Friederike: Deutschlandkarte – Pferderennbahnen, Zeit-Magazin vom 27.04.2016, zuletzt abgerufen am 01.08.2021 unter http://www.zeit.de/zeit-magazin/2016/16/pferderennbahn-galopprennbahn-trabrennbahn-deutschlandkarte.

Mills, John: The Money Laundering Control Act and Proposed Amendments: Its Impact on the Casino Industry, JGS Vol. 7 Iss. 4 (1991), S. 301–312.

Ministerium für Inneres und Sport Mecklenburg-Vorpommern: Ausschreibung einer Spielbankerlaubnis für das Land Mecklenburg-Vorpommern – Informationen zum Ausschreibungsverfahren (Materialien zur Ausschreibung mit der TED-Nr. 2015/S 108-196331).

Mintas, Laila: Geringe „Geldwäsche“-Anfälligkeit des deutschen Online-Sportwettenmarktes, CaS 2013, S. 199–206.

Moser-Knierim, Antonie: Vorratsdatenspeicherung – Zwischen Überwachungsstaat und Terrorabwehr, Wiesbaden 2014.

Mulke, Wolfgang: Geldwäsche mit manipulierten Spielautomaten, Badische Zeitung vom 29.06.2012, zuletzt abgerufen am 01.08.2021 unter http://www.badische-zeitung.de/wirtschaft-3/geldwaesche-mit-manipulierten-spielautomaten--61121767.html.

Müller, Hermann: Öffentlich-rechtliche Dienstleistungskonzessionen künftig ein Beschaffungsvorgang?, NVwZ 2016, S. 266–270.

Müller, Kai W./Dreier, Michael/Duven, Eva/Giralt, Sebastian/Beutel, Manfred E./Wölfling, Klaus: Abschlussbericht zur Studie Konsum von Glücksspielen bei Kindern und Jugendlichen: Verbreitung und Prävention im Auftrag des Ministeriums für Gesundheit, Emanzipation, Pflege und Alter des Landes Nordrhein-Westfalen, zuletzt abgerufen am 01.08.2021 unter https://www.mags.nrw/sites/default/files/asset/document/gluecksspiel_abschlussbericht.pdf.

Müller, Maximilian: Neufassung des Geldwäschetatbestands – Der „all-crimes-approach", NJW-Spezial 2021, S. 312.

von Münch, Ingo (Begr.)/Kunig, Philip (Begr.)/Kämmerer, Jörn Axel (Hrsg.)/Kotzur, Markus (Hrsg.): Grundgesetz – Kommentar – Band 1: Präambel bis Art. 69, 7. Aufl., München 2021.

Murphy, Christopher: „Come in Spinner" – Money Laundering in the Australian Casino Industry, Freiburg i. Br./Berlin 2014.

Murphy, Jean-Ann: The Lottery and Money Laundering – A Match Made in Heaven, Acams Today vom 01.12.2011, zuletzt abgerufen am 01.08.2021 unter https://www.acamstoday.org/lottery-and-money-laundering-a-match-made-in-heaven.

Neuheuser, Stephan: Die Strafbarkeit des Geldwäschebeauftragten wegen Geldwäsche durch Unterlassen bei Nichtmelden eines Verdachtsfalles gemäß § 11 Abs. 1 GwG, NZWiSt 2015, S. 241–245.

Nübel, Rainer/Schütz, Hans Peter: Illegale Finanzgeschäfte – Warum Geldwäscher Deutschland mögen, Stern v. 14.08.2009, zuletzt abgerufen am 01.08.2021 unter http://www.stern.de/politik/deutschland/illegale-finanzgeschaefte-warum-geldwaescher-deutschland-moegen-3535466.html.

dies.: Lasche Geldwäsche-Bekämpfung – Strafanzeige gegen Ministerpräsident Oettinger, Stern v. 10.09.2009, zuletzt abgerufen am 01.08.2021 unter http://www.stern.de/politik/deutschland/lasche-geldwaesche-bekaempfung-strafanzeige-gegen-ministerpraesident-oettinger-3530792.html.

Oberste Glücksspielaufsichtsbehörden der Länder: Auslegungs- und Anwendungshinweise zum Geldwäschegesetz (GwG) für Veranstalter und Vermittler von Glücksspielen (Verpflichtete nach § 2 Absatz 1 Nummer 15 GwG) – Gemeinsame Hinweise der Obersten Glücksspielaufsichtsbehörden der Länder gemäß § 51 Absatz 8 GwG, November 2020, zuletzt abgerufen am 01.08.2021 unter https://www.lds.sachsen.de/geldwaesche/?ID=16470&art_param=847.

ODDSET Sportwetten GmbH: Wettanleitung ODDSET – Die Sportwette, Nov. 2019, zuletzt abgerufen am 01.08.2021 unter https://fanzone.oddset.de/wp-content/uploads/2020/01/191121_ODDSET_Wettanleitung_Einzelseite.pdf.

Oebbecke, Janbernd: Das neue Glücksspielrecht und das Aufkommen der Vergnügungsteuer – Eine Untersuchung am Beispiel Nordrhein-Westfalen, Gemeindehaushalt 2015, S. 1–6.

Ohne Verf.: Nachrichten aus der EU, WzS 2017, S. 119–121.

Ohne Verf.: What do new approvals of junket licenses mean for Singapore casinos?, Singapore Business Review, April 2012, S. 23, zuletzt abgerufen am 01.08.2021 unter https://sbr.com.sg/leisure-entertainment/exclusive/what-do-new-approvals-junket-licenses-mean-singapore-casinos.

Ohne Verf.: Hinterziehung bei Automatenaufstellern und Spielhallenbetreibern, PStR 2000, S. 183–187.

Ohne Verf.: Was in Hannover alles möglich war, Der Spiegel vom 04.07.1988 (Nr. 27), S. 68–75.

Opitz, Marc: Die Zukunft der Dienstleistungskonzession, NVwZ 2014, S. 753–760.

Oswald, Günther: Casinos Austria bleibt Konkurrenz erspart, Der Standard vom 15.09.2017, S. 20 (abrufbar mit Stand 01.08.2021 auch unter https://www.derstandard.at/story/2000064083148/casinos-austria-bleibt-konkurrenz-erspart).

Paal, Boris P./Pauly, Daniel A.: Datenschutz-Grundverordnung – Bundesdatenschutzgesetz, 3. Aufl., München 2021.

Papier, Hans-Jürgen: Staatliche Monopole und Berufsfreiheit – dargestellt am Beispiel der Spielbanken, in: Verfassungsstaatlichkeit – Festschrift für Klaus Stern zum 65. Geburtstag, München 1997, S. 543–565.

Pari Mutuel Europe (EPMA): EPMA contribution to the Supranational Risk Assessment SNRA – Anti-Money Laundering requirements, April 2016, zuletzt abgerufen am 01.08.2021 unter http://www.parimutuel-europe.org/Download/AML-RiskPaper_EPMA_April2016_Final.pdf.

Parry, Wayne: New Jersey lets MGM keep half of Borgata casino, Las Vegas Sun vom 10.09.2014, zuletzt abgerufen am 01.08.2021 unter https://lasvegassun.com/news/2014/sep/10/new-jersey-lets-mgm-keep-half-borgata-casino.

Pechstein, Matthias/Nowak, Carsten/Häde, Ulrich (Hrsg.): Frankfurter Kommentar zu EUV, GRC und AEUV – Band I – EUV und GRC, Tübingen 2017; Band II – AEUV – Präambel, Artikel 1–100, Tübingen 2017.

Perron, Walter: Sportwettbetrug und Manipulation von berufssportlichen Wettbewerben (§§ 265c–265e StGB) – gelungene Gesetzgebung oder überflüssiges Strafrecht?, JuS 2020, S. 809–815.

Philander, Kahlil/Bernhard, Bo: Informing the Public Debate: Academic Research on Crime and Casinos, UNLV International Gaming Institute, Report von Dezember 2012, zuletzt abgerufen am 01.08.2021 unter https://www.unlv.edu/sites/default/files/24/InformingThePublicDebate-Crime&Casinos.pdf.

Pielow, Johann-Christian (Hrsg.): Beck'scher Online-Kommentar Gewerbeordnung, 54. Aufl., München 2021.

Pieroth, Bodo unter Mitarbeit von Frederike Kolbe: Kapriolen des Föderalismus. Die Entwicklung des Spielhallenrechts seit der Grundgesetzänderung von 2006, in: Hartmann, Bernd J./Pieroth, Bodo: Spielbanken und Spielhallen zwischen Landes-, Bundes- und Unionsrecht – Zwei Rechtsgutachten, Baden-Baden 2013, S. 9–94.

Pieroth, Bodo/Störmer, Rainer: Rechtliche Maßstäbe für die normative und administrative Zulassung von Spielbanken, GewArch 1998, S. 177–193.

Polster, Julian/Kokew, Christian: Die Vergabe von Dienstleistungskonzessionen, KSzW 2012, S. 144–151.

Pontell, Henry N./Fang, Quan/Geis, Gilbert: Economic Crime and Casinos: China's Wager on Macau, Asian Criminology Vol. 9 (2014), S. 1–13.

Poschmann, Thomas: Grundrechtsschutz gemischt-wirtschaftlicher Unternehmen – Ein Beitrag zur Bestimmung des personalen Geltungsbereichs der Grundrechte unter besonderer Berücksichtigung der Privatisierung öffentlicher Aufgaben, Regensburg 2000.

Prieß, Hans-Joachim/Stein, Roland: Die neue EU-Konzessionsvergaberichtlinie, VergabeR 2014, S. 499–512.

Prinz, Ulrich/Kahle, Holger (Hrsg.): Beck'sches Handbuch der Personengesellschaften – Gesellschaftsrecht – Steuerrecht, 5. Aufl., München 2020.

Rademacher, Ludwig: Geldwäsche – 340 000 Mark in der Plastiktüte, Focus vom 19.09.1994 (Nr. 38), S. 60.

Ramesh, Randeep: The gambling machines helping drug dealers "turn dirty money clean", The Guardian vom 08.11.2013, zuletzt abgerufen am 01.08.2021 unter http://www.theguardian.com/uk-news/2013/nov/08/gambling-machines-drug-money-laundering-bookies.

ders.: Bookmaker Coral rebuked by regulator over money launderer, The Guardian vom 07.10.2013, zuletzt abgerufen am 01.08.2021 unter http://

www.theguardian.com/society/2013/oct/07/bookmaker-coral-gambling-commission-money-launderer.

Raue, Peter/Roegele, Peter: Kunstvolle Geldwäsche?, ZRP 2019, S. 196–200.

Rechnungshof Österreich: Bericht des Rechnungshofes – Vergabe der Glücksspielkonzessionen des Bundes, 2016/17, zuletzt abgerufen am 01.08.2021 unter https://www.rechnungshof.gv.at/rh/home/home/Vergabe_der_Glueckspielkonzessionen_des_Bundes.pdf.

Reeckmann, Martin: Glücksspiel im Fokus des neuen Geldwäschegesetzes: Wer ist verpflichtet, was muss er tun?, ZfWG 2018, S. 15–21.

ders.: Umsatzsteuer, Spielbankabgabe und Vergnügungssteuer – Ein Lehrstück in sechs Akten – Anmerkung zu EuGH, Urteil vom 24.10.2013, Rs. C-440/12 – *Metropol*, ZfWG 2014, 17 ff., ZfWG 2014, S. 13–16.

Regierungspräsidium Darmstadt: Mindestanforderungen für die Erlaubnis zur Veranstaltung von Sportwetten im Internet und/oder stationär und/oder im Eigenvertrieb, Stand 16.07.2021, zuletzt abgerufen am 01.08.2021 unter https://rp-darmstadt.hessen.de/sicherheit/gl%C3%BCcksspiel/sportwetten > „Mindestanforderungen Sportwetten".

dass.: White List aller Veranstalter von Sportwetten mit einer gültigen Sportwettkonzession, Stand 05.07.2021, zuletzt abgerufen am 01.08.2021 unter https://rp-darmstadt.hessen.de/sicherheit/gl%C3%BCcksspiel/sportwetten > „White List Sportwetten".

dass.: White List der an OASIS GlüStV angeschlossenen Glücksspielanbieter nach Glücksspielstaatsvertrag, Stand: 09.06.2021, zuletzt abgerufen am 01.08.2021 unter https://rp-darmstadt.hessen.de/sites/rp-darmstadt.hessen.de/files/White%20List%20der%20an%20OASIS%20Gl%C3%BCStV%20angeschlossenen%20Gl%C3%BCcksspielanbieter%20nach%20Gl%C3%BCStV.pdf.

Reinke, Stefan: Pferdewetten – Spannung und Suchtrisiko, Westfälische Rundschau vom 04.07.2014, zuletzt abgerufen am 01.08.2021 unter https://www.wr.de/staedte/dortmund/pferdewetten-spannung-und-suchtrisiko-id9546754.html.

Richards, James R.: Transnational Criminal Organizations, Cybercrime, and Money Laundering – A Handbook for Law Enforcement Officers, Auditors, and Financial Investigators, Boca Raton (Florida) 1999.

Richey, Warren: Officials: Drug Cash Laundered Via Lottery – 3 Charged In Scheme Using Winning Tickets, Sun Sentinel vom 12.07.1996, zuletzt abgerufen am 31.03.2018 unter http://articles.sun-sentinel.com/1996-07-12/news/9607110636_1_lottery-winners-florida-lottery-lottery-ticket (nicht mehr online verfügbar).

Risch, Ben Michael: Die Besteuerung von Sportwetten durch eine Wettaufwandsteuer, KommJur 2018, S. 361–365.

Rogers, Julian: Macau junkets: A broken model?, Gambling Insider vom 09.03.2016, zuletzt abgerufen am 01.08.2021 unter https://www.gamblinginsider.com/in-depth/1874/macau-junkets-a-broken-model.

Römermann, Volker (Hrsg.): Münchener Anwaltshandbuch GmbH-Recht, 4. Aufl., München 2018.

Rose, Nelson I.: Does Macau Create Legal Risks for American Operators?, GLRE Vol. 14 No. 6 (2010), S. 457–462.

Rose, Gerd/Glorius-Rose, Cornelia: Von der Umsatzsteuer zur Spieleinsatzsteuer?, UR 2002, S. 406–412.

Rossi, Ivana/Pop, Laura/Clementucci, Francesco/Sawaqed, Lina: Using Asset Disclosure for Identifying Politically Exposed Persons, 2012, zuletzt abgerufen am 01.08.2021 unter https://www.worldbank.org/en/topic/financialsector/publication/asset-disclosure.

Rost, Christian: Vermeintlicher Lottogewinner wird zum Geldwäscher, Süddeutsche Zeitung vom 06.03.2015, zuletzt abgerufen am 01.08.2021 unter http://www.sueddeutsche.de/muenchen/betrug-per-e-mail-vermeintlicher-lottogewinner-wird-zum-geldwaescher-1.2379731.

Roth, Jürgen/Nübel, Rainer/Fromm, Rainer: Anklage unerwünscht! – Korruption und Willkür in der deutschen Justiz, Frankfurt a. M. 2007.

Rudolf, Harald: Saftige Strafe für Steuerhinterzieher, Badische Zeitung vom 01.04.2015, zuletzt abgerufen am 01.08.2021 unter http://www.badische-zeitung.de/offenburg/saftige-strafe-fuer-steuerhinterzieher--102718224.html#downloadpaper.

Ruffert, Matthias: Schlüsselfragen der Europäischen Verfassung der Zukunft Grundrechte - Institutionen – Kompetenzen – Ratifizierung, EuR 2004, S. 165–201.

Ruttig, Markus: Kurzgutachten zur Kohärenz des Lotterieveranstaltungsmonopols und der Bestimmungen zum gewerblichen Automatenspiel in Spielhallen (§§ 24–26 GlüStV) bei Zulassung von Online-Casino- und Online-Automatenspielen, Köln, 07.11.2019, zuletzt abgerufen am 01.08.2021 unter https://cdn.businessinsider.de/wp-content/uploads/2020/01/191107_Kurzgutachten-Ruttig.pdf.

ders.: Bitte Abstand halten! – Abstandsregelungen für Spielhallen, ZfWG 2017, S. 221–228.

ders.: Zum Umsetzungsbedarf durch die 4. EU-Geldwäsche Richtlinie für terrestrisch vertriebene Glücksspiele, ZfWG 2016, S. 185–194.

ders.: Zum Umsetzungsbedarf bei der 4. EU-Geldwäscherichtlinie für terrestrisch vertriebene Lotterien, Studie vom 09.09.2015, Köln.

Sachs, Michael (Hrsg.): Grundgesetz, 9. Aufl., München 2021.

ders.: Betrieb einer Spielbank, JuS 1995, S. 833–834.

Safferling, Christoph/Rückert, Christian: Europäische Grund- und Menschenrechte im Strafverfahren – ein Paradigmenwechsel?, NJW 2021, S. 287–292.

Sandhaus, Daniel/Shirvani, Reyhan: Überblick über die Spielbankgesetzgebung der Bundesländer vom 17.06.2019, Landtag Nordrhein-Westfalen Information 17/195, zuletzt abgerufen am 01.08.2021 unter https://www.landtag.nrw.de/Dokumentenservice/portal/WWW/dokumentenarchiv/Dokument/MMI17-195.pdf;jsessionid=01B776B14367037DC44ABC3E06909FF7.

Sasse, Thorsten: Die Grundrechtsberechtigung juristischer Personen durch die unternehmerische Freiheit gemäß Art. 16 der Europäischen Grundrechtecharta, EuR 2012, S. 628–653.

Sauer, Heiko: Die Grundfreiheiten des Unionsrechts, JuS 2017, S. 310–316.

Scaraggi-Kreitmayer, Annamaria: Steuerberater als Sondertäter der Geldwäsche: Die neue Qualifikation im § 261 StGB und weitere Änderungen im Geldwäsche-Straftatbestand, DStR 2021, S. 885–888.

Scherp, Dirk/Wrocklage, Felix: Gesetz zur Verbesserung der strafrechtlichen Bekämpfung der Geldwäsche tritt in Kraft, Compliance-Berater 2021, S. 186–190.

Schimansky, Herbert/Bunte, Hermann-Josef/Lwowski, Hans-Jürgen (Hrsg.): Bankrechts-Handbuch – Band I, 5. Aufl., München 2017.

Schliesky, Utz: Öffentliches Wirtschaftsrecht – Eine Einführung mit Fällen, 4. Aufl., Heidelberg u. a. O. 2014.

Schmittmann, Jens M.: Update: Besteuerung von Umsätzen und Gewinnen aus Glücks- und Geschicklichkeitsspielen 2016/2017, ZfWG 2017, S. 86–94.

ders.: Spielhallen und Wettbüros: Aktuelle Rechtsprechung zu Umsatz- und Vergnügungssteuer, StuB 2017, S. 554–555.

Schneider, Friedrich/Clement, Reiner/Peren, Franz: Online-Poker: Mögliche Geldwäsche und deren Prävention – Wirtschaftswissenschaftliche Studie, Studie im Auftrag der TÜV Trust IT (TÜV Austria Group), Wien 2013.

Schneider, Friedrich/Dreer, Elisabeth/Riegler, Wolfgang: Geldwäsche – Formen, Akteure, Größenordnung – und warum die Politik machtlos ist, Wiesbaden 2006.

Schneider, Hans-Peter: Staatliches Glücksspielmonopol auf dem Prüfstand. Kohärenz- und Konsistenzdefizite im neuen Spielrecht der Länder, WiVerw 2014, S. 165–186.

ders.: Der neue deutsche Bundesstaat – Bericht über die Umsetzung der Föderalismusreform I, Baden-Baden 2013.

ders.: Das Recht der Spielhallen nach der Föderalismusreform – Zur Auslegung von Art. 74 Abs. 1 Nr. 11 GG und zur Vereinbarkeit darauf gestützter Beschränkungen des gewerblichen Spielbetriebs mit Art. 12 Abs. 1 GG, Baden-Baden 2009.

Schneider, Hartmut (Hrsg.): Münchener Kommentar zur Strafprozessordnung – Band 2, München 2016.

Schoch, Friedrich/Schneider, Jens-Peter: Verwaltungsrecht – VwGO – Band I – Kommentar, 40. Aufl., München 2021.

Schönfelder, Hannes: Eiskugeln, Parier-, Brat- und Schankverluste oder zur Sache Schätz(ch)en, FR 2007, S. 597–603.

Schreiber, Dominik/Möchel, Kid: Großrazzia im Pokercasino in Wien-Simmering, Kurier.at vom 01.06.2021, zuletzt abgerufen am 01.08.2021 unter https://kurier.at/chronik/wien/aktuell-laeuft-grossrazzia-im-pokercasino-in-wien-simmering/401400102.

Schuldt, Matthias: Spielbank will nicht ins Kurhaus, Waldeckische Landeszeitung vom 25.11.2014, zuletzt abgerufen am 01.08.2021 unter https://www.wlz-online.de/waldeck/bad-wildungen/spielbank-will-nicht-kurhaus-5399502.html.

Schwarting, Gunnar: Kommunale Steuern – Grundlagen – Verfahren – Entwicklungstendenzen, 2. Aufl., Berlin 2007.

Schweizerisches Institut für Rechtsvergleichung: Study of Gambling Services in the Internal Market of the European Union – Final Report, 14.06.2006, zuletzt abgerufen am 31.08.2020 unter http://ec.europa.eu/DocsRoom/documents/9725 (nicht mehr online verfügbar).

Scriven, Michael: The Philosophical Foundation of Las Vegas, JGS Vol. 11 Iss. 1 (1995), S. 61–75.

Seher, Dietmar: Spielhallen scannen mit Videokameras alle Kunden-Gesichter, WAZ vom 28.04.2017, zuletzt abgerufen am 01.08.2021 unter https://www.waz.de/region/rhein-und-ruhr/spielhallen-scannen-mit-videokameras-alle-kunden-gesichter-id210345701.html.

Seibel, Karsten: Schwarz-Rot-Gold gewinnt immer – dank neuer Steuer, Welt.de vom 21.04.2021, zuletzt abgerufen am 01.08.2021 unter https://www.welt.de/wirtschaft/article230560721/Online-Gluecksspiel-Schwarz-Rot-Gold-gewinnt-immer-dank-neuer-Steuer.html.

Senatorin für Finanzen Bremen, Die: Vorlage für die Sitzung des Senats am 21.08.2018 – „Privatisierung von WestSpiel – Folgen für die Bremer Spielbank“ (Anfrage der Fraktion der SPD vom 27.06.2018), Dokument vom 21.08.2018.

Senatsverwaltung für Inneres und Sport Berlin: Informationsunterlage zum Zulassungsverfahren – Spielbankerlaubnis im Land Berlin, 09.06.2016 (Materialien zur Ausschreibung mit der TED-Nr. 2015/S 127-233080).

Senia, Leonard C.: Bank Secrecy Act Requirements, in: Cabot, Anthony/Pindell, Ngai (Hrsg.): Regulating Land-Based Casinos – Policies, Procedures, and Economics, Las Vegas 2014, S. 213–253.

ders.: Financial Action Task Force (FATF) and FATF-Style Regional Bodies Efforts to Combat Money Laundering in Casino Gambling – Part 1, GLRE Vol. 18 No. 6 (2014), S. 557–574.

Simser, Jeffrey: Money Laundering: Emerging Threats and Trends, JMLC Vol. 16 Iss. 1 (2012), S. 41–54.

Siska, Josef: Die Geldwäsche und ihre Bekämpfung in Österreich, Deutschland, der Schweiz und Liechtenstein, 2. Aufl., Wien 2007.

Siu, Ricardo C. S.: Formal Rules, Informal Constraints, and Industrial Evolution – The Case of the Junket Operator Regulation and The Transition of Macao's Casino Business, UNLV Gaming Research & Review Journal Vol. 11 Iss. 2, S. 49–62.

Sodan, Helge/Kluckert, Sebastian: Berufsfreiheit, Verhältnismäßigkeit und Vertrauensschutz bei der Festsetzung von Vergnügungssteuersätzen, GewArch 2013, S. 177–182.

Sölch/Ringleb (aktueller Hrsg.: Wagner, Wilfried): Umsatzsteuergesetz, 92. Aufl., München 2021.

Spapens, Toine/Littler, Alan/Fijnaut, Cyrille (Hrsg.): Crime, Addiction and the Regulation of Gambling, Leiden/Boston 2008.

Spielbanken Sachsen: Ausführliche Datenschutzhinweise Zugangskontrolle/Gästekarte/Spielteilnahme/Videoüberwachung, Stand 12.12.2019, zuletzt abgerufen am 01.08.2021 unter https://www.spielbankensachsen.de/datenschutz unter dem gleichnamigen Link im Abschnitt „Datenschutzhinweise“.

SportAccord: Integrity in Sport – Understanding and preventing match-fixing, November 2011.

Statistische Ämter des Bundes und der Länder: Hebesätze der Realsteuern, Ausgabe 2020, zuletzt abgerufen am 01.08.2021 unter https://www.statistikportal.de/de/veroeffentlichungen/hebesaetze-der-realsteuern-deutschland.

Steegmann, Matthias: Rennwett- und Lotteriegesetz, Baden-Baden 2012.

Stern, Klaus/Sachs, Michael (Hrsg.): Europäische Grundrechte-Charta GRCh – Kommentar, München 2016.

Stern, Klaus/Sachs, Michael/Dietlein, Johannes: Das Staatsrecht der Bundesrepublik Deutschland – Band IV/1 – Die einzelnen Grundrechte – Der Schutz und die freiheitliche Entfaltung des Individuums, München 2006.

Stinauer, Tim: Größte Razzia – Polizei stürmt Sportwettenbüro, Kölner Stadt-Anzeiger vom 18.09.2013, zuletzt abgerufen am 01.08.2021 unter http://www.ksta.de/koeln/-groesste-razzia-polizei-stuermt-sportwettenbuero-934372.

Storr, Stefan: Der Staat als Unternehmer – Öffentliche Unternehmen in der Freiheits- und Gleichheitsdogmatik des nationalen Rechts und des Gemeinschaftsrechts, Tübingen 2001.

Strauß, Daniela: Verfassungsfragen der Kostenüberwälzung bei staatlichen Indienstnahmen privater Unternehmen – Insbesondere zur Entschädigungspflicht bei der Verpflichtung privater Unternehmen zur Ermöglichung der Telekommunikationsüberwachung nach § 110 Abs. 1 TKG, Halle (Saale) 2009.

Strauss, Jessalynn: Becoming Respectable: A History of Early Social Responsibility in the Las Vegas Casino Industry, UNLV Gaming Research & Review Journal, Vol. 19 Iss. 2, S. 11–19.

Streinz, Rudolf (Hrsg.): EUV/AEUV – Vertrag über die Europäische Union – Vertrag über die Arbeitsweise der Europäischen Union – Charta der Grundrechte der Europäischen Union, 3. Aufl., München 2018.

ders.: Das Kohärenzgebot in der Rechtsprechung des EuGH als Vorgabe für das nationale Glücksspielrecht und seine Folgen für Deutschland, ZfWG 2013, S. 305–314.

Strejcek, Gerhard/Satzinger, Lisa-Maria/Sautner, Julia: Entwicklung des Glücksspielrechts in Österreich in den Jahren 2010 bis 2014, ZfWG 2015, S. 15–23.

Strobl, Günther: Glücksspielmonopol unter Beschuss, Der Standard vom 11.11.2004, zuletzt abgerufen am 01.08.2021 unter http://derstandard.at/1843521/Gluecksspielmonopol-unter-Beschuss.

Strüder, Sebastian: Das Verhältnis von EuGH und EGMR nach dem Beitritt der EU zur EMRK aus unionsrechtlicher Sicht, NJOZ 2021, S. 769–777.

Suendorf, Ulrike: Geldwäsche – Eine kriminologische Untersuchung, Neuwied u. Kriftel 2001.

dies. als Suendorf-Bischof, Ulrike: Die persönliche Haftung des Geldwäschebeauftragten nach dem Geldwäschegesetz, BB 2020, S. 522–526.

Swenson, John: Der Pferdesport ist von Grund auf verdorben, Vice.de vom 16.01.2014, zuletzt abgerufen am 01.08.2021 unter https://www.vice.com/de/article/5g4pzx/der-sport-der-konige-ist-von-grund-auf-verdorben-0000618-v9n12.

Tax Justice Network/Global Policy Forum Europe/Bischöfliches Hilfswerk MISEREOR e.V./Weltwirtschaft, Ökologie & Entwicklung/Netzwerk

Steuergerechtigkeit Deutschland: Schattenfinanzzentrum Deutschland – Deutschlands Rolle bei globaler Geldwäsche, Kapitalflucht und Steuervermeidung, Report von November 2013, zuletzt abgerufen am 01.08.2021 unter http://www2.weed-online.org/uploads/schattenfinanzzentrum_deutschland.pdf.

Teevs, Christian: Zockerlobby entschärft Geldwäschegesetz, Spiegel Online vom 27.09.2012, zuletzt abgerufen am 01.08.2021 unter http://www.spiegel.de/wirtschaft/soziales/streit-ueber-geldwaesche-automatenlobby-entschaerft-gesetz-a-858299.html.

Terhechte, Jörg Philipp (Hrsg.): Verwaltungsrecht der Europäischen Union, Baden-Baden 2011.

Thaysen, Maren: Sportwetten in Deutschland – Zur rechtlichen Zulässigkeit des neuen Staatsmonopols und eines liberalisierten Sportwettenmarktes, Baden-Baden 2009.

The World Bank: Combating Money Laundering and the Financing of Terrorism – A Comprehensive Training Guide, Washington D. C. 2009.

Thiel, Markus: Spielbankenmonopol und Berufsfreiheitsgarantie – Anmerkungen zum Beschluss des BVerfG vom 19.07.2000, 1 BvR 539/96 (GewArch 2001, S. 61 ff.), GewArch 2001, S. 96–102.

Thiele, Alexander: Die Grundfreiheiten in der öffentlich-rechtlichen Arbeit, JA 2005, S. 621–626.

Thompson, Ginger: A Drug Family in the Winner's Circle, The New York Times vom 12.06.2012, zuletzt abgerufen am 01.08.2021 unter http://www.nytimes.com/2012/06/13/us/drug-money-from-mexico-makes-its-way-to-the-racetrack.html?mcubz=0.

Torbati, Yeganeh June: Prosecutors: Alleged drug dealer laundered money via Md. lottery, The Baltimore Sun vom 27.04.2011, zuletzt abgerufen am 31.03.2018 unter http://articles.baltimoresun.com/2011-04-27/news/bs-md-blackwell-indictment-20110427_1_tahirah-carter-blackwell-case-alleged-drug-dealer (nicht mehr online verfügbar).

Van Rompuy, Ben: Die Wahrscheinlichkeiten von Spielmanipulation – Fakten & Zahlen zum Integritätsrisiko gewisser Sportwetten, T.M.C. Asser Instituut/ASSER International Sports Law Centre, 2015, zuletzt abgerufen am 01.08.2021 unter http://www.asser.nl/media/2691/die-warscheinlichkeiten-von-spielmanipulation-studie-2015.pdf.

Verband der Deutschen Automatenindustrie (VDAI): Wirtschaftskraft Unterhaltungsautomaten 2019, zuletzt abgerufen am 01.08.2021 unter https://www.vdai.de/w_mu.htm.

Volkwein, Tobias: Die Rechtsproblematik der Sportwette – Legislative Erfordernisse nach dem Urteil des Bundesverfassungsgerichts vom 28.03.2006, Hamburg 2009.

Voßkuhle, Andreas/Baußmann, Maya: Die Veranstaltung und Vermittlung von Sportwetten auf der Grundlage einer DDR-Gewerbegenehmigung, GewArch 2006, S. 395–400.

Voßkuhle, Andreas/Bumke, Christian: Rechtsfragen der Sportwette, Berlin 2002.

Voßkuhle, Andreas/Wischmeyer, Thomas: Grundwissen – Öffentliches Recht: Gesetzgebungskompetenzen, JuS 2020, S. 315–318.

Waechter, Kay: Bereitstellungspflicht für Fernmeldeanlagenbetreiber, VerwArch 87 (1996), S. 68–96.

Wagner, Volkmar/Pfohl, Benjamin Quirin: Die neue Richtlinie 2014/23/EU über die Konzessionsvergabe: Anwendungsbereich, Ausnahmevorschriften und materielle Regelungen, ZfBR 2014, 745–751.

Wahba, Rachel: So lief das falsche Spiel in Hittfeld, Hamburger Abendblatt vom 04.08.2004, zuletzt abgerufen am 01.08.2021 unter http://www.abendblatt.de/hamburg/harburg/article106892758/So-lief-das-falsche-Spiel-in-Hittfeld.html.

Wang, Changbin: Licensing VIP-Room Contractors or Gaming Promoters in Macao: the Status Quo and Improvement, UNLV Gaming Research & Review Journal 18, 2, S. 105–111.

Wang, Wuyi/Eadington, William R.: VIP-room Contractual System of Macau's Traditional Casino Industry, UNR Economics Working Paper Series, Working Paper No. 07-001, January 2007, zuletzt abgerufen am 01.08.2021 unter https://pdfs.semanticscholar.org/09de/72e233b28198ae5e154b8b9fcff461db4785.pdf.

Welz, Tilo: Geldwäsche und Glücksspiel – Gesetzentwurf der Bundesregierung zur Umsetzung der Vierten EU-Geldwäscherichtlinie, zur Ausführung der EU-Geldtransferverordnung und zur Neuorganisation der Zentralstelle für Finanztransaktionsuntersuchungen, UVR 2017, S. 149–152.

Westdeutsche Lotterie GmbH & Co. OHG (WestLotto): Teilnahmebedingungen für LOTTO 6aus49, Juli 2021, zuletzt abgerufen am 01.08.2021 unter https://www.westlotto.de/westlotto-medien/pdf/pdfdownloads/teilnahmebedingungen/2021/produkte/annahmestellen/westlotto-annahmestelle_teilnahmebedingungen_lotto_6aus49-juli2021.pdf.

dies.: Allgemeine Geschäftsbedingungen für die WestLotto-Karte, November 2020, zuletzt abgerufen am 01.08.2021 unter https://www.westlotto.de/westlotto-medien/pdf/pdfdownloads/teilnahmebedingungen/2020/

produkte/annahmestelle/westlotto_allgemeine_geschaeftsbedingungen_westlotto_karte_08112020.pdf.

Westspiel: Ergebnisse 2015 & Perspektiven, Jahresbericht 2015 der Westspielgruppe von Mai 2016.

Wild, Tobias: Strengere Regulierung des gewerblichen Automatenspiels in Spielhallen und Gaststätten durch den neuen Glücksspielstaatsvertrag seit 1. Juli 2012, ZfWG 2012, S. 247–255.

Wirtschaftskammer Oberösterreich (WKOÖ): Infoblatt – Wettwesen in Oberösterreich, Stand Juli 2018, zuletzt abgerufen am 01.08.2021 unter https://www.wko.at/branchen/ooe/tourismus-freizeitwirtschaft/freizeit-sportbetriebe/Wettwesen_Stand_2018.pdf.

Wirtschaftskammer Österreich (WKO): Die Vierte Geldwäsche-Richtlinie und EU-Verordnungen zur Geldwäsche inklusive Umsetzung im Finanzmarkt-Geldwäschegesetz (FM-GwG), Artikel vom 01.02.2017, zuletzt abgerufen am 01.08.2021 unter https://www.wko.at/branchen/information-consulting/finanzdienstleister/artikel-vierte-geldwaesche-richtlinie-inkl-fm-gwg.pdf.

Wohlgemuth, Judith: Gehalt & Verdienst Croupier, zuletzt abgerufen am 01.08.2021 unter https://www.ausbildung.de/berufe/croupier/gehalt/.

Wolfsberg Group, The: Wolfsberg Guidance on Politically Exposed Persons (PEPs), 2017, zuletzt abgerufen am 01.08.2021 unter https://www.wolfsberg-principles.com/sites/default/files/wb/pdfs/wolfsberg-standards/4.%20Wolfsberg-Guidance-on-PEPs-May-2017.pdf.

Wolff, Hans J. (Begr.)/Bachof, Otto (fortgef.)/Stober, Rolf/Kluth, Winfried (neubearb.): Verwaltungsrecht II – Ein Studienbuch, 7. Aufl., München 2010.

World Lottery Association (WLA): Anti-Money Laundering Guidelines – Recommended Anti-Money Laundering (AML) Practices for Lottery Operators Worldwide – Issued by the WLA Security and Risk Management Committee, V1.0, Juni 2006.

Wunderlich, Nina: Das Grundrecht der Berufsfreiheit im Europäischen Gemeinschaftsrecht – Der Schutz der Wirtschaftsteilnehmer gegenüber Eingriffen der Gemeinschaft in ihre berufliche Freiheit, Baden-Baden 2000.

Zenglein, Detlev: Wie erkenne und bekämpfe ich Wettmanipulation?, in: Höfling, Wolfram/Horst, Johannes/Nolte, Martin (Hrsg.): Sportwetten in Deutschland, Tübingen 2012, S. 39–50.

Zentes, Uta/Glaab, Sebastian (Hrsg.): Frankfurter Kommentar zum Geldwäschegesetz – GeldtransferVO, relevante Vorgaben aus AO, KWG, StGB, VAG und ZAG, 2. Aufl., Frankfurt a. M. 2020.

Zuck, Rüdiger: Die Geldwäscheprävention im Nicht-Finanzsektor, EuGRZ 2012, S. 377–383.

URL-Verzeichnis

(alle Adressen – soweit nicht anders angegeben – zuletzt abgerufen am 01.08.2021)

Aktion-Mensch.de/

Spielrelevante Informationen unter https://www.aktion-mensch.de/lotterie/informationen/spielrelevante-informationen

APG/

FATF-Style Regional Bodies (FSRBs) unter http://www.apgml.org/fatf-and-fsrb/page.aspx?p=94065425-e6aa-479f-8701-5ca5d07ccfe8

Baden-Württembergische Spielbanken/

BW-Spielbanken unter https://www.bw-spielbanken.de/bw-spielbanken;

Impressum unter https://www.bw-spielbanken.de/impressum

Behörden Spiegel Online,

Landeskonferenz zum Glücksspielwesen – Umsetzung der Härtefallregelung für Spielhallen, Artikel vom 23.02.2017 (zuletzt abgerufen am 31.03.2018, nicht mehr online verfügbar)

Berlin.de/

Befreiungsantrag unter https://service.berlin.de/dienstleistung/328311

Betradar,

Sportradar offers sports federations full support to stamp out match-fixing in sports, News Archive vom 07.02.2013, unter https://www.sportradar.com/news-archive/sportradar-offers-sports-federations-full-support-to-stamp-out-match-fixing-in-sports;

Global Coverage (Stand: 28.07.2021) unter https://www.betradar.com/wp-content/uploads/sites/4/2014/10/Betradar_Coverage.pdf

Bet3000/

Impressum unter https://www.bet3000.com/de/s/imprint

BKA/

Jahresberichte unter https://www.bka.de/DE/AktuelleInformationen/StatistikenLagebilder/Lagebilder/FinancialIntelligenceUnitDeutschland/financialintelligenceunitdeutschland_node.html

BMF.gv.at/

Konzessionäre und Ausspielbewilligte unter https://www.bmf.gv.at/steuern/gluecksspiel-spielerschutz/in-oesterreich/gspg-konzessionaere.html

Brandenburgische Spielbanken/

Impressum unter https://www.bbsb.de/brandenburgische-spielbanken/impre ssumdatenschutz-spielbanken

Casinos.at/

Casinos unter https://www.casinos.at/de/casinos-austria/casinos#topHeader

ccc.co.at/

Startseite unter https://www.ccc.co.at

CNBC.COM,

How a Drug Cartel Hid Millions Through a Horse Farm, Artikel vom 13.06.2014 unter http://www.nbcnews.com/business/business-news/how-drug-cartel-hid-millions-through-horse-farm-n130311

CRA/

International Market Agents unter https://www.cra.gov.sg/licenses-approv als/licenses/international-market-agents (Seite wird in der Untersuchung unter Kenntlichmachung in der jeweiligen Fußnote in den [unterschiedlichen] Fassungen vom 31.08.2020 und vom 01.08.2021 zitiert)

Die Achse/

Casino Ratgeber unter http://www.dieachse.com/infos/casino-ratgeber (zuletzt abgerufen am 31.08.2020, nicht mehr online verfügbar)

Die Presse,

Casinos Austria: Konkurrenz ausgebootet, Artikel vom 15.07.2016 unter https://diepresse.com/home/wirtschaft/economist/5051321/Casinos-Austria _Konkurrenz-ausgebootet

DUDEN/

Arbitrage unter http://www.duden.de/rechtschreibung/Arbitrage;

Geldwäsche unter http://www.duden.de/rechtschreibung/Geldwaesche

Duisburg/

Spielhallenerlaubnis unter https://www.duisburg.de/vv/produkte/pro_du/dez_vii/32/spielhallenerlaubnis.php

EC/

Drittländer mit Schwächen unter https://ec.europa.eu/commission/presscor ner/detail/de/IP_19_781;

Erläuterungen zum Glücksspielstaatsvertrag 2021 unter https://www.vdai.de/regelwerke/GlueStV/Erlaeuterungen%20GlueStV%202021.pdf

ESBK/

Neues Geldspielgesetz unter https://www.esbk.admin.ch/esbk/de/home/aktuell/geldspielgesetz.html

Europarat/

Beitritt unter https://www.coe.int/de/web/portal/eu-accession-echr-questions-and-answers

FATF/

Germany unter http://www.fatf-gafi.org/countries/#Germany;

Members and Observers unter http://www.fatf-gafi.org/about/membersandobservers;

Recommendations unter http://www.fatf-gafi.org/publications/fatfrecommendations/documents/fatf-recommendations.html

Faz.net,

Russische Mafia nutzte Fußball zur Geldwäsche, Artikel vom 04.05.2016 unter http://www.faz.net/aktuell/sport/fussball/europol-russische-mafia-nutzte-fussballklubs-zur-geldwaesche-14216501.html

Fernsehlotterie.de/

Mittelverwendung unter https://www.fernsehlotterie.de/HELFEN/Mittelverwendung

German-Racing/

Renntermine unter https://www.german-racing.com/gr/renntage/rennkalender.php

GZD/

Jahresberichte unter https://www.zoll.de/DE/FIU/Fachliche-Informationen/Jahresberichte/jahresberichte_node.html

Haufe/

Geldwäschebeauftragte unter https://www.haufe.de/thema/geldwaeschebeauftragter

Hessen.de/

Spielsperrsystem OASIS unter https://innen.hessen.de/buerger-staat/gluecksspielneu/spielsperrsystem-oasis

ISA-Guide,

Deutsche Automatenwirtschaft zum Vorwurf der Geldwäsche: „Ein rufschädigendes Gerücht!“, veröffentlicht am 30.10.2012 unter http://www.isa-guide.de/isa-gaming/articles/65044.html;

WestSpiel informiert: WestSpiel am 9. und 10. Mai auf der Job-Messe in Köln, veröffentlicht am 28.04.2015 unter https://www.isa-guide.de/isa-casinos/articles/128624.html;

Spielbank Kassel stellt ihre Dependance für das Automatenspiel in der Kurfürsten Galerie der Öffentlichkeit vor, veröffentlicht am 15.11.2003 unter https://www.isa-guide.de/isa-casinos/articles/4849.html

IT.NRW/

Durchschnittshebesätze unter https://www.it.nrw/statistik/eckdaten/gewogene-durchschnittshebesaetze-der-realsteuerarten-am-3103-prozent-1697

Lotto.de/

Checkliste seriöse Lotterieanbieter unter https://www.lotto.de/de/ueber-lotto-de/ueber-lotto-de/checkliste-wie-erkenne-ich-serioese-lotterie-anbieter.html;

DLTB unter https://www.lotto.de/de/ueber-lotto-de/ueber-lotto-de/lottode-deutscher-lotto-und-totoblock.html;

Zweitlotterie-Angebote unter https://www.lotto.de/de/ueber-lotto-de/ueber-lotto-de/sind-zweitlotterien-von-lottoland-tipp24-und-lottohelden-serioes.html

Malay Mail Online,

Singapore 2017 gaming revenues unchanged at US$4b, says Fitch, Artikel vom 31.01.2017 unter http://www.themalaymailonline.com/money/article/singapore-2017-gaming-revenues-unchanged-at-us4b-says-fitch

Merkur Spielothek/

Geschichte unter http://www.merkur-spielothek.de/%C3%9Cber-uns/Geschichte

NOVOMATIC/

NOVOMATIC Global unter https://www.novomatic.com/explore-novomatic/novomatic-global?field_operation_type_value=Betreiber

ODDSET/

Über uns unter https://www.oddset.de/de/unternehmen/ueber-uns

Ooe.orf.at,

Schärfere Bestimmungen für Wettlokale, Art. v. 08.05.2015 unter http://ooe.orf.at/news/stories/2709672

OTS.at,

Peter Zanoni gibt das Ende seiner Concord Card Casinos bekannt, veröffentlicht am 02.03.2020 unter https://www.ots.at/presseaussendung/OTS_20200302_OTS0155/peter-zanoni-gibt-das-ende-seiner-concord-card-casinos-bekannt

Regierungspräsidium Darmstadt/

Sportwetten – FAQ (Stand: 06.01.2020) unter https://rp-darmstadt.hessen.de/sicherheit/gl%C3%BCcksspiel/sportwetten/sportwetten-faq#Allg_35_Konzession%C3%A4re

Resorts World Sentosa/

Games unter https://www.gentingrewards.com.sg/en/home/casino/games (Seite in der in der Arbeit zitierten Form zuletzt abgerufen am 31.08.2020, in dieser Form nicht mehr online verfügbar)

RP-Online,

Duisburg wird Kasino-Stadt, Artikel vom 22.07.2007 unter http://www.rp-online.de/nrw/staedte/duisburg/duisburg-wird-kasino-stadt-aid-1.1241996

Saarland-Spielbanken/

Hausordnung Cash-Game unter https://saarland-spielbanken.de/ssbweb/poker/cashgame-ordnung;

Impressum unter https://saarland-spielbanken.de/ssbweb/impressum/

Sands Casino/

Marina Bay Sands unter https://www.sandscasino.com/singapore/casino-marina-bay-sands.html;

Sands Casinos at Macao unter https://www.sandscasino.com/macao/our-casi nos.html

Schleswig-Holstein/

Übergangsregelung unter https://www.schleswig-holstein.de/DE/Fachinha lte/G/gluecksspiel/_documents/sportwetten.html

Senatskanzlei Berlin,

Pressemitteilung vom 09.11.2010 unter https://www.berlin.de/rbmskzl/aktuel les/pressemitteilungen/2010/pressemitteilung.52919.php

Spiegel Online,

Ermittler warnen vor Geldwäsche-Boom in Deutschland, Artikel vom 29.10.2012 unter http://www.spiegel.de/wirtschaft/soziales/ermittler-war nen-vor-geldwaesche-in-deutschland-a-863950.html;

Fußball-Manipulation: Gericht verurteilt Wettpaten Sapina zu Haftstrafe, Artikel vom 19.05.2011 unter http://www.spiegel.de/sport/fussball/fussb all-manipulation-gericht-verurteilt-wettpaten-sapina-zu-haftstrafe-a-763 621.html;

Harte Urteile im Wettprozess: Fußballbetrüger müssen ins Gefängnis, Artikel vom 14.04.2011 unter http://www.spiegel.de/sport/fussball/harte-urteile-im-wettprozess-fussballbetrueger-muessen-ins-gefaengnis-a-757007.html;

Fußball-Wettskandal: Zweiter Angeklagter zeigt sich teilgeständig, Artikel vom 06.10.2010 unter http://www.spiegel.de/sport/fussball/fussball-wettskandal-zweiter-angeklagter-zeigt-sich-teilgestaendig-a-721629.html;

Europäischer Gerichtshof kippt Glücksspiel-Monopol, Artikel vom 08.09.2010 unter http://www.spiegel.de/wirtschaft/soziales/sportwetten-in-deutschland-europaeischer-gerichtshof-kippt-gluecksspiel-monopol-a-716316.html

Spielbank Bad Homburg/

Impressum unter http://www.spielbank-bad-homburg.de/impressum

Spielbank Berlin/

Standorte unter http://www.spielbank-berlin.de/informationen/standorte

Spielbanken Bayern/

Frag den Croupier unter https://www.spielbanken-bayern.de/spielinfos/frag-den-croupier;

Impressum unter https://www.spielbanken-bayern.de/impressum;

Spielbanken unter http://www.spielbanken-bayern.de (Registerreiter: „Spielbanken")

Spielbanken Sachsen/

Impressum unter http://www.spielbankensachsen.de/impressum;

Rechtliche Grundlagen unter https://www.spielbankensachsen.de/rechtliche-grundlagen

Spielbank Hamburg/

Esplanade unter https://www.spielbank-hamburg.de/esplanade;

Standorte unter http://www.spielbank-hamburg.de (Registerreiter: „Standorte")

Spielbank Kassel/

Impressum unter http://www.spielbank-kassel.de/impressum.php

Spielbank Stuttgart/

FAQ unter https://www.spielbank-stuttgart.de/faq

Spielbank Wiesbaden/

Impressum unter https://www.spielbank-wiesbaden.de/de/impressum

Sportwettenanbieter.de/

Sportwetten und Steuer unter https://www.sportwettenanbieter.de/sportwetten-ohne-steuer

Steiermark.orf.at,

Neues Wettgesetz „Schritt in richtige Richtung", Artikel vom 25.04.2017 unter http://steiermark.orf.at/news/stories/2839100

Sueddeutsche.de,

„Eine Spende gefällig? Für den Herrn im Smoking?“, Artikel vom 19.05.2010 unter http://www.sueddeutsche.de/wirtschaft/croupier-gehaelter-sinken-eine-spende-gefaellig-fuer-den-herrn-im-smoking-1.902967

Thailand Gambling/

Gambling in Singapore unter https://thailandgambling.com/gambling-in-singapore

Tipico/

AGB unter https://account.tipico.com/terms/general#_TOC57427156;

Franchise-Programm unter https://www.tipico-wettshop.com/?lang=de;

Impressum unter https://sports.tipico.de/legalNotice;

Wetterklärung unter https://www.tipico.de/wett-tipps/tipico-einzelwette

WDR,

Lizenznehmer von Sportwettenanbieter Tipico unter Geldwäsche-Verdacht, Artikel vom 15.11.2019 unter https://presse.wdr.de/plounge/wdr/programm/2019/11/20191115_tipico.html

Welt.de,

NRW-Casinos in der Krise – auch 2015 kein Gewinn, Artikel vom 26.10.2015 unter https://www.welt.de/regionales/nrw/article148054542/NRW-Casinos-in-der-Krise-auch-2015-kein-Gewinn.html;

Wie das Frühwarnsystem den Fußball sicherer macht, Artikel vom 05.02.2005 unter https://www.welt.de/print-welt/article422895/Wie-das-Fruehwarnsystem-den-Fussball-sicherer-macht.html

Westfälische Nachrichten,

Eurojackpot-Gewinner gesucht, Sonderveröffentlichung vom 16.06.2017 unter http://www.wn.de/Specials/Lotto/2860676-Glueckspilz-hat-151.685-40-Euro-noch-nicht-abgeholt-Eurojackpot-Gewinner-gesucht

WestLotto.de/

Downloads unter https://www.westlotto.de/service/downloads/downloads.html

Westspiel/

Startseite unter http://www.westspiel.de;

Impressum unter http://www.westspiel.de/meta/impressum;

Do-Hohensyburg Spielangebot unter http://www.westspiel.de/spielbanken/do-hohensyburg/spielangebot (Seite in der in der Arbeit zitierten Form zuletzt abgerufen am 31.08.2020, in dieser Form nicht mehr online verfügbar);

Geschäftsverlauf unter https://www.westspiel.de/unternehmen#geschaefts verlauf;

Kurzinfo unter https://www.westspiel.de/unternehmen#kurzinfo

Wien.orf.at,

Casinolizenzen sind neu auszuschreiben, Artikel vom 15.07.2016 unter http://wien.orf.at/news/stories/2785863;

Dritte Casino-Lizenz gekippt, Artikel vom 18.08.2016 unter http://wien.orf.at/news/stories/2791749

Zeit Online,

Geldwäsche in Deutschland auf Rekordhoch, Artikel vom 29.10.2012 unter http://www.zeit.de/wirtschaft/2012-10/geldwaesche-bka-organisierte-krimin alitaet

Tabellenverzeichnis

Index

www.ingramcontent.com/pod-product-compliance
Ingram Content Group UK Ltd.
Pitfield, Milton Keynes, MK11 3LW, UK
UKHW021826290926
8980IPUK00004B/285

9 783631 897089